NOMOSSTUDIUM

Prof. Dr. Christoph Hirsch

BGB
Allgemeiner Teil

10. Auflage

Die Deutsche Nationalbibliothek verzeichnet diese Publikation in
der Deutschen Nationalbibliografie; detaillierte bibliografische
Daten sind im Internet über http://dnb.d-nb.de abrufbar.

ISBN 978-3-8487-4708-5 (Print)
ISBN 978-3-8452-8938-0 (ePDF)

Die Auflagen 1.-6. sind in Carl Heymanns Verlag erschienen.

10. Auflage 2020
© Nomos Verlagsgesellschaft, Baden-Baden 2020. Gedruckt in Deutschland. Alle
Rechte, auch die des Nachdrucks von Auszügen, der fotomechanischen Wiedergabe
und der Übersetzung, vorbehalten.

Vorwort

Für die 10. Auflage habe ich den Text kritisch durchgesehen, vieles verbessert und neue Rechtsprechung und Literatur eingearbeitet. Das Werk ist jetzt auf dem Stand vom Juni 2019.

Geblieben sind die Besonderheiten, die schon zur Konzeption der ersten Auflage gehörten:

- Am Anfang aller 51 Abschnitte (Paragrafen) steht ein Fall, der meist der neueren Rechtsprechung entnommen ist und ausführlich im Gutachtenstil gelöst wird. Auf diese Weise wird der Leser lebensnah an das neue Thema herangeführt und lernt nebenbei auch etwas über den Gutachtenstil. Alle Personen dieser Fälle haben Namen, aber eine Übereinstimmung mit lebenden Personen wäre Zufall.
- Die jeweils anschließende „Lerneinheit" vermittelt den Stoff systematisch, veranschaulicht ihn aber an besonders vielen Beispielen aus der neueren Rechtsprechung. Dadurch wird deutlich, welche Auswirkung der erläuterte Paragraf in der Rechtsanwendung und damit für das praktische Leben hat.
- Einen wichtigen Teil des Buches bilden die Flussdiagramme, auf die im Text häufig verwiesen wird. Ihre Zahl hat sich von 15 auf 19 erhöht. Jedes Flussdiagramm stellt Fragen zum Sachverhalt, die mit Ja oder Nein zu beantworten sind. Wenn es in einem Fall um die Probleme geht, die das Flussdiagramm abbildet, kommt man durch die richtigen Ja-Nein-Entscheidungen zur Lösung des Falles. Es wäre mir eine Freude, wenn viele Leserinnen und Leser angeregt würden, selbst solche Flussdiagramme zu entwerfen. Das schärft den Blick für die Logik der gesetzlichen Regelung – und macht Spaß!

Die Flussdiagramme sind aus technischen Gründen nicht im Buch abgedruckt, sondern über den Link

www.hirsch-bgbat.nomos.de

zugänglich. Sie stehen dort unter dem Stichwort „Extras/Materialien". Es wird empfohlen, sie (im A 4-Format) auszudrucken und beim Lesen neben das Buch zu legen. Eine Liste der 19 Flussdiagramme steht am Ende des Inhaltsverzeichnisses.

Zum Schluss möchte ich alle Leserinnen und Leser ermuntern, mir Anregungen, Hinweise auf Fehler (auch Tippfehler) und auf unklare Stellen sowie Fragen und Kritik unter

hirsch@ortscheit.de

zukommen zu lassen. Alle E-Mails sind willkommen, werden schnell beantwortet und möglichst in der nächsten Auflage berücksichtigt.

Saarbrücken, den 23. Juni 2019   Christoph Hirsch

Inhaltsverzeichnis

Abkürzungen   27

ERSTES KAPITEL	PERSONEN, WILLENSERKLÄRUNGEN UND RECHTSGESCHÄFTE

§ 1 Natürliche und juristische Personen   33

Fall 1: Malermeister Max Marker   §§ 1, 104, 105, 1896   33
Lerneinheit 1   35

   I. Einleitung   35
  II. Natürliche Personen (Menschen)   36
      1. Rechtsfähigkeit   36
      2. Geschäftsfähigkeit   36
      3. Das Namensrecht   37
      4. Das allgemeine Persönlichkeitsrecht   39
 III. Juristische Personen des Privatrechts   39
      1. Definition   39
      2. Erscheinungsformen   40
      3. Verfassung   40
      4. Rechtsfähigkeit   40
      5. Haftung   41
      6. Vertretung durch Organe   41
 IV. Gegensatz: Rechtsfähige Personengesellschaften   41
  V. Verbraucher und Unternehmer   42
      1. Schlüsselbegriffe des modernen Zivilrechts   42
      2. Natürliche Personen (Menschen) als Verbraucher oder Unternehmer   42
      3. Verbrauchereigenschaft von Gemeinschaften natürlicher Personen   44
      4. Personengesellschaften   45
      5. Juristische Personen   45

§ 2 Erklärungen, die keine Willenserklärungen sind   46

Fall 2: Mädchenfußball   46
Lerneinheit 2   47

   I. Überblick   47
  II. Rechtswidrige Handlungen   47
 III. Realakte   48
 IV. Gefälligkeiten   48
      1. Definition   48
      2. Voraussetzungen   49
      3. Haftung aus unerlaubter Handlung   50
  V. Informationen   51
 VI. Geschäftsähnliche Erklärungen (geschäftsähnliche Handlungen)   52

§ 3 Willenserklärungen bilden Rechtsgeschäfte 53

Fall 3: Aufhebung des Mietvertrags ohne Kündigung 53
Lerneinheit 3 54

- I. Willenserklärungen 55
  1. Allgemeines 55
  2. Definition und Beispiele 55
  3. Geltungsgrund 55
  4. Voraussetzungen einer Willenserklärung 56
  5. Einteilung der Willenserklärungen 58
- II. Rechtsgeschäfte 59
  1. Definition des Begriffs „Rechtsgeschäft" 59
  2. Abgrenzung der Begriffe „Rechtsgeschäft" und „Willenserklärung" 59
  3. Einseitige Rechtsgeschäfte 60
  4. Mehrseitige Rechtsgeschäfte 61

§ 4 Das Wirksamwerden der Willenserklärungen 62

Fall 4: Fernmeldehandwerker §§ 626, 130 62
Lerneinheit 4 63

- I. Problemstellung 64
- II. Voraussetzungen des Zugangs nach § 130 Abs. 1 S. 1 64
  1. Empfangsbedürftige Willenserklärung 64
  2. Unter Abwesenden 65
  3. Abgabe der Willenserklärung 65
  4. Richtige Adressierung 65
  5. Keine Mängel in der Person des Empfängers 66
  6. Zugang des Schriftstücks in der vorgeschriebenen Form 66
  7. Örtliche Komponente des Zugangs 66
  8. Zeitliche Komponente des Zugangs 66
  9. Kein gleichzeitiger Widerruf 67
- III. Rechtsfolgen des Zugangs 67
  1. Eintritt der Rechtsänderung 67
  2. Fristwahrung 68
- IV. Einzelfälle des Zugangs 68
  1. Komplikationen bei der Briefpost 68
  2. Übergabe-Einschreiben 69
  3. Einwurf-Einschreiben 70
  4. Postlagernde Sendungen 71
  5. Einwurf eines Schreibens durch den Absender 71
  6. Vertreter 72
  7. Empfangsbote 72
  8. Faxkopie 73
  9. E-Mail 74
- V. Wirksamwerden einer empfangsbedürftigen Willenserklärung unter Anwesenden 75

Inhaltsverzeichnis

§ 5 Die Auslegung der Willenserklärungen — 76

Fall 5: „... zur Abgeltung aller Ansprüche ..." §§ 133, 157 — 76
Lerneinheit 5 — 77

- I. Einführung — 78
  1. Problem — 78
  2. Definition — 79
  3. Gesetzliche Regelung — 79
- II. Einzelne Grundsätze der Auslegung — 79
  1. Wortverständnis — 79
  2. Auslegung irrtümlicher Erklärungen — 80
  3. Maßgeblich ist das Verständnis eines neutralen Empfängers — 81
  4. Kontext, Begleitumstände und Vorgeschichte — 83
  5. Gesetzliche Vermutungen — 84
  6. Interessengerechte Auslegung — 84
  7. Auslegung Allgemeiner Geschäftsbedingungen — 86
- III. Ergebnisse der Auslegung — 86
- IV. Auslegung nichtempfangsbedürftiger Willenserklärungen — 86
- V. Ergänzende Vertragsauslegung — 87
  1. Einführung — 87
  2. Voraussetzungen einer ergänzenden Vertragsauslegung — 87
  3. Ausfüllung der Lücke — 88

ZWEITES KAPITEL   VERTRAGSSCHLUSS

§ 6 Antrag und Annahme — 91

Fall 6: Kaffeeautomaten   §§ 145, 146, 150 — 91
Lerneinheit 6 — 92

- I. Einleitung — 92
- II. Der Antrag — 93
  1. Allgemeines — 93
  2. Antrag oder Angebot? — 94
  3. Voraussetzungen eines wirksamen Antrags — 94
  4. Rechtsfolge eines wirksamen Antrags — 95
- III. Annahmefristen — 95
  1. Wenn der Antragende keine Frist bestimmt hat — 95
  2. Vom Antragenden individuell bestimmte Annahmefrist — 97
  3. Durch die AGB der Gegenseite bestimmte Annahmefrist — 98
- IV. Die Annahme — 98
  1. Definition der Annahme — 98
  2. Voraussetzungen einer Annahme, die unmittelbar zum Vertragsschluss führt — 99
- V. Eine Annahme, die als neuer Antrag gilt — 100
  1. Verspätete Annahme — 100
  2. Modifizierte Annahme — 100
- VI. Ablehnung des Antrags — 101

Inhaltsverzeichnis

VII.	Schweigen auf einen Antrag	101
VIII.	Invitatio ad offerendum	102
	1. Werbung	102
	2. „Irrtum vorbehalten"	103
	3. Andere Fälle einer Invitatio ad offerendum	103
IX.	Anfängerfehler im Zusammenhang mit einem Vertragsschluss	104
	1. Zahlung und Übereignung sind keine Voraussetzungen	104
	2. Vertragsschluss nur in Zweifelsfällen prüfen!	104

§ 7 Sonderfälle des Vertragsschlusses 104

Fall 7: Tanken ohne zu bezahlen   §§ 145, 151 104
Lerneinheit 7 106

I.	Beiderseitige Unterzeichnung einer Vertragsurkunde	106
II.	Zugang der Annahmeerklärung entbehrlich	107
	1. Problemstellung	107
	2. Gründe für die Entbehrlichkeit des Zugangs	107
	3. Interne Manifestation des Annahmewillens	108
	4. Rechtsfolgen des § 151 S. 1	109
	5. „Erlassfalle"	109
III.	Vertragsschluss im Selbstbedienungsladen und durch technische Einrichtungen	109
	1. Selbstbedienungsladen	109
	2. Vertragsschluss durch technische Einrichtungen	110
IV.	Vertragsschluss durch Entnahme	111
	1. Tankstellen	111
	2. Bezug von Elektrizität, Gas und Wasser	111
V.	Versteigerungen	112
	1. Versteigerung durch einen Auktionator	112
	2. Abschluss eines Kaufvertrags durch eine eBay-Auktion	113
VI.	Kaufmännisches Bestätigungsschreiben	114

§ 8 Einigungsmängel 115

Fall 8: Provision „nach Vereinbarung"   § 154 115
Lerneinheit 8 116

I.	Offener Einigungsmangel	116
	1. Voraussetzungen des § 154 Abs. 1	116
	2. Rechtsfolgen	116
II.	Versteckter Einigungsmangel	117
	1. Voraussetzungen	117
	2. Rechtsfolge	117

Inhaltsverzeichnis

Drittes Kapitel   Abweichung vom Gesetz und Einbeziehung von AGB

§ 9   Abweichung von gesetzlichen Vorschriften — 119

Fall 9: Frauenwohngemeinschaft   § 535 Abs. 1 S. 2 — 119
Lerneinheit 9 — 119

- I. Unabdingbares Recht — 120
- II. Abdingbares Recht — 120
- III. Beschränkt abdingbares Recht — 121
  1. Einseitig abdingbares Recht — 121
  2. Nur durch Individualvereinbarung abdingbares Recht — 121

§ 10   Einbeziehung Allgemeiner Geschäftsbedingungen — 121

Fall 10: „Die gelieferte Ware ..."   § 305 Abs. 2 — 121
Lerneinheit 10 — 122

- I. Allgemeines — 123
- II. Definition der Allgemeinen Geschäftsbedingungen — 123
  1. „... für eine Vielzahl von Verträgen ..." — 123
  2. „... vorformulierten ..." — 124
  3. „... Vertragsbedingungen ..." — 124
  4. „... die eine Vertragspartei (Verwender) ..." — 125
  5. „... der anderen Vertragspartei bei Abschluss eines Vertrags stellt" — 125
  6. Viele Erscheinungsformen von AGB — 126
- III. Einbeziehung von AGB in einen Vertrag mit einem Verbraucher — 127
  1. Unterschiedliche Behandlung von Verbrauchern und Unternehmern — 127
  2. Einbeziehung „bei Vertragsschluss", nicht später — 128
  3. Alternative: Rahmenvereinbarung — 130
- IV. Einbeziehung von AGB in einen Vertrag mit einem Unternehmer — 131
- V. Rechtsfolge — 131
  1. Beim Fehlschlagen der Einbeziehung — 131
  2. Bei wirksamer Einbeziehung — 132

Viertes Kapitel   Verpflichtungs- und Verfügungsgeschäfte

§ 11   Kauf und Erwerb eines Grundstücks — 133

Fall 11: Kündigung durch den Käufer   §§ 433, 873, 925, 566 — 133
Lerneinheit 11 — 134

- I. Grundstückskaufverträge — 134
  1. Abschluss eines Grundstückskaufvertrags — 134
  2. Wirkungen eines Grundstückskaufvertrags — 134
- II. Die Übereignung eines Grundstücks — 135

§ 12 Kauf und Erwerb einer beweglichen Sache — 136

Fall 12: Gestohlenes iPhone §§ 433, 929 — 136
Lerneinheit 12 — 137

    I. Kaufverträge über bewegliche Sachen — 137
        1. Abschluss und Wirkung solcher Kaufverträge — 137
        2. Der Kaufvertrag lässt das Eigentum nicht übergehen — 137
    II. Die Übereignung beweglicher Sachen — 138

§ 13 Trennungsprinzip und Abstraktionsprinzip — 138

Fall 13: Brillantring §§ 433, 123, 142, 812, 929 — 138
Lerneinheit 13 — 139

    I. Trennungsprinzip — 139
    II. Verpflichtungsgeschäfte — 140
        1. Definition — 140
        2. Verpflichtungsgeschäfte, die zur Übereignung einer Sache verpflichten — 140
        3. Andere Verpflichtungsgeschäfte — 141
    III. Verfügungsgeschäfte — 141
        1. Definition — 141
        2. Beispiele — 142
    IV. Rechtliche Konsequenzen der Trennung von Verpflichtungs- und Verfügungsgeschäft — 143
        1. Abstraktionsprinzip — 143
        2. Vertragliches Verfügungsverbot (§ 137) — 144

§ 14 Verfügung eines Nichtberechtigten — 144

Fall 14: Montblanc-Füllfederhalter §§ 929, 185 — 144
Lerneinheit 14 — 146

    I. Voraussetzungen des § 185 Abs. 1 — 146
        1. Verfügung im eigenen Namen — 146
        2. Nichtberechtigter — 146
        3. Einwilligung des Berechtigten — 147
    II. Zustimmung, Einwilligung, Genehmigung — 147
    III. Anwendungsfälle des § 185 Abs. 1 — 147
    IV. § 185 Abs. 2 S. 1 — 148

Fünftes Kapitel — Bedingungen, Fristen, Termine

§ 15 Bedingte Verpflichtungsgeschäfte — 149

Fall 15: Fördermittel für eine Solaranlage §§ 158, 162 — 149
Lerneinheit 15 — 150

    I. Einführung — 150
        1. Interessenlage — 150
        2. Definition der Bedingung — 151

Inhaltsverzeichnis

3. Bedingte Verpflichtungsgeschäfte und bedingte Verfügungen		151
II. Aufschiebende Bedingungen		151
1. Grundlagen		151
2. Das künftige Ereignis		152
3. Schwebezustand		153
4. Beispiele		153
5. Keine Manipulation (§ 162)		153
6. Anwartschaftsrecht		154
III. Auflösende Bedingungen		154
1. Grundlagen		154
2. Beispiele		154
3. Treuwidrige Verhinderung einer auflösenden Bedingung		155

§ 16 Andere bedingte Rechtsgeschäfte — 156

Fall 16: Eigentumsvorbehalt der Vormieterin   §§ 158, 449, 929 — 156
Lerneinheit 16 — 157

- I. Verfügungsgeschäfte unter einer Bedingung — 157
  1. Eigentumsvorbehalt — 157
  2. Auflassung bedingungsfeindlich — 158
- II. Einseitige Rechtsgeschäfte unter einer Bedingung — 158

§ 17 Fristen und Termine — 159

Fall 17: Kündigung Trikotwerbung   §§ 186, 193 — 159
Lerneinheit 17 — 160

- I. Die Bedeutung von Fristen und Terminen — 160
- II. Fristbeginn — 161
  1. Ein Ereignis löst den Fristbeginn aus — 161
  2. Der Beginn eines Tages löst die Frist aus — 161
- III. Fristende — 162
  1. Tagesfristen — 162
  2. Wochenfristen — 162
  3. Monatsfristen — 162
- IV. Verschiebung auf den nächsten Werktag — 163
  1. Bestimmter Tag — 163
  2. „... innerhalb einer Frist" — 163

Sechstes Kapitel   Willensmängel

§ 18 Scherzerklärungen und Scheingeschäfte — 165

Fall 18: Stuckateurmeister als angeblicher Betriebsleiter   § 117 — 165
Lerneinheit 18 — 166

- I. Allgemeines — 167
- II. Scherzerklärung — 167
  1. Problematische Bestimmung — 167

	2. Guter Scherz	167
	3. Schlechter Scherz	167
III.	Scheinerklärung	168
	1. Grundsatz des § 116 S. 1	168
	2. Ausnahmen	168
	3. Einverständnis zwischen den Beteiligten über den Scheincharakter	168
	4. Kein Einverständnis über den Scheincharakter ...	170
	5. Nichtempfangsbedürftige Willenserklärungen	170

§ 19 Drohung 171

Fall 19: 10 % für den Vermieter   § 123   171
Lerneinheit 19   172

I.	Voraussetzungen einer Anfechtung wegen widerrechtlicher Drohung	172
	1. Voraussetzungen auf Seiten des Drohenden	172
	2. Voraussetzungen auf Seiten des Bedrohten	174
II.	Rechtsfolgen der Anfechtung	175

§ 20 Arglistige Täuschung 175

Fall 20: Lahmer Gaul als Springpferd   § 123   175
Lerneinheit 20   177

I.	Grundlagen	178
II.	Voraussetzungen der Anfechtung auf Seiten des Täuschenden	178
	1. Täuschung durch eine falsche Behauptung tatsächlicher Art	178
	2. Täuschung durch Manipulation	180
	3. Täuschung durch Verschweigen trotz Aufklärungspflicht	180
	4. Vorsatz	181
	5. Widerrechtlichkeit der Täuschung	182
III.	Voraussetzungen auf Seiten des Getäuschten	182
	1. Irrtum	182
	2. Willenserklärung	183
	3. Kausalität des Irrtums für die Abgabe der Willenserklärung	183
	4. Keine Bestätigung des anfechtbaren Rechtsgeschäfts	184
	5. Anfechtungserklärung	185
	6. Einhaltung der Anfechtungsfristen	186
IV.	Rechtsfolgen der Anfechtung	187
	1. Rückwirkende Nichtigkeit	187
	2. Rechte des Getäuschten nach der Anfechtung	188
	3. Anfechtung und Rücktritt	189
V.	Sonderfälle	189
	1. Dauerschuldverhältnisse	189
	2. Kenntnis der Anfechtbarkeit	189

§ 21 Täuschung durch einen „Dritten" — 190

Fall 21: Überschuldete Konzertagentur § 123 Abs. 2 — 190
Lerneinheit 21 — 191

- I. Problemstellung — 192
- II. Voraussetzungen einer Anfechtung nach § 123 Abs. 2 — 192
  1. Eine „Erklärung, die einem anderen gegenüber abzugeben war" — 192
  2. Die Person des Dritten — 192
  3. „... kannte oder kennen musste ..." — 193
- III. Rechtsfolge — 194

§ 22 Inhaltsirrtum — 194

Fall 22: Ein E-Bike für 100 Euro §§ 119 Abs. 1, 142, 122 — 194
Lerneinheit 22 — 196

- I. Einführung — 197
  1. Anfechtung wegen Irrtums — 197
  2. Unterschiede zur Anfechtung nach § 123 — 197
  3. Übereinstimmungen mit § 123 — 197
- II. Inhaltsirrtum — 198
  1. Definition und gesetzliche Regelung — 198
  2. Arten des Inhaltsirrtums — 198
- III. Voraussetzungen der Anfechtung wegen Inhaltsirrtums — 199
- IV. Rechtsfolgen der Anfechtung — 202
  1. Rückwirkende Nichtigkeit der angefochtenen Willenserklärung — 202
  2. Schadensersatzpflicht des Anfechtenden — 202

§ 23 Erklärungsirrtum — 202

Fall 23: Sofortkauf für einen Euro § 119 Abs. 1 — 202
Lerneinheit 23 — 204

- I. Erklärungsirrtum — 204
  1. Einführung — 204
  2. Falsche Preisangabe im Internet — 204
  3. Voraussetzungen und Rechtsfolgen — 205
- II. Übermittlungsirrtum — 205
  1. Die Person des Boten — 205
  2. Einordnung — 206
  3. Rechtliche Regelung — 206

§ 24 Eigenschaftsirrtum — 206

Fall 24: Bildnis eines jungen Mannes § 119 Abs. 2 — 206
Lerneinheit 24 — 208

- I. Eigenschaftsirrtum — 208
  1. Definition und gesetzliche Regelung — 208
  2. Verkehrswesentlichkeit — 208
  3. Eigenschaften einer Person — 209

	4. Eigenschaften einer Sache	209
	5. Rechtliche Behandlung	210
II.	Gegensatz zum Irrtum nach § 119: Motivirrtum	210
	1. Einführung und Definition	210
	2. Als Anfechtungsgrund anerkannte Arten des Motivirrtums	211
	3. Fälle des Motivirrtums, die nicht zur Anfechtung berechtigen	211

§ 25 Schadensersatzpflicht des Irrenden   213

Fall 25: Courtage des Maklers   § 122   213

Lerneinheit 25   215

I.	Negatives Interesse = Vertrauensschaden	215
	1. Anspruchsgrundlagen	215
	2. Erläuterung des negativen Interesses am Beispiel des § 1298	216
	3. Umfang des negativen Interesses	216
II.	Positives Interesse = Erfüllungsinteresse = Interesse an der Gültigkeit der Erklärung	217
	1. Anspruchsgrundlagen	217
	2. Umfang des zu ersetzenden Schadens	217
III.	Das positive Interesse ist meist höher als das negative Interesse	218
IV.	§ 122 begrenzt das negative Interesse	218

§ 26 Fehlendes Erklärungsbewusstsein   219

Fall 26: Frau Bovy will keine Mieterin gewesen sein   219

Lerneinheit 26   221

I.	Einleitung	221
	1. Definition	221
	2. Beispiele	221
	3. Interessenlage	221
II.	Rechtliche Einordnung	222
	1. Weder ein Irrtum noch ein Scherz	222
	2. Willenstheorie	222
	3. Herrschende Meinung	222

SIEBTES KAPITEL   ANDERE FEHLERHAFTE RECHTSGESCHÄFTE

§ 27 Geschäfte nicht voll Geschäftsfähiger   225

Fall 27: Airsoftgun Beretta M 92 FS   § 107   225

Lerneinheit 27   226

I.	Geschäftsfähigkeit	227
II.	Geschäftsunfähigkeit	228
	1. Kinder im Alter von null bis einschließlich sechs Jahren	228
	2. Geistig behinderte Menschen	228
III.	Beschränkt geschäftsfähige Personen	230

IV.	Vertragsschluss durch einen beschränkt Geschäftsfähigen	230
	1. Lediglich rechtlich vorteilhafte Verträge	230
	2. Nicht lediglich rechtlich vorteilhafte Verträge	231
V.	Einseitige Rechtsgeschäfte eines Minderjährigen ...	233
	1. ... mit vorheriger Zustimmung (= Einwilligung)	233
	2. ... ohne Einwilligung	233
VI.	Sonderfälle des Minderjährigenrechts	234
	1. Besonders risikoreiche Geschäfte	234
	2. Unternehmerschaft und Berufstätigkeit	234
	3. Schenkung eines Grundstücks	235
	4. Schutz vor Überschuldung	235
	5. Empfang von Willenserklärungen	236
VII.	Deliktsfähigkeit	236

§ 28 Formnichtige Rechtsgeschäfte 236

Fall 28: Unterverbriefung „La Gondola" §§ 117, 125, 311b 236
Lerneinheit 28 238

I.	Die Form der Rechtsgeschäfte	239
	1. Grundsatz der Formfreiheit	239
	2. Funktion der Formvorschriften	239
	3. Einseitige und beiderseitige Formbedürftigkeit	240
	4. Zugang in der vorgeschriebenen Form	240
	5. Rechtsfolge eines Formverstoßes	240
	6. Heilung	240
	7. Treuwidrige Berufung auf die Formnichtigkeit	241
II.	Schriftform	242
	1. Grundlagen	242
	2. Regelfall: Beide Parteien müssen die Schriftform einhalten	243
	3. Ausnahme: Nur ein Partner muss die Schriftform einhalten	245
	4. Einseitige Rechtsgeschäfte, die der Schriftform bedürfen	246
	5. Sonderfall: Mietverträge über Wohn- und Geschäftsräume	246
	6. Durch Rechtsgeschäft bestimmte Schriftform	248
	7. Schriftformklauseln	250
III.	Elektronische Form	251
IV.	Textform	252
V.	Öffentliche Beglaubigung	254
VI.	Notarielle Beurkundung	254
	1. Grundstücksverträge	254
	2. Andere Rechtsgeschäfte, die der notariellen Beurkundung bedürfen	256
	3. Ablauf einer notariellen Beurkundung	257
VII.	Seltene Formen eines Rechtsgeschäfts	258
	1. Eigenhändig geschriebene Erklärung	258
	2. Abgabe der Willenserklärung vor einer zuständigen Stelle	259

Inhaltsverzeichnis

§ 29 Verbotene Rechtsgeschäfte 259

Fall 29: Vorbefassung durch Rechtsanwalt Krüger § 134 259
Lerneinheit 29 261

- I. Einleitung 261
- II. Funktion des § 134 261
- III. Fallgruppen 262
    1. Vorschriften des StGB und des OWiG 262
    2. Gesetz zur Bekämpfung der Schwarzarbeit 262
    3. Rechtsdienstleistung durch einen Nicht-Anwalt 263
    4. Abtretung von Honorarforderungen 263
    5. Interessenkonflikte 264
    6. Verstoß gegen zwingendes Recht 265
    7. Unlauterer Wettbewerb 265
    8. „Kontaktanzeigen" und Telefonsex 265
- IV. Rechtsfolge 266
    1. Ausnahmefall: Wirksamkeit des Rechtsgeschäfts 266
    2. Regelfall: Nichtigkeit des verbotenen Rechtsgeschäfts 266

§ 30 Sittenwidrige Rechtsgeschäfte 267

Fall 30: Wettbewerbsverbot für den Bezirk Oberbayern § 138 267
Lerneinheit 30 268

- I. Einführung 268
- II. Auffälliges Missverhältnis zwischen Leistung und Gegenleistung 270
    1. Wucher 270
    2. Wucherähnliche Geschäfte 271
- III. Andere sittenwidrige Rechtsgeschäfte 274
    1. Sittenwidrige wirtschaftliche Knebelung 274
    2. Beschränkung der Berufsfreiheit 275
    3. Bürgschaften vermögensloser Angehöriger 276
    4. Bestechung, Schmiergeld 276
    5. Handel mit Titeln und Adelsnamen 277
    6. Ausnutzen der Gewinnsucht und der Spielleidenschaft 277
    7. Ehevertrag 278
    8. Sexualität 279
- IV. Rechtsfolgen der Sittenwidrigkeit 280
- V. Verhältnis von § 138 zu anderen Vorschriften 281

§ 31 Die Aufrechterhaltung fehlerhafter Rechtsgeschäfte 282

Fall 31: Tennishalle mit Preisbindung § 139 282
Lerneinheit 31 283

- I. Teilnichtigkeit von Rechtsgeschäften 284
    1. Funktion des § 139 284
    2. Voraussetzungen für eine Teilnichtigkeit
       (Fortbestand des Rechtsgeschäfts) 284
    3. Rechtsfolge 288

	4.	Unwirksamkeit einer AGB-Klausel	288
II.		Umdeutung nichtiger Rechtsgeschäfte	288
	1.	Einführung	288
	2.	Voraussetzungen einer Umdeutung	288
	3.	Rechtsfolgen	290
III.		Bestätigung eines nichtigen Rechtsgeschäfts	290
	1.	Allgemeines	290
	2.	Voraussetzungen einer Bestätigung	290
	3.	Die Bestätigung selbst	291
	4.	Rechtsfolge	292

Achtes Kapitel Vertretung

§ 32 Erkennbarkeit der Stellvertretung 293

Fall 32: Ein Schreiben der Hausverwaltung § 164 293
Lerneinheit 32 294

I.	Einführung	294
II.	Vertretung	295
	1. Definitionen	295
	2. Reihenfolge der Prüfung	295
III.	Offene Stellvertretung	295
	1. Ausdrücklicher Hinweis auf die eigene Rolle als Vertreter	295
	2. Erkennbarkeit der Vertretung aus den „Umständen"	296
IV.	Gegensatz: Verdeckte Stellvertretung	297
V.	Ausnahme vom Offenheitsgrundsatz: Geschäft für den, den es angeht	297
VI.	Breite Anwendung der Vertretung	298
	1. Verpflichtungs- und Verfügungsgeschäfte	298
	2. Aktive und passive Vertretung	298
	3. Ausschluss der Vertretung	299
VII.	Handeln im eigenen Namen und Vertretung	299
	1. Im Zweifel: Handeln im eigenen Namen	299
	2. Zugleich im fremden und im eigenen Namen	299
VIII.	Rechtsfolgen der Vertretung	300
IX.	Gegensatz: Bote	300
	1. Erklärungsbote	300
	2. Empfangsbote	301

§ 33 Vertretungsmacht 301

Fall 33: Ehevertrag § 167 Abs. 2 301
Lerneinheit 33 302

I.	Vertretungsmacht als Oberbegriff	303
	1. Vertretungsmacht	303
	2. Vollmacht	303
	3. Gesetzliche Vertretungsmacht	303
II.	Vergleich zwischen Vollmacht und gesetzlicher Vertretungsmacht	304

III.	Die Erteilung der Vollmacht (Bevollmächtigung)	305
	1. Die Beteiligten	305
	2. Rechtliche Einordnung	306
	3. Form	306
	4. Gesamtvollmacht	308
	5. Untervollmacht	308

§ 34 Vollmacht und Grundgeschäft 308

Fall 34: Geld für das Fahrrad §§ 168, 667 308
Lerneinheit 34 309

I.	Historisches	310
II.	Definitionen	310
III.	Unterschiede zwischen Grundverhältnis und Vollmacht	310
IV.	Unabhängigkeit und Abhängigkeit von Grundverhältnis und Vollmacht	311
	1. Unabhängigkeit	311
	2. Abhängigkeit	311

§ 35 Der Umfang der Vollmacht 312

Fall 35: Höher gelegter Keller 312
Lerneinheit 35 313

I.	Hintergrund	313
II.	Vom Gesetz festgelegter Umfang	313
III.	Vom Vollmachtgeber festgelegter Umfang	314
	1. Grundsatz: Beliebiger Umfang	314
	2. Anfänglicher Umfang der Vollmacht	314
	3. Nachträgliche Änderungen	315

§ 36 Vorlage der Vollmachtsurkunde 315

Fall 36: Fehlgeschlagene Kündigung § 174 315
Lerneinheit 36 316

I.	Problemstellung	316
II.	Allgemeine Voraussetzungen des § 174	317
III.	Voraussetzung der Wirksamkeit	317
	1. Originalurkunde	317
	2. Alternativ: Information über die Bevollmächtigung	318
	3. Alternativ: Keine unverzügliche Zurückweisung	318
IV.	Unwirksamkeit des Rechtsgeschäfts	319
	1. Voraussetzungen der Unwirksamkeit	319
	2. Rechtsfolgen der Unwirksamkeit	319

§ 37 Erlöschen der Vollmacht 319

Fall 37: In letzter Minute §§ 168, 175 319
Lerneinheit 37 321

I.	Überblick	321

Inhaltsverzeichnis

II.	Erlöschenstatbestände	321
	1. Ablauf der Zeit	321
	2. Widerruf	321
	3. Beendigung aufgrund des Grundverhältnisses	322
III.	Rechtsfolgen des Erlöschens der Vollmacht	322

§ 38 Fiktion des Fortbestehens der Vollmacht — 322

Fall 38: Xantners unbekannter Anwalt §§ 170, 173 — 322

Lerneinheit 38 — 324

I.	Allgemeines	324
	1. Funktion der §§ 170 bis 173	324
	2. Ausschluss bei Bösgläubigkeit	324
II.	Der gute Glaube nach § 170	325
III.	Der gute Glaube nach § 171	325
	1. Voraussetzungen	325
	2. Rechtsfolge	326
IV.	Der gute Glaube nach § 172	326
	1. Voraussetzungen	326
	2. Rechtsfolge	327

§ 39 Gesamtvertretungsmacht — 327

Fall 39: Rückzahlung 115 191,10 Euro — 327

Lerneinheit 39 — 328

I.	Einführung	328
II.	Fälle der Gesamtvertretungsmacht	329
III.	Aktive Vertretung	329
	1. Von Anfang an wirksame Vertretung	329
	2. Genehmigung	330
	3. Verweigerung der Genehmigung	330
IV.	Passive Vertretung	330

§ 40 Entscheidend ist das Wissen des Vertreters — 331

Fall 40: Anderweitig vermietete Küche § 166 Abs. 1 — 331

Lerneinheit 40 — 332

I.	Hintergrund	332
II.	„Willensmängel" – vorteilhaft für den Vertretenen	333
III.	„Kenntnis" – nachteilig für den Vertretenen	333
	1. § 166 Abs. 1 Var. 2	333
	2. § 166 Abs. 2	334
	3. Aufbau des § 166	335
IV.	Entsprechende Anwendung des § 166	335
	1. Allgemeines	335
	2. Verhandlungsgehilfen	336
	3. Das Wissen innerhalb einer Organisation	336
	4. Das Wissen außerhalb von Willenserklärungen	338

§ 41 Insichgeschäfte — 338

Fall 41: Chefin Schäfer §§ 181, 925 — 338
Lerneinheit 41 — 340

- I. Einführung — 340
- II. Selbstkontrahieren — 340
  1. Definition — 340
  2. Fallgruppen — 340
  3. Ausnahmen — 341
  4. Rechtsfolgen — 343
- III. Mehrvertretung — 343

§ 42 Kollusion und erkennbarer Missbrauch der Vertretungsmacht — 344

Fall 42: Hausarzt Dr. Drimmel §§ 164, 138 — 344
Lerneinheit 42 — 346

- I. Hintergrund — 346
- II. Kollusion — 346
- III. Erkennbarer Missbrauch der Vertretungsmacht — 347
  1. Allgemeines — 347
  2. Voraussetzungen — 347
  3. Rechtsfolgen — 348

§ 43 Duldungsvollmacht und Anscheinsvollmacht — 349

Fall 43: Spekulationen einer Hausfrau — 349
Lerneinheit 43 — 350

- I. Duldungsvollmacht — 350
  1. Definition — 350
  2. Ableitung, Hintergrund — 350
  3. Voraussetzungen der Duldungsvollmacht — 351
  4. Rechtsfolge und Rechtsnatur — 352
- II. Anscheinsvollmacht — 353
  1. Definition — 353
  2. Voraussetzungen der Anscheinsvollmacht — 353
  3. Rechtsnatur und Rechtsfolgen — 355

§ 44 Vertragsschluss ohne Vertretungsmacht — 355

Fall 44: Baugeschäft Sawatzki §§ 177, 179 — 355
Lerneinheit 44 — 357

- I. Vertretung ohne Vertretungsmacht — 357
  1. Definition — 357
  2. Verträge und einseitige Rechtsgeschäfte — 357
- II. Vertragsschluss ohne Vertretungsmacht — 357
  1. Erkennbar im fremden Namen — 357
  2. Ohne Vertretungsmacht — 358

Inhaltsverzeichnis

III.	Rechtslage nach dem Vertragsschluss	359
	1. Allgemeines	359
	2. Genehmigung durch den Vertretenen	359
	3. Verweigerung der Genehmigung	360
	4. Initiative des Vertragspartners	360
IV.	Die Haftung des Vertreters	361
	1. Allgemeines	361
	2. Keine Haftung des Vertreters	362
	3. Beschränkte Haftung	363
	4. Volle Haftung	363

§ 45 Einseitige Rechtsgeschäfte ohne Vertretungsmacht — 364

Fall 45: Missglückter Vorkauf   § 180 — 364
Lerneinheit 45 — 365

I.	Einführung	366
	1. § 180 und § 174	366
	2. § 180 S. 1 und § 180 S. 2	366
II.	§ 180 S. 2	366
	1. Voraussetzungen	366
	2. Rechtsfolge des § 180 S. 2	367
III.	180 S. 3: Passive Vertretung	367
IV.	§ 180 S. 1	368
V.	Gegensatz: Handeln unter fremdem Namen	368
	1. Definition	368
	2. Dem Erklärungsempfänger ist die Identität des Erklärenden gleichgültig	369
	3. Die Identität des Erklärenden ist für den Erklärungsempfänger von Bedeutung	369
	4. Strittiger Fall	370

Neuntes Kapitel   Verjährung

§ 46 Verjährungsfristen — 373

Fall 46: Überhöhte Rechnung   §§ 195, 199 — 373
Lerneinheit 46 — 374

I.	Einleitung	374
	1. Hintergrund	374
	2. Definition der Verjährung	375
II.	Ansprüche als Gegenstand der Verjährung	375
	1. Ansprüche	375
	2. Andere Rechte	376
III.	Wirkung der Verjährung	377
	1. Leistungsverweigerungsrecht	377
	2. Fortbestand des Anspruchs	377
IV.	Die regelmäßige Verjährungsfrist (§§ 195, 199)	378
	1. Einführung	378

Inhaltsverzeichnis

	2. Beginn der regelmäßigen Frist am Jahresende	378
	3. Erste Voraussetzung des Beginns: Entstehen des Anspruchs	379
	4. Zweite Voraussetzung des Beginns: Kenntnis	380
	5. Die Begrenzung der regelmäßigen Verjährungsfrist durch Höchstfristen	383
V.	Die in den §§ 196 und 197 geregelten Verjährungsfristen	384
VI.	Vereinbarungen über die Verjährungsfrist	385
	1. Vereinbarung zugunsten des Schuldners	385
	2. Vereinbarung zugunsten des Gläubigers	386

§ 47 Hemmung der Verjährung — 386

Fall 47: Im Sande verlaufen § 204 — 386
Lerneinheit 47 — 388

- I. Einführung — 388
- II. Verjährungshemmende Umstände — 389
  1. Verhandlungen über den Anspruch — 389
  2. Rechtsverfolgung — 390
  3. Hemmung nach § 205 — 392
  4. Weitere Fälle der Hemmung — 393

§ 48 Neubeginn der Verjährung — 393

Fall 48: Chemische Spezialprodukte § 212 Abs. 1 Nr. 1 — 393
Lerneinheit 48 — 394

- I. Grundlagen des Neubeginns — 394
- II. Vergleich zwischen Neubeginn und Hemmung — 395
- III. Anerkenntnis — 395
  1. Grundsatz — 395
  2. Einzelfälle — 396
- IV. Vollstreckungshandlung — 397

§ 49 Treu und Glauben im Verjährungsrecht — 397

Fall 49: „Enthalte mich jeder Stellungnahme" — 397
Lerneinheit 49 — 398

- I. Treuwidrige Berufung auf die Verjährung — 398
  1. Grundsatz — 398
  2. Ausnahmen — 399
- II. Exkurs: Die Verwirkung eines Rechts — 399
  1. Grundlagen — 399
  2. Verwirkung von Ansprüchen — 400
  3. Verwirkung von Gestaltungsrechten — 401
  4. Die Voraussetzungen der Verwirkung im Einzelnen — 401
  5. Rechtsfolge — 403

Inhaltsverzeichnis

Zehntes Kapitel   Die Rechte des Einzelnen und ihr Schutz

§ 50 Die Rechte des Einzelnen	405
Fall 50: Schützenpanzer Marder §§ 226, 242	405
Lerneinheit 50	406
I. Subjektive Rechte	406
II. Absolute Rechte	406
1. Definition	406
2. Einzelne absolute Rechte	407
III. Relative Rechte	408
1. Definition	408
2. Einzelne relative Rechte	408
IV. Grenzen der Rechtsausübung	410
1. Schikaneverbot	410
2. Die „guten Sitten" und „Treu und Glauben" als Grenzen der Rechtsausübung	411
§ 51 Schutz der Rechte	412
Fall 51: Verprügelter Ehebrecher §§ 823, 227	412
Lerneinheit 51	413
I. Hintergrund	413
II. Notwehr	413
1. Definition	413
2. Voraussetzungen	413
3. Rechtsfolge der Notwehr	415
III. Verteidigungsnotstand	415
1. Definition	415
2. Voraussetzungen	415
3. Rechtsfolge	416
IV. Selbsthilfe	416
1. Definition	416
2. Voraussetzungen der Selbsthilfe	416
3. Durchführung der Selbsthilfe	417
4. Rechtsfolgen	418
Sachregister	419

Flussdiagramme aus dem Internet

Flussdiagramm 1:	Verbraucher und Unternehmer
Flussdiagramm 2:	Rechtserhebliches Verhalten
Flussdiagramm 3:	Wirksamwerden der Willenserklärungen
Flussdiagramm 4:	Antrag auf Abschluss eines Vertrags
Flussdiagramm 5:	Annahme des Antrags
Flussdiagramm 6:	Einbeziehung von AGB
Flussdiagramm 7:	Willensmängel
Flussdiagramm 8:	Arglistige Täuschung
Flussdiagramm 9:	Irrtum
Flussdiagramm 10:	Beschränkte Geschäftsfähigkeit I
Flussdiagramm 11:	Beschränkte Geschäftsfähigkeit II
Flussdiagramm 12:	Vertretung
Flussdiagramm 13:	Vertretungsmacht
Flussdiagramm 14:	Vertrauen auf den Fortbestand der Vollmacht
Flussdiagramm 15:	Vertragsschluss ohne Vertretungsmacht
Flussdiagramm 16:	Einseitige Rechtsgeschäfte ohne Vertretungsmacht
Flussdiagramm 17:	Verjährung
Flussdiagramm 18:	Begrenzung der regelmäßigen Verjährungsfrist
Flussdiagramm 19:	Hemmung und Neubeginn

Diese Flussdiagramme stehen auf der Internetseite

www.hirsch-bgbat.nomos.de

unter „Materialien". Sie können heruntergeladen und ausgedruckt werden.

Abkürzungen

aA	anderer Ansicht
aaO	am angegebenen Ort
Abs.	Absatz
AcP	Archiv für die civilistische Praxis (Zeitschrift)
aE	am Ende
aF	alter Fassung
AG	Amtsgericht oder Aktiengesellschaft
AGB	Allgemeine Geschäftsbedingung(en)
AktG	Aktiengesetz
Alt.	Alternative
Anm	Anmerkung
AnwBl	Anwaltsblatt
AP	Nachschlagewerk des Bundesarbeitsgerichts
ArbG	Arbeitsgericht
ArchBürgR	Archiv für bürgerliches Recht (Zeitschrift)
Art.	Artikel
Aufl.	Auflage
BAföG	Bundesausbildungsförderungsgesetz
BAG	Bundesarbeitsgericht
BAGE	Entscheidungen des Bundesarbeitsgerichts
Bamberger/Roth	Bamberger/Roth/Hau/Poseck, Bürgerliches Gesetzbuch, 4. Aufl., 2019
BAnz	Bundesanzeiger
BauR	Zeitschrift für das gesamte öffentliche und private Baurecht
BayObLG	Bayerisches Oberstes Landesgericht
BB	Der Betriebs-Berater (Zeitschrift)
bestr.	bestritten
BeurkG	Beurkundungsgesetz
BFH	Bundesfinanzhof
BGB	Bürgerliches Gesetzbuch
BGBl	Bundesgesetzblatt
BGH	Bundesgerichtshof
BGHZ	Entscheidungen des Bundesgerichtshofs in Zivilsachen
BJagdG	Bundesjagdgesetz
BKR	Zeitschrift für Bank- und Kapitalmarktrecht
BNotO	Bundesnotarordnung
BRAO	Bundesrechtsanwaltsordnung
Brox/Walker	Brox/Walker, Allgemeiner Teil des BGB, 42. Aufl., 2018
BSG	Bundessozialgericht
BT-Drs	Bundestags-Drucksache
BVerfG	Bundesverfassungsgericht
BVerfGE	Entscheidungen des Bundesverfassungsgerichts
BVerwG	Bundesverwaltungsgericht
BWNotZ	Zeitschrift für das Notariat in Baden-Württemberg
cic	culpa in contrahendo (Verschulden vor Vertragsschluss)
CMR	Übereinkommen über den Beförderungsvertrag im internationalen Straßengüterverkehr
CR	Computer und Recht (Zeitschrift)

Abkürzungen

DAR	Deutsches Autorecht (Zeitschrift)
DB	Der Betrieb (Zeitschrift)
dh	das heißt
Diss	Dissertation
DJT	Deutscher Juristentag
DNotV	Zeitschrift des Deutschen Notarvereins
DNotZ	Deutsche Notarzeitschrift
DRiZ	Deutsche Richterzeitung
DRpfl	Deutsche Rechtspflege (Zeitschrift)
DStR	Deutsches Steuerrecht (Zeitschrift)
DVBl	Deutsches Verwaltungsblatt
DWW	Deutsche Wohnungswirtschaft (Zeitschrift)
DZWiR	Deutsche Zeitschrift für Wirtschafts- und Insolvenzrecht
EGBGB	Einführungsgesetz zum BGB
EGMR	Europäischer Gerichtshof für Menschenrechte
Enneccerus/Nipperdey	Enneccerus/Nipperdey, Allgemeiner Teil des Bürgerlichen Rechts, 15. Aufl., 1960
Erman/Bearbeiter	BGB (Kommentar), 15. Aufl. 2017
EuGH	Gerichtshof der Europäischen Union
EuZW	Europäische Zeitschrift für Wirtschaftsrecht
eV	eingetragener Verein
EWiR	Entscheidungen zum Wirtschaftsrecht
EWS	Europäisches Wirtschafts- und Steuerrecht (Zeitschrift)
f	eine folgende Seite oder Randnummer oder ein folgender Paragraf
FamRZ	Zeitschrift für das gesamte Familienrecht
FD	Flussdiagramm (siehe Liste am Ende des Inhaltsverzeichnisses)
FernUSG	Fernunterrichtsschutzgesetz vom 4. 12. 2000
ff	zwei oder mehr folgende Seiten, Randnummern oder Paragrafen
FGG	Gesetz über die freiwillige Gerichtsbarkeit
Flume	Werner Flume, Allgemeiner Teil des Bürgerlichen Rechts, Bd 2, Das Rechtsgeschäft, 4. unveränderte Aufl. 1992
FPR	Familie, Partnerschaft, Recht (Zeitschrift)
FS	Festschrift
FuR	Familie und Recht
GBO	Grundbuchordnung
GbR	Gesellschaft bürgerlichen Rechts
GenG	Genossenschaftsgesetz
GewA	Gewerbearchiv (Zeitschrift)
GewO	Gewerbeordnung
GG	Grundgesetz für die Bundesrepublik Deutschland
GmbH	Gesellschaft mit beschränkter Haftung
GmbHG	Gesetz betreffend die Gesellschaften mit beschränkter Haftung
GRUR	Gewerblicher Rechtsschutz und Urheberrecht (Zeitschrift)
GrZS	Großer Senat in Zivilsachen
GVG	Gerichtsverfassungsgesetz
GWB	Gesetz gegen Wettbewerbsbeschränkungen (Kartellgesetz)

Abkürzungen

HaftpflG	Haftpflichtgesetz
HGB	Handelsgesetzbuch
HintO	Hinterlegungsordnung
Hk-BGB/Bearbeiter	Nomos Handkommentar BGB, 10. Aufl. 2018
hM	herrschende Meinung
HOAI	Honorarordnung für Architekten und Ingenieure
Hs.	Halbsatz
HuW	Haus und Wohnung (Zeitschrift)
idF	in der Fassung
idR	in der Regel
InsO	Insolvenzordnung
iS	im Sinne
iSv	im Sinne von
JA oder JABl	Juristische Arbeitsblätter (Zeitschrift)
Jauernig/Bearbeiter	Jauernig, Bürgerliches Gesetzbuch, 17. Aufl., 2018
JR	Juristische Rundschau
Jura	Juristische Ausbildung (Zeitschrift)
JurBüro	Das juristische Büro (Zeitschrift)
JuS	Juristische Schulung (Zeitschrift)
JZ	Juristen Zeitung
KG	Kommanditgesellschaft oder Kammergericht
KJ	Kritische Justiz (Zeitschrift)
KTS	Zeitschrift für Insolvenzrecht – Konkurs, Treuhand, Sanierung
KunstUrhG	Kunsturhebergesetz
LAG	Landesarbeitsgericht
LG	Landgericht
LM	Lindenmaier/Möhring, Nachschlagewerk des BGH in Zivilsachen
LuftVG	Luftverkehrsgesetz
MaBV	Makler- und Bauträgerverordnung vom 7.11.1990
MarkenG	Gesetz über den Schutz von Marken und sonstigen Kennzeichen – Markengesetz v 25.10.1994
MDR	Monatsschrift für Deutsches Recht
mE	meines Erachtens
Medicus	Medicus, Allgemeiner Teil des BGB, 10. Aufl., 2010
MedR	Medizinrecht (Zeitschrift)
MittBayNot	Mitteilungen des Bayerischen Notarvereins (Zeitschrift)
MMR	Multi Media & Recht (Zeitschrift)
MüKo/Bearbeiter	Münchener Kommentar zum Bürgerlichen Gesetzbuch, 8. Aufl.
mwN	mit weiteren Nachweisen
NdsRpfl	Niedersächsische Rechtspflege (Zeitschrift)
nF	neuer Fassung
NJ	Neue Justiz (Zeitschrift)
NJW	Neue Juristische Wochenschrift
NJW-RR	NJW-Rechtsprechungs-Report Zivilrecht (Zeitschrift)

NK/Bearbeiter	Nomos-Kommentar Heidel/Hüßtege/Mansel/Noack, BGB Bd 1, 3. Aufl. 2016
Nr.	Nummer
NRW	Nordrhein-Westfalen
NuR	Natur und Recht (Zeitschrift)
NVwZ	Neue Zeitschrift für Verwaltungsrecht
NZA	Neue Zeitschrift für Arbeits- und Sozialrecht
NZBau	Neue Zeitschrift für Baurecht
NZM	Neue Zeitschrift für Miet- und Wohnungsrecht
NZV	Neue Zeitschrift für Verkehrsrecht
OHG	Offene Handelsgesellschaft
OLG	Oberlandesgericht
OLGZ	Entscheidungen der Oberlandesgerichte in Zivilsachen
OVG	Oberverwaltungsgericht
OWiG	Gesetz über Ordnungswidrigkeiten
Palandt/Bearbeiter	Palandt, Bürgerliches Gesetzbuch, 78. Aufl., 2019
PatG	Patentgesetz
ProdHaftG	Produkthaftungsgesetz
PWW/Bearbeiter	Prütting/Wegen/Weinreich, BGB Kommentar, 9. Aufl., 2014
r + s	Recht und Schaden (Zeitschrift)
RA	Rechtsanwalt
RdA	Recht der Arbeit (Zeitschrift)
RdE	Recht der Energiewirtschaft (Zeitschrift)
RDG	Rechtsdienstleistungsgesetz
RdL	Recht der Landwirtschaft (Zeitschrift)
RG	Reichsgericht
RGZ	Entscheidungen des Reichsgerichts in Zivilsachen
RIW	Recht der internationalen Wirtschaft (Zeitschrift)
Rn	Randnummer(n)
RNotZ	Rheinische Notar-Zeitschrift
Rpfl	Der Deutsche Rechtspfleger (Zeitschrift)
RpflG	Rechtspflegergesetz
RRa	Reiserecht aktuell (Zeitschrift)
RVG	Rechtsanwaltsvergütungsgesetz
S.	Satz
SAT	Hirsch, Schuldrecht Allgemeiner Teil, 11. Aufl., 2018
SBT	Hirsch, Schuldrecht Besonderer Teil, 5. Aufl., 2018
SGB	Sozialgesetzbuch
SiG	Signaturgesetz
SMG	Gesetz zur Modernisierung des Schuldrechts vom 26.11.2001
Soergel/Bearbeiter	Soergel, Bürgerliches Gesetzbuch, 13. Aufl., 1999 ff
SpuRt	Zeitschrift für Sport und Recht
st Rspr	ständige Rechtsprechung
Staudinger/Bearbeiter	Kommentar zum Bürgerlichen Gesetzbuch, 14. Aufl., 2004 ff
StBerG	Steuerberatungsgesetz
StGB	Strafgesetzbuch
str	strittig
StVG	Straßenverkehrsgesetz

Abkürzungen

StVO	Straßenverkehrs-Ordnung
SVR	Straßenverkehrsrecht (Zeitschrift)
TKG	Telekommunikationsgesetz
TMG	Telemediengesetz
TranspR	Transportrecht (Zeitschrift)
UmwG	Umwandlungsgesetz v. 28.10.1994
UrhG	Urheberrechtsgesetz
usw	und so weiter
uU	unter Umständen
UWG	Gesetz gegen den unlauteren Wettbewerb
VAG	Versicherungsaufsichtsgesetz idF v 17.12.1992
Var.	Variante
VerkMitt	Verkehrsrechtliche Mitteilungen
VersR	Versicherungsrecht (Zeitschrift)
VG	Verwaltungsgericht
VGH	Verwaltungsgerichtshof
vgl	vergleiche
VIZ	Zeitschrift für Vermögens- und Investitionsrecht
VO	Verordnung
VOB	Verdingungsordnung für Bauleistungen
Vor	Vorbemerkung (vor einer Kommentierung)
VRS	Verkehrsrechts-Sammlung (Zeitschrift)
VuR	Verbraucher und Recht (Zeitschrift)
VVG	Gesetz über den Versicherungsvertrag vom 23.11.2007
WEG	Wohnungseigentumsgesetz
WEM	Wohnungseigentümer-Magazin
WEZ	Zeitschrift für Wohnungseigentumsrecht
WM	Wertpapiermitteilungen, Zeitschrift für Wirtschafts- und Bankrecht
Wolf/Neuner	Allgemeiner Teil des BGB, 10. Aufl. 2012
WZG	Warenzeichengesetz
zB	zum Beispiel
ZEuP	Zeitschrift für Europäisches Privatrecht
ZfA	Zeitschrift für Arbeitsrecht
ZfIR	Zeitschrift für Immobilienrecht
ZfS	Zeitschrift für Schadensrecht
ZGR	Zeitschrift für Unternehmens- und Gesellschaftsrecht
ZGS	Zeitschrift für das gesamte Schuldrecht
ZHR	Zeitschrift für das gesamte Handels- und Wirtschaftsrecht
ZIP	Zeitschrift für Wirtschaftsrecht (und Insolvenzpraxis)
ZMR	Zeitschrift für Miet- und Raumrecht
ZPO	Zivilprozessordnung
ZRP	Zeitschrift für Rechtspolitik
zT	zum Teil
ZVG	Zwangsversteigerungsgesetz
ZZP	Zeitschrift für Zivilprozess

Erstes Kapitel Personen, Willenserklärungen und Rechtsgeschäfte

§ 1 Natürliche und juristische Personen

▶ **Fall 1: Malermeister Max Marker**   §§ 1, 104, 105, 1896

Max Marker war Alleingesellschafter und Alleingeschäftsführer der „Malermeister Max Marker GmbH", die ein großes Malergeschäft betrieb. Seit März 2008 musste sich Marker etwa zweimal jährlich in psychiatrische Behandlung begeben, weil er unter schubweise auftretenden Anfällen von Schizophrenie litt. Im Mai 2010 erkrankte er so schwer, dass er in die geschlossene Abteilung eines Landeskrankenhauses eingeliefert werden musste. Er war nun dauernd orientierungslos und lebte in Wahnvorstellungen. Die behandelnden Ärzte hatten keine Hoffnung auf Besserung seines Gesundheitszustands. Deshalb gab Markers Rechtsanwalt dessen Ehefrau Claudia den Rat, sie solle sich vom Amtsgericht zur Betreuerin ihres Mannes bestellen lassen. Einen entsprechenden Antrag stellte Herr Marker am 11. März 2011. Noch vor Abschluss des Verfahrens starb Marker jedoch am 23. Juli 2011 an Herzversagen. Er hinterließ außer seiner Ehefrau als einziges Kind den dreijährigen Tobias Marker. Wie sind die einzelnen Tatsachen und Vorgänge rechtlich zu bewerten?

a) Malermeister Max Marker und die „Malermeister Max Marker GmbH"

Marker war eine „natürliche Person", nämlich ein Mensch. Er war damit von der Vollendung seiner Geburt an bis zu seinem Tode rechtsfähig (§ 1), also Träger von Rechten und Pflichten. Daran änderte auch seine psychische Erkrankung nichts (Rn 9). Die „Malermeister Max Marker GmbH" ist dagegen eine *juristische* Person, also eine Organisation, der die Rechtsordnung – nach dem Vorbild der natürlichen Person – Rechtsfähigkeit verliehen hat (Rn 18).

Bei einer GmbH, deren einziger Gesellschafter auch ihr einziger Geschäftsführer ist, besteht die Gefahr, dass nicht mehr zwischen der natürlichen und der juristischen Person unterschieden wird. Die Gleichsetzung liegt besonders nahe, wenn die Firma der GmbH (also ihr Name) fast identisch ist mit dem Namen des Gesellschafters. Das ist im vorliegenden Fall gegeben, weil sich die Firma der GmbH nur durch die Zusätze „Malermeister" und „GmbH" vom Namen der natürlichen Person Max Marker unterscheidet. Man muss aber immer gedanklich trennen: Auf der einen Seite steht der Gesellschafter/Geschäftsführer (als natürliche Person) und auf der anderen Seite „seine" GmbH (als juristische Person). Im vorliegenden Fall werden insbesondere folgende Unterschiede deutlich: Die GmbH kann nicht krank werden, sie kann keinen Betreuer erhalten und kann nicht sterben.

b) Anfälle von Schizophrenie

Die vorübergehenden Zustände von Schizophrenie haben auf Markers Rechtsfähigkeit keinen Einfluss gehabt, weil ein Mensch seine *Rechtsfähigkeit* nie verlieren kann (Rn 9). Aber selbst seine *Geschäftsfähigkeit* (Rn 10) haben sie nicht berührt. Denn § 104 Nr. 2 bestimmt, dass Geschäftsunfähigkeit nur vorliegt, „sofern *nicht* der Zustand seiner Natur nach ein vorübergehender ist". Obwohl Marker also geschäftsfähig blieb, war er doch für die Zeit seiner Erkrankung davor geschützt, sich durch ungesteuerte Willenserklärungen selbst zu schaden. Denn nach § 105 Abs. 2 waren alle Willenserklärungen nichtig, die er „im Zustand ...

vorübergehender Störung der Geistestätigkeit abgegeben" hat. Sie wurden also zu seinen Gunsten von der Rechtsordnung als nichtexistent betrachtet.

c) Dauerhafte Erkrankung seit Mai 2010

4 Sobald feststand, dass Markers Zustand längere Zeit andauern, also seiner Natur nach nicht mehr ein vorübergehender sein würde, wurde Marker geschäftsunfähig (§ 104 Nr. 2). Seine Willenserklärungen waren nun grundsätzlich nichtig (§ 105 Abs. 1). Ausnahmen macht die Rechtsprechung (nicht das Gesetz!) für Erklärungen, die Marker in einem lichten Moment ausgesprochen hätte.

Auch für die GmbH hatte diese Entwicklung einschneidende Konsequenzen. Denn das GmbHG bestimmt in § 6 Abs. 2 S. 1: „Geschäftsführer kann nur eine natürliche, unbeschränkt geschäftsfähige Person sein." Marker verlor also mit dem Beginn seiner Geschäftsunfähigkeit zwingend seine Geschäftsführerfunktion,[1] so dass die GmbH von diesem Zeitpunkt an ohne Vertretungsorgan war. Dieser Zustand ist für eine juristische Person sehr unerwünscht, denn sie kann ja nicht selbst denken, reden und entscheiden und bedarf deshalb ständig eines Menschen, der das für sie tut (Rn 24). Es musste also möglichst schnell ein neuer Geschäftsführer bestimmt werden, wofür die Gesellschafter der GmbH zuständig sind (§ 46 Nr. 5 GmbHG). Die Malermeister Max Marker GmbH hat aber nur einen Gesellschafter (so genannte Einmann-GmbH). Deshalb wäre allein Herr Marker dazu berufen, einen neuen Geschäftsführer zu wählen. Aber Marker konnte als Geschäftsunfähiger natürlich keine Beschlüsse fassen. Auch hier blockierte also seine Erkrankung jede weitere Entwicklung. Frau Marker war als Ehefrau nicht etwa kraft Gesetzes zu entsprechenden Erklärungen im Namen ihres erkrankten Ehemanns ermächtigt. Marker konnte ihr auch keine Vollmacht erteilen, weil er auch dazu hätte geschäftsfähig sein müssen. Diese Situation war der Hintergrund für den Rat des Anwalts, Frau Marker solle sich zur Betreuerin ihres Mannes bestellen lassen.

d) Markers Antrag auf Bestellung seiner Frau zu seiner Betreuerin

5 § 1896 Abs. 1 S. 1 bestimmt, unter welchen Voraussetzungen das Gericht einen Betreuer bestellen kann. Da Herr Marker volljährig war und aufgrund einer psychischen Krankheit seine Angelegenheiten nicht besorgen konnte, waren in seinem Fall alle Voraussetzungen für eine Betreuung gegeben. Es fällt auf, dass Herr Marker den entsprechenden Antrag selbst stellen konnte, obwohl er geschäftsunfähig war (§ 1896 Abs. 1 S. 2). Wäre Marker nicht vor Abschluss des Verfahrens gestorben, wäre vermutlich seine Ehefrau zu seiner Betreuerin bestellt worden (§ 1897 Abs. 1, Abs. 4 S. 1). Sie wäre dann seine gesetzliche Vertreterin gewesen (§ 1902), hätte also in seinem Namen einen neuen Geschäftsführer bestellen können (§ 46 Nr. 5 GmbHG).

e) Max Markers Tod

6 Mit dem Tode endete Markers Rechtsfähigkeit (Rn 9). Da Rechte und Pflichten aber nicht ohne Träger sein sollen, bestimmt das Buch 5 des BGB „Erbrecht" in seinem ersten Paragrafen (§ 1922), dass mit dem Tode eines Menschen dessen Vermögen auf die Erben übergeht. Frau Marker und ihr Sohn Tobias bilden jetzt also eine Erbengemeinschaft (übrigens ein Beispiel für eine Gesamthandsgemeinschaft, Rn 25). Dass Tobias erst drei Jahre alt ist, hindert ihn nicht daran, Erbe zu sein und damit Träger von Rechten und Pflichten. Denn er ist ja rechts-

---

[1] BGH NJW 1991, 2566.

§ 1 Natürliche und juristische Personen

fähig (§ 1). Da er aber geschäftsunfähig ist (§ 104 Nr. 1), muss er sich bei allen Rechtsgeschäften von seiner Mutter vertreten lassen, die jetzt allein die elterliche Sorge für ihn hat (§ 1680 Abs. 1). ◄

Lerneinheit 1

Literatur zum Recht allgemein: *Bäcker,* Juristisches Begründen – Subsumtion und Ponderation als Grundformen der Juristischen Methodenlehre, JuS 2019, 321; *Konertz,* Historische und philosophische Grundlagen der Rechtsordnung im Überblick, JuS 2019, 201; *Klingbeil,* Der Begriff der Rechtsperson, AcP Bd. 217, 848; *Hufen,* Der wissenschaftliche Anspruch des Jurastudiums, JuS 2017, 1; *Rosenkranz,* Sinn und Unsinn des Erlernens von Prüfungsschemata, JuS 2016, 294; *Würdinger,* Das Ziel der Gesetzesauslegung – ein juristischer Klassiker und Kernstreit der Methodenlehre, JuS 2016, 1; *Meier/Jocham,* Wie man Argumente gewinnt, JuS 2015, 490.

Literatur zum Namensrecht: *Bettinger,* Berlin.com - Interessenabwägungen bei der Verletzung von Namensrechten durch Domainnamen, K & R 2018, 549; *Kienemund,* Neuere Entwicklungen im Namensrecht, NZFam 2017, 1073; *Leyendecker-Langner,* Top-Level-Domains und Namensschutz aus § 12 BGB – Bisherige Praxis und Bedeutungswandel, MMR 2014, 288; *Janke/Reinholz,* Domainrecht – eine Bilanz der Rechtsprechung aus den Jahren 2012/2013, K & R 2013, 613; *Schmitt-Gaedke/Arz,* Der Namensschutz politischer Parteien, NJW 2013, 2729.

Literatur zum Persönlichkeitsrecht: *Froitzheim,* Dash Cams, das allgemeine Persönlichkeitsrecht und Beweisverwertung, NZV 2018, 109; *Brand,* Persönlichkeitsrechtsverletzungen im Internet, E-Commerce und „Fliegender Gerichtsstand", NJW 2012, 127; *Frenz,* Berufsbezogene Vorwürfe und Medienveröffentlichungen, ZUM 2012, 282; *Spindler,* Störerhaftung des Host-Providers bei Persönlichkeitsverletzungen, CR 2012, 176; *Cronemeyer,* Zum Anspruch auf Geldentschädigung bei der Verletzung des allgemeinen Persönlichkeitsrechts, AfP 2012, 10.

Literatur zum Begriff Verbraucher: *Siemienowski,* Verbrauchereigenschaft einer GbR – Unternehmereigenschaft aufgrund der Option zur Umsatzsteuer, NZG 2018, 168; *Hogenschurz,* Die WEG als Verbraucher, ZfIR 2017, 96; *Zimmermann,* Der Verbrauchsgüterhandelskauf, JuS 2018, 842; *Purnhagen,* Die Zurechnung von Unternehmer- und Verbraucherhandeln in den §§ 13 und 14 BGB im Spiegel der Rechtsprechung – Eckpfeiler eines Konzepts? VuR 2015, 3; *Roguhn,* Verband der Wohnungseigentümer als Verbraucher, ZWE 2015, 315.

I. Einleitung

Das BGB beginnt mit dem Titel 1 „Natürliche Personen, Verbraucher, Unternehmer". Mit dem etwas gekünstelten Ausdruck „natürliche Personen" stellt das Gesetz die Menschen an den Anfang seiner Regelungen. Aber es sind nur neun Paragrafen, die in diesem Titel dem Menschen gewidmet sind. Auch wenn man berücksichtigt, dass es einmal zwanzig waren, ist das nicht viel. Ganz unvergleichlich ausführlicher sind zB gleich anschließend die Vereine geregelt – mit einer besonderen Vorliebe für das von den Amtsgerichten geführte Vereinsregister. Diese scheinbare Vernachlässigung des Menschen hat zwei Gründe: Die Geschäftsfähigkeit wird erst in den §§ 104 ff geregelt. Außerdem bildet das Familienrecht ein eigenes Buch (§§ 1297 bis 1921). Wenn man also einen ersten Eindruck von den Regeln vermitteln will, die unmittelbar mit dem Menschen zu tun haben, muss man ein bisschen weiter ausholen.

II. Natürliche Personen (Menschen)

1. Rechtsfähigkeit

9 *Rechtsfähigkeit* ist die Fähigkeit, Träger von Rechten und Pflichten zu sein. Die Unterschiede zwischen den Menschen sind denkbar groß: Es gibt Sozialhilfeempfänger und Konzernherren, Greise und Säuglinge, Geisteskranke und Genies. Aber in einem Punkt sind alle gleich: *Jeder Mensch ist rechtsfähig.* Auch der Säugling kann also schon Aktionär sein und der Patient einer Heilanstalt Millionär oder zumindest Gläubiger eines Rentenanspruchs und Eigentümer seiner Habseligkeiten. Die Väter des BGB sind von dieser Tatsache als einer Selbstverständlichkeit ausgegangen und haben deshalb nicht in § 1 geschrieben „Jeder Mensch ist rechtsfähig", sondern haben – das voraussetzend – nur *den Beginn* der Rechtsfähigkeit festgelegt.

Beginn der Rechtsfähigkeit: Jeder Mensch ist von der Vollendung der Geburt an rechtsfähig (§ 1) – also mit dem vollständigen Austritt aus dem Mutterleib. Die Leibesfrucht ist demnach nicht rechtsfähig (§ 1). Davon macht das BGB aber zwei Ausnahmen. *Beispiel:* M kam während der Schwangerschaft seiner Frau durch die Schuld des S ums Leben, später wurde seine Tochter Tabea geboren. Obwohl Tabea beim Tod ihres Vaters noch nicht geboren und deshalb nicht rechtsfähig war, gehört sie nach § 1923 Abs. 2 zu den Erben ihres Vaters. Außerdem hat sie nach § 844 Abs. 2 S. 2 einen eigenen Unterhaltsanspruch gegen S.

Ende der Rechtsfähigkeit: Das BGB sagt nicht, wann die Rechtsfähigkeit des Menschen endet. Aber das wurde nur deshalb nicht geregelt, weil es selbstverständlich ist: Die Rechtsfähigkeit endet mit dem Tod. Deshalb werden mit dem Tod eines Menschen seine Erben Träger seiner Rechte und Pflichten (§ 1922 Abs. 1).

2. Geschäftsfähigkeit

a) Volle Geschäftsfähigkeit

10 Die Geschäftsfähigkeit ist die Fähigkeit, selbst alle Willenserklärungen abgeben und damit alle Rechtsgeschäfte vornehmen zu können. Geschäftsfähig ist jeder Mensch, der das 18. Lebensjahr vollendet hat (§ 2) *und* nicht dauernd geistesgestört ist (§ 104 Nr. 2). Weil das Gesetz von der Geschäftsfähigkeit als dem Normalfall ausgeht, regelt es nicht sie, sondern nur ihre Gegensätze, nämlich die Geschäftsunfähigkeit (§§ 104, 105; Rn 11) und die beschränkte Geschäftsfähigkeit (§§ 106 bis 113; Rn 12).

Hinweis: Es ist ein schwerer Anfängerfehler, die Rechtsfähigkeit und die Geschäftsfähigkeit zu verwechseln. Man kann sich den grundlegenden Unterschied deshalb gar nicht klar genug machen!

b) Geschäftsunfähigkeit

11 Geschäftsunfähigkeit ist die Unfähigkeit, Rechtsgeschäfte vornehmen zu können (ausführlich ab Rn 597). Geschäftsunfähig sind Kinder bis zum Vorabend ihres siebten Geburtstags, 24.00 Uhr (§ 104 Nr. 1 – bitte lesen) und dauernd Geistesgestörte (§ 104 Nr. 2). Ihre Willenserklärungen sind nichtig (§ 105 Abs. 1), werden also von der Rechtsordnung als nichtexistent behandelt. Für Geschäftsunfähige können nur ihre gesetzlichen Vertreter (Eltern, Vormund, Betreuer) wirksame Willenserklärungen abgeben.

Der Hintergrund ist folgender: Kinder und geisteskranke Menschen könnten sich selbst vermögensrechtlich sehr schaden, wenn man ihnen die volle Verantwortung für ihr geschäftliches Handeln zubilligen würde. Die Entscheidung des Gesetzgebers, die Erklärungen der Geschäftsunfähigen als nichtig zu werten (§ 105 Abs. 1), ist also kein Ausdruck von Geringschätzung, sondern dient dem Schutz der Geschäftsunfähigen.

§§ 104, 105: Schon beim ersten Lesen der §§ 104, 105 wird einem klar, dass sie inhaltlich zusammengehören – aber wie? § 104 bestimmt, wer geschäftsunfähig ist (nämlich alle Angehörigen von zwei Gruppen natürlicher Personen). § 105 Abs. 1 dagegen bestimmt, welche *Rechtsfolge* sich aus der Geschäftsunfähigkeit ergibt.

c) Beschränkte Geschäftsfähigkeit

Beschränkt geschäftsfähig sind Kinder und Jugendliche, die schon sieben (§ 106), aber noch nicht 18 Jahre alt (§ 2) und nicht dauernd geistesgestört sind (§ 105 Abs. 1). Die beschränkte Geschäftsfähigkeit heißt deshalb so, weil sie auf bestimmte Rechtsgeschäfte beschränkt ist, nämlich auf solche, durch die der/die Jugendliche „lediglich einen rechtlichen Vorteil erlangt" (§ 107; Einzelheiten ab Rn 604).

12

3. Das Namensrecht

a) Allgemeines zum Namen

Wie man seinen Nachnamen erwirbt, nämlich durch Geburt, Heirat oder Adoption, ergibt sich aus dem Familienrecht (§§ 1616 ff, 1355). Seinen Vornamen erhält man durch seine Eltern, die Eintragung im Geburtenbuch geschieht nur der guten Ordnung halber, nämlich deklaratorisch (§ 22 PStG). Im Allgemeinen Teil des BGB findet sich nur eine einzige Bestimmung zum Namen, nämlich § 12. Er schützt den Namen eines Menschen als Identitätsbezeichnung[2] und verbietet jedem Dritten den unbefugten Gebrauch dieses Namens.[3] Das Namensrecht aus § 12 erlischt mit dem Tod des Namensträgers. Aber die vermögenswerten Teile des fortbestehenden Persönlichkeitsrechts können die Erben noch zehn Jahre lang nutzen.[4]

13

b) Namensrecht von Institutionen und Unternehmen

Nach § 12 geschützt ist in erster Linie der bürgerliche Name eines Menschen. Der Schutz wird von der Rechtsprechung aber ausgedehnt auf Künstlernamen und auf die Bezeichnungen von juristischen Personen und auf deren Logo. *Beispiel:* Der eingetragene Verein „Deutsches Rotes Kreuz" konnte einem Krankentransportunternehmen untersagen lassen, als geschäftliches Kennzeichen ein rotbraunes Kreuz auf hellem Grund zu benutzen. Die Entscheidung hat der BGH allein auf § 12 gestützt.[5] Auch der Erzbischof von Köln wehrte sich aufgrund von § 12 erfolgreich gegen die Verwendung der Bezeichnung „römisch-katholisch" für die Glaubensgemeinschaft des exkommunizierten Erzbischofs Lefebvre.[6]

14

---

2 BGH LM § 12 BGB Nr. 30.
3 BGH NJW 1996, 1672.
4 BGHZ 169, 193.
5 NJW 1994, 2820.
6 BGHZ 124, 173.

Gebietskörperschaften (zB Städte) haben das alleinige Recht, ihren Namen im Rechtsverkehr zu benutzen.[7] Auch das Wappen einer Stadt ist durch § 12 geschützt. *Beispiel:* Ein Düsseldorfer Anzeigenblatt verwendete im Titel ein Wappen, das dem Düsseldorfer Stadtwappen zum Verwechseln ähnlich war. Der Verleger wurde von der Stadt Düsseldorf erfolgreich auf Unterlassung verklagt.[8]

Die *Firma eines Kaufmanns* (seine Geschäftsbezeichnung) ist ebenfalls durch § 12 geschützt. Der Schutz von Firmen und Warenzeichen erfolgt aber im Wesentlichen durch andere Vorschriften (§§ 5 und 15 MarkenG, § 37 HGB, § 16 UWG).

c) Domainnamen

15 Gerichtsentscheidungen zu § 12 betreffen heute fast ausschließlich die Frage, wer im Internet einen bestimmten Domainnamen führen darf und wer nicht. Da es keine gesetzlichen Bestimmungen gibt, ist die Rechtslage sehr unübersichtlich. Es sollen deshalb nur einzelne Punkte genannt werden:

- § 12 ist nur anwendbar, wenn der Domainname nicht geschäftlich verwendet wird. Im geschäftlichen Verkehr wird § 12 von den §§ 5, 15 MarkenG verdrängt.[9]
- Die (bei der TU Karlsruhe angesiedelte) DENIC eG vergibt die Domainnamen, die mit „de" enden. Sie prüft nur, ob es den beantragten Domainnamen schon gibt. Sie ist nicht verpflichtet, vor einer Vergabe zu prüfen, ob Rechte anderer verletzt werden.[10] Wenn sie aber auf einen offensichtlichen Missbrauch hingewiesen wird und nichts unternimmt, kann sie als Störerin haften. *Beispiel:* Ein in Panama ansässiges Unternehmen hatte sich den Domainnamen „regierung-oberbayern.de" schützen lassen.[11]
- Bei Namensgleichheit steht der Domainname im Grundsatz dem zu, der ihn als erster für sich hat registrieren lassen.[12] Bekannte Marken und Firmen können aber Vorrang haben. Deshalb musste ein Mann namens Shell die Internet-Adresse „shell.de" aufgeben, obwohl er sie früher als die Deutsche Shell GmbH angemeldet hatte.[13]
- Wer die strittige Bezeichnung nur als Pseudonym führt, hat gegenüber dem Namensträger geringere Rechte. *Beispiel:* X trat im Internet als „Maxem" auf, eine Bezeichnung, die er aus den Vornamen seines Vaters und seines Großvaters gebildet hatte. Die spätere Anmeldung eines Rechtsanwalts, der mit Nachnamen Maxem heißt, hatte Vorrang.[14]
- Eine Gebietskörperschaft hat das alleinige Recht, die entsprechende Domain zu verwenden („solingen").[15]

---

7 LG Mannheim NJW 1996, 2736: „heidelberg.de".
8 BGH NJW-RR 2002, 1401.
9 BGH NJW 2008, 3716 Rn 12 – afilias.
10 BGH NJW 2004, 1793: „Kurt Biedenkopf".
11 BGH NJW 2013, 2279.
12 BGHZ 149, 191 (200); BGH NJW 2006,146.
13 BGH NJW 2002, 2031.
14 BGHZ 155, 273 (276); bestätigt von BVerfG NJW 2007, 671.
15 BGH NJW 2007, 682.

4. Das allgemeine Persönlichkeitsrecht

Das BGB kennt kein „allgemeines Persönlichkeitsrecht" und erwähnt in § 823 Abs. 1 nicht einmal die Ehre des Menschen als geschütztes Rechtsgut. Das Grundgesetz hat aber in seinen bewusst an den Anfang gesetzten Artikeln 1 (Schutz der Menschenwürde) und 2 (freie Entfaltung der Persönlichkeit) eine Grundentscheidung getroffen, die für alle Lebensbereiche verbindlich ist. Der BGH hat aus diesen beiden Grundrechtsartikeln und einer Reihe anderer Vorschriften in dem epochemachenden „Herrenreiter-Urteil" vom 14. Februar 1958 die Geltung eines allgemeinen Persönlichkeitsrechts auch für das Zivilrecht postuliert.[16] Der Entscheidung lag folgender Fall zu Grunde: Der Kläger, Mitinhaber einer Kölner Brauerei und Turnierreiter, musste eines Tages feststellen, dass in seiner Heimatstadt Köln wie auch in anderen Städten Plakate hingen, die für das angeblich potenzsteigernde Mittel „Okasa" warben und ihn beim Sprung über eine Hürde zeigten. Es stellte sich heraus, dass ein Pressefotograf das Bild ohne Zustimmung des Klägers aufgenommen und an eine Werbeagentur verkauft hatte, die es gedankenlos für die Okasa-Werbung verwendete. Der BGH sprach dem Kläger in sehr rechtsschöpferischer Weise gegen den klaren Wortlaut des § 253 (und des damals noch bestehenden § 847) ein Schmerzensgeld zu – und zwar die damals hohe Summe von 10 000 DM. Denn der BGH sah in der rechtswidrigen Verwendung des Bildes eine Verletzung des von ihm hier erstmals ausführlich begründeten *allgemeinen Persönlichkeitsrechts*.[17] Seit der Soraya-Entscheidung des BVerfG aus dem Jahre 1973[18] wird der Anspruch auf Geldentschädigung nicht mehr mit einer (unzulässigen) Analogie zum Schmerzensgeld (heute § 253 Abs. 2) begründet, sondern direkt den Artikeln 1 und 2 GG entnommen.[19]

Das allgemeine Persönlichkeitsrecht ist heute zu einem festen Bestandteil des Zivilrechts geworden, ohne allerdings trotz zahlloser Abhandlungen und Entscheidungen scharfe Konturen angenommen zu haben. Prinzessin Caroline von Monaco ist seit langer Zeit Vorkämpferin gegen Berichte der Regenbogenpresse, auch vor dem Bundesverfassungsgericht.[20] Weniger erfolgreich war ihr Ehemann, der für seine Handgreiflichkeiten bekannte Prinz Ernst August von Hannover. *Beispiel*: Ein Werbeplakat zeigte eine mehrfach eingedrückte Packung Lucky Strike mit der Unterschrift: „War das Ernst? Oder August?". Der Prinz verlangte 70 000 Euro, aber der BGH hat die Klage abgewiesen. Denn eine ironisch-satirische Anspielung auf aktuelle Ereignisse genießt den Schutz der Meinungsfreiheit (Art 5 Abs. 1 GG), auch wenn sie zugleich für ein Produkt wirbt.[21] Die Verletzung des Persönlichkeitsrechts wird in den Kommentaren und Lehrbüchern meist bei § 823 behandelt.[22]

III. Juristische Personen des Privatrechts

1. Definition

Juristische Personen des Privatrechts sind Organisationen, denen die Rechtsordnung eine eigene Rechtsfähigkeit (Rn 22) zuerkennt. Die wichtigsten juristischen Personen

---

16 BGHZ 26, 349.
17 BGHZ 26, 349.
18 BVerfGE 34, 269.
19 BGH NJW 1996, 984.
20 NJW 2000, 1021.
21 NJW 2008, 3782; bestätigt von EGMR NJW 2016, 781.
22 Vgl etwa SBT Rn 1620 ff.

des Privatrechts sind die GmbH und die AG. Die Rechtsfähigkeit ist die einzige Gemeinsamkeit zwischen der natürlichen Person und der juristischen. Eine juristische Person kann im Rechtsverkehr alle Pflichten übernehmen, alle Rechte erwerben und alle Funktionen ausüben, die nicht ihrer Natur nach einen Menschen voraussetzen. So kann etwa eine GmbH Gesellschafterin einer Kommanditgesellschaft sein („GmbH & Co KG").[23]

Eine juristische Person ist nicht identisch mit den hinter ihr stehenden natürlichen Personen (Mitgliedern, Stiftern oder Gesellschaftern), sondern ihnen gegenüber als eigene Trägerin von Rechten und Pflichten verselbstständigt. Das unterscheidet sie von den Gesamthandsgemeinschaften (Rn 25). Dass zB die GmbH eine juristische Person ist, drückt § 13 Abs. 1 GmbHG mit den Worten aus: „Die Gesellschaft mit beschränkter Haftung als solche hat selbstständig ihre Rechte und Pflichten ..."

2. Erscheinungsformen

19 Juristische Personen *des bürgerlichen Rechts* sind der rechtsfähige Verein (§§ 21 ff) und die rechtsfähige Stiftung des privaten Rechts (§§ 80 ff). Nur sie sind im BGB geregelt.

20 Die juristischen Personen *des Handelsrechts* sind ihrem Wesen nach auch Vereine. Mit einem Bild aus der Botanik könnte man sagen, dass sie Zuchtformen sind, die aus der Wildform des BGB-Vereins entwickelt wurden. Zu den juristischen Personen des Handelsrechts gehören insbesondere:

- die *Kapitalgesellschaften,* nämlich die Aktiengesellschaft (AG), geregelt im Aktiengesetz (AktG), die Kommanditgesellschaft auf Aktien (KGaA; §§ 278 ff AktG) und die Gesellschaft mit beschränkter Haftung (GmbH), geregelt im GmbHG
- die eingetragene *Genossenschaft* (eG), geregelt im Genossenschaftsgesetz (GenG) und
- der Versicherungsverein auf Gegenseitigkeit (VVaG), geregelt im Versicherungsaufsichtsgesetz (VAG).

3. Verfassung

21 Eine juristische Person hat eine körperschaftliche Verfassung. Das bedeutet: Sie besteht unabhängig vom Wechsel ihrer Mitglieder (Gegensatz: Auflösung beim Ausscheiden eines Mitglieds). Ihre Organe entscheiden durch Mehrheitsbeschlüsse (Gegensatz: Einstimmigkeit).

4. Rechtsfähigkeit

22 Die juristische Person des Privatrechts erlangt ihre Rechtsfähigkeit meist durch eine Registereintragung, nämlich der eingetragene Verein durch Eintragung in das Vereinsregister (§ 21), AG, GmbH und KGaA durch Eintragung ins Handelsregister, die Genossenschaft durch Eintragung ins Genossenschaftsregister.

Die Konsequenzen, die sich aus der Rechtsfähigkeit ergeben, sind bei Großvereinen und bei großen Publikumsgesellschaften leicht zu erkennen: Es leuchtet jedermann ein, dass die „Gelben Engel" nicht den einzelnen ADAC-Mitgliedern, sondern dem ADAC

---

23 Es gibt erfreulicherweise auch Grenzen: Nach § 6 Abs. 2 S. 1 GmbHG kann eine GmbH nicht Geschäftsführerin einer anderen GmbH sein.

eV gehören, und dass einer AG, die einen Jahresüberschuss von 500 Mio Euro erwirtschaftet hat, dieses Geld zusteht – und nicht etwa ihren Aktionären.[24] Bei einer AG, deren Aktien ausschließlich im Familienbesitz sind, liegt es schon näher, die juristische Person „AG" mit der Familie zu identifizieren. Noch größer ist diese Gefahr, wenn es sich um eine Einmann-GmbH handelt (also um eine GmbH, die nur einen Gesellschafter hat), insbesondere wenn dieser Alleingesellschafter auch noch der einzige Geschäftsführer ist (wie im Fall 1, Rn 1). Aber auch hier ist streng zu trennen: Nicht der Gesellschafter, sondern die GmbH besitzt die Kaufmannseigenschaft (§ 6 Abs. 1 HGB, § 13 Abs. 3 GmbHG). Das Vermögen der GmbH (ausgewiesen auf der Aktivseite ihrer Bilanz) gehört nur dieser, nicht ihren Gesellschaftern.

5. Haftung

Für die Schulden der juristischen Person haftet nur diese, nicht ihr Mitglied oder Gesellschafter. So haftet zB allein die GmbH für ihre Verbindlichkeiten mit ihrem Vermögen (§ 13 Abs. 2 GmbHG), nicht der Gesellschafter mit seinem. Die Tatsache, dass ein GmbH-Gesellschafter nicht für die Verbindlichkeiten der Gesellschaft haftet, hat diese Gesellschaftsform sehr beliebt gemacht. Viele, die eine GmbH gründen, machen sich aber nicht klar, dass ein Kreditinstitut ihrer Gesellschaft wohl kaum ein Darlehen gewähren wird, wenn sie nicht als Gesellschafter die Bürgschaft übernehmen (§ 765). Auf diesem Umweg haften die Gesellschafter einer GmbH dann für diese Verbindlichkeit genauso mit ihrem persönlichen Vermögen wie ein Einzelkaufmann.

23

6. Vertretung durch Organe

Juristische Personen sind zwar immer rechtsfähig. Aber sie können nicht denken, nicht schreiben und nicht lesen. Daraus könnte man folgern, dass sie nicht geschäftsfähig seien. Aber das Problem der Geschäftsfähigkeit stellt sich bei den juristischen Personen nicht. Denn sie bedürfen immer eines für sie handelnden Organs. Dieses Vertretungsorgan heißt beim Verein, bei der Aktiengesellschaft und bei der Genossenschaft „Vorstand" und bei der GmbH „Geschäftsführer" (§ 35 Abs. 1 GmbHG).

24

IV. Gegensatz: Rechtsfähige Personengesellschaften

Personengesellschaften sind nicht – wie eine juristische Person – gegenüber ihren Mitgliedern verselbstständigt.[25]

25

Rechtsfähige Personengesellschaften des *Handelsrechts* sind die offene Handelsgesellschaft (OHG; §§ 105 ff HGB) und die Kommanditgesellschaft (KG; §§ 161 ff HGB), eine nahe Verwandte der OHG. Die OHG und die KG sind schon seit über 100 Jahren einer juristischen Person stark angenähert. Denn sie können „unter ihrer Firma" (also unter dem Namen der Gesellschaft) „Rechte erwerben und Verbindlichkeiten eingehen" (§ 124 Abs. 1 S. 1 HGB).

Eine Personengesellschaft des *bürgerlichen Rechts* ist die im BGB geregelte „*Gesellschaft*" (§§ 705 ff). Das Gesetz hat dieser sogenannten „Gesellschaft bürgerlichen Rechts" (GbR) die Rechtsfähigkeit versagt. Aber heute wird ihr die gleiche Quasi-

---

24 Die Hauptversammlung der AG kann allerdings beschließen, den aus dem Jahresüberschuss entwickelten „Bilanzgewinn" ganz oder teilweise an die Aktionäre auszuschütten (§ 174 Abs. 1 AktG).
25 BGH NJW 1988, 556.

Rechtsfähigkeit eingeräumt, die § 124 Abs. 1 S. 1 HGB der OHG gibt (und über § 161 Abs. 2 HGB auch der KG). Das gilt allerdings nur für die „Außen-GbR", also eine GbR, die am Rechtsverkehr teilnimmt.[26]

V. Verbraucher und Unternehmer

1. Schlüsselbegriffe des modernen Zivilrechts

26 Die Begriffe „Verbraucher" (§ 13) und „Unternehmer" (§ 14) haben in den letzten Jahrzehnten eine außerordentliche Bedeutung gewonnen. Denn durch die Umsetzung von EU-Richtlinien ist das deutsche Privatrecht zunehmend in Richtung auf ein Verbraucherschutzrecht umgestaltet worden. Verbraucher zu sein, kann zu wichtigen Vorteilen führen. Um die Frage, ob eine Vertragspartei als Verbraucher anzusehen ist, wird deshalb vor Gericht oft erbittert gestritten. Die Vorteile, die einem Verbraucher gewährt werden, ergeben sich insbesondere aus Folgendem:

AGB: Wer mit einem Verbraucher seine Allgemeinen Geschäftsbedingungen (AGB) wirksam vereinbaren will, muss erhebliche Hürden überwinden (§ 305 Abs. 2; Rn 277 ff). Ein Verbraucher kann deshalb seinem Vertragspartner häufig entgegenhalten: „Ihre AGB gelten mir gegenüber nicht." Wenn sich ergibt, dass die AGB tatsächlich wirksam in den Vertrag einbezogen wurden, schützen die §§ 308 und 309 die Verbraucher gegen unfaire Inhalte. Benachteiligte Unternehmer genießen einen wesentlich geringeren Schutz (§ 310 Abs. 1 S. 1).

Widerruf: Nur Verbraucher können bestimmte Verträge (§§ 312b, 312c) ohne Angabe von Gründen innerhalb von 14 Tagen widerrufen (§ 312g Abs. 1).

Kauf- und Darlehensverträge: Verbraucher, die eine bewegliche Sache gekauft oder einen Darlehensvertrag abgeschlossen haben (§§ 474 ff, 491 ff) werden zusätzlich geschützt.

Benutzung der Flussdiagramme: Im Abschnitt „Verbraucher und Unternehmer" wird erstmals auf ein Flussdiagramm (abgekürzt FD) verwiesen, nämlich auf das gleichnamige FD „Verbraucher und Unternehmer". Alle in diesem Buch verwendeten FD sind am Schluss des Inhaltsverzeichnisses aufgeführt. Dort steht auch die Internetadresse, unter der die FD zum Ausdrucken bereitstehen.

2. Natürliche Personen (Menschen) als Verbraucher oder Unternehmer

a) Berufslose und Bezieher von Arbeitseinkommen

27 „Verbraucher" kann nach § 13 nur eine *natürliche Person* sein, also ein Mensch.[27] Deshalb fragt das FD „Verbraucher und Unternehmer" gleich in Frage 1 danach, ob es sich um einen Menschen handelt.

---

26 Grundlegend BGHZ 146, 341 – Arge Weißes Ross; Einzelheiten SBT Rn 1115 ff.
27 EuGH NJW 2002, 205.

Die größte Gruppe der Verbraucher bilden alle natürlichen Personen (Menschen), 28
- die keinen Beruf ausüben wie Studenten, Hausmänner, Arbeitslose und Rentner oder
- die für geleistete Arbeit ein Einkommen beziehen wie Arbeiter, Angestellte, Vorstandsmitglieder einer AG, Geschäftsführer einer GmbH, Beamte, Soldaten und Richter.

Diese Personen sind *immer* Verbraucher, gleichgültig welches Rechtsgeschäft sie abschließen (FD „Verbraucher und Unternehmer", Frage 4, Ja, Spalte 3). Auch eine wirtschaftliche Nähe des Geschäfts zu ihrem Beruf macht diese Menschen nicht zum Unternehmer. *Beispiel 1:* Ein Mitarbeiter der Buchhaltung schloss einen Vertrag über den Fernlehrgang „Geprüfter Bilanzbuchhalter". Die genannten Personen sind auch dann Verbraucher, wenn sie eigenes Vermögen verwalten. *Beispiel 2:* Ein Lehrer schließt als Vermieter einen Mietvertrag über eine Wohnung seines Mietshauses. Wenn allerdings das eigene Vermögen so unübersichtlich ist, dass seine Verwaltung professionelle Kenntnisse erfordert, ist der Eigentümer Gewerbetreibender (FD „Verbraucher und Unternehmer", Frage 5, Nein, Spalte 4).[28] 29

b) Gewerbetreibende

„Gewerbe" ist jede selbstständige (!) Tätigkeit, die auf Dauer betrieben wird, aber nicht zu den freien Berufen zählt. Gewerbetreibender ist nur, wer sein Geschäft nicht in der Rechtsform einer Gesellschaft betreibt, sondern selbst Inhaber seines Betriebs ist. *Beispiele* für Gewerbetreibende sind die Inhaberin einer Bäckerei, eine selbstständige Prostituierte,[29] ein selbständiger Handwerksmeister und ein Taxiunternehmer. 30

Während die Angehörigen der unter a) genannten Gruppen *immer* Verbraucher sind, ist bei den Gewerbetreibenden nach dem *Zweck des Rechtsgeschäfts* zu unterscheiden: 31

- Eine natürliche Person, die ein Gewerbe betreibt, ist *Verbraucherin*, wenn sie „ein Rechtsgeschäft zu Zwecken abschließt, die überwiegend *nicht* „ihrer gewerblichen ... Tätigkeit zugerechnet werden können" (§ 13; FD „Verbraucher und Unternehmer", Frage 7). Die Gewerbetreibende handelt dann zur Befriedigung ihrer persönlichen Interessen (FD „Verbraucher und Unternehmer", Spalte 5). *Beispiel 1:* Der Inhaber eines Restaurants schloss einen Nutzungsvertrag mit einem Fitnessstudio. Wenn die natürliche Person das Geschäft *teils* zu gewerblichen und *teils* zu persönlichen Zwecken abgeschlossen hat, ist sie schon dann Verbraucher(in), wenn der persönliche Zweck *überwiegt* („... die überwiegend ..."). *Beispiel 2:* Die Inhaberin einer Modeboutique buchte einen Englischkurs. Sie tat es als Verbraucherin, auch wenn Englischkenntnisse ihr beruflich nützlich sind. Es gibt aber auch Fälle, die schwerer einzuordnen sind. *Beispiel:* X ist als Reitlehrer und Pferdeausbilder tätig. Er verkaufte das Dressurpferd, das er bis dahin ausschließlich für seine eigenen Zwecke ausgebildet und trainiert hatte, an B auf dessen dringenden Wunsch. Dieser Verkauf gehörte nicht zur unternehmerischen Tätigkeit des X als Lehrer und Trainer, so dass er als Verbraucher handelte.[30]

---

28 BGH NJW 2018, 1812 Rn 21 ff (zu einer GbR).
29 BFH (Großer Senat) NJW 2013, 3200.
30 BGH NJW 2018, 150, Rn 35 ff. Ob der BGH den X zu Recht als Unternehmer und nicht als Freiberufler eingeordnet hat, ist fraglich. Das ändert aber nichts am Ergebnis.

32 ■ Eine natürliche Person, die ein Gewerbe betreibt, ist *Unternehmerin*, wenn sie „bei Abschluss eines Rechtsgeschäfts in Ausübung ihrer gewerblichen ... Tätigkeit handelt" (§ 14 Abs. 1). *Beispiel:* Eine Friseurin lässt ihren Salon neu tapezieren. Sie ist dann als *Unternehmerin* anzusehen. In Zweifelsfällen ist auf das in § 13 genannte Wort „überwiegend" abzustellen. Es kommt deshalb darauf an, ob das Rechtsgeschäft mehr der gewerblichen Tätigkeit oder der privaten Sphäre zuzurechnen ist (FD „Verbraucher und Unternehmer", Frage 7).

c) Angehörige freier Berufe

33 § 13 spricht von der „selbstständigen beruflichen Tätigkeit" einer natürlichen Person. Aus dem Zusammenhang wird deutlich, dass es sich bei dieser Tätigkeit nicht um ein Gewerbe handeln darf. Gemeint sind die Angehörigen eines freien Berufs (zB niedergelassener Arzt, selbstständiger Anwalt, Steuerberater, Notar, Wirtschaftsprüfer oder Architekt mit eigenem Büro).[31] Diese Personen sind keine Gewerbetreibenden. Wer im Büro eines Freiberuflers *angestellt* ist, ist – auch bei gleicher Ausbildung – kein Angehöriger eines freien Berufes.

34 Wenn ein Freiberufler ein Rechtsgeschäft abschließt, kommt es darauf an, ob es seiner persönlichen Sphäre oder seinem Beruf zuzuordnen ist. Er ist also – wie ein Gewerbetreibender – mal als Verbraucher und mal als Unternehmer anzusehen.[32] Es gelten die Rn 31, 32, nur dass statt „Gewerbetreibender" „Angehöriger eines freien Berufs" zu lesen ist. Entsprechend muss es statt „ihrer gewerblichen ... Tätigkeit" „ihrer ... selbstständigen beruflichen Tätigkeit" heißen.

d) Sonderfälle

35 *Existenzgründer:* Manchmal nimmt jemand ein Rechtsgeschäft vor, um sich (als Gewerbetreibender oder Freiberufler) selbstständig zu machen. Die Frage, ob er dann noch Verbraucher oder schon Unternehmer ist, regelt das Gesetz nicht. Es wird aber angenommen, dass er bereits Unternehmer ist, wenn die Entscheidung, selbstständig zu werden, schon endgültig gefallen ist (FD „Verbraucher und Unternehmer", Frage 2, Ja, Frage 3). *Beispiel:* Eine angestellte Ärztin kaufte sich in eine bestehende Praxis ein. Diesen Vertrag schloss sie schon als Unternehmerin.[33] Wenn ein Verbraucher einen Vertrag schließt, um sich über eine Existenzgründung *beraten* zu lassen, gilt er noch nicht als Unternehmer.[34]

3. Verbrauchereigenschaft von Gemeinschaften natürlicher Personen

36 Wenn sich mehrere Verbraucher zu einer Gemeinschaft verbinden, liegt es nahe, auch dieser Gemeinschaft den Status eines Verbrauchers zu geben. Das Gesetz tut das nicht, denn § 13 macht deutlich, dass nur eine *einzelne* natürliche Person Verbraucher sein kann.[35] Aber der BGH erweitert den Begriff des Verbrauchers in einigen Fällen:

---

31 Der Gesetzgeber hätte den Ausdruck „*frei*beruflichen Tätigkeit" wählen sollen, denn nur diese ist gemeint. Das Wort „selbstständigen" hätte dann entfallen können, weil Freiberufler immer selbstständig sind.
32 EuGH NJW 2015, 1289.
33 BGHZ 162, 253.
34 BGH NJW 2008, 435.
35 So streng der EuGH zu Art. 1 Abs. 2a der zugrunde liegenden EU-Richtlinie (NJW 2002, 205 Rn 17). 2

Wohnungseigentümergemeinschaft: Jeder Eigentümer einer Eigentumswohnung bildet kraft Gesetzes zusammen mit allen anderen Wohnungseigentümern desselben Grundstücks eine rechtsfähige Wohnungseigentümergemeinschaft (§ 10 Abs. 6 WEG). Diese kann bei der Teilnahme am Rechtsverkehr einem Verbraucher gleichgestellt sein. *Beispiel:* Eine aus 241 Parteien bestehende Wohnungseigentümergemeinschaft schloss einen Vertrag zur Versorgung aller Wohnungen mit Erdgas. Die Gemeinschaft ist nach Ansicht des BGH bei solchen Vertragsschlüssen einem Verbraucher gleichgestellt, weil auch ein einzelner Wohnungseigentümer bei der Bestellung von Erdgas als Verbraucher angesehen wird (FD „Verbraucher und Unternehmer", Spalte 8).[36] Die Verbrauchereigenschaft der Wohnungseigentümergemeinschaft besteht bereits, wenn auch nur *ein einziger* Wohnungseigentümer Verbraucher ist.[37] Der BGH berücksichtigt dabei, dass die Eigentümergemeinschaft eine Zwangsgemeinschaft ist. Der einzelne Verbraucher soll durch den ihm aufgezwungenen Beitritt keinen Nachteil erleiden.

Gesellschaft bürgerlichen Rechts (GbR, §§ 705 ff): Auch eine am Markt aktive GbR (Außen-GbR) kann die Verbrauchereigenschaft haben. Voraussetzung ist zunächst, dass alle Gesellschafter natürliche Personen sind. Wenn zB eine *GmbH* zum Kreis der Gesellschafter gehört (was möglich ist), entfällt die Verbrauchereigenschaft immer und ausnahmslos (FD „Verbraucher und Unternehmer", Frage 9, Nein, Spalte 11).[38]

37

Zweite Voraussetzung ist, dass die Außen-GbR ausschließlich eigenes Vermögen überschaubaren Umfangs verwaltet, zB ein Mietshaus. *Beispiel:* Drei Anwälte und ein Betriebswirt bilden eine GbR, um ein von ihnen erworbenes Mietshaus zu verwalten und zu vermieten.[39] Diese GbR wird deshalb als Verbraucherin angesehen, weil die Verwaltung eigenen Vermögens auch für jede *einzelne* natürliche Person dem privaten Bereich zuzuordnen ist (Rn 29). Wenn die Vermögensverhältnisse so kompliziert sind, dass die Verwaltung professionelle Kenntnisse erfordert, entfällt die Verbrauchereigenschaft der GbR.[40]

4. Personengesellschaften

Als Beispiel für einen „Unternehmer" nennt § 14 Abs. 1 eine „rechtsfähige Personengesellschaft", ein Begriff, der in § 14 Abs. 2 definiert wird. Es handelt sich um die Gesellschaften, die auch als Gesamthandsgemeinschaften bezeichnet werden. Die OHG und die KG (mit ihrer Unterart GmbH & Co KG) sind seit jeher „rechtsfähige Personengesellschaften" iSv § 14 Abs. 2 (§ 124 HGB). Sie haben deshalb immer die Unternehmereigenschaft (Rn 25; FD, Spalte 13).

38

5. Juristische Personen

§ 14 Abs. 1 nennt als weiteres Beispiel für einen Unternehmer die „juristische Person" (FD „Verbraucher und Unternehmer", Spalten 14 bis 17). Die juristische Person zählt aber nach § 14 Abs. 1 nur dann zu den Unternehmern, wenn sie „bei Abschluss eines Rechtsgeschäfts in Ausübung ihrer *gewerblichen* … Tätigkeit handelt". Deshalb ist zu unterscheiden

39

---

36 BGHZ 204, 325 Rn 23 ff, besonders 49 ff.
37 BGHZ 204, 325 Rn 30.
38 BGH NJW 2017, 2752 Rn 25.
39 BGHZ 149, 80 unter II, 1, b.
40 BGH NJW 2018, 1812 Rn 21 ff.

- Die juristischen Personen *AG, GmbH und eG* haben kraft Gesetzes die Kaufmannseigenschaft, so dass sie immer „in Ausübung ihrer gewerblichen ... Tätigkeit" handeln (FD „Verbraucher und Unternehmer", Spalte 14).
- Ein *Sportverein* in der Rechtsform eines eV ist zwar eine juristische Person des Privatrechts, übt aber keine „gewerbliche" Tätigkeit aus. Deshalb ist es unerheblich, dass er am Markt gegen Entgelt (Vereinsbeiträge) Leistungen anbietet, zB Trainingsmöglichkeiten (FD „Verbraucher und Unternehmer", Spalte 15).[41] Verbraucher ist ein Sportverein aber auch nicht.
- *Bund, Länder und Gemeinden* sind zwar juristische Personen (des öffentlichen Rechts), bieten aber nicht am Markt dauerhaft gegen Entgelt Leistungen an und sind deshalb keine Unternehmer (FD „Verbraucher und Unternehmer", Frage 13, Nein, Spalte 17).[42] Da es sich nicht um natürliche Personen handelt, können sie aber auch nicht Verbraucher sein, gehören also keiner der beiden Gruppen an.

§ 2 Erklärungen, die keine Willenserklärungen sind

40 ▶ **Fall 2: Mädchenfußball**

Die 15-jährige Rosi spielt in der Mädchen-Fußballmannschaft des TuS Neuenrode e.V. und wollte mit ihrer Mannschaft an der Hallenkreismeisterschaft teilnehmen. Es ist in dem Verein üblich, dass die Mitglieder der Jugend-Mannschaften zu solchen Veranstaltungen von Angehörigen gefahren werden. Rosis Vater bat deshalb seine Schwiegermutter Dörte Grigoleit, Rosi zu fahren. Frau Grigoleit, die diesen Fahrdienst schon oft übernommen hatte, sagte zu. Auf der Fahrt zog sie sich bei einem Unfall erhebliche Verletzungen zu. Sie verlangt nun vom Verein den Ersatz ihres materiellen und immateriellen Schadens. Der Verein ist der Ansicht, er schulde Frau Grigoleit nichts, weil sie die Fahrt aus Gefälligkeit und deshalb ohne rechtliche Verpflichtung übernommen habe (Nach BGH NJW 2015, 2880).

41 Frau Grigoleit könnte einen Schadensersatzanspruch gegen den Verein geltend machen, wenn zwischen ihr und dem Verein ein *Vertrag* geschlossen worden wäre, der sie verpflichtete, Rosi zur Hallenmeisterschaft zu fahren. Es würde sich dann um den Vertrag handeln, den das Gesetz „Auftrag" nennt (§ 662 – bitte lesen). Aber der Verein ist nie an Frau Grigoleit mit einer entsprechenden Bitte herangetreten und Frau Grigoleit hat dem Verein nicht versprochen, Rosi zu fahren. Es ist deshalb offensichtlich, dass Frau Grigoleit und der Verein keinen Vertrag über Rosis Beförderung geschlossen haben.

Es könnte aber zwischen Frau Grigoleit und *Rosis Eltern* der „Auftrag" genannte Vertrag geschlossen worden sein. Das ist schon näher liegend, weil Rosis Vater Frau Grigoleit ausdrücklich gebeten hatte, seine Tochter zu fahren. Durch die Annahme dieses Auftrags hätte sich Frau Grigoleit „verpflichtet", das ihr „von dem Auftraggeber übertragene Geschäft für diesen unentgeltlich zu besorgen" (§ 662). Es ist aber nur selten anzunehmen, dass ein „Auftrag" genannter Vertrag geschlossen wird, wenn sich jemand innerhalb der Familie oder gegenüber Freunden zu einer unentgeltlichen Dienstleistung verpflichtet. Denn es ist davon auszugehen, dass sich der Betreffende dann nicht rechtlich binden wollte und deshalb nicht verpflichtet ist, das Versprochene auch wirklich zu tun. Er hat meist nur eine (ge-

---

41 Anders Palandt/Ellenberger § 14 Rn 2.
42 Deswegen werden sie in § 310 Abs. 1 S. 1 auch ausdrücklich genannt, zusätzlich zu den Unternehmern.

setzlich nicht geregelte) immer unverbindliche *Gefälligkeit* zugesagt. So lag es auch hier. Als Frau Grigoleit ihrem Schwiegersohn zusagte, Rosi zum Turnier zu fahren, wollte sie sich nicht rechtlich dazu verpflichten, sondern wollte Rosi und deren Eltern nur eine Gefälligkeit erweisen (Rn 46; FD „Rechtserhebliches Verhalten", Spalte 3).

Frau Grigoleit hatte die Gefälligkeit nur ihrer Enkelin und deren Eltern zugesagt, nicht dem Verein. Zwischen Frau Grigoleit und *dem Verein* bestand deshalb nicht einmal ein Gefälligkeitsverhältnis. Aber selbst wenn man das annehmen wollte, könnte Frau Grigoleit daraus keinen Schadensersatzanspruch ableiten. Der BGH schreibt dazu, es handele sich, „wenn minderjährige Mitglieder eines Amateursportvereins von ihren Familienangehörigen ... zu Sportveranstaltungen gefahren werden, grundsätzlich – auch im Verhältnis zum Sportverein – um eine reine Gefälligkeit, die sich im außerrechtlichen Bereich" abspiele.[43] ◄

Lerneinheit 2

Literatur zur Gefälligkeit: *Bruns*, Unentgeltliche Verträge und Gefälligkeitsverhältnisse, VersR 2018, 789; *Dassbach*, Gefälligkeitsverhältnisse in der Fallbearbeitung, JA 2018, 575; *Grigoleit*, Unentgeltliche Verträge und Gefälligkeitsverhältnisse, VersR 2018, 769; *Brecke*, Die Abgrenzung von Beförderungsverträgen zu Gefälligkeitsverhältnissen, TranspR 2017, 246; *Lorenz/Eichhorn*, Grundwissen – Zivilrecht: Unentgeltliche Rechtsgeschäfte, JuS 2017, 6; *Spallino*, Voraussetzungen für einen stillschweigenden Haftungsverzicht bei einem Gefälligkeitsverhältnis, VersR 2016, 1224; *Looschelders*, Haftungsmaßstab bei Gefälligkeit, VersR 2016, 903; *Haunhorst*, Die sog. Kontoleihe – Eine Gefälligkeit mit Risiken und Nebenwirkungen! DStR 2014, 1451.

I. Überblick

Die größte Bedeutung für das Zivilrecht haben die Rechtsgeschäfte und – da jedes Rechtsgeschäft aus mindestens einer Willenserklärung besteht – die *Willenserklärungen*. Aber es gibt auch andere rechtserhebliche Verhaltensweisen. Sie umfassen zwei Handlungen, nämlich die rechtswidrigen Handlungen (unten Rn 44) und die Realakte (Rn 45), sowie zwei Arten von Erklärungen (Rn 52 ff), denen gemeinsam ist, dass es sich *nicht* um Willenserklärungen und damit auch nicht um Rechtsgeschäfte handelt.

Zum besseren Verständnis der folgenden Ausführungen dient das Flussdiagramm (FD) „Rechtserhebliches Verhalten". Die Internetadresse, unter der alle FD zum Ausdrucken bereitstehen, steht am Schluss des Vorworts.

II. Rechtswidrige Handlungen

„*Rechtswidrige Handlungen*" ist der Oberbegriff für unerlaubte Handlungen und Pflichtverletzungen (FD „Rechtserhebliches Verhalten", Spalte 1):

- *Unerlaubte Handlungen* (Delikte) sind die in den §§ 823 ff geregelten schuldhaft-rechtswidrigen Verhaltensweisen. Sie führen kraft Gesetzes zur Schadensersatzpflicht. *Beispiel:* R hielt bei einem Stopp-Schild nicht an und beschädigte dadurch den Frau K gehörenden Pkw. Frau K hat nach § 823 Abs. 1 einen Schadensersatzanspruch gegen R, obwohl zwischen beiden kein Vertragsverhältnis bestand.
- *Pflichtverletzungen* sind Verstöße gegen Verpflichtungen, die sich aus einem Schuldverhältnis (insbesondere einem Vertrag) ergeben (§ 280 Abs. 1 S. 1). *Beispiel 1:*

---

[43] BGH NJW 2015, 2880 Rn 11.

V vermietete dem M vertragswidrig eine nicht bewohnbare Wohnung (§§ 536, 536a). *Beispiel 2:* Ein Geldschuldner zahlte die Rechnung nicht am vereinbarten Tag (§§ 286, 288).

III. Realakte

45 Realakte sind erlaubte Handlungen, die auf einen physisch-technischen (nicht rechtlichen) Erfolg gerichtet sind, an die das Gesetz aber bestimmte Rechtsfolgen knüpft. Auf einen entsprechenden Willen des Handelnden kommt es dabei nicht an (FD „Rechtserhebliches Verhalten", Spalte 2).

Zu den Realakten gehören die Vorgänge, die das Gesetz im Untertitel „Verbindung, Vermischung, Verarbeitung" regelt (§§ 946 ff). *Beispiel:* Der Inhaber einer Konservenfabrik verarbeitete ihm nicht gehörenden Weißkohl zu Sauerkrautkonserven. Der Eigentümer des Weißkohls wurde nach § 947 Abs. 1 auch ohne seinen Willen Miteigentümer der Sauerkrautkonserven.[44] Zu den Realakten gehören auch sonstige tatsächliche Vorgänge wie die Reparatur einer Uhr, eine ärztliche Operation und eine kaufmännische Buchung.[45]

Da es sich bei den Realakten um tatsächliche Vorgänge handelt, setzen sie keine Geschäftsfähigkeit (Rn 10) voraus. Auf sie sind auch alle anderen Vorschriften über Willenserklärungen nicht anzuwenden.[46]

IV. Gefälligkeiten

1. Definition

46 Eine Gefälligkeit ist eine unentgeltliche Hilfe oder Annehmlichkeit, die erkennbar in der Absicht versprochen wird, sich dadurch rechtlich *nicht zu binden* (FD „Rechtserhebliches Verhalten" Spalte 3). *Beispiel 1:* Fall 2 (Rn 40). *Beispiel 2:* Frau A gestattete dem Spielkameraden ihres Kindes den Aufenthalt in ihrer Wohnung, übernahm aber dadurch keine vertragliche Aufsichtspflicht.[47] *Beispiel 3:* B versprach seiner Mutter, in der Zeit ihrer Abwesenheit nach ihrem Haus zu sehen. Da er nicht bemerkte, dass die Heizung ausgefallen war, trat ein Frostschaden ein. Er meldete den Schaden seinem Haftpflichtversicherer. Aber dieser brauchte nicht zu zahlen, weil die Zusage des B nur eine Gefälligkeit gewesen war.[48] *Beispiel 4:* X winkte einen Lkw-Fahrer aus einer engen Ausfahrt auf die Straße, wo es zu einem Zusammenstoß mit einem anderen Fahrzeug kam. Da X aus Gefälligkeit gehandelt hatte, haftete er nicht.[49]

Ein im Gesetz geregelter Fall der Gefälligkeit ist der gut gemeinte Rat (§ 675 Abs. 2). *Beispiel:* A hatte seinem Bekannten B empfohlen, Aktien der EM-TV AG zu kaufen. Der enttäuschte B kann von A keinen Schadensersatz verlangen. Aber nicht jede unentgeltliche Empfehlung ist ein Fall des § 675 Abs. 2 und damit unverbindlich. Wenn nämlich erhebliche Interessen auf dem Spiel stehen, kann es sich auch um den stillschweigenden Abschluss eines Auskunfts- oder Beratungsvertrags handeln, der gegebe-

---

[44] BGH JZ 1972, 165.
[45] BGH NJW 1992, 112.
[46] Enneccerus/Nipperdey, § 207 (1269); Wolf/Neuner § 28 Rn 15.
[47] BGH NJW 1992, 1095; siehe aber unten Rn 51 zur Haftung aus unerlaubter Handlung.
[48] OLG Hamburg VersR 1989, 468.
[49] AA AG Lahnstein NZV 2000, 379.

nenfalls zum Schadensersatz verpflichtet.[50] Deshalb heißt es in § 675 Abs. 2 auch: „... unbeschadet der sich aus einem *Vertragsverhältnis* ... ergebenden Verantwortlichkeit ...".

2. Voraussetzungen

Unentgeltlichkeit: Wie sich aus der Definition ergibt, müssen für eine Gefälligkeit zwei Voraussetzungen gegeben sein, die Unentgeltlichkeit und das Fehlen des Bindungswillens. Sobald jemand für seine Leistung ein Entgelt bekommt, kann keine Gefälligkeit vorliegen. Es gilt aber nicht etwa der umgekehrte Satz, dass jede Zusage, etwas unentgeltlich und uneigennützig zu tun, eine Gefälligkeit darstellt. Das ergibt sich schon daraus, dass viele *Verträge* die Pflicht zu unentgeltlichem Handeln begründen (FD „Rechtserhebliches Verhalten", Spalte 9), so die Leihe (§ 598), der Auftrag (§ 662) und die unentgeltliche Verwahrung (§§ 688, 690). Verträge sind aber als Rechtsgeschäfte immer verbindlich (Rn 90).

47

Fehlen des Rechtsbindungswillens: Bei Gefälligkeitszusagen fehlt dem Versprechenden der für Willenserklärungen typische Rechtsbindungswille oder Rechtsfolgewille (Rn 70). Sie stehen deshalb „außerhalb des rechtsgeschäftlichen Bereichs".[51] Wenn sich der Erklärende darauf beruft, er habe nur eine Gefälligkeit zusagen wollen, so dass ihm der Rechtsbindungswille gefehlt habe, ist jedoch zu prüfen, „ob die andere Partei unter den gegebenen Umständen ... auf einen solchen Willen schließen musste".[52] Dabei sind der „Wert der anvertrauten Sache, die wirtschaftliche Bedeutung einer Angelegenheit, das erkennbare Interesse des Begünstigten und die ... Gefahr, in die er durch eine fehlerhafte Leistung geraten kann", heranzuziehen.[53] Wenn der andere Teil annehmen durfte, es liege ein Rechtsbindungswille vor, scheidet eine Gefälligkeit aus.

48

Nach diesen Kriterien ist – trotz Unentgeltlichkeit – in vielen Fällen ein Rechtsbindungswille und damit ein Vertragsschluss anzunehmen. *Beispiel 1:* S studiert Bratsche. Er wollte auf Wunsch seines Professors dessen Bratsche zum Geigenbauer bringen, ließ sie aber in der Bahn liegen. Da das Instrument einen hohen Wert hatte, dürfte es sich nicht mehr um eine Gefälligkeit gehandelt haben.[54] *Beispiel 2:* Die Leiterin einer städtischen Kunstgalerie sagte ortsansässigen Malern zu, ihre Werke unentgeltlich auszustellen. Hier durften die Maler darauf vertrauen, dass ein Rechtsbindungswille gegeben war, so dass keine Gefälligkeit vorlag. Die Zusage war damit einklagbar.[55]

Wenn Angehörige eines freien Berufes eine fachliche Auskunft erteilen, liegt – auch bei Unentgeltlichkeit – idR ein Vertrag zu Grunde, kein Gefälligkeitsverhältnis. *Beispiel:* Steuerberater S hatte für L schon seit vielen Jahren die Steuererklärung angefertigt. L wollte eine seiner Wohnungen verkaufen und fragte S am Telefon, ob er mit steuerlichen Nachteilen rechnen müsse. S verneinte das zu Unrecht. L hat durch den Verkauf einen steuerlichen Schaden von 30 000 Euro erlitten. Um einen Schadensersatzanspruch abzuwehren, berief sich S auf eine Gefälligkeit. Aber angesichts der hohen Be-

49

---

50 BGH NJW 1992, 2080; NJW-RR 1992, 1011.
51 BGHZ 21, 102; BGH NJW 68, 1874.
52 BGH NJW 2009, 1141 Rn 7; fast wortgleich NJW 1995, 3389.
53 BGHZ 21, 102; ähnlich BGHZ 88, 373, BGH NJW 1995, 3389 und 1996, 1889.
54 AA OLG Karlsruhe NJW 1994, 1966.
55 BGH NJW 1995, 3389.

deutung der Frage hatten S und L einen unentgeltlichen *Vertrag* (Auskunftsvertrag) geschlossen. Deshalb war S schadensersatzpflichtig.[56]

50 *Unentgeltliche Gebrauchsüberlassung:* Eine Vereinbarung über die kostenlose Überlassung einer geringwertigen Sache ist oft eine Gefälligkeit. *Beispiel 1:* A fragte B, ob er für den nächsten Tag seinen Spaten haben dürfe. B erwiderte, er werde ihn vor seinen Schuppen stellen, vergaß das aber. Wenn es jedoch um mehr geht als einen Spaten, ist oft schwer zu entscheiden, ob es sich um einen Leihvertrag handelt (§ 598) oder um ein Gefälligkeitsverhältnis. *Beispiel 2:* A wollte aus Neugier den Motorroller seines Bekannten B ausprobieren, was B ihm erlaubte. Bei der Fahrt wurde das Fahrzeug beschädigt. Der BGH rügte das LG, weil es nicht festgestellt hatte, „ob zwischen den Parteien ein Leihvertrag oder ein bloßes Gefälligkeitsverhältnis zustande gekommen" war.[57] *Beispiel 3:* Ein Grundstückseigentümer hatte seinem Nachbarn einen Grenzstreifen seines Grundstücks unentgeltlich zur Benutzung überlassen. Der BGH konnte in diesem Fall offenlassen, ob ein Leihvertrag vorlag (§ 598) oder eine Gefälligkeit.[58] Denn beide Annahmen führten in diesem Fall zur gleichen Rechtslage.

3. Haftung aus unerlaubter Handlung

51 Verletzt der Gefällige die von ihm übernommene Pflicht, kann der Begünstigte daraus – mangels eines Vertrags – keine *vertraglichen* Ansprüche herleiten. Allerdings vertreten einige Autoren die Ansicht, dass bei Gefälligkeitsverhältnissen mit „rechtsgeschäftsähnlichem Charakter" gewisse gegenseitige Schutzpflichten bestehen, die zu außervertraglichen Schadensersatzansprüchen führen können.[59]

Jedenfalls kommt auch im Rahmen einer Gefälligkeit eine Haftung aus den §§ 823 ff in Frage (so ausdrücklich § 675 Abs. 2). *Beispiel 1:* Frau B stellte ihrer Reitkameradin K ihr Reitpferd zur Verfügung, das buckelte und Frau K abwarf. Der BGH hat Frau K Schadensersatz von über 75 000 Euro zuerkannt, und zwar aufgrund der Frau B treffenden Tierhalterhaftung (§ 833). Das klingt zunächst sehr ungerecht, hat aber eine banale Erklärung: Frau B war gegen solche Schäden versichert, es ging also letztlich nur darum, ob ihr *Versicherer* zahlen musste.[60] Man darf vermuten, dass die Frage, ob ein Versicherer den Schaden zu übernehmen hat, viele Entscheidungen zum Thema Gefälligkeit bestimmt, auch wenn das nie in den Urteilsgründen erörtert wird. Anders wäre manche Entscheidung jedenfalls kaum nachvollziehbar. *Beispiel 2:* Frau F hatte für kurze Zeit die Aufsicht über ihren knapp zwei Jahre alten Neffen übernommen. Als sie im Dorfladen mit der Inhaberin sprach, lief das Kind durch den Laden in den Garten und fiel in den Gartenteich. Der Sauerstoffmangel führte zu einer schweren Gehirnschädigung. Frau F wurde zur Zahlung einer lebenslangen Rente und eines Schmerzensgeldes von über 50 000 Euro verurteilt.[61]

---

56 BGH NJW 2009, 1141 Rn 8 ff.
57 NJW 2010, 3087 Rn 17. Eine Probefahrt, die einer Kaufentscheidung dienen soll, ist im Rahmen des vorvertraglichen Vertrauensverhältnisses zu bewerten (§ 311 Abs. 2 Nr. 2; Palandt/Weidenkaff § 598 Rn 5). Bei der Überlassung handelt es sich deshalb nicht um eine Gefälligkeit.
58 BGH NJW 1992, 1101.
59 So im Anschluss an Canaris (JZ 2001, 499 [502]) etwa MüKo/Häuplein § 598 Rn 7; PWW/Hoppenz § 598 Rn 8.
60 BGH NJW 1992, 2474; ähnlich BGH NJW 1993, 2611.
61 BGH NJW 1993, 1531.

V. Informationen

Definition: Eine Information ist eine Erklärung, die nur eine *Mitteilung* enthält und nicht (wie die Willenserklärung) in der Absicht abgegeben wird, die Rechtslage zu ändern (FD „Rechtserhebliches Verhalten", Frage 4, Spalte 4). Diese sehr häufigen Äußerungen werden in Rechtsprechung und Literatur nur selten als „Informationen" bezeichnet, meist als „Wissensmitteilungen",[62] oder „Wissenserklärungen". 52

Vorbereitung des Vertragsschlusses: Informationen werden vielfach während der Vertragsverhandlungen gegeben, ohne dass sie später Vertragsbestandteil werden. *Beispiel 1:* Während der Vertragsverhandlungen stellte einer der Beteiligten einen Vorschlag zur Diskussion. Es handelte sich nicht um eine Willenserklärung, sondern nur um „eine rein wirtschaftliche Erwägung".[63] *Beispiel 2:* Ein Kaufmann bot eine Ware „freibleibend" an, wollte sich also ausdrücklich nicht binden, sie zu verkaufen (§ 145; Rn 173). Ähnlich sind Schaufensterauslagen, Anzeigen, Betriebsanleitungen und andere Mitteilungen zu werten (Rn 200). 53

Mitteilungen im Vertrag: In Verträgen über Gebrauchtwagen gibt der Verkäufer oft eine Information, für die er eine Quelle nennt. *Beispiel:* „Datum der Erstzulassung lt. Zulassungsbescheinigung Teil II ..." Dadurch will er deutlich machen, dass es sich nicht um eine eigene Erklärung (Willenserklärung) handelt, sondern dass er nur eine Information weitergibt, für deren Richtigkeit er keine Gewähr übernehmen will.[64] Ebenso hat der BGH Angaben „keinen rechtsverbindlichen Erklärungsinhalt" beigemessen,[65] die mit Einschränkungen wie „... laut Vorbesitzer" oder „soweit ihm bekannt" versehen waren.

Massenmedien: Nicht nur die Äußerungen von Journalisten (Nachrichten, Berichte und Kommentare), sondern auch die Erklärungen Dritter in Presse und Fernsehen sind nur Informationen. *Beispiel:* Bundeskanzlerin Merkel gab am 5. Oktober 2008 vor laufenden Kameras folgendes Statement ab: „Wir sagen den Sparerinnen und Sparern, dass ihre Einlagen sicher sind. Auch dafür steht die Bundesregierung ein." Diese Erklärung war keine Willenserklärung, begründete also keine einklagbaren Ansprüche.[66] 54

Gutachten, Aufstellungen: Auch wissenschaftliche Gutachten, Vorlesungs- und Lehrbuchtexte, Sachbücher und Arbeitszeugnisse geben nur einen gedanklichen Inhalt wieder, ohne die Rechtslage ändern zu wollen. Das gilt auch für Angaben, die ein Prozessbeteiligter über die Höhe seiner Ausgaben und Einnahmen oder über die Höhe seines Vermögens macht.[67] 55

Rechtliche Bewertung: Obwohl Informationen nicht (wie Willenserklärungen) die Rechtslage ändern sollen und auch nicht (wie die geschäftsähnlichen Erklärungen, Rn 57) kraft Gesetzes rechtliche Konsequenzen haben, müssen auch sie Gesetz und Recht entsprechen. *Beispiel:* K stellte an dem Pkw, den er vom Gebrauchtwagenhändler V gekauft hatte, einen Unfallschaden fest. V hatte im Vertrag angegeben „Unfallschaden: Laut Vorbesitzer Nein". Das war keine Willenserklärung, sondern nur eine 56

---

62 BGH NJW 2008, 1517 Rn 16. Der BGH hat dem Ausdruck „Wissensmitteilung" ausdrücklich den Vorzug gegeben (NJW 2016, 3015 Rn 33), vermutlich um den Unterschied zur Willenserklärung auch sprachlich besonders deutlich zu machen.
63 BGH NJW 1998, 306.
64 BGH NJW 2016, 3015 Rn 27.
65 BGH NJW 2016, 3015 Rn 33.
66 Roth, NJW 2009, 566.
67 BGH NJW 2008, 917 Rn 13.

Information („Wissensmitteilung"). Aber V haftete dafür, dass der Vorbesitzer wirklich den Unfallschaden geleugnet hatte und ihm selbst der Unfallschaden nicht aufgefallen war.[68] Auch andere Informationen müssen richtig sein. So können zB falsche Werbeaussagen des Herstellers zu einer Haftung des Verkäufers führen (§ 434 Abs. 1 S. 3).

VI. Geschäftsähnliche Erklärungen (geschäftsähnliche Handlungen)

57 *Definition:* Geschäftsähnliche Erklärungen sind Erklärungen, die die Entwicklung eines Rechtsverhältnisses fördern, unterstützen oder beeinflussen. Die Rechtswirkung tritt jedoch ein, weil *das Gesetz* sie vorschreibt (ex lege), nicht – wie bei den Willenserklärungen – weil sie vom Erklärenden gewollt ist (ex voluntate).[69] Geschäftsähnliche Erklärungen werden „vielfach im Bewusstsein" der durch sie „ausgelösten Rechtsfolgen ausgesprochen", ohne dass sie – wie die Willenserklärungen – „unmittelbar auf den Eintritt dieser Rechtsfolgen gerichtet sind oder gerichtet sein müssen".[70] Diese Erklärungen bleiben deshalb in ihrer rechtlichen Bedeutung hinter den Willenserklärungen zurück, sind aber bedeutsamer als die meist unverbindlichen Informationen.

Terminologisches: Das BGB kennt für diese Erklärungen keine Regeln und damit auch keine Bezeichnung, so dass es keine verbindliche Terminologie gibt. Die meisten Autoren nennen sie „geschäftsähnliche *Handlungen*". Da es sich aber durchweg um *Erklärungen* handelt,[71] ist mE der Ausdruck „geschäftsähnliche *Erklärungen*" besser (FD „Rechtserhebliches Verhalten", Frage 5, Spalte 5).

Viele geschäftsähnliche Erklärungen kann man den Gruppen „Aufforderungen" und „Mitteilungen" zurechnen.

58 ■ *Aufforderungen: Beispiel 1:* Der Inhaber eines Fahrradgeschäfts, der mit einem Minderjährigen einen schwebend unwirksamen Vertrag geschlossen hatte, forderte dessen Eltern auf, den Vertrag zu genehmigen (§ 108 Abs. 2; ähnlich § 177 Abs. 2). *Beispiel 2:* Die *Mahnung*, mit der der Gläubiger den Schuldner zur Leistung auffordert (§ 286 Abs. 1 S. 1), wird heute nicht mehr als Willenserklärung, sondern als geschäftsähnliche Erklärung angesehen. Denn die Rechtsfolge, nämlich der Verzug des Schuldners, tritt ein, weil *das Gesetz* sie vorsieht (§ 286 Abs. 1 S. 1). *Beispiel 3:* U hatte für B eine Heizungsanlage installiert. B forderte U nach § 635 auf, einen Mangel dieser Anlage zu beseitigen.[72] *Beispiel 4:* Ein Vermieter forderte seinen Mieter auf, sein Fernsehgerät auf Zimmerlautstärke einzustellen, und drohte ihm anderenfalls mit fristloser Kündigung.[73]

59 ■ *Mitteilungen: Beispiel 1:* Der Verkäufer eines Hauses übergab dem Käufer im Notartermin schriftliche Angaben über durchgeführte Renovierungsarbeiten. In den notariellen Kaufvertrag wurden diese Angaben nicht aufgenommen, so dass sie nicht in den Rang einer Willenserklärung erhoben wurden. Andererseits zeigten sie aber den Willen des Verkäufers, „bestimmte, für ein Geschäft bedeutsame Tatsachen einem anderen zur Kenntnis zu geben", und bildeten deshalb nicht nur eine In-

---

68 BGH NJW 2008, 1517 Rn 16.
69 Enneccerus/Nipperdey, § 137 IV 2 a (865); BAG NJW 2003, 843.
70 BGH NJW 2001, 289; Wolf/Neuner § 22, Rn 23.
71 Enneccerus/Nipperdey, § 137 IV 2 a (866); Wolf/Neuner § 28 Rn 8; Palandt/Ellenberger Vor § 104 Rn 6.
72 BGH NJW 2002, 1565.
73 BGH NJW 2008, 1303 Rn 7.

formation, sondern eine geschäftsähnliche Erklärung.[74] *Beispiel 2:* Ein Aktionär kündigte an, er werde in der Hauptversammlung einen bestimmten Antrag zur Abstimmung stellen. Darin lag noch keine Willenserklärung,[75] aber eine Erklärung, die eine künftige Willenserklärung vorbereiten sollte, also eine geschäftsähnliche Erklärung. *Beispiel 3:* Der Betriebsrat teilte der Geschäftsführung mit, dass er seine Zustimmung zur Einstellung des Herrn H verweigere.[76] Zu den geschäftsähnlichen Erklärungen gehören auch die Mitteilung über die Erteilung der Vollmacht (§ 171 Abs. 1) und die Anmeldung eines Gewerbes.[77]

Da es keine gesetzlichen Vorschriften über die geschäftsähnlichen Erklärungen gibt, bestehen über sie einige Unklarheiten. *Beispiel 1:* Die Verfasser des BGB gingen (wie den Motiven zum BGB zu entnehmen ist) davon aus, die Mahnung (§ 286 Abs. 1 S. 1) sei eine Willenserklärung. Sie wird heute aber überwiegend als geschäftsähnliche Erklärung angesehen (so schon Rn 58). *Beispiel 2:* Die Einwilligung in eine Operation sieht der BGH heute als geschäftsähnliche Erklärung an,[78] hatte sie früher aber als Willenserklärung aufgefasst.[79]

Rechtsfolgen: Auch die rechtliche Behandlung der geschäftsähnlichen Erklärungen ist unklar. Man ist sich zwar einig, dass sie „weitgehend nach Analogie der Willenserklärungen zu behandeln" sind.[80] Aber niemand weiß, wie weit diese Analogie gehen soll. Sicher ist eigentlich nur, dass man auch für geschäftsähnliche Erklärungen geschäftsfähig sein muss. Sie müssen ferner dem Erklärungsempfänger in Analogie zu § 130 zugehen (Rn 102 ff). Im Übrigen wird auf eine Abwägung im Einzelfall verwiesen.[81] Wegen der gleichen Rechtsfolgen kann oft offen bleiben, ob es sich um eine Willenserklärung oder eine geschäftsähnliche Erklärung handelt.[82] Nach alledem stellt sich die Frage, ob die ganze Unterscheidung überhaupt sinnvoll ist.

60

§ 3 Willenserklärungen bilden Rechtsgeschäfte

▶ **Fall 3: Aufhebung des Mietvertrags ohne Kündigung**

61

Niels Verstappen hatte eine Wohnung an Frau Maggy Meyer vermietet. Nach drei Jahren wollte Frau Meyer eine neue Stelle in einer anderen Stadt antreten. Sie fragte deshalb Herrn Verstappen, ob sie kurzfristig ausziehen könne, wenn sie eine Nachmieterin stelle. Da Verstappen das bejahte, stellte sie ihm ihre Bekannte Frau Niederberg vor, mit der Verstappen einen Mietvertrag schloss. Ende Mai zog Frau Meyer aus und Frau Niederberg zog – wie im Vertrag vorgesehen – ein. Einen Monat später forderte Frau Meyer Verstappen auf, ihr die Mietsicherheit (Kaution) in Höhe von 1 500 Euro zurückzuzahlen. Verstappen entgegnete, er sei mit der Nachmieterin Niederberg sehr unzufrieden und deshalb froh, dass das Mietverhältnis zwischen ihm und Frau Meyer noch fortbestehe. Als sich Frau Meyer er-

---

74 BGH NJW 1995, 45.
75 BGH NJW 2000, 1328.
76 BAG NJW 2003, 843.
77 BGH NJW 2002, 2030.
78 BGHZ 105, 45.
79 BGHZ 90, 96.
80 Enneccerus/Nipperdey, § 137 IV 2 a (866).
81 Wolf/Neuner § 28 Rn 10.
82 BGH NJW 2003, 426 für die Gewinnzusage nach § 661a.

staunt äußerte, sagte er: „Weder Sie noch ich haben den Mietvertrag gekündigt, also sind Sie immer noch meine Mieterin." (In Anlehnung an BGH NJW-RR 2012, 648)

62 Die Beendigung eines Mietvertrags erfolgt idR durch eine Kündigung (§§ 568 ff). Eine Kündigung ist eine *Willenserklärung*, mit der eine Vertragspartei einseitig erklärt, sie beende das Vertragsverhältnis. Zugleich ist die Kündigung ein *Rechtsgeschäft*, und zwar, da sie nur aus *einer* Willenserklärung besteht, ein einseitiges Rechtsgeschäft (Rn 85). Das bedeutet: Wenn Frau Meyer eine Kündigung ausgesprochen hätte, hätte es sich allein um *ihre* Willenserklärung gehandelt. Einer zustimmenden Erklärung von Verstappen hätte es im Fall der Kündigung nicht bedurft. Die Wirksamkeit der Kündigung wäre nur davon abhängig gewesen, dass die vom Gesetz dafür vorgeschriebenen Voraussetzungen erfüllt gewesen wären. Das Gleiche würde gelten, wenn Verstappen gekündigt hätte. Aber beide Partner des Mietvertrags haben keine Kündigung ausgesprochen.

Zu prüfen ist deshalb, ob die Parteien einen *Aufhebungsvertrag* geschlossen haben. Ein Aufhebungsvertrag ist – wie die Bezeichnung schon sagt – ein Vertrag und damit ein mehrseitiges Rechtsgeschäft (Rn 89). Das Charakteristikum jedes Vertrags ist, dass er durch *zwei* Willenserklärungen zustande kommt, die das Gesetz Antrag und Annahme nennt. Den Antrag (das Angebot zum Vertragsschluss) hat hier Frau Meyer abgegeben, indem sie Verstappen fragte, ob sie kurzfristig ausziehen könne, wenn sie eine Nachmieterin stelle. Diesen Antrag hat Verstappen, indem er die Frage bejahte, zumindest nicht abgelehnt. Man wird seine Zustimmung so auslegen können, dass er mit der Aufhebung unter einer aufschiebenden Bedingung einverstanden war (§ 158 Abs. 1; Rn 355). Diese Bedingung war, dass ein Mietvertrag mit der Nachmieterin zustande kam und diese auch tatsächlich einzog. Da diese beiden Bedingungen eingetreten sind, ist die Annahme des Antrags durch Verstappen wirksam geworden. Dadurch kam der Aufhebungsvertrag endgültig zustande.

Verstappen und Frau Meyer hatten zuvor bereits einen anderen Vertrag geschlossen, nämlich den Mietvertrag. Der Aufhebungsvertrag ist das Gegenstück zu diesem Vertrag. Denn so, wie der Mietvertrag das Mietverhältnis einvernehmlich begründet hatte, hob der Aufhebungsvertrag es einvernehmlich auf.

Zwischen einer Kündigung und einem Aufhebungsvertrag bestehen – wie bereits ausgeführt – von der rechtlichen Konstruktion her große Unterschiede. Denn die Kündigung ist ein einseitiges Rechtsgeschäft mit empfangsbedürftiger Willenserklärung, während der Aufhebungsvertrag ein Vertrag ist. Aber es gibt noch einen anderen Unterschied: Die Kündigung eines Mietvertrags über Wohnraum bedarf der Schriftform (§ 568 Abs. 1). Dagegen sagt das Mietrecht über einen Aufhebungsvertrag nichts und damit auch nichts über seine Form. Daraus wird geschlossen, dass er keiner Form bedarf.[83] Aber trotz all dieser grundlegenden Unterschiede sind die Rechtsfolgen in diesem Fall doch gleich. Denn sowohl durch eine Kündigung als auch durch einen Aufhebungsvertrag wird das Vertragsverhältnis beendet. Verstappen hat also nicht Recht, sondern Frau Meyer.

Lerneinheit 3

63 **Literatur:** *Fischinger*, Grundfälle zur Bedeutung des Schweigens im Rechtsverkehr, JuS 2015, 394; *Sutschet*, Anforderungen an die Rechtsgeschäftslehre im Internet, NJW 2014, 1041; *Kanzleiter*, Vertragsabschluss durch das Schweigen des Verbrauchers auf die verspätete Annahme seines

---

83 Palandt/Weidenkaff § 568 Rn 2.

Kaufangebots durch den (Unternehmer-)Verkäufer? DNotZ 2013, 323; *Kolbe,* Geschuldete Information als Willenserklärung? JZ 2013, 441; *Säcker,* Die stillschweigende Willenserklärung als Mittel zur Schaffung neuen und zur Wiederentdeckung alten Rechts, BB 2013, 2677; *Musielak,* Zum Verhältnis von Wille und Erklärung, AcP 211 (2011), 769; *Mankowski,* Verändert die Neurobiologie die rechtliche Sicht auf Willenserklärungen? AcP 211 (2011), 153.

I. Willenserklärungen

1. Allgemeines

Die weitaus wichtigste Gruppe der Erklärungen bilden die *Willenserklärungen* (FD „Rechtserhebliches Verhalten", Spalten 6 bis 11). Wie wichtig sie sind, sieht man schon daran, dass jedes Rechtsgeschäfts aus zumindest *einer* Willenserklärung besteht (Rn 79). Das BGB hat den Willenserklärungen einen eigenen Titel gewidmet („Titel 2. Willenserklärung", §§ 116 bis 144). Aber ihre Bedeutung geht weit über das hinaus, was man aufgrund dieser wenigen Vorschriften vermuten sollte. Die Willenserklärung ist das *Grundelement unserer gesamten Zivilrechtsordnung.* Weil die Teilnehmer des Rechtslebens mit Ihren Willenserklärungen weitgehend selbst bestimmen können, was für sie rechtlich gelten soll, sind die Willenserklärungen zugleich Ausdruck der Privatautonomie und damit ein Eckpfeiler unserer freiheitlichen Grundordnung.

64

2. Definition und Beispiele

Der zentrale Begriff der Willenserklärung wird vom BGB vielfach verwendet, aber nicht definiert. Aus der Art, wie das BGB diesen Ausdruck verwendet, ergibt sich aber: Eine Willenserklärung ist eine Erklärung, durch die der Erklärende zu erkennen gibt, dass nach seinem Willen eine bestimmte *Rechtsfolge eintreten* soll. Anders gesagt: Die Willenserklärung ist eine Erklärung, „die auf die Herbeiführung eines rechtsgeschäftlichen Erfolgs gerichtet ist".[84]

65

Die wichtigsten Willenserklärungen sind die, die zum Abschluss eines Vertrags führen und die das Gesetz Antrag und Annahme nennt (§§ 145 ff; Rn 166). Es gibt aber auch Willenserklärungen, die sozusagen nicht im Doppelpack auftreten, sondern für sich allein eine Rechtsfolge herbeiführen und deshalb zugleich ein *einseitiges Rechtsgeschäft* darstellen. Das bekannteste Beispiel für solche Willenserklärungen ist die Kündigung (Rn 85).

3. Geltungsgrund

Eine Willenserklärung führt aus zwei Gründen zu der beabsichtigten Rechtsfolge:

66

- *Wille des Erklärenden:* Die Rechtsfolge tritt ein, weil sie *gewollt* ist.[85] Die Tatsache, dass eine Willenserklärung zu einer Rechtsfolge führt, hat also ihren Grund in dem freien Willen dessen, der sie äußert.
- *Billigung durch die Rechtsordnung:* Die gewollte Rechtsfolge tritt aber nur dann und nur insoweit ein, wie sie von der Rechtsordnung *zugelassen* wird. Das ist nicht immer der Fall. So erklärt das BGB manche Willenserklärungen für nichtig, zB die Willenserklärung eines Geschäftsunfähigen (§ 105 Abs. 1) oder eine sittenwidrige

---

[84] BGH NJW 1993, 2100.
[85] Wolf/Neuner § 30 Rn 6.

Willenserklärung (§ 138). Das Wollen ist also nur wirksam im Rahmen des Dürfens.

4. Voraussetzungen einer Willenserklärung

a) Erklärung

67 Das Wort „Willenserklärung" bringt sehr treffend zum Ausdruck, dass ein „Wille" vorhanden sein muss, der „erklärt" (geäußert) wird. Der Begriff „Willenserklärung" setzt deshalb voraus, dass einerseits ein subjektiver (innerer) Tatbestand, nämlich ein „*Wille*" vorliegt und andererseits ein objektiver (nach außen in Erscheinung tretender) Tatbestand, nämlich eine „*Erklärung*. Die Erklärung kann auf unterschiedliche Weise erfolgen:

Worte: Man kann seinen Willen durch Worte äußern, nämlich entweder mithilfe seiner Stimme (mündliche oder telefonische Willenserklärungen) oder durch Schriftzeichen (privatschriftliche, öffentlich beglaubigte oder notariell beurkundete Willenserklärungen). Auch durch das Anklicken einer vorgegebenen Erklärung am Bildschirm kann man eine Willenserklärung abgeben.[86]

68 *Konkludentes Verhalten:* Man kann auch wortlos, nämlich durch eine Geste oder ein anderes Verhalten zum Ausdruck bringen, dass man eine bestimmte Rechtsfolge herbeiführen will. Solch ein Verhalten nennt man ein „*schlüssiges*" oder „*konkludentes*" Verhalten.[87] *Beispiel 1:* Ein Darlehensgeber nimmt Zinsen für einen künftigen Zeitraum entgegen. Er bringt damit zum Ausdruck, dass er dem Darlehensnehmer das Kapital zumindest für diese Zeit belassen will.[88] *Beispiel 2:* K legt im Selbstbedienungsladen die Ware an der Kasse aufs Band und erklärt damit wortlos, einen entsprechenden Kaufvertrag abschließen zu wollen. *Beispiel 3:* Patient P hatte einen festen Termin für eine Operation. Nachdem er stundenlang vergeblich gewartet hatte, verließ er verärgert die Klinik. Dadurch kündigte er konkludent den Behandlungsvertrag.[89]

69 *Schweigen* gilt im Rechtsverkehr grundsätzlich weder als Zustimmung noch als Ablehnung. Ausnahmsweise kann jedoch ein Schweigen als konkludente Willenserklärung angesehen werden (Rn 235). *Beispiel 1:* In einer Eigentümerversammlung stellte die Versammlungsleiterin einen Antrag zur Abstimmung. Sie bat zunächst um ein Handzeichen für Nein und dann um ein Handzeichen für Stimmenthaltung. Das Schweigen derjenigen, die sich nicht gemeldet hatten, wertete sie zu Recht als Zustimmung.[90] *Beispiel 2:* O hatte den Stadtwerken eine Einzugsermächtigung erteilt, so dass diese vom Konto des O monatlich einen Betrag abbuchen ließen. O konnte den Lastschriften widersprechen, tat das aber zwei Monate lang nicht. Durch sein Schweigen hatte er die Lastschriften konkludent genehmigt.[91]

---

[86] BGH NJW 2002, 363.
[87] Von lateinisch concludere (Betonung auf dem u) = einen Schluss ziehen, folgern.
[88] Dies Beispiel aus dem 2. Jahrhundert n. Chr. stammt von dem römischen Juristen Florentinus (Knütel JuS 2001, 209).
[89] LG Offenburg NJW 1999, 1787.
[90] BGH NJW 2002, 3629.
[91] BGH NJW 2011, 2499 Rn 13.

b) Rechtsbindungswille (Rechtsfolgewille, Geschäftswille)

Definition: Der *Rechtsbindungswille* ist der Wille des Erklärenden, sich rechtlich an seine Worte zu binden und auf diese Weise eine bestimmte Rechtsfolge herbeizuführen. Diesen Willen nennt man deshalb auch Rechtsfolgewille oder Geschäftswille. Der Rechtsbindungswille muss im Einzelfall vorhanden sein, um von einer Willenserklärung sprechen zu können.

Regel: Der Rechtsbindungswille liegt bei allen rechtsgeschäftlichen Erklärungen vor, sofern der Erklärende ihn nicht erkennbar ausgeschlossen hat. Er besteht auch dann, wenn der Erklärende nicht alle rechtlichen Konsequenzen seiner Äußerung abschätzen kann. Es reicht aus, wenn er in einer laienhaften Weise weiß, was seine Worte bedeuten. *Beispiel:* Gesellschafter A hatte richtig verstanden, dass der Gesellschafter B ausscheiden und seinen Anteil an den Gesellschafter C verkaufen wollte. Als er dazu seine Zustimmung gab, tat er das mit dem nötigen Rechtsbindungswillen (Rechtsfolgewillen). Denn die Einzelheiten der Abwicklung brauchte er nicht zu verstehen.[92]

Ausnahme: Kein Rechtsbindungswille: Wenn dem Erklärenden der Rechtsbindungswille erkennbar fehlt, liegt keine Willenserklärung vor.

- *Gefälligkeiten:* Bei der Zusage einer Gefälligkeit fehlt dem Erklärenden der Rechtsbindungswille (Rn 48).
- *Freibleibend:* Wenn ein Kaufmann einem Interessenten eine Ware „freibleibend" anbietet, hat er damit eine Bindung ausgeschlossen, so dass kein Antrag vorliegt (§ 145; Rn 173).
- *Partnerschaft, Familienplanung:* Wer zu erkennen gibt, dass er mit einer anderen Person eine nichteheliche Lebensgemeinschaft eingehen will, gibt damit keine Willenserklärung ab, weil ihm der Rechtsbindungswille fehlt. Eine solche Lebensgemeinschaft ist deshalb keine Gesellschaft des bürgerlichen Rechts nach § 705.[93] Auch Abreden zwischen Ehegatten über die Familienplanung werden von der Rechtsprechung als Erklärungen ohne Rechtsbindungswille aufgefasst. *Beispiel 1:* Eine Ehefrau hatte ihrem Ehemann versprechen müssen, Antikonzeptiva zu nehmen, wurde aber schwanger. Da das „Versprechen" unverbindlich war, konnte ihr Ehemann seine Frau nicht schadensersatzpflichtig machen (das hatte er ernsthaft versucht).[94] *Beispiel 2:* Ein Ehemann hatte seine Zustimmung zu einer heterologen In-vitro-Fertilisation gegeben (dh zur Befruchtung seiner Frau mit dem Sperma eines unbekannten Spenders). Da diese Zustimmung als Erklärung ohne Rechtsbindungswille angesehen wird, konnte er sie zurücknehmen, aber nur bis zum Zeitpunkt der Befruchtung.[95]

Unerkennbar fehlender Rechtsbindungswille: Manchmal beruft sich der Erklärende darauf, dass er bei seiner Erklärung keinen Rechtsbindungswillen gehabt habe, obwohl er das nicht erkennbar zum Ausdruck gebracht hat. Dann stellt sich die Frage, was gelten soll, das (objektiv) Gesagte oder das (subjektiv) Gewollte. Dies Problem wird ausführlich ab Rn 581 behandelt.

---

[92] BGH NJW 1993, 2100.
[93] BGH NJW 2008, 443 Rn 17. Auch Lebenspartner können (konkludent) eine Gesellschaft gründen, indem sie zB gemeinsam ein Grundstück kaufen (BGHZ 165, 1 [10]).
[94] BGHZ 97, 372.
[95] BGHZ 129, 297 (306/307).

Die Verfasser des BGB haben diese Frage bewusst der Wissenschaft überlassen. Heute besteht weitgehend Einigkeit darüber, dass im Zweifel die Willenserklärung so gilt, wie sie *objektiv* zu verstehen ist, also von einem vernünftigen Dritten verstanden worden wäre. Eine Erklärung, die aus der objektiven Sicht ihres Empfängers auf einen bestimmten Rechtsbindungswillen schließen lässt, ist deshalb auch dann als entsprechende Willenserklärung anzusehen, wenn dem Erklärenden dieser Wille (angeblich?) fehlte.[96] Diese Ansicht fügt sich in den allgemeinen Grundsatz ein, dass Willenserklärungen so gelten, wie sie zu verstehen sind, nicht so, wie sie (angeblich) gemeint waren. Das gilt auch bei der Auslegung von Willenserklärungen (Rn 133) und bei der Lösung von Irrtumsfällen (§ 119).

c) Erklärungsbewusstsein

75 Das Erklärungsbewusstsein ist das Bewusstsein, überhaupt eine Willenserklärung abzugeben. Dies Bewusstsein hat man normalerweise immer bei der Abgabe einer rechtsgeschäftlichen Erklärung, so dass das Vorliegen des Erklärungsbewusstseins im Regelfall nicht zu prüfen ist. Es kommt aber vor, dass jemand nur eine Information (Rn 52) geben oder gar nichts erklären wollte, sich aber versehentlich so ausgedrückt hat, dass der andere den Eindruck haben musste, es handele sich um eine Willenserklärung. Dann fehlt dem Erklärenden das Erklärungsbewusstsein. Wie diese Fälle zu bewerten sind, wird ab Rn 581 erläutert.

5. Einteilung der Willenserklärungen

76 *Empfangsbedürftige Willenserklärungen:* Weitaus die meisten Willenserklärungen müssen an einen bestimmten Empfänger gerichtet werden, dürfen also nicht an die falsche Person adressiert werden oder an die Allgemeinheit. Das Gesetz spricht in diesen Fällen von einer „Willenserklärung, *die einem anderen gegenüber abzugeben*" ist (§ 130 Abs. 1 S. 1 – bitte lesen! FD Wirksamwerden der Willenserklärungen", Frage 1, Spalten 1 bis 9). *Beispiel 1:* Wer einen Vertrag schließen will, muss seinen *Antrag* an einen bestimmten Empfänger richten (nämlich an den gewünschten künftigen Vertragspartner). Dieser wiederum darf die *Annahme* des Antrags nur an den Antragenden adressieren (Rn 184; das Gesetz sagt beides nicht mit zitierbarer Deutlichkeit). *Beispiel 2:* Eine *Anfechtung* nach § 119 oder § 123 ist nur wirksam, wenn sie „gegenüber dem Anfechtungsgegner" erfolgt (§ 143 Abs. 1). *Beispiel 3:* Der *Rücktritt* kann nur „gegenüber dem anderen Teile" erklärt werden (§ 349), also gegenüber dem Vertragspartner. *Beispiel 4:* Wer einen Vertrag kündigen will, muss die *Kündigung* an seinen Vertragspartner adressieren.[97]

77 *Nichtempfangsbedürftige Willenserklärungen:* Einige wenige Willenserklärungen greifen nicht in die Rechte anderer ein und bedürfen deshalb nicht einer Annahme, Zusage oder Bestätigung durch eine andere Person. Sie müssen nicht an einen bestimmten Empfänger gerichtet werden. Vielmehr sind sie auch wirksam, wenn sie gegenüber niemand oder gegenüber der Allgemeinheit abgegeben werden. Für sie gilt § 130 deshalb nicht (FD „Wirksamwerden der Willenserklärungen", Frage 1, Nein, Spalte 10).

---

[96] HM; BGH NJW 1996, 1889; 1995, 3389; Soergel/Hefermehl, Vor § 116 Rn 11; Palandt/Ellenberger, Vor § 116 Rn 2/3; anders OLG Köln VRS 1994/98, 321.

[97] Das ist allerdings den drei wichtigsten Kündigungsvorschriften nicht zu entnehmen. Das sind § 314 für die fristlose Kündigung, § 568 Abs. 1 für das Mietrecht und § 620 Abs. 2 für das Dienst- und Arbeitsrecht.

Zu den *nichtempfangsbedürftigen* Willenserklärungen gehören das Testament (§§ 1937, 2064), die Auslobung (§ 657), die Aneignung herrenloser Sachen (§ 958) und die Eigentumsaufgabe (§ 959). Weil sie keinen Empfänger haben, wäre „nichtempfängerbedürftig" der treffendere Ausdruck. Sie werden jedoch allgemein als „nichtempfangsbedürftig" bezeichnet. Diese Willenserklärungen kommen nur im Rahmen *einseitiger* Rechtsgeschäfte vor (Rn 88).

II. Rechtsgeschäfte

1. Definition des Begriffs „Rechtsgeschäft"

Ein Rechtsgeschäft ist ein Tatbestand, der

- entweder aus einer einzigen Willenserklärung besteht (*einseitiges* Rechtsgeschäft; unten Rn 82)
- oder aus mehreren Willenserklärungen (*mehrseitiges* Rechtsgeschäft; unten Rn 89)
- und gegebenenfalls auch alle anderen Voraussetzungen umfasst, die für den Eintritt der gewollten Rechtsfolge erforderlich sind. Solche anderen Voraussetzungen können zB eine erforderliche Genehmigung, eine Grundbucheintragung oder die Übergabe einer Sache sein.

Das Gesetz definiert den Begriff „Rechtsgeschäft" nicht, benutzt ihn aber selbstverständlich häufig.[98] Noch häufiger verwendet das BGB den Begriff „Willenserklärung", definiert aber auch ihn nicht. Die Verfasser des BGB haben jedoch dem wichtigsten Abschnitt des Allgemeinen Teils die Überschrift „Rechtsgeschäfte" gegeben (§§ 104 bis 185) und ihm die Abschnitte „Willenserklärung" (§§ 116 bis 144) und „Vertrag" (§§ 145 bis 175) unterstellt. Das entspricht auch dem heutigen Verständnis dieser Begriffe.

2. Abgrenzung der Begriffe „Rechtsgeschäft" und „Willenserklärung"

Jedes Rechtsgeschäft enthält mindestens eine Willenserklärung. Die Willenserklärungen sind also sozusagen die Bausteine, aus denen Rechtsgeschäfte gebildet werden.

- Manche Rechtsgeschäfte kommen mit *einer* Willenserklärung aus (einseitige Rechtsgeschäfte, FD „Rechtserhebliches Verhalten", Frage 6, Ja, Spalten 6 und 7; Rn 82). Das Hauptbeispiel für solche einseitigen Rechtsgeschäfte (das auch Studierenden meist als erstes einfällt) ist die Kündigung.
- Manche Rechtsgeschäfte brauchen *zwei* Willenserklärungen (mehrseitige Rechtsgeschäfte, FD „Rechtserhebliches Verhalten", Frage 6, Nein, Spalten 8 bis 11; Rn 89). Das Hauptbeispiel für die mehrseitigen Rechtsgeschäfte ist der Vertrag, der durch die beiden Willenserklärungen „Antrag" und „Annahme" geschlossen wird (FD „Rechtserhebliches Verhalten", Frage 8 Ja, Spalten 8 bis 10; Rn 166). Diese beiden Willenserklärungen sind je für sich *kein* Rechtsgeschäft. Nur zusammen bilden sie das Rechtsgeschäft „Vertrag". Man kann deshalb sagen: Jedes Rechtsgeschäft besteht aus mindestens einer Willenserklärung, aber nicht jede Willenserklärung ist ein Rechtsgeschäft.

Terminologisches: Zu beachten ist, dass nur *Willenserklärungen* empfangsbedürftig oder nichtempfangsbedürftig sein können und nur *Rechtsgeschäfte* einseitig oder

---

98 ZB in den §§ 112, 113, 125, 127, 134, 137 bis 142.

mehrseitig. Die Mischform „einseitige Willenserklärung" ist eindeutig falsch, auch wenn dieser Fehler manchmal sogar dem BGH unterläuft.[99]

3. Einseitige Rechtsgeschäfte

82 Das Gesetz verwendet den Ausdruck „einseitiges Rechtsgeschäft" häufig,[100] definiert ihn aber nicht. Dass ein Rechtsgeschäft einseitig ist, drückt das Gesetz mit den Worten aus, das Rechtsgeschäft erfolge „durch Erklärung".[101] Das ist im Sinne von „durch *eine einzige* Erklärung" zu verstehen.

83 *Definition*: Ein einseitiges Rechtsgeschäft ist ein Rechtsgeschäft, das aus nur *einer* Willenserklärung besteht. Einer zweiten Willenserklärung bedarf es nicht (FD „Rechtserhebliches Verhalten", Frage 6 Ja, Spalten 6 und 7). Das Hauptbeispiel eines einseitigen Rechtsgeschäfts ist die Kündigung (Rn 85).

Dass ein einseitiges Rechtsgeschäft nur aus *einer* Willenserklärung besteht, bedeutet: Dies Rechtsgeschäft entfaltet seine Wirkung, ohne dass der Empfänger ihm zustimmen müsste oder es ablehnen könnte. *Beispiel 1:* Mieter M hatte den Mietvertrag mit V unter Einhaltung der Kündigungsfrist zum 30. September gekündigt. Er verlangte von V eine schriftliche Erklärung mit dem Inhalt, dass das Mietverhältnis zum 30. September beendet worden sei. Aber M hatte keinen Anspruch auf eine solche überflüssige Erklärung.[102] Die Wirkung eines (ordnungsgemäß erklärten) einseitigen Rechtsgeschäfts tritt nicht nur ohne, sondern sogar *gegen* den Willen des anderen ein. Der Betroffene kann nur geltend machen, dass die Voraussetzungen des konkreten einseitigen Rechtsgeschäfts nicht vorlägen und dieses deshalb nichtig sei. *Beispiel 2:* Dem Arbeitnehmer A wurde fristlos gekündigt. Er berief sich darauf, dass die Zweiwochenfrist des § 626 Abs. 2 nicht eingehalten wurde und die Kündigung deshalb unwirksam sei.

Die einseitigen Rechtsgeschäfte werden aufgeteilt – entsprechend der in ihnen enthaltenen Willenserklärung – in solche mit empfangsbedürftiger Willenserklärung und solche mit nichtempfangsbedürftiger Willenserklärung (FD „Rechtserhebliches Verhalten", Frage 7, Spalten 6 und 7).

84 Ein einseitiges Rechtsgeschäft *mit empfangsbedürftiger Willenserklärung* ist ein einseitiges Rechtsgeschäft, das die Rechtsstellung einer anderen Person berührt, so dass die in ihm enthaltene Willenserklärung an diese Person gerichtet werden muss, also „einem anderen gegenüber abzugeben ist" (§ 130 Abs. 1 S. 1; FD „Rechtserhebliches Verhalten", Frage 7 Ja, Spalte 6). Das Gesetz bezeichnet ein solches Rechtsgeschäft als „einseitiges Rechtsgeschäft, das einem anderen gegenüber vorzunehmen" ist (§§ 143 Abs. 3, 182 Abs. 1). Wichtige Beispiele sind:

85 ■ *Kündigung:* Ein Dauerschuldverhältnis wird im Regelfall durch Kündigung beendet (ausnahmsweise durch Aufhebungsvertrag, Fall 3, Rn 61). Ein Dauerschuldverhältnis ist ein Schuldverhältnis, das nicht auf den *einmaligen*, sondern auf den wiederkehrenden Austausch von Leistungen angelegt ist, also auf Dauer begründet wird. Wichtige *Beispiele*: Arbeitsvertrag, Mietvertrag, Darlehensvertrag, Versicherungsvertrag. Keiner Vorschrift des BGB ist zu entnehmen, dass jede Kündigung ein ein-

---

99 BGH NJW 2017, 68 Rn 19; 2012, 146 Rn 21.
100 ZB in den §§ 111, 143 Abs. 3 S. 1, Abs. 4 S. 1, 174, 180, 182 Abs. 1, Abs. 3.
101 § 143, § 167, § 349.
102 BGH NJW 2010, 1877 Rn 12.

seitiges Rechtsgeschäft mit empfangsbedürftiger Willenserklärung ist. Aber das steht nur deshalb nicht im Gesetz, weil es selbstverständlich ist.

- *Rücktritt (§ 349):* Auch der Rücktritt (§§ 346 ff) ist ein einseitiges Rechtsgeschäft, weil er „*durch Erklärung*", also durch eine *einzige* Erklärung erfolgt (§ 349). Von ihm sagt § 349 außerdem, dass er „*gegenüber dem anderen Teil*" (dem Vertragspartner) vorgenommen wird, dass also diese eine Willenserklärung zielgerichtet auf den anderen Teil hin ausgesprochen werden muss (§ 130 Abs. 1 S. 1). Der Rücktritt ist deshalb ein einseitiges Rechtsgeschäft mit empfangsbedürftiger Willenserklärung. 86

- *Anfechtung (§ 143 Abs. 1):* Die Anfechtung wegen arglistiger Täuschung (§ 123) oder wegen Irrtums (§ 119) ist ein einseitiges Rechtsgeschäft, weil sie „durch Erklärung" erfolgt, also durch eine *einzige* Erklärung (§ 143 Abs. 1). Die Anfechtung führt zur Nichtigkeit (§ 142) und greift deshalb massiv in die Rechtsstellung des anderen Teils ein. Sie muss „gegenüber dem Anfechtungsgegner" erfolgen (§ 143 Abs. 1), also zielgerichtet ihm gegenüber erklärt werden (§ 130 Abs. 1 S. 1). Die Anfechtung ist deshalb ein einseitiges Rechtsgeschäft mit empfangsbedürftiger Willenserklärung. 87

Ein einseitiges Rechtsgeschäft *mit nichtempfangsbedürftiger Willenserklärung* ist ein einseitiges Rechtsgeschäft, das keine bestimmte andere Person in ihren Rechten berührt und das deshalb auch niemand gegenüber vorgenommen werden muss (FD „Rechtserhebliches Verhalten", Frage 7 Nein, Spalte 7). Es reicht deshalb bei diesen Rechtsgeschäften aus, wenn der Erklärende sich (ungezielt) an die Allgemeinheit wendet oder wenn er die entsprechende Willenserklärung für sich behält. Die wichtigsten Fälle sind folgende: 88

- *Testament:* Mit dem Testament (§§ 2064 ff) ordnet der Erblasser eine bestimmte Erbfolge an, ohne dazu das Einverständnis einer anderen Person einholen zu müssen (einseitiges Rechtsgeschäft). Da niemand vor dem Tod des Erblassers das Recht hat, vom Inhalt des Testaments zu erfahren, muss es niemand zugehen. Es stellt deshalb zugleich eine *nicht*empfangsbedürftige Willenserklärung dar (Rn 77).

- *Auslobung:* Wer für die Wiederbeschaffung eines verlorenen Gegenstandes oder für einen anderen herbeizuführenden Erfolg einen Preis auslobt (§ 657),[103] kennt in diesem Augenblick noch niemand, der die Auslobungserklärung annehmen könnte. Deshalb muss es sich um ein einseitiges Rechtsgeschäft handeln. Zugleich ist in der Auslobung eine nichtempfangsbedürftige Willenserklärung enthalten. Denn sie kann notgedrungen nicht an eine bestimmte Person gerichtet werden, sondern nur an die Allgemeinheit. § 657 bringt das mit den Worten „durch öffentliche Bekanntmachung" zum Ausdruck. *Beispiel 1:* An einem Alleebaum hängt ein Zettel „Gelber Kanarienvogel entflogen – 50 Euro Belohnung!" *Beispiel 2:* Eine Stadt veranstaltete einen Wettbewerb für die Planung des neuen Theaters und lobte 50 000 Euro als 1. Preis aus.

4. Mehrseitige Rechtsgeschäfte

Definition: Ein mehrseitiges Rechtsgeschäft ist ein Rechtsgeschäft, das in seinem Kern aus zwei oder mehr Willenserklärungen besteht (FD „Rechtserhebliches Verhalten", Frage 6 Nein, Spalten 8 bis 11). Der Hauptfall des mehrseitigen Rechtsgeschäfts ist der *Vertrag* (§§ 145 ff), der aus mindestens zwei Willenserklärungen – Antrag und Annah- 89

---

103 SBT Rn 741 ff.

me – besteht (FD „Rechtserhebliches Verhalten", Frage 8 Ja, Spalten 8 bis 10). Das Gesetz kennt den Ausdruck „mehrseitiges Rechtsgeschäft" nicht, aber natürlich den „Vertrag".[104]

90 Ein *Vertrag* ist ein mehrseitiges Rechtsgeschäft, das zwei (oder mehr) Personen in der einvernehmlichen Absicht vornehmen, dadurch die Rechtslage zu ändern (FD „Rechtserhebliches Verhalten", Frage 8). Die Verträge des Schuldrechts und des Sachenrechts lassen sich aufteilen in Verpflichtungsgeschäfte und Verfügungen oder Verfügungsgeschäfte (FD „Rechtserhebliches Verhalten", Spalten 8 und 9 einerseits, Spalte 10 andererseits). Dieser Unterschied wird ausführlich ab Rn 318 behandelt.

Zu den mehrseitigen Rechtsgeschäften gehören auch die Gesamtakte (FD „Rechtserhebliches Verhalten", Spalte 11), die aber nur eine geringe Rolle spielen. Gesamtakte sind zB die *Abstimmungen* in der Mitgliederversammlung eines Vereins, in der Wohnungseigentümerversammlung[105] und in der Hauptversammlung der Aktiengesellschaft (§§ 133 ff AktG). Als *Gesamtakt* bezeichnet man auch die gleichlautende Erklärung von Vertragspartnern, die auf derselben Seite des Vertrags stehen. *Beispiel*: Eheleute kündigen gemeinsam den von ihnen geschlossenen Mietvertrag.

§ 4 Das Wirksamwerden der Willenserklärungen

92 ▶ **Fall 4: Fernmeldehandwerker**   §§ 626, 130

Kasimir Diebner war im Entstördienst der Deutschen Telekom als Fernmeldehandwerker beschäftigt. Er hatte Zugang zum Ersatzteillager der Telekom und es bestand der Verdacht, dass er dort lagerndes Material unterschlug. Beweisen ließ sich das aber zunächst nicht. Für die Zeit vom 15. bis zum 28. September war ihm Urlaub bewilligt worden. Fünf Tage vorher, am 10. September, fand bei Diebner eine Hausdurchsuchung statt, bei der in erheblichem Umfang unterschlagenes Material gefunden wurde. Am 17. September schrieb deshalb der Personalchef an Diebner, er kündige das Arbeitsverhältnis gemäß § 626 BGB fristlos. Ein Mitarbeiter der Telekom warf dieses Schreiben am selben Tag in Diebners Hausbriefkasten. Diebner fand dieses Schreiben vor, als er am 28. September von einer Italienreise zurückgekehrt war. Er bestreitet nicht, dass ein Grund für eine fristlose Kündigung nach § 626 vorlag. Er ist aber der Meinung, dass die Kündigung nicht wirksam sei, weil sie nicht gemäß § 626 Abs. 2 innerhalb von zwei Wochen erfolgt sei. Ist das richtig? (Nach BAG NJW 1989, 606)

93 Eine fristlose Kündigung nach § 626 Abs. 1 kann „nur innerhalb von zwei Wochen erfolgen" (§ 626 Abs. 2 S. 1), wobei die Frist mit dem Zeitpunkt beginnt, „in dem der Kündigungsberechtigte von den für die Kündigung maßgebenden Tatsachen Kenntnis erlangt" (§ 626 Abs. 2 S. 2). Die maßgebende Tatsache war Diebners Unterschlagung. Von ihr hatte die Telekom erst durch die Hausdurchsuchung Kenntnis erlangt, auch wenn schon vorher ein begründeter Verdacht bestanden hatte. Die Zweiwochenfrist begann also am 10. September um 24.00 Uhr (§ 187 Abs. 1 – bitte lesen!) und endete am 24. September, ebenfalls um 24.00 Uhr.

---

104 Vgl im Allgemeinen Teil des BGB zB die §§ 108 Abs. 1, 126 Abs. 2, 128, 145, 151 bis 157, 177 Abs. 1.
105 BGH NJW 2002, 3629; BayObLG NJW 2002, 71.

§ 4 Das Wirksamwerden der Willenserklärungen

Eine Kündigung ist ein einseitiges Rechtsgeschäft und zugleich „eine Willenserklärung, die einem anderen gegenüber abzugeben ist ..." (§ 130 Abs. 1 S. 1). Sie ist also ein einseitiges Rechtsgeschäft mit einer empfangsbedürftigen Willenserklärung (Rn 84). Diese wurde von der Telekom nicht in *Anwesenheit* Diebners, sondern „in dessen *Abwesenheit* abgegeben", so dass ihr Wirksamwerden nach § 130 Abs. 1 S. 1 zu beurteilen ist.

Eine unter Abwesenden abgegebene empfangsbedürftige Willenserklärung wird gegenüber ihrem Empfänger „in dem Zeitpunkt wirksam, in welchem sie ihm zugeht" (§ 130 Abs. 1 S. 1). Was „zugeht" bedeutet, definiert das Gesetz nicht. Aber nach allgemeiner Meinung ist eine Willenserklärung unter Abwesenden zugegangen, wenn sie in den *Machtbereich* des Empfängers gelangt ist und dieser unter gewöhnlichen Verhältnissen die Möglichkeit hatte, von ihrem Inhalt Kenntnis zu nehmen (Rn 104). Ein Schreiben gelangt insbesondere dann in den Machtbereich des Empfängers, wenn es in seinen Hausbriefkasten geworfen wird (Rn 102). Das geschah am 17. September. Fraglich ist nur, wann für Diebner unter gewöhnlichen Verhältnissen die Möglichkeit bestand, vom Inhalt des Schreibens Kenntnis zu nehmen. „Gewöhnliche Verhältnisse" liegen vor, wenn der Empfänger weder krank noch verreist noch sonst gehindert ist, ein in seinen Briefkasten geworfenes Schriftstück zur Kenntnis zu nehmen. Es ist deshalb zu unterstellen, dass Diebner nicht verreist war. Dann hätte er das Kündigungsschreiben entweder noch am Tag des Einwurfs oder am folgenden Tag lesen können. Es wäre ihm also spätestens am 18. September zugegangen – und damit noch innerhalb der Frist des § 626 Abs. 2.

Gegen dies Ergebnis könnte man einwenden, dass die Telekom als seine Arbeitgeberin von Diebners Urlaub wusste und deshalb nicht mit einer Kenntnisnahme vor Diebners Rückkehr rechnen konnte. Tatsächlich ist in der Literatur die Meinung vertreten worden, ein Arbeitgeber könne einem Arbeitnehmer während des Urlaubs keine Kündigung zugehen lassen.[106] Das BAG hatte sich diese Ansicht zeitweise zu Eigen gemacht.[107] Aber es hat sie in dem zugrunde liegenden Urteil ausdrücklich aufgegeben, und zwar aus guten Gründen. Denn der Begriff des Zugangs einer Willenserklärung muss objektiv bestimmt werden und darf nicht von subjektiven Voraussetzungen abhängig sein, insbesondere nicht vom Wissen des Absenders. Ein Arbeitgeber kann deshalb die Kündigung selbst dann an die Heimatanschrift adressieren, wenn der Arbeitnehmer seine Urlaubsanschrift mitgeteilt hat.[108]

Im Fall einer fristlosen Kündigung spricht für diese Ansicht ein besonders überzeugendes Argument: Wenn ein Arbeitgeber wirklich nicht wirksam kündigen könnte, solange der Arbeitnehmer verreist ist, könnte sich ein Arbeitnehmer jeder fristlosen Kündigung entziehen, indem er während der Zweiwochenfrist das Weite sucht. Das aber kann nicht Sinn des § 626 Abs. 2 sein.

Aus dem FD „Wirksamwerden der Willenserklärungen" ergibt sich die Lösung so: 1. Ja – 2. Ja – 3. Ja – 4. Ja – 5. Ja – 6. Ja – 7. Nein – 8. Nein (Spalte 2). ◂

Lerneinheit 4

Literatur: *Hackenbroich*, Das Wirksamwerden von Willenserklärungen im System des Schutzes nicht voll Geschäftsfähiger, Jura 2019, 136; *Kalle/Greiner*, Ungeklärte Fragen des Wirksamwerdens empfangsbedürftiger Willenserklärungen im Grundsatz und bei Verwendung digitaler Kom-

94

---

106 Corts DB 1979, 2081.
107 BAGE 34, 305.
108 BAG NJW 1989, 606.

munikationswege, JZ 2018, 535; *Olaf Meyer,* Die abhandengekommene Willenserklärung, JuS 2017, 960; *Michalsky,* Ist das Einwurf-Einschreiben ein eingeschriebener Brief? jM 2017, 237; *Lubberich,* Kaduzierung nach wiederholter Aufforderung per Einwurf-Einschreiben, DNotZ 2017, 418; *Effer-Uhe,* Die Berechnung von Rückwärtsfristen – zugleich eine Stellungnahme zur Dogmatik des Zugangs von Willenserklärungen, JZ 2016, 770; *Brockmann,* Die sichere Übermittlung erbfolgerelevanter empfangsbedürftiger Willenserklärungen, MittBayNot 2015, 101; *Mrosk,* Der Nachweis des Zugangs von Willenserklärungen im Rechtsverkehr, NJW 2013, 1481; *Boemke/Schönfelder,* Wirksamwerden von Willenserklärungen gegenüber nicht voll Geschäftsfähigen (§ 131 BGB), JuS 2013, 7; *Willems,* Beweis und Beweislastverteilung bei Zugang einer E-Mail – Fallkonstellationen unter besonderer Betrachtung elektronischer Bewerbungen, MMR 2013, 551.

I. Problemstellung

95 *Unangenehme Schreiben:* Bei den beiden empfangsbedürftigen Willenserklärungen, die zum Vertragsschluss führen – Antrag und Annahme (§§ 145 ff) – wird der Empfänger kaum bestreiten, dass ihm die fragliche Erklärung zugegangen ist.[109] Manche Willenserklärungen sind aber für ihre Empfänger mit unangenehmen Folgen verbunden, insbesondere Kündigungen. Der Empfänger einer solchen Willenserklärung beruft sich deshalb manchmal darauf, sie sei ihm gar nicht oder zu spät zugegangen.

Das Gesetz hat die Frage des Zugangs in § 130 Abs. 1 S. 1 geregelt. Danach erlangen Willenserklärungen, die an einen abwesenden Empfänger zu richten sind (empfangsbedürftige Willenserklärungen; Rn 76) nicht schon ihre Wirksamkeit, wenn sie abgefasst und unterschrieben sind. Andererseits werden sie auch nicht erst wirksam, wenn der Empfänger sie liest (weil er sonst durch Nichtlesen ihre Wirksamkeit verhindern könnte). Eine solche Willenserklärung wird vielmehr wirksam, wenn sie dem Empfänger „zugeht". Vereinfacht gesagt erfolgt der Zugang, wenn der Briefträger das Schreiben in den Briefkasten des Empfängers wirft (Einzelheiten Rn 102 ff).

Aufbau der folgenden Darstellung: Im Folgenden wird zunächst erläutert, welche Voraussetzungen im Normalfall eines Zugangs erfüllt sein müssen (Rn 96 ff). Zu denken ist dabei an die Zustellung eines Briefs mit der Tagespost. Später werden Sonderfälle des Zugangs behandelt wie das Einschreiben und die Übermittlung durch Fax oder E-Mail (Rn 109 ff).

II. Voraussetzungen des Zugangs nach § 130 Abs. 1 S. 1

1. Empfangsbedürftige Willenserklärung

96 § 130 Abs. 1 S. 1 setzt voraus, dass es sich um eine Willenserklärung handelt, „die einem anderen gegenüber abzugeben ist". Es muss sich also um eine Willenserklärung handeln, die nicht an die Allgemein zu richten ist, sondern an eine konkrete Person. Man nennt diese sehr häufigen Willenserklärungen „empfangsbedürftige Willenserklärungen" (FD „Wirksamwerden der Willenserklärungen", Frage 1 Ja, Spalten 1 bis 9; Rn 76). Zu diesen Willenserklärungen gehört zB der Antrag auf Abschluss eines Vertrags, die Annahme des Antrags, eine Kündigung oder ein Rücktritt.

Da die seltenen *nicht*empfangsbedürftigen Willenserklärungen (Rn 77) keinen Adressaten haben, kann ihre Wirksamkeit nicht von einem Zugang bei einer bestimmten Person abhängig sein. Dass § 130 für diese Willenserklärungen nicht gilt, macht § 130

---

109 Aber auch das kommt vor: BGH NJW 1995, 2217.

Abs. 1 S. 1 mit den Worten deutlich: „Eine Willenserklärung, die einem anderen gegenüber abzugeben ist, ..." Wann die *nicht*empfangsbedürftigen Willenserklärungen wirksam werden, sagt das Gesetz an keiner Stelle. Aber aus dem Fehlen einer Regelung ergibt sich, dass sie bereits in dem Zeitpunkt wirksam werden, in dem sie formuliert oder veröffentlicht werden (FD „Wirksamwerden der Willenserklärungen", Spalte 10). *Beispiele:* Das eigenhändige Testament wird wirksam, wenn der Testator es zu Papier gebracht hat. Die in § 657 geregelte Auslobung („Dem ehrlichen Finder zahle ich 100 Euro") wird wirksam mit ihrer Veröffentlichung zB in der Zeitung oder durch einen Aushang.

2. Unter Abwesenden

§ 130 Abs. 1 S. 1 setzt ferner voraus, dass die empfangsbedürftige Willenserklärung in „Abwesenheit" des Empfängers abgegeben wird (FD „Wirksamwerden der Willenserklärungen", Frage 2, Ja, Spalten 1 bis 8). *Abwesend* ist der Empfänger, wenn er sich zur Zeit der Abgabe nicht mit dem Erklärenden in einem Raum befindet und auch nicht mit ihm telefoniert (in Anlehnung an § 147 Abs. 1 S. 2). Es muss sich folglich um Willenserklärungen handeln, die entweder

- *schriftlich* abgefasst sind und dem abwesenden Empfänger durch die Post, einen Überbringer oder durch technische Hilfsmittel (Fax, E-Mail) zugehen oder die
- *mündlich* formuliert sind und entweder auf einem Tonträger gespeichert sind (zB Anrufbeantworter) oder dem Empfänger im Auftrag des Erklärenden durch einen Boten ausgerichtet werden (Rn 118, 841).

Empfangsbedürftige Willenserklärungen, die gegenüber einem *Anwesenden* abgegeben werden, sind vom Gesetzgeber nicht geregelt worden, weil sie weit weniger Probleme aufwerfen (FD „Wirksamwerden der Willenserklärungen", Frage 2, Nein, Spalte 9; Rn 127).

3. Abgabe der Willenserklärung

Aus den Worten „abzugeben ist" (§ 130 Abs. 1 S. 1) wird entnommen, dass der Erklärende die Willenserklärung abgegeben, also *absichtlich* in den Verkehr gebracht haben muss (FD „Wirksamwerden der Willenserklärungen", Frage 3).[110] Manchmal gelangt aber die Erklärung gegen den Willen des Erklärenden nach außen. *Beispiel:* Jemand schickt durch einen Eingabefehler eine E-Mail ab, deren Text nur als Entwurf gemeint war.[111] Wenn Fahrlässigkeit vorliegt (§ 276 Abs. 2), ist die Willenserklärung wirksam, aber der Erklärende kann sie anfechten. Denn es handelt sich um eine Erklärung ohne Erklärungsbewusstsein (Rn 587 ff).[112] Zumindest kann die unbeabsichtigt zugegangene Erklärung einer Erklärung ohne Erklärungsbewusstsein *gleichgestellt* werden (FD „Wirksamwerden der Willenserklärungen", Spalte 8).[113]

4. Richtige Adressierung

Eine empfangsbedürftige Willenserklärung ist bekanntlich „einem anderen gegenüber" abzugeben (§ 130 Abs. 1 S. 1). Sie muss deshalb an den richtigen Adressaten (den Er-

---

110 BGH NJW-RR 2003, 384.
111 Taupitz/Kritter JuS 1999, 839.
112 NK/Faust § 130 Rn 9.
113 Medicus Rn 266, 607.

klärungsempfänger) gerichtet werden (FD „Wirksamwerden der Willenserklärungen", Frage 4). Wenn die Willenserklärung an eine *falsche Person* adressiert ist, muss sich wenigstens aus ihrem Inhalt ergeben, dass der Erklärende damit rechnete, der falsche Adressat werde die Erklärung richtig weiterleiten. Tut er das, ist der Fehler der falschen Adressierung geheilt.[114]

5. Keine Mängel in der Person des Empfängers

100 Wenn der Empfänger *geschäftsunfähig* ist (§ 104), kann eine Willenserklärung ihm gegenüber nicht abgegeben werden. Sie wird erst mit Zugang bei seinem gesetzlichen Vertreter wirksam (§ 131 Abs. 1; Rn 603; FD „Wirksamwerden der Willenserklärungen", Frage 5).[115] Ist der Empfänger *beschränkt geschäftsfähig* (§§ 106 ff), muss die Erklärung im Prinzip (wie beim Geschäftsunfähigen) dem gesetzlichen Vertreter zugehen (§ 131 Abs. 2 S. 1). Es bestehen aber Ausnahmen (§ 131 Abs. 2 S. 2; Rn 627 f). Wird die Willenserklärung an einen *vollmachtlosen Vertreter* des Empfängers gerichtet, so ist § 180 S. 3 zu beachten (Rn 1086).

6. Zugang des Schriftstücks in der vorgeschriebenen Form

101 Wenn ein Rechtsgeschäft einer bestimmten Form bedarf, muss das entsprechende Schriftstück seinem Empfänger auch in dieser Form zugehen.[116] *Beispiel:* Die Kündigung eines Arbeitsvertrags muss in schriftlicher Form erfolgen (§ 623), also mit einer Originalunterschrift. Kündigt der Arbeitnehmer durch ein an den Arbeitgeber gerichtetes Fax, hat dieser die Kündigung – weil bei einem Fax immer die Originalunterschrift fehlt – nicht in *schriftlicher* Form vor sich, so dass sie ihm nicht zugegangen ist (Einzelheiten Rn 644).

7. Örtliche Komponente des Zugangs

102 Nach der ständigen Formulierung des BGH ist eine Willenserklärung zugegangen, „wenn sie so in den *Machtbereich des Empfängers* gelangt ist, dass dieser unter normalen Verhältnissen die Möglichkeit hat, vom Inhalt der Erklärung Kenntnis zu nehmen".[117]

Das Schulbeispiel für den Machtbereich des Empfängers ist sein Hausbriefkasten. Ein Brief geht deshalb dem Empfänger örtlich zu, wenn er in dessen Briefkasten gesteckt wird. Ein Fax ist zugegangen, wenn der Druckvorgang am Empfangsgerät abgeschlossen ist.[118] Auch ein Postfach ist ein „Machtbereich", genauso der Tonspeicher eines Anrufbeantworters. Zum Machtbereich eines Angestellten gehört sein Schreibtisch, so dass der Chef ihm dort ein Kündigungsschreiben hinlegen kann.

8. Zeitliche Komponente des Zugangs

103 Wie sich aus der Definition des Zugangs ergibt, geht die Willenserklärung dem Empfänger noch nicht mit dem Eintritt in dessen Machtbereich zu, sondern erst, wenn der Empfänger „unter normalen Verhältnissen die Möglichkeit hat, vom Inhalt der Erklä-

---

114 Anders, aber zu streng BGH NJW 1979, 2032; ähnlich BGH NJW 1989, 1671.
115 BGH NJW 2007, 2180 Rn 7; ArbG Mannheim NZA 1992, 511.
116 Dazu Schippers DNotZ 2006, 726.
117 BGH NJW 2004, 1320; ähnlich BGHZ 137, 205; 67, 271 (275); MüKo/Einsele § 130 Rn 9.
118 BGH NJW 2004, 1320; MüKo/Einsele § 130 Rn

rung Kenntnis zu nehmen".¹¹⁹ Aus Gründen der Rechtssicherheit beziehen sich die „normalen Umstände" nicht auf die Gewohnheiten des Empfängers, sondern auf das Verhalten eines Durchschnittsbürgers. *Beispiel:* Die Post wird dem Empfänger E vom Zusteller gewöhnlich zwischen 8.30 Uhr und 10.30 Uhr in den Hausbriefkasten geworfen. Dann ist nach der „objektiven Verkehrsanschauung" mit einer Entnahme des Schreibens um 10.00 Uhr zu rechnen.¹²⁰ Auf die subjektive Seite, nämlich auf die Frage, wann E in seinem Briefkasten nachzusehen pflegt, kommt es nicht an.

Längere Abwesenheit des Empfängers: Auch wenn der Empfänger längere Zeit nicht zu Hause ist (zB Urlaub, Dienstreise, Strafvollzug), geht ihm ein in seinen Briefkasten geworfenes Schreiben spätestens am folgenden Tag zu (FD „Wirksamwerden der Willenserklärungen", Frage 7, Spalte 3).¹²¹ Niemand kann sich also durch Abwesenheit dem Zugang nachteiliger Schreiben entziehen. *Beispiel 1:* Fall 4 (Rn 92). *Beispiel 2:* Mieter M hielt sich monatelang an einem unbekannten Ort auf. Da er mit mehreren Monatsmieten in Rückstand war, kündigte sein Vermieter das Mietverhältnis. Das Kündigungsschreiben steckte der Postzusteller in den Wohnungsbriefkasten des M. Das Schreiben ging M trotz seiner Abwesenheit spätestens am nächsten Tag zu.¹²² Daraus ergibt sich der *Rat:* Während einer längeren Abwesenheit sollte man einen Nachsendeantrag stellen (Rn 110) oder eine Vertrauensperson bitten, die eingehenden Schreiben zu lesen und das Nötige zu veranlassen.

9. Kein gleichzeitiger Widerruf

Eine empfangsbedürftige Willenserklärung wird dann nicht wirksam, wenn dem Empfänger vorher oder spätestens gleichzeitig ein *Widerruf zugeht* (§ 130 Abs. 1 S. 2; FD „Wirksamwerden ..., Frage 8). Entscheidend sind allein die Zeitpunkte der beiden Zugänge. In welcher Reihenfolge der Empfänger die Schreiben zur Kenntnis genommen hat, ist unerheblich. Ein gleichzeitig zugegangener Widerruf ist also auch dann wirksam, wenn der Empfänger das andere Schreiben zuerst gelesen hat.¹²³

III. Rechtsfolgen des Zugangs

1. Eintritt der Rechtsänderung

Willenserklärungen sind bekanntlich darauf gerichtet, die Rechtslage zu ändern (Rn 65). Bei empfangsbedürftigen Willenserklärungen unter Abwesenden tritt diese Rechtsfolge mit dem Zugang ein, denn die Willenserklärung wird „in dem Zeitpunkt wirksam, in welchem sie ihm zugeht" (§ 130 Abs. 1 S. 1). Das ist der Zeitpunkt, in dem die örtliche und die zeitliche Komponente des Zugangs gegeben sind (FD „Wirksamwerden der Willenserklärungen", Spalte 2). Ein Widerruf ist nur wirksam, wenn er gleichzeitig zugeht (Rn 105), nicht später. *Beispiel 1:* A übersandte seinem Versicherer V ein form- und fristgerechtes Kündigungsschreiben. Anschließend reute ihn die Kündigung, so dass er sie rückgängig machen wollte. Aber wenn eine Willenserklärung zugegangen ist, kann der Erklärende sie nicht mehr zurücknehmen.¹²⁴ *Beispiel 2:* A hatte in der Eigentümerversammlung auf seinem Stimmzettel „Nein" angekreuzt. Mit dem

---

119 BGH NJW 2004, 1320.
120 BGH NJW 2004, 1320 (1321 unter 3 aE).
121 BAG NJW 1989, 606 = Fall 4, Rn 92.
122 BGH NJW 2010, 3434 Rn 9 im Anschluss an NJW-RR 2004, 493.
123 BGH NJW 1975, 382.
124 BGH NJW 1998, 2664.

Zugang des Stimmzettels bei der Versammlungsleiterin war die Willenserklärung (mit dem Inhalt „Nein") wirksam geworden, so dass A sie nicht mehr ändern konnte.[125]

2. Fristwahrung

107 Auf den Zeitpunkt des Zugangs kommt es besonders an, wenn eine Willenserklärung *innerhalb einer Frist* oder bis zu einem bestimmten Stichtag abgegeben werden muss. Dann muss sie innerhalb der Frist *zugehen* (§ 130 Abs. 1 S. 1), nicht abgesandt werden. *Beispiel:* Vermieter V hatte die im Jahre 2004 angefallenen Betriebskosten („Nebenkosten") bis zum 31. Dezember 2005, 24.00 Uhr, gegenüber seinem Mieter M abzurechnen (§ 556 Abs. 3 S. 2). Die Abrechnung ging aber dem M nicht bis zu diesem Zeitpunkt zu. Es war gleichgültig, ob V, wie er behauptete, die Abrechnung am 21. Dezember 2005 in einen Briefkasten der Deutschen Post geworfen hatte. Denn es kam auf den Zugang an, nicht auf die Absendung.[126]

Der Grundsatz, dass der Zeitpunkt des *Zugangs* maßgeblich ist, gilt auch für Erklärungen gegenüber Behörden und Gerichten (§ 130 Abs. 3). Deshalb haben die Briefkästen der Gerichte eine Weiche, die sich um Mitternacht umstellt und dadurch die eingeworfenen Sendungen in einen anderen Postsack fallen lässt.

108 *„Zur Fristwahrung genügt die rechtzeitige Absendung"*: Für bestimmte Willenserklärungen macht das Gesetz eine Ausnahme zugunsten des Absenders, so für die Irrtumsanfechtung (§ 121 Abs. 1 S. 2) und für den Widerruf (§ 355 Abs. 1 S. 5). In diesen Fällen reicht es aus, wenn der Absender das Schreiben am letzten Tag der Frist in einen Briefkasten der Deutschen Post wirft oder einem persönlichen Boten übergibt. Denn darin liegt die „Absendung". Ob sich die Zustellung verzögert hat, ist in diesen Ausnahmefällen ohne Bedeutung. Aber die Erklärung muss überhaupt zugehen.

Datum des Poststempels: Bei Preisausschreiben wird dem Termin des Einsendeschlusses meist hinzugefügt: „Datum des Poststempels". Diese Formulierung weicht etwas von der ab, nach der die *Absendung* maßgebend sein soll.[127] Denn die Stempelung erfolgt möglicherweise erst einen Tag nach dem Einwurf in den Briefkasten der Post. Dadurch kann die „Poststempel-Frist" einen Tag kürzer sein als die Frist, die auf die Absendung abstellt.

IV. Einzelfälle des Zugangs

1. Komplikationen bei der Briefpost

109 Bei der Zustellung mit der Tagespost können folgende Komplikationen oder Zweifelsfragen auftreten:

Kein Briefkasten: Manche Häuser haben statt eines Briefkastens einen Briefschlitz in der Haustür. Dann führt ein Einwurf durch den Schlitz zum Zugang, auch bei einem Mehrfamilienhaus.[128] Wenn der Adressat keinen Briefkasten, keinen Türschlitz und kein Namensschild (Firmenschild) besitzt, kann er sich nicht darauf berufen, ihm sei das Schreiben nicht zugegangen.[129] Der Zusteller kann allerdings in diesen Fällen für

---

125 BGH NJW 2012, 3372 Rn 5. Der Fall ist ein Beispiel für den Zugang einer Willenserklärung unter *Anwesenden*.
126 BGH NJW 2009, 2197 Rn 11.
127 OLG Oldenburg NJW 2006, 3076.
128 LAG Düsseldorf NZA 2001, 408.
129 BGH NJW 1991, 1099.

den Zugang sorgen, indem er den Brief nach vergeblichem Klingeln gut sichtbar zwischen Glas und Gitter der Haustür steckt.[130]

Unterfrankierte Sendung: Der Empfänger darf es ablehnen, für eine nicht ausreichend frankierte Sendung Nachgebühr zu zahlen. Das Schreiben ist dann, da es zurückgeht, nicht zugegangen.

Falsche Adresse: Ist die Adresse falsch und geht das Schreiben deshalb mit dem Vermerk „Empfänger unbekannt verzogen" zurück, ist kein Zugang erfolgt.[131]

Nachsendeantrag: Durch einen Nachsendeantrag wird die Zustellung eines Poststücks verzögert. Diese Verzögerung geht nach Ansicht des BGH zulasten des Absenders.[132] Wenn er wegen des Nachsendeantrags einen Termin nicht einhalten oder eine Frist nicht wahren konnte, soll das sein Nachteil sein. Das ist aber nicht überzeugend, weil diese Verzögerung ihren Ursprung im Risikobereich des Empfängers hat. 110

Poststelle von Behörden und Unternehmen: Für den Zugang bei einer Behörde genügt es, dass die Sendung bei der hierfür eingerichteten Poststelle eingegangen ist. Wann das Schreiben die zuständige Abteilung erreicht hat, ist nicht entscheidend.[133] Das Gleiche gilt für Unternehmen.[134]

2. Übergabe-Einschreiben

Im Streitfall muss der *Erklärende* beweisen, dass sein Schreiben dem Empfänger zugegangen ist. Der Beweis, dass er es abgesandt hat, nützt ihm nichts, weil es keine Vermutung für den Zugang abgesandter Briefe gibt.[135] Es ist deshalb zu empfehlen, ein Schreiben durch einen Vertrauten einwerfen oder aushändigen zu lassen (der später die Zustellung bezeugen kann) oder das Schreiben als Einschreiben zur Post zu geben. Die Deutsche Post AG stellt zwei Formen des Einschreibens zur Wahl. Beim *Übergabe-Einschreiben* enthält der Absender als Quittung für die Einlieferung einen „Aufgabebeleg". Der Postzusteller lässt sich vom Adressaten an dessen Wohnungstür die Übergabe des Einschreibens quittieren. Bei der Variante *mit Rückschein* erhält der Absender anschließend die Nachricht, dass die Zustellung an den Adressaten erfolgt ist. Da nach § 175 S. 2 ZPO der Rückschein „zum Nachweis der Zustellung genügt", muss er auch im Privatbereich als Nachweis des Zugangs gelten. 111

Grundlose Annahmeverweigerung: Es kommt vor, dass der Postzusteller den eingeschriebenen Brief an den Adressaten übergeben will, aber dieser die Annahme verweigert. In diesem Fall ist die Sendung zwar nicht in den Machtbereich des Empfängers gelangt und damit nicht zugegangen. Aber der Empfänger kann sich nach Treu und Glauben (§ 242) nicht darauf berufen (FD „Wirksamwerden der Willenserklärungen", Spalte 4 unter b).[136] 112

---

130 LAG Hamm MDR 1993, 658. Das gilt jedenfalls, wenn der Empfänger in einem Einfamilienhaus mit Vorgarten wohnt und die Haustür von der Straße nicht einzusehen ist.
131 BAG NJW 1998, 2844 für eine Prozesshandlung.
132 BGH NJW 1996, 1967.
133 BGH NJW 2000, 3128.
134 Unhaltbar BGH NJW 1997, 1775.
135 HM, zB OLG Frankfurt VersR 1996, 90.
136 BGH NJW 1998, 976; 1983, 929.

113 *Einwurf eines Benachrichtigungsscheins:* Trifft der Zusteller niemand an, hinterlässt er einen Benachrichtigungsschein. Damit ist jedoch nur dieser zugegangen, nicht das eigentliche Schreiben.[137] Es sind dann folgende Fallgestaltungen möglich:

114 ■ *Der Adressat holt die Sendung innerhalb der Aufbewahrungsfrist ab:* Mit der Aushändigung ist das Schreiben zugegangen.[138] Wenn mit dem Zugang der Willenserklärung eine Frist in Lauf gesetzt wird, die *der Empfänger* einhalten muss, ist der Tag der Aushändigung maßgebend, nicht ein früherer Termin, zu dem das Schreiben hätte abgeholt werden können.[139] *Beispiel:* In dem Schreiben heißt es: „Sie können gegen diesen Bescheid innerhalb von 14 Tagen Einspruch einlegen, gerechnet ab Zugang dieses Schreibens". Anderes gilt, wenn *der Absender* mit seinem Schreiben eine Frist einhalten musste. *Beispiel:* Das Kündigungsschreiben musste bis zum 30. Juni zugegangen sein. Dann kann es treuwidrig sein, wenn der Adressat das Schreiben bewusst erst nach Ablauf der Frist abholt.[140] In diesem Fall wird der Zeitpunkt der Zustellung vorverlegt auf den Tag, an dem der Adressat das Schreiben erstmalig hätte abholen können.

115 ■ *Der Empfänger holt das Einschreiben nicht ab:* Es ist dann zu fragen, ob er den Zugang arglistig verhindert hat oder nicht:

– *Arglist:* Wenn der Adressat wusste oder wissen musste, wer ihm schrieb, und er das Schreiben nicht abgeholt hat, weil ihm dessen vermuteter Inhalt unangenehm war, hat er den Zugang arglistig vereitelt.[141] Es gilt dann das Gleiche wie bei der grundlosen Annahmeverweigerung (Rn 112).

– *Keine Arglist:* Wenn der Adressat aus dem Benachrichtigungsschein (wie üblich) den Absender nicht ersehen und auch aus anderen Umständen nicht schließen konnte, wer ihm geschrieben hatte, ist das Nichtabholen nicht arglistig. Die Sendung gilt dann nicht als zugegangen.[142] Der BGH erwartet vom Absender vielmehr einen neuen Zustellversuch, und zwar *unverzüglich,* nachdem er die Nachricht erhalten hat, dass der Adressat das Einschreiben nicht abgeholt hat.[143] Der unverzüglich unternommene zweite Zustellversuch wendet das Blatt endlich zugunsten des Absenders:[144] Holt der Adressat auch diesmal das Schreiben nicht ab, kann er sich nicht mehr darauf berufen, das Schreiben sei ihm nicht zugegangen.[145] Wenn der Absender mit seinem Schreiben eine Frist einhalten musste, kann der Adressat auch nicht geltend machen, der zweite Zustellversuch sei verspätet.[146]

3. Einwurf-Einschreiben

116 Wenn der Absender sich für ein Einwurf-Einschreiben entscheidet, erhält er ebenfalls einen „Aufgabebeleg". Der Postzusteller klingelt aber nicht beim Adressaten, sondern wirft das Einschreiben in dessen Briefkasten und stellt darüber mit Datum und Unter-

---

137 BGH NJW 1998, 976; 1996, 1967; BGHZ 67, 271; OLG Braunschweig NJW 2005, 1585.
138 Allg M, zB BAG NJW 1997, 146, BGHZ 67, 271.
139 Flume § 14, 3 e (238); BAG 1997, 146.
140 BGHZ 67, 271; Medicus Rn 80; BAG NJW 1997, 146.
141 BGH NJW 1998, 976.
142 BGHZ 170, 86 Rn 34.
143 NJW 1998, 976 unter Aufgabe von BGHZ 67, 271.
144 BGH NJW 2007, 1346 Rn 34.
145 BGH NJW 1998, 976.
146 BGH aaO.

schrift einen „Auslieferungsbeleg" aus. Der Auslieferungsbeleg wird anschließend zentral gescannt und dann vernichtet. Der Vorteil des Einwurf-Einschreibens liegt darin, dass der Empfänger die Annahme nicht verweigern und das Abholen nicht unterlassen kann. Der Nachteil ist, dass der Absender nur eine technische Reproduktion des Auslieferungsbelegs erhält, dessen Urkundenqualität teilweise bezweifelt wurde.[147] Inzwischen erkennt der BGH aber an, dass die „Sicherung des Zugangs ... bei Verwendung eines Einwurf-Einschreibens ... jedenfalls ebenso gut gewährleistet" wird „wie bei der Übermittlung ... mit einem Übergabe-Einschreiben."[148] Denn das Einwurf-Einschreiben erbringt – wenn das Verfahren ordnungsgemäß durchgeführt wurde – den Beweis des ersten Anscheins dafür, dass die Sendung durch Einlegen in den Briefkasten zugegangen ist.[149]

4. Postlagernde Sendungen

Wenn der Empfänger einer Postsendung um Zusendung „postlagernd" gebeten hat, ist das Schreiben in seinen Machtbereich gelangt, sobald es auf dem Postamt zur Abholung für ihn bereitliegt.[150] Das Schreiben geht deshalb dem Adressaten an dem Tag zu, „an dem nach der Verkehrsanschauung mit einer Abholung zu rechnen" ist.[151]

117

5. Einwurf eines Schreibens durch den Absender

Privathaushalt: Man kann sein Schreiben natürlich auch selbst in den Hausbriefkasten des Empfängers werfen oder durch einen Beauftragten einwerfen lassen. Dann ist das Schreiben zwar in den Machtbereich des Empfängers gelangt. Das bedeutet aber nicht, dass es damit auch schon zugegangen ist:

118

- *Einwurf vor Zustellung der Tagespost:* Das Schreiben geht zu, wenn damit gerechnet werden kann, dass der Empfänger seinen Briefkasten öffnet, um die Tagespost zu entnehmen.
- *Einwurf nach Zustellung der Tagespost:* Bei Privatleuten, die berufstätig sind, führt ein Einwurf *vor* dem Zeitpunkt der regelmäßigen Heimkehr idR noch zum Zugang am gleichen Tag.[152]
- *Einwurf in der Nacht:* Niemand kann erwarten, dass der Empfänger in der Nacht dem Briefkasten ein Schreiben entnimmt. Es geht deshalb erst zu, wenn mit der Entnahme der nächsten Tagespost gerechnet werden kann.
- *Persönliche Übergabe:* Wer am Nachmittag eines Tages sichergehen will, dass sein Schreiben noch am selben Tag zugeht, sollte es nicht in den Hausbriefkasten werfen, sondern klingeln und es dem Adressaten überreichen – notfalls zur Nachtzeit. In diesem Fall ist die Willenserklärung mit der Übergabe wirksam geworden, weil es sich um eine Abgabe der Erklärung unter *Anwesenden* handelt (Rn 127). Wenn eine Frist einzuhalten war und die Übergabe am letzten Tag der Frist bis 23.59 Uhr erfolgt ist, ist die Frist gewahrt.

---

147 Bauer/Diller NJW 1998, 2759; kritisch auch BVerwG NJW 2001, 458.
148 NJW 2017, 68 Rn 20.
149 BGH aaO Rn 33.
150 HM, zB Erman/Arnold § 130 Rn 12.
151 OLG Stuttgart NJW 2012, 2360 (2361).
152 BAG NJW 1984, 1651; einschränkend OLG Hamm NJW-RR 1995, 1187.

119 *Einwurf bei einem Unternehmen:* Bei Unternehmen führt ein Einwurf während der Bürozeit zum Zugang, ein späterer zum Zugang am folgenden Werktag. *Beispiel:* Mieter M hatte einen auf drei Jahre befristeten Mietvertrag geschlossen, konnte die Mietzeit aber verlängern, indem er bis zum Jahresende eine entsprechende Erklärung abgab. Er steckte das Schreiben am 31. Dezember gegen 15.50 Uhr in den Briefkasten des Vermieter-Büros, das zu dieser Zeit nicht mehr besetzt war. Da in deutschen Büros generell am Silvesternachmittag nicht mehr gearbeitet wird, konnte M nicht damit rechnen, dass der Briefkasten noch am selben Tag geleert wurde.[153] Das Schreiben ging deshalb erst am 2. Januar zu. Zu dieser Zeit konnte M die Mietzeit nicht mehr verlängern.

6. Vertreter

120 Ein Vertreter, der eine entsprechende Vertretungsmacht besitzt, kann nicht nur für den Vertretenen Willenserklärungen *abgeben* (§ 164 Abs. 1 S. 1), sondern auch *empfangen* (§ 164 Abs. 3). Ob eine Erklärung dem Adressaten selbst zugegangen ist oder seinem vertretungsberechtigten Vertreter, ist unerheblich (passive Vertretung, Rn 835). Der Grundsatz lautet also: Eine Willenserklärung ist ihrem Adressaten zugegangen, wenn sie seinem vertretungsberechtigten Vertreter zugegangen ist. Ob dieser sie an den Adressaten weiterleitet, ist unerheblich. In diesem Punkt besteht ein wesentlicher Unterschied zum Empfangsboten (gleich unter Rn 121).

7. Empfangsbote

a) Angehörige und Mitbewohner

121 Dem Gesetz ist der Empfangsbote unbekannt, nicht aber der Rechtsprechung und der Lehre.[154] *Definition:* Empfangsbote ist eine natürliche Person, die *nicht* die Vertretungsmacht besitzt, für den Adressaten Erklärungen entgegenzunehmen. Er ist also *nicht* nach § 164 Abs. 3 Passivvertreter (zu diesem Rn 120 und Rn 835). Er nimmt nur rein faktisch ein Schreiben (oder eine mündliche Mitteilung) entgegen und erklärt sich (konkludent) bereit, das Schreiben (die Mitteilung) an den Adressaten weiterzuleiten. Der Empfangsbote hat deshalb „lediglich die Funktion einer personifizierten Empfangseinrichtung des Adressaten",[155] ist also sozusagen sein Hausbriefkasten in Menschengestalt. Deshalb geht die Willenserklärung dem Adressaten auch noch nicht zu, wenn sie dem Empfangsboten ausgehändigt (oder ausgerichtet) wird. Denn mit dem Einwurf in den Hausbriefkasten ist das Schreiben ja auch noch nicht zugegangen. Der Zugang erfolgt vielmehr erst, wenn unter normalen Umständen damit gerechnet werden kann, dass der Empfangsbote das Schreiben (oder die Nachricht) an den Adressaten weiterleitet, so dass dieser Kenntnis nehmen kann (zeitliche Komponente des Zugangs, Rn 103). In diesem Punkt besteht ein wichtiger Unterschied zum Passivvertreter (Rn 120).

Als Empfangsbote kommt insbesondere ein mit dem Adressaten in derselben Wohnung lebender erwachsener Familienangehöriger oder sonstiger Mitbewohner in Betracht.

Nicht nur *an der Haustür* kann ein Mitbewohner oder Angehöriger Empfangsbote sein. Er kann auch an einem anderen Ort ein Schreiben als Empfangsbote annehmen. *Beispiel:* P betreibt einen kleinen Palettenhandel. Am 31. Januar verließ seine Assisten-

---

[153] BGH NJW 2008, 843 Rn 9; ähnlicher Fall AG Köln NJW 2005, 2930.
[154] MüKo/Einsele § 130 Rn 25; Medicus Rn 285 f.
[155] BGH NJW 2002, 1565; BAG NJW 2018, 3331 Rn 25.

tin A nach einem Streit ihren Arbeitsplatz. P verfasste sofort ein Kündigungsschreiben. Die Kündigung konnte nur dann Ende Februar wirksam werden, wenn das Kündigungsschreiben Frau A noch am 31. Januar zuging. P bat deshalb seinen Mitarbeiter M, es Frau A sofort zuzustellen. M fuhr zu dem Baumarkt, in dem der Ehemann der A arbeitete. Dieser verhielt sich zunächst abwehrend, nahm das Schreiben aber schließlich in Empfang. Dadurch ergab sich im Prinzip dieselbe Rechtslage, die sich beim Einwurf in den Hausbriefkasten der A ergeben hätte: Der Zugang erfolgte zu dem Zeitpunkt, zu dem mit der Übergabe an Frau A zu rechnen war. Das war in diesem Fall noch am selben Abend.[156]

b) Andere Empfangsboten

Wenn der Empfänger ein Unternehmer ist, kann auch ein (nicht zur Empfangnahme *bevollmächtigter*) Mitarbeiter als sein Empfangsbote angesehen werden. *Beispiel:* Weil in einem Ministerium der Ausfall der Heizung drohte, rief der Angestellte N beim Heizungsbauer U an. Er erreichte dessen Sekretärin S, die ihn nicht mit U verbinden konnte, aber die Schadensmeldung in Empfang nahm. U hatte sie nicht zur Entgegennahme von Erklärungen bevollmächtigt (so dass sie nicht seine Passivvertreterin war, Rn 120), aber sie war seine Empfangsbotin. Die Erklärung des N ging U deshalb zu, sobald damit gerechnet werden konnte, dass Frau S die Mitteilung an ihn weiterleitete.[157]

Die Mitarbeiter einer JVA sind grundsätzlich Empfangsboten für alle Schriftstücke, die an einen Straf- oder Untersuchungsgefangenen gerichtet sind. Die Übergabe an den Adressaten gilt am folgenden Tag als erfolgt, sofern der Inhaftierte nicht der Postüberwachung unterliegt (§ 119 Abs. 1 S 2 Nr. 2 StPO).[158]

c) Nach dem Zugang ist niemand mehr Empfangsbote

Wenn sich jemand im Machtbereich des Empfängers aufhält und dort ein Schreiben dem Hausbriefkasten entnimmt, ist er kein Empfangsbote. *Beispiel 1:* Ein an den verreisten B adressierter Brief wurde vom Postboten in den Hausbriefkasten geworfen und von der Ehefrau des B dem Briefkasten entnommen. Frau B war in diesem Fall keine Empfangsbotin ihres Mannes.[159] Denn durch den Einwurf in den Briefkasten war das Schreiben bereits zugegangen. In einem solchen Fall ist es deshalb wirkungslos, wenn der Angehörige das Schreiben an den Adressaten zurückschickt. Denn niemand kann einen Zugang rückgängig machen.[160] *Beispiel 2:* V, der eine Wohnung an eine Wohngemeinschaft vermietet hatte, ließ eine an alle Mitglieder der Wohngemeinschaft adressierte Kündigung in den gemeinsamen Briefkasten werfen. Sie ging damit nach den allgemeinen Regeln jedem einzelnen Mitglied zu. Es ist unnötig, in diesem Fall alle Mitglieder als Empfangsboten der anderen anzusehen.[161]

8. Faxkopie

Beweis des Zugangs: Bei der Übermittlung von Schreiben durch ein Faxgerät stellt sich die Frage, ob ein Sendebericht (Sendeprotokoll) den Zugang des Fax beweist. Die Ant-

---

156 BAG NJW 2011, 2604 Rn 18 ff.
157 BGH NJW 2002, 1565.
158 BAG 2018, 3331 Rn 31.
159 BGH NJW-RR 1989, 757; übersehen von BGH NJW 1994, 2613.
160 Unrichtig BAG NJW 1993, 1093.
161 AA BGH NJW 1997, 3437.

wort lautet Nein.[162] Denn erstens kann trotz eines Sendeprotokolls das Fax aus technischen Gründen nicht angekommen sein und zweitens können begabte Bastler offenbar leicht ein gefälschtes Protokoll herstellen.[163] Ein Sendeprotokoll für sich genommen erbringt deshalb nicht einmal den Beweis des ersten Anscheins dafür, dass das Schreiben zugegangen ist.[164] Wenn allerdings die Absendung des Fax durch Zeugen beweisbar ist, liegt darin auch der Anscheinsbeweis für den Zugang.[165] Wenn feststeht, dass das Fax nur wegen einer Störung des *Empfangsgeräts* nicht angekommen ist, die der Absender nicht bemerken konnte, geht das zulasten des Empfängers.[166]

125 *Rechtzeitigkeit des Zugangs*: Auch wenn das Fax ausgedruckt wurde, ist es erst zugegangen, wenn mit seiner Kenntnisnahme zu rechnen ist. *Beispiel*: Das an ein Unternehmen gerichtete Fax wurde am Freitag um 16.13 Uhr ausgedruckt. Da zu dieser Zeit das Büro schon geschlossen war, ist das Fax erst am Montagmorgen zugegangen.[167]

Wenn eine *Gerichtsfrist* einzuhalten ist, kommt es nicht darauf an, wann mit der Lektüre durch den Richter zu rechnen ist, sondern ob das Fax noch am letzten Tag der Frist vollständig vom Drucker des Gerichts ausgedruckt wurde. *Beispiel*: Rechtsanwältin U wollte dem Gericht per Fax einen sechsseitigen Schriftsatz zukommen lassen, der bis zum 6. April um 24.00 Uhr zugegangen sein musste. Sie begann mit der Übermittlung am 6. April um 23.58 Uhr. Die erste Seite wurde vom Faxgerät des Gerichts noch vor Mitternacht gedruckt, die letzte Seite aber erst um 00.04 Uhr des Folgetages. Die Frist war damit nicht eingehalten.[168] Wenn von einem zehnseitigen Schriftsatz die ersten sechs noch rechtzeitig zugegangen sind, können sie, wenn sie eine eigene Bedeutung haben, noch berücksichtigt werden.[169]

9. E-Mail

126 Nicht jeder, der eine E-Mail-Adresse hat, muss damit rechnen, dass ihm wichtige Erklärungen auf diesem Wege zugehen. Wer sich aber an einen anderen per E-Mail gewandt hat, muss eine Antwort auf gleichem Wege akzeptieren. Das Gleiche gilt, wenn der Adressat im geschäftlichen Verkehr seine E-Mail-Adresse angegeben hat.[170]

Eine E-Mail gilt noch nicht als zugegangen, sobald sie für den Empfänger beim Provider abrufbar ist, sondern erst, wenn mit ihrer Kenntnisnahme gerechnet werden kann. Bei der Festlegung dieses Zeitpunkts kann es um Minuten gehen. *Beispiel*: Frau B betreibt ein Reisebüro. K beauftragte sie, für ihn eine bestimmte Reise zu buchen, sobald diese für weniger als 5 000 Euro angeboten würde. Wenig später sah K im Internet, dass die Reise nur noch 4 899 Euro kostete, buchte sie und teilte das Frau B um 20.38 Uhr per E-Mail mit. Nachdem Frau B am nächsten Morgen ihr Büro betreten hatte, suchte sie zuerst im Internet nach dem aktuellen Preis der von K gewünschten Reise. Als sie ihn entdeckt hatte, buchte sie die Reise um 8.10 Uhr. Die E-Mail des K las sie erst kurz danach. Der Reiseveranstalter verlangt für die Stornierung 881 Euro. *Lösung*: K durfte nicht darauf vertrauen, dass Frau B morgens als erstes die in der Nacht

---

162 BGH NJW 1995, 665 nach mehreren anderslautenden Äußerungen; OLG Köln NJW 1995, 1228 mwN.
163 LG Darmstadt NJW 1993, 2448.
164 BGH NJW 1995, 665.
165 LG Osnabrück NJW-RR 1994, 1487.
166 BVerfG NJW 1996, 2857; wohl auch BGH NJW 1995, 665.
167 OLG Rostock NJW-RR 1998, 526.
168 OVG Schleswig NJW 2010, 3110.
169 OVG Lüneburg NJW 2018, 3531 Rn 6 ff.
170 Dörner AcP 202 (2002), 363.

§ 4 Das Wirksamwerden der Willenserklärungen

eingegangenen E-Mails las.[171] Das gilt umso mehr, als K Frau B beauftragt hatte, die Preisentwicklung genau zu beobachten und die Reise zu buchen, sobald sie billiger angeboten wurde. Die E-Mail des K galt deshalb, als Frau B ihrerseits die Reise buchte, als noch nicht zugegangen. Die Stornogebühr muss K zahlen.

V. Wirksamwerden einer empfangsbedürftigen Willenserklärung unter Anwesenden

Das Gesetz regelt bekanntlich nur die Frage, wie eine empfangsbedürftige Willenserklärung wirksam wird, die in *Abwesenheit* des Empfängers abgegeben wird (§ 130). Es gibt keine entsprechende Bestimmung über Willenserklärungen, die in *Anwesenheit* des Empfängers abgegeben werden. *Anwesend* ist der Empfänger, wenn der Erklärende und der Empfänger sich bei Abgabe der Erklärung im selben Raum befinden oder miteinander telefonieren (entsprechend § 147 Abs. 1 S. 2) oder auf technisch andere Weise simultan miteinander kommunizieren. Der dialogartige Austausch *geschriebener* Nachrichten (E-Mails, Chatten, Twittern, SMS) findet dagegen unter *Ab*wesenden statt. 127

Auch gegenüber einem Anwesenden muss eine Willenserklärung *abgegeben* werden, es gelten deshalb die Ausführungen unter Rn 98. Die übrigen allgemeinen Voraussetzungen für das Wirksamwerden müssen ebenfalls gegeben sein. Die Frage, wann eine empfangsbedürftige Erklärung unter Anwesenden wirksam wird, brauchte das Gesetz aber nicht zu regeln, weil die Antwort unproblematisch ist (FD „Wirksamwerden der Willenserklärungen", Frage 2, Nein, Spalte 9):

- Eine mündliche Willenserklärung unter Anwesenden (oder eine telefonische) wird wirksam, wenn sie vom Empfänger vernommen wird[172] oder der Erklärende zumindest diesen Eindruck haben durfte.[173]
- Eine schriftliche Willenserklärung, die dem Empfänger überreicht wird, wird im Augenblick der Übergabe wirksam. *Beispiel 1:* X übergab seinem Angestellten A ein Kündigungsschreiben und ließ ihm Zeit, es zu lesen. Damit war die Kündigung zugegangen. Dass A anschließend das Original des Kündigungsschreibens an X zurückgab, war unschädlich.[174] *Beispiel 2:* Am Ende einer Gesellschafterversammlung erhielt jeder anwesende Gesellschafter eine Kopie des gemeinsam gebilligten Protokolls. Durch die Übergabe ging das Protokoll jedem Gesellschafter zu und wurde wirksam.[175]

---

171 AG Meldorf NJW 2011, 2890.
172 BGH WM 1989, 652.
173 Wolf/Neuner § 33 Rn 38.
174 BAG NJW 2005, 1533; Erman/Arnold § 130 Rn 23 („abgeschwächte Vernehmungstheorie"); Wolf/Neuner § 33 Rn 38.
175 BGH NJW 1998, 3344. Ein Protokoll ist allerdings keine Willenserklärung, sondern eine Information (Rn 52). Aber auch in ihrem Fall kann der Zeitpunkt des Zugangs wichtig sein.

§ 5 Die Auslegung der Willenserklärungen

128 ▶ **Fall 5: „... zur Abgeltung aller Ansprüche ..."** §§ 133, 157

Frau Miegel hatte von Frau Vlothow eine Wohnung gemietet. Nachdem das Mietverhältnis beendet war, verlangte Frau Vlothow 1 242 Euro mit der Begründung, die Wohnung weise Schäden auf und es fehle die letzte Monatsmiete. Frau Miegel bestritt die Berechtigung dieser Forderungen. Sie verlangte ihrerseits von Frau Vlothow die Rückzahlung der Mietkaution von 920 Euro. Schließlich war Frau Vlothow bereit, ihre Forderung von 1 242 Euro auf 920 Euro zu reduzieren. Ihr Anwalt schrieb deshalb:

„Um vorliegenden Bagatellstreit abzuschließen, schlagen wir vergleichsweise vor, die Ansprüche in Höhe von 1 242 Euro mit der Mietkaution abzugelten. Insoweit bitten wir höflichst um Rückäußerung, ob diesem Vergleichsvorschlag nähergetreten wird."

Frau Miegel vertrat die Ansicht, dass auch der auf 920 Euro reduzierte Betrag viel zu hoch sei und auf 300 Euro gekürzt werden müsse. Ihr Anwalt schrieb deshalb:

„Wir wollen uns nicht mit Ihren Ausführungen auseinandersetzen, sondern schlagen Ihrer Mandantschaft im Interesse einer endgültigen und einvernehmlichen Erledigung der Sache vor, dass unsere Mandantin einen Betrag in Höhe von 300 Euro zur Abgeltung aller Ansprüche im Zusammenhang mit dem Mietverhältnis und dessen Beendigung zahlt."

Frau Vlothows Anwalt verstand diesen Vergleichsvorschlag so, dass Frau Miegel auf die Rückzahlung ihrer Kaution verzichtete und außerdem 300 Euro zahlen wollte. Er nahm deshalb den Vorschlag an und verlangte die Zahlung von 300 Euro. Frau Miegels Anwalt erwiderte, wenn seine Mandantin 300 Euro zahle, verlange sie die Rückzahlung der vollen Kaution. Dem entgegnete Frau Vlothows Anwalt, in ihrem Vergleichsangebot habe Frau Miegel endgültig auf die Kaution verzichtet („... zur Abgeltung aller Ansprüche im Zusammenhang mit dem Mietverhältnis"). Amts- und Landgericht haben Frau Miegel zur Zahlung von 300 Euro verurteilt und die Kaution Frau Vlothow zugesprochen. Zu Recht? (Nach BGH NJW 2011, 2422)

129 Es geht um die Frage, wie Frau Miegels Vergleichsvorschlag zu verstehen ist. Das ist durch eine Auslegung nach § 133 zu ermitteln.

Die fragliche Willenserklärung war „eine Willenserklärung, die einem anderen gegenüber abzugeben" war (§ 130 Abs. 1 S. 1), bedurfte also eines Empfängers (empfangsbedürftige Willenserklärung, Rn 76). Bei der Auslegung einer solchen Willenserklärung muss sich der Interpret auf die Seite des *Empfängers* stellen, in diesem Fall also auf die Seite von Frau Vlothow oder ihres Anwalts. Aber es kommt letztlich nicht auf das Verständnis des konkreten Empfängers an, sondern auf die Frage, wie ein *neutraler* Empfänger die Erklärung „bei objektiver Würdigung aller Umstände und mit Rücksicht auf Treu und Glauben zu verstehen hatte".[176]

Bei der Auslegung aus Sicht eines objektiven Empfängers ist zunächst zu fragen, wie die Willenserklärung nach den Regeln der Grammatik und der Logik zu verstehen war (Rn 135). Dann ergibt sich Folgendes: Nach dem Vorschlag ihres Anwalts wollte Frau Miegel 300 Euro zahlen „zur Abgeltung aller Ansprüche im Zusammenhang mit dem Mietverhältnis und dessen Beendigung". Das ist nach den Regeln der Logik so zu verstehen, dass mit der Zah-

---

[176] BGH NJW 1984, 721.

lung der 300 Euro alle Forderungen erlöschen sollten, die aus dem Mietverhältnis hergeleitet werden konnten, also auch der Anspruch auf Rückzahlung der Kaution. Frau Miegels Anspruch auf die Kaution wäre damit durch Abschluss des Vergleichs erloschen. Dies Ergebnis wird verstärkt durch die Eingangsworte des Vergleichsvorschlags, der „im Interesse einer endgültigen und einvernehmlichen Erledigung der Sache" erfolgte. Denn endgültig erledigt war der Streit erst, wenn auch die Kaution in den Vergleich einbezogen wurde.

Das Ergebnis einer Auslegung nach den Regeln der Grammatik und der Logik ist aber nicht das letzte Wort. Denn nach § 133 ist bei der Auslegung einer Willenserklärung „der wirkliche Wille zu erforschen und nicht an dem buchstäblichen Sinne des Ausdrucks zu haften." Es ist also zu fragen, ob sich ein abweichender „wirklicher Wille" aus den sonstigen Worten des Anwalts, aus dem Vorverhalten der Parteien oder aus der Interessenlage ergibt.

Frau Vlothows Anwalt hatte als Vergleich (Kompromiss) vorgeschlagen, die Ansprüche seiner Mandantin in Höhe von 1 242 Euro „mit der Mietkaution abzugelten". Er verlangte also nur noch 920 Euro. Frau Miegels Anwalt hatte darauf geantwortet, dass er sich nicht mit diesen „Ausführungen auseinandersetzen" wollte, dass er sie also ablehnte. Schon daraus ergab sich, dass er wesentlich weniger anbieten wollte als 920 Euro. Der von ihm anschließend unterbreitete Vorschlag steht dazu – wenn man vom Wortlaut ausgeht – in krassem Widerspruch. Denn nach einem wörtlichen Verständnis hätte der Anwalt vorgeschlagen, 300 Euro zu zahlen *und* Frau Vlothow die Kaution von 920 Euro zu belassen. Damit hätte Frau Miegel insgesamt 1 220 Euro gezahlt, also 300 Euro mehr als die Gegenseite in ihrem Vergleichsvorschlag selbst gefordert hatte. Es kann aber nicht angenommen werden, dass Frau Miegels Anwalt einerseits den fremden Vorschlag ablehnen und andererseits ein Angebot abgeben wollte, das der Gegenseite 300 Euro mehr einbrachte, als diese verlangt hatte. Die vom Gesetz vorgeschriebene Erforschung des „wirklichen Willens" führt also dazu, dass Frau Miegels Anwalt nur die Zahlung von 300 Euro anbieten und auf die Rückzahlung der Kaution nicht verzichten wollte.

Man kann hier den Auslegungsgrundsatz heranziehen, den der BGH in den letzten Jahren besonders häufig angewandt hat, nämlich den Grundsatz der „beiderseits interessengerechten Auslegung" (Rn 149 ff). Auf ihn hat der BGH auch in der zugrunde liegenden Entscheidung abgestellt. Er besagt, dass niemand ohne Not etwas erklärt, was seinen Interessen diametral entgegengesetzt ist. Eine Willenserklärung kann deshalb nur in sehr seltenen Fällen und beim Vorliegen besonderer Umstände so verstanden werden, dass sich der Erklärende bewusst selbst schaden wollte.

Die Auslegung der fraglichen Worte führt also dazu, dass Frau Miegels Anwalt in seinem Vergleichsantrag Frau Vlothow die Kaution *nicht* endgültig belassen hat. Er hat die Zahlung der 300 Euro nur *statt* der von der Gegenseite geforderten 1 242 Euro angeboten. Damit hat die Willenserklärung in diesem Fall nicht den Inhalt, der sich aus dem „buchstäblichen Sinne des Ausdrucks" ergibt, sondern entspricht ihrem Inhalt nach Frau Miegels „wirklichem Willen" (§ 133). ◀

Lerneinheit 5

Literatur: *Mittelstädt*, Falsa demonstratio: Und sie schadet doch! Eine Kritik der natürlichen Auslegung empfangsbedürftiger Willenserklärungen, ZfPW 2017, 175; *Greiner* Die Auslegung empfangsbedürftiger Willenserklärungen zwischen „Normativität" und subjektivem Empfängerhorizont, AcP Band 217, 492; *Honsell*, Die rhetorischen Wurzeln der juristischen Auslegung, ZfPW

130

2016, 106; *Klocke,* Die systematische Interpretation von Allgemeinen Geschäftsbedingungen im Lichte unwirksamer Vertragsklauseln, JA 2015, 227; *Kötz,* Vorvertragliche Verhandlungen und ihre Bedeutung für die Vertragsauslegung, ZEuP 2013, 777; *Muthorst,* Auslegung: Eine Einführung, JA 2013, 721; *Doetsch/Uckermann,* Die Auslegung von betrieblichen Versorgungszusagen, NZA 2013, 717; *Kötz,* Dispositives Recht und ergänzende Vertragsauslegung, JuS 2013, 289; *Horn/Kroiß,* Irrtümer und Verfahrensfragen bei der Testamentsauslegung, NJW 2012, 666; *Uffmann,* Richtungswechsel des BGH bei der ergänzenden Vertragsauslegung. Dargestellt am Beispiel der Preisanpassungsklausel in Energielieferverträgen, NJW 2011, 1313; *Bieder,* Grundfragen der Auslegung arbeitsrechtlicher Willenserklärungen, RdA 2011, 142.

I. Einführung

1. Problem

131 Richter müssen nicht nur die Gesetzesbestimmungen auslegen, sondern vielfältig auch Formulierungen, die vorprozessual von den Parteien, von Zeugen und von anderen Personen verwendet worden sind. Nicht nur Laien drücken sich oft mehrdeutig aus. Unklare Formulierungen finden sich auch bei Rechtsanwälten und Notaren, wenn sie für ihre Mandanten Schriftsätze verfassen oder Verträge aufsetzen. Die Rechtsprechung zum Thema Auslegung ist deshalb sehr umfangreich. Oft geht es nur darum, was beispielsweise unter Begriffen wie „Umzugskosten",[177] „Schadensersatz",[178] „Weihnachtsgeld"[179] oder „Wohnfläche"[180] zu verstehen ist. Oft müssen die Gerichte aber auch umfangreiche Verträge interpretieren, sogar fremdsprachige.[181]

Der BGH überlässt die Auslegung rechtsgeschäftlicher Formulierungen grundsätzlich dem „Tatrichter", also den Amts-, Land- und Oberlandesgerichten, und prüft im Rahmen seiner Revision nur, ob – so die immer nur leicht variierte Formulierung – „Verstöße gegen gesetzliche Auslegungsregeln, anerkannte Auslegungsgrundsätze, sonstige Erfahrungssätze oder Denkgesetze vorliegen oder ob die Auslegung auf Verfahrensfehlern beruht".[182] Anlass zum Eingreifen sieht der BGH aber trotz dieser Einschränkungen erstaunlich oft.

132 *Auslegung anderer Erklärungen:* Die Gerichte müssen nicht nur Willenserklärungen auslegen, sondern gelegentlich auch andere Erklärungen oder Informationen (Rn 52) wie Zeitungsmeldungen oder Werbeaussagen. *Beispiel 1:* Der BGH hatte zu entscheiden, ob eine Schlagzeile der Bildzeitung eine ehrenrührige Behauptung enthielt oder nur eine Frage darstellte.[183] *Beispiel 2:* X bot Seitenschweller und Stoßfänger an, denen das für den Einbau erforderliche „Teilegutachten" fehlte. Er warb damit, dass er „Materialgutachten" vorlegen könne. Das OLG Düsseldorf kam zu dem Ergebnis, dass das Wort „Materialgutachten" von Durchschnittskunden als „Teilegutachten" verstanden wird.[184] Damit war die Verwendung des Ausdrucks „Materialgutachten" irreführend.

---

177 BAG NJW 1996, 741.
178 BAG NJW 1996, 476.
179 BAG NJW 1994, 2911.
180 BGH ZMR 2004, 501.
181 BGH NJW 1996, 2574: „Standby Letter of Credit".
182 BGH NJW 2017, 3590 Rn 24; 2015, 2584 Rn 33;.
183 BGH VersR 2004, 388, unten Rn 144.
184 NJW 2006, 781.

2. Definition

Die Auslegung einer Erklärung ist die Ermittlung ihres rechtlich maßgeblichen Sinns. Eine Auslegung ist immer erforderlich, wenn zwischen den Beteiligten Meinungsverschiedenheiten über die Bedeutung einer Willenserklärung oder eines Vertrags bestehen. In solchen Fällen bedürfen auch vermeintlich „eindeutige" Willenserklärungen einer Auslegung. Denn erst eine Auslegung kann ergeben, ob eine Willenserklärung wirklich eindeutig ist.

133

3. Gesetzliche Regelung

Das BGB regelt einerseits die Auslegung von *Willenserklärungen* (§ 133) und andererseits die Auslegung von *Verträgen* (§ 157). Dabei geht es von unterschiedlichen interpretatorischen Ansätzen aus: Während § 133 auf den wirklichen Willen des Erklärenden abstellt (sogenannte *natürliche Auslegung*), appelliert § 157 an den Interpreten, die Auslegung an seinem Rechtsgefühl („Treu und Glauben") und seiner praktischen Erfahrung („Verkehrssitte") zu orientieren (sogenannte *normative Auslegung*).
Bei der Auslegung lässt sich aber die säuberliche Trennung zwischen Willenserklärungen und Verträgen schon deshalb nicht aufrechterhalten, weil bekanntlich auch Verträge durch Willenserklärungen zustande kommen. Auch bei Verträgen ist deshalb „der wirkliche Wille" der Vertragspartner zu erforschen (§ 133). Und auch Willenserklärungen „sind so auszulegen, wie Treu und Glauben mit Rücksicht auf die Verkehrssitte es erfordern" (§ 157). Wenn es in der Praxis um eine Auslegung geht, werden deshalb die §§ 133, 157 meist gemeinsam genannt und angewendet.

134

II. Einzelne Grundsätze der Auslegung

1. Wortverständnis

Jede Auslegung hat in erster Linie vom Wortlaut auszugehen, der nach dem allgemeinen Sprachgebrauch zu interpretieren ist.[185] Der BGH hat deshalb zu Recht von der „Maßgeblichkeit des Vertragswortlauts als Ausgangspunkt jeder Auslegung" gesprochen.[186] *Beispiel 1:* Der Verkäufer einer Solaranlage hatte behauptet, sie könne von einem Laien montiert werden. Der BGH definierte in lexikalischer Weise den Begriff „Laie".[187] *Beispiel 2:* Bevor P eine Knieprothese erhielt, sagte der Arzt im Aufklärungsgespräch zu ihm, eine Lockerung komme „gelegentlich" vor. Zwei Jahre später verklagte P den Träger der Klinik auf Schadensersatz mit der Begründung, er sei über das Risiko unzureichend aufgeklärt worden. Der BGH hat ausführlich geprüft, welche Bedeutung das Wort „gelegentlich" hat und ob es noch ein Lockerungsrisiko von 8,71 % einschließt.[188] *Beispiel 3:* In Mietverträgen über Wohnraum wird häufig die Größe der vermieteten Fläche angegeben. Das kann bei Dachwohnungen wegen der schrägen Wände zu Problemen führen. Deshalb ist zu beachten, ob die „Mietraumfläche", die „Grundfläche" oder die „Wohnfläche" angegeben ist.[189] Bei Fachausdrücken ist das Verständnis der entsprechenden Fachleute maßgebend.[190] Wenn eine Vertrags-

135

---

[185] BGH NJW 2002, 441; 2001, 2535; 2001, 3775 und 144; 2000, 2099; 1995, 3258 und 1886.
[186] NJW 2009, 1494 Rn 13.
[187] NJW 2007, 3057.
[188] BGH NJW 2019, 1283 Rn 19 ff.
[189] BGH NJW 2010, 293 Rn 12.
[190] BGH NJW 1999, 3191: „Auskehren" eines Geldbetrags.

partei behauptet, es sei von einem anderen Verständnis auszugehen, muss sie das beweisen.[191]

136 *Gesamtumstände:* Die philologische Interpretation des Wortlauts ist zwar der Ausgangspunkt der Auslegung, doch darf der Richter sich damit nicht begnügen. Denn er hat „nicht an dem buchstäblichen Sinne des Ausdrucks zu haften" (§ 133). Deshalb spricht der BGH sogar vom „Verbot einer sich ausschließlich am Wortlaut orientierenden Interpretation".[192] Es müssen auch die Gesamtumstände und das sprachliche Umfeld der auszulegenden Worte berücksichtigt werden (Rn 143).

2. Auslegung irrtümlicher Erklärungen

137 *Das übereinstimmende Verständnis der Vertragsparteien ist maßgebend:* Gelegentlich verstehen die Beteiligten ein verwendetes Wort gemeinsam anders, als es seiner objektiven Bedeutung entspricht. Allein maßgeblich ist dann das übereinstimmende Verständnis. Denn es gilt der lateinische Grundsatz „falsa demonstratio non nocet" (eine falsche Bezeichnung schadet nicht).[193] *Beispiel 1:* Zwei Deutsche schlossen einen Kaufvertrag über „Haakjöringsköd", was auf Norwegisch „Haifleisch" bedeutet, verstanden aber beide darunter Walfleisch. Gegenstand des Kaufvertrags war trotz der falschen Bezeichnung Walfleisch.[194] *Beispiel 2:* Frau K fuhr mit ihrem 13 Jahre alten fünftürigen BMW zu einer VW-Niederlassung und erklärte dem dortigen Mitarbeiter M, sie wolle als Ersatz einen neuen Golf kaufen. B überließ ihr für eine Probefahrt einen fünftürigen Golf, der Frau K gefiel. Anschließend sprach B mit Frau K über viele Einzelheiten des zu bestellenden Modells, aber nicht über die Zahl der Türen. B klickte am Bildschirm seines Computers „5G14GZ" an, das Kürzel für die dreitürige Version. So wurde die Kaufsache auch im schriftlichen Kaufvertrag bezeichnet. Als der Neuwagen Frau K im Wolfsburger Auslieferungszentrum übergeben wurde, beanstandete sie sofort, dass es sich um ein dreitüriges Modell handelte. Frau K verlangt die Rücknahme des dreitürigen und die Lieferung eines fünftürigen Modells.[195] *Lösung:* Aus den §§ 133, 157 ergibt sich, dass Frau K einen fünftürigen Golf kaufen und B einen solchen Golf verkaufen wollte. Denn B wusste, dass Frau K einen Ersatz für ihr fünftüriges Fahrzeug suchte, und stellte ihr dazu probehalber einen fünftürigen Golf zur Verfügung. Dass er in seinem Beratungsgespräch nicht auf die Zahl der Türen einging, zeigt, dass er diese Frage für geklärt hielt. Nur der schriftliche Kaufvertrag hat versehentlich einen anderen Inhalt. Da das übereinstimmend Gewollte vorgeht, bezieht sich der Kaufvertrag auf einen fünftürigen Golf.

Der Vorrang des übereinstimmend Gemeinten gilt auch für notariell beurkundete Verträge.[196] *Beispiel:* V ließ das Gelände um sein Bürogebäude parkartig anlegen. In die Gestaltung wurden versehentlich auch 1 000 qm einer Wiese einbezogen, die der Stadt gehört. Später zeigte V dem Kaufinteressenten K das Grundstück vom Dach des Gebäudes aus. K und V gingen davon aus, dass das zu verkaufende Grundstück mit dem gärtnerisch gestalteten Gelände identisch sei. Im Kaufvertrag wurde das Grundstück aber so bezeichnet, wie es im Grundbuch eingetragen ist. Gegenstand des Kaufvertrags

---
191 BGH NJW 2001, 144.
192 NJW 2002, 1260.
193 Staudinger/Singer § 133 Rn 13; Palandt/Ellenberger § 133 Rn 8; PWW/Ahrens § 133 Rn 21.
194 RGZ 99, 147.
195 OLG Schleswig NJW 2016, 2045.
196 Staudinger/Singer § 133 Rn 34; Palandt/Ellenberger § 133 Rn 19.

§ 5 Die Auslegung der Willenserklärungen

und der Auflassung war die größere Fläche, weil beide Parteien diese gemeint hatten. Die abweichende Bezeichnung im notariellen Vertrag war unschädlich.[197] Manchmal verwenden die Vertragsparteien nicht nur ein falsches Wort, sondern formulieren den ganzen *Vertrag* so, dass das objektiv Vereinbarte vom übereinstimmend Gewollten abweicht. Auch dann ist der übereinstimmende Wille der Vertragsparteien allein maßgebend.[198] *Beispiel:* V wollte sein Ferienhaus verkaufen und K wollte es kaufen. Der vom Notar aufgesetzte und von den Parteien unterschriebene Vertrag hatte aber einen anderen Inhalt, was weder V bemerkte noch K. Maßgebend war hier nicht der Wortlaut des Vertrags, sondern „der übereinstimmende Wille der Vertragsparteien".[199]

Offensichtlicher Irrtum eines Beteiligten: Wenn der Erklärende „A" gesagt hat, aber – für den Erklärungsgegner offensichtlich – „B" meinte, gilt B.[200] Denn bei der Auslegung ist „nicht an dem buchstäblichen Sinne des Ausdrucks zu haften", sondern „der wirkliche Wille zu erforschen" (§ 133). Es ist deshalb in diesem Fall nicht erforderlich, dass der Erklärende seine Willenserklärung wegen Irrtums anficht (§ 119; Rn 510). *Beispiel 1:* Ein Jurastudent hatte bei einer Buchhandlung die Zeitschrift JuS abonniert, nicht die Zeitschrift Jura, schrieb aber, er kündige sein Jura-Abonnement. Weil sich die Kündigung erkennbar auf das Jus-Abonnement bezog, durfte der Buchhändler die Kündigung nicht als gegenstandslos betrachten.[201] *Beispiel 2:* Bei den Kaufverhandlungen über ein gebrauchtes Geschäftsflugzeug wurden Preise zwischen 750 000 und 830 000 US-Dollar genannt, keine Preise in (der damals aktuellen Währung) D-Mark. In seinem „letzten Angebot" verlangte der Verkäufer aber „790 000 DM". Seine Erklärung hatte die Bedeutung „790 000 US-Dollar". *Beispiel 3:* Der Verbraucher V hatte mit dem Makler M einen Maklervertrag geschlossen, den er widerrufen konnte (§ 355 Abs. 1 S. 1). Er erklärte aber statt des Widerrufs die Anfechtung wegen arglistiger Täuschung (§ 123 Abs. 1). Der BGH hat diese Erklärung als Widerruf ausgelegt.[202]

138

3. Maßgeblich ist das Verständnis eines neutralen Empfängers

Empfängerhorizont: In allen Fällen, in denen die Beteiligten über die Bedeutung einer Erklärung streiten, muss sich der Richter (oder der Bearbeiter eines Falles) zunächst auf die Seite des *Erklärungsempfängers* stellen.[203] Es gilt nämlich der „Grundsatz, dass das Verständnis des *Empfängers* einer Willenserklärung für deren Auslegung maßgeblich ist".[204] Es kommt allerdings nicht darauf an, wie der *konkrete* Empfänger die Erklärung verstanden hat, sondern wie sich der Inhalt der Erklärung „nach Treu und Glauben mit Rücksicht auf die Verkehrssitte für den Empfänger" darstellte.[205] Anders gesagt: Entscheidend ist, wie der Empfänger mit seinem Wissensstand [206] die Worte „bei *objektiver* Würdigung aller Umstände und mit Rücksicht auf Treu und Glauben

139

---

[197] BGH NJW 2008, 1658 Rn 12; ähnlich schon BGH NJW 2002, 1038.
[198] BGH NJW 2002, 2102; 2002, 888; 1995, 1350.
[199] BGH NJW-RR 1988, 265.
[200] BGH NJW-RR 1993, 373.
[201] AG Berlin-Wedding NJW 1990, 1797.
[202] NJW 2017, 2337 Rn 46. Es wäre auch eine Umdeutung nach § 140 infrage gekommen (Rn 800 ff).
[203] BGH NJW 1997, 3087; 1995, 45.
[204] BGH NJW 2001, 1859; ähnliche Formulierungen in BGH NJW 2011, 2715 Rn 14 bis 18; 2011, 1434 Rn 14.
[205] BGH NJW 2002, 2872; 1999, 1101.
[206] Palandt/Ellenberger § 133 Rn 9; BGH NJW 2006, 3777 (3778).

zu verstehen hatte".[207] Damit ist der Richter (und der Bearbeiter eines Falls) angewiesen sich zu fragen, wie er selbst die Willenserklärung – mit dem damaligen Erkenntnishorizont des tatsächlichen Empfängers – redlicherweise aufgefasst hätte.[208] Dann kann sich ergeben, dass der Empfänger die Erklärung falsch verstanden hat. *Beispiel*: H bietet Werbeartikel an, die er nach Wunsch seiner Kunden mit deren Logo und anderen Angaben bedruckt. Der Kartonagenfabrikant K bestellte bei H 5 000 Kugelschreiber und gab für die Beschriftung seine Adressdaten an mit dem Zusatz: „!!! LOGO FOLGT PER MAIL!!!" Kurz darauf erhielt er die Kugelschreiber, deren Aufdruck mit „!!! LOGO FOLGT PER MAIL!!!" endet.[209] Zu fragen ist, wie ein neutraler (objektiver) Empfänger der Bestellung den Text interpretiert hätte. Er hätte den Zusatz „LOGO FOLGT PER MAIL" als Hinweis verstanden, dass das Logo Teil des Aufdrucks sein sollte, aber noch mitgeteilt werden sollte. Daraus ergibt sich, dass der Erklärungsempfänger H die Bestellung des K falsch verstanden hat.

140 *Die Selbstinterpretation ist unbeachtlich:* Der Grundsatz, dass es auf den Empfängerhorizont ankommt, scheint in einem gewissen Gegensatz zu der in § 133 enthaltenen Anweisung zu stehen, den „wirklichen Willen" zu erforschen. Denn diese Regel verweist auf den Willen des *Erklärenden* und nicht auf das Verständnis des *Empfängers*. Aber der Ausleger soll den Willen des Erklärenden nicht dem entnehmen, was dieser nachträglich als seinen Willen ausgibt. Vielmehr soll er „erforschen", was damals der wirkliche Wille des Erklärenden war. § 133 will nicht einen Willen für maßgeblich erklären, der sich den Worten des Erklärenden nicht entnehmen lässt. Anders gesagt: Ein Wille, der vom tatsächlichen Erklärungsempfänger nicht verstanden wurde und auch vom Richter (oder von einem sonstigen neutralen Interpreten) unter den konkreten Umständen nicht verstanden worden wäre, ist unbeachtlich.[210] Denn wo der wirkliche Wille des Erklärenden in der Erklärung nicht einmal angedeutet ist, kann er auch nicht *erforscht* werden. *Beispiel*: Die Kassenpatientin K wurde von Oberarzt Dr. O behandelt. Als sie schriftlich in die Operation einwilligte, ging sie davon aus, dass Dr. O sie operieren werde, brachte das aber nicht zum Ausdruck. Sie kann dann später nicht geltend machen, dass sie nur einer Operation durch Dr. O zugestimmt habe.[211]

141 Man darf auch nicht vergessen, dass es oft nur deshalb zum Streit über die Auslegung einer Formulierung kommt, weil sich der Erklärende unredlich verhält:

- Es kann sein, dass sich der Erklärende in unlauterer Absicht bewusst unklar ausgedrückt hatte. Es besteht dann kein Anlass, seine Interpretation zu bevorzugen. *Beispiel*: Der Verkäufer eines alten Mietshauses hatte dem späteren Käufer eine Kurzbeschreibung vorgelegt, die unter der Überschrift „Baulicher Zustand" folgende Angaben enthielt: „E-Inst. (1988), Bäder (1990), Heizung (1990)". Nachher äußerte der Verkäufer seine „Verwunderung" darüber, dass der Käufer von einer Erneue-

---

207 BGH NJW 1984, 721; ganz hM: Flume § 16, 3 c; Wolf/Neuner § 35, Rn 29; Brox/Walker Rn 136.
208 BGH NJW 1988, 2879.
209 Dieser wahre Fall aus dem Umfeld des Autors erinnert an eine alte Anekdote: Der Besteller wollte, dass die Worte „Ruhe sanft" auf beide Seiten der Kranzschleife gedruckt wurden. Bei der Beerdigung stellte er fest, dass dort: „Ruhe sanft auf beiden Seiten" stand.
210 Dass es nicht auf den *verborgenen* inneren Willen des Erklärenden ankommen kann, ergibt sich auch aus § 119. Denn nach dieser Vorschrift muss der Erklärende seine Erklärung, wenn er sie nicht so gelten lassen will, wie sie objektiv zu verstehen ist, wegen Irrtums anfechten (Rn 488 ff). Die Anfechtung wäre unnötig, wenn der innere (verborgene) Wille des Erklärenden ohnehin maßgebend wäre.
211 BGH NJW 2010, 2580 Rn 9.

rung der angegebenen Installationen ausgegangen war, wo doch nur eine *Überprüfung* stattgefunden habe. Der BGH hat diesen Trick aber nicht gelten lassen.[212]

■ Es kommt oft vor, dass der Erklärende später einen Vorteil darin sieht, seinen Worten einen Sinn beizumessen, den sie gar nicht haben sollten. *Beispiel:* Die vermögende Frau X ließ durch den jungen Makler B, dem sie „mütterlich zugetan" war, eines ihrer Grundstücke verkaufen. Auf Wunsch von Frau X zahlte der Käufer den Kaufpreis nicht an sie, sondern an B. Später bat Frau X den B, er solle ihr in seinem Büro einen Teil des Erlöses in bar überreichen. Nachdem B ihr in Gegenwart seiner Mitarbeiter wunschgemäß 50 000 Euro vorgezählt hatte, schob sie ihm die Scheine mit den Worten zu: „Das können Sie behalten". Als sie B's Erstaunen bemerkte, sprach sie von ihrer Dankbarkeit für den glücklichen Verkauf. Später kühlte sich das Verhältnis zwischen Frau X und B ab. Frau X verklagte B auf Herausgabe des Geldbetrags mit der Begründung, sie habe damals nur nicht so viel Bargeld mit nach Hause nehmen wollen. Damit hatte sie aber keinen Erfolg.[213] Man kann oft den Satz hören: „Ich muss ja schließlich selbst am besten wissen, wie ich meine Worte gemeint habe". Das mag im Alltag respektiert werden, aber im Recht gilt der Satz nicht.

4. Kontext, Begleitumstände und Vorgeschichte

Kontext: Äußerungen dürfen nicht aus dem Zusammenhang gerissen, sondern müssen zusammen mit ihrem Umfeld (ihrem Kontext) beurteilt werden so schon Rn 136).[214] Wenn Vertragsbestimmungen – wie häufig – in einem gewissen Spannungsverhältnis zu einander stehen, darf deshalb die eine Bestimmung nicht ohne die andere ausgelegt werden.[215] *Beispiel:* Bauträger B bot Wohnungen in einer noch zu errichtenden Wohnanlage an. In der Baubeschreibung war von einer „gehobenen Ausstattung" die Rede, von einer „hochwertigen Anlage" und einem „ehrgeizigen Bauprojekt". Zur Schallisolierung hieß es: „Trittschalldämmung gemäß DIN 4109". Die Eheleute E kauften eine Wohnung, aber beanstandeten später den geringen Schallschutz. B wies darauf hin, dass die genannte Norm eingehalten wurde. Aber sie entsprach – was die Eheleute E nicht wussten – schon damals nicht mehr den anerkannten Regeln der Technik. Welcher Schallschutz geschuldet war, hat der BGH nicht nur nach der DIN-Norm, sondern auch nach den übrigen Worten der Baubeschreibung beurteilt. Wenn man diesen Kontext einbezieht, konnten die Eheleute E einen *gehobenen* Schallschutz erwarten.[216]

Zum Kontext gehört auch, was der Antragende in seinem Antrag (Angebot) angegeben hat. *Beispiel:* R bot bei eBay ein neues E-Bike zum Sofortkauf für 100 Euro an. Aber er wies in Großbuchstaben darauf hin, ein Gebot von 100 Euro solle als eines über 2 600 Euro zu verstehen sein, er wolle lediglich die eBay-Gebühren niedrig halten. Die Auslegung durfte deshalb nicht bei der Angabe „100 Euro" stehenbleiben.[217]

Begleitumstände: Gegenstand der Auslegung ist eigentlich nur die Erklärung selbst. Aber wenn der Wortlaut nicht eindeutig ist, können auch die dem Empfänger erkennbaren Begleitumstände in die Auslegung einbezogen werden (Einbeziehung des histo-

---

212 NJW 1995, 45.
213 BGH NJW 1984, 721.
214 BGH NJW 2001, 143.
215 BGH NJW 2000, 2584.
216 BGH NJW 2009, 2439 Rn 10 ff unter Hinweis auf BGHZ 172, 346.
217 BGH NJW 2017, 1660 Rn 16 (siehe Fall 22, Rn 494).

risch-sozialen Umfelds des Textes).²¹⁸ *Beispiel:* Die Gemeinde G beauftragte den Tiefbauunternehmer T, die teerhaltige Asphaltschicht einer Ortsdurchfahrt und den darunterliegenden Boden abzutragen und abzufahren. Der Boden war leicht schadstoffbelastet, weil Spuren von Teer und Asphalt in ihn eingesickert waren. Die G hatte auf diese Belastung nicht hingewiesen. T verlangte deshalb eine Zusatzvergütung mit der Begründung, die Schadstoffbelastung habe die Entsorgung verteuert. Der BGH hat aber zu Recht entschieden, dass sich der Auftrag auf *belasteten* Boden bezog. Denn jeder Tiefbauunternehmer weiß, dass der Boden unter einer jahrzehntealten Teerschicht mit hoher Wahrscheinlichkeit belastet ist. Darauf muss eine Behörde nicht hinweisen.²¹⁹

146 *Vorgeschichte:* Zu den Umständen, die berücksichtigt werden müssen, gehört auch die Vorgeschichte, insbesondere die Vorkorrespondenz²²⁰ und die Vertragsverhandlungen.²²¹ *Beispiel:* V gab in einer Anzeige die Fläche der zu vermietenden Wohnung mit „ca. 76 m²" an. Er übersandte außerdem dem späteren Mieter eine „Wohnflächenberechnung", die eine Gesamtfläche von 76,45 m² ergab. Im schriftlichen Mietvertrag fehlt eine Flächenangabe. Aber aus der Vorgeschichte ergibt sich, dass eine Fläche von 76 m² vereinbart war.²²²

147 *Konkludente Willenserklärung:* Bei einer konkludenten Willenserklärung (Rn 68) kann die Auslegung naturgemäß nicht vom Wortlaut ausgehen. Sie muss deshalb aus der Vorgeschichte und dem Verhalten des (konkludent) Erklärenden abgeleitet werden. *Beispiel:* Es kam darauf an, ob T eine Abbuchung von seinem Konto genehmigt hatte. Mangels ausdrücklicher Erklärung kam nur eine *konkludente* Genehmigung in Frage. Um festzustellen, ob sie vorlag, hat der BGH das bisherige Verhalten des T herangezogen.²²³

5. Gesetzliche Vermutungen

148 Gelegentlich gibt das Gesetz selbst Auslegungshinweise. So sagt das BGB manchmal, eine bestimmte rechtliche Regelung gelte „im Zweifel" (zB §§ 127 S. 1, 154 Abs. 1 S. 1, 262) oder gelte „als stillschweigend vereinbart, wenn ..." (§ 632 Abs. 1) oder gelte, „sofern nicht ein anderes bestimmt ist" (§ 103) oder „soweit nicht ... sich ein anderes ergibt" (§ 183 S. 1; ähnlich § 168 S. 2). Damit ist Folgendes gemeint: Zunächst soll ermittelt werden, ob die Parteien eine bestimmte Vereinbarung getroffen haben und wie sie zu verstehen ist. Nur wenn sich daraus kein klares Bild ergibt, soll die fragliche Willenserklärung nach der Anweisung des Gesetzes ausgelegt werden.

6. Interessengerechte Auslegung

149 Zu den „anerkannten Auslegungsgrundsätzen"²²⁴ gehört der „Grundsatz einer nach beiden Seiten hin interessengerechten Auslegung".²²⁵ Auf keine andere Auslegungsregel hat sich der BGH in den letzten Jahren so oft berufen wie auf diese. Sie besagt, „dass im Zweifel gewollt ist, was vernünftig ist und der wohlverstandenen Interessen-

---

218 BGH NJW 2004, 2232; 2002, 2872; 2000, 1569.
219 NJW 2012, 518 Rn 22.
220 BGH NJW 2002, 2872.
221 BGH NJW 2002, 1260; 1999, 3191.
222 BGH NJW 2010, 2648.
223 NJW 2012, 306 Rn 13 bis 20; NJW 2011, 2715 Rn 14 ff.
224 BGH NJW 2017, 3590 Rn 24; BGHZ 204, 231 Rn 21.
225 BGHZ 149, 337 (353); 150, 32 (39); BGH NJW 2010 2580, Rn 9; 2009, 2449 Rn 11.

lage entspricht".²²⁶ Es ist nämlich davon auszugehen, dass eine Partei sich nur in Ausnahmefällen auf etwas einlässt, was ihrem Interesse widerspricht oder sich sogar als „völlig sinnlos" erweist.²²⁷ Anders gesagt: Wenn eine von zwei möglichen Auslegungen einen wirtschaftlich und rechtlich vernünftigen Sinn ergibt, während die andere zu einem psychologisch unwahrscheinlichen, rechtlich unzulässigen oder wirtschaftlich unsinnigen Ergebnis führen würde, ist die erste die „interessengerechte" und damit die richtige Auslegung.

Beispiel 1: Fall 5, Rn 128. *Beispiel 2:* Nachdem er eine mehrjährige Haftstrafe verbüßt hatte, beauftragte W Rechtsanwalt R, ein Wiederaufnahmeverfahren zu beantragen. Die Vergütung nach dem RVG belief sich auf 1 102,18 Euro, aber R verlangte 25 000 Euro, die W bezahlte. Die Honorarvereinbarung hielt die vom RVG vorgeschriebene Form nicht ein, so dass W später rund 23 000 Euro zurückfordern konnte. R wollte einer Bemerkung des W entnehmen, dass dieser auf eine Rückforderung verzichtet habe. Aber der BGH hat zu Recht betont, dass an die Annahme, jemand habe auf eine Forderung verzichtet, „strenge Anforderungen zu stellen" sind, die in diesem Fall nicht erfüllt waren.²²⁸ *Beispiel 3:* Ein Bauunternehmer hatte sich verpflichtet, spätere Änderungswünsche des Bauherrn zu berücksichtigen. Es ist nicht davon auszugehen, dass er das *unentgeltlich* tun wollte.²²⁹ Der Grundsatz der interessengerechten Auslegung gilt auch für Prozesshandlungen. *Beispiel 4:* K verklagte den B vor dem Amtsgericht. B erwiderte ohne anwaltliche Hilfe, er beantrage, die Klage abzuweisen, und machte einige nicht ganz klare Ausführungen zur Sache. Der Amtsrichter entnahm dem, dass B den Klageanspruch anerkannt habe. Aber das BVerfG wies das AG darauf hin, dass jede Prozesspartei „das erreichen will, was … vernünftig ist und ihrer recht verstandenen Interessenlage entspricht".²³⁰

150

Grenzen: Bei der interessengerechten Auslegung sind folgende Einschränkungen zu beachten:

151

- Der Richter darf die Erklärungen der Parteien nur im Licht ihrer *damaligen* Interessen interpretieren. Es geht nicht darum, wie sich die Interessenlage im Nachhinein darstellt.
- Es kommt nur auf die Interessenlage *der Parteien* an. Der Richter darf nicht versuchen, dem Rechtsgeschäft zu dem Inhalt zu verhelfen, den er *selbst* (im Nachhinein) für interessengerecht hält.²³¹
- Der Richter darf bei der Auslegung nicht nur die Interessen *einer* Partei berücksichtigen.²³² Er muss vielmehr die Interessenlage beider Parteien, wie sie bei Abschluss des Vertrags bestand, in seine Auslegung einbeziehen.²³³ Das kommt in den Worten „beiderseits interessengerecht" zum Ausdruck.

152

---

226 BGH NJW 2001.
227 BGH NJW 1997, 2597; ähnlich BGH NJW 1999, 3704.
228 BGH NJW 2016, 1391 440. ähnlich zu einem angeblichen Verzicht BGH NJW 2015, 2324 Rn 19.
229 BGH NJW 2008, 2106 Rn 34 f.
230 BVerfG NJW 2014, 291 Rn 17.
231 BGH NJW 2001, 1928.
232 BGH NJW 2004, 2156 (2157).
233 BGH NJW 2002, 3775; 2002, 747.

7. Auslegung Allgemeiner Geschäftsbedingungen

153 Da AGB gegenüber einer Vielzahl von Vertragspartnern verwendet werden (§ 305 Abs. 1 S. 1), sind sie „unabhängig von der Gestaltung des Einzelfalls sowie dem Willen und den Belangen der jeweils konkreten Vertragspartner ... auszulegen".[234] Die Auslegung hat deshalb nach den „Verständnismöglichkeiten eines rechtlich nicht vorgebildeten durchschnittlichen Vertragspartners" zu erfolgen.[235]

Nach § 305c Abs. 2 gehen Zweifel bei der Auslegung von AGB „zu Lasten des Verwenders". Es gilt deshalb die Auslegung, die für den Verwender ungünstig und für seinen Vertragspartner günstig ist. Diese Regel hat eine alte Tradition. Schon das Reichsgericht legte Vertragsklauseln, die allein von *einer* Partei formuliert waren (nach heutigem Sprachgebrauch: AGB), im Zweifel zu *deren* Lasten aus. So nahm es zB an, dass unklare Versicherungsbedingungen gegen die Versicherungsgesellschaft auszulegen seien.[236]

Wenn es um die Frage geht, ob eine AGB unwirksam ist, weil sie den Partner unangemessen benachteiligt (§§ 307 bis 309), gelten besondere Auslegungsgrundsätze. Sie werden hier nicht dargestellt, weil sie zum Schuldrecht gehören.[237]

III. Ergebnisse der Auslegung

154 Die Auslegung kann drei mögliche Ergebnisse haben:

- Hatte der *Erklärende* den Sinn seiner Erklärung falsch verstanden, hat diese also objektiv eine andere Bedeutung, als er zum Ausdruck bringen wollte, bleibt ihm nur die Möglichkeit, seine Erklärung wegen Irrtums anzufechten – falls das Gesetz die Anfechtung zulässt (§ 119; Rn 494 ff).
- Hatte der *Empfänger* den Sinn der Erklärung falsch aufgefasst, muss *er* den Versuch machen, seine darauf gestützte Antwort (zB „Ich nehme Ihr Angebot an") wegen Irrtums anzufechten.
- Ergibt die Auslegung, dass die gewählte Formulierung *objektiv mehrdeutig* ist, haben beide Parteien mit ihrer jeweiligen Auslegung Recht. Es liegt dann gemäß § 155 ein versteckter Dissens vor (Scheinkonsens; Rn 248).

IV. Auslegung nichtempfangsbedürftiger Willenserklärungen

155 Weil nichtempfangsbedürftige Willenserklärungen keinen Adressaten haben (Rn 78), gibt es niemand, der auf eine bestimmte Bedeutung der fraglichen Worte vertrauen könnte. Es muss deshalb bei der Auslegung nicht gefragt werden, wie ein objektiver Beobachter die gewählten Worte verstanden hätte. Es kommt vielmehr allein darauf an, was der Erklärende mit seinen Worten gemeint hat.[238] Der Hauptfall der nichtempfangsbedürftigen Willenserklärungen ist das Testament (Rn 88). Bei der Auslegung eines Testaments geht „der Erblasserwille ... jeder anderen Interpretation vor".[239] Es ist nur § 133 anzuwenden, nicht § 157 (der auch seinem Wortlaut nach nicht in Frage

---

234 BGHZ 162, 39 (44).
235 BGH NJW 2013, 1805 Rn 9; ähnlich BGH NJW 2018, 455 Rn 22 unter Hinweis auf BGHZ 210, 206 Rn 42 und NJW 2017, 2762 Rn 19.
236 RGZ 94, 29.
237 SAT Rn 170 ff.
238 Wolf/Neuner § 35 Rn 31.
239 BGH NJW 1993, 256.

kommt, weil das Testament kein Vertrag ist). *Beispiel:* Eine alte Dame hatte ihre Villa „einer gemeinnützigen Organisation" vermacht. Es kam allein darauf an, was die *Erblasserin* unter „gemeinnützig" verstand, nicht auf das übliche Verständnis dieses Ausdrucks.[240]

V. Ergänzende Vertragsauslegung

1. Einführung

Bei der ergänzenden Vertragsauslegung geht es nicht darum, eine *vorhandene Bestimmung auszulegen*, sondern darum, eine *fehlende zu schaffen*. Die ergänzende Vertragsauslegung ist gesetzlich nicht geregelt, sondern von Rechtsprechung und Lehre entwickelt worden.

156

Der Hintergrund ist folgender: Bei der Durchführung eines Vertrags müssen die Parteien manchmal feststellen, dass er „eine Regelungslücke, das heißt eine planwidrige Unvollständigkeit" aufweist.[241] Das kann daran liegen, dass beim Vertragsschluss

- das betreffende Problem noch gar nicht bestand oder
- die Parteien es übersehen haben oder
- sie davon ausgingen, dass eine Regelung unnötig sei.

Von einer Regelungslücke kann aber nur gesprochen werden, wenn der offene Punkt zu den *erheblichen* Regelungen solcher Verträge gehört, so dass „ohne Vervollständigung des Vertrags eine angemessene, interessengerechte Lösung nicht zu erzielen ist.[242]

2. Voraussetzungen einer ergänzenden Vertragsauslegung

Keine bewusste Nicht-Regelung: Wenn der Vertrag auf ein Problem nicht eingeht, muss noch keine Lücke vorliegen. Denn in der Nichterwähnung eines Punktes kann zugleich seine Regelung liegen. *Beispiel:* V hatte K sein Unternehmen verkauft mit der Vereinbarung, dass K die Darlehensverpflichtungen des V *gegenüber der Volksbank* übernahm. Eine Verbindlichkeit des V gegenüber seinem weiteren Gläubiger G wurde im Vertrag nicht erwähnt. Das bedeutet, dass K diese Verbindlichkeit nicht übernommen hat. Eine Regelungslücke lag nicht vor.[243]

157

Keine gesetzliche Regelung: Voraussetzung für eine ergänzende Vertragsauslegung ist, dass die Regelungslücke „nicht durch die Heranziehung von Vorschriften des dispositiven Rechts sachgerecht geschlossen werden kann".[244] *Beispiel:* Die Bundesrepublik Deutschland schrieb den Bau einer Teilstrecke der Bundesautobahn aus. Baubeginn sollte im Juli 2003 sein. Aber das Vergabeverfahren verzögerte sich erheblich, so dass der Bieter K erst im Juli 2004 den Zuschlag erhielt. Der Vertrag kam mit dem Inhalt „Baubeginn Juli 2003" zustande, aber diese Bestimmung war schon bei Vertragsschluss obsolet. Der Zeitpunkt des Baubeginns war deshalb im Vertrag nicht geregelt. Auch das Gesetz enthält für diesen Fall keine Bestimmung. Deshalb lag eine Regelungslücke vor, die durch eine ergänzende Vertragsauslegung zu schließen war.[245]

158

---

240 BGH NJW 1993, 2168.
241 BGH NJW 2018, 2469 Rn 23; NJW 2016, 1718 Rn 67.
242 BGH aaO Rn 23 unter Hinweis auf BGH NJW 2017, 2025 Rn 25; BGH NJW 2013, 678 Rn 15
243 BGH NJW 2002, 1310; ähnlich NJW 2001, 2464: nicht erwähnte Mehrwertsteuer.
244 BGH NJW 2012, 844 Rn 24 unter Hinweis auf BGHZ 137, 153.
245 BGHZ 181, 47 Rn 46 ff.

159 Anders gesagt: Wenn das Gesetz eine Regelung enthält, hat der Vertrag keine „Lücke", die vom Gericht ausgefüllt werden müsste oder dürfte. Dieser Fall ist sehr häufig, insbesondere wenn die Parteien den Vertrag konkludent oder durch ein Minimum an Worten geschlossen haben. *Beispiel 1:* K kaufte vom Händler V eine neue Waschmaschine. Als sie Wasser verlor, berief sich V darauf, dass der Kaufvertrag dazu keine Bestimmungen enthielt. Das war zwar richtig, aber die §§ 434 ff regeln detailliert die Haftung für Sachmängel. *Beispiel 2:* A und B hatten vereinbart, dass B gegen ein Honorar von 20 000 Euro die Biographie des A schreiben sollte. Einzelheiten regelt der Vertrag nicht. Nachdem A den Vertrag gekündigt hatte, stritten A und B darüber, was A zu zahlen hatte. Diese Frage ist in § 649 klar geregelt. Das OLG hielt die gesetzliche Regelung offenbar für ungerecht. Es argumentierte deshalb, die Frage sei im Vertrag nicht geregelt, so dass „die Lücke" vom Gericht geschlossen werden müsse.[246] Aber eine Lücke im Vertrag lag nicht vor.

160 *Kein Einigungsmangel (§ 154):* Wenn die Lücke dadurch entstanden ist, dass sich die Parteien nicht über alle Punkte geeinigt haben, über die sie eine Einigung erzielen wollten, ist § 154 Abs. 1 zu prüfen oder § 155 (Rn 245 ff).

161 *Keine Störung der Geschäftsgrundlage (§ 313):* Wenn sich die Regelungslücke ergeben hat, weil sich nach dem Vertragsschluss die wirtschaftlichen oder rechtlichen Verhältnisse „schwerwiegend verändert" haben, kann die Geschäftsgrundlage entfallen sein, so dass sich die Lösung aus § 313 Abs. 1 ergibt.[247] § 313 Abs. 2 kann anzuwenden sein, wenn die Parteien beim Vertragsschluss von falschen Vorstellungen ausgegangen sind. Da die Lehre von der ergänzenden Vertragsauslegung weitgehend die Fälle erfasst, auf die sich auch § 313 Abs. 1 oder Abs. 2 bezieht, ergibt sich die Frage, welche Regelung Vorrang hat. Eigentlich sollte das Gesetz Vorrang haben vor einer von der Rechtsprechung entwickelten Konstruktion. Aber der BGH hat oft die ergänzende Vertragsauslegung angewandt, ohne § 313 überhaupt zu erwähnen,[248] oder hat der ergänzenden Vertragsauslegung im Einzelfall den Vorzug gegeben.[249] Nun hat er leider generell entschieden: „Die ergänzende Vertragsauslegung hat Vorrang vor den Grundsätzen über die Störung der Geschäftsgrundlage."[250]

3. Ausfüllung der Lücke

162 Wenn eine Regelungslücke vorliegt, ist zu fragen, was die Parteien „vereinbart hätten, wenn sie den nicht geregelten Fall bedacht hätten".[251] Dabei ist insbesondere der „mit dem Vertrag verfolgte Zweck" zu berücksichtigen.[252] Wollten die Vertragspartner, dass ihre beiderseitigen Leistungen sich wertmäßig einigermaßen entsprachen, müssen auch nach der ergänzenden Vertragsauslegung „Leistung und Gegenleistung in einem ausgewogenen Verhältnis" stehen.[253] *Beispiel:* A und B hatten einen Vertrag geschlossen, den sie nicht als Mietvertrag erkannt hatten. Sie hatten sich deshalb nicht über die Hö-

---

246 OLG Naumburg NJW 2009, 779.
247 SAT Rn 185 ff.
248 BGH NJW 2016, 1718 Rn 66 ff.
249 BGHZ 191, 336 Rn 19; BGHZ 123, 281; NJW 2004, 2449.
250 BGH NJW 2018, 2469 Rn 36. Da der BFH sich in dieser Frage konträr entschieden hatte (BFHE 257, 177 Rn 39 ff), wäre eigentlich eine Vorlage an den Gemeinsamen Senat der obersten Gerichtshöfe des Bundes nötig gewesen.
251 BGH NJW 2018, 2469 Rn 29; ähnlich NJW 2015, 955 Rn 28; BGHZ 181, 47 Rn 46; BGH NJW 2013, 678 Rn 16; BGHZ 169, 215 Rn 11.
252 BGH NJW 1997, 652; ähnlich BGH NJW 1998, 1219.
253 BGHZ 181, 47 Rn 46.

he der zu zahlenden Miete geeinigt. Diese Lücke kann das Gericht schließen, indem es von einer marktgerechten Miete ausgeht.[254]

Eine ergänzende Vertragsauslegung kommt nicht in Betracht, „wenn zur Ausfüllung einer vertraglichen Regelungslücke *verschiedene* Gestaltungsmöglichkeiten in Betracht kommen und kein Anhaltspunkt dafür besteht, welche Regelung die Parteien getroffen hätten".[255] Würde sich der Richter in diesem Fall für eine der beiden Möglichkeiten entscheiden, würde er den Vertrag inhaltlich ändern und damit seine Neutralität aufgeben.[256]

---

[254] BGH NJW 2003, 1317.
[255] BGH NJW 2000, 1110 mwN; 1999, 711.
[256] BGH NJW 1995, 1212.

Zweites Kapitel   Vertragsschluss

§ 6 Antrag und Annahme

▶ **Fall 6: Kaffeeautomaten**   §§ 145, 146, 150

Die „Victoria Haushaltsgeräte GmbH" stellt Kaffeeautomaten für Handelsunternehmen unter deren Markennamen her. Sie belieferte seit langem auch die Gutkauf AG, Hamburg. Diese bestellte bei ihr am 18. Mai per E-Mail für Juli und August je 3 000 Kaffeeautomaten des Typs HL 2528. Zugleich stellte sie als „Vorschau" für September die Bestellung von 3 300 Stück in Aussicht. Am 20. Mai bestätigte die Victoria GmbH die Bestellungen für Juli und August sowie die Vorschau für September.

Einen Monat später, im Juni, erhöhte die Gutkauf AG ihre Bestellung für Juli und August auf je 15 000 Stück und bestellte für September 10 000 Kaffeeautomaten. Drei Tage später erwiderte die Victoria GmbH, die Erhöhung der Bestellmenge sei zu kurzfristig erfolgt. Sie könne wegen des Betriebsurlaubs ihrer Zulieferer nur 11 000 Kaffeeautomaten im Juli, 3 000 im August und 6 000 im September liefern. Darauf teilte die Gutkauf AG mit, sie werde im Juli und im August wie vereinbart je 3 000 Kaffeeautomaten abnehmen, danach aber den Bezug einstellen. Die Gutkauf AG hat die insgesamt 6 000 Kaffeeautomaten abgenommen und bezahlt. Die Victoria GmbH ist jedoch der Meinung, die Gutkauf AG müsse auch die anderen bestellten Kaffeeautomaten abnehmen, und droht anderenfalls mit einer Schadensersatzklage in Höhe von 227 799,04 Euro. Wer hat Recht? (Nach BGH NJW 1990, 386)

Die Gutkauf AG muss die anderen bestellten Kaffeeautomaten nur dann abnehmen, wenn sie einen entsprechenden Kaufvertrag mit der Victoria GmbH geschlossen hat. Ob das der Fall ist, soll durch eine rechtliche Bewertung des Sachverhalts in seiner historischen Entwicklung geprüft werden („historische Methode").

Im Schreiben der Gutkauf AG vom Mai könnte ein Antrag an die Victoria GmbH über den Kauf von je 3 000 Kaffeeautomaten für die Monate Juli und August zu sehen sein (§ 145). Die erste Voraussetzung eines Antrags ist erfüllt, weil sich die Erklärung der Gutkauf AG an einen *bestimmten Adressaten*, nämlich die Victoria GmbH, richtete (Rn 171). Das Schreiben nannte auch den *wesentlichen Inhalt* des abzuschließenden Vertrags (zweimal 3 000 Stück eines bestimmten Kaffeeautomaten zu einem offensichtlich bereits vereinbarten Preis). Außerdem machte die Gutkauf AG deutlich, dass sie sich an ihre Bestellung rechtlich gebunden fühlte (§ 145). Es liegen damit alle Voraussetzungen eines Antrags vor.

In diesem Schreiben war zugleich von einer „Vorschau" für September in Höhe von 3 300 Stück die Rede. Die Gutkauf AG wollte der Victoria GmbH auf diese Weise eine gewisse Planung ermöglichen, ohne sich schon festzulegen. In dieser Mitteilung liegt also kein Antrag, sondern nur eine Information (Rn 52).

Den Antrag der Gutkauf AG hat die Victoria GmbH uneingeschränkt angenommen. Ihr stand dafür die in § 147 Abs. 2 beschriebene Frist zur Verfügung. Dass sie sie überschritten hätte, ist nicht ersichtlich und wird auch von der Gutkauf AG nicht behauptet. Zwischen den Parteien ist deshalb ein Kaufvertrag über insgesamt 6 000 Kaffeeautomaten des Typs HL 2528 zustande gekommen.

In ihrem Schreiben vom Juni unterbreitete die Gutkauf AG der Victoria GmbH einen Antrag des Inhalts, im Juli und August zusätzlich je 12 000 Kaffeeautomaten kaufen zu wollen und im September – für diesen Monat bestand ja noch keine vertragliche Vereinbarung – 10 000 Stück. Diesen neuen Antrag hat die Victoria GmbH, weil sie die geforderten Mengen nicht in vollem Umfang liefern konnte, nur „unter ... Einschränkungen" angenommen. Darin liegt eine „Ablehnung verbunden mit einem neuen Antrag" (§ 150 Abs. 2; Rn 192).

Diesen neuen Antrag hat die Gutkauf AG ihrerseits rundheraus abgelehnt, indem sie erklärte, sie werde den weiteren Bezug von Kaffeeautomaten der Victoria GmbH einstellen. Mit dieser Ablehnung ist der Antrag der Victoria GmbH erloschen (§ 146). Ein zweiter Vertrag ist mithin nicht zustande gekommen. Der Hinweis der Gutkauf AG, sie werde im Juli und im August wie vereinbart je 3 000 Automaten abnehmen, war nicht etwa ein neuer Antrag, sondern nur eine Information darüber, dass die Gutkauf AG sich ihrer Verpflichtung bewusst war und sich vertragsgemäß verhalten wollte.

Daraus ergibt sich, dass die Gutkauf AG Recht hat: Sie brauchte nur je 3 000 Kaffeeautomaten in den Monaten Juli und August abzunehmen. Diese Verpflichtung hat sie erfüllt. Da sie keine vertraglichen Verpflichtungen verletzt hat, besteht seitens der Victoria GmbH kein Schadensersatzanspruch.

Aus den Flussdiagrammen ergibt sich die Lösung so:

– *Bestellung im Mai:* FD „Antrag auf Abschluss eines Vertrags" 1. Nein – 2. Nein – 3. Ja – 4. Ja – 5. Ja – 6. Nein (Spalte 6) – FD „Annahme des Antrags" 1. a) – 2. Nein - 3. Nein – 5. Ja, unterstellt (Spalte 4).
– *Vorschau für September:* Die Lösung steht im FD „Antrag auf Abschluss eines Vertrags" in Spalte 7.
– *Bestellung im Juni:* FD „Antrag auf Abschluss eines Vertrags" 1. Nein – 2. Nein – 3. Ja – 4. Ja – 5. Ja – 6. Nein – FD „Annahme des Antrags" 1. b) – 9. Ja – 1. c (Spalte 12). ◀

Lerneinheit 6

165 **Literatur:** *Notthoff,* Der Versicherungsvertragsabschluss im Internet, r+s 2018, 523; *Armbrüster,* Der Abschluss von Versicherungsverträgen über das Internet, r+s 2017, 57; *Leeb,* Rechtskonformer Vertragsabschluss mittels Dash Button? MMR 2017, 89; *Leuschner,* Grenzen der Vertragsfreiheit im Rechtsvergleich, ZEuP 2017, 335; *Föhlisch/Stariradeff,* Zahlungsmittel und Vertragsschluss im Internet, NJW 2016, 353; *Boemke/Schönfelder,* Arbeitsvertragsschluss mit sprachunkundigen Arbeitnehmern, NZA 2015, 1222; *Korch,* Abweichende Annahme? Kein Fall für Treu und Glauben! NJW 2014, 3553; *Herrler,* Angebotsfortgeltungsklauseln im Grundstücksverkehr in der AGB-Kontrolle, NJW 2014, 19.

I. Einleitung

166 *Vertragsschluss durch Antrag und Annahme:* Das BGB geht davon aus, dass ein Vertrag durch die Annahme eines Antrags zustande kommt. Aber die Väter des BGB haben diesen Grundsatz in den §§ 145 ff nicht normiert, weil sie ihn für selbstverständlich hielten. Nur § 151 S. 1 – der eigentlich etwas ganz anderes festlegen will – beginnt mit den Worten, die man sich zu Beginn des „Titels 3. Vertrag" wünschen würde: „Der Vertrag kommt durch die Annahme des Antrags zustande".

§ 6 Antrag und Annahme

Man kann auch sagen: Der Vertrag kommt durch „zwei inhaltlich korrespondierende, auf dieselben Rechtsfolgen gerichtete Willenserklärungen" zustande.[1] Unrichtig ist dagegen die gängige Formulierung, ein Vertrag komme durch zwei „übereinstimmende" Willenserklärungen zustande.[2] Denn Antrag und Annahme dürfen gerade nicht „übereinstimmend" (identisch) sein. Sie müssen sogar sehr unterschiedlich sein, um sich zu einem Vertrag zu ergänzen.

„Kontrahenten": Das Vertragschließen nennt man auch „Kontrahieren" (lateinisch contrahere),[3] den Vertrag „Kontrakt" und die Vertragspartner „Kontrahenten" (lateinisch contrahentes). In diesen Wörtern stecken die lateinischen Wörter „con" (zusammen) und „trahere" (ziehen). Mit dem lateinischen Wort „contra" (gegen) haben sie nichts zu tun. Das wird aber von Laien meist (und von Richtern gelegentlich) missverstanden, so dass das Wort „Kontrahent" fälschlich im Sinne von „Gegner" verwendet wird.

167

II. Der Antrag

1. Allgemeines

Definition: Ein Antrag ist eine Willenserklärung, durch die jemand (der Antragende) einem anderen verbindlich erklärt, mit ihm einen bestimmten Vertrag schließen zu wollen (§ 145). Aus dem Antrag muss bereits der wesentliche Inhalt des abzuschließenden Vertrags zu erkennen sein. Ein Antrag hat nur eine zeitlich begrenzte Gültigkeit. Denn wenn er nicht rechtzeitig angenommen wird, erlischt er (§§ 146 bis 148).

168

Rechtsnatur: Der Antrag ist eine empfangsbedürftige Willenserklärung (§ 130 Abs. 1 S. 1; Rn 76). Er muss deshalb an eine bestimmte andere Person adressiert werden und wird erst wirksam, wenn er dieser Person zugegangen ist. Der Antrag ist eine der beiden Willenserklärungen, die für das mehrseitige Rechtsgeschäft „Vertrag" erforderlich sind.

169

Man muss sich merken, dass der Antrag *kein Rechtsgeschäft* ist, nur eine Willenserklärung. Denn er stellt keinen in sich abgeschlossenen Tatbestand dar, sondern ist nur die erste Hälfte des Vertragsschlusses. Er ist deshalb auch *nicht etwa ein einseitiges Rechtsgeschäft.* Der Antrag ist nur eine Willenserklärung!

Die Person des Antragenden: Laien meinen häufig, der Antrag auf Abschluss eines Kaufvertrags gehe immer vom Käufer aus, der auf einen Mietvertrag gerichtete Antrag immer vom Mieter usw. Aber das ist falsch. Welcher der späteren Vertragspartner den Antrag und wer die Annahme ausgesprochen hat, ist dem Vertragstyp nicht zu entnehmen (Ausnahme bei der Versteigerung durch einen Auktionator, Rn 227). Der Antragende ist derjenige, der als Erster verbindlich zum Ausdruck gebracht hat, den bestimmten Vertrag abschließen zu wollen. Das kann im konkreten Fall der Verkäufer oder der Käufer sein, der Darlehensnehmer oder der Darlehensgeber (§ 488 Abs. 1), der Unternehmer oder der Besteller des Werks (§ 631) usw.

---

[1] BGH NJW 2005, 3636 (3637 unter II 1 a).
[2] So aber zB BGH NJW 2012, 3294 Rn 38.
[3] Betont auf dem a (contrāhere).

2. Antrag oder Angebot?

170 *„Angebot"*: Der juristisch korrekte Ausdruck „Antrag" ist in Gefahr, von dem Wort „Angebot" völlig verdrängt zu werden. Selbst die sonst so korrekten Richter am BGH verwenden meist den Ausdruck „Angebot", wenn sie den Antrag meinen. Wer „Angebot" statt „Antrag" sagt, übersieht aber, dass das BGB das Wort „Angebot" sehr wohl kennt, nur in einer ganz anderen Bedeutung: „Angebot" ist das Anbieten der geschuldeten Leistung, zB der Kaufsache durch den Verkäufer. Ein Gläubiger, der das Angebot nicht annimmt, gerät in Gläubigerverzug (§§ 293 ff).[4] Man sollte deshalb nicht vom „Angebot" sprechen, wenn man den Antrag meint.[5]

„Auftrag", „Bestellung", „Auftragsbestätigung": In der Praxis wird der vom Kunden ausgehende Antrag meist „Auftrag" oder „Bestellung" genannt, die Annahme durch den Unternehmer „Auftragsbestätigung" *(nicht zu verwechseln mit dem „kaufmännischen Bestätigungsschreiben", Rn 235)*. Der Kunde erklärt den „Auftrag" häufig durch seine Unterschrift unter einen Formulartext. Auch wenn die darin enthaltenen Formulierungen vom Händler oder Hersteller stammen, handelt es sich – wie sich aus der Unterschrift ergibt – um den Antrag des *Kunden*.

3. Voraussetzungen eines wirksamen Antrags

171 *Gerichtet an eine bestimmte Person*: Der Antrag muss grundsätzlich an eine *bestimmte Person* gerichtet werden, denn er ist „eine Willenserklärung, die einem anderen gegenüber abzugeben ist" (§ 130 Abs. 1 S. 1), also eine empfangsbedürftige Willenserklärung (FD „Antrag auf Abschluss eines Vertrags", Frage 3).[6] *Beispiel*: Nachdem er die Speisekarte studiert hat, sagt der Gast zum Kellner: „Ich nehme Tafelspitz in Meerrettichsoße". Unter Abwesenden wird der Antrag erst mit seinem Zugang wirksam (§ 130 Abs. 1 S. 1) und kann bis dahin noch widerrufen werden (§ 130 Abs. 1 S. 2).

172 *Konkreter Inhalt*: Ein Antrag muss den wesentlichen Inhalt des abzuschließenden Vertrags so bestimmt (oder aus den Umständen bestimmbar) bezeichnen, dass der Erklärungsempfänger den Vertrag mit einem einfachen „Ja" annehmen könnte. Das ist nicht immer der Fall. *Beispiel 1*: Nachdem der Gast Platz genommen hatte, reichte der Wirt W ihm die Speisekarte. Obwohl sich W an eine konkrete Person wandte, lag darin kein Antrag, weil W dem Gast alle Gerichte der Karte zur Auswahl stellte. Wenn er ein konkretes Gericht (das zB nicht auf der Speisekarte stand) angeboten hätte, wäre darin ein Antrag zu sehen (FD „Antrag auf Abschluss eines Vertrags", Frage 4, Ja). *Beispiel 2*: Frau F war Hauptkassiererin in einer Filiale der B-Bank. Wegen ihrer vierjährigen Tochter beantragte sie eine Teilzeitbeschäftigung im Umfang von „30 bis 40 % an zwei Tagen der Woche". Da die Arbeitgeberin diesen Wunsch nicht mit einem „Ja" annehmen konnte, war er kein Antrag (FD „Antrag auf Abschluss eines Vertrags", Frage 4 Nein, Spalte 8).[7]

Weniger wichtige Einzelheiten des abzuschließenden Vertrags können aber im Antrag offen bleiben. *Beispiel*: Die Sekretärin eines Unternehmers teilte einem Hotelier telefonisch mit, man benötige für die Messe Medica wieder eine größere Zahl von Einzel-

---

4 SAT Rn 455.
5 So auch Medicus Rn 357.
6 Ausnahme für Automaten Rn 221 f.
7 BAG NJW 2008, 936 Rn 19 f.

zimmern. Auch wenn die genaue Zahl der Zimmer noch offen blieb, lag darin ein (hinreichend konkreter) Antrag, den der Hotelier annehmen konnte.[8]

Rechtsbindungswille: Bekanntlich ist der Rechtsbindungswille ein Element jeder Willenserklärung (Rn 70). Ein Antrag liegt deshalb nur vor, wenn der Erklärende zu erkennen gibt, dass er sich an seine Worte gebunden fühlt und die Entscheidung über den Vertragsschluss allein dem Erklärungsempfänger überlassen will (FD „Antrag auf Abschluss eines Vertrags", Frage 5). Deshalb heißt es in § 145: „... es sei denn, dass er die Gebundenheit ausgeschlossen hat". *Beispiel:* Galerist G bot einem Kunstsammler ein Gemälde für 1,2 Millionen Euro „freibleibend" an. Darin lag noch kein Antrag, sondern nur eine Aufforderung zur Abgabe eines Antrags zu möglichst gleichen Bedingungen (FD „Antrag auf Abschluss eines Vertrags", Spalte 7).

173

Konkludenter Antrag: Ein Antrag kann auch – wie alle formlos wirksamen Willenserklärungen – konkludent geäußert werden. *Beispiel:* Der BGH legt Wert darauf, dass die Beratung eines Bankkunden auf einer festen juristischen Basis, also aufgrund eines zuvor geschlossenen Beratungsvertrags stattfindet. Wenn ein Anlageinteressent mit der Bitte um Beratung an einen Anlageberater herantritt, sieht der BGH deshalb darin einen konkludenten Antrag auf Abschluss eines Beratungsvertrags, der vom Berater ebenso stillschweigend angenommen wird.[9]

174

4. Rechtsfolge eines wirksamen Antrags

Mit dem Zugang des Antrags ist dieser „wirksam" (§ 130 Abs. 1 S. 1). Der Antragende kann ihn „weder zurückziehen noch ändern",[10] ist also an ihn gebunden und muss die Entscheidung des Empfängers über die Annahme oder Ablehnung des Antrags abwarten.

175

Widerruf: Wenn der Antragende seinen schriftlichen Antrag nach Absendung nicht mehr aufrechterhalten will, kann er versuchen, ihn zu widerrufen (zB telefonisch oder per E-Mail). Geht dieser Widerruf dem Empfänger vorher oder gleichzeitig mit dem Antrag zu, wird der Antrag nicht wirksam (§ 130 Abs. 1 S. 2; Rn 105). Geht jedoch der Widerruf später zu, ist er unwirksam. Der Empfänger des Antrags hat dann Gelegenheit, diesen auch gegen den Willen des Antragenden innerhalb der Annahmefrist anzunehmen (§§ 147 bis 149).[11]

III. Annahmefristen

1. Wenn der Antragende keine Frist bestimmt hat

a) Antrag unter Anwesenden

Annahme „sofort": Wenn der Antragsempfänger anwesend ist (sich also mit dem Antragenden in einem Raum befindet) und der Antragende keine Annahmefrist gesetzt hat, kann der Antragsempfänger den Antrag nur „sofort" annehmen (§ 147 Abs. 1 S. 1). Mit dem Wort „sofort" bezeichnet das BGB die kürzeste Frist, die es im Zivilrecht gibt. Man darf diesen Ausdruck nicht mit dem Wort „unverzüglich" verwech-

176

---

8 OLG Düsseldorf NJW-RR 1991, 1143.
9 BGH NJW 2015, 2248 Rn 23 mwN. Der Antrag kann auch vom Berater ausgehen.
10 BGH NJW 2012, 2793 Rn 15.
11 Darin kann aber ein Verstoß gegen die Pflicht bestehen, auf die Interessen des Antragenden Rücksicht zu nehmen (§ 241 Abs. 2, § 311 Abs. 2 Nr. 1, 280 Abs. 1 S. 1; SAT Rn 849).

seln, das nach § 121 Abs. 1 „ohne schuldhaftes Zögern" bedeutet und dem Betroffenen mehr Zeit lässt (Rn 515). Der Begriff „sofort" wird vom Gesetz nicht definiert, aber man kann ihn mit den Worten „ohne *jedes* Zögern" umschreiben. Wird ein Antrag vom anwesenden Empfänger nicht „sofort" angenommen, erlischt er (§ 146). Eine „Annahme" nach Ablauf dieser Frist gilt als neuer Antrag (§ 150 Abs. 1; unten Rn 191).

Zu beachten ist, dass § 147 Abs. 1 S. 1 nur die Anwesenheit beider Verhandlungspartner verlangt, nicht einen mündlichen Antrag. Deshalb kann auch ein schriftlich übergebener Antrag eigentlich nur „sofort" angenommen werden. In der Praxis wird aber bei schriftlichen Anträgen nicht die sofortige Entscheidung des Verhandlungspartners erwartet, so dass oft von einer stillschweigend eingeräumten Annahmefrist (§ 148) ausgegangen werden kann.

Antrag am Telefon: „Sofort" muss ein Antrag auch angenommen werden, wenn die Verhandlungspartner miteinander telefonieren (§ 147 Abs. 1 S. 2; FD „Annahme des Antrags", Frage 3) oder durch „eine sonstige technische Einrichtung" live miteinander verbunden sind (etwa über Skype). Das Faxen von Schriftstücken und der Austausch von SMS oder E-Mails stehen dem Telefonieren nicht gleich, weil diese Texte idR nicht sofort zur Kenntnis genommen werden.

b) Antrag unter Abwesenden

177 Nach § 147 Abs. 2 kann ein Antrag unter Abwesenden nur in der Frist angenommen werden, in der der Antragende eine Antwort erwarten darf. Diese Frist „setzt sich zusammen aus der Zeit für die Übermittlung des Antrags an den Empfänger, dessen Bearbeitungs- und Überlegungszeit sowie der Zeit der Übermittlung der Antwort an den Antragenden".[12] Sie beginnt folglich schon mit der Abgabe (Absendung) des Antrags, nicht erst mit seinem Zugang.[13]

Im Zeitalter von E-Mail und Fax wirkt es leicht antiquiert, Postlaufzeiten für die Übermittlung und die Antwort anzusetzen. Aber eine *Überlegungszeit* muss man dem Empfänger des Antrags natürlich auch heute noch zubilligen. Ihre Dauer hängt davon ab, wie komplex die Materie ist, ob die Entscheidung offensichtlich eilbedürftig ist, ob (bei einem Großunternehmen) mehrere Entscheidungsträger einzubinden sind und ob eine Zeit mit mehreren Feiertagen (etwa zwischen Heilig Abend und Neujahr) in die Frist fällt. Bei einem erkennbar äußerst eilbedürftigen Auftrag ist eine Annahme verspätet, wenn sie nach insgesamt neun Tagen zugeht.[14] Wenn es um Vertragsinhalte mittlerer Schwierigkeit geht, wird eine Überlegungsfrist von zwei bis drei Wochen für angemessen gehalten.[15] Bei komplexen Materien wie Bauträgerverträgen mit Bonitätsprüfung kann sich die Frist auf vier Wochen verlängern.[16] Aber eine Frist von 51 Tagen,[17] von zwei Monaten[18] oder gar drei Monaten[19] ist in jedem Fall zu lang.

---

12 St Rspr, zB BGH NJW 2016, 1441 Rn 20.
13 BGH NJW 2016, 1441 Rn 20; NJW 2014, 854 Rn 11.
14 BGH NJW 1996, 919; großzügiger BAG NJW 1996, 2594.
15 Palandt/Ellenberger § 147 Rn 6.
16 BGH NJW 2010, 2873 Rn 12; 2016, 1441 Rn 32; 2016, 2173 Rn 7.
17 BGH NJW 2016, 1441 Rn 30.
18 Finkenauer JuS 2000, 118 gegen LAG Berlin NZA-RR 1999, 355.
19 BGH NJW 2016, 2173 Rn 11.

Die Annahmefrist schützt den Empfänger des Antrags vor einem Sinneswandel des Antragenden. Denn der Empfänger kann sich innerhalb der Annahmefrist ungestört entscheiden. Wenn ihn in dieser Zeit die (unzulässige) Mitteilung des Antragenden erreicht, er wolle von seinem Antrag Abstand nehmen, hindert ihn das nicht, den Antrag trotzdem anzunehmen (so schon oben Rn 175).[20]

Für die Rechtzeitigkeit der Annahme kommt es auf den *Zugang* beim Antragenden an, nicht auf den Tag der Absendung (§ 130 Abs. 1 S. 1). § 149 enthält jedoch eine Regelung für den Fall, dass sich die Annahmeerklärung auf dem Postweg verzögert hat und der Antragende das erkennen musste (FD „Annahme des Antrags", Frage 6). Diese Bestimmung hat ihre Wurzeln in der Postkutschenzeit und hat heute keine praktische Bedeutung mehr.

2. Vom Antragenden individuell bestimmte Annahmefrist

Wie § 148 deutlich macht, kann nur der Antragende eine Annahmefrist bestimmen. *Beispiele:* Der Antragende schrieb: „Ich gewähre Ihnen für die Annahme meines Antrags eine Frist bis zum 12. Juni" oder „Ich bin bis zum 13. Dezember 2018 an dieses Angebot gebunden". Wenn er die Frist aus freien Stücken festgelegt hat – ohne Bevormundung durch ein Formular dessen, der annehmen soll (Rn 182) ist allein diese Frist maßgebend (§ 148; FD „Antrag auf Abschluss eines Vertrags", Frage 2, Ja). Die von § 147 festgelegten Fristen sind in diesem Fall unerheblich.

Die *Initiative* zur Fristsetzung kann allerdings auch vom Empfänger des Antrags ausgehen. *Beispiel:* Antiquitätenhändler A bot dem K einen Barockschrank an. K sagte daraufhin: „Lassen Sie mir bitte bis morgen Bedenkzeit, ich muss das mit meiner Frau besprechen". A gestand das zu. Damit trat an die Stelle der mit „sofort" umschriebenen Frist des § 147 Abs. 1 eine solche bis zum Abend des nächsten Tages.

Dauer der Frist: Der Antragende kann die Länge der Frist frei festlegen. *Beispiel:* Eine GbR, die sich für ein unbebautes Grundstück interessierte, ließ von einem Notar einen Antrag auf Abschluss eines Kaufvertrags beurkunden und räumte dabei dem Eigentümer eine Annahmefrist von über drei Jahren ein.[21] Es gibt auch Annahmefristen von 20 Jahren.[22] Das Recht zur Annahme kann der Antragende sogar *unbefristet* einräumen (Antrag „mit offener Frist").[23] Eine solche Offerte ist aber streng genommen kein Fall des § 148, der ja gerade eine Frist voraussetzt, sondern hat die gleiche Funktion wie ein Optionsrecht.[24]

Berechnung der Frist: Zu beachten ist, dass die Annahme am letzten Tag der Frist dem Antragenden *zugehen* muss (§ 130 Abs. 1 S. 1). *Beispiel:* B wollte mit dem Unternehmer U einen Vertrag über die Errichtung eines Ausbauhauses schließen und unterschrieb deshalb am 31. März einen entsprechenden Antrag. In ihm heißt es: „Der Unternehmer kann diesen Antrag innerhalb einer Monatsfrist ab Unterzeichnung annehmen". Die Annahme musste deshalb spätestens am 30. April dem B zugehen (§ 188 Abs. 3).[25] Eine später zugehende „Annahme" ist keine solche, sondern ein neuer Antrag, über dessen Annahme B frei entscheiden kann (§ 150 Abs. 1; Rn 191).

---

20 OLG Frankfurt NJW-RR 1986, 329 für die Änderung eines Versicherungsvertrags.
21 BGH NJW 2011, 2048.
22 OLG München NJW 1998, 1962.
23 BGH NJW 1996, 1339; ähnlich BGH NJW 1990, 2622.
24 Anders BGH NJW 1995, 1757.
25 BGH NJW 2011, 1954 Rn 18.

3. Durch die AGB der Gegenseite bestimmte Annahmefrist

182 Es ist, wie gesagt, immer „der *Antragende*", der „für die Annahme des Antrags eine Frist bestimmt" (§ 148). Aber er tut es häufig aufgrund eines Formulars, das der Empfänger des Antrags formuliert hat, also aufgrund von dessen AGB. *Beispiel:* K wollte einen Ford Turnier kaufen und unterschrieb deshalb das Antragsformular eines Ford-Händlers. Darin hieß es: „An dieses Angebot bin ich vier Wochen lang gebunden." Obwohl die Fristbestimmung von der Ford AG formuliert worden war, ist sie Teil des von K gestellten Antrags und gilt deshalb als von ihm festgelegte Annahmefrist.[26] Die Ford zugebilligte Annahmefrist hatte für den Antragenden K den Nachteil, dass er in dieser Zeit gebunden war, Ford aber nicht. Innerhalb der Frist konnte K seinen Antrag nicht etwa „stornieren". Denn ein Antrag kann nur aus den in § 146 genannten Gründen erlöschen.[27]

183 *Solche Annahmefristen können an § 308 Nr. 1 scheitern:* Eine von der Gegenseite durch AGB festgelegte Annahmefrist muss § 308 Nr. 1 entsprechen (FD „Antrag auf Abschluss eines Vertrags", Fragen 6 bis 7). *Beispiel:* Die V-GmbH bot eine Eigentumswohnung an, die K kaufen wollte. Die V-GmbH wollte sich aber noch nicht entscheiden. Sie veranlasste deshalb K dazu, am 4. Mai einen Kaufantrag notariell beurkunden zu lassen. In diesem Antrag räumte K der V-GmbH eine Annahmefrist bis zum 30. September ein. Der Text des Antrags war von der V-GmbH für eine Vielzahl von Verträgen vorformuliert und vom Notar übernommen worden, also eine AGB. Am 22. Juni ließ die V-GmbH die Annahme des Antrags beurkunden. Inzwischen reute K der Kauf – und ihm konnte geholfen werden: § 147 Abs. 2 begrenzt beim Kauf einer Eigentumswohnung die Annahmefrist auf etwa vier Wochen.[28] Deshalb war die von der V-GmbH festgelegte Annahmefrist von vier Monaten und drei Wochen nach § 308 Nr. 1 „unangemessen lang", also unwirksam. An ihre Stelle trat nach § 306 Abs. 2 die gesetzliche Regelung. Die V-GmbH hat den Antrag erst nach Ablauf dieser Frist und damit zu einer Zeit angenommen, zu der der Antrag des K bereits erloschen war (§ 146). Deshalb kam ein Vertrag nicht zustande.[29]

Da lange Annahmefristen an § 308 Nr. 1 scheitern können, haben sich geschickte Notare eine Klausel ausgedacht, die scheinbar nicht mit § 308 Nr. 1 kollidiert. Der BGH hat die fragliche Klausel aber zu Recht dem Verbot des § 308 Nr. 1 unterstellt, denn sie ist im Kern eine verschleiernde Umgehung dieses Klauselverbots.[30]

IV. Die Annahme

1. Definition der Annahme

184 Die Annahme eines Antrags ist eine Willenserklärung, durch die der Empfänger des Antrags erklärt, den Antrag uneingeschränkt annehmen zu wollen. Die Annahme ist kein Rechtsgeschäft (ebenso wenig wie der Antrag), sondern eine Willenserklärung, und zwar eine empfangsbedürftige (Rn 76). Sie ist deshalb an den Antragenden zu

---

26 Eine Bindungsfrist in AGB von vier Wochen für Neuwagenbesteller ist nicht zu beanstanden (BGHZ 109, 359 [361]; NJW 1998, 1637).
27 BGH NJW 1998, 1637.
28 BGH NJW 2010, 2873 Rn 12. Ebenso (vier Wochen) BGH NJW 2014, 854 Rn 12 und in der Parallelentscheidung NJW 2014, 857 Rn 8.
29 Zu einer ähnlichen Benachteiligung durch den Anbieter von Eigentumswohnungen siehe BGH NJW 2013, 3434 Rn 21.
30 BGH NJW 2016, 1324 Rn 16 im Anschluss an BGH NJW 2013, 3434 Rn 21 ff.

richten und wird erst mit ihrem Zugang wirksam (§ 130 Abs. 1 S. 1).[31] Erst Antrag und Annahme gemeinsam stellen ein Rechtsgeschäft dar, nämlich einen Vertrag.

2. Voraussetzungen einer Annahme, die unmittelbar zum Vertragsschluss führt

Annahmeerklärung: Da die Annahme eine empfangsbedürftige Willenserklärung ist, muss sie an den Antragenden adressiert werden (Rn 99). Wie alle nicht formbedürftigen Willenserklärungen kann sie ausdrücklich oder konkludent abgegeben werden: 185

Ausdrücklich: Der Annehmende kann *ausdrücklich* erklären, dass er den Antrag annehme. *Beispiel 1:* Die Bundesrepublik Deutschland hatte Baumaßnahmen zur Rekultivierung von Braunkohletagebauflächen ausgeschrieben (Invitatio ad offerendum, Rn 200 ff). Bauunternehmer B hatte das günstigste Gebot abgegeben (Antrag). Den darin liegenden Antrag nahm die Bundesrepublik dadurch an, dass sie B den Zuschlag erteilte. Damit war der Vertrag mit dem Inhalt zustande gekommen, der sich aus dem Gebot des B ergab.[32] *Beispiel 2:* M wollte das Erdgeschoss eines V gehörenden Geschäftshauses mieten. V schickte ihm einen unterschriebenen Vertragsentwurf. Darin lag ein Antrag auf Abschluss eines Mietvertrags. M unterschrieb diesen Text in Gegenwart von V mit den Worten „Akzeptiert mit Gegenzeichnung". Damit hatte er den Antrag des V angenommen.[33]

Konkludent: Die Verwendung der Worte „Annahme" oder „annehmen" ist nicht erforderlich. Der Adressat des Antrags muss nur deutlich machen, dass er zum Vertragsschluss auf der Basis des Antrags bereit ist. *Beispiel:* Z suchte ein Einfamilienhaus und meldete sich deshalb auf eine Anzeige, die der Makler M auf der Internetplattform „Immobilienscout24" geschaltet hatte. M schickte ihm das entsprechende Exposé mit der Angabe, dass er eine Courtage von 6,25 % verlange (Antrag auf Abschluss eines Maklervertrags). Z bat daraufhin telefonisch um einen Besichtigungstermin. Damit hatte er den Antrag des M angenommen.[34] 186

Die Annahme führt nur zum Vertragsschluss, wenn sie innerhalb der *Annahmefrist* erfolgt (Rn 176 ff) und wenn sie nicht vom Inhalt des Antrags abweicht (Rn 192).

Eine Erklärung ist nur dann eine Annahme, wenn deutlich ist, dass sie in der Frage des Vertragsschlusses das „letzte Wort" darstellen soll. Wer dem anderen Teil die Entscheidung überlässt, ob der Vertrag geschlossen sein soll, erklärt keine Annahme.[35] 187

Ohne Einschränkungen und Änderungen: Wenn die Annahme direkt zum Vertragsschluss führen soll, darf sie keine Einschränkungen oder Änderungen gegenüber dem Antrag enthalten. Ist das anders, gilt § 150 Abs. 2 (Rn 192). 188

Zugang der Annahme: Da die Annahme eine Willenserklärung ist, die „einem anderen gegenüber abzugeben ist" (empfangsbedürftige Willenserklärung), wird sie erst mit ihrem Zugang wirksam (§ 130 Abs. 1 S. 1). Erst der Zugang löst also die Rechtsfolge aus, dass der Vertrag geschlossen ist. Von diesem Grundsatz macht § 151 eine wichtige Ausnahme, die später ausführlich erläutert wird (Rn 211 ff). 189

Rechtzeitigkeit des Zugangs: Die Regeln über die Annahmefristen (oben Rn 176 ff) machen deutlich, dass die Annahme innerhalb der jeweils zu ermittelnden Frist zuge- 190

---

31 Eine Ausnahme vom Erfordernis des Zugangs besteht nur im Rahmen des § 151 (Rn 211 ff).
32 BGH NJW 2010, 519 Rn 14.
33 BGHZ 160, 1997. Auch die von den Parteien angestrebte Schriftform des § 127 war damit gewahrt.
34 BGH NJW 2017, 1024 Rn 20, 22 f; siehe auch OLG Koblenz NJW 2015, 1967 Rn 16.
35 Anders BGH NJW 2011, 1213 Rn 21.

gangen sein muss. Mit dem Fristablauf ist der Antrag erloschen (§ 146). Geht die „Annahme" erst nach dem Ablauf der Annahmefrist dem Antragenden zu, gilt § 150 Abs. 1 (Rn 191).

V. Eine Annahme, die als neuer Antrag gilt

1. Verspätete Annahme

191 Wenn der Empfänger des Antrags diesen „nicht ... rechtzeitig" annimmt, erlischt er (§ 146). Was „rechtzeitig" heißt, bestimmen die §§ 147 bis 149 (Rn 176 ff). Die verspätete „Annahme" kann – da es inzwischen an einem Antrag fehlt – keine Annahme sein. Aber sie gilt nach § 150 Abs. 1 als *neuer Antrag* (FD „Annahme des Antrags", Spalten 3 und 6). § 150 Abs. 1 ist eine Vorschrift von großer praktischer Bedeutung, vorbildlicher Klarheit und eleganter Kürze. Sie führt dazu, dass derjenige, der den ersten Antrag abgegeben hatte und nun der Empfänger des neuen Antrags ist, frei entscheiden kann, ob er den neuen Antrag annimmt.

Beispiel: K wollte bei dem Volvo-Vertragshändler V einen neuen Volvo kaufen. Er unterzeichnete ein Formular, das mit „Bestellung eines neuen Volvo-Fahrzeugs" überschrieben war, also einen Antrag auf Abschluss eines entsprechenden Kaufvertrags darstellte. In diesem Antrag heißt es „An dieses Angebot bin ich vier Wochen lang gebunden" (siehe den ähnlichen Ford-Fall Rn 182). Sechs Wochen lang hörte K von V nichts. Dann teilte V ihm mit, dass das Fahrzeug nunmehr zur Übergabe bereitstehe. Damit hatte V den Antrag des K angenommen, aber verspätet. Die verspätete Annahme galt als neuer Antrag des V (§ 150 Abs. 1). K hätte diesen Antrag ablehnen können, aber er nahm ihn an, indem er sich das Fahrzeug übergeben ließ.[36]

2. Modifizierte Annahme

192 Der Empfänger des Antrags kann diesen „unter Erweiterungen, Einschränkungen oder sonstigen Änderungen" annehmen, was als „Ablehnung verbunden mit einem neuen Antrag" gilt (§ 150 Abs. 2; FD „Annahme des Antrags", Spalte 10). Auch § 150 Abs. 2 ist elegant formuliert und spielt sogar eine noch größere Rolle als Absatz 1. *Beispiel 1:* Frau K unterschrieb in einer BMW-Niederlassung ein ausgefülltes Bestellformular (Antrag). Später erhielt sie von der BMW AG eine „Auftragsbestätigung" (Annahme des Antrags), in der ein anderes Auslieferungsdatum und ein anderer Preis genannt wurden. Darin lag ein „neuer Antrag". Da Frau K ihn nicht annahm, kam kein Vertrag zustande.[37] *Beispiel 2:* Die Bundesrepublik Deutschland hatte die Erneuerung eines Autobahnabschnitts ausgeschrieben (Invitatio ad offerendum, Rn 200). Baubeginn sollte am 1. April sein. Das Gebot des Bauunternehmers B (Antrag) ging von diesem Baubeginn aus. B erhielt den Zuschlag (Annahme). Aber weil sich inzwischen erhebliche Verzögerungen ergeben hatten, legte die Bundesrepublik in ihrem Zuschlagsschreiben einen anderen Termin für den Baubeginn fest. Darin lag eine modifizierte Annahme und damit ein neuer Antrag (§ 150 Abs. 2), den B annehmen oder ablehnen konnte.[38] Wie die Beispiele zeigen, können auch geringfügige Abweichungen „Erweiterungen, Einschränkungen oder sonstige Änderungen" sein.

---

36 BGH NJW 2011, 3438 Rn 17.
37 LG Frankfurt/M NJW-RR 1987, 1268.
38 BGH NJW 2010, 3436 Rn 20; BGHZ 181, 47 Rn 33. Bei Großprojekten legt der BGH allerdings § 150 Abs. 2 wegen seiner für beide Parteien nachteiligen Rechtsfolgen einschränkend aus (NJW 2010, 3436 Rn 31).

Hinweispflicht: Wenn der Empfänger des Antrags von diesem abweichen will, sollte er dem Antragenden die gewünschten Änderungen „unmissverständlich" klarmachen. Darf der Antragende den Eindruck haben, sein Antrag sei uneingeschränkt angenommen worden, ist der Vertrag mit dem Inhalt des *ersten* Antrags zustande gekommen.[39] *Beispiel:* Bauherr B übersandte dem Bauunternehmer U einen (von ihm noch nicht unterschriebenen) Vertragsentwurf für ein größeres Bauvorhaben. Darin war vorgesehen, dass B 10 % des Werklohns zur Sicherheit vorläufig einbehalten konnte. U änderte die Zahlungsmodalitäten in zwei wichtigen Punkten, druckte den Text mit derselben Schrift und demselben Layout neu aus, unterschrieb ihn und sandte ihn an B. In dem Begleitschreiben war von Änderungen nicht die Rede. Da das Druckbild unverändert geblieben war, bemerkte B die textliche Änderung nicht. In diesem Fall kam der Vertrag zu den Bedingungen des von B vorgelegten Antrags (Angebots) zustande. Denn der Empfänger eines Antrags muss, wenn er vom Antrag „abweichen will, das in der Annahmeerklärung klar und unzweideutig zum Ausdruck" bringen.[40]

193

VI. Ablehnung des Antrags

Der Empfänger des Antrags kann den Antrag (ohne Begründung) ablehnen, so dass er erlischt (§ 146; FD „Annahme des Antrags", Spalte 12).

194

Ausnahme Kontrahierungszwang: Nur wenn ein Kontrahierungszwang besteht, *muss* der Empfänger eines Antrags diesen annehmen. Das ist bei Versorgungsunternehmen mit Monopolcharakter der Fall (zB Wasserversorgung, Briefpost, Bahn, Personennahverkehr). *Beispiel:* Eine Familie wollte am Flughafen Düsseldorf in ein Taxi steigen, um sich zum nahe gelegenen Parkplatz fahren zu lassen, auf dem sie ihr Fahrzeug vor Reisebeginn abgestellt hatte. Der Taxifahrer wollte für eine so kurze Fahrt seinen ersten Platz in der Taxischlange nicht aufgeben und lehnte ab. Das hätte er aber nicht tun dürfen, weil ihn das Personenbeförderungsgesetz dazu verpflichtete, die Familie zu befördern (§ 22 mit § 47 Abs. 4 PBefG).[41]

195

Ausnahme Vorvertrag: Eine Verpflichtung zum Abschluss eines Vertrags kann sich auch aus einem *Vorvertrag* ergeben. Ein Vorvertrag ist ein Vertrag, in dem sich die Parteien verpflichten, einen bestimmten Vertrag (Hauptvertrag) zu schließen. Der Vorvertrag verpflichtet beide Seiten, zur Vorbereitung des Hauptvertrags inhaltliche Vorschläge zu machen und sich mit den Gegenvorschlägen auseinanderzusetzen.[42]

196

VII. Schweigen auf einen Antrag

Der Empfänger des Antrags kann auch auf den Antrag überhaupt nicht reagieren (schweigen). Dann ist zu unterscheiden:

- *Grundsatz:* Im deutschen Zivilrecht bedeutet Schweigen grundsätzlich weder ein Ja noch ein Nein. Wenn der Empfänger des Antrags schweigt, führt das also dazu, dass der Antrag nach Ablauf der Annahmefrist erlischt (§ 146).

197

- *Lieferung unbestellter Sachen (§ 241a):* Durch die Zusendung unbestellter Ware bringt ihr Absender zum Ausdruck, dass er mit dem Empfänger einen Kaufvertrag

198

---

39 BGHZ 181, 47; BGH NJW 2010, 3436 Rn 26.
40 BGH NJW 2014, 2100 Rn 17; ähnlich NJW 2010, 3436. Kritisch zur Begründung, nicht zum Ergebnis Korch, NJW 2014, 3553.
41 OLG Düsseldorf NZV 1996, 377.
42 BGH NJW 2006, 2843 Rn 26.

schließen möchte (Antrag). Auch nach früherem Recht stand fest, dass der Empfänger diesen Antrag nicht anzunehmen brauchte, es tauchten aber zahlreiche knifflige und teilweise strittige Nebenfragen auf. Seit Sommer 2000 durchschlägt § 241a diesen gordischen Knoten durch die Anordnung, dass der Empfänger zu gar nichts verpflichtet ist, nicht einmal zur zeitweisen Aufbewahrung, geschweige denn zur Rücksendung oder gar zur Zahlung. Die Regelung gilt nicht nur für „Waren", sondern auch für andere aufgedrängte Leistungen (§ 241a Abs. 1). Vorausgesetzt wird allerdings immer, dass der Anbieter ein „Unternehmer" ist (§ 14) und der Empfänger ein „Verbraucher" (§ 13). Ausnahmen bestehen bei erkennbaren Irrläufern (§ 241a Abs. 2).

199 ■ *Schweigen als Annahme des Antrags:* Unter ganz engen Voraussetzungen kann nach dem HGB das Schweigen auf einen Antrag ausnahmsweise als Annahme gelten. *Beispiel:* K erteilte seiner Hausbank H schriftlich den Auftrag zum Kauf bestimmter Wertpapiere, was die H nicht unverzüglich ablehnte. Weil zwischen K und H bereits eine Geschäftsbeziehung bestand, gilt nach § 362 HGB der Vertrag als zustande gekommen. Laien haben aus diesem *einen* Paragrafen mit seinen engen Voraussetzungen den schauerlichen Satz abgeleitet: „Unter Kaufleuten gilt Schweigen als Zustimmung." Für das BGB gibt es keine § 362 HGB vergleichbare Vorschrift.[43]

VIII. Invitatio ad offerendum

1. Werbung

200 Werbeanzeigen, Prospekte, Internetangebote, Schaufensterauslagen und die Speisekarte eines Restaurants sind keine Willenserklärungen, sondern Informationen (Rn 52). Sie stellen eine *Invitatio ad offerendum* dar (FD „Antrag auf Abschluss eines Vertrags", Spalte 9). Diese lateinischen Worte kann man mit „Einladung zu einer Offerte" (einem Antrag) übersetzen. Werbung ist also nur eine Aufforderung an die Interessenten, ihrerseits einen Antrag abzugeben.[44] *Beispiel:* Die Immobilienmaklerin I-GmbH hatte sich gegenüber dem Grundstückseigentümer G verpflichtet, für sein mit einem Wohnhaus bebautes Grundstück einen Käufer zu finden. Sie inserierte deshalb das Objekt auf dem Internetportal "Immobilienscout24". Darin forderte sie alle Interessenten zu einem Antrag auf Abschluss eines Maklervertrags auf (§ 652).[45] Die genannten Werbeaussagen und Annoncen (*Invitationes ad offerendum*) sind aus mehreren Gründen kein Antrag:

- Sie richten sich nicht an eine bestimmte Person, sondern an die Allgemeinheit.[46]
- Dem Urheber einer solchen Mitteilung fehlt es erkennbar an dem Willen, mit jedermann einen entsprechenden Vertrag zu schließen.[47] Das ist besonders gut bei einer Gebrauchtwagen-Annonce zu erkennen: Der Anbieter käme in große Schwierigkeiten, wenn alle Interessenten durch eine Annahmeerklärung den Vertrag perfekt machen könnten.

---

43 Sonderfälle ohne praktische Bedeutung regeln die §§ 416 Abs. 1 S. 2 und 516 Abs. 2 S. 2. Siehe zu Sonderfällen auch BGH NJW 1996, 919; 1995, 1281.
44 Staudinger/Bork § 145 Rn 3 f; MüKo/Busche § 145 Rn 10 ff; BGH NJW 2005, 3567; NJW 2009, 1337 Rn 12.
45 BGH NJW 2017, 1024 Rn 15.
46 OLG Karlsruhe NJW-RR 1989, 19.
47 Brox/Walker Rn 165a; indirekt BGH NJW 1990, 1179.

- Eine Werbung gibt nicht den Inhalt des abzuschließenden Vertrags so genau an, dass der Angesprochene mit einem „Ja" den Vertragsschluss herbeiführen könnte (Rn 172).

2. „Irrtum vorbehalten"

Weil es sich bei einer falschen Preisangabe in einem Prospekt, im Schaufenster oder in einer Anzeige nicht um einen Antrag handelt, kann niemand darauf bestehen, eine falsch ausgezeichnete Ware zu dem angegebenen Preis zu bekommen. Dies Verlangen wäre ein Antrag, keine Annahme.[48] Der Geschäftsinhaber kann, wie immer, diesen Antrag ohne Begründung ablehnen. Deshalb ist ein Hinweis wie „Irrtum vorbehalten" unnötig, aber auch unbedenklich.[49]

Wenn der Werbende einen Kundenantrag, der sich auf die falsche Angabe bezog, angenommen hat, ergibt sich allerdings eine ganz andere Rechtslage. *Beispiel:* Die V-GmbH hatte in ihrem Katalog die T-Mobile-Netzkarte „Data 30", die ein Volumen von 30 Megabyte hat, versehentlich mit dem Hinweis „100 MB" versehen. K bestellte die Karte. Die V hätte Gelegenheit gehabt, wegen des Irrtums die Annahme des Antrags abzulehnen, aber sie nahm ihn an. Da der Kaufvertrag auf der Basis der Katalogangabe zustande gekommen war, verpflichtete er die V, U eine Karte mit 100 MB zu übereignen (§ 433 Abs. 1).[50]

3. Andere Fälle einer Invitatio ad offerendum

Bitte um einen Antrag: Eine Invitatio ad offerendum kann nicht nur von einem Unternehmen, sondern auch vom Kunden ausgesprochen werden. *Beispiel:* N füllte ein Formular der V-Versicherungs-AG aus, das mit den Worten begann: „Anfrage: Ich wünsche ein Angebot zum Abschluss einer Lebens-/Rentenversicherung." Schon die verwendeten Ausdrücke („Anfrage … wünsche … Angebot") machen deutlich, dass N keinen Antrag abgab, sondern nur die Versicherungs-AG aufforderte, ihrerseits einen Antrag abzugeben.[51]

Aufforderung zur Diskussion: Wer einen anderen zu Vertragsverhandlungen auffordert, gibt keinen Antrag ab. *Beispiel:* Eine AG beabsichtigte, ihren Außendienst-Mitarbeitern Auflösungsverträge anzubieten, die eine hohe Abfindung vorsehen sollten. Der Vorstand wandte sich auch an X mit einem Schreiben, in dem es hieß: „Deshalb möchten wir Sie auf die Durchführung einer Sofortaktion aufmerksam machen … Um Ihre Vorstellungen kennenzulernen, bitten wir Sie um die Beantwortung folgender Fragen". X beantwortete die Fragen und leitete daraus ab, er habe Anspruch auf eine Abfindung in Höhe von 174 000 Euro. Aber das war falsch. Aus dem Schreiben des Vorstands ergab sich, dass es sich nicht um einen Antrag handelte, sondern um eine Einladung zu Vertragsverhandlungen.[52]

Ausschreibung: Eine wirtschaftlich bedeutsame Erscheinungsform der Invitatio ad offerendum ist die Ausschreibung im Baubereich. Siehe dazu Rn 185, Beispiel 1.

---

48 BGH NJW 1980, 1388.
49 BGH NJW 2009, 1337 Rn 13.
50 BGH NJW 2009, 1337 Rn 13.
51 Unverständlicherweise hat der BGH die Erklärung des Interessenten als Antrag gewertet (NJW 2011, 1213 Rn 21).
52 BAG NJW 2010, 1100 Rn 21.

Versteigerung durch einen Auktionator: Wenn ein Auktionator die Anwesenden dazu auffordert, ein Gebot abzugeben, fordert er sie zur Abgabe eines Antrags auf. Seine Worte sind deshalb nur eine Invitatio ad offerendum (Rn 227).

IX. Anfängerfehler im Zusammenhang mit einem Vertragsschluss

1. Zahlung und Übereignung sind keine Voraussetzungen

204 Manchmal schreiben Anfänger: „K und V haben einen wirksamen Kaufvertrag geschlossen, weil K den Kaufpreis bezahlt und V die Ware übereignet hat (§ 433)" oder „Ein Vertragsschluss liegt nicht vor, weil K noch nicht bezahlt hat". Solche Sätze sind Zeichen bedenklicher Unkenntnis. Man kann sich gar nicht klar genug machen, dass die Zahlung des Kaufpreises und die Übereignung der Kaufsache die *Erfüllung* eines (abgeschlossenen!) Kaufvertrags darstellen. Sie sind also die *Folge* des Vertragsschlusses, sie gehören nicht zu seinen Voraussetzungen. Auch wenn es erst später darum geht, wie ein Kaufvertrag erfüllt wird (Rn 297 ff), steht doch schon fest: Ein Vertragsschluss erfolgt *durch Antrag und Annahme*. Zahlung und Übereignung haben mit dem Vertragsschluss nichts zu tun.

2. Vertragsschluss nur in Zweifelsfällen prüfen!

205 Wenn es in einem Klausurfall um einen Kaufvertrag geht, beginnen viele Anfänger die Lösung gedankenlos mit Sätzen wie: „Zu prüfen ist, ob ein wirksamer Kaufvertrag zustande gekommen ist. Laut Sachverhalt ist das der Fall." Das ist Unsinn.

- Wenn der Vertragsschluss problematisch ist, muss er sorgfältig Schritt für Schritt geprüft werden, so dass der Satz „Laut Sachverhalt ist das der Fall" unzulässig ist.
- Fast immer brauchen Antrag und Annahme aber nicht geprüft zu werden, weil sie nicht geprüft werden *können*. *Beispiel:* Der Sachverhalt beginnt mit den Worten: „K hat von V einen gebrauchten Ford Fiesta gekauft. Eine Woche nach der Übergabe verliert der Motor Öl." Wer in einem solchen Fall „prüft", ob ein Kaufvertrag abgeschlossen wurde, drischt leeres Stroh. Denn der Sachverhalt gibt für solch eine „Prüfung" nichts her. Das Problem liegt offensichtlich bei einer Mangelhaftigkeit der Kaufsache, also ganz woanders.

§ 7 Sonderfälle des Vertragsschlusses

206 ▶ **Fall 7: Tanken ohne zu bezahlen** §§ 145, 151

Heinrich Bolte betreibt eine Tankstelle. Ein zunächst unbekannter Kunde tankte bei ihm Dieselkraftstoff für 10,01 Euro, bezahlte an der Kasse aber nur einen Schokoriegel und fuhr dann weiter. Mithilfe einer Videoaufzeichnung und eines Detektivbüros fand Bolte heraus, dass es sich bei der fraglichen Person um Klaudio Kiesewetter handelte. Er verlangt von ihm Schadensersatz in Höhe von 201,56 Euro. Kiesewetter ist der Meinung, dass zwischen ihm und Bolte kein Kaufvertrag geschlossen worden sei. Ist das richtig? (Nach BGH NJW 2011, 2871)

§ 7 Sonderfälle des Vertragsschlusses § 7

a) Vertragsschluss an der Kasse der Tankstelle?

Kiesewetter ist offenbar der Ansicht, dass Kaufverträge über getankten Kraftstoff an der Kasse der SB-Tankstelle geschlossen werden. Das ist aber eine Konstruktion des Vertragsschlusses, die heute kaum noch vertreten wird. Sie ist jedoch juristisch möglich und entspricht sogar als einzige den herkömmlichen Definitionen von Antrag und Annahme: Der Antrag ist dann darin zu sehen, dass der Kunde an der Kasse die Tanksäule nennt, an der er getankt hat. In dieser Äußerung liegt die Erklärung: „Ich möchte mit Ihnen einen entsprechenden Kaufvertrag schließen." Der Betreiber der Tankstelle (oder sein Angestellter) nimmt diesen Antrag an, indem er den Preis nennt und den Kunden damit zur Zahlung auffordert. Damit erklärt er zugleich: „Ich nehme Ihren Antrag auf Abschluss eines Kaufvertrags an." Für diese Lösung spricht (außer ihrer Korrektheit) auch, dass im SB-Laden der Kaufvertrag ebenfalls an der Kasse geschlossen wird (Rn 219 f).

207

Der Nachteil dieser Lösung ist aber, dass ein unehrlicher Kunde den Abschluss eines Kaufvertrags vermeiden kann, indem er entweder gleich weiterfährt oder – wie Kiesewetter – zur Kasse geht und dort so tut, als habe er nur einen Schokoriegel zu bezahlen. Wenn der Betreiber der Tankstelle Schadensersatz geltend machen will, ist ihm das auch ohne Kaufvertrag möglich. Aber er hat kleine Nachteile, wenn der Kaufvertrag fehlt (die Einzelheiten gehören ins Schuldrecht).

b) Vertragsschluss an der Tanksäule

Damit auch in Fällen wie dem vorliegenden vom Abschluss eines Kaufvertrags ausgegangen werden kann, verlegt die herrschende Meinung den Abschluss des Kaufvertrags vor, nämlich auf den Zeitpunkt, in dem der Kunde mit der Entnahme des Kraftstoffs beginnt. Damit ist aber noch nicht gesagt, wer den Antrag erklärt und wer die Annahme.

208

Antrag: Der zum Vertragsschluss nötige Antrag wird ganz überwiegend darin gesehen, dass der Betreiber der Tankstelle die Tanksäule zur Selbstbedienung freigibt.[53] Die Vertreter dieser Ansicht sind sich bewusst, dass das Freigeben der Tanksäule in mehrfacher Hinsicht nicht den normalen Anforderungen an einen Antrag genügt. Denn der Antrag richtet sich in diesem Fall nicht an einen bestimmten Empfänger (Rn 171), sondern an eine unbestimmte Vielzahl von Personen (lateinisch: ad incertas personas). Außerdem legt dieser Antrag nicht den Inhalt des abzuschließenden Vertrags fest (Rn 172). Denn die Tanksäule zeigt zunächst nur den Literpreis an, während der zu zahlende Kaufpreis erst feststeht, wenn der Tankvorgang abgeschlossen ist.

Annahme: Wenn der Antrag vom Betreiber der Tankstelle erklärt wird, ist die Annahme logischerweise Sache des Kunden. Der Kunde nimmt den Antrag des Tankstellenbetreibers an, indem er mit dem Tanken beginnt. Der Kaufvertrag kommt also schon zustande, wenn der erste Tropfen des Kraftstoffs in den Tankstutzen des Fahrzeugs einfließt. In diesem Vorgang die Annahme zu sehen, entspricht ebenfalls nicht der herkömmlichen Definition. Denn normalerweise ist die Annahme die Erklärung, einen konkreten (mit dem Antrag bereits inhaltlich umrissenen) Vertrag schließen zu wollen. Da hier schon der Antrag an einer weitgehenden Unbestimmtheit krankt, kann auch die Annahme nicht dem gewöhnlichen Standard

---

53 Erman/Armbrüster § 145 Rn 10; Soergel/Wolf § 145 Rn 8; Palandt/Ellenberger § 145 Rn 8. Der BGH geht auch davon aus, dass der Vertrag an der Zapfsäule geschlossen wird, hat sich aber (zu Recht) nicht festgelegt, ob im Aufstellen der Zapfsäule ein Antrag oder eine (vorweggenommene) Annahme zu sehen ist (NJW 2011, 2871 Rn 16 ff).

genügen. Im Interesse einer praxistauglichen Konstruktion wird jedoch bei dieser „Annahme" weitgehend auf das Vorliegen der normalen Voraussetzungen verzichtet.

Es fällt noch eine andere Besonderheit dieser Annahme auf. Normalerweise muss eine Annahmeerklärung dem Antragenden *zugehen*, um wirksam zu werden (§ 130 Abs. 1 S. 1; Rn 189). Im vorliegenden Fall hat aber Kiesewetter nicht gegenüber Bolte (oder einem seiner Mitarbeiter) zu erkennen gegeben, dass er dessen Antrag annehme. Da es am Zugang der Annahme fehlt, wäre der Kaufvertrag also nicht zustande gekommen. Beim Vertragsschluss an der Tanksäule wird aber auf den Zugang der Annahmeerklärung verzichtet. Darin scheint eine weitere Aufweichung des Begriffs der Annahme zu liegen. Aber in diesem Punkt entspricht die Konstruktion der gesetzlichen Regelung. Denn § 151 S. 1 erklärt den Zugang der Annahmeerklärung in zwei Fällen für entbehrlich (Rn 211). Beim Tanken kommen beide Alternativen in Betracht: Man kann annehmen, dass der Zugang der Annahmeerklärung „nach der Verkehrssitte nicht zu erwarten ist" (§ 151 S. 1 Var. 1). Man kann aber auch davon ausgehen, dass Bolte allen Kunden gegenüber konkludent auf den Zugang „verzichtet hat" (Var. 2).

Aus dem FD „Antrag auf Abschluss eines Vertrags" ergibt sich die Lösung so: 1. Nein – 2. Ja (Spalte 2). ◀

Lerneinheit 7

209 **Internetauktion (eBay):** *Schinkels*, Maximal- statt Höchstgebot als Annahmeerklärung bei Internetauktionen, MMR 2018, 351; *Pfeiffer*, Von Preistreibern und Abbruchjägern – Rechtsgeschäftslehre bei Online-Auktionen, NJW 2017, 1437; *Eckel*, Shill Bidding – Preismanipulation bei Online-Auktion durch Eigengebote, MMR 2017, 373; *Hoffmann*, Unmöglichkeit während der Laufzeit einer Internetauktion, ZIP 2017, 449; *Oechsler*, Der vorzeitige Abbruch einer Internetauktion und die Ersteigerung unterhalb des Marktwerts der Sache, NJW 2015, 665; *Böse/Jutzi*, Vertragsschluss durch Auktionsabbruch bei eBay, MDR 2015, 677; *Kreße*, Vertragsschluss bei der Internetauktion und Geltung der Auktionshaus-AGB im Marktverhältnis, NJ 2015, 448; *Muchowski*, eBay – „besser kaufen und verkaufen"? JA 2015, 928; *Stieper*, Vorzeitige Beendigung einer eBay-Auktion – Ausgestaltung von Willenserklärungen durch AGB als Herausforderung für die Rechtsgeschäftslehre, MMR 2015, 627; *Winter*, Aktuelle Rechtsprechungsübersicht zum eBay-Kauf, DAR 2015, 546; *Zenger/Wagner*, BGH: Beendigungsmöglichkeit von eBay-Auktionen seitens des Verkäufers ausgeweitet, MMR-Aktuell, 2014, 356354; *Jerger*, Vorzeitige Beendigung einer ebay-Auktion – risikolos möglich oder mögliches Risiko? GWR 2015, 114.

Sonstige Literatur: *Kreße*, Der Zuschlag unter Vorbehalt bei der freiwilligen Versteigerung, NJ 2016, 9; *Becker*, Die freiwillige Grundstücksversteigerung, notar 2014, 359; *Kollrus*, Kaufmännisches Bestätigungsschreiben – eine kautelarjuristische Geheimwaffe im Rahmen des Vertragsmanagements? BB 2014, 779; *Rebler*, „Selbstbedienen" beim Tanken und das Strafrecht, JA 2013, 179; *Niebling*, Die VOB/B-Einbeziehung durch kaufmännisches Bestätigungsschreiben, NZBau 2012, 410; *Conrad/Bisenius*, Besondere Konstellationen des Kaufvertragsschlusses – Schaufenster, Automaten, Online-Handel und Selbstbedienungsläden, JA 2011, 740.

I. Beiderseitige Unterzeichnung einer Vertragsurkunde

210 Das Gesetz geht in den §§ 145 ff davon aus, dass jeder Vertragsschluss auf einem Antrag und dessen Annahme beruht. Das ist aber nicht immer richtig. Denn ein Vertrag kann auch dadurch geschlossen werden, dass beide Seiten ihre Unterschrift unter einen vorher ausgehandelten Vertragstext setzen (FD „Antrag auf Abschluss eines Vertrags", Frage 1, Spalte 1). In diesen Fällen ist weder ein Antrag erkennbar noch dessen Annahme.⁵⁴ Es ist nicht etwa so, dass derjenige, der zuerst unterzeichnet, den Antrag erklärt, der andere dessen Annahme. Denn auf die Reihenfolge der Unterzeichnung kann es in diesem Fall nicht ankommen. Alle komplizierten Verträge kommen durch die gemeinsame Unterzeichnung einer Urkunde zustande. *Beispiele:* Abschluss eines notariell beurkundeten Vertrags, eines längerfristigen Liefervertrags zwischen zwei Unternehmen sowie eines Gesellschaftsvertrags. Wenn allerdings eine Seite einen von ihr *allein* formulierten und bereits unterzeichneten Vertragstext der anderen Seite zuschickt, liegt darin ein Antrag.⁵⁵

II. Zugang der Annahmeerklärung entbehrlich

1. Problemstellung

Die Annahme ist bekanntlich eine Willenserklärung, die „einem anderen gegenüber abzugeben" ist (§ 130 Abs. 1 S. 1). Deshalb muss die Annahme an den Antragenden adressiert sein (Rn 185) und wird, wenn sie „in dessen Abwesenheit abgegeben wird", erst mit ihrem Zugang wirksam (§ 130 Abs. 1 S. 1). Von diesem Grundsatz macht § 151 in zwei Fällen eine Ausnahme (Rn 212 bis 215). Liegen diese vor, gilt Folgendes: Der Adressat des Antrags muss seinen Annahmewillen nur intern manifestieren. Ein *Zugang* seiner Annahmeerklärung beim Antragenden ist nicht erforderlich

211

2. Gründe für die Entbehrlichkeit des Zugangs

a) Verkehrssitte

Der Zugang der Annahme ist nach § 151 S. 1 Var. 1 entbehrlich, wenn ein Zugang „nach der Verkehrssitte nicht zu erwarten ist" (FD „Annahme des Antrags", Frage 7, a).

212

Lediglich vorteilhafte Anträge: Die Verkehrssitte erwartet den Zugang der Annahme nicht bei einem Antrag, der für den Empfänger ausschließlich vorteilhaft ist. *Beispiel 1:* B schrieb G: „Ich verbürge mich für die Summe, die S Ihnen schuldet". Darin lag ein Antrag auf Abschluss eines Bürgschaftsvertrags zwischen B und G. Da eine Bürgschaft durch den Bürgen B dem Gläubiger G nur nützen, nie schaden kann (§ 765), erlässt die Verkehrssitte es dem G, dem B die Annahme dieses vorteilhaften Antrags zugehen zu lassen.⁵⁶ *Beispiel 2:* Ein Schuldner übersandte seinem Gläubiger ein Schuldanerkenntnis nach § 781. Ein Schuldanerkenntnis ist ein Vertrag, so dass die Übersendung nur einen Antrag darstellt. Aber die Verkehrssitte erwartet nicht den Zugang der Annahme, weil ein Schuldanerkenntnis für den Gläubiger nur Vorteile hat, keine Nachteile.⁵⁷ *Beispiel 3:* Der Inhaber eines Geflügel-Schlachthofs sagte in einer „Gesamtzusage" allen Arbeitnehmern eine Erhöhung des Stundenlohns um 0,65 Euro zu. Die Annahme dieses Antrags auf Abänderung ihrer Arbeitsverträge brauchten die Arbeitnehmer dem Inhaber nicht zugehen zu lassen.⁵⁸

213

Andere Fälle der Verkehrssitte: Der Zugang der Annahmeerklärung ist manchmal auch bei nicht ausschließlich vorteilhaften Anträgen „nach der Verkehrssitte nicht zu erwar-

214

---

54 Flume § 34, 2; Wolf/Neuner § 37 Rn 2.
55 BGH NJW 2001, 221.
56 BGHZ 143, 381; NJW 1999, 3047 und 1105; 1997, 2233.
57 BGH NJW 2000, 2984.
58 BAG NJW 2017, 2428 Rn 13.

ten". *Beispiel 1:* X bestellte über das Internet ein Zimmer im Hotel H. Der Beherbergungsvertrag kam schon durch die hotelinterne Zimmerreservierung zustande. Wenn X nicht kommt, muss er zahlen und kann sich nicht darauf berufen, dass ihm keine Annahmeerklärung zugegangen sei. *Beispiel 2:* Frau K bestellte Kleider beim Versandhaus V. Eine Bestätigung der Bestellung wäre für V zu umständlich und wird vom Kunden auch nicht erwartet. Die Annahme des Antrags liegt nach § 151 schon in der internen Erledigung der Bestellung, nicht erst im Anbieten des Pakets an der Haustür. Auf diese Weise besteht beim Transport des Pakets kein vertragsloser Zustand. *Beispiel 3:* Herr A und Frau B hatten von V eine Wohnung gemietet. Frau B zog aus und teilte das dem V mit. Es steht fest, dass der darin liegende Antrag auf Entlassung aus dem Vertrag von V intern angenommen wurde. Eines Zugangs bedurfte die Annahme nicht (§ 151 S. 1).[59] *Beispiel 4:* Der Tankstellenbetreiber B hatte seine Tanksäulen zur Selbstbedienung freigeschaltet. Den darin liegenden Antrag nahm K an, indem er Kraftstoff in seinen Tank füllte. Diese Annahme musste dem B nicht zugehen, weil die Verkehrssitte das nicht erwartet (Fall 7, Rn 206). Das Gleiche gilt, wenn jemand auf einem gebührenpflichtigen Parkplatz sein Fahrzeug abstellt. Dadurch nimmt er den Antrag des Betreibers auf Abschluss eines Mietvertrags an, ohne dass die Annahme zugehen muss.[60]

b) Verzicht des Antragenden

215 § 151 gilt auch, wenn der Antragende auf den Zugang „verzichtet hat". Diese Alternative ist in der Praxis sehr viel seltener als die erste.[61] Wenn sie vorkommt, dann steckt oft die Absicht dahinter, den Empfänger in eine Falle laufen zu lassen („Erlassfalle", Rn 218).

3. Interne Manifestation des Annahmewillens

216 *Annahme:* Liegt einer der beiden in § 151 S. 1 BGB Fälle vor, so ist nur der (nach § 130 Abs. 1 S. 1 eigentlich erforderliche) *Zugang* der Annahmeerklärung beim Antragenden entbehrlich, nicht aber die Annahme als solche.[62] Denn auf die *Erklärung* der Annahme wird nicht verzichtet, sie muss *intern* vorliegen. Sie muss dem Antragenden nur nicht nach § 130 Abs. 1 S. 1 *zugehen*.

Auch in diesem Falle bedarf es daher „eines als Willensbetätigung zu wertenden, nach außen hervortretenden Verhaltens des Angebotsempfängers, aus dem sich dessen Annahmewille unzweideutig ergibt".[63] Die Anforderungen an die Manifestation des Annahmewillens sind aber zwangsläufig gering. Es reicht aus, wenn der Empfänger den Antrag „nicht durch eine nach außen erkennbare Willensäußerung abgelehnt" hat.[64] Viel mehr als das könnte der Annehmende meist auch gar nicht beweisen.

---

59 BGH NJW 2005, 1715.
60 BGH NJW 2016, 863 Rn 15 und 18
61 Ein Beispiel für einen *seriösen* Verzicht findet sich in BGH NJW 1999, 2179.
62 § 151 S. 1 macht sein Anliegen nur unzureichend deutlich. Statt „... wenn eine solche *Erklärung* nach der Verkehrssitte nicht zu erwarten ist ..." würde es besser heißen: „... wenn der *Zugang* einer solchen Erklärung nach der Verkehrssitte nicht zu erwarten ist ...".
63 BGHZ 160, 393 (396/397); 111, 97 (101); BGH NJW 2004, 287 (288); Bamberger/Roth/Eckert § 151 Rn. 3.
64 BGH NJW 2000, 276.

§ 7 Sonderfälle des Vertragsschlusses § 7

Annahmefrist: § 151 S. 2 regelt die Annahmefrist. Er lässt eine Bestimmung durch den Antragenden zu (§ 148). Wenn sie nicht vorliegt, entscheidet aber (eigenartigerweise) nicht § 147, sondern der mutmaßliche Wille des Antragenden.

Ablehnung: Wenn der Adressat durch sein Verhalten die Ablehnung des Antrags zum Ausdruck gebracht hat, ist natürlich nicht von einem Vertragsschluss auszugehen.

4. Rechtsfolgen des § 151 S. 1

Wenn alle Voraussetzungen gegeben sind, gilt der Satz: „Der Vertrag kommt durch die Annahme des Antrags zustande ..." (§ 151 S. 1). 217

5. „Erlassfalle"

Trickreiche Schuldner haben ihre Gläubiger durch geschickte Anwendung des § 151 benachteiligt oder haben das zumindest versucht. *Beispiel 1:* Der ehemalige Mieter M des V, der dem V noch Miete von mehr als 147 000 Euro schuldete, schickte ihm einen Scheck über 1 000 Euro und schrieb dazu: „... überreiche ich Ihnen in der Anlage einen Verrechnungsscheck über 1 000 Euro zur endgültigen Erledigung obiger Angelegenheit. Eine Antwort auf dieses Schreiben erwarte ich nicht". V löste den Scheck ein, so dass M die Ansicht vertrat, V habe dadurch den Antrag auf Abschluss des Erlassvertrags (§ 397) nach § 151 angenommen.[65] Der BGH hatte zunächst in ähnlichen Fällen tatsächlich entschieden, dass durch die Einlösung des Schecks der Erlassvertrag nach § 151 S. 1 zustande gekommen sei.[66] Diese Ansicht hat zu Recht viel Widerspruch in der Literatur[67] und keine Gefolgschaft bei anderen Gerichten gefunden.[68] Der BGH ist später von seiner unglücklichen Rechtsprechung abgerückt. Er stellt nunmehr darauf ab, ob die Diskrepanz zwischen der geschuldeten Summe und dem Scheckbetrag zu groß ist, um von einer Annahme des Antrags durch den Gläubiger ausgehen zu können.[69] Ein Gläubiger, der sicher gehen will, sollte antworten, dass er das Vergleichsangebot ablehne und den Scheck nur als Anzahlung einlöse.[70] 218

Wenn der Schuldner zwar einen Vergleich anbietet und einen Scheck beilegt, aber vergessen hat, ausdrücklich auf den Zugang der Annahme zu verzichten, liegt schon aus diesem Grund kein Fall des § 151 S. 1 vor.[71]

III. Vertragsschluss im Selbstbedienungsladen und durch technische Einrichtungen

1. Selbstbedienungsladen

a) Antrag des Käufers

Antrag: Die meisten Kaufverträge werden heute in SB-Läden geschlossen. Es fragt sich nur, wie der Vertragsschluss zu konstruieren ist. Es ist naheliegend, in der Auslage der Ware eine *Invitatio ad offerendum* (Rn 200) zu sehen. Der Antrag liegt dann darin, 219

---

65 BGH NJW 2001, 2324.
66 BGHZ 111, 97; NJW 1990, 1656 und NJW-RR 1986, 415.
67 Frings BB 1996, 809; Lange WM 1999, 1301 und Kleinschmidt NJW 2002, 346.
68 ZB OLG München MDR 1998, 1236, OLG Karlsruhe ZIP 2000, 534.
69 BGH NJW 2001, 2324.
70 Schmid/Hopperdietzel NJW 2009, 652 (653).
71 OLG Koblenz NJW 2003, 758.

dass der Kunde an der Kasse die Ware auf das Band legt.[72] Der Antrag geht also vom *Kunden* aus. Sein Verhalten erfüllt alle Voraussetzungen eines konkludent erklärten Antrags. Denn durch das Auflegen erklärt er verbindlich, diese Ware kaufen zu wollen. Zugleich sind die Waren, die Mengen und die Preise endgültig bestimmt.

Annahme: Wenn der *Kunde* den Antrag erklärt, muss die Annahme Sache des Inhabers sein. Diese Annahme zu konstruieren, ist auch kein Problem. Denn an der Kasse sitzt der Kassierer, der vom Inhaber bevollmächtigt ist, in seinem Namen Kaufverträge zu schließen (§ 164 Abs. 1 S. 1). Der Kassierer erklärt (konkludent) die Annahme dadurch, dass er die Preise erfasst und die Waren in Richtung Einkaufswagen schiebt.

b) Antrag des Ladeninhabers?

220 *Antrag:* Manche Autoren sehen den Antrag in der Tatsache, dass der Marktinhaber die Waren auslegt.[73] Wenn man das Auslegen der Ware überhaupt als Willenserklärung ansehen will, richtet sie sich nicht an einen bestimmten Empfänger und entspricht deshalb nicht dem klassischen Begriff des Antrags (Rn 171). Dieser „Antrag" macht auch nicht deutlich, welche der vielen aufgestellten Waren Gegenstand des Vertrags sein sollen. Er wäre auch wegen fehlender Mengenangabe nicht spezifiziert genug (Rn 172).[74]

Annahme: Wer davon ausgeht, dass der Inhaber den Antrag erklärt, indem er die Ware auslegt, muss die Annahme des Antrags darin sehen, dass der Kunde die Waren auf das Band legt.

2. Vertragsschluss durch technische Einrichtungen

221 *Warenautomaten:* Auch bei der Benutzung eines Warenautomaten muss es zu einem Vertragsschluss kommen. Das Problem besteht darin, dass der Aufsteller des Automaten Vertragspartner werden muss, aber am Ort des Geschehens niemand anwesend ist, der für ihn die entsprechende Willenserklärung (Antrag oder Annahme) abgeben kann. Die hM sieht im Aufstellen eines Warenautomaten einen an alle Interessenten gerichteten *Antrag* auf Abschluss eines entsprechenden Vertrags (FD „Antrag auf Abschluss eines Vertrags", Spalte 2).[75] Es wird in diesen Fällen ein Antrag zugelassen, der sich ausnahmsweise nicht an einen Einzelnen, sondern *an ungewisse Personen* (lateinisch ad incertas personas) richtet. Dieser Antrag wird vom Kunden angenommen, indem dieser nach dem Einwurf von Münzen oder dem Einführen einer Debitkarte (früher EC-Karte) seinen Wunsch durch Drücken einer Taste äußert. Die Annahmeerklärung ist wirksam, obwohl sie dem Aufsteller nicht zugeht (§ 151, Rn 212).

222 *Geldautomaten:* Auch die Geldautomaten der Kreditinstitute verkörpern einen Antrag an alle berechtigten Karteninhaber.[76] Da die Bank zu erkennen gibt, dass sie die Geld-

---

72 MüKo/Busche § 145 Rn 12; Erman/Armbrüster § 145 Rn 10; Wolf/Neuner § 37 Rn 7; Faust § 3 Rn 4; indirekt schon BGH NJW 1991, 2636; BGH NJW 1990, 1179.
73 So Schulze AcP 201 (2001), 232; Medicus Rn 363; Staudinger/Bork § 145 Rn 7; Palandt/Ellenberger § 145 Rn 8.
74 Beim Vertragsschluss am Automaten muss man im Aufstellen des Automaten eine Willenserklärung an die Allgemeinheit sehen (unten Rn 221). Aber im SB-Laden besteht diese Notwendigkeit nicht, weil eine natürliche Person (Verkäufer/in) zur Verfügung steht, die für den Unternehmer eine Willenserklärung abgeben kann.
75 Man kann die im Aufstellen des Automaten liegende Erklärung auch als vorweggenommene Annahme sehen. Der Antrag geht dann vom Kunden aus (Medicus Rn 2). Diese Konstruktion kann den Vertragsschluss besser erklären. Sie hat sich aber nicht durchgesetzt, so dass sie hier nicht vertieft werden soll.
76 BGH NJW 1988, 981.

§ 7 Sonderfälle des Vertragsschlusses

scheine nur an den übereignen will, der zu Recht im Besitz der Debitkarte und der PIN ist, erlangt der Unbefugte am ausgeworfenen Geld kein Eigentum.[77]

Verkehrsmittel, Parkhaus: Wer ein öffentliches Verkehrsmittel betritt oder sein Fahrzeug auf einem gebührenpflichtigen Parkplatz abstellt, nimmt einen Antrag an, den der Betreiber konkludent an alle Interessenten richtet. Im Parkhaus kommt der Vertrag dadurch zustande, dass der Kunde die Taste drückt, die den Kartenauswurf auslöst und die Schranke öffnet. Durch die spätere Zahlung am Automaten erfüllt er nur seine Zahlungspflicht. Wenn es keine Schranke gibt, aber der Parkplatz durch ein Schild als gebührenpflichtig gekennzeichnet ist, nimmt der Benutzer den Antrag des Betreibers konkludent an, indem er das Fahrzeug abstellt.[78]

223

IV. Vertragsschluss durch Entnahme

1. Tankstellen

Auch das Tanken an einer Selbstbedienungstankstelle muss zu einem Kaufvertrag führen – fraglich ist nur die Konstruktion. Der nächstliegende Gedanke ist, dass der Vertrag *nach* Abschluss des Tankvorgangs an der Kasse geschlossen wird. Aber der Vertragsschluss wird aus guten Gründen vorverlegt: Wer damit beginnt, Kraftstoff in seinen Tank zu füllen, schließt bereits dadurch einen entsprechenden Kaufvertrag (Fall 7, Rn 206, 208).[79]

224

Unterschied zum Kauf im SB-Laden: Es fällt auf, dass der Vertragsschluss an der Tankstelle anders konstruiert wird als der Vertragsschluss im Selbstbedienungsladen (Rn 219). Dieser Unterschied ergibt sich jedoch aus der Natur der Kaufsache: Solange der Kunde im SB-Markt noch nicht an der Kasse steht, kann er alle Waren wieder ins Regal stellen. Erst an der Kasse entscheidet er, welche Sachen er kaufen will. Durch das Tanken wird hingegen „ein praktisch unumkehrbarer Zustand geschaffen".[80] Es gibt deshalb keinen Grund, dem Kunden zwischen dem Abschluss des Tankvorgangs und dem Betreten des Kassenraums noch die Entscheidung zu überlassen, ob er den Kraftstoff kaufen will oder nicht.

225

2. Bezug von Elektrizität, Gas und Wasser

Ein Vertrag zwischen einem Versorgungsunternehmen und seinem Kunden über die Versorgung mit Elektrizität, Gas, Wasser oder Fernwärme wird idR – wie andere Verträge auch – ausdrücklich (schriftlich oder mündlich) geschlossen. Aber wenn es an einem ausdrücklichen Vertragsschluss fehlt, kommt der Vertrag konkludent zustande: Indem das Versorgungsunternehmen seine Leistung zur Verfügung stellt, erklärt es eine „Realofferte", die vom Nutzer durch Entnahme stillschweigend angenommen wird.[81] Der Zugang der Annahmeerklärung ist dann entbehrlich (§ 151 S. 1). Wenn der Grundstückseigentümer das Grundstück (Wohnhaus) an eine einzige Partei vermietet

226

---

77 LG Frankfurt/M NJW 1998, 3785.
78 BGH NJW 2016, 863 Rn 15 und 18. Die von Haupt 1941 begründete, zeitweise vom BGH übernommene Ansicht, dass hier ein „faktisches Vertragsverhältnis" durch „sozialtypisches Verhalten" zustande komme (BGHZ 21, 319), wird heute nicht mehr vertreten.
79 Staudinger/Bork § 145 Rn 8; Soergel/Wolf § 145 Rn 8; BGH NJW 2011, 2871 Rn 13 ff.
80 BGH NJW 2014, 31482011, 2871 Rn 15 f.
81 BGH NJW 2014, 3148 Rn 10 ff ebenso in der Parallelentscheidung 2014, 3150 Rn 12 ff; siehe auch NJW 2009, 913 Rn 6; Das gilt auch für die Abfallentsorgung und die Straßenreinigung (BGH NJW 2012, 1948 Rn 1).

hat, kommt der konkludente Vertragsschluss mit dieser zustande, nicht mit dem Eigentümer.[82]

V. Versteigerungen

1. Versteigerung durch einen Auktionator

227 Gegenstand einer Versteigerung nach § 156 sind meist bewegliche Sachen (zB Antiquitäten, Kunstwerke, Oldtimer), es können aber auch Rechte sein (zB ein Jagdpachtrecht) und sogar Grundstücke[83]. § 156 bezieht sich nur auf *freiwillige* Versteigerungen. Zwangsversteigerungen (im Wege der Zwangsvollstreckung) werden nicht erfasst.[84]

Eine Versteigerung nach § 156 beginnt gewöhnlich damit, dass der Auktionator das Mindestgebot nennt, zB „Das Bild wird aufgerufen mit 26 000 Euro". Diese Äußerung ist natürlich kein Gebot (Antrag), denn sonst könnte es jeder Anwesende durch ein Handzeichen annehmen und der Auktionator hätte das Bild mehrfach verkauft. Es handelt sich deshalb nur um eine *Invitatio ad offerendum* (Rn 200). Solange sich mehrere Interessenten durch Handheben zum ausgerufenen Preis melden und damit konkludent gleichlautende Gebote (Anträge) abgeben, erhöht der Auktionator den ausgerufenen Betrag. Er lehnt damit alle Gebote ab (§ 146 Var. 1). Zugleich fordert er zu neuen Geboten auf. Das setzt sich fort, bis nur noch ein einziger Interessent ein Gebot zu dem genannten Preis abgibt. Der Auktionator nennt dann noch einmal den Betrag dieses letzten (höchsten) Gebots und ruft gewöhnlich „Zum Ersten, zum Zweiten, zum ...". Wenn sich in diesem Augenblick ein anderer Interessent mit einem höheren Gebot („Übergebot") meldet, erlischt das zuletzt abgegebene Gebot (§ 156 S. 2). Der Auktionator wiederholt nun gewöhnlich seine Worte „Zum Ersten, zum Zweiten, zum ..."

228 Nach der gesetzlichen Regelung könnte er jetzt noch abbrechen und erklären, dass er doch nicht bereit sei, den Zuschlag zu erteilen. Denn das letzte Gebot „erlischt, wenn ... die Versteigerung ohne Erteilung des Zuschlags geschlossen wird" (§ 156 S. 2 aE). In der Praxis verpflichtet sich der Versteigerer aber zum Zuschlag an den Höchstbietenden, indem er ein Mindestgebot nennt. Diese Angabe ist so zu verstehen, dass der Versteigerer das Höchstgebot annehmen wird, sofern es dem Mindestgebot entspricht oder darüber liegt.

229 Erteilt der Auktionator den Zuschlag (meist durch einen Hammerschlag), so „kommt der Vertrag ... durch den Zuschlag zustande" (§ 156 S. 1). Der „Zuschlag" ist also die Annahme des Gebots (Antrags) durch den Auktionator. Der Kaufvertrag ist damit geschlossen.

230 Zu den Besonderheiten einer Versteigerung gehört, dass der Antrag auf Abschluss des Kaufvertrags immer vom Kaufinteressenten ausgeht. Die Annahme des Gebots, den „Zuschlag" (§ 156 S. 1), erklärt immer der Verkäufer (Auktionator). Diese klare Rollenverteilung – der Antrag geht immer vom Käufer aus – gibt es bei anderen Kaufverträgen nicht.

---

82 BGH NJW 2014, 3148 Rn 9 ff; ebenso in der Parallelentscheidung 2014, 3150 Rn 11 ff.
83 BGH NJW 1998, 2350.
84 Sie sind außerhalb des BGB geregelt, zB die Zwangsversteigerung von Grundstücken im ZVG.

§ 7 Sonderfälle des Vertragsschlusses § 7

2. Abschluss eines Kaufvertrags durch eine eBay-Auktion

Bei eBay bestimmt der künftige Verkäufer („Anbieter") einen Startpreis und eine Frist, binnen derer die Kaufinteressenten Gebote abgeben können (Angebotsdauer). Das Unternehmen eBay übermittelt nur die Erklärungen der späteren Vertragspartner, ist aber selbst weder Käufer noch Verkäufer. Der Kaufvertrag kommt zwischen dem Anbieter als Verkäufer und dem Höchstbietenden als Käufer zustande. Die Frage ist nur: Wer erklärt den Antrag, wer die Annahme?

231

Antrag: Als Antrag (meist „Angebot" oder „Verkaufsangebot" genannt) wird heute überwiegend die Erklärung dessen angesehen, der verkaufen will (des „Anbieters").[85] Auch die eBay-AGB gehen davon aus, denn es heißt in § 10: „Stellt ein Anbieter auf der eBay-Website einen Artikel … ein, gibt er ein verbindliches Angebot zum Abschluss eines Vertrags über diesen Artikel ab." Der Antrag richtet sich an denjenigen, der am Ende der Auktionszeit (der Annahmefrist nach § 148) das höchste Angebot abgegeben hat. Einerseits passt diese Konstruktion zu den Fällen der Parkplatzbenutzung, des Tankens und der Waren- oder Geldautomaten (Rn 221 ff). Andererseits widerspricht diese Konstruktion § 156, bei dem die Anträge bekanntlich von den *Kaufwilligen* ausgehen (Rn 227 ff).

232

Annahme: Wenn man festgelegt hat, dass die Erklärung des Anbieters den Antrag darstellt, muss die Erklärung des Kaufinteressenten (des „Bieters") die Annahme sein. Aber sie führt idR nicht zum Vertragsschluss, vielmehr erlischt ein Gebot, wenn ein anderer Bieter ein höheres Gebot abgibt. Die wirksame Annahme, die zum Vertragsschluss nach § 145 führt, ist das Gebot, das am Ende der Laufzeit als letztes (und höchstes) abgegeben wurde.

Bindung an die Erklärungen: Die Erklärungen des späteren Verkäufers („Anbieters") und des Bieters sind verbindlich und können nicht „zurückgezogen" werden.[86] Dazu ist der Anbieter nur bei einem erheblichen Irrtum oder beim Verlust der Kaufsache berechtigt.[87] *Beispiel:* V bot über eBay eine gebrauchte Digitalkamera im Wert von rund 1 200 Euro an. Schon am folgenden Tag beendete er die Auktion mit der Begründung, die Kamera sei ihm soeben gestohlen worden. K, der mit 70 Euro Höchstbietender war, verlangte Schadensersatz, doch der BGH hat die Klage abgewiesen.[88] Wenn aber der Anbieter die Auktion abbricht, ohne dass einer der beiden genannten Gründe vorliegt (Irrtum, Verlust), ist der Vertrag mit dem zustande gekommen, der im Augenblick des Abbruchs Höchstbietender war.[89] Das gilt auch dann, wenn es um eine wertvolle Sache geht (einen VW-Passat im Wert von 5 250 Euro) und das Höchstgebot gering ist (555,55 Euro).[90]

233

Unzulässiges Mitbieten des Anbieters: Um die Gebote in die Höhe zu treiben, beteiligen sich manche Anbieter an der Auktion, indem sie von ihrem zweiten oder dritten eBay-Konto aus Gebote abgeben. Aber niemand kann seinen eigenen Antrag (sein eigenes Angebot) annehmen, weil zu einem Vertragsschluss mindestens zwei Parteien gehören. *Beispiel:* X bot bei eBay einen gebrauchten Golf zum Startpreis von 1,00 Euro an.

234

---

85 Oechsler NJW 2015, 665. BGH NJW 2017, 468 Rn 20; NJW 2016, 395 Rn 15; BGHZ 149, 129 (135).
86 AG Menden NJW 2004, 1329.
87 Der Irrtum berechtigt ihn zur Anfechtung (§ 119) und der Verlust zum Rücktritt nach § 323 Abs. 4.
88 NJW 2011, 2643. Es drängt sich der Verdacht auf, dass der Anbieter die Kamera nicht für 70 Euro hergeben wollte und deshalb den Diebstahl erfunden hat. Das war ihm aber offenbar nicht nachzuweisen.
89 BGH NJW 2016, 395 Rn 14 ff; 2015, 1009 Rn 13.
90 BGH NJW 2015, 548 Rn 7 ff. Zur Frage, ob darin Wucher zu sehen sein kann, siehe Rn 750.

Ein Unbekannter bot 1,00 Euro. Y gab ein (wie immer verborgenes) Maximalangebot ab, das höher war als 1,00 Euro, so dass er mit 1,50 Euro Höchstbietender war. Weil ein anderer Interessent sein Gebot ständig erhöhte, erhöhte auch Y sein Maximalgebot nach und nach auf 17 000 Euro. Dieser andere war, was Y erst nach Schluss der Aktion in Erfahrung brachte, der Anbieter X selbst, der über eines seiner anderen eBay-Konten mitbot. Die „Gebote" des X (Eigengebote) waren unwirksam und konnten deshalb das Gebot des Y (1,50 Euro) nicht auf den Betrag des von ihm abgegebenen Maximalgebots (17 000 Euro) steigern. Da Y mit seinem Gebot von 1,50 Euro am Ende der Auktion Höchstbietender war, musste X ihm den Golf zu diesem Preis überlassen.[91]

VI. Kaufmännisches Bestätigungsschreiben

235 *Herkömmlicher Anwendungsbereich:* Wenn Kaufleute einen Vertrag geschlossen, aber dessen Bestimmungen nicht schriftlich festgehalten haben, entspricht es kaufmännischer Übung, dass einer der Kontrahenten kurz darauf den Vertragsinhalt dem anderen in einem sogenannten „kaufmännischen Bestätigungsschreiben" mitteilt. Es gibt dazu keine gesetzliche Regelung, aber gewohnheitsrechtlich gilt: Wenn der andere Teil diesem Bestätigungsschreiben nicht unverzüglich (§ 121 Abs. 1) widerspricht, wird dessen Inhalt als korrekte Wiedergabe des vertraglich Vereinbarten angesehen.[92] Das gilt selbst dann, wenn das Bestätigungsschreiben Nebenpunkte regelt, die bei den Verhandlungen in Wirklichkeit nicht angesprochen worden waren, oder wenn es in einzelnen Punkten vom mündlich Vereinbarten abweicht. Das kaufmännische Bestätigungsschreiben weist drei Besonderheiten auf: Es kann den Inhalt des mündlich bereits geschlossenen Vertrags ändern. Es kann dem Partner die Einwendung abschneiden, ein Vertrag sei nicht zustande gekommen.[93] Und drittens: Das Schweigen auf ein kaufmännisches Bestätigungsschreiben gilt ausnahmsweise als Zustimmung (Rn 69 und Rn 197)

236 Der Empfänger braucht „nur dann nicht unverzüglich zu widersprechen, wenn sich der Inhalt des Schreibens so weit von dem Inhalt der vertraglichen Vereinbarung entfernt, dass der Absender mit dem Einverständnis des Empfängers nicht rechnen kann".[94]

237 *Erweiterte Anwendung:* Diese Regeln gelten heute nicht nur für Kaufleute (§§ 1 bis 5 HGB), sondern gewohnheitsrechtlich für alle, die in einer ähnlichen Weise als Unternehmer (§ 14) oder Behörde am Rechtsverkehr teilnehmen, zB für Freiberufler (etwa Anwälte und Architekten).[95]

---

91 BGH NJW 2017, 468 Rn 18 ff. Kurz nach der Auktion verkaufte und übereignete X den Golf anderweitig, so dass er dem Y Schadensersatz in Höhe von 16 500 Euro zahlen musste (BGH aaO Rn 18, 44 ff).
92 Allgemeine Meinung, zB BGH NJW-RR 2001, 680; NJW 1994, 1288; 1990, 386.
93 BGH NJW 2007, 987.
94 BGH NJW 1994, 1288 mwN. Diese Abweichung ist vom Empfänger darzulegen und zu beweisen (BGH NJW-RR 2001, 680).
95 Erman/Armbrüster § 147 Rn 6; Palandt/Ellenberger § 147 Rn 10; BGH NJW 2011, 1965 Rn 23.

§ 8 Einigungsmängel

▶ **Fall 8: Provision „nach Vereinbarung"**   § 154

Die EWZ-GmbH war Eigentümerin eines Grundstücks, das mit zwei Wohnblocks bebaut ist. Sie beauftragte den Makler Gosch, für dieses Objekt einen Käufer zu finden. Gosch bot das Grundstück in Anzeigen an. Auf Anfrage von Bernd Bergmann übersandte er diesem ein Exposé, in dem es heißt: „Die Provision beträgt 5,75 % des Kaufpreises und ist vom Käufer zu zahlen." Außerdem übersandte Gosch ein Formular, das Bergmann handschriftlich ausfüllte. In diesem Formular strich Bergmann die Angabe „5,75 %" durch und schrieb an den Rand „nach Vereinbarung". Das unterschriebene Formular schickte er an Gosch zurück. Gosch ging auf die Streichung und den handschriftlichen Zusatz nicht ein. Er begleitete aber die Vertragsverhandlungen zwischen der EWZ und Bergmann und war auch beim Notartermin anwesend, bei dem Bergmann das Grundstück für 1,3 Millionen Euro kaufte. Anschließend erhielt Bergmann von Gosch eine Rechnung über 74 750 Euro. Bergmann ist der Meinung, dass es nicht zum Abschluss eines Maklervertrags gekommen sei, so dass er Gosch nichts zu zahlen habe. (Nach BGH NJW 2002, 817)

Bergmann könnte sich für seine Ansicht, es sei zwischen ihm und Gosch zu keinem Vertragsschluss gekommen, auf § 154 Abs. 1 S. 1 beziehen. Zu prüfen ist deshalb, ob die Parteien sich *nicht* „über alle Punkte eines Vertrags geeinigt haben, über die nach der Erklärung auch nur einer Partei eine Vereinbarung getroffen werden" sollte. Gosch hatte durch sein Exposé und durch das übersandte Formular deutlich gemacht, dass er von Bergmann eine Maklercourtage (Provision) in bestimmter Höhe verlange. Er hatte damit erklärt, dass über diesen Punkt „eine Vereinbarung getroffen werden" sollte. Sie wurde aber nicht getroffen, weil Bergmann die Angabe „5,75 %" durchgestrichen und durch die Worte „nach Vereinbarung" ersetzt hat. Deshalb ist „im Zweifel der Vertrag nicht geschlossen" (§ 154 Abs. 1 S. 1).

Mit den Worten „im Zweifel" macht der Gesetzgeber allerdings deutlich, dass er in § 154 Abs. 1 S. 1 nur eine Auslegungsregel aufstellen will, und dass im Einzelfall durchaus von einem Vertragsschluss ausgegangen werden kann. Ein solcher Ausnahmefall liegt hier vor. Der BGH schreibt dazu: „§ 154 Abs. 1 S. 1 ist unanwendbar, wenn sich die Parteien trotz der noch offenen Punkte erkennbar vertraglich binden wollen."[96] Dieser gemeinsame Wille lag hier vor, weil Bergmann das Grundstück gekauft und Gosch den Vertragsschluss weiterhin begleitet hat.

Daraus folgt, dass der Abschluss des Maklervertrags nicht an der fehlenden Einigung über die Höhe der Courtage gescheitert ist. Es stellt sich nur die Frage, wie die Lücke im Vertrag nachträglich geschlossen werden kann (ergänzende Vertragsauslegung, Rn 156 ff). Zunächst können die Parteien versuchen, jetzt noch eine Verständigung über diesen Punkt herbeizuführen. Wenn ihnen das nicht gelingt, muss das *Gericht* eine Regelung finden. Es wird sich dann fragen, welche Lösung den damaligen Interessen beider Parteien gerecht geworden wäre. Im vorliegenden Fall könnten die Richter die Maklercourtage als vereinbart ansehen, die am fraglichen Ort zum fraglichen Zeitpunkt für entsprechende Objekte gezahlt zu werden pflegte. ◀

---

96   Im zugrunde liegenden Urteil unter Rn 21.

Lerneinheit 8

240 Literatur: *Rödl,* Kollidierende AGB: Vertrag trotz Dissens, AcP Bd. 215, 683; *Fleischmann,* Mietvorvertrag, NZM 2012, 625; *van Venrooy,* Vereinbarte „Beurkundung" im Sinne von § 154 Abs. 2 BGB, DStR 2012, 565; *Freund,* Der nicht gegengezeichnete Bauvertrag, NZBau 2008, 685; *Klimke/Lehmann-Richter,* Anmietung eines Kirchengemeindesaals zur Feier einer Lebenspartnerschaft, Jura 2004, 395; *Joswig,* Grundstücksverwechslung im notariellen Kaufvertrag, ZfIR 2002, 101.

I. Offener Einigungsmangel

1. Voraussetzungen des § 154 Abs. 1

241 Ein offener Einigungsmangel (§ 154 Abs. 1) liegt vor, wenn folgende Voraussetzungen gegeben sind:

- Zumindest einer der Verhandlungspartner hatte bei den Vertragsverhandlungen den Wunsch erkennen lassen, in dem abzuschließenden Vertrag einen bestimmten Punkt zu regeln. Dieser Punkt braucht nicht objektiv wichtig zu sein.[97]
- Über diesen Punkt ist aber keine Einigung erzielt worden. Ob über die übrigen Punkte eine schriftliche Aufzeichnung (Punktation) stattgefunden hat, spielt keine Rolle (§ 154 Abs. 1 S. 2).
- Die Verhandlungspartner wussten, dass sie sich über diesen Punkt nicht geeinigt hatten. Wenn sie nämlich geglaubt hatten, sie seien einig geworden, läge ein *versteckter* Dissens vor (§ 155; Rn 245). So klar diese Trennung in der Theorie ist, so fraglich kann es manchmal in der Praxis sein, ob sich die Parteien nun ihrer Nichteinigung bewusst waren oder nicht.[98]

2. Rechtsfolgen

242 Der Vertrag ist „im Zweifel ... nicht geschlossen" (§ 154 Abs. 1 S. 1). Mit den Worten „im Zweifel" macht das Gesetz deutlich, dass es nur eine Auslegungsregel geben will (Rn 148). Deshalb ist zu unterscheiden:

243 *Normalfall:* Die Parteien haben *nicht* mit der Erfüllung des Vertrags begonnen und auch sonst nicht gezeigt, dass sie sich rechtlich binden wollten. Der Vertrag ist in diesem Fall *„nicht geschlossen"* (§ 154 Abs. 1 S. 1). *Beispiel:* Die Parteien wollten im Kaufvertrag regeln, ob der Käufer eine größere Anzahlung leisten sollte. Über diesen Punkt wurde aber keine Vereinbarung getroffen. Der von beiden Seiten noch nicht erfüllte Vertrag ist deshalb wegen eines offenen Einigungsmangels nach § 154 Abs. 1 nicht geschlossen worden.[99]

244 *Ausnahme:* Die Parteien haben (im Bewusstsein der Nichteinigung) mit der Vertragserfüllung begonnen oder auf andere Weise gezeigt, dass sie von einer vertraglichen Bindung ausgingen.[100] Der Vertrag gilt dann als geschlossen. In diesen Fällen bezieht sich der Einigungsmangel meist auf einen Nebenpunkt,[101] doch kann es – wie Fall 8 zeigt – auch um einen Hauptpunkt des Vertrags gehen. Die Vertragslücke wird durch die ge-

---

[97] BGH LM § 154 Nr 2; MüKo/Busche § 154 Rn 4.
[98] So im Fall BGH NJW 1996, 250.
[99] BGH NJW 1998, 3196.
[100] BGH NJW 2000, 354; 1997, 2671; OLG Düsseldorf NJW-RR 1996, 622.
[101] BGH NJW 1990, 1234.

setzlichen Bestimmungen ausgefüllt, notfalls durch eine ergänzende Vertragsauslegung.[102]

II. Versteckter Einigungsmangel

1. Voraussetzungen

Ein versteckter Einigungsmangel (§ 155) setzt voraus:

- Die Parteien waren der Meinung, dass sie einen Vertrag geschlossen hätten. In diesem Punkt liegt die Scheidelinie zum *offenen* Dissens nach § 154 Abs. 1, bei dem die Parteien die Einigungslücke von Anfang an kannten. In der Praxis ist aber gelegentlich auch nach Jahren der Vertragserfüllung nicht klar, ob die Parteien nun an eine Einigung geglaubt hatten oder nicht.[103] Die Frage kann in den Fällen offen bleiben, in denen die Rechtsfolge der §§ 154 und 155 die gleiche ist.
- Obwohl die Parteien von einer Einigung ausgegangen waren, ergibt eine Auslegung der abgegebenen Erklärungen (§§ 133, 157), dass sich diese objektiv nicht zu einem Vertrag zusammenfügen.

Das unbemerkte Auseinanderfallen der beiden Erklärungen kann auf folgende Weisen geschehen sein:

Versteckte Unvollständigkeit: Der Vertrag ist unvollständig, weil „über einen Punkt, über den eine Vereinbarung getroffen werden sollte", versehentlich nicht verhandelt oder jedenfalls keine Einigung erzielt wurde. *Beispiel:* Die Parteien haben nicht bemerkt, dass sie sich über Zahl und Höhe der Kaufpreisraten nicht verständigt haben.

Erklärungsdissens: Die Parteien haben aneinander vorbeigeredet, dh nicht bemerkt, dass ihre Erklärungen schon ihrem objektiven *Wortlaut* nach nicht zusammenpassten. *Beispiel:* Gläubiger und Bürge hatten gemeint, sich im Bürgschaftsvertrag (§ 765) über alle Punkte geeinigt zu haben. Sie hatten aber unter der zu sichernden Forderung Unterschiedliches verstanden, so dass sie sich über einen wesentlichen Punkt in Wirklichkeit nicht geeinigt hatten.[104] Von einem *Totaldissens* spricht man, wenn die Parteien sich so gründlich missverstanden haben, dass in *keinem* Punkt eine Einigung erzielt wurde. In diesem Fall ist natürlich kein Vertrag geschlossen worden. Man kann das aus § 155 ableiten, aber auch als selbstverständlich ansehen.[105]

Scheinkonsens: Einer der verwendeten Begriffe ist objektiv mehrdeutig, und die Parteien haben ihn auch tatsächlich unterschiedlich verstanden. *Beispiel:* Bei einem Vertrag über eine zahnärztliche Behandlung haben die Parteien den Begriff „Selbstkostenanteil" unterschiedlich interpretiert.[106]

2. Rechtsfolge

Das Vereinbarte „gilt ..., sofern anzunehmen ist, dass der Vertrag auch ohne eine Bestimmung über diesen Punkt geschlossen sein würde" (§ 155). Die Gültigkeit des Vertrags hängt also wie beim offenen Einigungsmangel vom mutmaßlichen Willen der

---

102 BGH NJW 1975, 1116.
103 BGH NJW 1996, 250.
104 BGH NJW-RR 1987, 1138.
105 So die hM, etwa MüKo/Busche § 155 Rn 3; Wolf/Neuner § 38 Rn 3.
106 AG Köln NJW 1980, 2756.

Parteien ab. Objektive Gesichtspunkte sind nicht entscheidend, können aber Hinweise geben. In diesem Sinne ist zu unterscheiden:

- Betrifft der Dissens sogenannte „essentialia negotii" (entscheidende Vertragspunkte), ist nicht anzunehmen, dass die Parteien den Vertrag wollten. Es ist deshalb kein Vertrag zustande gekommen.[107]
- Betrifft der Dissens einen Punkt, auf dessen Festlegung man beim Vertragsschluss zur Not verzichten kann, ist anzunehmen, „dass der Vertrag auch ohne eine Bestimmung über diesen Punkt geschlossen sein würde" (§ 155). Der Vertrag ist dann gültig. Die Einigungslücke ist nach den gesetzlichen Vorschriften oder im Wege der ergänzenden Vertragsauslegung (Rn 156) zu schließen.[108]

---

[107] So im Bürgschaftsfall BGH NJW-RR 1987, 1138; ähnlich RGZ 93, 299.
[108] RGZ 88, 379.

Drittes Kapitel   Abweichung vom Gesetz und Einbeziehung von AGB

§ 9 Abweichung von gesetzlichen Vorschriften

▶ **Fall 9: Frauenwohngemeinschaft**   § 535 Abs. 1 S. 2   250

Frau Claudia Jentzsch hat für ihre Frauenwohngemeinschaft mit der Becker-Wohnungsverwaltung GmbH einen Mietvertrag über eine frisch renovierte Wohnung geschlossen. Nach § 12 des Formularvertrags hat der Mieter „die Wohnung zu renovieren, sobald der Grad der Abnutzung dies erforderlich macht". Frau Jentzsch hat sich das Mietrecht des BGB angesehen und in § 535 Abs. 1 S. 2 gelesen, dass der Vermieter die Mietsache während der Mietzeit „in einem zum vertragsgemäßen Gebrauch geeigneten Zustand" zu erhalten hat. Sie möchte wissen, ob sie trotzdem verpflichtet ist, die Schönheitsreparaturen auszuführen.

Frau Jentzsch hat Recht mit ihrer Ansicht, dass das Gesetz in § 535 Abs. 1 S. 2 die Pflicht zur Durchführung von Schönheitsreparaturen dem *Vermieter* auferlegt. Es stellt sich also die Frage, ob man in einem Vertrag eine Regelung treffen kann, die das Gesetz nicht vorsieht oder die dem Gesetz sogar widerspricht. Die Antwort lautet: Im Prinzip Ja. Aber es kommt darauf an, ob es sich um eine unabdingbare (zwingende), abdingbare (nachgiebige) oder beschränkt abdingbare Gesetzesvorschrift handelt (Rn 254 ff). 251

Bei der Beurteilung der Frage, ob § 535 Abs. 1 S. 2 vertraglich abdingbar ist, muss man berücksichtigen, dass viele Vorschriften des Wohnraum-Mietrechts die insgesamt schwache Gruppe der Wohnraum-Mieter vor Übervorteilungen durch die Vermieter schützen wollen. Im Wohnraum-Mietrecht sind deshalb zahlreiche Vorschriften entweder zwingend oder nur *zugunsten* des Mieters abänderbar (nur einseitig abdingbares Recht, Rn 255). So bestimmen viele Paragrafen des Wohnraum-Mietrechts (§§ 549 bis 577a) in ihrem letzten Absatz: „Eine zum Nachteil des Mieters abweichende Vereinbarung ist unwirksam".[1]

§ 535 Abs. 1 S. 2 war aber auch in Zeiten höchster Wohnraumnot abdingbar.[2] Die Abdingung kann sogar – wie im vorliegenden Fall – durch eine AGB-Klausel im Mietvertrag erfolgen. Sie verstößt nicht gegen das Verbot unzulässiger AGB in § 307.[3] Es muss aber sichergestellt sein, dass der Mieter die künftige Renovierung nur in dem Umfang durchzuführen hat, in dem *seine* Nutzung sie nötig gemacht hat.[4] Diese Voraussetzungen sind im vorliegenden Fall erfüllt. § 12 des Mietvertrags geht also in diesem Fall § 535 Abs. 1 S. 2 vor. ◀

Lerneinheit 9

Literatur: *Nebel/Kloster*, Zur Entstehung, Fälligkeit und Unabdingbarkeit des Mindestlohnanspruchs, BB 2014, S. 2933; *Kötz*, Dispositives Recht und ergänzende Vertragsauslegung, JuS 2013, 289; *Gräbig*, Abdingbarkeit urheberrechtlicher Schranken, GRUR 2012, 331.   252

---

1 Um fünf aufeinander folgende Vorschriften herauszugreifen: §§ 557a, 557b, 558, 558a und 558b.
2 BGHZ 101, 253; BGH NJW 1992, 363.
3 Palandt/Weidenkaff § 535, Rn 42.
4 BGH NJW 2015, 1594 sowie 1871 und 1874. Zu Einzelheiten siehe SBT Rn 853 ff, insbesondere 856 ff.

§ 9 Drittes Kapitel   Abweichung vom Gesetz und Einbeziehung von AGB

I. Unabdingbares Recht

253   Als „unabdingbar" oder „zwingend" bezeichnet man diejenigen gesetzlichen Vorschriften, die durch vertragliche Vereinbarungen nicht verändert oder ausgeschlossen werden können. Die Unabdingbarkeit dieser Vorschriften soll sicherstellen, dass Rechtsgeschäfte sich an bestimmte Grundnormen halten, die der Gesetzgeber nicht zur Disposition stellen will. Zu diesen Grundsätzen gehört zB, dass Rechtsgeschäfte nicht gegen die guten Sitten verstoßen dürfen (§ 138). Eine Vertragsbestimmung in einem sittenwidrigen Vertrag, die die Wirksamkeit des Vertrags betonen oder die Anwendbarkeit von § 138 ausschließen würde, wäre also unwirksam. Genauso wenig kann man in einem Vertrag festlegen, dass ein Minderjähriger (entgegen § 106) als voll geschäftsfähig gelten soll oder dass ein schriftlicher Grundstückskaufvertrag (entgegen den §§ 311b Abs. 1 S. 1, 125) wirksam sein soll. Denn unsere Rechtsordnung will die Minderjährigen schützen und Partner eines Grundstücksvertrags vor unüberlegten und unklaren Vereinbarungen bewahren.

Ob ein Paragraf unabdingbar ist, kann man leider nicht immer klar seinem Wortlaut entnehmen:

- Gelegentlich sagt das Gesetz mit erfreulicher Deutlichkeit, dass eine abweichende Vertragsbestimmung unwirksam ist (zB in § 650f Abs. 7).
- Manchmal verwendet das Gesetz immerhin die Formulierung „kann ... nicht" (zB in § 137 S. 1 und § 276 Abs. 3), aus der sich ebenfalls entnehmen lässt, dass es sich um zwingendes Recht handelt.
- Meist kann man es aber nicht dem Wortlaut, sondern nur dem Sinn einer Vorschrift entnehmen, dass sie unabdingbar sein soll (zB § 105 Abs. 1 oder § 138 Abs. 1).

Wenn im Einzelfall Zweifel bestehen, ob es sich um eine unabdingbare Vorschrift handelt, muss man sich vergewissern, indem man in einem Kommentar nachsieht.

II. Abdingbares Recht

254   Die meisten Paragrafen des Allgemeinen Teils und des Schuldrechts sind abdingbar (nachgiebig, dispositiv), lassen also einer abweichenden Vertragsregelung den Vortritt. Insoweit können die Vertragspartner – bis zur Grenze der Sittenwidrigkeit (§ 138) – vereinbaren, was sie wollen. Ein Darlehensvertrag zB braucht sich nicht an die §§ 488 ff zu halten, ein Kaufvertrag kann entscheidend von den §§ 433 ff abweichen und ein Werkvertrag kann die Werkvertragsvorschriften (§§ 631 ff) auf den Kopf stellen. Denn im Bereich der abdingbaren Gesetzesvorschriften gilt der Grundsatz der Vertragsfreiheit (also der Privatautonomie).

Das wirft natürlich die Frage auf, warum es überhaupt nachgiebige gesetzliche Vorschriften gibt. Sie wären in der Tat überflüssig, wenn alle Menschen für alle Vertragsschlüsse viel Zeit hätten und juristisch so geschult wären, dass sie alle Eventualitäten ausreichend bedenken und regeln könnten. Weil aber die Menschen in Wirklichkeit meist geringe Rechtskenntnisse besitzen und außerdem für Vertragsverhandlungen keine Zeit haben, werden Verträge meist mit wenigen Worten oder sogar wortlos geschlossen. Ihr Inhalt muss sich dann weitgehend aus dem Gesetz ergeben. Insbesondere muss das Gesetz mit Regeln helfen, wenn Störungen bei der Vertragserfüllung auftreten. Die abdingbaren Vorschriften haben also trotz ihrer Abdingbarkeit eine große Bedeutung.

III. Beschränkt abdingbares Recht

1. Einseitig abdingbares Recht

Gelegentlich bestimmt das Gesetz, dass eine Vorschrift nur zugunsten der Partei, die im konkreten Fall als schutzbedürftig gilt, abbedungen werden darf. Fast alle Mietvorschriften über Wohnraum können *zugunsten* des Mieters, nicht aber zu seinen Ungunsten abgeändert werden. So gibt es im Wohnraum-Mietrecht der §§ 549 bis 577a viele Paragrafen, deren letzter Absatz lautet: „Eine zum Nachteil des Mieters abweichende Vereinbarung ist unwirksam".

255

2. Nur durch Individualvereinbarung abdingbares Recht

Die §§ 307 bis 309 beschränken in vielen Fällen die Möglichkeit, gesetzliche Vorschriften durch Allgemeine Geschäftsbedingungen (AGB) abzuändern. Diese Vorschriften sind dann gegen AGB-Klauseln resistent, aber nicht gegen individuelle Vereinbarungen. Man kann sie deshalb „durch Individualvereinbarung abdingbar" oder „halbzwingend" nennen. *Beispiel:* Für den Fall, dass die Kaufsache mangelhaft ist, gibt das BGB dem Käufer in den §§ 434 ff bestimmte Rechte. Diese Vorschriften sind grundsätzlich nachgiebiges Recht, dh der Käufer kann im Kaufvertrag auf diese Rechte weitgehend verzichten. Aber bei einer *neuen* Kaufsache ist ein solcher Verzicht nur wirksam, wenn er in einer *individuell* ausgehandelten Vertragsbestimmung enthalten ist. Denn § 309 Nr. 8, Buchstabe b) Doppelbuchstabe aa) erklärt eine Klausel in den AGB des Verkäufers für unwirksam, die dem Käufer in diesem Fall alle Gewährleistungsansprüche nimmt.

256

§ 10 Einbeziehung Allgemeiner Geschäftsbedingungen

▶ **Fall 10: „Die gelieferte Ware ..."**   § 305 Abs. 2

257

Der Heidelberger Juwelier Felix v. Olk benötigte Kies für die Wege im Park seiner Villa. Er rief deshalb beim Baustoffhändler Bollmann in Mannheim an und bestellte 15 Kubikmeter Rheinkies. Von Geschäftsbedingungen war bei dem Telefongespräch nicht die Rede. Am nächsten Tag fuhr ein Lkw vor und lud den Kies ab. Der Fahrer überreichte anschließend Frau v. Olk einen Lieferschein, auf dem die Worte standen: „Die gelieferte Ware bleibt bis zur vollständigen Bezahlung unser Eigentum. Erfüllungsort für beide Teile ist Mannheim". Herr v. Olk möchte wissen, ob diese Bestimmungen Vertragsbestandteil geworden sind.

Zunächst ist zu prüfen, ob es sich bei den fraglichen Bestimmungen um Allgemeine Geschäftsbedingungen (AGB) handelt. Das ist nur dann der Fall, wenn sie unter die Begriffsbestimmung des § 305 Abs. 1 fallen. Dazu müssten sie „für eine Vielzahl von Verträgen vorformulierte Vertragsbedingungen" sein. Das trifft zu. Denn Bollmann hat die beiden Sätze nicht nur für *einen* Vertrag, sondern für eine Vielzahl von Kaufverträgen formuliert. Man stellt sich unter den AGB eines Unternehmers meist einen klein gedruckten längeren Text vor (das „Kleingedruckte"). Aber § 305 Abs. 1 S. 2 macht mit den Worten: „Gleichgültig ist, ... welchen Umfang sie haben ..." klar, dass AGB auch sehr kurz sein können. Diese AGB hat Bollmann Herrn v. Olk „gestellt" (§ 305 Abs. 1 S. 1), indem sein Fahrer Frau v. Olk den Lieferschein überreichte. Bollmann ist also der „Verwender" der AGB.

258

Als nächstes ist zu fragen, ob die AGB Vertragsbestandteil geworden sind. Das ist nur der Fall, wenn sie wirksam einbezogen wurden. Wie eine solche „Einbeziehung Allgemeiner Geschäftsbedingungen in den Vertrag" (amtliche Überschrift des § 305) zu erfolgen hat, bestimmt § 305 Abs. 2. Diese Vorschrift wäre nach § 310 Abs. 1 S. 1 nicht anzuwenden, wenn Herr v. Olk „Unternehmer" wäre. § 310 Abs. 1 S. 1 bezieht sich insofern auf § 14 (Rn 27 ff). Da Herr v. Olk ein Juweliergeschäft betreibt, wird er oft als Unternehmer auftreten. Aber er hat den Kies für sein Wohngrundstück, also für einen persönlichen Zweck gekauft und gilt in diesem Fall als Verbraucher (§ 13). Bollmann hat deshalb seine AGB in den Vertrag mit Herrn v. Olk nur einbezogen, wenn er die Voraussetzungen des § 305 Abs. 2 erfüllt hat.

Nach § 305 Abs. 2 werden AGB gegenüber einem Verbraucher nur dann Vertragsbestandteil, wenn der „Verwender *bei Vertragsabschluss* 1. die andere Vertragspartei ausdrücklich ... auf sie hinweist". Bollmanns Mitarbeiter, mit dem Herr v. Olk telefoniert hat, hätte Herrn v. Olk schon beim Vertragsschluss ausdrücklich darauf hinweisen müssen, dass Bollmanns AGB Bestandteil des Vertrags werden sollten. Das hat er nicht getan, vielmehr hat Bollmann erstmalig bei Lieferung (im Lieferschein) auf seine AGB hingewiesen. Das war zu spät.

Nun steht in § 305 Abs. 2 Nr. 1 alternativ noch etwas von einem „deutlich sichtbaren Aushang am Ort des Vertragsschlusses", der einen Hinweis auf die Geltung der AGB enthält. Aber diese Vorschrift ist bei einem telefonischen Vertragsschluss schon deshalb nicht anwendbar, weil es keinen einheitlichen „Ort des Vertragsschlusses" gibt, an dem ein Aushang gemacht werden könnte.

Auf § 305 Abs. 2 Nr. 2 kommt es nicht mehr an, weil diese Bestimmung keine alternative, sondern eine *zusätzliche* (kumulative) Voraussetzung für eine wirksame Einbeziehung enthält. Da die Voraussetzungen der Nr. 1 nicht gegeben sind, steht fest, dass die AGB nicht in den Vertrag einbezogen wurden.

Nachbemerkung: Aus diesem kleinen Alltagsfall und seiner Lösung kann man eine Regel ableiten, die alle AGB-Verwender beherzigen sollten: AGB, die gegenüber einem Verbraucher gelten sollen, haben auf Lieferscheinen und Rechnungen nichts zu suchen! Sie müssen vor oder *bei* Vertragsschluss vereinbart werden.

Aus dem FD „Einbeziehung von AGB" ergibt sich die Lösung so: 1. Ja – 2. Ja – 3. Ja – 4. Nein (unstrittig) – 5. Ja – 6. Nein – 7. Nein – 8. Ja – 9. dreimal Nein (Spalte 5). ◀

Lerneinheit 10

Literatur: *Graf von Westphalen*, Trennlinie zwischen AGB-Klauseln im Verbraucherrecht und im unternehmerischen Bereich, BB 2017, 2051; *Mann*, Die Einbeziehung von AGB in Verträgen zwischen Unternehmern, BB 2017, 2178; *Niebling*, AGB-Recht – Aktuelle Entwicklungen zu Einbeziehung, Inhaltskontrolle und Rechtsfolgen, MDR 2018, 633 (Fortsetzung von 2017, 684); *Janal*, Die AGB-Einbeziehung im „M-Commerce", NJW 2016, 3201; *Leuschner*, Die Kontrollstrenge des AGB-Rechts, NJW 2016, 1222; *Niebling*, Aktuelle Entwicklungen im AGB-Recht, MDR 2015, 560; *Kähler*, Aushandlung von AGB-Klauseln aufgrund begründeten Verhandlungsverzichts, BB 2015, S. 450; *Rödl*, Kollidierende AGB: Vertrag trotz Dissens, AcP Bd. 215, 683; *Thüsing*, Rechtsfolgen unwirksamer AGB, VersR 2015, 927; *v. Westphalen*, AGB-Recht im Jahr 2014, NJW 2015, 2223; *Niebling*, AGB-Recht – Aktuelle Entwicklungen bei einzelnen Vertragstypen und -klauseln, MDR 2014, 696; *Meyer* „Gleichschritt-Rechtsprechung" und individuelles Aushandeln – Antworten der Praxis auf die Rechtsprechung des BGH zu Allgemeinen Geschäftsbedingungen im unternehmerischen Verkehr, WM 2014, 980; *Bolz,* Die VOB/B wird praktisch nie „als Ganzes" vereinbart! IBR 2013, 326.

I. Allgemeines

Das Recht der Allgemeinen Geschäftsbedingungen (AGB) wurde erstmalig 1977 normiert, und zwar in einem eigenen Gesetz (AGBG). Seit 2002 ist die Materie in den §§ 305 bis 310 geregelt. Ihre praktische Bedeutung ist groß. Denn fast jeder Unternehmer verfügt heutzutage über AGB und versucht auf diese Weise, sich Vorteile zu verschaffen. AGB durchziehen und überwuchern deshalb das gesamte Vertragsrecht. Der Gesetzgeber versucht auf doppelte Weise, den sich daraus ergebenden Gefahren zu begegnen: 260

- Die §§ 307 bis 309 erklären Klauseln, die den anderen Teil „unangemessen benachteiligen", für unwirksam. Dabei verfolgt das Gesetz eine Doppelstrategie: Die §§ 308 und 309 umschreiben einzelne unzulässige Klauseln (wodurch § 309 zum längsten Paragrafen des BGB geworden ist). Da eine solche Negativliste immer unvollständig ist, enthält § 307 als Auffangtatbestand eine Generalklausel. Da die Paragrafen 305 bis 310 Teil des Allgemeinen Schuldrechts sind, werden sie in den entsprechenden Lehrbüchern behandelt[5] und können hier nicht vertieft werden.

- Außerdem drängt § 305 Abs. 2 die AGB dadurch zurück, dass er ihre Einbeziehung in den Vertrag bewusst erschwert. Auch § 305 Abs. 2 gehört natürlich ins Allgemeine Schuldrecht. Er wird trotzdem hier erläutert, weil er für den Vertragsschluss wichtig ist und deshalb inhaltlich zu den §§ 145 ff gehört.

II. Definition der Allgemeinen Geschäftsbedingungen

1. „... für eine Vielzahl von Verträgen ..."

Nach § 305 Abs. 1 S. 1 sind Allgemeine Geschäftsbedingungen „alle für eine Vielzahl von Verträgen vorformulierten Vertragsbedingungen". Diese Worte setzen voraus, dass die Vertragsbestimmung nicht für einen einzigen Vertrag mit einem bestimmten Vertragspartner formuliert wurde, sondern sozusagen auf Vorrat zur beliebigen Verwendung (FD „Einbeziehung von AGB", Frage 1, Ja). Sie setzen *nicht* voraus, dass die AGB für eine *unbestimmte* Vielzahl von Verträgen bestimmt sind. Es reicht aus, wenn sie überhaupt „zum Zwecke der Mehrfachverwendung entworfen worden sind".[6] Es ist auch nicht erforderlich, dass sie bereits benutzt wurden oder ihre spätere Wiederverwendung schon feststeht. 261

Einmalige Verwendung: Wenn die fragliche Bestimmung „zur *einmaligen* Verwendung bestimmt" war, ist § 310 Abs. 3 Nr. 2 zu prüfen (FD „Einbeziehung von AGB", Frage 1, Nein, Spalte 11). *Beispiel:* Die K-KG schloss mit B einen Vertrag über die Anfertigung und das „Einweben" von „Haarkreationen" (Toupets). B war damit Verbraucher (§ 13). In diesen Vertrag nahm die KG die Worte „Auslandsaufenthalt – Verlängerung jederzeit möglich" auf. Diese Klausel war für andere Verträge nicht verwendbar, sie war also „zur einmaligen Verwendung bestimmt". Sie stellte *keine AGB* dar. Es war aber zu prüfen, ob B auf ihre Formulierung hatte „Einfluss nehmen" können (§ 310 262

---

5 Etwa SAT Rn 162 ff.
6 BGH NJW 2000, 2988; anders noch BGH NJW 1997, 135.

Abs. 3 Nr. 2). Das war nicht der Fall.[7] § 310 Abs. 3 Nr. 2 unterwirft solche Nicht-AGB einer gewissen inhaltlichen Kontrolle. Für einen Verbraucher ist es nämlich gleichgültig, ob der Text, den er nicht formuliert hat, aber akzeptieren soll, speziell für ihn formuliert wurde oder zur Wiederverwendung vorgesehen war.

2. „... vorformulierten ..."

263 *Einseitig vorformuliert:* Wie sich aus § 305 Abs. 1 S. 1 ergibt, müssen AGB „*vorformuliert*" sein (FD „Einbeziehung von AGB", Frage 2, Ja). Das ist etwas missverständlich. Denn ein Vertragstext muss immer *vor* dem Vertragsschluss formuliert sein. Das Wort „vorformuliert" meint deshalb, dass die Vertragsbestimmung *einseitig* (nur von einer Seite) formuliert wurde und als fertiger Text der Gegenseite vorgelegt wird.

264 *Ausgehandelt:* Den Gegensatz zu den vorformulierten Bestimmungen bilden die Vertragsbedingungen, die „zwischen den Vertragsparteien im Einzelnen ausgehandelt sind" (§ 305 Abs. 1 S. 3; FD „Einbeziehung von AGB", Frage 2, Nein, Spalte 10). Solche Vertragsbedingungen setzen voraus, dass beide Seiten sie gemeinsam erarbeitet haben. Es schadet nichts, wenn sie dabei von den AGB eines Vertragsteils ausgegangen sind. Ein „Aushandeln" liegt dann aber nur vor, wenn dieser Partner den „Kerngehalt" seiner AGB „inhaltlich ernsthaft zur Disposition stellt und dem Verhandlungspartner Gestaltungsfreiheit zur Wahrung eigener Interessen einräumt".[8] Er muss sich „deutlich und ernsthaft zur gewünschten Änderung einzelner Klauseln bereit erklären".[9]

Eine Klausel verliert ihren AGB-Charakter nicht dadurch, dass sie auf Wunsch des Verhandlungspartners nachträglich abgeschwächt wird, aber im Kern erhalten bleibt.[10]

Wenn streitig ist, ob Klauseln individuell ausgehandelt oder vorformuliert wurden, können sich aus ihrem Inhalt Hinweise ergeben. *Beispiel:* Die als Bauträgerin tätige A-GmbH hatte mit dem Bauunternehmer U einen Bauvertrag über 18 Millionen Euro geschlossen. Das Vertragswerk war umfassend aus der Sicht der A-GmbH formuliert worden und enthielt Klauseln, die den U benachteiligten. Das erzeugte den Anschein, dass die Bedingungen von der A-GmbH gestellt wurden.[11] In diesem Fall hatte die A-GmbH von U den Satz unterschreiben lassen: „U bestätigt ausdrücklich, dass im Rahmen der vergangenen Verhandlungen ... über jede Vertragsklausel ausgiebig und ernsthaft ... diskutiert und verhandelt wurde". Dadurch sollte der Anschein eines Individualvertrags erzeugt werden, aber das Gegenteil war der Fall.[12]

3. „... Vertragsbedingungen ..."

265 AGB sind *Vertragsbedingungen*, sie sind also trotz ihres generellen (auf eine Vielzahl möglicher Anwendungsfälle zugeschnittenen) Charakters keine Rechtsnormen. Sie gelten deshalb nicht von sich aus, sondern nur, wenn sie in den Vertrag einbezogen sind (§ 305 Abs. 2; Rn 277 ff).

---

7 BGH NJW 2008, 2250. Siehe dazu auch SAT Rn 179 ff.
8 BGHZ 200, 326 Rn 27.
9 BGH aaO und NJW 2013, 856 Rn 10.
10 BGH NJW 2013, 1431 Rn 30; 2012, 856 Rn 11 ff.
11 BGHZ 200, 326 Rn 24. Siehe auch BGHZ 157, 102 (106) – Boddenpassage.
12 BGHZ 200, 326 Rn 27.

4. „... die eine Vertragspartei (Verwender) ..."

Verwender ist diejenige Vertragspartei, die deutlich macht, dass sie die Einbeziehung ihrer AGB in den Vertrag erwartet. Der Verwender wird häufig „Unternehmer" (§ 14) sein, zB ein Kaufmann oder eine GmbH. Er kann aber auch „Verbraucher" (§ 13) sein, also zB Student, Angestellter oder Rentner.

Es ist gleichgültig, ob der Verwender die AGB selbst formuliert oder von dritter Seite übernommen hat. *Beispiel:* Ein Rentner, der Räume in seinem Mietshaus als Praxisräume an einen Steuerberater vermieten wollte, verwendete für den Vertrag ein im Schreibwarenhandel erhältliches Mietvertragsformular. Der Rentner ist zwar Verbraucher (§ 13), aber „Verwender", während der Steuerberater Unternehmer ist (§ 14), aber kein Verwender. Wenn zwischen einem Unternehmer und einem Verbraucher streitig ist, wer als Verwender anzusehen ist, gilt im Zweifel der Unternehmer als Verwender (§ 310 Abs. 3 Nr. 1). Diese Vermutung wäre aber im Beispielsfall widerlegt.

Es kommt auch vor, dass *beide* Vertragspartner trotz Verwendung von AGB keine Verwender sind. *Beispiel:* Bei einer Internetversteigerung durch eBay schließen der Verkäufer V und der Ersteigerer K einen Kaufvertrag, dem die eBay-AGB zu Grunde liegen. Weder V noch K sind in diesem Fall Verwender.[13]

5. „... der anderen Vertragspartei bei Abschluss eines Vertrags stellt"

Vorformulierte Vertragsbedingungen sind nur dann AGB, wenn eine Vertragspartei sie der anderen *„stellt"*. Ein „Stellen" setzt voraus, dass bei der betreffenden Partei eine „einseitige Ausnutzung der Vertragsgestaltungsfreiheit" vorliegt,[14] sie also deutlich macht, dass sie andere Bedingungen nicht zu akzeptieren bereit ist (FD „Einbeziehung von AGB", Frage 3, Ja).

Kein Stellen der Vertragsbedingungen: Ein „Stellen" liegt nicht vor, wenn die Parteien gleichberechtigt darüber verhandeln, welche AGB verwendet werden sollen. *Beispiel:* Frau V wollte ihren gebrauchten Volvo verkaufen und wurde mit Herrn K handelseinig. Beide wollten den Vertrag anhand eines Vordrucks schließen, es war ihnen aber gleichgültig, welcher der zahlreichen angebotenen Vordrucke es sein sollte. Sie einigten sich schließlich auf ein Vertragsformular, das eine Versicherungsgesellschaft ihren Kunden zur Verfügung stellt und das zufällig Frau V besaß. *Lösung:* Bei dem Vordruck handelt es sich zwar um Vertragsbestimmungen, die für eine Vielzahl von Verträgen vorformuliert wurden, aber in diesem Fall *nicht um AGB*, weil Frau V sie nicht „gestellt" hat. Denn Frau V bestand nicht auf der Verwendung dieses Vordrucks. Vielmehr erhielt K „Gelegenheit ..., alternativ eigene Textvorschläge mit der effektiven Möglichkeit ihrer Durchsetzung in die Verhandlungen einzubringen".[15]

Kein solcher Fall, sondern ein *„Stellen"* liegt vor, wenn es im Begleitschreiben zu den AGB lediglich heißt: „Falls Sie Anmerkungen oder Änderungswünsche haben, lassen Sie uns dies bitte wissen". Denn damit eröffnet der Verwender dem anderen nicht „eine tatsächliche Gelegenheit, ... alternativ eigene Textvorschläge mit der effektiven Möglichkeit ihrer Durchsetzung in die Verhandlung einzubringen".[16]

---

13 BGH NJW 2002, 363.
14 BGHZ 184, 259 Rn 18.
15 BGHZ 184, 259 Rn 18.
16 BGH NJW 2016, 1230 Rn 30.

6. Viele Erscheinungsformen von AGB

a) „Gleichgültig ist, ob die Bestimmungen einen äußerlich gesonderten Bestandteil des Vertrages bilden ..."

269 AGB bilden „einen äußerlich gesonderten Bestandteil des Vertrages", wenn sie zB auf einer eigenen Seite, auf einem besonderen Blatt oder in einem Heft stehen (FD „Einbeziehung von AGB", Frage 8, Ja). *Beispiel 1:* D wollte bei der B-Bank ein Konto eröffnen und schloss deshalb mit ihr einen schriftlichen Vertrag. In diesen Vertragstext wurden die Bank-AGB nicht eingearbeitet, vielmehr wurden sie B als gesondertes Heft überreicht. Ein sehr umfangreiches Regelwerk, das als AGB angesehen wird, ist die „Vergabe- und Vertragsordnung für Bauleistungen" (VOB), die häufig in Bauverträgen vereinbart wird und dann natürlich immer *„einen äußerlich gesonderten Bestandteil des Vertrages"* bildet.[17]

b) „... oder in die Vertragsurkunde selbst aufgenommen werden ..."

270 AGB können „in die Vertragsurkunde selbst aufgenommen werden" (§ 305 Abs. 1 S. 2; FD „Einbeziehung von AGB", Frage 8, Nein, Spalte 6). Das geschieht oft dadurch, dass der Verwender gespeicherte Textbausteine mit individuell ausgehandelten Bestimmungen mischt. Äußerlich ergibt sich dann ein einheitliches Bild, weil der Vertrag vom IT-Drucker geschrieben wird.

271 Häufiger ist aber der *Formularvertrag*, der durch die individuelle Ausfüllung eines gedruckten Formulars entsteht.[18] Bei Formularverträgen ist zu unterscheiden:

- Die *vorgedruckten* Teile des Formularvertrags sind AGB.[19]
- Die *handschriftlich* eingefügten Teile sind oft „unselbstständige Ergänzungen" (wie Name und Adresse des Kunden) und damit keine Vertragsbedingungen und folglich keine AGB.[20] Soweit sie eine rechtliche Bedeutung haben, sind sie grundsätzlich *individuell* ausgehandelte Bestimmungen, also ebenfalls keine AGB. *Beispiel:* In das Formular wird der Preis des Fahrzeugs und die Art der Ratenzahlung eingetragen.

272 *Keine* individuell ausgehandelten Vertragsbestimmungen liegen aber in folgenden Fällen vor. *Beispiel 1:* Der Vermieter kreuzte in einem Vertragsformular den Satz an „Die Parteien verzichten wechselseitig für die Dauer von __ Jahren auf ihr Recht zur Kündigung" und schrieb in die Lücke die Zahl 5. Die vorgedruckte Bestimmung verlor durch die handschriftliche Ergänzung nicht ihren Charakter als AGB.[21] *Beispiel 2:* Möbelhändler M wollte erreichen, dass seine Kunden die Möbel schon *vor* deren Lieferung bezahlten (was nicht den Gesetzesvorschriften entspricht). Er hielt seine Mitarbeiter deshalb an, in die Zeile „Zahlung am ..." handschriftlich die Worte „vor Lieferung" einzufügen. Solche handschriftlichen Einfügungen hat der BGH zu Recht als „im Kopf gespeicherte" AGB bezeichnet.[22] *Beispiel 3:* Wer einen Vertrag mit einer Partnerschaftsvermittlung geschlossen hat, kann diesen Vertrag kündigen. Dieses Recht kann nicht durch AGB ausgeschlossen werden, nur durch eine individuell ausgehandelte Vertragsbestimmung. Eine GmbH, die eine Partnerschaftsvermittlung betreibt, ließ

---

17 BGH NJW 1994, 2547.
18 BGH NJW 1995, 190.
19 BGH NJW 1999, 1105; 1998, 2815.
20 BGH NJW 1998, 1066.
21 BGH NJW 2005, 1574 (1575); 2010, 3431 Rn 15.
22 BGHZ 141, 108 (109/110); ähnlich BGH NJW 1998, 106.

deshalb ihre Kunden mit der Hand den Satz schreiben: „Ich bin mit dem Ausschluss des Kündigungsrechts einverstanden". Diesen Satz hat der BGH zu Recht als AGB angesehen.[23]

c) „... welchen Umfang sie haben ..."

AGB können sehr umfangreich sein, aber auch aus einem einzigen Satz bestehen. *Beispiele:* „Die gelieferte Ware bleibt bis zur vollständigen Bezahlung unser Eigentum", „Betreten auf eigene Gefahr", „Gerichtsstand Mannheim".[24]

d) „... in welcher Schriftart sie verfasst sind ..."

AGB werden meist in einem herkömmlichen Druckverfahren hergestellt, sie können aber auch von einem IT-Drucker geschrieben sein. *Beispiel:* Eine Sparkasse setzte den Text eines Bürgschaftsvertrags am PC auf und verwendete dabei Textbausteine aus einem Mustervertrag. Diese waren AGB.[25] Sogar ein vollständig mit der Hand geschriebener Text kann AGB enthalten.

e) „... und welche Form der Vertrag hat."

Das Gesetz stellt hier klar, dass auch Klauseln in *notariell beurkundeten* Verträgen (§ 128) AGB darstellen können. *Beispiel:* Bauträger B bot drei Reihenhäuser zum Verkauf an. Er hatte mit einem Notar einen Vertragstext abgesprochen, der allen drei Kaufverträgen zugrunde gelegt wurde. Es handelte sich deshalb um AGB des „Verwenders" B.[26] Davon ist aber zu unterscheiden: Alle Notare greifen bei Beurkundungen auf bewährte Formulierungen zurück, entwerfen also nicht jeden Vertrag gänzlich neu. Da diese Textbausteine vom Notar stammen, also von keinem der Vertragspartner vorgegeben wurden, handelt es sich nicht um AGB.

Auch Worte, die nur akustisch übermittelt werden, können wegen ihrer bewussten Wiederholung AGB darstellen.[27] *Beispiel:* Der Angerufene A hörte die Ansage: „Hallo, Sie haben ein R-Gespräch von Kevin Meyer. Möchten Sie dieses Gespräch für nur 2,9 Cent pro Sekunde entgegennehmen? Dann drücken Sie jetzt die Eins und die Zwei". Diese Worte stellen AGB dar, obwohl sie nicht schriftlich festgehalten waren.[28]

III. Einbeziehung von AGB in einen Vertrag mit einem Verbraucher

1. Unterschiedliche Behandlung von Verbrauchern und Unternehmern

Wenn der Verwender (§ 305 Abs. 1 S. 1) seine AGB wirksam vereinbaren will, muss er sie in den Vertrag einbeziehen. Wenn man § 305 Abs. 2, der die Einbeziehung regelt, unbefangen liest, hat man den Eindruck, dass er einen universellen Anwendungsbereich hat. Das ist aber nicht der Fall. § 305 Abs. 2 setzt nämlich voraus, dass der Vertragspartner des Verwenders ein *Verbraucher* ist (§ 13, Rn 26 ff). Erst wenn man sich bis zu § 310 Abs. 1 S. 1 durchgearbeitet hat, wird einem mitgeteilt, dass „§ 305 Abs. 2

---

23 NJW 2005, 2543.
24 BGH NJW 1987, 2867.
25 BGH NJW 1999, 1105.
26 BGH NJW 2002, 138.
27 BGH NJW 1998, 1066 (1068).
28 Der BGH geht in BGHZ 166, 369 auf die Frage, ob es sich um AGB handelt, nicht ein.

... keine Anwendung" findet „auf Allgemeine Geschäftsbedingungen, die gegenüber einem *Unternehmer* ... verwendet werden". Deshalb wird die folgende Darstellung aufgeteilt: Es geht zunächst nur um die in § 305 Abs. 2 geregelte Einbeziehung gegenüber einem *Verbraucher* (FD „Einbeziehung von AGB", Frage 5, Ja). Erst später wird die Frage erörtert, wie AGB gegenüber einem *Unternehmer* einbezogen werden können (Rn 291 f).

2. Einbeziehung „bei Vertragsschluss", nicht später

a) *„Allgemeine Geschäftsbedingungen werden nur dann Bestandteil eines Vertrags, wenn der Verwender bei Vertragsschluss ..."*

278 Die Worte „bei Vertragsschluss" (§ 305 Abs. 2) bedeuten, dass die in Nr. 1 und Nr. 2 genannten Voraussetzungen in dem Augenblick vorliegen müssen, in dem der Vertrag geschlossen wird, nicht erst danach. Liegen die Voraussetzungen erst später vor, zB durch Übergabe eines Lieferscheins, sind die AGB nicht Vertragsbestandteil geworden (Fall 10, Rn 257).

b) *„... 1. die andere Vertragspartei ausdrücklich ... auf sie hinweist ..."*

279 Es erleichtert das Verständnis, wenn man sich den Gesetzestext des § 305 Abs. 2 Nr. 1 auf die vorstehend (in der Überschrift) zitierten sieben Worte verkürzt, indem man den Rest einklammert.

Der Verwender muss seinen Partner (Verbraucher) bei Vertragsschluss (oder kurz davor) auf die Existenz seiner AGB hinweisen. Dabei ist aber zu unterscheiden:

280 ■ *Formularvertrag:* Wenn die AGB „in die Vertragsurkunde selbst aufgenommen" worden sind (§ 305 Abs. 1 S. 2) wie beim Formularvertrag (Rn 271), braucht der Verwender auf sie nicht ausdrücklich hinzuweisen, weil sich ihre Existenz aus dem Formular ergibt.[29] *Beispiel:* Der Angestellte A des Möbelhändlers V legte K ein ausgefülltes Bestellformular für eine Schrankwand zur Unterschrift vor. A brauchte K nicht darauf hinzuweisen, dass es sich bei den gedruckten Teilen des Formulars um AGB handelt.

281 ■ *Andere Fälle:* Wenn die AGB „einen *äußerlich gesonderten* Bestandteil des Vertrages bilden" (§ 305 Abs. 1 S. 2), ist ein ausdrücklicher Hinweis nach § 305 Abs. 2 Nr. 1 erforderlich. Der Hinweis kann auch mündlich gegeben werden. Er soll nicht etwa den Text der fraglichen AGB enthalten (dazu unten Rn 284), sondern nur deutlich machen, dass der Verwender über AGB verfügt und sie einbeziehen will. Der Hinweis muss *vor* dem Vertragsschluss erfolgen (zB im Antrag) oder spätestens „bei Vertragsschluss". *Beispiel:* Im Vertragsformular der Sixt-Autovermietung heißt es: „Ich akzeptiere ... die allgemeinen Sixt-Vermietbedingungen".[30] Wenn der Hinweis auf die Existenz der AGB erst nach Vertragsschluss erfolgt, ist er unbeachtlich. *Beispiele:* Der Kunde wurde zum ersten Mal im Lieferschein, auf der Eintrittskarte, auf dem Flugticket oder in der Rechnung auf die AGB hingewiesen. Die AGB sind in diesen Fällen nicht einbezogen und damit endgültig nicht Vertragsbestandteil geworden (Fall 10, Rn 257). Auch bei einem telefonischen Vertragsschluss ist ein aus-

---

29 BGH NJW 1995, 190.
30 NJW 2007, 2988 Rn 14.

drücklicher Hinweis erforderlich, selbst dann, wenn die AGB branchenüblich sind.[31] Es bedarf für jeden Vertragsschluss eines erneuten Hinweises. Ob der Verwender denselben Verbraucher schon bei früheren Vertragsabschlüssen auf seine AGB hingewiesen hatte, ist unerheblich. Zur Möglichkeit einer Rahmenvereinbarung nach § 305 Abs. 3 siehe Rn 290.

c) „... oder, wenn ein ausdrücklicher Hinweis wegen der Art des Vertragsabschlusses nur unter unverhältnismäßigen Schwierigkeiten möglich ist, durch deutlich sichtbaren Aushang am Ort des Vertragsabschlusses ..."

Ein Aushang kommt nach diesen Worten nur in Betracht, wenn entweder ein persönlicher Kontakt beim Vertragsschluss ganz fehlt, zB bei Benutzung eines Gepäckschließfachs oder eines Parkhauses,[32] oder wenn wegen des Massenbetriebs nur ein unpersönlicher Kontakt möglich ist, zB an einer Kinokasse, einer Pkw-Waschanlage[33] oder einem Skilift. Der Aushang muss auch den vollständigen Text der AGB enthalten, weil der Verwender auf andere Weise nicht die Voraussetzungen der Nr. 2 erfüllen kann. 282

d) „... und ..."

Dieses eine Wörtchen verdient einen eigenen Absatz, denn es hat in diesem Zusammenhang eine große Bedeutung. Es bestimmt, dass die unter der Nr. 2 genannte Voraussetzung (Möglichkeit der Kenntnisnahme) *zusätzlich* (kumulativ) gegeben sein muss. Es nützt dem Verwender also nichts, wenn er zwar auf seine AGB rechtzeitig hingewiesen (Nr. 1), seinem Vertragspartner aber nicht ihre Lektüre ermöglicht hat (Nr. 2). 283

e) „... 2. der anderen Vertragspartei die Möglichkeit verschafft, in zumutbarer Weise ... von ihrem Inhalt Kenntnis zu nehmen ..."

Der Verwender muss seine AGB vor dem Vertragsschluss „vorlegen".[34] Zumindest muss er die AGB griffbereit zur Hand haben und seine Bereitschaft deutlich machen, sie dem Verbraucher auszuhändigen. Für die Einbeziehung der Allgemeinen Reisebedingungen eines Reiseveranstalters geht der BGH noch einen Schritt weiter: Es genügt nicht, dass der Prospekt, der die AGB enthält, für den Kunden im Reisebüro einzusehen ist.[35] Denn bei den Reisebedingungen handelt es sich „typischerweise ... um umfangreiche, im Kleindruck wiedergegebene Klauselwerke". Sie „im Reisebüro wirklich zur Kenntnis zu nehmen", ist, wie der BGH betont, „praktisch unmöglich und kann jedenfalls vom Reisenden nicht erwartet werden".[36] Sie müssen ihm deshalb für eine häusliche Lektüre „ausgehändigt" werden.[37] Andere Entscheidungen des BGH sind großzügiger (oder nachlässiger?). *Beispiel:* In den Verträgen des Autovermieters Sixt heißt es: „Die Allgemeinen Sixt-Vermietbedingungen ... liegen im Vermietbüro aus". Der BGH ist von einer wirksamen Einbeziehung ausgegangen, hat aber § 305 Abs. 2 284

---

31 BGH NJW-RR 1987, 112.
32 LG Frankfurt NJW-RR 1988, 955.
33 BGH NJW 2005, 422 (424).
34 Palandt/Grüneberg § 305 Rn 32.
35 BGH NJW 2007, 2549 (2551 f).
36 BGH NJW 2009, 1486 Rn 13 unter Hinweis auf Kappus RRa 2003, 198 (200).
37 BGH NJW 2009, 1486 Rn 13.

Nr. 2 gar nicht geprüft, sondern nur die Nr. 1.[38] Ob der Verwender mit dem Satz „... liegen im Vermietbüro aus" die erforderliche Initiative ergriffen hat („Möglichkeit *verschafft*"), ist zumindest sehr fraglich.

Dass der Kunde vom Inhalt der AGB tatsächlich Kenntnis nimmt, ist nicht erforderlich, es genügt, wenn ihm das *möglich* ist.

285 *Telefon:* Schwierig ist die Erfüllung der in Nr. 2 aufgestellten Voraussetzungen bei einem Vertragsschluss am Telefon (Fall 10, Rn 257). Der Verwender sollte in einem solchen Fall den Vertrag erst schließen, nachdem der Text seiner AGB dem Kunden zugegangen ist (Post, Fax, E-Mail). Anderenfalls liegt keine wirksame Einbeziehung vor. Es bedarf nur dann keiner Übersendung, wenn der Kunde aufgrund früherer Geschäfte bereits im Besitz der AGB ist. Ob der Partner des Verwenders wirksam auf die Zusendung der AGB verzichten kann, ist strittig. Die Frage dürfte aber zu bejahen sein, weil es dem Kunden ja auch freisteht, die übersandten AGB nicht zu lesen.[39]

286 *Internet:* Wenn der Vertrag über das Internet geschlossen wird, reicht es für die Nr. 2 aus, wenn der Kunde die AGB über einen auf der Bestellseite gut sichtbaren Link aufrufen und ausdrucken kann.[40]

287 *„Zumutbar"* ist die Lektüre der AGB nur, wenn sie den Partner nicht unnötig belastet. Unzumutbar sind zB AGB, die unleserlich gedruckt, für Durchschnittsleser zu kompliziert oder unangemessen umfangreich sind. *Beispiel:* Beim Vertragsschluss im Internet sind AGB im Umfang von 14 Bildschirmseiten nicht mehr „zumutbar".[41] Auch AGB in einer Fremdsprache sind in Deutschland unzumutbar. Bei einem Vertragsschluss in Deutschland müssen aber Ausländer die Verwendung der deutschen Sprache hinnehmen.[42]

f) „... die auch eine für den Verwender erkennbare körperliche Behinderung der anderen Vertragspartei angemessen berücksichtigt ..."

288 Mit der „körperlichen Behinderung" ist nur eine Sehbehinderung gemeint. Auf sie muss im Rahmen des Möglichen Rücksicht genommen werden. Es wird aber nicht erwartet, dass der Verwender seine AGB in Großschrift oder in Blindenschrift zur Verfügung stellen kann.[43]

g) „... und wenn die andere Vertragspartei mit ihrer Geltung einverstanden ist."

289 Das Einverständnis kann auch konkludent erklärt werden. Von ihm ist auszugehen, wenn die Voraussetzungen der Nr. 1 und der Nr. 2 gegeben sind und sich die andere Partei ohne Vorbehalt auf den Vertragsschluss eingelassen hat.

3. Alternative: Rahmenvereinbarung

290 *„Die Vertragsparteien können für eine bestimmte Art von Rechtsgeschäften die Geltung bestimmter Allgemeiner Geschäftsbedingungen unter Beachtung der in Absatz 2 bezeichneten Erfordernisse im Voraus vereinbaren."* Eine solche Rahmenvereinbarung

---

38 NJW 2007, 2988 Rn 14.
39 Palandt/Grüneberg § 305 Rn 35.
40 MüKo/Basedow § 305 Rn 69; Palandt/Grüneberg § 305 Rn 36; BGH NJW 2006, 2976 Rn 16.
41 LG Aachen NJW 1991, 2160.
42 BGH NJW 1995, 190.
43 BT-Drucksache 14/6040, 150.

erspart es dem Verwender, bei jedem einzelnen Vertragsschluss mit einem bestimmten Kunden die Einbeziehung seiner AGB auszuhandeln (FD „Einbeziehung von AGB", Frage 7). *Beispiel:* Die Kreditinstitute vereinbaren mit einem Kunden die Geltung ihrer AGB für alle künftigen Geschäfte.[44] Weil nur die Geltung „bestimmter" AGB vereinbart werden kann, muss die Rahmenvereinbarung bei jeder Änderung der AGB *neu geschlossen* werden. Es reicht nicht aus, dass der Verwender seine Kunden nur über die Tatsache der AGB-Änderung informiert.

IV. Einbeziehung von AGB in einen Vertrag mit einem Unternehmer

Wie eben erläutert, erschwert § 305 Abs. 2 bewusst die Einbeziehung und benachteiligt damit bewusst den Verwender und schützt dessen Vertragspartner. Einen solchen Schutz hat ein Partner nicht nötig, der Unternehmer (§ 14; Rn 27 ff) oder eine Behörden ist. § 310 Abs. 1 S. 1 ordnet deshalb an, dass § 305 Abs. 2 keine Anwendung findet, wenn AGB gegenüber einem „Unternehmer" (§ 14) oder einer „juristischen Person des öffentlichen Rechts" (zB gegenüber einer Gemeinde, einem Bundesland oder einer Bundesanstalt) verwendet werden (FD „Einbeziehung von AGB", Frage 5, Nein).

291

Damit hat das Gesetz aber nur festgelegt, dass § 305 Abs. 2 für die Einbeziehung von AGB gegenüber Unternehmern und Behörden *nicht* gelten soll. Es bleibt offen, wie AGB denn nun gegenüber Unternehmern und Behörden einzubeziehen sind.[45] Einigkeit besteht darüber, dass auch in diesen Fällen die AGB nicht von selbst gelten. Wer seine AGB gegenüber einem Unternehmer oder einer Behörde durchsetzen will, muss das deshalb *vor* dem Vertragsschluss deutlich zum Ausdruck bringen. Es wird ihm aber erspart, den Wortlaut seiner AGB von sich aus dem Verhandlungspartner vorzulegen, wie es § 305 Abs. 2 Nr. 2 für eine Einbeziehung gegenüber Verbrauchern verlangt. Wenn die Gegenseite vor Vertragsschluss der Einbeziehung widerspricht, werden die AGB nicht Vertragsbestandteil.[46] Wenn beide Parteien auf ihren AGB beharren und diese jeweils die übliche „Abwehrklausel" enthalten, kommt der Vertrag ohne AGB zustande.[47]

292

Für § 310 Abs. 1 S. 1 ist es gleichgültig, ob der *Verwender* ein Unternehmer oder ein Verbraucher ist. *Beispiel:* Frau Oberstaatsanwältin O (Verbraucherin) ist Eigentümerin eines Mietshauses. Sie schloss mit dem Kaufmann K (Unternehmer) einen Mietvertrag, der von ihr schon mehrfach verwendete Vertragsbestimmungen enthielt. In diesem Fall gilt § 310 Abs. 1 S. 1, weil die AGB „gegenüber einem Unternehmer" verwendet werden. K könnte sich deshalb nicht darauf berufen, dass Frau O die Voraussetzungen des § 305 Abs. 2 nicht erfüllt habe.

293

V. Rechtsfolge

1. Beim Fehlschlagen der Einbeziehung

Wenn die Einbeziehung nicht gelungen ist, gelten die AGB nicht. Im Übrigen „bleibt der Vertrag ... wirksam" (§ 306 Abs. 1; FD „Einbeziehung von AGB", Spalte 5). Die Lücke, die durch die Unwirksamkeit der AGB entstanden ist, wird durch die gesetzlichen Bestimmungen ausgefüllt (§ 306 Abs. 2; Ausnahmeregelung in § 306 Abs. 3). *Bei-*

294

---

44 Brox/Walker Rn 229.
45 BGH NJW 1992, 1232.
46 Palandt/Grüneberg § 310 Rn 4.
47 BGH NJW 1995, 665; 1991, 2633.

spiel: Ein Gebrauchtwagenhändler hatte in seinen AGB die Haftung für Mängel des Fahrzeugs teilweise ausgeschlossen, aber die AGB waren nach § 305 Abs. 2 nicht Vertragsbestandteil geworden. Dann gilt der Kaufvertrag, aber der Käufer hat die Sachmängelansprüche, die sich aus dem Gesetz ergeben (§§ 434 ff).

2. Bei wirksamer Einbeziehung

295 *Schutz von Verbrauchern:* Wenn die AGB des Verwenders Vertragsbestandteil geworden sind, gelten sie für diesen Vertrag – aber nur im Prinzip. Denn jetzt ist noch zu prüfen, ob die einzelnen Klauseln *inhaltlich* mit dem Gesetz vereinbar sind.[48] Das Gesetz erklärt Klauseln für unwirksam, die das allgemeine Gerechtigkeitsgebot missachten. Dabei verfolgt es eine geschickte Doppelstrategie (oben Rn 260).

296 *Schutz von Unternehmern und Behörden:* Unternehmer und Behörden genießen nicht den Schutz der §§ 308[49] und 309 (§ 310 Abs. 1 S. 1). Auf das allgemeine Klauselverbot des § 307 kann sich aber auch dieser Kreis von Betroffenen berufen. Daraus ergibt sich die Frage, wie bei einem Verstoß gegen § 307 zu entscheiden ist, der zugleich einen Verstoß gegen § 308 oder § 309 darstellt. § 310 Abs. 1 S. 2 gibt darauf die Antwort: Den Unternehmern und Behörden wird der allgemeine Schutz des § 307 nicht dadurch genommen, dass die fragliche Klausel in den (ihnen verschlossenen) §§ 308, 309 speziell aufgeführt ist.

---

[48] SAT Rn 168 ff.
[49] Das gilt nur nicht für § 308 Nummern 1a und 1b, so dass sich auch Nicht-Verbraucher auf sie berufen können (siehe SAT Rn 175 und Rn 536b).

Viertes Kapitel   Verpflichtungs- und Verfügungsgeschäfte

§ 11 Kauf und Erwerb eines Grundstücks

▶ **Fall 11: Kündigung durch den Käufer**   §§ 433, 873, 925, 566

Der Journalist Karlheinz Stannek hatte vom Ehepaar Schachtel durch notariellen Kaufvertrag ein Haus gekauft, das von einer Wohngemeinschaft bewohnt wurde. Im Grundbuch war Stannek noch nicht als neuer Eigentümer eingetragen. Da er das Haus mit seiner Familie bewohnen wollte, machte er einen förmlichen Besuch bei der Wohngemeinschaft, stellte sich als Käufer des Hauses und neuen Vermieter vor und überreichte eine schriftliche Kündigung. Wohngemeinschafts-Mitglied Ilona Becker, die vorher beim Mieterschutzbund Erkundigungen eingeholt hatte, entgegnete ihm kühl, er sei noch gar nicht Eigentümer des Hauses und damit auch noch nicht neuer Vermieter, so dass er auch nicht befugt sei, eine Kündigung auszusprechen.

Stannek kann nur kündigen, wenn er anstelle des Ehepaars Schachtel Vermieter der Wohngemeinschaft geworden ist. Denn nur ein *Vertragspartner* kann einen Vertrag kündigen, kein Außenstehender. Zu prüfen ist deshalb, ob Stannek nach § 566 Abs. 1 anstelle des Ehepaars Schachtel neuer Vermieter geworden ist.

Nach § 566 Abs. 1 müssten die Schachtels das vermietete Grundstück an Stannek „veräußert" haben. Dies Wort wird oft missverstanden. „Veräußern" bedeutet nicht „verkaufen", sondern „ein Recht übertragen", insbesondere das Eigentum an einer Sache (Übereignung). Diese Bedeutung ergibt sich für § 566 Abs. 1 auch daraus, dass Stannek nach dieser Vorschrift der „Erwerber" sein müsste, also der neue Eigentümer.[1]

Zu prüfen ist, ob Stannek schon der „Erwerber" ist, also das Eigentum an dem Grundstück erworben hat. Im Sachverhalt steht, dass er das Haus durch notariellen Kaufvertrag von Schachtels gekauft habe. Er hat also mit den Schachtels einen Kaufvertrag geschlossen, den ein Notar gemäß § 311b Abs. 1 S. 1 nach § 128 beurkundet hat. Aber im Grundbuch eingetragen ist er noch nicht.

Die Rechtslage nach Abschluss eines Kaufvertrags ergibt sich aus § 433. Diese wichtige Vorschrift gilt auch für den Grundstückskauf. Nach § 433 Abs. 1 S. 1 sind die Eheleute Schachtel aufgrund des Kaufvertrags „verpflichtet", Stannek „die Sache zu übergeben und das Eigentum an der Sache zu verschaffen". Das entscheidende Wort ist *„verpflichtet"*. Denn daraus ergibt sich, dass durch den Kaufvertrag das Eigentum an der Kaufsache noch nicht übergeht. Aus Stanneks Sicht bedeutet das: Durch den Kaufvertrag hat er nur einen *Anspruch* auf Übertragung des Eigentums an der Kaufsache erworben. Eigentümer ist er noch nicht. Dazu bedarf es eines besonderen Rechtsgeschäfts, der Übereignung. Das Gesetz regelt diesen Vorgang in den §§ 873 Abs. 1, 925 (Rn 302 ff). Danach müssen sich die Parteien darüber einig sein, dass das Grundstück auf den Erwerber übergehen soll (§ 929) und der Erwerber muss ins Grundbuch eingetragen worden sein (§ 873 Abs. 1).

---

1 Leider hat § 566 eine falsche offizielle Überschrift bekommen: Es muss *„Veräußerung* bricht nicht Miete" heißen.

Man kann in Fällen wie dem vorliegenden davon ausgehen, dass die Auflassung (§ 925) schon zusammen mit dem Kaufvertrag vorgenommen worden ist. Aber die Auflassung allein nützt Stannek nichts, weil er erst mit der Eintragung ins Grundbuch Eigentümer wird (§ 873). Stannek ist deshalb noch nicht der „Erwerber" und damit auch noch nicht der Vermieter der Wohngemeinschaft (§ 566 Abs. 1). Ilona Becker hat also Recht: Herr Stannek kann noch nicht kündigen.

Nachbemerkung: Auf einem Umweg kann ein Grundstückskäufer doch schon vor seiner Eintragung kündigen, nämlich dann, wenn der Verkäufer ihn ermächtigt hat, dies im eigenen Namen zu tun.[2] Dies war jedoch im vorliegenden Fall nicht geschehen. ◂

Lerneinheit 11

299 Literatur: *Roemer,* Die Formbedürftigkeit von Änderungen eines Grundstückskaufvertrages nach Auflassung ... NotZ 2019, 192; *Lindner,* Haftungsregelungen im Grundstückskaufvertrag, RNotZ 2018, 69; *Krauß,* Immobilienkaufvertrag, notar 2018, 315; *Kasper,* Abwicklungsstörungen beim Grundstückskaufvertrag bei Konflikten zwischen den Vertragsparteien, RNotZ 2018, 133; *Krauß,* Immobilienkaufvertrag, notar 2015, 282; *Weber,* Aktuelle Fragen beim Grundstücksverkauf durch Eltern und Betreuer, DNotZ 2015, 498; *Weber/Gräf,* Verbummelter Vertragsschluss beim Grundstückskauf, JA 2014, 417; *Krauß,* Immobilienkaufvertrag, notar 2013, 331; *Häcker,* Das Trennungs- und Abstraktionsprinzip im englischen Recht – dargestellt anhand der Übereignung, ZEuP 2011, 335; *Lieder,* Die Anwendung schuldrechtlicher Regeln im Sachenrecht, JuS 2011, 874.

I. Grundstückskaufverträge

1. Abschluss eines Grundstückskaufvertrags

300 Verträge über den Kauf von Immobilien unterliegen einem besonders anspruchsvollen Formzwang, denn sie bedürfen nach § 311b Abs. 1 S. 1 der notariellen Beurkundung (§ 128; dazu ausführlich Rn 694 ff).

2. Wirkungen eines Grundstückskaufvertrags

301 Die rechtliche Wirkung, die der Abschluss eines Kaufvertrags auslöst, ist in § 433 festgelegt. Diese wichtige Vorschrift gilt für alle Kaufverträge, egal ob es sich um den Kauf eines Grundstücks oder einer Schachtel Streichhölzer handelt. Man muss sich ganz klarmachen, dass in § 433 nicht der *Abschluss* von Kaufverträgen geregelt ist, sondern der Rechtszustand *nach* Abschluss des Kaufvertrags.

In § 433 Abs. 1 S. 1 ist das Wort „verpflichtet" zu betonen, das im Sinn von *„lediglich* verpflichtet" zu verstehen ist. Durch Abschluss des Kaufvertrags verschafft der Verkäufer dem Käufer nämlich noch nicht das Eigentum an der Sache, sondern *„verpflichtet"* sich nur dazu. Deshalb gehört der Kaufvertrag zu den *Verpflichtungsgeschäften.* Die Übertragung des Eigentums muss durch ein eigenes, selbstständiges Rechtsgeschäft vorgenommen werden, die sogenannte *Übereignung* (Rn 302).

Anfängerfehler: Laien (wie Herr Stannek in Fall 11) sind meist überzeugt, dass ihnen die Kaufsache schon mit Abschluss des Kaufvertrags gehöre. Diese Ansicht entspricht den meisten ausländischen Rechtsordnungen. Die deutsche Regelung, die der Volks-

---

2 BGH NJW 2014, 1802; NJW 2002, 3389.

meinung und den meisten Rechtsordnungen zuwiderläuft, ist schwer einzusehen und deshalb auch schwer zu lernen. Umso mehr Mühe muss man sich geben, die abweichende deutsche Regel zu verstehen. Es ist hilfreich sich klarzumachen, dass das Gesetz für den Eigentumsübergang der Kaufsache dasselbe Modell verwendet wie für die Zahlung des Kaufpreises: Mit Abschluss des Kaufvertrags ist selbstverständlich der Kaufpreis noch nicht gezahlt – ebenso wenig geht mit Abschluss des Kaufvertrags bereits das Eigentum über. Für beide Vorgänge schafft der Kaufvertrag nur die *Verpflichtung*, sie zu vollziehen.

II. Die Übereignung eines Grundstücks

Grundstücke werden nach § 873 übereignet, wobei § 925 zu beachten ist. § 873 ist sehr unübersichtlich, weil er nicht nur die Übertragung des Eigentums regelt, sondern auch die „Belastung" eines Grundstücks (zB mit einer Hypothek oder Grundschuld) und sogar die Übertragung dieser Belastung. Zum besseren Verständnis kann man sich im Gesetzestext folgende Worte unterstreichen:

> „Zur Übertragung des Eigentums an einem Grundstück ... ist die Einigung des Berechtigten und des anderen Teils über den Eintritt der Rechtsänderung und die Eintragung der Rechtsänderung in das Grundbuch erforderlich".

Für den hier allein interessierenden Fall der *Eigentumsübertragung* kann man statt „des Berechtigten" konkret „des Eigentümers" sagen und den „anderen Teil" als „Erwerber" bezeichnen. An die Stelle des unbestimmten Ausdrucks „Eintritt der Rechtsänderung" kann man konkret die Worte „Übergang des Eigentums" setzen und an die Stelle von „Eintragung der Rechtsänderung" die Worte „Eintragung des Eigentumsübergangs". Der so zugespitzte § 873 hätte dann folgenden Wortlaut:

> „Zur Übertragung des Eigentums an einem Grundstück ... ist die Einigung des Eigentümers und des Erwerbers über den Übergang des Eigentums und die Eintragung des Eigentumsübergangs in das Grundbuch erforderlich."

Ein letztes Problem besteht noch bei den Worten: „*... die Einigung* des Eigentümers und des Erwerbers über den Übergang des Eigentums". Mit diesen Worten ist *nicht* etwa die Einigung gemeint, die dem Abschluss des *Kaufvertrags* zu Grunde lag und darauf gerichtet war, beiderseitige Pflichten zu begründen. Vielmehr muss sich die in § 873 genannte Einigung auf den Eigentumsübergang selbst beziehen. An anderer Stelle, nämlich in § 925, verrät das Gesetz, dass bei Grundstücken die Einigung über den Eigentumsübergang „*Auflassung*" heißt. Die endgültige Zuspitzung des § 873 auf die Fälle der Eigentumsübertragung lautet also:

> „Zur Übertragung des Eigentums an einem Grundstück ist die Einigung des Eigentümers und des Erwerbers über den Übergang des Eigentums (Auflassung) und die Eintragung des Eigentumsübergangs in das Grundbuch erforderlich."

Kurz gesagt: *Das Eigentum an einem Grundstück wird durch Auflassung und Eintragung übertragen.* Dass die Eintragung im Grundbuch für den Eigentumsübergang erforderlich ist, leuchtet den meisten noch ein. Aber sie fragen sich, warum eigentlich die Auflassung nötig ist. Haben die Partner nicht schon im Kaufvertrag zum Ausdruck gebracht, dass sie sich einig sind? Die Antwort lautet: Im Kaufvertrag haben die Vertragspartner nur ihre Einigkeit bekundet, sich einerseits zur Übereignung, andererseits zur Zahlung zu *verpflichten*. Das Gesetz fordert aber, dass sie sich auch einig sind, diese Verpflichtung *zu erfüllen*. Es ist ein bisschen so wie bei Verlobung und Eheschließung: Das Gesetz erwartet, dass die Brautleute vor dem Standesamt „Ja" sagen. Sie können es nicht mit der Begründung verweigern, sie hätten sich doch schon die Ehe *versprochen* (verlobt).

Die Auflassung wird üblicherweise vom Notar zusammen mit dem Kaufvertrag beurkundet, wobei der Notar einerseits wegen § 311b Abs. 1 S. 1, andererseits wegen § 925 tätig wird. Wenn der Notar aus praktischen Gründen diese beiden Geschäfte zusammenfasst, sollte das nicht zu dem Irrtum verleiten, es handele sich um ein einheitliches Rechtsgeschäft. Denn die Auflassung gehört *nicht* mehr zum *Abschluss* des Kaufvertrages, sondern ist schon Teil seiner *Erfüllung,* also des Verfügungsgeschäfts.

Anfängerfehler: Wie sich schon aus Fall 11 (Rn 297) ergab, halten sich viele Grundstückskäufer zu früh für den Eigentümer des Grundstücks, nämlich schon nach Abschluss des Kaufvertrags. Es gibt aber auch den umgekehrten Fehler. *Beispiel:* Die Eheleute F sind im Grundbuch als Eigentümer ihres Einfamilienhauses eingetragen, haben aber zur Bezahlung des Kaufpreises ein Darlehen aufgenommen, das sie noch jahrelang abbezahlen müssen. Wenn Herr F dann sagt: „Das Haus gehört noch mindestens 20 Jahre lang der Bank", ist das ein Ausdruck von Humor und Bescheidenheit, aber richtig ist es nicht. Daran ändert auch die Tatsache nichts, dass zugunsten der Bank eine Hypothek oder Grundschuld an dem Grundstück im Grundbuch eingetragen ist. Denn als Inhaberin eines solchen Rechts hat die Bank an dem Grundstück nur ein sogenanntes Grundpfandrecht. Eigentümerin ist sie nicht.

§ 12 Kauf und Erwerb einer beweglichen Sache

305 ▶ **Fall 12: Gestohlenes iPhone** §§ 433, 929

Oskar erzählte seinem Kommilitonen Markus, dass er sich ein neues iPhone kaufen wolle. Da Markus ein gebrauchtes iPhone suchte, einigten sich beide, dass Oskar sein altes Gerät am nächsten Montag mitbringen solle. Markus zahlte ihm gleich die vereinbarten 100 Euro. Am Montag begrüßte Oskar Markus mit einem mitleidigen Lächeln: „Pech für dich, Kumpel, dein iPhone ist am Sonntag aus meinem verschlossenen Wagen geklaut worden. Ich konnte nichts dafür, ehrlich, aber komm, ich geb' dir einen aus." Markus meinte, von „seinem" iPhone könne keine Rede sein, er wolle seine 100 Euro wiederhaben.

306 Markus und Oskar haben einen Kaufvertrag geschlossen. Dass das mündlich geschah, ist in Ordnung. Denn im strengen Gegensatz zu Grundstückskaufverträgen (§ 311b Abs. 1 S. 1) können Kaufverträge über bewegliche Sachen auch mündlich geschlossen werden. Im Übrigen gilt aber das, was in Fall 11 (Rn 297) über den Grundstückskaufvertrag gesagt wurde: Kaufverträge begründen nur beiderseitige *Verpflichtungen* (und als deren Kehrseite entsprechende Ansprüche), lassen aber nie das Eigentum übergehen. Daran ändert auch die Tatsache nichts, dass im vorliegenden Fall Markus den Kaufpreis schon bezahlt hatte. Aufgrund des Kaufvertrags war Markus also noch nicht Eigentümer des iPhones.

Wie das Eigentum an *beweglichen* Sachen auf eine andere Person übergeht, steht in § 929 S. 1 (Rn 310 ff). Da Oskar das iPhone nicht übergeben hat (und beide deshalb auch nicht über den Eigentumsübergang einig sein konnten), ist Markus nicht nach § 929 S. 1 Eigentümer des Smartphones geworden. Es gehört vielmehr immer noch Oskar. (Ein Dieb erwirbt natürlich nie das Eigentum an der gestohlenen Sache.) Deshalb muss Oskar auch die Nachteile tragen, die sich aus dem Verlust des iPhones ergeben. Er hat folglich die 100 Euro zu erstatten.³ ◄

Lerneinheit 12

Literatur: *Häcker,* Das Trennungs- und Abstraktionsprinzip im englischen Recht – dargestellt anhand der Übereignung, ZEuP 2011, 335; *Lieder,* Die Anwendung schuldrechtlicher Regeln im Sachenrecht, JuS 2011, 874; *Bayerle,* Trennungs- und Abstraktionsprinzip in der Fallbearbeitung, JuS 2009, 1079; *Lorenz,* Grundwissen – Zivilrecht: Abstrakte und kausale Rechtsgeschäfte, JuS 2009, 489; *Frahm/Würdinger,* Der Eigentumserwerb an Kraftfahrzeugen, JuS 2008, 14; *Masloff,* Eigentumserwerb durch Geheißpersonen, JABl 2000, 503; *Wadle,* Die Übertragung des Eigentums nach § 929 S. 2 BGB, JuS-L 2000, 57; *Wrage,* Tanken ohne zu zahlen, DAR 2000, 232; *Wank/Kamanabrou,* Zur Widerruflichkeit der Einigung bei den §§ 929 S. 1, 930, 931 BGB, Jura 2000, 154.

307

I. Kaufverträge über bewegliche Sachen

1. Abschluss und Wirkung solcher Kaufverträge

Kaufverträge über bewegliche Sachen können formlos geschlossen werden, also mündlich. Oft werden solche Verträge aber einvernehmlich schriftlich geschlossen zB beim Auto- oder Möbelkauf (vereinbarte Form, § 127).

308

Die Rechtslage nach Abschluss eines Kaufvertrags wurde bereits in der Lösung von Fall 11 dargestellt (Rn 297). Für Kaufverträge über bewegliche Sachen gilt nichts anderes. Auch diese sind *Verpflichtungsgeschäfte,* begründen also nur gegenseitige Verpflichtungen (und entsprechende Rechte), ohne diese bereits zu erfüllen. Deshalb spricht § 433 nur von den *Pflichten,* genauer gesagt in Absatz 1 von den Pflichten des *Verkäufers* und Absatz 2 von den Pflichten des *Käufers.*⁴

2. Der Kaufvertrag lässt das Eigentum nicht übergehen

So wenig wie der Kaufvertrag über ein Grundstück das Eigentum an dem Grundstück auf den Käufer übergehen lässt, so wenig lässt ein Kaufvertrag über eine bewegliche Sache das Eigentum übergehen. Die vom Verkäufer im Kaufvertrag übernommene Pflicht zur Übereignung der Kaufsache (§ 433 Abs. 1 S. 1) erfüllt der Verkäufer für bewegliche Sachen nach den §§ 929 ff (Rn 310 ff). Das wird von Nichtjuristen nur selten verstanden. *Beispiel:* Die L-GmbH bot bei eBay eine Herrenarmbanduhr zum Sofortkauf an. K kaufte diese Uhr am 1. Dezember 2010 um 13.13 Uhr. Eine Minute später erhielt er von eBay eine Mitteilung, in der es hieß: „Der Artikel gehört jetzt Ihnen. Sie müssen ihn nur noch bezahlen." Diese Formulierung zeigt, dass eBay (zumindest damals) die Situation nach Abschluss eines Kaufvertrags falsch eingeschätzt hat. Dem Käufer gehörte die Uhr noch nicht. Die Übereignung konnte erst dadurch erfolgen, dass der Paketzusteller im Auftrag des Verkäufers die Uhr dem K übergab.

309

---

3 Nur für Fortgeschrittene: Das ergibt sich aus den §§ 326 Abs. 5, 323 Abs. 1, 346 Abs. 1.
4 Da in § 433 nicht gesagt wird, wie ein Kaufvertrag geschlossen wird, sollte man nicht schreiben: „Zu prüfen ist, ob ein Kaufvertrag nach § 433 geschlossen wurde."

II. Die Übereignung beweglicher Sachen

310 Bewegliche Sachen – zu denen auch Bargeld gehört, also Geldscheine und Münzen – werden idR nach § 929 S. 1 übereignet (bitte genau lesen!). Aus dieser Vorschrift ergibt sich, dass der Eigentumsübergang bei beweglichen Sachen durch zwei Vorgänge erfolgt, nämlich durch die *Übergabe* der Sache und das *Einigsein* darüber, dass das Eigentum übergehen soll. Der Unterschied zur Grundstücksübereignung liegt also hauptsächlich darin, dass an die Stelle der Grundbucheintragung (§ 873) bei beweglichen Sachen die Übergabe der Sache tritt. Die beiden in § 929 S. 1 genannten Vorgänge sind außerordentlich unterschiedlich:

311 ■ Die *Übergabe* der Sache ist ein sichtbarer Vorgang. Er besteht darin, dass der bisherige Eigentümer dem Erwerber den Besitz überträgt, also die „tatsächliche Gewalt über die Sache" (§ 854 Abs. 1). Das geschieht ganz anschaulich dadurch, dass der Veräußerer (oder sein Beauftragter) dem Erwerber die Sache in die Hand gibt. Die Übergabe ist deshalb ein Realakt (Rn 45), kein Rechtsgeschäft (Flussdiagramm „Rechtserhebliches Verhalten", Spalte 2).

312 ■ Die *Einigung* hingegen besteht aus zwei Willenserklärungen, nämlich den beiderseitigen Erklärungen, dass das Eigentum an der übergebenen Sache oder dem Geldschein auf den Erwerber übergehen soll. Die Einigung ist also ein *Vertrag*, aber kein Verpflichtungsgeschäft, sondern ein so genannter *dinglicher* Vertrag und Teil der „Übereignung". Die Einigung wird meist nicht ausgesprochen, sondern durch schlüssiges (konkludentes) Verhalten (Rn 68) zum Ausdruck gebracht. Sie ist deshalb (ganz im Gegensatz zur Übergabe) ein unsichtbarer und meist auch nicht hörbarer Vorgang.

313 Die *Übergabe* als Voraussetzung für den Eigentumsübergang leuchtet den meisten noch ein. Der innere, unsichtbare Vorgang des *Einigseins* ist ihnen jedoch unverständlich. Man muss sich aber nur klarmachen, dass auch bei vielen anderen Gelegenheiten Sachen übergeben werden, *ohne dass der Wille zur Übereignung besteht. Beispiel 1:* Student S fragt die neben ihm sitzende Kommilitonin K, ob er mal ihren Stift haben dürfe. K nickt und übergibt den Stift. Mit dieser Übergabe will sie S aber durchaus nicht zum Eigentümer des Stifts machen. *Beispiel 2:* Der Mitarbeiter eines Autovermieters übergibt dem Kunden den Schlüssel eines Fahrzeugs, will aber nicht das Eigentum am Fahrzeug auf ihn übertragen. *Beispiel 3:* Ein Fahrzeughändler übergibt einem Käufer die Schlüssel des verkauften Wagens. Er will dann – wenn er das nicht ausdrücklich ausschließt, etwa durch einen Eigentumsvorbehalt nach § 449 (Rn 375) – den Käufer zum Eigentümer machen. Die Übergabe im Beispiel 2 sieht genauso aus wie die in diesem Beispiel. Die Vorgänge unterscheiden sich aber erheblich hinsichtlich der Einigung.

Zu Recht verlangt deshalb § 929, dass sich Veräußerer und Erwerber über den Eigentumsübergang einig sein müssen.

§ 13 Trennungsprinzip und Abstraktionsprinzip

314 ▶ **Fall 13: Brillantring**   §§ 433, 123, 142, 812, 929

Juwelier Bert Rüger war der Eigentümer eines Brillantrings, den er Herrn Mönchmeyer für 10 000 Euro verkauft und anschließend übereignet hat. Rüger hatte wider besseres Wissen

§ 13 Trennungsprinzip und Abstraktionsprinzip

versichert, der Ring sei aus Platin, der mittlere Stein habe 1,3 Karat und seine Qualität sei „hochfeines Weiß, lupenrein". Später hat Herr Mönchmeyer den Ring begutachten lassen. Es stellte sich heraus, dass das Metall Weißgold ist und der Stein nur 0,9 Karat und erhebliche Einschlüsse hat. Herr Mönchmeyer hatte den Ring seiner Sekretärin Frau Mayn schenken wollen. Er hat zunächst gezögert, Herrn Rüger zur Rede zu stellen, weil er verheiratet ist und den Ring mit „Schwarzgeld" bezahlt hatte. Dann hat er den Kauf doch wegen arglistiger Täuschung angefochten. Wem gehört der Ring?

Es ist nicht allgemein nach der Rechtslage gefragt, sondern nur, wem der Ring gehört. Es kommt deshalb allein auf die Eigentumsverhältnisse an. 315

Herr Rüger hatte den Ring (in Erfüllung des Kaufvertrags) nach § 929 durch Einigung und Übergabe an Herrn Mönchmeyer übereignet (Rn 310 ff). Es fragt sich nur, ob Mönchmeyer das Eigentum an dem Ring möglicherweise durch die Anfechtung wegen arglistiger Täuschung verloren hat. Eigentlich wäre jetzt im Einzelnen zu prüfen, ob die Voraussetzungen einer Anfechtung nach § 123 gegeben sind. Weil § 123 erst noch besprochen werden soll (Rn 429 ff), wird hier einfach unterstellt, dass Herr Mönchmeyer seine Willenserklärung („Ich kaufe diesen Ring") wirksam angefochten hat, so dass sie nichtig ist – und zwar rückwirkend (§ 142 Abs. 1). Damit ist der Kaufvertrag insgesamt von Anfang an nichtig.

Die Nichtigkeit erstreckt sich aber nicht – und das ist von entscheidender Bedeutung – auf die Übereignung des Ringes, die zwischen Rüger und Mönchmeyer nach § 929 stattgefunden hat. Denn die Übereignung ist als *Verfügungsgeschäft* ein eigenes Rechtsgeschäft, das vom zugrunde liegenden Verpflichtungsgeschäft (hier dem Kaufvertrag) streng zu trennen ist (Trennungsprinzip). Beide Rechtsgeschäfte müssen nicht nur getrennt abgeschlossen werden, sie sind auch in ihrem rechtlichen Schicksal voneinander unabhängig, also „abstrakt" (losgelöst). Dieser Grundsatz, das sogenannte *Abstraktionsprinzip*, ist eine naheliegende Konsequenz aus dem Trennungsprinzip und ebenfalls eine Säule des deutschen Zivilrechts (Rn 331). Aus dem Abstraktionsprinzip folgt, dass die Übereignung von Herrn Rüger auf Mönchmeyer trotz der Nichtigkeit des Kaufvertrags immer noch wirksam ist. Damit ergibt sich als Antwort auf die am Schluss des Sachverhalts gestellte Frage: Der Ring gehört Mönchmeyer. ◄

Lerneinheit 13

Literatur: *Lieder/Berneith*, Echte und unechte Ausnahmen vom Abstraktionsprinzip, JuS 2016, 673; *Häcker*, Das Trennungs- und Abstraktionsprinzip im englischen Recht – dargestellt anhand der Übereignung, ZEuP 2011, 335; *Lieder*, Die Anwendung schuldrechtlicher Regeln im Sachenrecht, JuS 2011, 874; *Müller-Helle/Theilmann*, Eigentum und Eigentumsvorbehalt an Offshore-Windkraftanlagen, RdE 2010, 369; *Bayerle*, Trennungs- und Abstraktionsprinzip in der Fallbearbeitung, JuS 2009, 1079; *Lorenz*, Grundwissen – Zivilrecht: Abstrakte und kausale Rechtsgeschäfte, JuS 2009, 489; *Petersen*, Das Abstraktionsprinzip, Jura 2004, 98; *Haedicke*, Der bürgerlich-rechtliche Verfügungsbegriff, JuS 2001, 966. 316

I. Trennungsprinzip

Es war schon davon die Rede, dass die Rechtsgeschäfte, die eine Verpflichtung zur Übereignung begründen (Verpflichtungsgeschäfte) streng von den Rechtsgeschäften zu trennen sind, die – in Erfüllung der Verpflichtung – zur Übertragung des Eigentums (zur Übereignung) führen. Das darin zum Ausdruck kommende Prinzip nennt man, wie gesagt, *Trennungsprinzip*. 317

Bisher ging es nur um *ein* Verpflichtungsgeschäft – den Kaufvertrag – und um *eine* Verfügung, die Übereignung. Jetzt soll deutlich werden, dass es auch andere Verpflichtungsgeschäfte gibt (Rn 318 ff) und auch andere Verfügungen (Rn 324 ff). Im Anschluss daran wird die wichtigste Konsequenz des Trennungsprinzips erläutert, nämlich das Abstraktionsprinzip (Rn 331).

II. Verpflichtungsgeschäfte

1. Definition

318 Ein *Verpflichtungsgeschäft* ist ein Vertrag, durch den sich jemand gegenüber einem anderen zu einer Leistung *verpflichtet*. Die geschuldete Leistung kann die Übereignung einer Sache sein (Hauptfall: Kaufvertrag), aber auch in jedem anderen Tun oder Unterlassen bestehen (zB Zahlung eines Geldbetrags, Darstellung des Don Giovanni durch einen Opernsänger, Reparatur eines Pkw, anwaltliche Beratung). Das Verpflichtungsgeschäft begründet ein Schuldverhältnis (§ 241 Abs. 1 S. 1), macht also den Verpflichteten zum Schuldner, den Berechtigten zum Gläubiger.

2. Verpflichtungsgeschäfte, die zur Übereignung einer Sache verpflichten

319 Viele Verpflichtungsgeschäfte verpflichten den Schuldner zur Übereignung einer Sache. Anfänger sind oft davon überzeugt, dass ausschließlich ein Kaufvertrag zu einer Übereignung verpflichte (§ 433 Abs. 1 S. 1) und die Übereignung deshalb sozusagen ein Teil des Kaufvertrags sei. Um diesem Irrtum entgegenzuwirken, sind im Folgenden andere Verträge aufgeführt, die zur Übereignung verpflichten. Sie verdeutlichen, dass die Übereignung mit einem Kaufvertrag nichts zu tun haben muss, sondern in jedem Fall ein eigenes Rechtsgeschäft ist.

Tausch (§ 480): Der Tausch wird vom BGB sehr stiefmütterlich behandelt, nämlich in einem einzigen Paragrafen, der nur auf das Kaufrecht verweist (§ 480). Aus dieser Verweisung kann man aber entnehmen, dass auch der Tausch – wie der Kauf – ein Verpflichtungsgeschäft ist. *Beispiel:* A und B haben sich darauf geeinigt, zwei Briefmarken zu tauschen (§ 480). Dadurch haben sie sich verpflichtet, ihr Eigentum an ihrer Briefmarke jeweils auf den anderen zu übertragen. Das Verpflichtungsgeschäft bedarf der Erfüllung durch zwei Verfügungsgeschäfte: A muss seine Marke dem B übergeben und sich mit ihm einig sein, dass das Eigentum auf B übergehen soll (§ 929 S. 1). Das Entsprechende muss mit B's Marke geschehen. Durch diese beiden Veräußerungen (Eigentumsübertragungen) wird der Tauschvertrag erfüllt.

320 *Schenkung (§ 516):* Ein Schenkungsvertrag über eine bewegliche Sache *verpflichtet* den Schenker nur zur Übereignung des Geschenks. Schenker und Beschenkter müssen deshalb in einem eigenen Akt die Übereignung vornehmen (Verfügungsgeschäft nach § 929 oder nach den §§ 873, 925). Im Alltag fällt der Abschluss des Schenkungsvertrags über eine bewegliche Sache meist zeitlich zusammen mit dessen Erfüllung durch Übereignung des Geschenks.[5] Trotz dieser Praxis muss man aber juristisch immer den Abschluss des Verpflichtungsgeschäfts (Schenkung nach § 516) von der Verfügung (Übereignung nach § 929) unterscheiden.

---

5 Diesen Sonderfall des Schenkungsvertrags, die so genannte Handschenkung, wollte der Gesetzgeber in § 516 regeln, was aber nicht deutlich wird (SBT Rn 364).

Sachdarlehensvertrag (§ 607 Abs. 1): Wer ein Sachdarlehen erhalten hat (durch Übereignung nach § 929), ist „zur Rückerstattung von Sachen gleicher Art, Güte und Menge verpflichtet" (§ 607 Abs. 1 S. 2). *Beispiel:* J hat sich zum Grillen bei seinem Nachbarn einen Sack Grillkohle „geliehen" mit dem Versprechen, am Montag einen (natürlich anderen) Sack Grillkohle gleichen Fabrikats zurückzugeben. Auch in diesem Fall wird – ohne Kaufvertrag – zweimal ein Sack Grillkohle nach § 929 übereignet.

Vermächtnis: Der Erblasser kann durch ein *Vermächtnis* einem anderen einen Vermögensgegenstand zuwenden, ohne ihn zum Erben einzusetzen (§ 1939). *Beispiel:* T ist verstorben, sein Erbe ist W. Jugendfreund Horst soll laut Testament die Rotweine aus dem Weinkeller des T erhalten. Dann ist der Vermächtnisnehmer Horst nach § 2174 berechtigt, von W als dem Erben und „Beschwerten" die „Leistung des vermachten Gegenstands zu fordern". W muss also Horst die Flaschen nach § 929 übereignen – ohne Kaufvertrag.

Sacheinlage: Ein Gesellschafter kann sich zur Übereignung einer Sache an die Gesellschaft verpflichten. *Beispiel:* Bei der Gründung der G-GmbH hat sich X im Gesellschaftsvertrag verpflichtet, einzeln aufgeführte Gegenstände seiner Werkstatt als Sacheinlage einzubringen (§ 5 Abs. 4 GmbHG). X ist dann verpflichtet, diese Sachen der GmbH nach § 929 zu übereignen.

Rücktritt: Ein Rücktritt verpflichtet die Vertragspartner, das Erhaltene zurückzugewähren (§ 346 Abs. 1). Deshalb muss derjenige, dem eine bewegliche Sache übereignet wurde, sie (wiederum nach § 929) rückübereignen. Das Gleiche gilt übrigens für den, der eine ihm übereignete Sache nach § 812 als ungerechtfertigte Bereicherung herausgeben muss. Einen Kaufvertrag als zugrunde liegendes Verpflichtungsgeschäft gibt es hier so wenig wie in den vorangegangenen Beispielen.

3. Andere Verpflichtungsgeschäfte

Die genannten Beispiele könnten zu der Annahme verleiten, dass ein Verpflichtungsgeschäft immer zur Übereignung einer Sache verpflichte. Aber das wäre ein Missverständnis. Die meisten Verpflichtungsgeschäfte haben einen anderen Inhalt. *Beispiel 1:* Im *Mietvertrag* verpflichtet sich der Vermieter, „dem Mieter den Gebrauch der Mietsache ... zu gewähren" (§ 535 Abs. 1 S. 1). *Beispiel 2:* Ein Architekt verpflichtet sich, ein Bauwerk zu entwerfen (Architektenvertrag, § 650p). *Beispiel 3:* In einem Arbeitsvertrag verpflichtet sich ein Arbeitnehmer „zur Leistung weisungsgebundener, fremdbestimmter Arbeit" (§ 611a Abs. 1 S. 1). Dieses Verpflichtungsgeschäft erfüllt er durch seine Arbeit, nicht durch eine Übereignung. Die Zahl der Beispiele ließe sich natürlich fast beliebig vermehren.

III. Verfügungsgeschäfte

1. Definition

Ein *Verfügungsgeschäft* (auch kurz *Verfügung* genannt) ist ein Rechtsgeschäft, das auf ein bestehendes Recht unmittelbar einwirkt, indem es dieses Recht überträgt, belastet, ändert oder aufhebt.[6] Dem Verfügungsgeschäft liegt immer als Rechtsgrund (Causa) ein Verpflichtungsgeschäft zu Grunde. Das Verfügungsgeschäft erfüllt dann die durch

---

[6] BGH NJW 1999, 1026.

das Verpflichtungsgeschäft begründete Pflicht. Es wird deshalb auch *Erfüllungsgeschäft* genannt.

Bisher war das einzige Beispiel einer Verfügung die Übereignung (bei beweglichen Sachen nach § 929 und bei Grundstücken nach den §§ 873, 925). Aber es gibt sehr viel mehr Beispiele, wie die eben genannte Definition erahnen lässt.

2. Beispiele

a) Beispiele für die Übertragung eines Rechts

325 *Übereignung:* Wichtigstes – und bereits mehrfach genanntes – Beispiel für die Übertragung eines Rechts (und damit für eine Verfügung) ist die Übertragung des Eigentums an beweglichen Sachen (§ 929) oder an Grundstücken (§ 873 mit § 925). Die Übertragung des Eigentums nennt man auch „Eigentumsübertragung", „Übereignung" oder „Veräußerung". Sie wirkt auf das Eigentum unmittelbar ein, denn durch sie wird das Eigentum von einer Person auf eine andere übertragen.

326 *Abtretung:* Der Gläubiger einer Forderung kann diese durch eine Abtretung auf einen anderen übertragen, der dadurch neuer Gläubiger wird (§ 398). *Beispiel:* G ist Inhaber einer Großhandlung für Bedachungsmaterial. Dachdeckermeister D kann die letzten Rechnungen nicht bezahlen und tritt dafür an G zwei Forderungen ab, die ihm aus Dachdeckerarbeiten gegen Auftraggeber zustehen.

327 *Schuldübernahme:* Auch bei der Schuldübernahme (§§ 414, 415) geht es um die Übertragung einer Forderung, aber sie erfolgt vom ursprünglichen *Schuldner* auf einen neuen Schuldner. Die Schuldübernahme ist das Gegenstück zur Abtretung, weil nicht der *Gläubiger* wechselt, sondern der *Schuldner.* Auch die Schuldübernahme ist eine Verfügung. *Beispiel:* Die S-GmbH hatte erhebliche Darlehensverbindlichkeiten bei der B-Bank. Die Muttergesellschaft der S-GmbH, die Q-AG, bot der B-Bank an, die Schulden der S zu übernehmen. Die B-Bank stimmte dem zu. Durch diese Schuldübernahme (§ 414) trat die Q-AG als neue Schuldnerin an die Stelle der S.

b) Beispiele für die Belastung eines Rechts

328 Ein Grundstück kann von seinem Eigentümer zugunsten eines anderen mit einer Hypothek (§ 1113) oder mit einer Grundschuld (§ 1191) belastet werden. Der Eigentümer einer beweglichen Sache kann einem anderen ein Pfandrecht an der Sache bestellen (§ 1204). Auch diese Fälle sind Beispiele für Verfügungen (Verfügungsgeschäfte).

c) Beispiele für die Aufhebung eines Rechts

329 *Aufrechnung (§ 387):* Wer die Aufrechnung erklärt (§ 387), bringt die geringere Forderung ganz, die höhere teilweise zum Erlöschen (§ 389). Da die Aufrechnung zur *Aufhebung* eines Rechts führt, ist sie eine Verfügung.

Kündigung: Wer einen Mietvertrag kündigt, führt dessen Ende herbei, so dass in der Kündigung eine Verfügung zu sehen ist.[7]

330 *Erlassvertrag (§ 397):* Auch durch einen Erlass erlischt eine Schuld (§ 397), wird also aufgehoben. Der Erlassvertrag stellt deshalb eine Verfügung darf. *Beispiel:* S hatte seinem Freund F einen Schuldschein ausgestellt. F schickte ihm den Schuldschein zurück,

---

[7] BGH NZM 1998, 146.

aber zerrissen. Darin lag der Antrag auf Abschluss eines Erlassvertrags. S kann den Antrag annehmen, ohne das dem F mitzuteilen (§ 151, Rn 211 ff).

IV. Rechtliche Konsequenzen der Trennung von Verpflichtungs- und Verfügungsgeschäft

1. Abstraktionsprinzip

Die wichtigste Konsequenz des Trennungsprinzips ist das *Abstraktionsprinzip*. Es besagt, dass die beiden Rechtsgeschäfte – das Verpflichtungsgeschäft und das Verfügungsgeschäft – nicht nur eigenständig sind, sondern dass die Nichtigkeit des einen Rechtsgeschäfts im Prinzip nicht auf das andere übergreift.[8] Insbesondere gilt: Wenn das Verpflichtungsgeschäft aus irgendeinem Grund nichtig ist, zB wegen Sittenwidrigkeit (§ 138) oder durch Anfechtung (§ 142), erfasst dieser Makel prinzipiell nicht das entsprechende Verfügungsgeschäft.

331

Beispiel: In Fall 13 (Rn 314) ist der Kaufvertrag vom Makel der arglistigen Täuschung betroffen, was ihn (nach der Anfechtung) nichtig macht. Dagegen ist die Eigentumsübertragung von Rüger auf Mönchmeyer nicht durch Rügers Arglist beeinflusst, sondern wertneutral. Es ist deshalb folgerichtig, dass die Eigentumsfrage durch die Anfechtung nicht berührt wird. Das dient der Klarheit und Einfachheit des Rechts. Eigentümer einer beweglichen Sache soll möglichst derjenige sein, dem sie übereignet wurde und der deshalb sichtbar „die tatsächliche Gewalt über die Sache" hat, also ihr Besitzer (§ 854 Abs. 1).[9] Wenn die Nichtigkeit des Verpflichtungsgeschäfts auch die Eigentumsübertragung erfassen würde, müsste das Eigentum ohne den äußerlich erkennbaren Vorgang der Übergabe wieder an Rüger zurückfallen. Das soll vermieden werden. Wenn Rüger wieder Eigentümer werden soll, dann durch eine erneute Verfügung, nur umgekehrt, also durch Übergabe von Mönchmeyer an Rüger und Einigsein (§ 929).

Der Vorteil des Abstraktionsprinzips wird noch deutlicher, wenn man den Sachverhalt in folgender Weise variiert. *Beispiel 2:* Zunächst wie Fall 13 (Rn 314). Aber Mönchmeyer hatte den Ring, bevor er die Anfechtung erklärte, Frau Mayn geschenkt und ihn ihr – in Erfüllung des Schenkungsvertrags – nach § 929 übereignet. Er hat das dann *als Eigentümer* getan, obwohl er den Ring aufgrund eines später (aber rückwirkend!) nichtigen Kaufvertrags erworben hatte. Wenn es das Abstraktionsprinzip *nicht* gäbe, wäre auch die Übereignung von Rüger auf Mönchmeyer durch die Anfechtung rückwirkend nichtig. Mönchmeyer hätte deshalb den Ring als *Nicht*eigentümer auf Frau Mayn übertragen, was zu einigen Komplikationen führen würde. Es ist deshalb einfacher, die Eigentumsverhältnisse durch die Nichtigkeit des zugrunde liegenden Kausalgeschäfts nicht berühren zu lassen. Damit dient das Abstraktionsprinzip der Einfachheit und Sicherheit im Rechtsverkehr.[10]

---

8 Das Adjektiv „abstrakt" stammt von dem lateinischen Verb abstrahere (Betonung auf dem a) = wegreißen, fortschleppen und bedeutet „losgelöst". Man kennt es von der abstrakten Malerei (die sich von den Gegenständen gelöst hat) und von den abstrakten Begriffen.
9 Dass Besitz und Eigentum an einer Sache sehr oft verschiedenen Personen zustehen (zB bei der Mietsache), ändert nichts daran, dass dies Auseinanderfallen nicht unnötig vermehrt werden soll.
10 Lorenz JuS 2009, 489 (490, 3 a); Brox/Walker Rn 120.

2. Vertragliches Verfügungsverbot (§ 137)

332 An § 137 kann man gut erkennen, dass die Trennung von Verpflichtungs- und Verfügungsgeschäft für das deutsche Zivilrecht von grundlegender Bedeutung ist. Denn man kann diese Vorschrift nicht verstehen, wenn man dies Prinzip nicht kennt:
Nach § 137 S. 1 kann der Inhaber eines veräußerlichen Rechts nicht der Fähigkeit beraubt werden, über dies Recht wirksam zu verfügen. *Beispiel:* Herr V wollte seiner Tochter T ein Haus übereignen, jedoch sicher sein, dass sie es nicht ihrerseits an einen Dritten übereignete. Frau T musste sich deshalb im notariell beurkundeten Schenkungsvertrag verpflichten, nicht über das Grundstück zu verfügen. Sie wurde als Eigentümerin ins Grundbuch eingetragen. Ein Jahr später übereignete sie das Grundstück an D. § 137 löst diesen Fall folgendermaßen: Die Verpflichtung, die Frau T gegenüber ihrem Vater eingegangen war, hinderte sie nicht daran, das Grundstück an T zu übereigenen (§ 137 S. 1). Diese Übereignung ist also wirksam (soweit sie nicht aus anderen Gründen unwirksam sein sollte). In S. 2 geht es um die Frage, ob sich Frau T gegenüber ihrem Vater trotzdem wirksam zum Verzicht auf eine Verfügung verpflichtet hatte. Diese Frage wird von S. 2 klar bejaht. Frau T hat also ihre vertragliche Pflicht gegenüber ihrem Vater verletzt und muss dafür einstehen, etwa durch die Verpflichtung, ihm Schadensersatz zu zahlen. Sie kann sich nicht darauf berufen, die Verpflichtung sei unwirksam, weil sie ihr nicht die Rechtsmacht zur Verfügung genommen habe. Frau T hat also wirksam etwas ihr Verbotenes getan.[11]

§ 14 Verfügung eines Nichtberechtigten

333 ▶ **Fall 14: Montblanc-Füllfederhalter**   §§ 929, 185

Frau Kleinsorg betreibt ein Papier- und Schreibwarengeschäft. Ihre Lieferantin, die Großmann-GmbH, liefert unter Eigentumsvorbehalt, gewährt Frau Kleinsorg aber stillschweigend drei Monate Zahlungsziel. Frau Kleinsorgs Steuerberater Strobel kaufte sich bei Frau Kleinsorg einen Montblanc-Füllfederhalter. Strobel wusste, dass der Füller unter Eigentumsvorbehalt geliefert wurde und nicht bezahlt war. Frau Kleinsorg übergab Herrn Strobel den Füllhalter, und dieser steckte ihn ein. Hat Herr Strobel Eigentum erworben?

334 *Vorbemerkung:* Viele Anfänger würden die Lösung dieses kleinen Falles mit dem gedankenlosen Satz beginnen: „Es ist zu prüfen, ob zwischen Frau Kleinsorg und Herrn Strobel ein Kaufvertrag zustande gekommen ist." Aber erstens steht das im Sachverhalt („... Strobel kaufte sich bei Frau Kleinsorg einen Montblanc-Füllfederhalter") und zweitens ist nicht nach dem zugrunde liegenden Verpflichtungsgeschäft (dem Kaufvertrag), sondern nach dem Verfügungsgeschäft (der Eigentumsübertragung) gefragt. Und diese beiden Ebenen sind bekanntlich streng zu trennen! Der Abschluss eines Kaufvertrags wäre wegen des Abstraktionsprinzips (Rn 331) selbst dann nicht zu prüfen, wenn er zweifelhaft wäre.

---

[11] In der Praxis wird § 137 S. 1 durch eine Konstruktion umgangen, die sich pfiffige Notare ausgedacht haben. Im Beispielsfall würde sich V im Schenkungsvertrag ein Rücktrittsrecht für den Fall vorbehalten, dass seine Tochter T das Grundstück weiterveräußern sollte. Dieses Rücktrittsrecht würde durch eine sogenannte *Rückauflassungsvormerkung* im Grundbuch verankert. Der BGH hat diese Konstruktion akzeptiert (NJW 1997, 861), obwohl sie § 137 S. 1 unzulässig aushöhlt.

§ 14 Verfügung eines Nichtberechtigten § 14

Es ist zu fragen, ob Strobel nach § 929 S. 1 das Eigentum am Füllfederhalter erworben hat. 335
Die erforderliche Übergabe hat stattgefunden. Eine Einigung über den Eigentumsübergang liegt auch vor. Aber Frau Kleinsorg war *nicht die Eigentümerin* des Füllers, weil dieser unter Eigentumsvorbehalt geliefert und noch nicht bezahlt war (Rn 375). Nach § 929 S. 1 hätte deshalb nur die Großmann-GmbH den Füller auf Strobel übertragen können, nicht Frau Kleinsorg.

Frau Kleinsorg könnte den Füllhalter aber nach § 185 Abs. 1 an Strobel übereignet haben. Bei § 185 ist es besonders wichtig, jeden Begriff zu definieren und dann zu prüfen, ob sich der Sachverhalt unter diesen Begriff subsumieren lässt:

„Eine Verfügung ..." Die Übertragung des Eigentums ist eine Verfügung (Rn 324). Allerdings war Frau Kleinsorg nicht die Eigentümerin des Füllfederhalters, so dass die Voraussetzungen des § 929 nicht vorliegen („... ist erforderlich, dass der *Eigentümer* die Sache dem Erwerber übergibt ..."). Aber das muss im Rahmen des § 185 Abs. 1 vernachlässigt werden. Denn § 185 ist gerade dafür geschaffen worden, die Verfügung eines *Nichtberechtigten* wirksam zu machen.

„... die ein Nichtberechtigter ..." Nichtberechtigter ist jeder, der nicht selbst (aufgrund eigenen Rechts) über den Gegenstand verfügen könnte (Rn 340). Frau Kleinsorg hat über das Eigentum an einem Füller verfügt. Sie war dabei Nichtberechtigte, weil die Großmann-GmbH im Zeitpunkt der Veräußerung noch Eigentümerin des Füllhalters war und deshalb allein über ihn verfügen konnte.

„... über einen Gegenstand trifft ..." „Gegenstand" ist das Eigentum am Füller. Man kann auch sagen, Gegenstand sei der Füller selbst, denn jedes veräußerungsfähige Rechtsgut ist ein „Gegenstand".

„... ist wirksam, wenn sie mit Einwilligung ..." „Einwilligung" ist die *vorherige* Zustimmung (§ 183 S. 1).

„... des Berechtigten erfolgt." „Berechtigter" war die Großmann-GmbH, weil sie immer noch die Eigentümerin des Füllers war. Da sie sich zu einer Einwilligung nicht ausdrücklich geäußert hat, könnte sie ihre Einwilligung nur konkludent erklärt haben. Bei der Entscheidung dieser Frage ist von der Interessenlage auszugehen: Die Großmann-GmbH möchte sicherstellen, dass ihre Rechnungen von Frau Kleinsorg bezahlt werden. Frau Kleinsorg kann aber idR nur zahlen, wenn sie ihrerseits die Ware an ihre Kunden verkauft hat. Rechtsprechung und Lehre gehen deshalb davon aus, dass der Lieferant eines Wiederverkäufers grundsätzlich damit einverstanden ist, dass dieser die Ware – trotz des Eigentumsvorbehalts – schon *vor* ihrer Bezahlung weiterverkauft und übereignet (veräußert). Darin liegt eine *stillschweigende Einwilligung* nach § 185 Abs. 1. Da alle Voraussetzungen des § 185 Abs. 1 gegeben sind, ist Strobel nach den §§ 929, 185 Abs. 1 Eigentümer des Füllfederhalters geworden.

Hinweis für Fortgeschrittene: Wer schon Kenntnisse im Schuldrecht und im Sachenrecht hat, kennt den Begriff des gutgläubigen Erwerbs und könnte in Versuchung sein, § 185 für einen solchen Fall zu halten. Der Erwerb nach § 185 mit § 929 hat aber nichts mit Unwissenheit und gutem Glauben zu tun, ist also kein gutgläubiger Erwerb. Herr Strobel wusste als Frau Kleinsorgs Steuerberater, dass der Füller nicht bezahlt war und deshalb Frau Kleinsorg nicht gehörte, hat ihn aber trotzdem erworben. Denn § 185 stellt gar nicht auf die Unwissenheit des Erwerbers (seinen guten Glauben nach § 932) ab, sondern auf die Einwilligung des Berechtigten. Und die lag vor. ◂

Nachbemerkung: Fall 14 betrifft einen kleinen Laden und einen Kaufvertrag über einen einzigen Füllfederhalter. Das sollte aber nicht zu der Annahme verleiten, die Verfügung über Vorbehaltsware nach § 185 Abs. 1 spiele sich nur in diesem kleinen Rahmen ab. Auch Großunternehmen des Handels verkaufen und übereignen nach § 185 Abs. 1 Waren im Wert von Millionen Euro, die sie unter Eigentumsvorbehalt erhalten, aber noch nicht bezahlt haben. ◀

Lerneinheit 14

336 Literatur: *Beckert*, Einwilligung und Einverständnis, JA 2013, 507; *Musielak*, Der Rückerwerb des Eigentums durch den nichtberechtigten Veräußerer, JuS 2010, 377; *Katzenstein*, Verfügungsermächtigung nach § 185 BGB durch Zustimmung zum Abschluss eines Schuldvertrags, Jura 2004, 1; *Haedicke*, Der bürgerlich-rechtliche Verfügungsbegriff, JuS 2001, 966; *Jakobs*, Verfügung eines Nichtberechtigten durch Verfügungsmachtmissbrauch, JZ 2000, 28; *Braun*, Die Rückabwicklung der Verfügung eines Nichtberechtigten nach § 185 BGB, ZIP 1998, 1469.

I. Voraussetzungen des § 185 Abs. 1

1. Verfügung im eigenen Namen

337 *Verfügung:* Aus dem Wort „Verfügung", mit dem § 185 beginnt, wird deutlich, dass er keinesfalls auf Verpflichtungsgeschäfte angewendet werden darf, sondern ausschließlich für Verfügungen gilt. Es gibt bewusst keine parallele Vorschrift, die den Abschluss eines Verpflichtungsgeschäfts im eigenen Namen, aber zulasten eines Dritten gestatten würde. Aber alle Verfügungen (Rn 324) können nach § 185 vorgenommen werden. Hauptbeispiel ist natürlich die Übertragung des Eigentums. Aber zB kann auch die Belastung eines Grundstücks mit einer Hypothek oder eine Abtretung (§ 398) durch einen Nichtberechtigten erfolgen.

338 *Im eigenen Namen:* Zu beachten ist, dass § 185 immer von einer Verfügung *im eigenen Namen* ausgeht. Wer im fremden Namen verfügt, ist Vertreter (§ 164 Abs. 1), gleichgültig ob mit oder ohne Vertretungsmacht. Die Verfügung im *fremden* Namen wird deshalb nach den Regeln der Stellvertretung beurteilt (§§ 164 ff), nicht nach § 185. Dass § 185 immer ein Handeln *im eigenen Namen* voraussetzt, steht nur deshalb nicht in § 185, weil das Gesetz immer vom Handeln im eigenen Namen ausgeht, wenn es nicht ausdrücklich etwas anderes bestimmt.

339 *Gegenstand:* Die Verfügung muss „über einen *Gegenstand*" getroffen worden sein. „Gegenstand" ist die Bezeichnung des Gesetzes für alle veräußerungsfähigen Rechtsgüter. Objekt der Verfügung kann deshalb eine (bewegliche oder unbewegliche) Sache sein, aber auch ein Recht, zB eine Forderung oder ein GmbH-Geschäftsanteil. *Beispiel:* A und B sind die Gesellschafter der Y-GmbH. A trat einen Geschäftsanteil an einen Dritten ab, aber nicht seinen eigenen, sondern im eigenen Namen den des B.

2. Nichtberechtigter

340 § 185 setzt voraus, dass ein „*Nichtberechtigter*" die Verfügung vorgenommen hat. Nichtberechtigter ist, wer *ohne* die (von § 185 Abs. 1 vorausgesetzte) Einwilligung des Berechtigten nicht wirksam über den Gegenstand verfügen könnte. Anders gesagt: Nichtberechtigter ist jeder, der erst durch die Einwilligung des Berechtigten die nötige Rechtsmacht erlangt, wirksam über den Gegenstand verfügen zu können (Verfügungs-

macht). *Beispiel 1:* X veräußerte (übereignete) eine ihm nicht gehörende Uhr. *Beispiel 2:* Y hatte die ihm gegen S zustehende Forderung wirksam an A abgetreten (§ 398). Damit war A Gläubiger der Forderung, nicht mehr Y. Dieser trat sie dann aber ein zweites Mal ab, diesmal an B. Bei der zweiten Abtretung war Y Nichtberechtigter.

Auch ein Nichtberechtigter, der mit Einwilligung des Berechtigten verfügt, bleibt ein Nichtberechtigter. Er erhält durch die Einwilligung nur die nötige Verfügungsmacht, wird aber nicht zum Berechtigten iSv § 185 Abs. 1. Es wäre ein Fehler, in diesem Fall zu schreiben: „Weil A die Einwilligung des Eigentümers B hatte, war er Berechtigter".

3. Einwilligung des Berechtigten

§ 185 Abs. 1 setzt weiter voraus, dass der Berechtigte seine Einwilligung zur Verfügung des Nichtberechtigten gegeben hat. „*Berechtigter*" ist derjenige, ohne dessen Einwilligung der Nichtberechtigte nicht verfügen könnte. Im Regelfall ist der Berechtigte der Inhaber des Rechts, über das der Nichtberechtigte verfügt, ausnahmsweise nur der Verfügungsberechtigte.

„*Einwilligung*" ist, wie sich aus § 183 S. 1 ergibt, die vorherige Zustimmung. Die Einwilligung kann der Berechtigte auch konkludent erklären. Dann muss sich der Berechtigte aber seiner Situation bewusst sein: Er muss wissen, dass von einem anderen über *sein* Recht verfügt werden soll und dass er in dieser Sache eine Entscheidung trifft. Ist er sich dessen nicht bewusst, liegt keine konkludente Einwilligung vor.[12]

II. Zustimmung, Einwilligung, Genehmigung

Man muss sich merken, dass der Oberbegriff „*Zustimmung*" heißt. Seine beiden Unterarten sind die vorherige Zustimmung = *Einwilligung* (§ 183 S. 1) und die nachträgliche Zustimmung = *Genehmigung* (§ 184 Abs. 1). Es ist unlogisch (und zumindest eine unschöne Tautologie, ein „schwarzer Rabe"), den Begriff Genehmigung mit dem Adjektiv „nachträglich" zu versehen. Dieser Fehler unterläuft auch dem BAG[13] und sogar dem sonst sehr korrekten BGH.[14] Wenn man die Nachträglichkeit betonen will, kann man „nachträgliche *Zustimmung*" sagen.

§ 185 verdankt übrigens seine Einordnung in das BGB im Anschluss an die §§ 183 und 184 der Tatsache, dass in seinem Absatz 1 das Wort „Einwilligung" und in Absatz 2 das Wort „Genehmigung" vorkommt. Die Väter des BGB waren der Meinung, § 185 könne seinen Platz im Anschluss an die Paragrafen finden, in denen diese Begriffe definiert werden. Aber diese Einordnung ist natürlich eine Notlösung. Durch sie kommt zum Ausdruck, dass § 185 eigentlich in keinen Abschnitt und unter keinen Titel des BGB passt – er ist ein Einzelgänger, aber ein äußerst eleganter und zugleich theoretisch und praktisch wichtiger Paragraf.

III. Anwendungsfälle des § 185 Abs. 1

§ 185 Abs. 1 ist nicht nur theoretisch interessant, sondern spielt auch in der Praxis eine große Rolle. *Beispiel 1:* Fall 14, Rn 333. *Beispiel 2:* X wollte das Grundstück des V kaufen, brauchte aber zur Finanzierung des Kaufpreises ein Darlehen der B-Bank. Als

---
12 BGH NJW 1998, 1482.
13 NJW 2017, 3804 Rn 21.
14 NJW 2012, 2107 Rn 17; 2011, 2421 Rn 12; 2011, 1965 Rn 21.

Sicherheit konnte er nur eine Grundschuld an dem Grundstück anbieten, das noch V gehörte. V gestattete ihm nach § 185 Abs. 1, die Grundschuld im eigenen Namen zu bestellen. X verfügte über das Grundstück, indem er es zugunsten der B-Bank belastete (Rn 324). Er tat das als *Nichtberechtigter*, weil er (noch) nicht der Eigentümer des Grundstücks war, aber er tat es mit der Einwilligung des V.[15] *Beispiel 3:* Kunstmaler M war Eigentümer eines von ihm gemalten Bildes. Galerist G nahm das Bild in *Kommission*.[16] Dadurch wurde G nicht Eigentümer des Bildes, Eigentümer blieb M. Aber G erhielt das Recht, das Bild des M nach § 185 Abs. 1 im eigenen Namen dem künftigen Käufer zu übereignen.

IV. § 185 Abs. 2 S. 1

347 § 185 Abs. 2 S. 1 soll wie gewohnt abschnittsweise erläutert werden.

„Die Verfügung wird wirksam ..." Aus diesen Worten ergibt sich, dass eine Verfügung, die bei ihrer Vornahme unwirksam war, weil die Voraussetzungen des § 185 Abs. 1 *nicht* vorlagen, noch geheilt werden kann.

„... wenn der Berechtigte sie genehmigt ..." Der Begriff des „Berechtigten" ist derselbe wie in Absatz 1 (Rn 341). Die „Genehmigung" ist die nachträgliche Zustimmung (§ 184 Abs. 1). Durch sie wird die (mangels Einwilligung) ursprünglich unwirksame Verfügung des Nichtberechtigten wirksam. Eine Genehmigung liegt nur vor, wenn der Berechtigte eindeutig zu erkennen gibt, dass er die Verfügung ohne Wenn und Aber gutheißt.[17] Die Genehmigung wirkt im Grundsatz zurück auf den Zeitpunkt der Verfügung (§ 184 Abs. 1).

348 *„... oder wenn der Verfügende den Gegenstand erwirbt ..."* Der „Verfügende" ist der Nichtberechtigte (Rn 340). *Beispiel:* A hatte den Geschäftsanteil des B an X abgetreten, aber ohne Einwilligung des B, so dass die Verfügung unwirksam war. Inhaber des Geschäftsanteils (Gesellschafter) war immer noch B. Später erwarb A den Geschäftsanteil von B. Dadurch wurde seine Verfügung automatisch (ipso jure) wirksam, so dass der Geschäftsanteil jetzt X zusteht.[18]

„... oder wenn er von dem Berechtigten beerbt wird und dieser für die Nachlassverbindlichkeiten unbeschränkt haftet." Mit „er" ist der Verfügende gemeint. Das Wort „beerben" wird oft missverstanden. Manche denken, dass der Erblasser den Erben beerbe.[19] Aber es ist umgekehrt. Als Eselsbrücke können die Wörter „beerdigen" und „beerben" helfen, die immer parallel anzuwenden sind („Ich habe meinen Onkel beerbt und beerdigt"). Im Fall des § 185 Abs. 2 S. 1 muss also der „Berechtigte" den Verfügenden überlebt und beerbt haben. Anders gesagt: Es muss der spätere *Erblasser* als Nichtberechtigter verfügt haben, nicht der Erbe. *Beispiel:* Vater V hatte ohne Zustimmung seines Sohnes S dessen Jugendstilvase schenkweise an D übereignet. V starb und wurde von S beerbt. Wenn S unbeschränkt für die Nachlassverbindlichkeiten haftet, muss er die von V geerbten Pflichten erfüllen. Er müsste deshalb die unwirksame Verfügung des V genehmigen. Das ist aber nicht erforderlich, weil das Gesetz selbst die Verfügung wirksam werden lässt.

---

15 BGH NJW 1999, 2275 nennt den X irrtümlich einen Berechtigten.
16 Kommissionsgeschäft, § 383 ff HGB.
17 BGH NJW 1998, 1482; NJW-RR 2000, 1583.
18 BFH NJW 1996, 1079.
19 So irrtümlich BGH NJW 1994, 1470.

Fünftes Kapitel   Bedingungen, Fristen, Termine

§ 15 Bedingte Verpflichtungsgeschäfte

▶ **Fall 15: Fördermittel für eine Solaranlage**   §§ 158, 162

Die Solafix GmbH bot ihre Solaranlagen auf einer Verbrauchermesse an. Dort sagte der Solafix-Mitarbeiter Kuchinke den Eheleuten Lahusen, die Anlage könne auch von Laien montiert werden, denn sein Unternehmen stelle umfangreiche Unterlagen zur Verfügung. Daraufhin kauften die Eheleute eine Anlage für 10 942 Euro. Auf ihren Wunsch wurde aber in den Kaufvertrag der Satz aufgenommen: „Die Gültigkeit des Vertrags ist davon abhängig, dass ein Antrag der Käufer auf Solarfördermittel vom Bundesamt für Wirtschaft und Ausfuhrkontrolle genehmigt wird."

Die Anlage sollte erst später geliefert und bezahlt werden, aber Kuchinke gab den Eheleuten schon die Montageanleitung mit. In ihr entdeckten sie den Satz: „Die Montage setzt Fachkenntnisse entsprechend einer abgeschlossenen Berufsausbildung im Gas-/Wasserinstallationshandwerk" voraus. Daraufhin gaben die Eheleute das Projekt auf, bezahlten die Anlage nicht und stellten auch keinen Antrag auf Gewährung von Fördermitteln. Die Solafix verlangt die Zahlung des Kaufpreises. Müssen die Eheleute Lahusen den Bausatz abnehmen und bezahlen? (Nach BGH NJW 2007, 3057)

Die Verpflichtung zur Abnahme und Bezahlung des Bausatzes könnte sich aus § 433 Abs. 2 ergeben. Das setzt voraus, dass zwischen den Eheleuten Lahusen und der Solafix GmbH (vertreten durch Kuchinke) ein wirksamer Kaufvertrag geschlossen wurde (§§ 145 ff). Zweifel daran könnten sich ergeben, wenn der Vertrag unter einer *aufschiebenden Bedingung* abgeschlossen sein sollte. Um diese Frage zu klären, soll § 158 Abs. 1 abschnittsweise geprüft werden.

„*Wird ein Rechtsgeschäft* ..." Das Rechtsgeschäft ist der Kaufvertrag zwischen der Solafix GmbH und den Eheleuten Lahusen (§ 433).

„... *unter einer aufschiebenden Bedingung vorgenommen* ..." Eine „aufschiebende Bedingung" ist eine Vertragsbestimmung, die die Rechtswirkung des Rechtsgeschäfts vom Eintritt eines ungewissen künftigen Ereignisses abhängig macht (Rn 355). Dies Ereignis war hier die Zusage von Fördermitteln. Denn von ihr sollte die Wirksamkeit des Kaufvertrags abhängen.

„... *so tritt die von der Bedingung abhängig gemachte Wirkung* ..." Diese „Wirkung" ist die Gültigkeit des Kaufvertrags und damit die Zahlungspflicht der Käufer.

„... *mit dem Eintritte der Bedingung ein.*" Der Kaufvertrag konnte also erst mit der Zusage von Fördermitteln wirksam werden.

Daraus ergibt sich, dass der Vertrag zunächst keine Rechtswirkungen entfalten konnte. Insbesondere konnte die Solafix GmbH nicht nach § 433 Abs. 2 die Abnahme des Bausatzes und die Zahlung des Kaufpreises verlangen (§ 158 Abs. 1). Inzwischen ist davon auszugehen, dass die Bedingung auch nicht mehr eintreten wird. Der Kaufvertrag wäre deshalb endgültig wirkungslos.

Es ist aber zu prüfen, ob die Eheleute Lahusen den „Eintritt der Bedingung ... wider Treu und Glauben verhindert" haben (§ 162 Abs. 1; Rn 362). Zweifellos haben die Eheleute den Eintritt der Bedingung verhindert. Denn sie haben keinen Antrag gestellt, so dass auch keine Bewilligung möglich war. Die Frage ist nur, ob sie dabei „wider Treu und Glauben" gehandelt haben. Der BGH hat das zu Recht verneint. Die Solafix GmbH war verpflichtet, ihre Kunden Lahusen vor dem Abschluss des Kaufvertrags vollständig und richtig über die Eigenschaften der Kaufsache und die Probleme der Montage zu belehren. Das hat ihr Mitarbeiter Kuchinke nicht getan. Er hat sogar fälschlich behauptet, auch Laien könnten die Anlage montieren. Durch diese Fehlinformation hat die Solafix ihre vorvertragliche Aufklärungspflicht verletzt,[1] so dass die Eheleute den Rücktritt vom Vertrag hätten erklären können.[2] Es gilt dann ein einfacher Grundsatz: Wer sich aus einem Grund, der mit der Bedingung nichts zu tun hat, vom Vertrag hätte lösen können, handelt nicht treuwidrig, wenn er den Eintritt der Bedingung verhindert. Denn diesen Erfolg – die Unwirksamkeit des Vertrags – hätte er ja auch auf dem anderen Weg erreichen können. Damit steht fest, dass die Voraussetzungen des § 162 Abs. 1 nicht gegeben sind.

Es bleibt also dabei, dass der Vertrag – da die Bedingung nicht mehr eintreten kann – endgültig unwirksam ist. ◄

Lerneinheit 15

351 Literatur: *Weber/Wesiack*, Aufschiebend bedingte Bewilligung der Eigentumsumschreibung – Alternative zur Ausfertigungssperre und Bewilligungsvollmacht, DNotZ 2019, 164; *Aligbe*, Die Einstellungsuntersuchung als auflösende Bedingung im Arbeitsvertrag, ArbRAktuell 2015, 542; *Bonefeld*, Pflichtteilsanspruch bei aufschiebenden oder auflösenden Bedingungen, ZErb 2015, 216; *Klühs/Müller*, Bindung durch Angebot, Bedingung und Rücktrittsrecht bei Grundstücksgeschäften, RNotZ 2013, 81; *Völzmann*, Wiederverheiratungsklauseln, RNotZ 2012, 1; *Martens*, Grundfälle zu Bedingung und Befristung, JuS 2010, 481.

I. Einführung

1. Interessenlage

352 Manchmal ist jemand im Grunde bereit, einen Vertrag zu schließen, muss aber befürchten, dass ein bestimmtes Ereignis eintreten – oder *nicht* eintreten – könnte und dadurch der Vertrag sinnlos würde. Dann liegt es nahe, den Vertrag zwar zu schließen, seine Rechtswirkungen aber vom Eintritt oder Nichteintritt des fraglichen Ereignisses abhängig zu machen. Eine solche Vertragsklausel nennt man eine *Bedingung* (§ 158 Abs. 1, Abs. 2). Die Bedingung ist demnach ein Mittel, mit dem die Beteiligten eine Unsicherheit über die künftige Entwicklung berücksichtigen können.[3]

Von der Möglichkeit, eine Bedingung zu vereinbaren, wird offensichtlich zu wenig Gebrauch gemacht. Das zeigen die zahlreichen Fälle, in denen sich ein Vertragspartner später (oft erfolglos) auf den Fortfall der Geschäftsgrundlage beruft (§ 313). Denn typisch für dieses Rechtsinstitut ist, dass eine bestimmte Entwicklung von den Parteien *nicht* zur Bedingung des Vertrags gemacht wurde.

---

1 SAT Rn 839.
2 Wie das rechtlich zu konstruieren ist, kann im Rahmen des Allgemeinen Teils des BGB nicht erläutert werden.
3 Medicus Rn 827.

2. Definition der Bedingung

Eine *Bedingung* ist eine in einem Rechtsgeschäft enthaltene Bestimmung, die die Rechtswirkung des Rechtsgeschäfts vom Eintritt (oder Nichteintritt) eines ungewissen künftigen Ereignisses abhängig macht (§ 158 Abs. 1, Abs. 2). Das Gesetz unterscheidet zwei Arten von Bedingungen,

- die auf*schiebende* Bedingung (§ 158 Abs. 1) und die
- *auflösende* Bedingung (§ 158 Abs. 2; Rn 364 ff).

Leider sind beide Absätze des § 158 unsauber formuliert. Denn sie verwenden den Begriff „Bedingung" doppeldeutig. Er bezeichnet nicht nur die entsprechende Vertragsbestimmung, sondern mit den Worten „Eintritt der Bedingung" auch das künftige Ereignis, von dem die Wirksamkeit des Rechtsgeschäfts abhängig sein soll.

Terminologisches: Das Wort „Bedingung" wird häufig auch für vertragliche Bestimmungen anderen Inhalts verwendet, besonders in den Worten „Vertragsbedingungen" und „Allgemeine Geschäftsbedingungen" (§ 305 Abs. 1). Diese „Bedingungen" haben nichts mit den Bedingungen zu tun, um die es in den §§ 158 ff geht.

3. Bedingte Verpflichtungsgeschäfte und bedingte Verfügungen

In den meisten Fällen bezieht sich die Bedingung auf die Wirksamkeit eines *Verpflichtungsgeschäfts*, insbesondere eines Kaufvertrags. Im Folgenden geht es zunächst immer um Bedingungen in Verpflichtungsgeschäften. *Verfügungen* unter einer Bedingung werden in einem eigenen Abschnitt behandelt (Rn 372 ff).

II. Aufschiebende Bedingungen

1. Grundlagen

Definition: Eine auf*schiebende* Bedingung ist eine Bestimmung in einem Rechtsgeschäft, die den *Beginn* der Rechtswirkung des Rechtsgeschäfts vom Eintritt eines ungewissen künftigen Ereignisses abhängig macht (§ 158 Abs. 1). Wie bereits ausgeführt (Rn 353) nennt § 158 Abs. 1 nicht nur die Vertragsklausel „Bedingung" („... unter einer aufschiebenden Bedingung vorgenommen ..."), sondern auch das künftige Ereignis („... mit dem Eintritt der Bedingung ein.")

Rechtslage nach Vertragsschluss: Ein Vertrag, der unter einer aufschiebenden Bedingung geschlossen wurde, ist mit seinem Abschluss vollendet. Es fehlt ihm nur noch die erforderliche Wirkung. Er befindet sich deshalb zunächst in einem Schwebezustand.

Rechtslage nach Eintritt der Bedingung: Die Rechtswirkung beginnt mit dem Eintritt des Ereignisses (das von § 158 ebenfalls Bedingung genannt wird). Die Rechtswirkung entsteht „ipso iure", also kraft gesetzlicher Anordnung. Das bedeutet, dass das Wirksamwerden nicht mehr von der Zustimmung der Parteien abhängig ist. Es kann deshalb durch den Protest einer Partei nicht mehr verhindert werden. Denn die für den Vertragsschluss erforderliche Willenseinigung braucht bei Eintritt des Ereignisses nicht mehr zu bestehen.[4]

---

[4] Allgemeine Meinung, zB BGH NJW 1994, 3227; Soergel/Wolf § 158 Rn 28.

Beweislast: Ist streitig, ob eine aufschiebende Bedingung vereinbart wurde oder nicht, trägt derjenige die Beweislast, der sich auf das *Fehlen* einer Bedingung beruft.[5] Denn er will Rechte aus dem Vertrag herleiten und muss deshalb dessen Wirksamkeit beweisen.

2. Das künftige Ereignis

357 Wie bereits gesagt, muss das künftige Ereignis, von dessen Eintritt die Rechtswirkung abhängen soll (und das bekanntlich auch „Bedingung" genannt wird), *ungewiss* sein. Man kann in dieser Hinsicht zwei Extremfälle unterscheiden:

- Ob die Bedingung eintritt, kann allein vom *Zufall* abhängen oder von der Entscheidung eines Dritten, auf den die Vertragspartner keinen Einfluss haben (Fall 15, Rn 349). Das ist sozusagen der klassische Fall der Bedingung.
- Die „Bedingung" kann auch allein darin bestehen, dass einer der Partner sich später in einer bestimmten Weise entscheidet. Man spricht dann von einer *Wollensbedingung* (Potestativbedingung).[6] Aber es handelt sich nicht um eine wirkliche Bedingung. Es liegt nur ein Antrag der einen Partei vor, den sie nach § 148 mit einer längeren Annahmefrist versehen hat (Option). Der scheinbare Bedingungseintritt ist in Wirklichkeit die Annahme des Antrags durch die andere Partei.[7]

Zwischen diesen Extremen stehen die Fälle, in denen einer der Partner den Eintritt oder Nichteintritt des Ereignisses (der Bedingung) zwar nicht allein bestimmen, aber beeinflussen kann. *Beispiel 1:* BMW-Händler P hatte sich gegenüber der Vereinigung der BMW-Händler verpflichtet, künftig einen bestimmten Wettbewerbsverstoß zu unterlassen, und für jeden Fall der Zuwiderhandlung eine Vertragsstrafe von 5 000 Euro versprochen. Seine Zahlungsverpflichtung war abhängig von seinem künftigen Verhalten, aber auch davon, dass es bekannt wurde. Deshalb lag eine echte aufschiebende Bedingung vor, keine Wollensbedingung.[8] *Beispiel 2:* Laut Vertrag musste A, wenn er vor Ablauf von vier Jahren sein Haus verkaufte, an B eine bestimmte Summe zahlen. In diesem Fall hing es zwar überwiegend vom Willen des A ab, ob er verkaufte, aber immerhin brauchte er dazu einen Käufer. Deshalb lag gerade noch eine Bedingung im Sinne von § 158 vor.[9] *Beispiel 3:* K kaufte ein Pferd unter der Bedingung, dass sein Tierarzt es für geeignet hielt.[10]

358 Ein Problemfall ist der *Kauf auf Probe.* Das Gesetz konstruiert ihn ausdrücklich als Fall einer „aufschiebenden Bedingung" (§ 454 Abs. 1 S. 2), obwohl die Billigung der Kaufsache ausdrücklich „im Belieben des Käufers" steht (§ 454 Abs. 1 S. 1). Es liegt deshalb eigentlich eine Wollensbedingung vor (Rn 357, zweiter Spiegelstrich).

359 *Zeitbestimmung (§ 163):* Man kann die Rechtswirkung eines Rechtsgeschäfts auch von einem zukünftigen, aber *gewissen* Ereignis abhängig machen, zB von der Vollendung des 18. Lebensjahrs. Dann handelt es sich nicht um eine Bedingung, sondern um eine *Befristung* oder *Zeitbestimmung.* Allerdings sind in diesem Fall einige Bestimmungen über die Bedingungen entsprechend anwendbar (§ 163).

---

5 BGH NJW 2002, 2862.
6 Wolf/Neuner § 52 Rn 15, 17 unterscheiden Potestativ- und Wollensbedingungen.
7 Palandt/Ellenberger, Vor § 158 Rn 10.
8 BGH NJW 1996, 2866.
9 OLG München, NJW-RR 1988, 98.
10 OLG Köln NJW-RR 1995, 113.

§ 15 Bedingte Verpflichtungsgeschäfte

3. Schwebezustand

Solange das künftige Ereignis noch nicht eingetreten ist, aber noch eintreten kann, besteht ein charakteristischer Schwebezustand (so schon Rn 355). Er darf allerdings nicht als „schwebende Unwirksamkeit" bezeichnet werden, weil dieser Ausdruck nur für den Rechtszustand eines Vertrags nach § 108 oder § 177 verwendet wird. Der Schwebezustand wird beendet

- wenn die Bedingung eintritt oder
- wenn derjenige, der seine Willenserklärung von einer aufschiebenden Bedingung abhängig gemacht hat, auf die Bedingung verzichtet
- wenn feststeht, dass die Bedingung objektiv nicht mehr eintreten kann, oder
- wenn die Frist abgelaufen ist, innerhalb derer sie hätte eintreten müssen.[11] *Beispiel:* Bedingung einer Zuwendung war, dass der Bedachte vor Vollendung seines 35. Lebensjahres heiratete – er ist aber inzwischen 36 und immer noch Junggeselle.

4. Beispiele

Vom Käufer gewünschte Bedingung: Wenn sich eine aufschiebende Bedingung auf ein Verpflichtungsgeschäft bezieht, dann meist auf einen Kaufvertrag. Oft ist es dann der Käufer, der sich noch nicht endgültig binden will. *Beispiel 1:* Fall 15 (Rn 349). *Beispiel 2:* V war Gesellschafter einer Gesellschaft bürgerlichen Rechts (GbR, § 705). K schloss mit ihm einen Vertrag über den Ankauf seines Anteils. In § 6 des Vertrags heißt es, der Kaufvertrag stehe unter der aufschiebenden Bedingung, dass „die Finanzierung des Beteiligungserwerbs ... sichergestellt" sei. Die Finanzierung scheiterte. Damit war der Kaufvertrag unwirksam.[12]

Vom Verkäufer gewünschte Bedingung: Auch *der Verkäufer* kann ein Interesse daran haben, den Kaufvertrag von einer aufschiebenden Bedingung abhängig zu machen. *Beispiel:* V verkaufte K ein Grundstück unter der Bedingung, dass K zur Sicherung der Kaufpreisforderung bis zu einem bestimmten Termin eine Bankbürgschaft vorlegte.[13]

5. Keine Manipulation (§ 162)

Wer unter einer aufschiebenden Bedingung berechtigt ist, besitzt bereits eine Rechtsposition, die gegen Störungen weitgehend geschützt ist (§§ 160 bis 162). Insbesondere darf derjenige Partner, der auf den Eintritt (oder Nichteintritt) der Bedingung Einfluss nehmen kann, dies nicht in einer treuwidrigen Weise zu seinen Gunsten tun (§ 162 Abs. 1, Abs. 2). Beeinflusst er trotzdem den Kausalverlauf im Sinne eines „corriger la fortune",[14] fingiert das Gesetz genau das Gegenteil dessen, was der treulos Handelnde wollte: Die durch Manipulation *verhinderte* Bedingung gilt als eingetreten (§ 162 Abs. 1), die durch Manipulation *herbeigeführte* Bedingung gilt als nicht eingetreten (§ 162 Abs. 2).[15]

---

11 BGH NJW 1985, 1556.
12 BGH NJW 2011, 1215 Rn 13 ff.
13 BGH NJW 1990, 507.
14 Soergel/Wolf § 162 Rn 1.
15 BGH NJW 1982, 2552; OLG Düsseldorf NJW 1981, 463.

Allerdings ist nicht jede Einflussnahme auf den Bedingungseintritt treuwidrig.[16] *Beispiel:* Fall 15 (Rn 349).

6. Anwartschaftsrecht

363 Aus § 162 hat die Rechtsprechung den allgemeinen Grundsatz entwickelt, dass „durch den Abschluss eines aufschiebend bedingten Vertrages Bindungen schon vor Eintritt der Bedingung entstehen, die beide Parteien verpflichten, sich während des Schwebezustands vertragstreu zu verhalten und dafür zu sorgen, dass den Belangen des anderen Teils Rechnung getragen wird".[17]

Die geschützte Rechtsposition des bedingt Berechtigten nennt man *Anwartschaftsrecht*. Hauptbeispiel eines Anwartschaftsrechts ist das Recht des Vorbehaltskäufers (§ 449; Rn 376).

III. Auflösende Bedingungen

1. Grundlagen

364 *Definition:* Eine auflösende Bedingung ist eine Bestimmung, die die Rechtswirkung eines Rechtsgeschäfts „mit dem Eintritt der Bedingung" *enden* lässt. Mit „diesem Zeitpunkt tritt der frühere Rechtszustand wieder ein" (§ 158 Abs. 2).

Rechtslage nach Vertragsschluss: Mit Abschluss des Rechtsgeschäfts tritt die gewollte Rechtslage in vollem Umfang ein. Einen Schwebezustand wie bei der aufschiebenden Bedingung (oben Rdn 360) gibt es nicht.

365 *Rechtslage nach Eintritt der Bedingung:* Der Eintritt des zukünftigen Ereignisses (der „Bedingung") stellt ipso jure den früheren (vor dem Vertragsschluss bestehenden) Rechtszustand wieder her. Auf den beim Bedingungseintritt bestehenden Willen der Beteiligten kommt es nicht an.[18]

366 *Endgültiger Ausfall der Bedingung:* Wenn feststeht, dass das ungewisse künftige Ereignis (die „Bedingung") nicht mehr eintreten kann (Ausfall der Bedingung), bleibt das auflösend bedingte Rechtsgeschäft dauernd wirksam.

Gesetzliche Regelung: Das Gesetz hat die auflösende Bedingung zwar in § 158 Abs. 2 definiert, danach aber nicht mehr selbstständig, sondern nur in Anlehnung an die aufschiebende Bedingung geregelt (§§ 160 Abs. 2, 161 Abs. 2).

2. Beispiele

367 *Kauf:* Ein Verkäufer kann seine Lieferverpflichtung (§ 433 Abs. 1 S. 1) unter eine auflösende Bedingung stellen. *Beispiel:* Der Hamburger Importeur R verkaufte 105 Tonnen Goldküsten-Kakao, den er erst noch aus Ghana beschaffen musste, an den Schokoladenfabrikanten K. R schrieb in den Vertrag: „Richtige und rechtzeitige Selbstbelieferung, glückliche Ankunft, behördliche Maßnahmen vorbehalten". Damit stellte er

---

16 Beispiele: BGH NJW 1984, 2568; OLG Hamm NJW-RR 1989, 1366.
17 BGH NJW 1990, 507.
18 BGHZ 127, 129 (134).

den Vertrag unter die auflösende Bedingung, dass sein Lieferant gar nicht oder unrichtig liefern würde.[19]

Familienrecht: Der wichtigste Fall einer auflösenden Bedingung war früher die Wiederverheiratungsklausel in einem Unterhaltsvertrag.[20] Heute bestimmt § 1586 Abs. 1 im Ergebnis dasselbe, nämlich dass der Unterhaltsanspruch mit der Wiederheirat oder der Begründung einer neuen Lebenspartnerschaft erlischt. § 1586 konstruiert dies Ergebnis jedoch nicht als Fall einer Bedingung.

368

Familienrechtliche Vereinbarungen können aber auch heute noch unter eine auflösende Bedingung gestellt werden. *Beispiel:* Frau Y erwarb ein Baugrundstück, auf dem sie mithilfe ihres Freundes F ein Einfamilienhaus errichtete. Beide schlossen einen notariell beurkundeten Vertrag, in dem sie die Ausgleichsansprüche des F im Fall einer Trennung regelten. In dem Vertrag heißt es: „Diese Regelung soll gelten, solange aus der Beziehung keine Kinder hervorgehen". Ein Jahr später wurde die gemeinsame Tochter T geboren. Damit war die auflösende Bedingung eingetreten. Die Wirkung des Vertrags war damit beendet (§ 158 Abs. 2).[21]

Arbeitsverträge: Ein Arbeitsverhältnis kann nur noch in den wenigen Fällen unter eine auflösende Bedingung gestellt werden, die das Teilzeit- und Befristungsgesetz (TzBfG) zulässt. *Beispiel 1:* Eine Schauspielerin wurde für eine Hauptrolle in einer täglich gesendeten TV-Serie verpflichtet. Der Arbeitsvertrag sollte enden, sobald ihre Rolle laut Drehbuch entfiel.[22] *Beispiel 2:* Das Bundesland NRW brauchte eine Vertretung für den erkrankten Lehrer R. Es stellte den L ein mit der Klausel: „Das Arbeitsverhältnis ist befristet für die Dauer der Erkrankung der Lehrkraft R". Damit war das Arbeitsverhältnis auflösend bedingt durch das Ende der Erkrankung. Eine solche auflösende Bedingung war zulässig nach § 21 TzBfG.[23]

369

Wohnraum-Mietverträge: Aus Sicht von Vermietern sind auflösende Bedingungen in Mietverträgen über Wohnraum naheliegend. Aber gerade hier sind sie meist unzulässig, weil der Gesetzgeber dem Wohnraummieter (dem meist sozial schwächeren Vertragspartner) einen umfangreichen Kündigungsschutz gewährt. Auf eine auflösende Bedingung in einem Wohnraum-Mietvertrag kann sich der Vermieter deshalb nicht berufen (§ 572 Abs. 2).

370

3. Treuwidrige Verhinderung einer auflösenden Bedingung

Auch für *auflösende* Bedingungen gilt der Grundsatz, dass der Eintritt der Bedingung nicht treuwidrig verhindert oder herbeigeführt werden darf (§ 162 Abs. 1, Abs. 2). *Beispiel:* Frau W hatte ihren Lieblingsneffen, den Studenten N, mit einem Vermächtnis bedacht. Danach mussten ihm die Erben aus ihrem Erbe monatlich 1 200 Euro zahlen, und zwar „bis zum Ende seines Studiums". Fünf Jahre nach dem Erbfall fanden die Erben heraus, dass N zwar noch immatrikuliert ist, aber schon seit zwei Jahren keine Vorlesungen und Seminare mehr besucht und sich auch nicht zu einer Prüfung angemeldet hat, sondern eine Kneipe betreibt. N hat den Eintritt der auflösenden Bedingung („Ende des Studiums") dadurch „wider Treu und Glauben verhindert", dass er

371

---

19 BGHZ 24, 39 (40); OLG Frankfurt NJW-RR 1998, 1130. In dem BGH-Fall hatte die Klausel allerdings, weil sie unter der Überschrift „Lieferzeit" stand, eine eingeschränkte Bedeutung.
20 OLG Düsseldorf NJW 1981, 463.
21 BGH NJW 2011, 2880 Rn 12.
22 BAG NJW 2000, 2126; dazu Joch/Klichowski NZA 2004, 302.
23 BAG NJW 2011, 3675 Rn 13, 16.

sich nicht exmatrikuliert hat. Deshalb „gilt die Bedingung als eingetreten" (§ 162 Abs. 1). Die Erben müssen nicht mehr zahlen.

§ 16 Andere bedingte Rechtsgeschäfte

372 ▶ **Fall 16: Eigentumsvorbehalt der Vormieterin** §§ 158, 449, 929

Gabi Vredestein hatte ihrem Nachmieter Kevin Klepper durch mündlichen Vertrag einen Kühlschrank, eine Spüle, einen Elektroherd und eine Dunstabzugshaube für 500 Euro „unter Eigentumsvorbehalt" verkauft. Kevin sollte den Betrag am Freitag, dem 13. September bezahlen, tat das aber nicht. Am darauffolgenden Sonntag erschien Gabi bei Kevin, um den Kaufpreis zu kassieren. Kevin meinte, ob er bezahle, müsse er sich noch mal gut überlegen. Schließlich sei der Kaufvertrag nach § 449 unter der Bedingung geschlossen worden, dass er zahle. Gabi meint, das sei Unsinn, der Eigentumsvorbehalt bedeute nur, dass sie noch Eigentümerin sei.

373 Um den Streit zwischen Gabi und Kevin zu entscheiden, soll zunächst § 449 Abs. 1 abschnittsweise geprüft werden:

„Hat sich der Verkäufer einer beweglichen Sache ..." § 449 bezieht sich nur auf den Kauf *beweglicher* Sachen.

„... das Eigentum bis zur Zahlung des Kaufpreises vorbehalten, ..." Ein solcher Vorbehalt wird in der Praxis sehr häufig gemacht, zB durch die bekannte Formulierung: „Die gelieferte Ware bleibt bis zur vollständigen Bezahlung unser Eigentum". Der Eigentumsvorbehalt muss nicht schriftlich erfolgen. Im vorliegenden Fall hat Gabi beim mündlichen Abschluss des Kaufvertrags wirksam erklärt, dass sie „unter Eigentumsvorbehalt" verkaufe. Einen solchen Eigentumsvorbehalt kann nur der Verkäufer einer *beweglichen* Sache erklären. Beim Kauf eines *Grundstücks* ist es unzulässig, die Auflassung – und damit den Eigentumsübergang – von der Bezahlung des Kaufpreises abhängig zu machen (§ 925 Abs. 2; Rn 377).

„... so ist im Zweifel anzunehmen, ..." Mit diesen Worten macht das Gesetz deutlich, dass die folgende Auslegungsregel im Einzelfall, wenn besondere Umstände vorliegen, auch mal *nicht* gelten kann (Rn 148).

„... dass das Eigentum ..." Das Wort „Eigentum" macht deutlich, dass es um die Übertragung des Eigentums geht, also um das *Verfügungsgeschäft* nach § 929. Das Rechtsgeschäft, das beim Eigentumsvorbehalt von einer Bedingung abhängig gemacht wird, ist also *nicht* der Kaufvertrag (das Verpflichtungsgeschäft). Dieser Punkt ist für das Verständnis des § 449 besonders wichtig.

„... unter der aufschiebenden Bedingung vollständiger Zahlung des Kaufpreises übertragen wird (Eigentumsvorbehalt)." Mit den Worten „unter der aufschiebenden Bedingung" verweist § 449 Abs. 1 auf § 158 Abs. 1.

§ 158 Abs. 1 wird im Folgenden im Hinblick auf § 449 Abs. 1 ebenfalls Schritt für Schritt geprüft:

„Wird ein Rechtsgeschäft ..." Das Rechtsgeschäft ist im Fall des § 449 Abs. 1 das *Verfügungsgeschäft*, also die Übertragung des Eigentums nach § 929. Beim Eigentumsvorbehalt steht nicht der Kaufvertrag (das Verpflichtungsgeschäft) unter einer Bedingung. Der Kaufvertrag ist vielmehr unbedingt geschlossen worden. Das Gegenteil wäre auch unsinnig, weil der Käufer sonst den Kaufvertrag (und damit seine Zahlungspflicht) zu Fall bringen könnte, indem er nicht zahlt. Das war offenbar die Ansicht von Kevin, aber Kevin hat Unrecht.

„... *unter einer aufschiebenden Bedingung vorgenommen* ..." Die „aufschiebende Bedingung" ist die in § 449 Abs. 1 genannte „aufschiebende Bedingung vollständiger Zahlung des Kaufpreises".

„... *so tritt die von der Bedingung abhängig gemachte Wirkung* ..." Diese Wirkung ist im Fall des Eigentumsvorbehalts „... , dass das Eigentum ... übertragen wird ..." (§ 449 Abs. 1), also der Eigentumsübergang.

„... *mit dem Eintritt der Bedingung ein.*" Das Wort „Bedingung" wird, wie mehrfach betont, von § 158 doppeldeutig verwendet (Rn 353). Es bezeichnet hier das künftige Ereignis, also die vollständige Zahlung des Kaufpreises. Mit der Zahlung würde Kevin ohne weiteres (ipso jure) Eigentümer. Es würde dazu keiner neuen Einigung bedürfen, denn die Einigung liegt ja schon vor, wenn auch bedingt, und wird mit der Zahlung wirksam.

Daraus folgt, dass Gabi Recht hat: Der *Kaufvertrag* (§ 433) ist unbedingt geschlossen, so dass Kevin in jedem Fall zahlen muss (§ 433 Abs. 2). Gabi ist aber noch Eigentümerin der Kücheneinrichtung, weil Kevin noch nicht bezahlt hat. ◀

Lerneinheit 16

Literatur: *Martens*, Grundfälle zu Bedingung und Befristung, JuS 2010, 481; *Hofmann*, Der Zeitpunkt der Übergabe beim Eigentumsvorbehaltskauf, JA 2014, 178; *Lorenz*, Grundwissen – Zivilrecht: Der Eigentumsvorbehalt, JuS 2011, 199; *Müller-Helle/Theilmann*, Eigentum und Eigentumsvorbehalt an Offshore-Windkraftanlagen, RdE 2010, 369; *Klose*, Der Eigentumsvorbehalt nach der Schuldrechtsmodernisierung, ZInsO 2009, 1792; *Würdinger/Fritsche*, Konkludenter Eigentumsvorbehalt beim Autokauf, NJW 2007, 1037.

I. Verfügungsgeschäfte unter einer Bedingung

1. Eigentumsvorbehalt

Aus der Lösung des Falles 16 hat sich ergeben, dass § 449 Abs. 1 die aufschiebende Bedingung auf die *Eigentumsübertragung* (das Verfügungsgeschäft) bezieht, nicht auf den Kaufvertrag (das Verpflichtungsgeschäft). Wie die auflösende Bedingung im Einzelnen auf die Eigentumsübertragung (Verfügung) einwirkt, lässt sich noch präzisieren, denn die Übereignung besteht ja aus zwei sehr unterschiedlichen Teilakten (Rn 310 ff).

- *Übergabe:* Die Bedingung bezieht sich *nicht* auf die *Übergabe* der Sache. Denn diese ist kein Rechtsgeschäft, sondern ein Realakt (Rn 45). Bedingungen können sich aber nur auf Rechtsgeschäfte beziehen. Außerdem erfolgt die Übergabe beim Eigentumsvorbehalt *sofort*, wird also gerade nicht aufgeschoben. Denn das Motto lautet: „Übergabe sofort, Übereignung später".

- *Einigung:* Aufschiebend bedingt kann deshalb nur die *Einigung* sein. Und auch dies Ergebnis kann man noch genauer fassen: Es ist die Einigungserklärung *des Verkäufers*, die er unter einer aufschiebenden Bedingung abgibt. Die entsprechende Einigungserklärung des *Käufers* erfolgt ohne Bedingung, denn er möchte ja möglichst bald Eigentümer werden.

Mit einem Eigentumsvorbehalt greift der Verkäufer tief in das Räderwerk des Zivilrechts ein. Denn kraft Gesetzes geht das Eigentum an beweglichen Sachen ohne Bedingung auf den Erwerber über. Davon, dass die Bezahlung des Kaufpreises erforderlich wäre, um das Eigentum übergehen zu lassen, steht in § 929 S. 1 nichts. Eine Verknüpfung zwischen Eigentumsübergang und Bezahlung lässt sich nur vertraglich erreichen (sehr wichtig!). § 449 Abs. 1 ordnet den Eigentumsvorbehalt nicht an, sondern sagt nur, *wie* er zu verstehen ist, *falls* der Verkäufer ihn beim Vertragsschluss erklärt hat.

Daraus ergibt sich, dass der Verkäufer im Augenblick des Einigseins nach § 929 S. 1 (oder vorher) den Eigentumsvorbehalt erklären muss, wenn er zunächst Eigentümer bleiben will. Hat er das nicht getan, darf er nach Übergabe und Einigsein (§ 929 S. 1) nicht mehr von seinem Eigentum ausgehen.

376 *Anwartschaftsrecht:* Das bereits erwähnte Anwartschaftsrecht (Rn 363) hat besondere Bedeutung für den Vorbehaltskäufer. Er ist zunächst kein Eigentümer (§ 449 Abs. 1), hat aber die gefestigte Aussicht (Anwartschaft), es zu werden. Das spielt keine große Rolle, wenn zwischen Lieferung und vollständiger Bezahlung nur eine kurze Zeitspanne liegt. Aber für einen Käufer, der eine bewegliche Sache im Wege eines Teilzahlungsgeschäfts gekauft hat (§§ 506 Abs. 3, 507), ist das Anwartschaftsrecht wichtig. Wenn er schon mehrere Raten gezahlt hat, hat er auf dem Weg zum Erwerb des Eigentums schon viele Schritte getan und eine Rechtsposition erreicht, die ihm nicht mehr ohne Weiteres genommen werden kann.

Das Anwartschaftsrecht ist im Gesetz nicht geregelt, aber von Rechtsprechung und Lehre sehr differenziert ausgestaltet worden. Es ist dadurch gekennzeichnet, dass es durch den Eintritt der Bedingung zum Vollrecht erstarkt. Nach hM ist das Anwartschaftsrecht als „werdendes Recht" ähnlich wie das Vollrecht (Eigentum) übertragbar und vererbbar (Einzelheiten gehören ins Sachenrecht).

2. Auflassung bedingungsfeindlich

377 Anders als die Übereignung beweglicher Sachen bedarf die Übereignung von *Grundstücken* bekanntlich nach § 925 Abs. 1 S. 1 der Auflassung und nach § 873 Abs. 1 der Eintragung des Eigentumsübergangs in das Grundbuch (Rn 302 f).

Auch unter dem Gesichtspunkt der Bedingung bestehen große Unterschiede zwischen der Übereignung beweglicher und unbeweglicher Sachen. Kraft Gesetzes ist nämlich die Auflassung bedingungsfeindlich (§ 925 Abs. 2). Das ist bemerkenswert, weil bei beweglichen Sachen die aufgeschobene Einigung zulässig und sehr häufig ist (Eigentumsvorbehalt). Das Verbot, die Auflassung unter einer Bedingung zu erklären, dient der Klarheit des Grundstücksverkehrs. Jedermann soll darauf vertrauen können, dass der im Grundbuch als Eigentümer Eingetragene auch wirklich der Eigentümer ist. Anders gesagt: Niemand soll befürchten müssen, dass der Eingetragene seine Position erst durch den Eintritt einer Bedingung erhält – und damit vielleicht nie.

II. Einseitige Rechtsgeschäfte unter einer Bedingung

378 Im Gegensatz zu den Verträgen sind einseitige Rechtsgeschäfte meist bedingungsfeindlich. Für die Aufrechnung bestimmt das § 388 S. 2 ausdrücklich. Kraft Gewohnheitsrechts gilt das aber auch für viele andere einseitige Rechtsgeschäfte, die zugleich Gestaltungsrechte sind wie die Anfechtung (§ 142), den Rücktritt (§ 346), die Kündigung und die Genehmigung nach § 185 Abs. 2. Denn der Erklärungsgegner, der sich gegen

ein einseitiges Rechtsgeschäfte nicht wehren kann, soll nicht auch noch über dessen Wirksamkeit im Unklaren gelassen werden. *Beispiel:* Ein Bewachungsunternehmer, der eine Kaserne zu bewachen hatte, wusste nicht, ob der auslaufende Vertrag von der Bundeswehr erneuert werden würde. Er kündigte deshalb einem Mitarbeiter mit dem Zusatz: „Die Kündigung wird bei Neubeauftragung unserer Firma gegenstandslos". Die Kündigung war wegen der auflösenden Bedingung unwirksam.[24]

§ 17 Fristen und Termine

▶ **Fall 17: Kündigung Trikotwerbung**   §§ 186, 193

Die TK-GmbH betreibt ein Telekommunikationsunternehmen und tritt als Sponsor von Sportvereinen auf. Die B-KG unterhält eine Basketball-Mannschaft, die am Spielbetrieb der Bundesliga teilnimmt. In einem Vertrag vom 15. Oktober 2001 verpflichtete sich die TK-GmbH, der B für Trikotwerbung größere Summen zu zahlen. Dort heißt es zur Vertragsdauer:

„a) Die Laufzeit dieses Vertrags beginnt mit seiner Unterzeichnung durch beide Parteien und läuft für die Saison 2001/2002 und 2002/2003, d.h. für die Zeit bis zum 30. Juni 2003.

b) Beide Parteien erhalten allerdings die Möglichkeit, den Vertrag bis zum 30. April 2002 mit einer Frist von einem Monat ohne Angabe von Gründen schriftlich zu kündigen. Sollte diese Kündigung ausgesprochen werden, endet der Vertrag bereits mit dem Ende der Spielzeit 2001/2002."

Die TK-GmbH schickte der B-KG eine schriftliche Kündigung. Das Schreiben ging der B aber nicht am Karsonnabend, dem 30. März 2002 zu, sondern erst am folgenden Dienstag, dem 2. April. Die TK-GmbH beruft sich darauf, dass „eine Willenserklärung abzugeben" war und der letzte dafür mögliche Tag auf einen „Sonnabend" fiel, so dass sich das Ende der Frist auf den nächsten Werktag, also Dienstag, den 2. April verschoben habe. (Nach BGHZ 162, 175)

Die TK-GmbH beruft sich auf § 193, der verkürzt lautet: „Ist ... innerhalb einer Frist eine Willenserklärung abzugeben ... und fällt der ... letzte Tag der Frist auf einen Sonnabend, so tritt an die Stelle eines solchen Tages der nächste Werktag". Auf den ersten Blick scheint diese Vorschrift der TK-GmbH Recht zu geben. Denn sie musste spätestens am 30. März die Kündigung zugehen lassen, und dieser Tag fiel auf einen Sonnabend, nämlich auf den Sonnabend vor Ostern. Deshalb scheint es so, als verschiebe sich der letzte Abgabetag von Karsonnabend auf den Dienstag nach Ostern.

Aber das hat der BGH zu Recht anders beurteilt.[25] Die TK-GmbH hatte nicht, wie § 193 voraussetzt, „innerhalb einer *Frist* eine Willenserklärung abzugeben". Eine *Frist* ist ein Zeitraum, dessen Anfang ebenso festgelegt ist wie dessen Ende. Eine *Frist* für die Abgabe einer Willenserklärung liegt deshalb nur vor, wenn sie *nicht vor* einem bestimmten Zeitpunkt und *nicht nach* einem späteren Zeitpunkt abgegeben werden kann. Im vorliegenden Fall war aber nicht festgelegt worden, dass die TK-GmbH frühestens zu einem bestimmten Termin kündigen durfte. Sie hatte nach dem Vertrag die „Möglichkeit, den Vertrag bis zum 30. April

---

24 BAG NJW 2001, 3355.
25 BGHZ 162, 175 (179); im Ergebnis schon BGHZ 59, 265 (267); BAGE 22, 304 (308).

2002 mit einer Frist von einem Monat ... zu kündigen". Die TK-GmbH hatte diese Worte offenbar so verstanden, dass sie *nicht vor* dem 30. April kündigen durfte. Die Klausel ist aber so zu lesen: „... Möglichkeit, den Vertrag *spätestens am* 30. April 2002 mit einer Frist von einem Monat ... zu kündigen". Die TK-GmbH hätte also schon beliebig viele Monate vor dem 30. April zum 30. Mai kündigen können. Sie hätte nur nicht die Kündigungsfrist von einem Monat zwischen dem Zugang und der Rechtswirkung der Kündigung (Beendigung des Vertragsverhältnisses) verkürzen dürfen.

Da sie ihre Kündigung schon beliebig früh hätte erklären können, befand sich die TK-GmbH nicht in der von § 193 vorausgesetzten Zeitnot, die durch die Einzwängung in eine Frist entsteht. § 193 war deshalb nicht anwendbar. Aus diesem Grund war die am 2. April zugegangene Kündigung verspätet und deshalb unwirksam.

Lerneinheit 17

381   Literatur: *Klinkhammer*, Arbeitsvertragliche Ausschlussfristen richtig gestalten, ArbRAktuell 2019, 189; *Naber/Schulte*, Hemmung von Ausschlussfristen nach § 203 S. 1 BGB, NZA 2018, 1526; *Effer-Uhe*, Die Berechnung von Rückwärtsfristen – zugleich eine Stellungnahme zur Dogmatik des Zugangs von Willenserklärungen, JZ 2016, 770; *Rachlitz*, Zweiwochenfrist und Grundstücksversteigerung, MittBayNot 2015, 457; *Toussaint*, Form- und Fristwahrung durch Telefax im Zivilprozess, NJW 2015, 3207; *Waldenfels*, § 193 BGB, § 222 Abs. 2 ZPO – aufgepasst! ArbRAktuell 2015, 189; *Martin*, Stichtag Sonntag, der 30.11.2014 – rechtzeitige Kündigung einer Kfz-Versicherung? DAR 2014, 609; *Druckenbrodt*, Die Wochenfrist zum Termin des § 132 I 1 ZPO – Hat die Woche etwa acht Tage? NJW 2013, 2390; *Tettinger*, Gesellschaftsrechtliche Einberufungsfristen, Kündigungsfristen und der Anwendungsbereich des § 193 BGB, GmbHR 2008, 346; *Schroeter*, Die Fristberechnung im Bürgerlichen Recht, JuS 2007, 29.

I. Die Bedeutung von Fristen und Terminen

382   Die §§ 186 bis 193 regeln die Frage, wie Fristen und Termine zu berechnen sind. Sie gelten, wie § 186 ausdrücklich festlegt, für alle gesetzlichen Vorschriften (nicht nur für das BGB) und für vertragliche Bestimmungen, die Fristen oder Termine festlegen. Fristen und Termine spielen im Recht eine große Rolle, weil viele Rechtsgeschäfte innerhalb einer Frist oder sogar an einem bestimmten Tag vorgenommen werden müssen. Der wichtigste Grundsatz der §§ 186 bis 193 lautet: Fristen *beginnen und enden möglichst um Mitternacht*, nicht im Lauf eines Tages.

383   *Frist*: Eine Frist ist ein Zeitraum von bestimmter Länge, der nach Stunden, Tagen, Wochen, Monaten oder Jahren angegeben wird. Eine Frist liegt nur vor, wenn sowohl der Beginn des Zeitraums als auch sein Ende feststeht oder berechnet werden kann (genauer Rn 395). Manchmal wird die Länge der Frist auch nur umschrieben. Das bekannteste Beispiel dafür ist das Wort „unverzüglich", das „ohne schuldhaftes Zögern" bedeutet (§ 121 Abs. 1). Wenn der Beginn der Frist feststeht und die Dauer der Frist, ist das Ende der Frist berechenbar.

Termin: Der Begriff Termin bezeichnet einen Zeitpunkt, an dem zB eine Willenserklärung abzugeben ist oder eine Tätigkeit ausgeübt werden muss.

II. Fristbeginn

1. Ein Ereignis löst den Fristbeginn aus

Wenn ein Ereignis den Fristbeginn auslöst, wird der Tag, in den das Ereignis fällt, nicht mitgerechnet (§ 187 Abs. 1). Das bedeutet, dass die Frist um 24.00 Uhr des Tages beginnt, in den das Ereignis gefallen ist. *Beispiel 1:* K kaufte am 3. März 2009 um 14.34 Uhr im Fotogeschäft des V eine Kamera. V sagte: „Sie haben zwei Jahre Garantie".[26] Die Zweijahresfrist begann am 3. März 2009, aber nicht um 14.34 Uhr, sondern um 24.00 Uhr (§ 187 Abs. 1). *Beispiel 2:* Das Kündigungsschreiben des P ging seiner Angestellten A am 31. Januar 2011 zu (§ 130 Abs. 1 S. 1). Die Kündigungsfrist betrug einen Monat. Der Zugang des Kündigungsschreibens war das Ereignis, das den Beginn der Monatsfrist auslöste. Die Frist begann deshalb am 31. Januar um 24.00 Uhr (§ 187 Abs. 1).

384

Terminologisches: Statt „Die Frist begann am 3. März, 24.00 Uhr" kann man auch sagen: „... am 4. März um 00.00 Uhr". Man vertut sich aber weniger leicht, wenn man das Datum des Tages angibt, in den das Ereignis gefallen ist. Die Frist um 24.00 Uhr beginnen zu lassen (und nicht um 00.00 Uhr des Folgetages), entspricht auch den Vorstellungen des Gesetzgebers. So bestimmt etwa § 199 Abs. 1: „Die regelmäßige Verjährungsfrist beginnt mit *dem Schluss* des Jahres, in dem ...", also am 31. Dezember um 24.00 Uhr, nicht am folgenden 1. Januar um 0.00 Uhr.

385

Für den *Fristbeginn* gilt nicht die Regel, dass ein Feiertag, ein Sonntag oder ein Sonnabend nicht mitgezählt wird. Das gilt nur für das Fristende (§ 193; Rn 394 f).

2. Der Beginn eines Tages löst die Frist aus

§ 187 Abs. 2 S. 1 geht davon aus, dass eine Gesetzesvorschrift oder ein Vertrag den Beginn einer Frist auf den *Beginn* eines Tages festsetzt. Dann „wird dieser Tag bei der Berechnung der Frist mitgerechnet", dieser Tag gilt also als erster Tag der Frist. *Beispiel:* In einem Vertrag heißt es: „Bauzeit drei Wochen, beginnend am Dienstag, dem 11. Mai". Dann wird der 11. Mai bei der Berechnung der Dreiwochenfrist mitgezählt.

386

Berechnung des Lebensalters: Für die Berechnung des Lebensalters gilt die Regel, dass *der Beginn* des Tages der Geburt maßgeblich ist (§ 187 Abs. 2 S. 2). Das Gesetz tut also so, als seien alle Menschen nicht im Laufe eines Tages, sondern schon um 00.00 Uhr geboren. *Beispiel:* Jan ist am 18. September 1991 um 16.57 Uhr geboren. Volljährig wurde er „mit der Vollendung des 18. Lebensjahres" (§ 2), also als er volle 18 Jahre auf der Welt war. Das war eigentlich erst am 18. September 2009 um 16.57 Uhr der Fall. Aber Jan wurde an diesem Tage schon um 00.00 Uhr volljährig (§ 187 Abs. 2 S. 2). Es wäre ja auch sehr unpraktisch, wenn er an seinem 18. Geburtstag um die Aushändigung seines Führerscheins bitten würde und sich fragen lassen müsste: „Zu welcher Uhrzeit sind Sie denn geboren?"

387

---

26 Mit dieser volkstümlichen Formulierung ist gemeint, dass die gesetzliche Regelung gelten soll: Die Rechte des Käufers wegen eines Mangels unterliegen einer Verjährungsfrist von zwei Jahren (§ 438 Abs. 1 Nr 3).

III. Fristende

1. Tagesfristen

388 Fristen, die das Gesetz vorschreibt, enden immer um 24.00 Uhr. Eine nach Tagen angegebene Frist endet „mit dem Ablauf des letzten Tages der Frist" (§ 188 Abs. 1). *Beispiel:* Die Frist von drei Tagen begann am 22. April um 24.00 Uhr. Sie endete am 25. April um 24.00 Uhr.

„*In acht Tagen*": Umgangssprachlich wird eine Frist gern mit „acht Tagen" bezeichnet. *Beispiel:* A sagte am Dienstag, dem 18. Juli: „In acht Tagen ist der Wagen fertig". Genau genommen, musste der Wagen erst am 26. Juli fertig sein. Aber eine Auslegung (§ 133), die die umgangssprachliche Bedeutung berücksichtigt, ergibt: Gemeint war „in einer Woche", so dass der Wagen am Dienstag, den 25. Juli bis zum Geschäftsschluss fertig sein musste. Wenn ein Kaufmann „acht Tage" sagt, sollen nach § 359 Abs. 2 HGB wirklich acht Tage gemeint sein. Ob diese Regel von Kaufleuten beachtet wird, ist aber fraglich.

2. Wochenfristen

389 Eine nach Wochen bestimmte Frist endet mit Ablauf des Tages, der nach seiner *Wochentagsbezeichnung* (zB Donnerstag) dem Tag entspricht, an dem die First begonnen hat (§ 188 Abs. 2 Var. 1). Wochenfristen laufen also zB von Dienstag bis Dienstag oder von Freitag bis Freitag. *Beispiel:* Eine Frist von einer Woche begann am Dienstag, den 24. April um 24.00 Uhr. Dann endet sie am folgenden Dienstag und 24.00 Uhr.

Wenn die Wochenfrist ausnahmsweise am Morgen eines Tages begonnen hat (§ 187 Abs. 2), also um 00.00 Uhr, wird man von § 188 Abs. 2 Var. 2 aufgefordert sich vorzustellen, dass sie am *Vortag um 24.00 Uhr* begonnen habe. Dann stimmt nämlich wieder die Regel, dass die Frist an dem Tag ausläuft, der nach seiner Wochentagsbezeichnung ihrem Beginn entspricht. *Beispiel:* Die Frist von einer Woche begann am Mittwoch, den 16. Oktober um 00.00 Uhr. Dann geht man von Dienstag, dem 15. Oktober 24.00 Uhr aus, so dass die Wochenfrist am Dienstag, den 22. Oktober um 24.00 Uhr endet.

3. Monatsfristen

390 Eine nach Monaten bestimmte Frist endet an dem Tag, der seiner *Zahl* nach dem Tag des Beginns entspricht. *Beispiel:* Die Frist von einem Monat begann am 12. August um 24.00 Uhr. Dann endet sie am 12. September um 24.00 Uhr.

Fristbeginn um 00.00 Uhr: Wenn die Frist ausnahmsweise um 00.00 Uhr *begonnen* hat (§ 187 Abs. 2), gilt für ihr Ende dasselbe wie für eine entsprechende *Tagesfrist*: Die Frist endet „mit dem Ablauf desjenigen Tages ... des letzten Monats, welcher dem Tage *vorhergeht*, der durch ... seine Zahl dem Anfangstag der Frist entspricht" (§ 187 Abs. 2 Var. 2).

391 *Zu kurzer Schlussmonat (§ 188 Abs. 3):* Die genannte Art der Fristberechnung kann zu Widersprüchen führen, wenn der letzte Monat der Frist nicht so viele Tage hat wie der Monat, in dem die Monatsfrist begann. *Beispiel:* B wollte mit dem Unternehmer U einen Vertrag über die Errichtung eines Ausbauhauses schließen und unterschrieb am 31. März einen vorgedruckten Antrag. In ihm heißt es: „Der Unternehmer kann diesen Antrag nur innerhalb einer Monatsfrist ab Unterzeichnung dieses Antrags annehmen".

Die Annahme des U ging dem B am 2. Mai zu. *Lösung:* Die Monatsfrist begann mit der Unterzeichnung und damit am 31. März um 24.00 Uhr (§ 187 Abs. 1). Für das Ende dieser Frist gilt – da sich der *Beginn* nach § 187 Abs. 1 richtet – § 188 Abs. 2 Var. 1 („"... mit dem Ablauf desjenigen Tages ... des letzten Monats, welcher durch seine ... Zahl dem Tage entspricht, in den das Ereignis ... fällt ..."). Demnach würde die Monatsfrist mit Ablauf des 31. April enden. Da aber der April nur 30 Tage hat, endet die Frist am 30. April (§ 188 Abs. 3).[27] Die Annahme musste dem B an diesem Tage *zugehen* (§ 130 Abs. 1 S. 1). Da sie das nicht tat, war die Annahme verspätet (§ 148). Sie galt als neuer Antrag (§ 150 Abs. 1), so dass B frei entscheiden konnte, ob er den Vertrag schließen wollte.

Die Regel, dass sich das Fristende auf das Monatsende verschiebt (§ 188 Abs. 3), gilt aber nur, wenn der *letzte* Monat zu kurz ist, nicht der erste. *Beispiel:* Am 28. Februar um 24.00 Uhr begann eine Monatsfrist. Sie endete am 28. März, nicht am 31. März. Denn Monatsfristen enden an dem Tag, „welcher durch ... seine Zahl dem Tage entspricht, in den das Ereignis ... fällt" (§ 188 Abs. 2 Var. 1). Das Problem, das § 188 Abs. 3 lösen will, tritt hier gar nicht auf. Entscheidend ist also die Zahl 28 und nicht die Tatsache, dass der 28. Februar das Ende des Monats war.[28]

392

IV. Verschiebung auf den nächsten Werktag

1. Bestimmter Tag

Wenn jemand „an einem bestimmten Tage" eine Willenserklärung abgeben oder eine Leistung erbringen muss (§ 193 Var. 1), ist zu fragen, ob dieser Tag ein Sonntag, ein am fraglichen Ort staatlich anerkannter Feiertag oder ein Sonnabend ist. In diesem Fall „tritt an die Stelle eines solchen Tages der nächste Werktag" (§ 193). § 193 berücksichtigt mit dieser Anordnung, dass viele Leistungen an den genannten Tagen gar nicht oder nur schwer zu erbringen sind, zB weil Behörden, Kreditinstitute und Büros geschlossen sind.

393

§ 193 soll aber offensichtlich nicht gelten, wenn den Parteien bei der Festlegung des bestimmten Tages bewusst war, dass es sich um einen der angegebenen Tage handelte. *Beispiel:* B hat beim Cateringservice U ein warmes Buffet für Sonnabend, den 17. Dezember bestellt. Wenn U erst am Montag liefern würde, kann er sich natürlich nicht auf § 193 Var. 1 berufen.

2. „... innerhalb einer Frist"

Häufiger als an einem bestimmten Tag ist „*innerhalb einer Frist*" eine Willenserklärung abzugeben oder eine Leistung zu bewirken (§ 193 Var. 2).

394

Frist: Der Begriff „Frist" spielt für das Verständnis von § 193 eine große Rolle, wird aber häufig missverstanden. Eine Frist ist nämlich ein Zeitraum von bestimmter Dauer (so schon Rn 380). Das bedeutet, dass nicht nur das Ende einer Frist festgelegt sein muss, sondern auch ihr Anfang.

Der Betroffene kann auch noch am letzten Tag der Frist aktiv werden. Das ist ihm aber erschwert oder gar unmöglich, wenn der „letzte Tag der Frist auf einen Sonntag, einen ... Feiertag oder einen Sonnabend" fällt. Deshalb tritt in diesen Fällen an die Stelle des

---

27 BGH NJW 2011, 1954 Rn 18.
28 BGH NJW 1984, 1358.

letzten Tages der Frist der folgende Werktag (§ 193). *Beispiel:* B musste eine Vertragsstrafe von 8 000 Euro „innerhalb von 14 Tagen seit Zugang der Zahlungsaufforderung" bezahlen. Da ihm das Schreiben an einem Sonnabend zugegangen war, war der letzte Tag der Frist ebenfalls ein Sonnabend. Aber das Ende der Frist verschob sich auf den folgenden Montag (§ 193 Var. 2). B konnte deshalb noch an diesem Tag zahlen.

Sonnabend: Der Sonnabend ist durch § 193 nicht etwa zum Feiertag geworden, er bleibt ein Werktag. Er wird nur einem Feiertag und einem Sonntag *gleichgestellt* – und auch das nur punktuell, nämlich nur für den Bereich des § 193.

395 *Keine Frist* liegt vor, wenn die Erklärung schon früh abgegeben (bzw die Leistung schon früh erbracht) werden kann, nicht erst *nach* einem bestimmten Tag. *Beispiel 1:* Fall 17 (Rn 379).[29] *Beispiel 2:* Frau M, die von V eine Wohnung gemietet hatte, wollte zum 30. Juni kündigen. Nach § 573c Abs. 1 S. 1 musste sie deshalb „spätestens am dritten Werktag" des Monats April kündigen. Mit diesen Worten ist nur der *späteste* Termin für die Kündigung festgelegt, der früheste Termin wird nicht bestimmt. Frau M hätte zB schon im Januar oder März zum 30. Juni kündigen können. Der (offene) Zeitraum, innerhalb dessen Frau M die Kündigung erklären konnte, ist deshalb *keine Frist.* Da § 193 nicht anwendbar ist, gilt auch nicht dessen Regel, dass der Sonnabend einem Feiertag gleichsteht. Der Sonnabend wird deshalb als *Werktag* in die fraglichen drei Tage eingerechnet.[30] *Beispiel 3:* D schloss mit dem X-Verlag einen Vertrag über ein kostenloses Probe-Abonnement für ein Jahr. In dem Vertrag heißt es: „Das Probe-Abo wird als Abo zum Normalpreis fortgesetzt, wenn es nicht einen Monat vor Ablauf des Probejahres gekündigt wird." D hat Sorge, dass er den richtigen Termin für die Kündigung (einen Monat vor Ablauf des Probejahres) verpassen könnte. Aber seine Sorge ist unberechtigt. Denn die Vertragsklausel ist so zu lesen: „…wenn es nicht *spätestens* einen Monat vor Ablauf … gekündigt wird". D kann deshalb sofort nach Abschluss des Vertrags zum Ende des Vertragsjahres kündigen. Da D für den Zugang der Kündigung nicht auf einen festen Zeitraum (einem Monat) eingeengt ist, muss das Gesetz den letzten möglichen Tag des Zugangs nicht zu Gunsten des D auf den nächsten Werktag verschieben. § 193 gilt nicht einmal entsprechend.

---

29 BGHZ 162, 175.
30 BGH NJW 2005, 2154 = SBT, Fall 29, Rn 900; im Ergebnis ebenso schon BGHZ 59, 265 (267); BAGE 22, 304 (308).

Sechstes Kapitel   Willensmängel

§ 18 Scherzerklärungen und Scheingeschäfte

▶ **Fall 18: Stuckateurmeister als angeblicher Betriebsleiter**   § 117

a) Friedbert Flach, der die Gesellenprüfung im Stuckateurhandwerk abgelegt hat, wollte sich selbstständig machen. Er gründete die „Flach-Gesellschaft für Stuck und Putz mbH", deren Geschäftsführer er wurde. Er konnte die GmbH aber nicht in die Handwerksrolle eintragen lassen, weil er selbst nicht Meister ist und auch keinen Meister als Betriebsleiter eingestellt hatte. Er einigte sich mit dem Rentner Heribert Schleich, einem Meister des Stuckateurhandwerks, darauf, dass dieser zum Schein die Leitung des Betriebs übernehmen sollte. In einem schriftlichen Vertrag, der von Schleich und von Flach (als Vertreter der GmbH) unterschrieben wurde, heißt es, dass sich Schleich verpflichte, 39 Stunden pro Woche für die GmbH als Betriebsleiter zu arbeiten, und dass die GmbH ihm dafür ein Monatsgehalt von 3 000 Euro zahlen werde. Die Beteiligten waren sich aber einig, dass Schleich nicht arbeiten und die GmbH nicht 3 000 Euro zahlen sollte. Flach legte den Vertrag der Handwerkskammer vor und erhielt die Eintragung in die Handwerksrolle. Nunmehr verlangt Schleich „rückständiges Gehalt" von 20 345,18 Euro. Flach ist der Meinung, dass der 3 000-Euro-Vertrag nichtig sei, weil Schleich seine Willenserklärung nur zum Schein abgegeben habe. Ist das richtig?

b) Flach und Schleich hatten sich mündlich darauf geeinigt, dass Schleich für das Zurverfügungstellen seines Meistertitels monatlich 500 Euro erhalten sollte. Diese Beträge hat die GmbH auch im Wesentlichen gezahlt. Flach vertritt die Ansicht, dass auch diese Vereinbarung unwirksam sei. Ist das richtig? (Nach BAG NJW 2009, 2554)

Zu a)

Gegen die Wirksamkeit des schriftlich abgeschlossenen 3 000-Euro-Vertrags bestehen wegen § 117 Abs. 1 Bedenken:

„*Wird eine Willenserklärung, die einem anderen gegenüber abzugeben ist ...*" Mit diesen Worten macht § 117 Abs. 1 deutlich, dass es sich um eine empfangsbedürftige Willenserklärung handeln muss (§ 130; Rn 76). Im vorliegenden Fall gibt es zwei Willenserklärungen dieser Art, nämlich die beiden Erklärungen, die zum Abschluss des schriftlichen Vertrags geführt haben. Dabei ist es gleichgültig, welche Erklärung man als Antrag und welche als Annahme ansieht.

„*... nur zum Schein abgegeben ...*" Schleich hat seine Erklärung dann zum Schein abgegeben, wenn er bewusst den äußeren Eindruck einer Willenserklärung hervorgerufen hat, ohne die entsprechende Rechtsfolge zu wollen. Das ist hier gegeben, weil sich Schleich in Wirklichkeit nicht zu einer Tätigkeit verpflichten wollte. Entsprechendes gilt von der Erklärung der GmbH, weil sie – vertreten durch ihren Geschäftsführer – nicht die Absicht hatte, Schleich ein Monatsgehalt von 3 000 Euro zu zahlen.

„*... mit dessen Einverständnis ...*" Gemeint ist das Einverständnis des jeweils anderen Vertragspartners. Flach als Geschäftsführer der GmbH war damit einverstanden, dass Schleich seine Erklärung nur zum Schein abgab. Auch Schleichs Einverständnis lag vor, dass sich die GmbH nicht zur Zahlung des genannten Monatsgehalts verpflichten wollte.

„... so ist sie nichtig." Wegen des von beiden Seiten gewollten Scheincharakters sind beide Willenserklärungen nach § 117 Abs. 1 nichtig. Damit ist auch der Vertrag nichtig. Schleich kann also aufgrund des schriftlich geschlossenen „Vertrags" keine Ansprüche gegen die GmbH geltend machen.

zu b)

398 Als nächstes ist zu fragen, ob auch der 500-Euro-Vertrag nichtig ist. Dazu soll § 117 Abs. 2 einzeln geprüft werden:

„Wird durch ein Scheingeschäft ..." Das Scheingeschäft ist, wie festgestellt, der 3 000-Euro-Vertrag.

„... ein anderes Rechtsgeschäft verdeckt, ..." Zu fragen ist, ob es einen Vertrag zwischen Schleich und der GmbH gibt, dessen Existenz der Scheinvertrag verdecken sollte. Es könnte sich um den Vertrag handeln, in dem sich Schleich verpflichtete, seinen Meistertitel gegen Zahlung von monatlich 500 Euro zur Verfügung zu stellen. Dieser Vertrag, der mündlich geschlossen wurde, entsprach dem wirklichen Willen beider Parteien. Seine Existenz sollte durch den öffentlich zur Schau gestellten 3 000-Euro-Vertrag (den Scheinvertrag) gegenüber der Handwerkskammer und den Kunden verheimlicht („verdeckt") werden.

„... so finden die für das verdeckte Rechtsgeschäft geltenden Vorschriften Anwendung." Nach § 117 Abs. 2 soll das verdeckte Rechtsgeschäft unabhängig davon beurteilt werden, dass das vorgeschobene Scheingeschäft nichtig ist. Das bedeutet, dass der 500-Euro-Vertrag wirksam ist, soweit nicht andere Nichtigkeitsgründe eingreifen. Oft ist das verdeckte Rechtsgeschäft harmlos und deshalb wirksam. Das könnte aber hier anders sein, weil als Nichtigkeitsgrund § 134 in Betracht kommt. § 134 setzt ein „gesetzliches Verbot" voraus (ausführlich zu § 134 Rn 711 ff). Zu fragen ist deshalb, ob es Schleich gesetzlich verboten war, einem Handwerksbetrieb, der nicht von einem Handwerksmeister geleitet wird, pro forma seinen Meistertitel zur Verfügung zu stellen. Das gesuchte Verbotsgesetz ist die Handwerksordnung, die in § 7 Abs. 1 bestimmt, dass der Betriebsleiter eines Handwerksbetriebs Meister sein (oder einen gleichwertigen Abschluss haben) muss. Diese Bestimmung enthält zugleich das Verbot, einen Meister nur auf dem Papier einzustellen. Damit verstößt der Vertrag, durch den sich die GmbH den Meistertitel sozusagen gekauft hat, gegen ein gesetzliches Verbot und ist nach § 134 nichtig. Das bedeutet, dass in diesem Fall beide Verträge – aus unterschiedlichen Gründen – nichtig sind.

Bei der Benutzung des FDs „Willensmängel" soll Schleich als „E" angesehen werden. Aber es führt zum gleichen Ergebnis, wenn man die GmbH (vertreten durch Flach) als „E" ansieht: 1. b) – 5. Ja – 6. Ja – 7. Ja (Spalte 6). ◀

Lerneinheit 18

399 Literatur: *Wedel*, Ist ein zur Vereitelung der Räumungsvollstreckung abgeschlossener Untermietvertrag ein Scheingeschäft? ZMR 2019, 253; *Röthel*, Familienrechtliche Rechtsgeschäfte (Teil III): Zu den Auswirkungen von sog. Scheingeschäften, Jura 2017, 1380; *Benecke*, Arbeitsvertrag und Scheingeschäft, RdA 2016, 65; *Lorenz*, Grundwissen – Zivilrecht: Willensmängel, JuS 2012, 490; *Chr. Hirsch*, Handelsvertretervertrag und Scheingeschäft, Jura 2008, 446; *Kuhn*, Scheinvertrag

und verdeckter Vertrag im Anwendungsbereich des § 405 BGB, AcP 208 (2008), 102; *von Hein*, Der Abschluss eines Scheingeschäfts durch einen Gesamtvertreter: Zurechnungsprobleme zwischen Corporate Governance und allgemeiner Rechtsgeschäftslehre, ZIP 2005, 191; *Preuß*, Geheimer Vorbehalt, Scherzerklärung und Scheingeschäft, Jura 2002, 815; *Thiessen*, Scheingeschäft, Formzwang und Wissenszurechnung, NJW 2001, 3025.

I. Allgemeines

Häufig deckt sich das, was jemand sagt, nicht mit dem, was er meint, so dass der objektive Inhalt seiner Erklärung von seinem Willen abweicht. Diese Grundsituation ist das Thema des vorliegenden Kapitels. Eine Sonderrolle spielt in diesem Zusammenhang die Scherzerklärung (§ 118), weswegen deren Darstellung vorgezogen wird. 400

II. Scherzerklärung

1. Problematische Bestimmung

Nach § 118 ist „eine nicht ernstlich gemeinte Willenserklärung" nichtig, wenn sie „in der Erwartung abgegeben wird, der Mangel der Ernstlichkeit werde nicht verkannt werden". Damit schützt der Gesetzgeber humorvolle Menschen davor, an ihren Scherzen juristisch festgehalten zu werden. 401

Problematisch ist die Bestimmung aber deshalb, weil sie ganz auf innere Vorgänge und Vorstellungen abstellt, die nur der Erklärende kennt („... nicht ernstlich gemeinte ..., in der Erwartung ..."). Es besteht deshalb die Gefahr, dass jemand, der seine Erklärung durchaus ernst gemeint hatte, sich seinen Verpflichtungen zu entziehen versucht, indem er nachträglich behauptet, er habe nur einen Scherz machen wollen. Um diesen Trick unmöglich zu machen oder zumindest zu erschweren, haben Lehre und Rechtsprechung (nicht das Gesetz!) einen *objektiven* Beobachter ins Spiel gebracht und unterscheiden zwischen guten und schlechten Scherzen:

2. Guter Scherz

Ein „guter Scherz" liegt vor, wenn die Erklärung objektiv – dh für einen verständigen Beobachter, der die Umstände kennt – als Scherz erkennbar gewesen wäre (FD „Willensmängel", Frage 2, Ja). Es gilt dann § 118, so dass die Scherzerklärung nichtig ist. Es geht nur noch um die Frage, ob der Adressat, wenn er die Erklärung versehentlich ernst genommen hat, Schadensersatz nach § 122 Abs. 1 verlangen kann oder nach Abs. 2 leer ausgeht (FD „Willensmängel", Frage 3). 402

3. Schlechter Scherz

Auch bei einem *schlechten* Scherz will der Erklärende einen Scherz machen. Aber seine Erklärung wäre von einem verständigen Beobachter (objektiv) nicht als Scherz verstanden worden und wurde auch vom Angesprochenen (subjektiv) nicht als Scherz erkannt (FD „Willensmängel", Frage 2, Nein). Nach wohl richtiger Mindermeinung liegen die Voraussetzungen des § 118 nicht vor. Nach dieser Ansicht setzt § 118 nämlich voraus, dass die fragliche Willenserklärung *objektiv* als Scherz zu erkennen war. 403

Die hM geht davon aus, dass auch bei einem schlechten Scherz im Prinzip Nichtigkeit gegeben ist. Allerdings kommt die hM auf dem Umweg über die Beweislast doch zu vertretbaren Ergebnissen: Wer sich auf § 118 beruft, obwohl sein Scherz objektiv nicht erkennbar war, muss nämlich nach hM *beweisen*, dass er seine Erklärung nicht ernst gemeint hat (FD „Willensmängel", Frage 4). Das wird ihm schwerfallen, weil es in der Praxis weitgehend unmöglich ist, nachträglich seine eigenen Gedanken, Gefühle und Erwartungen zu beweisen. Scheitert der Beweis, ist auch nach hM die nicht als Scherz erkennbare Erklärung wirksam (FD „Willensmängel", Frage 4, Nein, Spalte 4).

III. Scheinerklärung

1. Grundsatz des § 116 S. 1

404 § 116 S. 1 setzt voraus, dass „sich der Erklärende insgeheim" vorbehalten hat, „das Erklärte nicht zu wollen", und ordnet an, dass die Willenserklärung „nicht deshalb nichtig" ist. Die Erklärung ist deshalb – zugunsten des Erklärungsempfängers – *wirksam*, es sei denn, sie wäre aus anderen Gründen nichtig. § 116 S. 1 formuliert einen fundamentalen Grundsatz jeder Rechtsordnung. Auch wenn man nichts von anderen Rechtsordnungen weiß, kann man doch sicher sein, dass diese Regel auf der ganzen Welt gilt. Denn wenn das anders wäre, könnte sich jeder auf einen geheimen Vorbehalt berufen und sich auf diese Weise nachträglich von allen eingegangenen Verpflichtungen lossagen. Die Folge wäre ein Zusammenbruch der Rechtsordnung.

2. Ausnahmen

405 Obwohl § 116 S. 1 einen Grundsatz von universellem Anspruch formuliert, gibt es doch wichtige Ausnahmen, bei denen die Erklärung *„nichtig"* ist. Sie setzen voraus, dass die fragliche Willenserklärung „einem anderen gegenüber abzugeben ist" und dieser andere „den Vorbehalt kennt" (§ 116 S. 2) oder sogar im „Einverständnis" mit dem Erklärenden gehandelt hat (§ 117 Abs. 1) Der letztgenannte Fall, bei dem die Beteiligten besonders eng zusammenarbeiten, wird zuerst behandelt (Rn 406).

3. Einverständnis zwischen den Beteiligten über den Scheincharakter

a) Nichtiges Theaterspiel

406 Im Fall des § 117 Abs. 1 hat der Erklärende dem Empfänger deutlich gemacht, dass seine Worte nicht gelten sollen, und der Empfänger ist damit einverstanden. Beide handeln deshalb im „Einverständnis" miteinander (FD „Willensmängel", Frage 6, Ja). Da die Beteiligten Theater spielen, ist die fragliche „Willenserklärung" ebenso nichtig wie eine entsprechende „Willenserklärung" auf der Bühne oder im Film.

Der in § 117 Abs. 1 geregelte Fall ist dem Fall des § 116 S. 2 sehr ähnlich. Der Unterschied besteht nur darin, dass § 116 S. 2 einen Erklärungsempfänger voraussetzt, der heimlich (überraschend) Bescheid weiß. Demgegenüber handeln die Beteiligten im Fall des § 117 Abs. 1 einvernehmlich. Die Doppelregelung beruht wohl auf einem Redaktionsversehen der BGB-Verfasser vor 125 Jahren.

407 *Steuerhinterziehung:* Erklärungen nach § 117 Abs. 1 werden oft mit dem Ziel abgegeben, sich gegenüber einer Behörde einen illegalen Vorteil zu verschaffen. Besonders oft betroffen ist natürlich die Finanzverwaltung. So wird im Grundstückskaufvertrag[1] oder beim Kauf eines GmbH-Anteils[2] oft ein zu niedriger Kaufpreis angegeben, weil

---

[1] BGH NJW 1995, 454; OLG Frankfurt NJW 1991, 1958; BGH NJW 1985, 2423.
[2] BGH NJW 1994, 3227.

sich in diesen Fällen die Höhe der Steuern nach der Höhe des Kaufpreises richtet. Manche Gewerbetreibende schließen einen Scheinarbeitsvertrag mit ihrer Ehefrau[3] oder einem anderen Familienangehörigen,[4] um auf diese Weise ein entsprechendes „Gehalt" als Betriebsausgabe von der Steuer absetzen zu können.[5] Selbst ein evangelischer Pfarrer wollte von dieser Möglichkeit Gebrauch machen.[6]

Andere Gründe: Mancher Schuldner schließt einen Scheinvertrag mit einem Familienangehörigen, um Teile seines Vermögens dem Zugriff der Gläubiger zu entziehen.[7] Auch viele „Beratungsverträge" werden nur zum Schein abgeschlossen, nämlich ohne die Erwartung, dass tatsächlich eine Beratung erfolgt. Scheinverträge sind auch bei Handelsvertretern beliebt. Es gibt jedenfalls mehrere Urteile zu Variationen des folgenden Grundmusters: H konnte nicht selbst Handelsvertreter des Unternehmers U werden und veranlasste deshalb U dazu, den Vertrag pro forma mit einem seiner Familienangehörigen zu schließen.[8] Ein Beispiel für den häufigen Fall, dass hinter dem Wort „Meisterbetrieb" kein Meister, sondern ein Phantom steckt, ist Fall 18 (Rn 396).

Die *Beweislast* für das Vorliegen eines Scheingeschäfts liegt bei dem, der sich auf den Scheincharakter beruft.[9] Leider wird der Scheincharakter – insbesondere bei angeblichen Handelsvertreterverträgen – von den Gerichten oft nicht erkannt.[10]

Folgen für Dritte: Dass das Rechtsgeschäft *für die Beteiligten* nichtig ist, leuchtet ein, denn diese wollten ja die Nichtigkeit. Eine andere Frage ist aber, ob Dritte, die von dem Geschäft erfahren haben, aber dessen Scheincharakter nicht kennen, in ihrem Vertrauen geschützt werden. Das Gesetz regelt diese Frage nicht ausdrücklich. *Beispiel:* V konnte keinen Käufer für ein ihm gehörendes Bürogebäude finden, weil es nicht vermietet war. Er schloss mit seinem Freund F zum Schein einen „Mietvertrag", der hohe Mietzahlungen vorsah. K kaufte das Grundstück im Vertrauen auf die Gültigkeit des Scheinvertrags.[11] K kann von F keine Miete verlangen, weil es keinen Mietvertrag gibt, den er übernehmen konnte, und in diesem Fall auch keinen Gutglaubensschutz. Aber er kann den Kaufvertrag gegenüber V nach § 123 anfechten oder von ihm nach den kaufrechtlichen Vorschriften (§§ 434 ff) Schadensersatz verlangen.

b) Das verdeckte Rechtsgeschäft

Oft nehmen die Parteien ein Scheingeschäft vor, um ein Rechtsgeschäft, das sie in Wirklichkeit wollen, zu verdecken (Fall 18, Rn 396, 398, Fall 28, Rn 633). Dieses *gewollte* Rechtsgeschäft nennt § 117 Abs. 2 das *„verdeckte Rechtsgeschäft"* (FD „Willensmängel", Frage 7, Ja, Spalte 6). In dieser Bezeichnung liegt möglicherweise der Grund für die Schwierigkeiten, die viele Anfänger mit diesem Rechtsgeschäft haben. Unter etwas „Verdecktem" stellt man sich nämlich etwas Verbotenes oder gar Kriminelles vor, das das Licht des Tages scheut. Aber im Fall des § 117 Abs. 2 ist es umgekehrt: Das Scheingeschäft ist das anrüchige Geschäft, während das verdeckte Rechts-

408

---

3 BAG NZA 2007, 580; dazu Hirsch Jura 2008, 446 (450).
4 BGH NJW 2007, 3068; BAG NJW 1996, 1299; BGH NJW 1995, 2282; BGH NJW 1984, 2350.
5 BVerfG NJW 1996, 833 und 834.
6 BFH NJW 1997, 1872.
7 BAG NJW 2003, 2930 (Abschluss eines Arbeitsvertrags kurz vor Insolvenzeröffnung); BGH NJW 2000, 276 (Scheinabtretungen).
8 Hirsch, Jura 2008, 446.
9 BGH NJW 1999, 3481; BAG NJW 2003, 2930 (2931); 1996, 1299.
10 So in den Entscheidungen BGH VersR 1964, 428; NJW 2007, 3068; BAG NJW 2007, 1485.
11 BGH NJW 2002, 208.

geschäft gewollt und im Prinzip auch zulässig und damit wirksam ist. Es ist jedenfalls nicht etwa deshalb nichtig, weil es vom Scheingeschäft wie von einem Vorhang verdeckt wird. Andererseits ist das verdeckte Geschäft natürlich auch nicht automatisch wirksam, denn es könnte ja aus einem anderen Grund unwirksam sein. Deshalb sagt das Gesetz nicht, dass es wirksam sei, sondern dass es ganz normal nach den „geltenden Vorschriften" beurteilt werden soll.

4. Kein Einverständnis über den Scheincharakter ...

409 ... *aber der Empfänger kannte den geheimen Vorbehalt aus anderer Quelle:* Im Fall des § 116 S. 2 weiß der Empfänger, dass der Erklärende sich vorbehalten hat, das Erklärte nicht zu wollen („... dieser den Vorbehalt kennt"), aber er hat sein Wissen nicht vom Erklärenden (sonst läge ein Fall des § 117 Abs. 1 vor), sondern aus anderer Quelle (FD „Willensmängel", Frage 8, Ja, Spalte 8). Im Ergebnis macht das keinen Unterschied (Wissen ist Wissen). Deshalb ist im Fall des § 116 S. 2 die fragliche Willenserklärung genauso nichtig wie bei dem in § 117 Abs. 1 genannten „Einverständnis".

410 *Der Empfänger kannte den Vorbehalt nicht:* Wenn sich der Erklärende *insgeheim* vorbehalten hat, „das Erklärte nicht zu wollen" (§ 116 S. 1), und dem Erklärungsempfänger dieser geheime Vorbehalt auch *nicht* von dritter Seite bekannt war (FD Willensmängel", Frage 8, Nein, Spalte 9), ist die fragliche Willenserklärung bekanntlich „nicht deshalb nichtig", also nicht wegen des geheimen Vorbehalts. Zum Schutz des unwissenden Partners gilt vielmehr die Erklärung als wirksam (soweit sie nicht aus *anderen* Gründen nichtig sein sollte, die mit dem Vorbehalt nichts zu tun haben).

411 Auch wer in bester Absicht gegenüber einem Unwissenden einen geheimen Vorbehalt gemacht hat, kann nicht geltend machen, seine Worte seien nichtig. Das kann zu einem kuriosen Ergebnis führen. *Beispiel:* Ein Betrüger hatte seinen Pkw bei seiner Kasko-Versicherung als gestohlen gemeldet und bot ihn auf dem Schwarzmarkt zum Verkauf an. Der als verdeckter Ermittler tätige Polizeibeamte P spielte einen kriminellen Aufkäufer und kaufte den Wagen. Dass er den Kaufvertrag gar nicht wollte, brachte er nicht zum Ausdruck. Da der geheime Vorbehalt wegen § 116 S. 1 unerheblich war, war der Kaufvertrag wirksam.[12] Dass in diesem Fall ein Betrüger durch § 116 S. 1 geschützt wurde, musste auf andere Weise vermieden werden.

5. Nichtempfangsbedürftige Willenserklärungen

412 Bei manchen einseitigen Rechtsgeschäften ist bekanntlich die einzige Willenserklärung *nicht* nach § 130 Abs. 1 S. 1 „einem anderen gegenüber abzugeben" (einseitige Rechtsgeschäfte mit *nicht*empfangsbedürftiger Willenserklärung; Rn 88). *Beispiele* sind das Testament und die Auslobung. In diesen Fällen gibt es keinen Empfänger, an dessen Person sich entscheiden könnte, ob die Erklärung wirksam ist oder nicht (FD „Willensmängel", Frage 5, Nein, Spalte 10). Es gilt deshalb immer die Grundregel des § 116 S. 1. Denn beide Ausnahmen setzen ja ausdrücklich eine Willenserklärung voraus, die „einem anderen gegenüber abzugeben ist" (§ 116 S. 2, § 117 Abs. 1).

413 Daraus folgt: Eine nichtempfangsbedürftige Willenserklärung ist trotz eines geheimen Vorbehalts *wirksam*, soweit sich die Nichtigkeit nicht aus anderen Gründen ergibt

---

12 OLG Nürnberg NZV 1997, 124.

(§ 116 S. 1). Anders gesagt: Bei allen nichtempfangsbedürftigen Willenserklärungen führt der geheime Vorbehalt nicht zur Nichtigkeit (§ 116 S. 1).

§ 19 Drohung

▶ **Fall 19: 10 % für den Vermieter** § 123

Zahnarzt Dr. Hohlloch hatte seine Praxisräume von Bruno Latour gemietet. Im Mietvertrag war auch der Fall geregelt, dass Hohlloch seine Praxis auf einen anderen Zahnarzt übertragen wollte. Dazu heißt es: „Der Vermieter gestattet dem Mieter den Verkauf seiner Praxis unter der Voraussetzung, dass ... die Bonität des Nachmieters gewährleistet ist". Im Mai starb Dr. Hohlloch. Es gelang seiner Witwe, die Praxis am 1. September an den bisherigen Praxisvertreter Dr. Walter für eine Million Euro zu verkaufen. Frau Hohlloch bat nun Herrn Latour, Herrn Dr. Walter als neuen Mieter zu akzeptieren. Aber Latour machte seine Zustimmung davon abhängig, dass er 10 % des Kaufpreises bekomme. Frau Hohlloch lehnte das zunächst ab. Als ihr Anwalt Herrn Latour in dieser Sache anrief, wiederholte dieser, er werde den Mietvertrag mit Dr. Walter nur unterschreiben, wenn er 100 000 Euro bekomme. Er fügte hinzu, dies sei allgemein üblich, und wer diese Usance nicht kenne, sei weltfremd. Da Frau Hohlloch den Kaufvertrag mit Herrn Dr. Walter nur erfüllen konnte, wenn dieser auch Nachmieter in der Praxis wurde, stimmte sie schließlich zu und zahlte den geforderten Betrag. Daraufhin unterschrieb Latour den Mietvertrag mit Dr. Walter. Später erklärte Frau Hohlloch die Anfechtung des Vertrags über die Zahlung der 100 000 Euro wegen widerrechtlicher Drohung. Latour beruft sich darauf, dass Frau Hohlloch ihm die Bonität von Dr. Walter nicht nachgewiesen habe und er deshalb die 100 000 Euro zu Recht gefordert habe. Ist die Anfechtung wirksam? (Nach BGH NJW 1995, 3052)

Frau Hohlloch hatte sich gegenüber Latour vertraglich zur Zahlung von 100 000 Euro verpflichtet. Es ist aber zu prüfen, ob sie zur Abgabe ihrer Willenserklärung „widerrechtlich durch Drohung bestimmt worden" ist, so dass sie sie nach § 123 Abs. 1 anfechten konnte. „Drohung" ist nach der heute noch gültigen Definition des Reichsgerichts „die Ankündigung eines künftigen Übels, auf dessen Eintritt oder Nichteintritt der Drohende einwirken zu können behauptet und das verwirklicht werden soll, wenn der Bedrohte nicht die von dem Drohenden gewünschte Willenserklärung abgibt".[13] Das künftige Übel war, dass Dr. Walter die Praxis nicht in den Räumen von Herrn Latour betreiben konnte, so dass der Praxiserwerb scheitern und Frau Hohlloch damit den Anspruch auf den Kaufpreis von einer Million Euro verlieren würde. Dieses Übel hat Latour Frau Hohlloch angekündigt für den Fall, dass sie nicht zahlen würde. Frau Hohlloch ist dadurch in eine „Zwangslage" geraten (dies Wort steht in § 124 Abs. 2 S. 1). Denn sie stand nun vor der Entscheidung, entweder auf die Million zu verzichten oder 100 000 Euro zu zahlen.

Im vorliegenden Fall ist das verwendete Mittel (das angekündigte Übel) für sich genommen nicht widerrechtlich, denn es kann sehr wohl das Recht eines Vermieters sein, einen Nachmieter abzulehnen. Aber der angestrebte Erfolg war hier widerrechtlich, weil Latour keinen Anspruch auf die Zahlung der geforderten 100 000 Euro hatte. Latour hatte seine Forderung zunächst ganz ungeniert wie ein Schutzgelderpresser begründet. Erst nachträglich, im Prozess, hat er sich darauf berufen, dass Frau Hohlloch Dr. Walters Bonität nicht nachgewiesen

---

13 BGH NJW 1988, 2599; ähnlich BAG NJW 1994, 1021.

habe. Aber auch auf diesen Umstand konnte er seine Forderung nicht stützen. Wenn nämlich wirklich Zweifel bestanden hätten, ob Dr. Walter die Miete zahlen konnte, hätte es verschiedene Möglichkeiten gegeben, dieses Risiko abzusichern. Der BGH nennt die Übernahme einer Mithaftung von Frau Hohlloch für die Mietzahlungen, die Beschaffung einer Bankbürgschaft und die Hinterlegung einer Kaution. Einen willkürlich festgesetzten Betrag in enormer Höhe zu fordern, war aber nicht geeignet, dieses Risiko abzusichern, und war damit unzulässig.

Da die Voraussetzungen des § 123 Abs. 1 gegeben sind, konnte Frau Hohlloch ihre Willenserklärung anfechten. Die Anfechtung ist ein einseitiges Rechtsgeschäft mit empfangsbedürftiger Willenserklärung (§ 143 Abs. 1; Rn 458) und führt zur Nichtigkeit der angefochtenen Erklärung (§ 142 Abs. 1). Die Anfechtung ist in Frau Hohllochs Erklärung zu sehen, die Willenserklärung sei durch widerrechtliche Drohung erzwungen worden. Einzelheiten über die Anfechtung wegen widerrechtlicher Drohung ergeben sich aus den Erläuterungen zur arglistigen Täuschung (ebenfalls § 123 Abs. 1; Rn 448 ff). Da es nach der erfolgreichen Anfechtung so angesehen wird, als hätte Frau Hohlloch sich niemals zur Zahlung der 100 000 Euro verpflichtet (§ 142 Abs. 1), kann sie nach § 812 Abs. 1 die Rückzahlung der Summe verlangen. ◀

Lerneinheit 19

416 Literatur: *Röthel*, Familienrechtliche Rechtsgeschäfte (Teil II): Zu den Auswirkungen von Irrtum, Täuschung, Drohung, Jura 2017, 1042; *Lorenz*, Grundwissen – Zivilrecht: Willensmängel, JuS 2012, 490; *Donath/Mehle*, Drohung durch den Rechtsanwalt, NJW 2009, 2363 und 2509; *Martens*, Das Anfechtungsrecht bei einer Drohung durch Dritte, AcP 207 (2007), 371; *Kapitza*, Nötigung durch Drohung mit Inkassounternehmen? Zur Beurteilung privater Mahnschreiben, JuS 2007, 442; *Peters*, Die Rechtsfolgen der widerrechtlichen Drohung, JR 2006, 133; *Petersen*, Täuschung und Drohung im Bürgerlichen Recht, Jura 2006, 904.

I. Voraussetzungen einer Anfechtung wegen widerrechtlicher Drohung

1. Voraussetzungen auf Seiten des Drohenden

a) Widerrechtliche Drohung

417 *Drohung:* Eine Drohung ist zunächst jede „vom Gegner ernst genommene Ankündigung eines künftigen Übels, das nach Bekundung des Drohenden und der Ansicht des Gegners vom Drohenden herbeigeführt werden kann und soll, wenn der Bedrohte die angesonnene Willenserklärung nicht abgibt".[14] *Beispiel 1:* Fall 19, Rn 414. *Beispiel 2:* Ein Bauunternehmer kündigt bei einem Großprojekt den sofortigen Baustopp für den Fall an, dass der Bauherr nicht 200 000 Euro für Mehrarbeiten zahlen würde.[15] *Beispiel 3:* Frau F hatte von Herrn H ein Hotel gepachtet, war aber mit der Pachtzahlung erheblich im Rückstand. H kündigte deshalb den Pachtvertrag fristlos. Deshalb war Frau F verpflichtet, das Hotel sofort zu räumen und zu übergeben. H verkaufte das Anwesen an K. Aber Frau F erklärte, sie werde erst ausziehen, wenn sie bestimmte Beträge von insgesamt rund 9 000 Euro erhalten habe. Frau F standen diese Beträge

---

14 BAG NJW 1999, 2059; BGH NJW-RR 1996, 1281.
15 BGH NJW 2001, 3779.

nicht zu. Aber H, der vertraglich verpflichtet war, K das Grundstück zu übergeben, beugte sich der Drohung und zahlte.[16]

Widerrechtlichkeit der Drohung: In § 123 Abs. 1 steht noch das wichtige Wort „*widerrechtlich*". Daraus ist zu entnehmen, dass es auch rechtmäßige Drohungen gibt. *Beispiel 1:* A drohte seinem Unfallgegner B, er werde die Polizei holen, wenn B seine Alleinschuld nicht schriftlich anerkenne. *Beispiel 2:* Ein Rechtsanwalt verlangte von seinem Mandanten, dass dieser ein Schuldanerkenntnis über die bisher angefallenen Honorare abgab, und kündigte an, andernfalls noch vor Ablauf der Berufungsbegründungsfrist das Mandat niederzulegen.[17] In diesen Fällen liegt zwar eine Drohung vor, aber keine widerrechtliche. *Widerrechtlich* ist eine Drohung nur

- wenn entweder das eingesetzte *Mittel* (das angekündigte Übel) schlechthin unzulässig ist (zB Folter oder sonstige strafbare Handlung) oder
- der *Zweck* (der angestrebte Erfolg) rechtswidrig ist[18] oder
- wenn zwar Mittel und Zweck für sich allein betrachtet nicht widerrechtlich sind, ihre Verbindung aber – die Benutzung *dieses* Mittels zu *diesem* Zweck – als verwerflich angesehen werden muss (*Verknüpfung von Mittel und Zweck*).[19] Es kommt darauf an, „ob der Drohende an der Erreichung des Zwecks ein berechtigtes Interesse hat und die Drohung nach Treu und Glauben als ein angemessenes Mittel zur Erreichung dieses Zwecks anzusehen ist".[20]

Drohung mit einer Strafanzeige: Bei dem begründeten Verdacht einer Straftat ist die Drohung, die Polizei hinzuzuziehen oder eine Strafanzeige zu erstatten, nicht widerrechtlich. Es ist auch zulässig, in solchen Fällen vom Schuldner ein Schuldanerkenntnis zu verlangen. *Beispiel:* Der in der Getränkeabteilung eines Supermarkts beschäftigte B hatte jahrelang Geld aus der Kasse genommen und behauptet, er habe die Beträge für die Rückgabe von Pfandflaschen an Kunden ausgezahlt. Der Marktleiter und die Bezirksleiterin drohten ihm mit einer Strafanzeige, falls er kein Schuldanerkenntnis über den veruntreuten Betrag unterschreibe. Obwohl die Einzelheiten noch nicht geklärt waren, war das nicht rechtswidrig. Auch die *Verknüpfung* von Mittel und Zweck war hier zulässig.[21]

Drohung mit der fristlosen Kündigung eines Arbeitsvertrags: Wer als Arbeitgeber eine fristlose (außerordentliche) Kündigung in Aussicht stellt, spricht eine Drohung aus.[22] Aber diese Drohung ist nur dann widerrechtlich, wenn ein verständiger Arbeitgeber in dieser Situation keine fristlose Kündigung in Erwägung gezogen hätte.[23] Sie ist gerechtfertigt, wenn der begründete Verdacht eines schweren Verstoßes gegen die Dienstvereinbarung vorliegt.[24] Es ist auch nicht widerrechtlich, in einer solchen Lage vom Arbeitnehmer einen Aufhebungsvertrag zu verlangen. *Beispiel:* Ein technischer Angestellter hatte das Zeiterfassungsgerät (die Stechuhr) manipuliert und so eine längere Arbeitszeit vorgetäuscht. Der Geschäftsführer drohte ihm mit einer fristlosen Kündigung

---

16 OLG Frankfurt a. M. NJW 2015, 3584.
17 BGH NJW 2003, 2386 (2387).
18 Ein Beispiel für eine Drohung, die der angestrebte Erfolg widerrechtlich macht, ist Fall 19 (Rn 414).
19 BGH NJW 1982, 2301.
20 BGH NJW 2002, 277; ähnlich BAG NJW 1999, 2059 mwN.
21 BAG NJW 2011, 630 Rn 39; ähnlicher Fall BAG NJW 1999, 2059.
22 BAG NJW 1997, 676.
23 BAG NJW 2002, 2196.
24 BAG NZA 2000, 27.

für den Fall, dass er keinen Aufhebungsvertrag unterschrieb.[25] Auch die *Verknüpfung* von Mittel und Zweck war in diesem Fall nicht zu beanstanden.

Drohung mit der fristlosen Kündigung eines Kreditvertrags: Die Ankündigung, einen ungesicherten Kredit zu kündigen, kann eine Drohung sein. *Beispiel:* Eine Sparkasse hatte einer GmbH einen erheblichen Kredit gewährt, der nicht gesichert war. Der Kreditsachbearbeiter verlangte von einem Gesellschafter der GmbH, er solle sich für den Kredit verbürgen, und setzte hinzu, sonst müsse die Sparkasse „den Kredit sofort zumachen".[26] Die Absicht, einen Gesellschafter zur Übernahme einer Bürgschaft für einen ungesicherten Kredit zu bewegen, ist nicht widerrechtlich.[27] Auch die *Verknüpfung* von Mittel und Zweck war in diesem Fall gerechtfertigt.[28]

Drohung mit einer Information der Presse: Auch die Ankündigung, die Presse (wahrheitsgemäß) zu informieren, kann ein zulässiges Mittel zur Durchsetzung geschäftlicher Interessen sein. *Beispiel:* Der Vorsitzende eines Vereins, der Trabrennen veranstaltet, hatte den begründeten Verdacht, dass X den Verein jahrelang durch überhöhte Rechnungen erheblich geschädigt hatte. Der Verein durfte einen Aufhebungsvertrag mit der Drohung erzwingen, Einzelheiten im Traberjournal zu veröffentlichen.[29]

b) Ziel: Abgabe einer Willenserklärung

421 Es muss die Absicht des Drohenden sein, den Bedrohten zur *Abgabe einer Willenserklärung* zu bewegen. Wer keine Willenserklärung herbeiführen will, sondern ein Verhalten (Zahlung, Duldung sexueller Handlungen), kann sich strafbar machen, droht aber nicht iSv § 123.

2. Voraussetzungen auf Seiten des Bedrohten

422 *Abgabe einer Willenserklärung:* Der Bedrohte muss die Drohung ernst genommen und eine Willenserklärung abgegeben haben, zu der er „durch Drohung bestimmt worden ist". Die widerrechtliche Drohung muss also für die Willenserklärung *ursächlich* (kausal) gewesen sein. Natürlich kann der Drohende den Bedrohten später nicht verhöhnen mit der Vorhaltung, dass dieser „der Drohung nicht standgehalten habe" und deshalb selbst schuld sei.[30]

423 *Anfechtung innerhalb der Anfechtungsfrist:* Der Bedrohte muss die Anfechtung an den „Anfechtungsgegner" richten (§ 143 Abs. 1). Wer das ist, bestimmt § 143 Abs. 2 bis 4 (Rn 459). Die einjährige Anfechtungsfrist beginnt im Fall der Drohung, wenn die „Zwangslage aufhört" (§ 124 Abs. 2 S. 1).[31] Das ist erst der Fall, wenn der Bedrohte nicht mehr befürchten muss, der Drohende könne seine Drohung wahr machen.

---

25 BAG NZA 2000, 27.
26 BGH NJW 1997, 1980.
27 BGH NJW 1997, 1980.
28 Ähnlicher Fall BGH NJW 1996, 1274.
29 BGH NJW 2005, 2766 (2769).
30 BGH NJW 2001, 3779.
31 BGH NJW 1997, 1980.

§ 20 Arglistige Täuschung

II. Rechtsfolgen der Anfechtung

Das infolge der Drohung zustande gekommene Rechtsgeschäft ist zunächst voll wirksam und nur anfechtbar. Erst mit dem Zugang der Anfechtung (§ 130 Abs. 1 S. 1) ist das Rechtsgeschäft „als von Anfang an nichtig anzusehen" (§ 142 Abs. 1).

Die Einzelheiten zu den §§ 124, 142 und 143 werden anlässlich der arglistigen Täuschung erläutert, für die dieselben Paragrafen gelten.

424

§ 20 Arglistige Täuschung

▶ **Fall 20: Lahmer Gaul als Springpferd** § 123

Die Reiterliche Vereinigung Corsfeld eV hatte jahrelang die Stute Heidi zum Voltigieren und Springen eingesetzt. Aber seitdem Heidi sich einen Fesselträgeranriss zugezogen hatte, war sie nicht mehr belastbar. Der Vereinsvorsitzende Wilfried Otte ließ deshalb folgende Anzeige veröffentlichen: „Hannoveraner Stute, wegen akuter Verletzung nicht mehr im Spring- und Voltigiersport einsetzbar, günstig in gute Hände abzugeben. Kein Verkauf an Händler".
Die Pferdehändlerin Lydia Luger sah sich Heidi an. Otte sagte ihr, dass das Tier lahme, weil es an einem Fesselträgeranriss leide, der nicht operabel sei, und zeigte ihr Röntgenbilder. Frau Luger fasste den Entschluss, Heidi zu kaufen und als Springpferd anzubieten. Sie sagte aber: „Ein so edles Tier darf man nicht sterben lassen" und „Bei mir wird sie es gut haben". Dass sie Händlerin ist, sagte sie nicht. Da Otte den Eindruck hatte, Frau Luger wolle Heidi das Gnadenbrot gewähren, verkaufte er ihr das Pferd im Namen des Vereins für 750 Euro.
Kurz darauf inserierte Frau Luger in einer Pferdezeitschrift: „Hannoveraner Stute, super leichttritiges, großes, sehr gut regulierbares Pferd, Dressur L-Niveau, Springen A mit viel Raumgriff, sicher und mit viel Mut am Sprung, zu einem Kaufpreis von 3 900 Euro". Aufgrund dieses Inserats kaufte Frau Bösche das Pferd am 7. März 2005 für 3 400 Euro. Erst später fiel Frau Bösche auf, dass Heidi lahmte. Sie entnahm den Papieren, dass das Pferd längere Zeit Eigentum der Reiterlichen Vereinigung Corsfeld gewesen war, und wandte sich an den Vereinsvorstand. Dadurch erfuhr Otte am 6. April 2005, dass Frau Luger Heidi weiterverkauft hatte. Ein vom Verein beauftragter Rechtsanwalt erklärte mit Schreiben vom 22. April die Anfechtung des vom Verein mit Frau Luger geschlossenen Kaufvertrags.
Kurz darauf schrieb Frau Bösche ihrerseits an Frau Luger: „Weil das Tier wegen chronischer Lahmheit weiterhin reituntauglich ist, fechte ich hiermit den mit Ihnen geschlossenen Kaufvertrag an wegen Vorspiegelung falscher Tatsachen unter Verheimlichung einer schweren Vorerkrankung." Sind beide Anfechtungen wirksam? (Nach BGH NJW 2008, 1878)

425

a) Die vom Verein erklärte Anfechtung

Der Verein hat (vertreten durch Otte) eine Willenserklärung abgegeben, die zum Abschluss des Kaufvertrags führte. Ob diese Willenserklärung als Antrag oder als Annahme zu werten ist, ist gleichgültig. Zu prüfen ist, ob der Verein seine Willenserklärung nach § 123 Abs. 1 wegen arglistiger Täuschung anfechten konnte.

426

Als arglistige Täuschung kommen zwei Äußerungen/Verhaltensweisen in Betracht:

- *„Bei mir wird sie es gut haben"*: In erster Linie kommt eine wissentlich falsche Behauptung in Betracht (Rn 443). Lydia Luger hat nicht ausdrücklich die falsche Behauptung aufgestellt, sie werde Heidi das Gnadenbrot geben. Aber sie hat gesagt, ein solches Tier dürfe nicht sterben und bei ihr werde Heidi es gut haben. Das war nur so zu verstehen, dass sie die Stute nicht weiterverkaufen, sondern bis zu ihrem Tod – oder jedenfalls noch viele Jahre – pflegen werde. Da Frau Luger von Anfang an die Absicht hatte, das Pferd zu verkaufen, war diese Aussage eine bewusst falsche Behauptung. Sie war auch „tatsächlicher Art", weil es sich nicht um eine Wertung oder eine subjektive Empfindung handelte.
- *Verschweigen ihrer Händlereigenschaft*: Frau Luger hat nicht darauf hingewiesen, dass sie Pferdehändlerin ist. Ein Verschweigen ist allerdings nur dann als arglistige Täuschung zu werten, wenn eine Aufklärungspflicht besteht (Rn 439). Eine solche Pflicht ist hier anzunehmen. Denn der Verein hatte in seiner Anzeige deutlich gemacht, dass er Heidi keinesfalls an einen Händler verkaufen wollte. Wenn sich Frau Luger gleichwohl auf die Anzeige als Kaufinteressentin meldete, bestand für sie die Pflicht darauf hinzuweisen, dass sie dieser ausdrücklichen Erwartung nicht entsprach. Indem sie schwieg, erweckte sie den Eindruck, dass sie keine Händlerin sei. Ihr Schweigen ist deshalb als arglistige Täuschung anzusehen.

Lydia Luger müsste auch mit dem für die arglistige Täuschung erforderlichen *Vorsatz* gehandelt haben. Das ist der Fall, weil sie die Wahrheit kannte: Sie wusste, dass sie das Pferd nicht pflegen, sondern verkaufen wollte. Sie wusste außerdem, dass sie eine Händlerin ist, aber den gegenteiligen Eindruck erweckte. Und sie wollte, dass Otte ihr glaubte und dass der mehrfache Irrtum ihn (und letztlich den Verein) zum Abschluss des Kaufvertrags veranlasste.

Es ist nun zu prüfen, ob auf Seiten des *Getäuschten*, also des Vereins, die erforderlichen Voraussetzungen vorlagen (Rn 448 ff). Otte hat Frau Luger geglaubt, wurde also durch sie in einen Irrtum versetzt. Es kam zu der von § 123 Abs. 1 vorausgesetzten „Abgabe einer Willenserklärung". Denn Otte hat sinngemäß die Erklärung abgegeben „Ich verkaufe Ihnen im Namen des Vereins das Pferd Heidi".

Zwischen dem Irrtum und der Abgabe der Willenserklärung besteht dann die nötige *Kausalität*, wenn Otte die Erklärung bei Kenntnis der Wahrheit nicht abgegeben hätte (Rn 452). Eine solche Kausalität liegt hier vor. Denn Otte hätte den Kaufvertrag (als Vertreter des Vereins) nicht geschlossen, wenn er gewusst hätte, dass Frau Luger Händlerin ist und Heidi weiterverkaufen wollte.

Es ist nun zu prüfen, ob der Verein, vertreten durch einen Anwalt, die Anfechtung richtig adressiert hat. Das ist der Fall, denn Lydia Luger war die Vertragspartnerin des Vereins (§ 143 Abs. 2 Var. 1) und damit die richtige Adressatin der Anfechtung. Übrigens war es keinesfalls erforderlich, dass der Verein mit der Anfechtungserklärung einen Anwalt beauftragte. Denn außerhalb eines Prozesses kann jeder die ihn betreffenden Erklärungen selbst abgeben. Otte hätte deshalb auch selbst (als Vertreter des Vereins) die Anfechtung erklären können.

Nach § 124 Abs. 1 hatte der Verein für seine Anfechtungserklärung ein Jahr Zeit, wobei die Frist mit der Entdeckung der Täuschung begann (§ 124 Abs. 2 S. 1). Otte stellte am 6. April fest, dass er von Frau Luger getäuscht worden war. Die Anfechtung vom 22. April – zugestellt vermutlich einige Tage später – erfolgte also lange vor dem Ablauf der Jahresfrist.

Da alle Voraussetzungen der arglistigen Täuschung und einer wirksamen Anfechtung gegeben sind, wird die fragliche Willenserklärung des Vereins und damit der ganze Kaufvertrag als von Anfang an nichtig angesehen (§ 142 Abs. 1).

b) Die von Frau Bösche erklärte Anfechtung

Eine Besonderheit des vorliegenden Falles liegt darin, dass Frau Luger über denselben Gegenstand zwei Kaufverträge geschlossen hat (einmal als Käuferin und das andere Mal als Verkäuferin) und dass in beiden Fällen ihr Vertragspartner die Anfechtung wegen arglistiger Täuschung erklärt hat. Diese Kombination von zwei Täuschungen ist in der Praxis selten.

427

Auch im Fall des zweiten Vertrags erfordert eine wirksame Anfechtung nach § 123 Abs. 1 in erster Linie, dass Frau Luger arglistig getäuscht hat. Mit welchen Worten Frau Luger und Frau Bösche den Vertrag geschlossen haben, ist unbekannt. Aber das ist unschädlich. Denn der Inhalt der Anzeige gilt als Teil der Erklärung, die Frau Luger beim Vertragsschluss abgegeben hat. Es spielt keine Rolle, ob sie die Worte der Anzeige bei dieser Gelegenheit wiederholt hat. Denn Frau Bösche hatte sich aufgrund der Anzeige für Heidi interessiert und schloss den Vertrag – für Frau Luger erkennbar – auf der Basis des Anzeigentextes. Das Raffinierte an diesem Text ist, dass er vermutlich den früheren Zustand des Pferdes richtig beschreibt. Aber seit sich Heidi den Fesselträgeranriss zugezogen hat, sind alle genannten Eigenschaften nicht mehr – oder nicht mehr in der genannten Weise – vorhanden. Denn ein lahmendes Pferd ist nicht mehr leicht zu reiten („leichttrittig") und kann nicht mehr „mit viel Raumgriff" springen. Weil Frau Luger von Otte über die Erkrankung ausführlich informiert worden war, steht fest, dass sie die Unrichtigkeit des Anzeigentextes kannte, also vorsätzlich getäuscht hat.

Frau Bösche hat nicht bemerkt, dass die Beschreibung des Tieres falsch war, befand sich also, als sie sich zum Kauf entschloss, in einem von Frau Luger provozierten Irrtum. Dass sie möglicherweise ein Lahmen hätte bemerken können, ist unerheblich. Denn es gehört zur arglistigen Täuschung, dass der Täuschende ein gutgläubiges Opfer findet.

Auch Frau Bösche hat (wie der Verein) ihre Anfechtungserklärung richtig adressiert (§ 143 Abs. 1, Abs. 2 Var. 1). Und sie hat die Jahresfrist des § 124 Abs. 1, Abs. 2 S. 1 eingehalten. Damit ist auch der zweite Kaufvertrag rückwirkend nichtig (§ 142 Abs. 1).

Die Lösung für beide Teilsachverhalte ergibt sich aus dem FD „Arglistige Täuschung" so: 1. Ja – 2. Nein – 3. Ja – 4. Ja, denn sie war ein Antrag oder eine Annahme – 5. Ja – 6. Ja – 7. Nein – 8. Nein (Spalte 4). ◀

Lerneinheit 20

Literatur: *Prahl*, Täuschung des Filmversicherers durch die Gesundheitserklärung eines Schauspielers, VersR 2017, 525; *Röthel*, Familienrechtliche Rechtsgeschäfte (Teil II): Zu den Auswirkungen von Irrtum, Täuschung, Drohung, Jura 2017, 1042; *Eggert*, Arglistiges Verhalten beim Gebrauchtwagenkauf, DAR 2015, 43; *Schirmer*, Arglistiges Verhalten des Versicherungsnehmers im neuen VVG, r + s 2014, 533; *Arnold*, Die arglistige Täuschung im BGB, JuS 2013, 865; *Hofmann*, Der Pferdekauf, JA 2013, 16; *Elmenhorst/Decker*, Sorgfaltsstandards für Auktionshäuser bei der Echtheitsprüfung von Kunstwerken für Versteigerungen, GRUR-RR 2012, 417; *Hampe/Köhlert*, Branchenverzeichnisse im Internet – Arglistige Täuschung durch wettbewerbswidrige Formularschreiben? MMR 2012, 722; *Lorenz*, Grundwissen – Zivilrecht: Willensmängel, JuS 2012, 490; *Möller*, Offenlegungen und Aufklärungspflichten beim Unternehmenskauf, NZG 2012, 841; *Riesenhuber*, Kein Fragerecht des Arbeitgebers, NZA 2012, 771; *Voppel*, Aufhebung

428

der Ehe wegen arglistiger Täuschung, FamRZ 2012, 435; *Wever,* Pflicht der Ehefrau zur ungefragten Offenbarung eines Seitensprungs? FamRZ 2012, 1601.

I. Grundlagen

429 *Definition:* Arglistige Täuschung ist die unzulässige Beeinflussung einer fremden Willensbildung durch vorsätzliche Irrtumserregung. Die durch arglistige Täuschung bestimmte Willenserklärung ist zunächst voll wirksam, aber anfechtbar (§ 123 Abs. 1). Erst wenn der arglistig Getäuschte sie angefochten hat, wird sie rückwirkend nichtig (§ 142 Abs. 1). Das Anfechtungsrecht „schützt die freie Selbstbestimmung auf rechtsgeschäftlichem Gebiet gegen unlautere Mittel der Willensbeeinflussung".[32]

430 *Andere Vorschriften:* Die Rechtsfolgen einer arglistigen Täuschung werden vom BGB nicht nur in § 123 geregelt. Das Kaufrecht nimmt die arglistige Täuschung zum Anlass, die Rechtsstellung des betroffenen Käufers zu verbessern.[33] Genauso schützt das Werkvertragsrecht den Besteller eines Werks, wenn der Unternehmer ihn arglistig getäuscht hat.[34] Eine arglistige Täuschung kann ferner zur Aufhebung der Ehe führen (§ 1314 Abs. 2 Nr. 3). *Beispiel:* Eine Frau hatte ihrem Partner verschwiegen, dass sie mehrfach vorbestraft war und die letzte Bewährungszeit noch lief.[35] Auch für die arglistige Täuschung des Erblassers bei der Testamentserrichtung besteht eine Sondervorschrift (§ 2339 Abs. 1 Nr. 3). Man darf die genannten Vorschriften nicht mit § 123 vermischen oder kombinieren. Ein Verstoß gegen diese Regel ist ein häufiger Anfängerfehler. *Beispiel:* Der Bearbeiter eines Kaufrechtsfalls erwähnt § 438 Abs. 3 (in dem die Worte „arglistig verschwiegen" vorkommen) und prüft dann § 123.

Kein vertraglicher Ausschluss: § 123 ist eine wichtige Ausprägung des Selbstbestimmungsrechts. Das Recht zur Anfechtung wegen arglistiger Täuschung kann deshalb nicht vertraglich ausgeschlossen oder beschränkt werden (Unabdingbarkeit, Rn 253).[36]

431 *Klausurfehler:* § 123 sagt nicht, was eine arglistige Täuschung ist. Das verleitet manche dazu, sobald etwas bei einer Willenserklärung nicht mit rechten Dingen zugegangen ist, zu behaupten: „Es liegt eine arglistige Täuschung vor". Aber so einfach darf man es sich nicht machen. Es reicht auch nicht, lediglich die oben gegebene Definition zu zitieren („Arglistige Täuschung ist die unzulässige Beeinflussung einer fremden Willensbildung durch vorsätzliche Irrtumserregung"). Vielmehr müssen die im Folgenden aufgeführten Voraussetzungen der arglistigen Täuschung im Einzelnen geprüft werden.

II. Voraussetzungen der Anfechtung auf Seiten des Täuschenden

1. Täuschung durch eine falsche Behauptung tatsächlicher Art

432 *Definition:* Eine falsche Behauptung tatsächlicher Art liegt vor, wenn der Täuschende wissentlich etwas Unwahres behauptet, das, wenn es wahr wäre, eine Tatsache (kein Werturteil) wäre (FD „Arglistige Täuschung", Frage 1 a).

433 *Vermögensanlagen:* Einen Schwerpunkt arglistiger Täuschungen bilden Verträge über Vermögensanlagen. *Beispiel:* Der Vertreter V der H-GmbH bot einem Ehepaar den Er-

---

[32] BGH NJW 1998, 898.
[33] §§ 438 Abs. 3, 442 Abs. 1 S. 2, 444.
[34] §§ 634a Abs. 3 S. 1, 639.
[35] AG Kulmbach NJW 2002, 2112.
[36] MüKo/Armbrüster § 123 Rn 77; Flume § 19 (401); BGH NJW 2007, 1058 Rn 18 (Heros I); bestätigt von BGH NJW 2012, 296 Rn 27 (Heros II).

werb einer Eigentumswohnung als Renditeobjekt an. Er behauptete, es seien Monatsmieten von 339 Euro zu erzielen, während die Miete tatsächlich nur 183,34 Euro betrug.[37]

Kaufverträge: Bei Kaufverträgen über Gebrauchtwagen ist eine arglistige Täuschung besonders häufig. Aber auch bei anderen Kaufsachen kommt es zu Täuschungen. *Beispiel 1:* X bot im Anzeigenteil „Kunst und Antiquitäten" der Süddeutschen Zeitung Möbel und Bilder unter der Überschrift „Schlossauflösung" an. Die Ware war im Stil des Rokoko gehalten, aber neu und nur künstlich gealtert.[38] *Beispiel 2:* Z bot seine Doppelhaushälfte zum Verkauf an. Er sagte zum späteren Käufer, von seinem Nachbarn sei „normal nichts zu hören". In Wirklichkeit schikanierte dieser Nachbar seine Umgebung seit Jahren mit nächtlichen Ruhestörungen.[39]

Arbeitsverträge: Ein Angestellter erschlich sich eine Gehaltserhöhung mit der falschen Behauptung, er habe nunmehr sein Studium erfolgreich abgeschlossen.[40]

Mietverträge: Bei Mietverhältnissen täuscht der Mieter häufiger als der Vermieter, aber auch das kommt vor. *Beispiel:* Frau M hatte 1977 ein Einfamilienhaus in Berlin von den Eheleuten L gemietet, die seit langem in den USA lebten. Im Jahre 2002 kündigten die Eheleute den Mietvertrag wegen Eigenbedarfs mit der Begründung, sie seien jetzt pensioniert und wollten wieder nach Berlin ziehen. Frau M glaubte das, unterzeichnete widerwillig einen Aufhebungsvertrag und zog aus. Kurz darauf bemerkte sie, dass das Haus zum Verkauf angeboten wurde. Sie focht den Aufhebungsvertrag erfolgreich wegen arglistiger Täuschung an.[41] Dadurch wurde der Aufhebungsvertrag nichtig und der Mietvertrag wieder wirksam.

Gegensatz Anpreisungen: Falsche Anpreisungen und allgemeine Redensarten, die keinen objektiv festlegbaren (verifizierbaren) Inhalt haben, stellen *keine* arglistige Täuschung dar. *Beispiel 1:* Ein Einfamilienhaus wurde angepriesen mit den Worten „bevorzugte Wohnlage", „ein repräsentatives Haus". Ob es sich (noch) um eine subjektive Anpreisung handelt oder (schon) um eine nachprüfbare Behauptung, kann aber manchmal schwer zu entscheiden sein. *Beispiel 2:* Einem Oberstleutnant und seiner Frau, einer Krankengymnastin, wurde eine Eigentumswohnung als Kapitalanlage angeboten mit den Worten: „Es handelt sich um eine risikolose Immobilie, die ihren Wert nicht nur erhalten, sondern mit großer Wahrscheinlichkeit sogar noch steigern wird. Bis auf einen monatlichen Geringstbetrag werden die Kosten des Erwerbs aufgefangen durch Mieteinnahmen und Steuervorteile". Der BGH hat darin lediglich Anpreisungen gesehen,[42] aber das ist zweifelhaft.

Erlaubte Fragen müssen grundsätzlich richtig beantwortet werden (siehe allerdings Rn 447). Der künftige Arbeitgeber darf zB im Einstellungsgespräch nach Vorstrafen fragen, wenn die zu besetzende Stelle dies erfordert (zB Einstellung in den Polizeidienst).[43] Eine wissentlich falsche Beantwortung ist deshalb ein Fall von arglistiger Täuschung. Der Arbeitgeber darf auch nach laufenden Ermittlungsverfahren fragen. Der Grundsatz der Unschuldsvermutung berechtigt den Bewerber nicht, die Frage

---

37 BGH NJW 2008, 640. Siehe auch BGH NJW 2011, 2349 und BGH NJW 2010, 602 Rn 25 f.
38 OLG Düsseldorf NJW 2002, 612.
39 BGH NJW 1991, 1673.
40 ArbG Stuttgart NZA-RR 1996, 46.
41 BGH NJW 2009, 2059.
42 BGHZ 169, 109 Rn 25 f.
43 BAG NJW 1999, 3653.

falsch zu beantworten.[44] Auch die Frage nach der Schwerbehinderteneigenschaft muss vom Bewerber korrekt beantwortet werden.[45]

2. Täuschung durch Manipulation

438 Der Erklärende muss nicht notwendig eine falsche Behauptung tatsächlicher Art aufgestellt haben. Als weitere Form kommt eine Täuschung durch Manipulation in Betracht. Sie liegt vor, wenn der Täuschende nichts erklärt, aber zum Zweck der Täuschung eine Veränderung an einer Sache oder an einem Dokument vorgenommen hat (FD „Arglistige Täuschung", Frage 1 b). *Beispiel 1:* Ein Gebrauchtwagenverkäufer hatte den Kilometerzähler verstellt (bitte nicht: den Tacho). *Beispiel 2:* X bot neue, im Stil des 18. Jahrhunderts gemalte Bilder an. Um sie echt erscheinen zu lassen, hatte er Etiketten mit der Aufschrift „Sotheby's, London" herstellen lassen, ihnen eine künstliche Patina gegeben und sie auf die Rückseite der Bilder geklebt.[46]

3. Täuschung durch Verschweigen trotz Aufklärungspflicht

439 *Verschweigen:* Der Tatbestand der arglistigen Täuschung kann auch erfüllt sein, wenn der Täuschende einen für den anderen Teil wichtigen Umstand *verschweigt*, obwohl er ihn offenbaren müsste (FD „Arglistige Täuschung", Frage 1 c). Grundsätzlich hat sich jeder, der einen Vertrag schließt, „selbst darüber zu vergewissern, ob er für ihn von Vorteil ist oder nicht", so dass der andere Teil nicht auf Umstände hinzuweisen braucht, „von denen er annehmen darf, dass er nach ihnen gefragt werde, falls auf sie Wert gelegt wird".[47]

Aufklärungspflicht: Das ändert sich aber, wenn eine *Aufklärungspflicht* besteht. Das ist immer dann gegeben, wenn der fragliche Umstand für den Partner offensichtlich entscheidungserheblich ist[48] und er eine Information aufgrund der konkreten Gegebenheiten nach der Verkehrsauffassung erwarten darf.[49] Es ist ein häufiger Anfängerfehler, arglistige Täuschung durch Verschweigen zu bejahen, ohne vorher sorgfältig das Bestehen einer Aufklärungspflicht begründet zu haben.

440 *Beispiel 1:* Der Verkäufer eines Gebrauchtwagens muss ungefragt auf jeden Unfall hinweisen, der über einen Lackschaden (nicht Blechschaden) hinausgeht.[50] *Beispiel 2:* B bewarb sich um eine Stelle, verschwieg aber, dass er demnächst eine mehrmonatige Haftstrafe anzutreten hatte und deshalb in dieser Zeit nicht zur Verfügung stehen konnte.[51] Besondere Umstände können die Anforderungen erhöhen. *Beispiel 4:* Die Heros-GmbH betrieb ein Geldtransportunternehmen. Sie versicherte sich bei der V-Versicherungs-AG gegen die Gefahr, von ihren Kunden wegen des Verlusts von Bargeld in Anspruch genommen zu werden. Sie verwendete damals schon in krimineller Weise Teile der zu transportierenden Bargeldbeträge dazu, eigene Finanzlücken zu schließen. Das hätte sie vor Abschluss des Versicherungsvertrags offenbaren müssen.[52] Auch ein Schenkungsvertrag kann durch arglistige Täuschung beeinflusst sein. *Beispiel 5:* Frau F

---

44 BAG aaO.
45 BAG NJW 2001, 1885; NZA 1999, 584; NJW 1996, 2323.
46 OLG Düsseldorf, NJW 2002, 612.
47 BGH NJW 1989, 763; ähnlich BGH NJW 2000, 2497.
48 BGH NJW 1980, 2460.
49 So schon RGZ 111, 233 (234); ähnlich Staudinger/Singer/v.Finkenstein, § 123 Rn 11; BGH NJW 2010, 3362 Rn 22.
50 BGH NJW 1982, 1386.
51 LAG Frankfurt NZA 1987, 352.
52 BGH NJW 2012, 296 Rn 35.

hatte ihrem Ehemann zwölf Jahre lang verschwiegen, dass er nicht der Vater ihres Sohnes war. Nach der Trennung schenkte er ihr 270 000 Euro zum Erwerb eines Hauses für sich und ihren Sohn. Wenn Frau F damit rechnete, dass ihr Ehemann ihr die Summe bei Kenntnis der Wahrheit nicht zuwenden würde, hat sie ihn durch Verschweigen arglistig getäuscht.[53]

Die Aufklärungspflicht entfällt nicht deshalb, weil sich der Betroffene die erforderliche Information anderswo holen[54] oder den fraglichen Umstand selbst bemerken könnte.[55]

Ausnahmen im Arbeitsrecht: Für sehr persönliche Umstände kann im Bewerbungsgespräch eine Aufklärungspflicht entfallen. So muss ein Transsexueller bei einer Bewerbung als Arzthelferin seine Lage nicht ungefragt offenbaren, auch wenn seine Geschlechtsumwandlung noch nicht abgeschlossen ist.[56] Ein Schwerbehinderter muss im Bewerbungsgespräch nicht von sich aus auf seine Schwerbehinderteneigenschaft hinweisen,[57] muss aber eine entsprechende Frage richtig beantworten. Zur Frage nach einer Schwangerschaft siehe Rn 447.

441

Reihenfolge der Prüfung: Es ist zu empfehlen, sich bei der Lösung eines Falles an die hier gewählte Reihenfolge „Behaupten, Manipulieren, Verschweigen" zu halten. Wenn sich ergibt, dass jemand wissentlich die Unwahrheit gesagt hat, darf dasselbe Verhalten nicht auch noch unter dem Gesichtspunkt des Manipulierens und erst recht nicht unter dem des Verschweigens geprüft werden. Besonders falsch ist es, gleich ein Verschweigen zu prüfen und zu bejahen, obwohl (hinsichtlich desselben Umstands) eine bewusst falsche Behauptung vorliegt.

442

4. Vorsatz

Kenntnis der Wahrheit: Arglist ist eine besondere Form des Vorsatzes. Sie setzt deshalb voraus, dass der Betreffende die Wahrheit kennt. Wer keinen Zweifel an der Richtigkeit seiner Darstellung hat, kann nicht arglistig täuschen.

443

Bewusste Irrtumserregung: Der Täuschende muss wissen und wollen, dass im anderen ein Irrtum entsteht (oder befestigt wird), der zu der fraglichen Willenserklärung führt.

444

Erklärung „ins Blaue hinein": Es genügt bedingter Vorsatz.[58] Deshalb reicht es aus, wenn sich jemand bewusst nicht informiert, um auf gut Glück etwas behaupten zu können. Der BGH spricht sehr plastisch von einer Behauptung „ins Blaue hinein".[59] *Beispiel 1:* Der Verkäufer gebrauchter, etwa zwanzig Jahre alter Druckmaschinen behauptete, ohne sich kundig gemacht zu haben („ins Blaue hinein"), sie seien circa zehn bis fünfzehn Jahre alt.[60] *Beispiel 2:* Der Immobilienunternehmer X ließ durch Werber neue Appartements als Vermögensanlage anbieten. Da es sich um ein neuartiges Wohnkonzept handelte, bestand noch keine Erfahrung über die Höhe der erzielbaren Mieten. Deshalb durfte X über sie keine Angaben „ins Blaue hinein" machen.[61] *Beispiel 3:* K interessierte sich für einen von einer Daimler-Niederlassung angebotenen ge-

---

53 BGH NJW 2012, 2728 Rn 26 ff.
54 BGH NJW 1998, 1315.
55 BGH NJW 2001, 64.
56 BAG NJW 1991, 2723; vgl aber Rn 546.
57 HM; BAG NJW 2001, 1885 mwN.
58 BGH NJW 2011, 1213 Rn 19; BGH NJW 2010, 596 Rn 41; 2000, 2497; Soergel/Hefermehl § 123 Rn 27.
59 BGH NJW 1998, 2360; 1998, 302; 1995, 955.
60 BGH NJW 1995, 955.
61 BGH NJW 2008, 644 Rn 49.

brauchten Mercedes. Ein Angestellter der Niederlassung sagte, das Fahrzeug sei unfallfrei. Er verließ sich dabei auf die Tatsache, dass das Fahrzeug aus dem Bestand der Daimler-Leasinggesellschaft stammte und sich aus deren Unterlagen kein Unfall ergab. Darauf hätte er sich aber nicht verlassen dürfen.[62]

445 *Bereicherungsabsicht nicht erforderlich:* Die Absicht, sich „einen rechtswidrigen Vermögensvorteil zu verschaffen", verlangt nur der Straftatbestand des Betrugs (§ 263 Abs. 1 StGB). § 123 setzt nicht voraus, dass der Täuschende die Absicht hat, sich zu bereichern oder den Getäuschten in seinem Vermögen zu schädigen.[63] Denn § 123 schützt nicht das Vermögen des Getäuschten, sondern dessen Willensfreiheit.

5. Widerrechtlichkeit der Täuschung

446 *Grundsatz:* Die BGB-Verfasser gingen davon aus, dass eine Täuschung immer widerrechtlich sei, und haben deshalb diese Voraussetzung nicht in das Gesetz geschrieben (anders bei der Drohung). Es hat sich aber gezeigt, dass es unzulässige Fragen gibt, auf die man nicht nur (verräterisch) schweigen, sondern auch falsch antworten darf (FD „Arglistige Täuschung", Frage 2).

447 *Fragen nach einer Schwangerschaft:* Wenn eine Stellenbewerberin unzulässige Fragen nach intimen Gewohnheiten und nach einem Kinderwunsch falsch beantwortet, fehlt die Widerrechtlichkeit, so dass keine arglistige Täuschung vorliegt. Auch nach einer *bestehenden* Schwangerschaft darf heute nicht mehr gefragt werden, weil darin eine Diskriminierung weiblicher Bewerber liegt.[64] Das gilt auch dann, wenn sich ausschließlich Frauen bewerben.[65] Eine Bewerberin, die die Frage nach der Schwangerschaft bewusst falsch beantwortet, begeht deshalb eine Täuschung, die nicht rechtswidrig ist und damit den Arbeitgeber nicht nach § 123 zur Anfechtung berechtigt.[66] Etwas anderes gilt ausnahmsweise, wenn es sich um einen Arbeitsplatz handelt, der die Gesundheit gefährdet, und die Frage nach einer Schwangerschaft auch dem Schutz von Mutter und Kind dient.[67]

III. Voraussetzungen auf Seiten des Getäuschten

1. Irrtum

448 Die Täuschung muss beim anderen Teil zu einem Irrtum geführt haben (zu einer falschen Vorstellung von der Wirklichkeit). Es reicht auch aus, wenn die Täuschung einen schon bestehenden Irrtum bestärkt hat (FD „Arglistige Täuschung", Frage 3).

449 *Kenntnis:* Wer Bescheid weiß, kann nicht getäuscht werden. *Beispiel:* B bewarb sich bei der G-GmbH um eine Stelle als Telefonberater für Computerfragen. B ist kleinwüchsig und leidet unter einer offensichtlichen Funktionseinschränkung der Gliedmaßen und des Rumpfes. Im Fragebogen hatte er aber die Frage „Schwerbehinderung?" mit Nein beantwortet. Da sich B vor seiner Einstellung persönlich vorgestellt hatte,

---

62 BGHZ 168, 64 Rn 13 f.
63 BGH NJW 1974, 1507.
64 BAG NJW 1993, 1154.
65 Anders noch BAG NJW 1987, 397.
66 BAG NJW 1993, 1154 im Anschluss an EuGH NJW 1991, 628; ähnlich EuGH NJW 2003, 1107.
67 BAG NJW 1994, 148.

konnte die G-GmbH bei Abschluss des Arbeitsvertrags nicht mehr im Irrtum gewesen sein. Eine Anfechtung des Vertrags war damit ausgeschlossen.[68]

Fahrlässigkeit unerheblich: Wenn die Täuschung zu einem Irrtum geführt hat, kommt es nicht auf die Frage an, ob der Getäuschte bei Anspannung seiner Geisteskräfte den Irrtum hätte vermeiden können.[69] Anfänger wollen das vielfach nicht gelten lassen und meinen, wer sich dumm oder zumindest reichlich gutgläubig angestellt habe, könne nicht nach § 123 anfechten. Sich bei der Beurteilung von Täuschungsfällen auf die Seite des Täuschenden zu stellen, entspricht den Regeln der Ellenbogengesellschaft, wird aber von der Rechtsordnung nicht anerkannt. *Beispiel 1*: Ein Barbesitzer ließ seinem Gast vorsätzlich Obstschaumwein als „Sekt" servieren, was der Gast zunächst nicht bemerkte. Der Barbesitzer kann sich nicht darauf berufen, dass auf dem Etikett gut lesbar die korrekte Bezeichnung gestanden hatte.[70] *Beispiel 2*: Eine private Fachhochschule warb mit ihrem „national und international bekannten Abschluss". S glaubte, es handele sich um einen staatlich anerkannten Abschluss, und ließ sich deshalb einschreiben. Die Fachhochschule kann nicht geltend machen, S habe fahrlässig übersehen, dass von einem „bekannten" nicht von einem „anerkannten" Abschluss die Rede gewesen sei.[71]

450

2. Willenserklärung

Die arglistige Täuschung muss zur „Abgabe einer *Willenserklärung*" geführt haben (§ 123 Abs. 1). Es kommen alle Arten von Willenserklärungen in Betracht. Am häufigsten wird die Erklärung angefochten, die zum Abschluss eines *Vertrags* geführt hat, also ein Antrag oder eine Annahme (§§ 145 ff). Aber man kann auch seine bei einem Gesamtakt (Rn 91) abgegebene Willenserklärung anfechten. *Beispiel*: In der Eigentümerversammlung bat einer der Wohnungseigentümer um Zustimmung zu einer baulichen Veränderung, verschwieg aber, dass sie ihm den Betrieb eines Bistros ermöglichen sollte. Die getäuschten Wohnungseigentümer konnten ihre Stimmabgabe anfechten.[72] Auch die Willenserklärung, die ein *einseitiges* Rechtsgeschäft bildet, kann angefochten werden. *Beispiel*: Leasingnehmer L wurde durch eine arglistige Täuschung seines Leasinggebers dazu veranlasst, den Leasingvertrag zu kündigen. Er kann dann seine Kündigung (nicht den Leasingvertrag!) durch Anfechtung vernichten.

451

3. Kausalität des Irrtums für die Abgabe der Willenserklärung

Die Willenserklärung muss auf dem durch Arglist verursachten Irrtum beruhen. Der Irrtum muss also für die Abgabe der Willenserklärung *kausal* (ursächlich) gewesen sein. Das Gesetz drückt das mit den Worten aus: „… zur Abgabe einer Willenserklärung … bestimmt" (FD „Arglistige Täuschung", Frage 3). Kausalität liegt vor, wenn die Willenserklärung ohne den Irrtum unterblieben wäre oder einen anderen Inhalt gehabt hätte. An den Nachweis der Kausalität dürfen aber keine strengen Anforderungen gestellt werden. Es reicht aus, wenn die konkrete Täuschung „nach der Lebenserfah-

452

---

[68] BAG NJW 2001, 1885.
[69] BGH NJW 1997, 1845; NJW 1989, 287; KG NJW 1998, 1082.
[70] OLG Saarbrücken, NJW-RR 1989, 1211.
[71] OLG Frankfurt/Main NJW-RR 2005, 1145.
[72] BayObLG NJW 2002, 71.

rung" Einfluss auf die Willenserklärung gehabt haben kann.[73] Mitursächlichkeit genügt.[74]

An der Kausalität fehlt es aber, wenn der Getäuschte die fragliche Willenserklärung auch bei Kenntnis der wahren Sachlage abgegeben hätte. *Beispiel:* Frau H glaubte die falsche Behauptung des Zeitschriftenwerbers, er sei Student und drogenabhängig. Frau H hatte aber ohnehin den Wunsch, die fragliche Zeitschrift zu abonnieren.

4. Keine Bestätigung des anfechtbaren Rechtsgeschäfts

453 Der Getäuschte verliert sein Anfechtungsrecht, wenn er seine anfechtbare Willenserklärung „bestätigt" (§ 144 Abs. 1). Deshalb ist eine wirksame Anfechtung auch davon abhängig, dass eine solche Bestätigung *nicht* erfolgt ist. Im Gutachten ist diese Voraussetzung aber nur zu prüfen, wenn es Anhaltspunkte für eine Bestätigung gibt.

454 *Definition:* Die Bestätigung ist eine Willenserklärung, durch die der Anfechtungsberechtigte seinen Willen zum Ausdruck bringt, das anfechtbare Rechtsgeschäft endgültig als wirksam zu betrachten, also an ihm festzuhalten.[75] Er muss diesen Willen so eindeutig zum Ausdruck gebracht haben, dass jede andere Interpretation seines Verhaltens ausscheidet.[76] Bestätigungen sind deshalb selten, aber es gibt sie: *Beispiel 1:* K hatte von V eine vermietete Eigentumswohnung gekauft. Von den Mietern erfuhr er, dass sich in Küche und Bad an den Innenseiten der Außenwände immer wieder Schimmel bildete und dass V das seit langem wusste. V hatte das dem K aber nicht offenbart. K schrieb an V über die Beseitigung des Schimmels und fügte hinzu: „Mit dem Erwerb der Wohnung letztes Jahr bin ich vollumfänglich zufrieden und bin froh, dass ich den Kaufvertrag unterschrieben habe". Später focht er den Kaufvertrag mit der Begründung an, V habe ihm den Schimmelbefall arglistig verschwiegen. Die Anfechtung war aber nach § 144 Abs. 1 ausgeschlossen, weil K den Kaufvertrag vorher in Kenntnis der Anfechtbarkeit ausdrücklich bestätigt hatte.[77] In den meisten Fällen kann allerdings das Verhalten eines Getäuschten nicht als Bestätigung ausgelegt werden, weil „Teilnehmer am Rechtsverkehr nicht ohne weiteres auf bestehende Befugnisse oder Gestaltungsmöglichkeiten zu verzichten pflegen".[78] *Beispiel 2*: Ein arglistig getäuschter Mieter zahlte nicht die Miete, aber die Nebenkosten. Dadurch bestätigte er nicht den anfechtbaren Mietvertrag.[79]

455 *Formlos:* Die Bestätigung ist auch bei formbedürftigen Rechtsgeschäften formlos möglich (§ 144 Abs. 2), also auch konkludent. Da sie nach hM ein einseitiges Rechtsgeschäft mit *nicht*empfangsbedürftiger Willenserklärung ist,[80] bedarf sie keines Zugangs bei einem Erklärungsempfänger.

456 *Zeitfenster der Bestätigung:* Der Zeitraum, in dem die Bestätigung erklärt werden kann, beginnt, wenn der Getäuschte weiß oder stark vermutet, dass er getäuscht wur-

---

73 BGH NJW 1997, 1845; 1995, 2361.
74 BGH NJW 1995, 2361.
75 Staudinger/Roth § 144 Rn 1; BGH NJW 2012, 296 Rn 48; NJW 1990, 1106.
76 BGH NJW 1990, 1106.
77 BGH WM 2016, 1402 Rn 7.
78 BGH WM 2016, 1402 Rn 8. Siehe zu diesem Auslegungsgrundsatz auch oben Rn 149 f.
79 BGH NJW-RR 1992, 779.
80 Staudinger/Roth (2010) § 144 Rn 4; aA Erman/Arnold § 144 Rn 2.

de und deshalb anfechten könnte.[81] *Beispiel:* Im Beispiel 1, Rn 454, wusste K, als er den Vertragsschluss bestätigte, dass er anfechten könnte.

Das Zeitfenster für eine Bestätigung endet mit der Anfechtung. Denn § 144 gilt nur, wenn der arglistig Getäuschte „das *anfechtbare* Rechtsgeschäft" bestätigt, nicht das bereits angefochtene. Er kann allerdings auch das angefochtene (nichtige) Rechtsgeschäft bestätigen, aber nicht nach § 144, sondern nach § 141, der die Bestätigung eines *nichtigen* Rechtsgeschäfts regelt (dazu ausführlich Rn 807 ff).

Rechtsfolgen der Bestätigung: In einer Hinsicht ist die Rechtsfolge der Bestätigung sehr einfach: „Die Anfechtung ist ausgeschlossen" (§ 144 Abs. 1). Aber es gibt im Fall einer arglistigen Täuschung noch andere Rechte des Getäuschten, nicht nur die Anfechtung nach § 123. Ob diese anderen Rechte durch eine Bestätigung ebenfalls ausgeschlossen werden, regelt das Gesetz nicht. Die Frage ist deshalb sehr umstritten. Auf diese Probleme kann ein einführendes Lehrbuch des Allgemeinen Teils des BGB nicht eingehen, weil die anderen Rechte dem Leser noch nicht bekannt sind. Es muss deshalb genügen, auf eine überzeugende Lösung des BGH zu verweisen.[82]

5. Anfechtungserklärung

Die Anfechtung ist ein einseitiges Rechtsgeschäft mit empfangsbedürftiger Willenserklärung (wie zB die Kündigung und der Rücktritt). Das ergibt sich aus Folgendem: Die Anfechtung erfolgt „... durch Erklärung ..." (§ 143 Abs. 1). Damit ist gemeint, dass sie *einer einzigen* Willenserklärung bedarf, also ein einseitiges Rechtsgeschäft darstellt (Rn 82 ff). Die Anfechtung ist zugleich eine *empfangsbedürftige* Willenserklärung (§ 130 Abs. 1 S. 1; Rn 76), weil sie „gegenüber dem Anfechtungsgegner" abzugeben ist (§ 143 Abs. 1).

Nach § 143 ist Anfechtungsgegner:

- Bei einem Vertrag der (täuschende) andere Vertragsteil (§ 143 Abs. 2 Var. 1).
- Bei einem einseitigen Rechtsgeschäft mit empfangsbedürftiger Willenserklärung der (täuschende) Empfänger der Willenserklärung (§ 143 Abs. 3 S. 1). *Beispiel:* Mieter M ist durch eine arglistige Täuschung seines Vermieters zur Kündigung des Mietvertrags veranlasst worden. Er muss seine Anfechtung an den Vermieter richten.
- Bei einem einseitigen Rechtsgeschäft mit *nicht*empfangsbedürftiger Willenserklärung (zB Auslobung) ist Anfechtungsgegner „jeder, der aufgrund des Rechtsgeschäfts unmittelbar einen rechtlichen Vorteil erlangt hat" (§ 143 Abs. 4 S. 1).

Die Anfechtung braucht das Wort „anfechten" nicht zu enthalten (§ 133), sie muss aber „unzweideutig zum Ausdruck bringen, dass das Rechtsgeschäft von Anfang an, dh rückwirkend, beseitigt werden soll".[83] Hohe Anforderungen sind nicht zu stellen. *Beispiel:* Die G-GmbH ließ die Eltern von Schulkindern anrufen und den Besuch eines Beraters ankündigen. Dabei erweckte die Anruferin den Eindruck, der Berater werde im Auftrag der Schule kommen (oder zumindest im Einvernehmen mit ihr). Der Türke T, der nur schlecht Deutsch sprach, empfing in seiner Wohnung einen Vertreter der G-GmbH. Dieser erklärte, er komme im Rahmen einer „Schulaktion", und erweckte den Eindruck, die Schule erwarte die Anschaffung eines umfangreichen Lexikons. T unterschrieb deshalb einen Kaufvertrag über 18 Bände des Brockhaus-Lexikons zum Preis

---

81 BGH NJW 1995, 2290.
82 BGH WM 2016, 1402 Rn 21 ff, insbesondere 30 ff.
83 BGH NJW 1991, 1673; st Rspr.

von 1 898 Euro. T schickte später die Bände zurück und bezahlte sie nicht. Darin hat das AG Ibbenbüren zu Recht eine ausreichende Anfechtungserklärung gesehen.[84]

Viele Getäuschte beauftragen einen Rechtsanwalt mit der Anfechtung. Das ist insofern unnötig, als jeder voll geschäftsfähige Mensch außerhalb von Prozessen seine Willenserklärungen selbst abgeben kann. Aber zur Klärung von Rechtsfragen kann die Einschaltung eines Rechtsanwalts natürlich sinnvoll sein.

6. Einhaltung der Anfechtungsfristen

a) Einleitung

461 Der Getäuschte kann seine Willenserklärung nur anfechten, wenn er zwei Fristen einhält (§ 124; FD „Arglistige Täuschung", Fragen 7 und 8). Beide Fristen dürfen beim Zugang der Anfechtungserklärung (§§ 143 Abs. 1, 130 Abs. 1 S. 1) noch nicht abgelaufen sein.

b) Die einjährige Frist

462 Die in § 124 Abs. 1 genannte Hauptfrist dauert ein Jahr (FD „Arglistige Täuschung", Frage 7).

Beginn mit der Entdeckung: Die einjährige Frist beginnt „mit dem Zeitpunkt, in welchem der Anfechtungsberechtigte die *Täuschung entdeckt*" (§ 124 Abs. 2 S. 1). Es reicht nicht aus, dass der Getäuschte die Täuschung hätte erkennen können oder einen entsprechenden Verdacht hat.[85] Er muss von der Täuschung positive Kenntnis haben.

Wer die Fakten kennt, die der Täuschung zu Grunde liegen, muss noch nicht den Schluss auf eine Täuschung gezogen haben. *Beispiel 1:* Frau K kaufte von V ein Pferd, das V als „Wallach" bezeichnet hatte, obwohl er wusste, dass die Kastration nicht vollständig gelungen war und das Tier deshalb immer noch „hengstisches Verhalten" zeigte. Frau K bemerkte schon bald, dass mit dem „Wallach" etwas nicht stimmte. Aber mit dieser Erkenntnis war nicht zugleich die weitere verbunden, dass sie von V arglistig getäuscht worden war.[86]

463 Man muss sich klarmachen, dass die Jahresfrist *nicht schon mit der Abgabe* der angefochtenen Willenserklärung beginnt. Das kann auch von Bundesrichtern übersehen werden. *Beispiel 2:* Frau F schloss im Juli 2004 einen Arbeitsvertrag mit der G-GmbH. Vierzehn Monate später, im September 2005 erklärte sie die Anfechtung des Vertrags wegen arglistiger Täuschung. Das BAG nahm an, Frau F habe die Jahresfrist um zwei Monate überschritten.[87] Aber die Jahresfrist begann nicht mit dem Zeitpunkt des Vertragsschlusses, sondern als Frau F die Täuschung erkannt hatte.

c) Die zehnjährige Frist

464 Bei Zugang der Anfechtungserklärung darf auch die zweite – in § 124 Abs. 3 genannte – Frist von zehn Jahren noch nicht abgelaufen sein (FD „Arglistige Täuschung", Frage 8).

---

[84] NJW 2005, 2464. Allerdings hätte das AG auch prüfen müssen, ob ein Widerruf in Frage kam (nach den §§ 312b, 312g, 355).
[85] Staudinger/Singer/v.Finckenstein, § 124 Rn 4; BGH NJW 2012, 269 Rn 46.
[86] BGH NJW 2009, 2532 Rn 19.
[87] NJW 2008, 939 Rn 19.

§ 20 Arglistige Täuschung

Beginn mit der Abgabe der Willenserklärung: Wenn das Gesetz vorschreibt, dass kumulativ zwei Fristen eingehalten sein müssen, bedeutet das immer, dass die Fristen unterschiedlich lang sind und zu unterschiedlichen Zeiten beginnen. In diesem Fall beginnt die zweite Frist schon mit der Abgabe der angefochtenen Willenserklärung, also meist viel früher als die erste. *Beispiel:* K wollte bei der V-AG eine Lebensversicherung abschließen. Er verschwieg, dass er bereits seit zwölf Jahren an Morbus Parkinson litt. Infolge dieser Täuschung nahm die V-AG im April 2002 den Antrag des K an. Als sie die Täuschung bemerkt hatte, erklärte sie innerhalb von drei Wochen die Anfechtung ihrer Annahme. Die Anfechtung ging K im Juli 2012 zu, aber sie war unwirksam. Zwar hatte die V-AG die Frist von einem Monat eingehalten, aber nicht die Zehnjahresfrist (§ 124 Abs. 3).[88]

465

Grund für die zehnjährige Frist: Es kann sein, dass der Getäuschte erst 25 oder sogar 60 Jahre nach der Abgabe seiner Willenserklärung die Täuschung erkennt. Dann würde ihm § 124 Abs. 2 S. 1 immer noch die Anfechtung gestatten (er müsste nur die Jahresfrist einhalten). Das dient aber nicht dem Rechtsfrieden. Deshalb ist die Anfechtung zehn Jahre nach Abgabe der Willenserklärung selbst dann ausgeschlossen, wenn der Getäuschte die Täuschung bis dahin nicht entdeckt hat.

d) Beide Fristen sind Ausschlussfristen

Bei den genannten Anfechtungsfristen handelt es sich *nicht* um Verjährungsfristen, sondern um *Ausschlussfristen*. Denn nur Ansprüche unterliegen einer Verjährung (§ 194 Abs. 1; Rn 1102). Das Recht, seine Erklärung anzufechten, ist aber ein Gestaltungsrecht und nicht (wie § 194 Abs. 1 voraussetzt) „das Recht, von einem anderen ein Tun oder Unterlassen zu verlangen (Anspruch)".

466

Dass es sich nicht um Verjährungsfristen handelt, kann man auch daran sehen, dass § 124 Abs. 2 S. 2 drei *Verjährungs*vorschriften für anwendbar erklärt. Das wäre widersinnig, wenn es sich bei § 124 um einen Fall der Verjährung handeln würde. Denn dann würden diese Vorschriften sowieso Anwendung finden.

IV. Rechtsfolgen der Anfechtung

1. Rückwirkende Nichtigkeit

Die durch arglistige Täuschung provozierte Willenserklärung ist zunächst voll wirksam (nicht etwa schwebend unwirksam). Erst durch den Zugang der Anfechtungserklärung wird sie nichtig, aber nicht nur für die Zeit *nach* dem Zugang, sondern „von Anfang an", also *rückwirkend* (§ 142 Abs. 1). Um die Rückwirkung auf den Zeitpunkt, in dem das Rechtsgeschäft vorgenommen wurde, zu beschreiben, sagen die Juristen gern, die Nichtigkeit bestehe „ex tunc" (lateinisch = von damals an).[89] § 142 wird im Gutachten oft vernachlässigt, weil er weit entfernt von den §§ 123, 124 am Ende der Paragrafen über die Willenserklärung steht. Dabei hätte er einen Ehrenplatz verdient, denn allein er bestimmt, welche Rechtsfolge bei einer wirksamen Anfechtung eintritt.

467

---

88 BGH NJW 2016, 394 Rn 14.
89 Den Gegensatz zu „ex tunc" bezeichnet man mit den Worten „es nunc" (= von nun an). Sie beschreiben den Fall, dass die Wirkung nicht rückwirkend, sondern nur für die *Zukunft* eintritt. Das ist in der Rechtswissenschaft der Normalfall (und in den Naturwissenschaften der einzig mögliche).

468 *Vollständige Nichtigkeit:* Die Anfechtung macht das *ganze* durch Arglist verursachte Rechtsgeschäft von Anfang an nichtig (§ 142 Abs. 1). Die Nichtigkeit ergreift nicht nur die Teile des Rechtsgeschäfts, die durch die Arglist unmittelbar betroffen sind. *Beispiel 1:* Der angestellte Musiklehrer M hatte bei der V-Versicherungs-AG eine Berufsunfähigkeits-Versicherung abgeschlossen. Sieben Monate später verlangte er von der V Leistungen mit der Begründung, er könne seinen Beruf wegen einer psychischen Erkrankung nicht mehr ausüben. Die V fand heraus, dass M in dem Fragebogen, den er vor Vertragsschluss auszufüllen hatte, ein erhebliches Rückenleiden verschwiegen hatte. Sie erklärte die Anfechtung des Versicherungsvertrags. M ist der Meinung, dass die Nichtigkeit des Versicherungsvertrags sich nur auf Erkrankungen der Wirbelsäule beziehen dürfe. Aber das hat der BGH zu Recht nicht gelten lassen.[90] Denn eine wirksame Anfechtung vernichtet das gesamte Rechtsgeschäft.

469 *Nichtigkeit nur des Verpflichtungsgeschäfts:* Die Nichtigkeit bezieht sich wegen des Abstraktionsprinzips (Rn 331) nur auf das durch Arglist beeinflusste *Verpflichtungsgeschäft*, nicht – soweit es überhaupt gegeben ist – auf das Verfügungsgeschäft. *Beispiel:* K hat den Kaufvertrag über den von ihm gekauften VW Polo gegenüber V wirksam angefochten. Dann ist zwar der *Kaufvertrag* nach § 142 rückwirkend nichtig, aber die Übereignung des Fahrzeugs und die Zahlung des Kaufpreises sind weiterhin wirksam.[91]

2. Rechte des Getäuschten nach der Anfechtung

470 *Ansprüche aus ungerechtfertigter Bereicherung:* Wenn das angefochtene Rechtsgeschäft die Beteiligten zu Leistungen verpflichtete und sie diese erfüllt haben, sind die Leistungen herauszugeben. *Beispiel:* In dem Polo-Fall (Rn 469) hat K den Polo „ohne rechtlichen Grund" erlangt, so dass er nach § 812 Abs. 1 S. 1 „zur Herausgabe verpflichtet" ist. Das geschieht nicht durch schlichte Rückgabe, sondern durch *Rückübereignung* nach § 929 (denn K ist ja Eigentümer geworden). Auch V hat etwas „ohne rechtlichen Grund" erlangt, nämlich den Kaufpreis, und muss ihn nach § 812 Abs. 1 S. 1 zurückzahlen.

471 *Schadensersatz nach den §§ 823 ff:* Der Getäuschte erhält nach den Vorschriften über die Anfechtung keinen Schadensersatz. Ein solcher Anspruch kann sich nur aus anderen Vorschriften ergeben, etwa aus § 823 Abs. 1 oder Abs. 2 (in Verbindung mit einem Straftatbestand des StGB) oder aus § 826.

472 *§ 311 Abs. 2:* In der Praxis steht aber ein Anspruch auf Schadensersatz wegen *Verschuldens bei Vertragsverhandlungen* (culpa in contrahendo) nach den §§ 311 Abs. 2, 241 Abs. 2, 280 Abs. 1 im Vordergrund.[92] *Beispiel:* In dem Fall der Mieterin M, die durch angeblichen Eigenbedarf der Vermieter zum Auszug veranlasst wurde (Rn 435), hatte die M angefochten. Aber sie konnte nach den genannten Vorschriften den Schaden geltend machen, der ihr durch die doppelten Umzugskosten entstanden war und durch die höhere Miete in dem anderen Wohnobjekt.[93]

---

90 BGH NJW 2010, 289 Rn 16; ähnlich BGH NJW 2011, 3149; NJW 2012, 301. Grundlegend BGHZ 163, 148.
91 Das ist kein Widerspruch zu dem Grundsatz, dass das *ganze* Rechtsgeschäft nichtig wird. Denn das Verpflichtungsgeschäft und das Verfügungsgeschäft sind zwei eigenständige Rechtsgeschäfte (Rn 331).
92 BGH NJW 1996, 2503 und 451; KG NJW 1998, 1082.
93 BGH NJW 2009, 2059 Rn 11.

3. Anfechtung und Rücktritt

Rücktritt: Da die Anfechtung zur Gesamtnichtigkeit des Vertrags führt, verliert der Anfechtende alle Rechte, die einen *fortbestehenden Vertrag* voraussetzen. Damit ist insbesondere ein Rücktritt ausgeschlossen, weil er das Fortbestehen des Vertrags voraussetzt (§ 346 Abs. 1).

Umdeutung der Anfechtung in einen Rücktritt: Um demjenigen, der aus Rechtsunkenntnis leichtfertig die Anfechtung erklärt und damit sein Rücktrittsrecht verloren hat, zu helfen, hat der BGH die Umdeutung der Anfechtung in einen Rücktritt zugelassen.[94]

V. Sonderfälle

1. Dauerschuldverhältnisse

Wenn ein Dauerschuldverhältnis (zB Mietvertrag, Arbeitsvertrag, Gesellschaftsvertrag) durch arglistige Täuschung zustande gekommen ist, stellt die Rückwirkung der Anfechtung, vor allem wenn diese nach Jahr und Tag erfolgt, die Vertragspartner vor große Probleme.

- *Gründung einer Gesellschaft:* Der Vertrag über die Gründung einer Gesellschaft kann, wenn die Gesellschaft in Vollzug gesetzt worden ist, nicht mehr nach § 123 nichtig werden, vielmehr tritt an die Stelle der Anfechtung die außerordentliche Kündigung. Das gilt auch für einen Vertrag, durch den jemand einer Gesellschaft als weiterer Gesellschafter beigetreten ist.[95] Dagegen kann der Kauf eines Geschäftsanteils mit der Folge sofortiger Nichtigkeit angefochten werden.[96]

- *Mietverträge:* Vielfach wurde angenommen, dass nach Überlassen der Mietsache an den Mieter eine Anfechtung des Mietvertrags nur in die Zukunft wirke oder sogar durch das Recht zur fristlosen Kündigung verdrängt werde. Dem hat sich der BGH aber nicht angeschlossen.[97] Er hält mit guten Gründen eine Anfechtung des Mietvertrags für möglich, sogar noch nach Beendigung des Mietverhältnisses.[98]

2. Kenntnis der Anfechtbarkeit

§ 142 Abs. 2 regelt den Fall, dass ein Dritter (also weder der Täuschende noch der Getäuschte) „die Anfechtbarkeit kannte oder kennen musste".

- „Anfechtbarkeit" ist nicht dasselbe wie „Anfechtung". Der Zustand der Anfechtbarkeit besteht nur zwischen der arglistigen Täuschung und der Wirksamkeit der Anfechtung.

- *„... kannte oder kennen musste":* „Kannte" setzt voraus, dass dem Dritten die Umstände bekannt waren, aus denen sich die arglistige Täuschung ergab. „Kennen musste" bedeutet nach der Definition in § 122 Abs. 2 „infolge von Fahrlässigkeit nicht kannte". Die Unkenntnis muss also auf Fahrlässigkeit (§ 276 Abs. 2) beruht haben.

---

[94] BGH NJW 2010, 2503 Rn 15 f. Weil die Anfechtung nicht nichtig ist, erfolgt eine solche Umdeutung nicht nach § 140 (Rn 800 ff).
[95] BGH NJW 2007, 1127 Rn 18.
[96] BGH NJW 2007, 1058 Rn 19; WM 2005, 282.
[97] Ebenso Bamberger/Roth/Ehlert § 536 Rn 21; differenzierend NK/Klein-Blenkers § 535 Rn 175 ff.
[98] BGH NZM 2008, 886 Rn 44.

477 *Beispiel:* X hatte den A durch arglistige Täuschung dazu verleitet, ihm eine Bankvollmacht auszustellen, die im Kern lautete: „Ich, A, bevollmächtige X, mich in allen Bankgeschäften zu vertreten". X legte dem Bankier B diese Vollmacht vor und schloss mit ihm im Namen des A Bankgeschäfte. B hatte zwar von der arglistigen Täuschung des X keine positive Kenntnis, es musste sich ihm aber aufgrund der Umstände der Verdacht aufdrängen, X habe die Vollmacht arglistig erschlichen. Deshalb war sein Nichtbemerken fahrlässig (§ 276 Abs. 2). Folglich „musste" B „die Anfechtbarkeit ... kennen" (§§ 142 Abs. 2, 122 Abs. 2,). Später focht A die von ihm erklärte Bevollmächtigung wirksam an. B wird so behandelt, als habe er die *Nichtigkeit* (nicht nur die Anfechtbarkeit) der Bevollmächtigung (und damit der Vollmacht) von Anfang an gekannt oder zumindest kennen müssen (§ 142 Abs. 2).[99]

§ 21 Täuschung durch einen „Dritten"

478 ▶ **Fall 21: Überschuldete Konzertagentur**   § 123 Abs. 2

Die einzige Gesellschafterin und Geschäftsführerin der „Art and Entertainment Konzertagentur GmbH" war Karin Klausen. Ihr Lebensgefährte Siegfried Pfeiffer war als Angestellter in der Konzertagentur tätig. Später zerstritt sich Frau Klausen mit Pfeiffer und beendete die Partnerschaft. Beide sind seitdem verfeindet. Etwa ein Jahr später hörte Pfeiffer von dritter Seite, dass Frau Klausen bereit sei, die GmbH zu verkaufen. Um seinem 19-jährigen Sohn Patrick eine Startposition in der Musikbranche zu verschaffen, überredete er ihn, die GmbH zu kaufen. Dabei behauptete Pfeiffer gegenüber seinem Sohn bewusst wahrheitswidrig, die GmbH sei wirtschaftlich gesund und nicht überschuldet, was dieser glaubte. Patrick schloss deshalb mit Frau Klausen vor einem Notar einen Kaufvertrag über den bisher von Frau Klausen gehaltenen (einzigen) Geschäftsanteil an der GmbH. Frau Klausen wusste nicht, dass Siegfried Pfeiffer seinem Sohn bewusst falsche Angaben über die Verbindlichkeiten der GmbH gemacht hatte. Da über diesen Punkt nicht gesprochen wurde, hatte sie auch keinen Grund, eine solche Täuschung zu vermuten. Als Patrick einige Wochen später erfuhr, dass die GmbH überschuldet war, erklärte er gegenüber Frau Klausen die Anfechtung des Kaufvertrags wegen arglistiger Täuschung. Ist die Anfechtung wirksam? (Nach BGH NJW 1996, 1051)

479 Im einfachsten Fall sind an der arglistigen Täuschung nur zwei Personen beteiligt, der Täuschende und der Getäuschte. Diese Konstellation läge vor, wenn *Frau Klausen* ihren Käufer Patrick getäuscht hätte. Dann wäre eine Anfechtung nach § 123 Abs. 1 zu prüfen. Im vorliegenden Fall sind aber drei Personen beteiligt, nämlich der Getäuschte (Patrick), seine Vertragspartnerin (Frau Klausen) und ein Täuschender (Siegfried Pfeiffer). Es ist deshalb § 123 Abs. 2 zu prüfen:

„Hat ein Dritter die Täuschung verübt ..." Als ein am Vertrag nicht Beteiligter war Siegfried Pfeiffer ein „Dritter" im Sinne von § 123 Abs. 2 S. 1. Das wäre nur anders, wenn er beim Abschluss des Vertrags als Hilfsperson von Frau Klausen aufgetreten wäre (Rn 485 ff). Da aber Siegfried Pfeiffer beim Vertragsschluss in keiner Weise mit Frau Klausen zusammengearbeitet hat, war er ein echter „Dritter". Dass er gegenüber seinem Sohn „die Täuschung verübt" hat, ist nach dem Sachverhalt offensichtlich.

---

99 BGH NJW 1989, 2879.

§ 21 Täuschung durch einen „Dritten"   § 21

„... so ist eine Erklärung, die einem anderen gegenüber abzugeben war, ..." Mit diesen Worten bezeichnet das Gesetz bekanntlich die in § 130 Abs. 1 S. 1 genannten Erklärungen, die an einen bestimmten Empfänger zu richten sind (empfangsbedürftige Willenserklärungen, Rn 76). Patricks Erklärung mit dem Inhalt: „Ich kaufe den Geschäftsanteil" war gegenüber seiner Vertragspartnerin Klausen abzugeben. Ob man diese Erklärung als Antrag oder als Annahme ansieht, ist gleichgültig, weil beide Willenserklärungen empfangsbedürftig sind.

„... anfechtbar, wenn dieser die Täuschung kannte ..." Mit dem Wort „dieser" meint das Gesetz den „anderen", also den Empfänger der auf Täuschung beruhenden Willenserklärung. Das war im vorliegenden Fall Frau Klausen als Patricks Vertragspartnerin. Es kommt also darauf an, ob Frau Klausen „die Täuschung kannte". Das war nach dem Sachverhalt nicht der Fall.

„... oder kennen musste." Mit diesen Worten nimmt das Gesetz auf § 122 Abs. 2 Bezug. Die Worte „kennen musste" werden dort mit den Worten „infolge von Fahrlässigkeit nicht kannte" definiert (Rn 475, 491). Patrick Pfeiffer könnte deshalb seine Erklärung nur dann anfechten, wenn Frau Klausen infolge von Fahrlässigkeit nicht erkannt hatte, dass Patricks Vertragserklärung auf einer Täuschung beruhte. Weil die Täuschung für Frau Klausen nicht zu erkennen war, ist auch das nicht der Fall.

„Soweit ein anderer als derjenige, welchem gegenüber die Erklärung abzugeben war, ..." Diese Worte schließen jeden ein außer Frau Klausen und Patrick, so dass auch Siegfried Pfeiffer in Betracht kommt.

„... aus der Erklärung unmittelbar ein Recht erworben hat, ..." Siegfried Pfeiffer sah möglicherweise für sich einen Vorteil, wenn sein Sohn die GmbH kaufte. Dieser Vorteil ist aber kein „Recht", das Siegfried Pfeiffer durch den Abschluss des Kaufvertrags erworben hätte.

„... ist die Erklärung ihm gegenüber anfechtbar, wenn er die Täuschung kannte oder kennen musste." Wenn Siegfried Pfeiffer aus dem Abschluss des fraglichen Kaufvertrags „unmittelbar ein Recht erworben" hätte, dann wäre die Erklärung seines Sohnes „ihm gegenüber anfechtbar". Denn natürlich „kannte" Siegfried Pfeiffer die von ihm selbst begangene Täuschung. Da er aber kein „Recht" erworben hat, kommt eine Anfechtung auch ihm gegenüber nicht in Betracht.

Damit steht fest, dass Patrick Pfeiffer seine auf den Vertragsschluss zielende Willenserklärung nicht anfechten kann.

Aus dem FD „Arglistige Täuschung" ergibt sich folgender Lösungsweg: 1. Ja (a) – 2. Nein – 3. Ja – 4. Ja – 5. Nein – 9. Nein – 10. Nein – 11. Nein (Spalte 9). ◄

Lerneinheit 21

Literatur: *Tschersich*, Rechtsfragen der vorvertraglichen Anzeigepflichtverletzung und der vertraglichen Obliegenheiten – Schwerpunkt: Die Hinweispflichten des Versicherers, r + s 2012, 53; *Böhner*, Vier Maximen zur ungefragten und gefragten Aufklärungspflicht bei Franchiseverträgen: Vertragszweck, Vertragsrisiko, Due Diligence und Beweislast, BB 2011, 2248; *Martens*, Wer ist „Dritter"? – Zur Abgrenzung der §§ 123 I und II 1 BGB, JuS 2005, 887; *Windel*, Welche Willenserklärungen unterliegen der Einschränkung der Täuschungsanfechtung gemäß § 123 II BGB? AcP 199 (1999), 421.

480

I. Problemstellung

481 § 123 Abs. 1 setzt voraus, dass nur *zwei Personen* an der arglistigen Täuschung beteiligt sind, nämlich der Täuschende und der Getäuschte. Komplizierter wird es, wenn es um *drei Personen* geht, nämlich um die beiden Partner des Rechtsgeschäfts und um einen Dritten, der die Täuschung verübt hat. Es stellt sich dann die Frage, ob der Getäuschte anfechten kann, obwohl sein Partner nicht der Täuschende war. Diese Frage regelt § 123 Abs. 2.

II. Voraussetzungen einer Anfechtung nach § 123 Abs. 2

1. Eine „Erklärung, die einem anderen gegenüber abzugeben war"

482 § 123 Abs. 2 S. 1 setzt voraus, dass die durch arglistige Täuschung beeinflusste Willenserklärung „einem anderen gegenüber abzugeben", also empfangsbedürftig war (§ 130 Abs. 1 S. 1; Rn 76). Es sind deshalb zwei Fälle zu unterscheiden:

- *Vertragsschluss:* Die beiden Willenserklärungen, die zum Vertragsschluss führen, Antrag und Annahme, sind bekanntlich immer empfangsbedürftig. Wenn der arglistig Getäuschte zu einem Vertragsschluss verleitet worden ist, ist § 123 Abs. 2 S. 1 deshalb im Prinzip anwendbar.

483 - *Einseitiges Rechtsgeschäft mit empfangsbedürftiger Willenserklärung:* Wenn der Getäuschte arglistig zu einem einseitigen Rechtsgeschäft bestimmt wurde, dessen Willenserklärung empfangsbedürftig ist, steht der Weg zu § 123 Abs. 2 ebenfalls offen. *Beispiel:* Zwei Studenten, die in die geräumige Mietswohnung der alten Frau F einziehen wollten, erzählten ihr von gefährlichen Erdstrahlen, so dass die F gegenüber dem Vermieter kündigte. Weil es sich bei der Kündigung um eine Willenserklärung nach § 130 Abs. 1 S. 1 handelt, könnte sie insofern ihre Kündigung nach § 123 Abs. 2 S. 1 anfechten.

2. Die Person des Dritten

484 *Rohdefinition:* „Dritter" iSv § 123 Abs. 2 S. 1 ist im Prinzip jeder, der nicht der Empfänger der durch Arglist provozierten Willenserklärung ist. Im Fall eines Vertrags ist also „Dritter" eigentlich jeder außer dem Vertragspartner des Getäuschten. *Beispiel:* G wurde beim Gebrauchtwagenkauf durch den Angestellten A des Gebrauchtwagenhändlers V getäuscht. Vertragspartner des G ist V, der von A nur vertreten wurde (§ 164 Abs. 1). Deshalb müsste nach dem Wortlaut des § 123 Abs. 2 S. 1 A eigentlich „Dritter" sein.

485 *Eine Hilfsperson des Erklärungsempfängers ist kein „Dritter":* Wie sich aus § 123 Abs. 2 S. 1 ergibt, ist die Position des arglistig Getäuschten geschwächt, wenn ein „Dritter" die Täuschung verübt hat. Denn in diesem Fall kann er nur anfechten, wenn sein Erklärungsgegner (Vertragspartner) die Täuschung des Dritten „kannte oder kennen musste" (§ 123 Abs. 2 S. 1). Wenn der Erklärungsempfänger von den Machenschaften des Täuschenden ohne Fahrlässigkeit (§§ 122 Abs. 2, 276 Abs. 2) nichts gewusst hat, kann der Getäuschte nicht nach § 123 Abs. 2 S. 1 anfechten. Deshalb wird der Begriff des „Dritten" in § 123 Abs. 2 1 zugunsten des Getäuschten *eng ausgelegt,* indem alle Hilfspersonen des Vertragspartners (Erklärungsempfängers) *nicht als Dritte* gelten. Das bedeutet: Hat eine Hilfsperson des Erklärungsempfängers getäuscht, kann sich dieser nicht auf seine Unkenntnis berufen. Der Getäuschte kann anfechten.

§ 21 Täuschung durch einen „Dritten"

Zu den Hilfspersonen (Vertrauenspersonen), deren Erklärungen dem Anfechtungsgegner zugerechnet werden, zählen insbesondere dessen Vertreter und Repräsentanten:

- *Vertreter:* Hilfsperson des Erklärungsempfängers ist in erster Linie sein *Vertreter* (§ 164 Abs. 1). Daraus leitet sich der bekannte Merksatz ab: *„Der Vertreter ist nie Dritter".* Beispiel: Der Angestellte A des vorigen Beispiels (Rn 484) hat den Kaufvertrag im Namen des V geschlossen. Er war also Vertreter des V nach § 164 Abs. 1 und damit *nicht* „Dritter". Deshalb hieß das *vorläufige* Ergebnis auch, A müsse „eigentlich" (nach dem Wortlaut des § 123 Abs. 2 S. 1) Dritter sein. Dass A in Wirklichkeit nicht Dritter ist, sondern seine Arglist dem G unmittelbar zugerechnet wird, ergibt sich aus § 166 Abs. 1. Nach dieser Vorschrift muss der Vertretene die Kenntnis – und damit auch die Arglist – seines Vertreters gegen sich gelten lassen (Rn 969).   486

- *Repräsentanten und sonstige Vertrauenspersonen:* Wer keine Willenserklärung für den Erklärungsempfänger abgegeben hat, ist zwar nicht dessen Vertreter nach § 164 und könnte deshalb Dritter sein. Zu den Hilfspersonen, die keine „Dritten" sind, zählen aber auch diejenigen, die auf andere Weise die Interessen des Erklärungsempfängers wahrgenommen und dabei den Erklärenden beeinflusst haben. Hilfsperson ist damit jeder, der auf der Seite des Erklärungsempfängers (des Anfechtungsgegners) am Zustandekommen des Geschäfts mitgewirkt hat und dessen „Verhalten dem des Anfechtungsgegners gleichzusetzen ist",[100] oder der „bei Abgabe der täuschenden Erklärung mit Wissen und Wollen des Anfechtungsgegners als dessen Vertrauensperson oder Repräsentant auftritt".[101] *Beispiel 1:* Der Gesellschafter X der G-GmbH gab unwahre Erklärungen zugunsten der GmbH ab. X war zwar nicht der gesetzliche Vertreter der GmbH (das ist nur deren Geschäftsführer), aber er ist ihre Hilfsperson, wenn er zugunsten der GmbH eingreift.[102] *Beispiel 2:* Die Bausparkasse B ließ durch selbstständige Vermittler Kunden werben. Die Vermittler traten nicht im Namen der B auf, waren also nicht deren Vertreter nach § 164, sondern *vermittelten* die Verträge nur. Die B musste sich aber deren arglistige Täuschung zurechnen lassen, weil sie sonstige Hilfspersonen waren.[103]"   487

Die Person des echten „Dritten": Bei dem in § 123 Abs. 2 genannten echten „Dritten" kann es sich folglich nur um eine Person handeln, die *nicht* auf Seiten des Erklärungsempfängers als dessen Hilfsperson an der Vorbereitung oder am Abschluss des Geschäfts beteiligt war. Der „Dritte" muss also eine neutrale Person sein (FD „Arglistige Täuschung", Frage 9, Nein). *Beispiel 1:* G wurde vom Vermögensberater V über den Wert bestimmter Aktien getäuscht und kaufte daraufhin bei der B-Bank, die mit V nichts zu tun hat, 200 dieser Aktien. V ist dann nicht Hilfsperson der B, sondern „Dritter". G kann nicht gegenüber der B anfechten, sondern muss sich an V halten. Ein weiteres Beispiel ist Fall 21, Rn 478.   488

3. „... kannte oder kennen musste ..."

Falls ein Dritter die Täuschung verübt hat, kann der Getäuschte nur anfechten, wenn der Erklärungsgegner die Täuschung „kannte oder kennen musste" (§ 123 Abs. 2 S. 1, § 122 Abs. 2; FD „Arglistige Täuschung", Frage 10).   489

---

100 BGH NJW 1996, 1051; NJW-RR 1992, 1005.
101 BGH NJW 2011, 2874 Rn 15; 1989, 287 (unter II 4 a); ähnlich BGH NJW 1989, 2879 und BGH NJW-RR 1987 59.
102 BGH NJW 1990, 1915.
103 BGH NJW 2006, 1955 Rn 29; 2001, 358.

490 *„Kannte"* bedeutet, dass der Erklärungsgegner von den Machenschaften des arglistig täuschenden Dritten positiv wusste.

491 *„Kennen musste"* bedeutet nach der berühmten Definition in § 122 Abs. 2 „infolge von Fahrlässigkeit nicht kannte". Das setzt voraus, dass der Erklärungsgegner die Täuschung des Dritten nicht kannte, dass diese Unkenntnis aber auf Fahrlässigkeit beruhte. Fahrlässig handelt nach § 276 Abs. 2, „wer die im Verkehr erforderliche Sorgfalt außer Acht lässt". *Beispiel:* Der 86-jährige Rentner R forderte den Sparkassenangestellten S auf, alle seine Sparkonten und das Wertpapierdepot aufzulösen und ihm den Betrag bar auszuzahlen. Zur Begründung sagte er: „Mein Neffe N hat mir gesagt, dass das Geld in Deutschland bald wertlos ist. Er kann es aber in den USA für mich sicher anlegen". *Lösung:* Die durch Täuschung veranlasste Erklärung ist die des R gegenüber der Sparkasse (vertreten durch S), er wolle alle Konten auflösen. Der arglistig täuschende N ist gegenüber der Sparkasse Dritter. Seine Täuschung kann der Sparkasse deshalb nur zugerechnet werden, wenn diese die Täuschung kannte oder kennen musste. Wenn S aus den Worten des R entnommen hatte, dass dieser das Opfer einer arglistigen Täuschung durch N geworden war, kannte S (und damit die Sparkasse) die Täuschung.[104] Wenn S *nicht* bemerkt haben sollte, dass R arglistig getäuscht worden war, würde diese Unkenntnis auf Fahrlässigkeit beruhen. Deshalb kann dahingestellt bleiben, welche Alternative gegeben ist. In beiden Fällen kann R seine Erklärung gegenüber der Sparkasse nach § 123 Abs. 2 S. 1 anfechten.

III. Rechtsfolge

492 Sind alle Voraussetzungen des § 123 Abs. 2 S. 1 gegeben, kann der Getäuschte seine Willenserklärung anfechten, und zwar (wie in den Fällen des Absatzes 1) gegenüber dem Erklärungsempfänger. Der Erklärungsempfänger ist bekanntlich derjenige, an den der Erklärende seine durch Täuschung provozierte Erklärung zu richten hatte (§ 143). Der „Dritte" ist nicht der richtige Adressat für die Anfechtung.

493 Liegen die Voraussetzungen einer Anfechtung nach § 123 Abs. 2 S. 1 *nicht vor*, eröffnet § 123 Abs. 2 S. 2 eine Anfechtungsmöglichkeit, die allerdings voraussetzt, dass eine andere Person aus der anzufechtenden Erklärung „unmittelbar ein Recht" erworben hat (FD „Arglistige Täuschung", Frage 11; siehe dazu Fall 21, Rn 478). Dieser seltene Ausnahmefall ist praktisch nur beim Vertrag zugunsten eines Dritten gegeben (§ 328).

§ 22 Inhaltsirrtum

494 ▶ **Fall 22: Ein E-Bike für 100 Euro**   §§ 119 Abs. 1, 142, 122

Felix Rinck bot über die Internet-Plattform eBay unter „Sofort kaufen" ein neues E-Bike an. An der vorgesehenen Stelle gab er als Kaufpreis 100 Euro an und als Versandkosten 39,90 Euro. Die Artikelbezeichnung, die der Preisangabe vorangestellt war, endete mit den in Großbuchstaben geschriebenen Worten: „Bitte Achtung, da ich bei der Auktion nicht mehr als 100 Euro eingeben kann (wegen der hohen Gebühren), erklären Sie sich bei einem Gebot von 100 Euro mit einem Verkaufspreis von 2 600 + Versand einverstanden."

---

[104] Das Wissen des S wird der Sparkasse nach § 166 Abs. 1 Var. 2 zugerechnet (Rn 969).

§ 22 Inhaltsirrtum

Konrad Krauter ging davon aus, dass das E-Bike für 100 Euro angeboten werde, und klickte deshalb auf den Button „Sofort kaufen". Kurz darauf erhielt er von eBay eine Kaufbestätigung, in der als Kaufpreis 100 Euro angegeben war (zuzüglich Versandkosten von 39,90 Euro). Noch am selben Tag begannen Rinck und Krauter per E-Mail einen Streit über die Höhe des vereinbarten Kaufpreises. Rinck verwies auf den Zusatz in seiner Artikelbeschreibung, während Krauter sich auf die Kaufbestätigung von eBay und den dort genannten Kaufpreis von 100 Euro berief. Krauter überwies Rinck diesen Betrag und verlangte die Übersendung des E-Bikes. Da Rinck das ablehnte, erhob Krauter Klage. (Nach BGH NJW 2017, 1660)

Krauter kann nur dann auf der Lieferung des E-Bikes (ohne zusätzliche Kaufpreiszahlung) bestehen, wenn zwischen ihm und Rinck ein Kaufvertrag (§ 433) zustande gekommen ist (§§ 145 ff), der den Preis auf 100 Euro festlegt. Es ist deshalb zunächst im Wege der Auslegung (§§ 133, 157; Rn 133 ff) zu ermitteln, welchen Kaufpreis die Parteien vereinbart haben.

Der Antrag (das Angebot) geht beim Abschluss eines eBay-Kaufvertrags nach überwiegender Ansicht von dem aus, der *verkaufen* will (Rn 232), also hier von Rinck. Sein Antrag könnte auf den ersten Blick so verstanden werden, dass er zum Preis von 100 Euro verkaufen wollte. Aber die Auslegung darf nicht nur ein Detail betrachten, sondern muss die Willenserklärung in ihrem Kontext, also in ihrem Zusammenhang betrachten (Rn 143). Man muss deshalb berücksichtigen, dass Rinck ausdrücklich – sogar in Großbuchstaben – darauf hingewiesen hatte, der wahre Preis solle 2 600 Euro betragen und der niedrigere Preis werde nur angegeben, um dem Unternehmen eBay einen Großteil seiner Gebühr vorzuenthalten. Dann ergibt eine objektive Auslegung nach § 133, dass Rincks Antrag den Kaufpreis auf 2 600 Euro festlegte.

Diesen Antrag hat Kraut dadurch angenommen, dass er den Button „Sofort kaufen" anklickte. Auch diese Willenserklärung ist nach § 133 auszulegen. Es kommt auch hier darauf an, wie ein objektiver und erfahrener Empfänger sie verstanden hätte. Rinck hatte deutlich angegeben, welche Bedeutung ein Gebot von 100 Euro haben sollte, dass es nämlich zu einem Kaufpreis von 2 600 Euro führen sollte. Aus seiner Sicht (und der eines neutralen Beobachters) hatte deshalb das Anklicken des Buttons „Sofort kaufen" die Bedeutung, dass Kraut sich an Rincks Vorgaben halten und für 2 600 Euro kaufen wollte. Dadurch ist ein Kaufvertrag zum Preis 2 600 Euro zustande gekommen.

Der Kaufvertrag könnte aber rückwirkend nichtig geworden sein. Zu fragen ist nämlich, ob Kraut bei der Abgabe seiner Willenserklärung „über deren Inhalt im Irrtum" war (§ 119 Abs. 1 Var. 1), so dass ein sogenannter *Inhaltsirrtum* vorlag (Rn 502). Dieser Irrtum setzt voraus, dass Kraut etwas erklärt hat, was objektiv die Bedeutung A hatte, während er seinen Worten irrtümlich die Bedeutung B beigemessen hat. Einen solchen Fall hat der BGH hier angenommen, weil Kraut nach dem Verständnis eines objektiven Beobachters geäußert hat: „Ich bin bereit, das E-Bike für 2 600 Euro zu kaufen", während er glaubte, einen Antrag über 100 Euro anzunehmen.

Der Irrende kann seine Erklärung allerdings nur anfechten, „wenn anzunehmen ist, dass er sie bei Kenntnis der Sachlage und bei verständiger Würdigung des Falles nicht abgegeben haben würde" (§ 119 Abs. 1 aE; Rn 510). Da der von Kraut (bei objektiver Auslegung) akzeptierte Preis 26-mal höher ist als der von ihm gemeinte, ist anzunehmen, dass er seine Willenserklärung (Annahme von Rincks Antrag) bei Kenntnis der Sachlage nicht abgegeben hätte.

Um den Vertrag zu vernichten, reicht aber nicht das Vorliegen eines Inhaltsirrtums, vielmehr musste Kraut seine Erklärung auch anfechten. Dazu war die Verwendung des Wortes „anfechten" nicht nötig. Es reichte aus, wenn er deutlich machte, dass er eine andere Vorstellung von Rincks Antrag und damit von seiner Annahme-Erklärung hatte und einen Vertrag zum Preis von 2 600 Euro nicht akzeptieren werde. Das hat er hinreichend deutlich zum Ausdruck gebracht.

Die Anfechtung musste „unverzüglich" erfolgen (§ 121 Abs. 1 S. 1), nachdem Kraut seinen Irrtum erkannt hatte. Ihm war der Irrtum bewusst geworden, als er und Rinck noch am Tag des Vertragsschlusses über die Höhe des Kaufpreises stritten. Bereits bei dieser Gelegenheit brachte er zum Ausdruck, dass er den Vertrag unter den von Rinck genannten Umständen nicht akzeptieren werde. Damit hat er noch am Tag des Vertragsschlusses die Anfechtung erklärt. Die durch das Wort „unverzüglich" umschriebene sehr kurze Frist ist damit eingehalten.

Durch die wirksame Anfechtung ist der Kaufvertrag rückwirkend nichtig geworden (§ 142 Abs. 1). Kraut kann deshalb nicht die Lieferung des E-Bikes verlangen und Rinck nicht die Bezahlung des restlichen Kaufpreises.

Aus dem FD „Irrtum" ergibt sich die Lösung auf folgende Weise: 1. Nein – 2. Nein – 3. Ja – 4. Ja – 5. Nein – 6. Ja – 7. Ja – 8. Nein – 9. Nein (Spalte 7).

Nachbemerkung: Der BGH hat angenommen, dass der (hier Kraut genannte) Käufer glaubte, der Antrag (und damit auch seine Annahme) lauteten auf 100 Euro. Von diesem Sachverhalt ist auch die vorstehende Lösung des Falles 22 ausgegangen. Nur in diesem Fall befand sich Kraut in einem Irrtum. Man kann den Sachverhalt auch so verstehen, dass Kraut sich darüber im Klaren war, wie Rinck seinen Antrag gemeint hatte, und sich nur nicht die Gelegenheit entgehen lassen wollte, das E-Bike vielleicht doch für 100 Euro zu bekommen.[105] Dann befand er sich nicht in einem Irrtum, konnte deshalb nicht anfechten und musste den 2 600 Euro-Vertrag erfüllen.

Lerneinheit 22

Literatur: *Röthel,* Familienrechtliche Rechtsgeschäfte (Teil II): Zu den Auswirkungen von Irrtum, Täuschung, Drohung, Jura 2017, 1042; *Wintermeier/Kaboth,* Wirksamkeit und Abwehrmöglichkeiten von Angeboten auf Eintragung in Online-Branchenverzeichnisse, MMR-Aktuell 2015, 368956; *Musielak,* Die Anfechtung einer Willenserklärung wegen Irrtums, JuS 2014, 491, 583; *Bernhard,* Das berechtigte Abbrechen einer ebay Auktion, DAR 2014, 168; *Söhl,* Anfechtung und Abänderung von Arbeitsverträgen, ArbRAktuell 2014, 166; *Sutschet,* Anforderungen an die Rechtsgeschäftslehre im Internet, NJW 2014, 1041; *Stieper,* Anfechtbarkeit von Gewinnzusagen, NJW 2013, 2849; *Abramenko,* Willensmängel bei der Beschlussfassung, ZWE 2013, 395; *Wank/Wiedemann,* Begrenzte Rationalität – gestörte Willensbildung im Privatrecht, JZ 2013, 340; *Zenger/Wagner,* Vertragsschluss bei eBay und Angebotsrücknahme – Besteht ein „Loslösungsrecht" vom Vertrag contra legem? MMR 2013, 343; Lorenz, Grundwissen – Zivilrecht: Willensmängel, JuS 2012, 490; *Höpfner,* Vertrauensschaden und Erfüllungsinteresse, AcP Bd. 212, 853; *Schwarze,* Grenzen der Anfechtung einer betrieblichen Übung, NZA 2012, 289.

---

105 So Sutchet in seiner Urteilsanmerkung (NJW 2017, 1664).

§ 22 Inhaltsirrtum

I. Einführung

1. Anfechtung wegen Irrtums

§ 119 gibt demjenigen, der sich bei der Abgabe einer Willenserklärung geirrt hat, die Möglichkeit, seine Erklärung anzufechten. Das ist ein großer Vorteil für alle, die die Bedeutung ihrer Worte missverstanden oder sich schlicht versprochen oder verschrieben haben. Zum Schutz Dritter gilt im Zivilrecht nämlich eigentlich der Grundsatz, dass sich jeder am objektiven Inhalt seiner Erklärung festhalten lassen muss, sich also nicht darauf berufen kann, er habe seine Worte anders gemeint. Denn entscheidend ist der Empfängerhorizont (Rn 139). Wenn das Gesetz trotzdem eine Irrtumsanfechtung zulässt, muss es sie deshalb stark einschränken. Aus diesem Grund ist eine Irrtumsanfechtung nur in insgesamt drei vom Gesetz in § 119 Abs. 1 und Abs. 2 genau beschriebenen Fällen zulässig. Ein weniger wichtiger, in § 120 geregelter Fall kommt hinzu. 497

2. Unterschiede zur Anfechtung nach § 123

Bei der arglistigen Täuschung (§ 123) befindet sich der Getäuschte auch in einem Irrtum, aber dieser ist *von einem anderen* in ihm hervorgerufen worden. Dagegen ist der Irrtum in den Fällen der §§ 119, 120 sozusagen selbstgemacht. Daraus ergeben sich tiefgreifende Unterschiede der gesetzlichen Regelung: 498

- Während die Irrtumsanfechtung auf vier im Gesetz beschriebene Arten des Irrtums beschränkt ist, kann der Getäuschte unabhängig von der Art seines Irrtums anfechten.
- Der Irrende muss nach Entdeckung seines Irrtums „unverzüglich" anfechten (§ 121 Abs. 1). Wer hingegen arglistig getäuscht worden ist, kann sich mit seiner Anfechtung ein Jahr Zeit lassen (§ 124 Abs. 1, Abs. 2).
- Der wegen Irrtums Anfechtende muss den Schaden ersetzen, den ein anderer dadurch erlitten hat, dass er auf die Gültigkeit der Erklärung vertraut hatte (§ 122 Abs. 1; Rn 522, 564 ff). Das Opfer einer arglistigen Täuschung braucht dem Anfechtungsgegner natürlich nie Schadensersatz zu leisten.

Aus diesen drei Gründen ist es im Prinzip vorteilhafter, wenn man seine Anfechtung auf § 123 stützen kann und sich nicht auf § 119 berufen muss. Deshalb sollte man bei jeder Anfechtung daran denken, ob nicht eine arglistige Täuschung vorliegt (FD „Irrtum", Frage 2, Spalte 2). Das ist auch der Grund dafür, dass hier die Anfechtung wegen arglistiger Täuschung vor der Irrtumsanfechtung behandelt wird. Nur in seltenen Fällen führen § 123 und § 119 zum gleichen Ergebnis. 499

3. Übereinstimmungen mit § 123

Es gibt aber auch Übereinstimmendes zwischen § 123 einerseits und den §§ 119, 120 andererseits: 500

- In beiden Fällen beruht die Willenserklärung auf einem Irrtum (dessen Entstehung allerdings sehr unterschiedlich ist).
- Es ist unerheblich, ob der Erklärende seinen Irrtum bei gehöriger Anstrengung hätte vermeiden können. Das gilt nicht nur für die arglistige Täuschung (Rn 450). Auch im Fall des § 119 ist jeder Grad von Dummheit oder Trotteligkeit erlaubt. Erörterungen zu dieser Frage sind deshalb unzulässig. Wenn der Empfänger der Anfechtungserklärung die Anfechtung nicht gelten lassen will, kann er bezweifeln, dass

sich der Anfechtende tatsächlich in einem Irrtum befunden hat und/oder dass ein anerkannter Irrtumsfall vorliegt. Im ersteren Fall trifft die Beweislast den Anfechtenden.[106] Der Anfechtungsgegner kann aber nicht argumentieren, dass ein solches Maß an Unwissenheit oder Unaufmerksamkeit, wie es sich in dem fraglichen Irrtum offenbare, nicht akzeptiert werden könne.

501 ■ Die wichtigen §§ 142 und 143 gelten für beide Anfechtungsgründe. In beiden Fällen ist die fragliche Willenserklärung also zunächst uneingeschränkt wirksam und wird erst durch die Anfechtung rückwirkend nichtig (§ 142 Abs. 1). Und § 143 bestimmt in beiden Fällen den Anfechtungsgegner.

II. Inhaltsirrtum

1. Definition und gesetzliche Regelung

502 Der Inhaltsirrtum wird vom Gesetz in § 119 Abs. 1 mit den Worten umschrieben: „Wer bei der Abgabe einer Willenserklärung über deren Inhalt im Irrtum war". Der Inhaltsirrtum ist also ein Irrtum des Erklärenden über die wahre Bedeutung seiner Worte. Der Erklärende will zwar die gewählten Worte verwenden (er verspricht oder verschreibt sich nicht), aber er weiß nicht, was sie *bedeuten* (FD „Irrtum", Frage 3). Denn er hat unbewusst eine falsche Vorstellung vom Inhalt seiner Erklärung. Es besteht deshalb eine Diskrepanz zwischen der objektiven Bedeutung der fraglichen Willenserklärung und der subjektiven Vorstellung des Erklärenden von ihrer Bedeutung. Der BGH definiert so: Bei einem Inhaltsirrtum hat der Erklärende „seine Erklärung zwar so, wie sie lautet, auch tatsächlich abgeben wollen, sich aber über die Bedeutung, die dem Erklärten ... zukam, geirrt."[107]

Kein Inhaltsirrtum liegt vor, wenn eine Auslegung (§§ 133, 157; Rn 133 ff) ergibt, dass die fragliche Erklärung noch hinreichend erkennbar den wirklichen Willen des Erklärenden zum Ausdruck gebracht hat. In diesem Fall braucht der Erklärende nicht anzufechten. Falls der *Erklärungsgegner* die Willenserklärung anders aufgefasst haben sollte, müsste geprüft werden, ob umgekehrt *er* seine daraufhin abgegebene Erklärung anfechten kann.

2. Arten des Inhaltsirrtums

503 Der Inhaltsirrtum kommt hauptsächlich in drei Varianten vor:
■ *Bedeutungsirrtum:* Der Erklärende benutzt ein Fremdwort oder einen Fachausdruck, dem er eine falsche Bedeutung beimisst. *Beispiel 1:* Eine Rentnerin unterschrieb in der Klinik einen Vertrag über eine Chefarztbehandlung, meinte aber, es gehe nur um die Unterbringung in einem Zweibettzimmer.[108] *Beispiel 3:* Die 16-jährige Laura bestellte (von ihrem Taschengeld) beim Versandhändler V ein Strandkleid und musste dafür unter verschiedenen Körperformen auswählen. Weil sie rappeldürr war, kreuzte sie „vollschlank" an in der Meinung, es bedeute „voll schlank". Zu den Fachausdrücken zählen auch juristische Begriffe. Allerdings liegt *kein* Inhaltsirrtum vor, wenn der Erklärende die Bedeutung des Rechtsbegriffs zwar in laienhafter Weise richtig erfasst hatte, aber nicht alle Konsequenzen übersah.

---

106 BGH NJW 1997, 3230.
107 NJW 2017, 1660 Rn 25.
108 LG Köln NJW 1988, 1518.

Dann liegt ein „unbeachtlicher Irrtum im Beweggrund" vor,[109] dh ein nicht zur Anfechtung berechtigender Motivirrtum (dazu Rn 553 ff).

- *Irrtum über den Inhalt einer ungelesenen Erklärung*: Wer einen Text unterschrieben hat, ohne ihn gelesen zu haben, darf anfechten, wenn er sich vom Inhalt eine unrichtige Vorstellung bestimmten Inhalts gemacht hatte. *Beispiel*: Eine des Deutschen nicht mächtige Iranerin unterschrieb in den Räumen einer Bank eine Bürgschaftserklärung in der Annahme, es gehe um ihr Sparguthaben.[110] Wenn er sich über den Inhalt *keine* Gedanken gemacht hatte, kann er sich nicht geirrt haben, so dass er auch nicht anfechten kann.[111] 504

- *Identitätsirrtum*: Der Erklärende verwechselt den Erklärungsempfänger mit einer anderen Person (*„Sie* haben bei mir immer Kredit"). Oder er verwechselt eine Sache mit einer anderen („Ich kaufe den Wagen mit den roten Kennzeichen"). Hier zeigt sich, dass die Bedeutung einer Willenserklärung weitgehend von ihrem Rahmen oder Umfeld abhängt. 505

III. Voraussetzungen der Anfechtung wegen Inhaltsirrtums

Inhaltsirrtum: Die wichtigste Voraussetzung einer Anfechtung wegen Inhaltsirrtums ist natürlich, dass der Erklärende „bei der Abgabe einer Willenserklärung über deren Inhalt im Irrtum war". Ob das der Fall ist, ergibt sich aus den Rn 502 bis 505. 506

Erheblichkeit des Irrtums: Das Gesetz schränkt die Irrtumsanfechtung ein mit den Worten: „... wenn anzunehmen ist, dass er sie bei Kenntnis der Sachlage und bei verständiger Würdigung des Falles nicht abgegeben haben würde." Man kann deshalb seine Erklärung nur anfechten, wenn es sich um einen Irrtum von gewisser Tragweite handelt (FD „Irrtum", Frage 4). 507

- Die Worte „bei Kenntnis der Sachlage" verlangen, dass der Irrtum für den Erklärenden *subjektiv* erheblich war.

- Die Worte „bei verständiger Würdigung des Falles" machen das Anfechtungsrecht zusätzlich davon abhängig, dass auch ein verständiger Dritter die fragliche Erklärung angefochten hätte (*objektives* Moment). Auf diese Weise will das Gesetz verhindern, dass jemand seine Worte aus „Eigensinn, subjektiven Launen oder törichten Anschauungen" anficht.[112] *Beispiel:* A hatte sein Rumpsteak „well done" bestellt in der Meinung, das bedeute „halb roh" (Inhaltsirrtum). Er kann nicht anfechten, wenn er es durchgebraten erhält. Denn die Auswirkung seines Irrtums ist so gering, dass ein vernünftiger Mensch in einem solchen Fall nicht die Anfechtung erklärt.

Der „wenn"-Satz in § 119 Abs. 1 verführt manche zu der Annahme, hier sei der zur Anfechtung berechtigende Irrtumsfall selbst beschrieben, nicht eine zusätzliche Voraussetzung. Die Lösung eines Irrtumsfalls beginnt dann zB mit den Worten: „X kann seine Erklärung anfechten, weil anzunehmen ist, dass er sie bei Kenntnis der Sachlage und bei verständiger Würdigung des Falles nicht abgegeben haben würde." Damit wird das entscheidende Problem – nämlich die Prüfung der Worte „über deren Inhalt im Irrtum 508

---

109 BGH NJW 1999, 2664.
110 BGH NJW 1995, 190; siehe aber in derselben Sache BGH NJW 1997, 3230.
111 BGH NJW 1995, 190.
112 BGH NJW 1988, 2597 unter Hinweis auf RGZ 62, 201.

war" – ausgelassen und stattdessen eine Nebenvoraussetzung bejaht (und das auch noch im Urteilsstil).

509 *Abgabe einer durch den Irrtum veranlassten Willenserklärung:* Der Irrende muss als Folge seines Irrtums eine Willenserklärung abgegeben haben, also zB einen Antrag auf Abschluss eines Vertrags oder eine Kündigung. Auch geschäftsähnliche Erklärungen (Rn 57) können wegen Irrtums angefochten werden.[113]

510 Der Umstand, auf den sich der Irrtum bezog, muss in der fraglichen Willenserklärung zum Ausdruck gekommen sein. *Beispiel:* B stellte bei eBay einen Jensen Interceptor, Baujahr 1974, zur Versteigerung. Angaben zum Motor machte er nicht. Später focht er sein Angebot an mit der Begründung, er habe sich über die Motorisierung geirrt. Da er sich zu diesem Thema gar nicht geäußert hatte, schied eine Anfechtung aus.[114]

511 *Arglistige Täuschung geht vor Irrtum*: Wenn die Auslegung ergeben hat, dass die Voraussetzungen eines Inhaltsirrtums vorliegen, ist zu prüfen, ob der Irrtum von einem anderen bewusst herbeigeführt wurde, also auf arglistiger Täuschung beruht (FD „Irrtum", Frage 2, Spalte 2). Denn bei einer auf § 123 gestützten Anfechtung ist der Anfechtende meist wesentlich besser gestellt (oben Rn 499). Wenn der Anfechtungswillige Zweifel hat, welche Anfechtungsgrundlage zutrifft, sollte er die Anfechtung auch deshalb auf § 123 stützen, weil darin zugleich hilfsweise die Anfechtung nach § 119 zu sehen ist.[115] Der Nachteil einer Anfechtung wegen arglistiger Täuschung ist nur, dass der Getäuschte das Wissen und den Vorsatz (die Arglist) des anderen beweisen muss, was nicht immer gelingt.

512 *Keine Bestätigung nach § 144*: Der Anfechtungsberechtigte darf das anfechtbare Rechtsgeschäft nicht bestätigt haben, weil er anderenfalls sein Anfechtungsrecht verloren hat (§ 144 Abs. 1; FD „Irrtum", Frage 5, Spalte 3). Da § 144 sowohl die arglistige Täuschung als auch die Irrtumsfälle betrifft, gelten die Ausführungen Rn 453 ff.

513 *Anfechtungserklärung:* § 143, der ja ganz allgemein von der „Anfechtungserklärung" spricht, gilt auch in den Irrtumsfällen, nicht nur für die arglistige Täuschung. Es kann deshalb auf die Ausführungen Rn 458 bis 460 verwiesen werden

514 Die Anfechtungserklärung ist wie jede Willenserklärung auslegungsfähig, muss also nicht die Worte „Anfechtung" oder „anfechten" enthalten (§§ 133, 157). Sie muss aber deutlich machen, dass sich der Erklärende geirrt hat und seine Worte aus diesem Grunde nicht gelten lassen will. *Keine* Anfechtung liegt vor, wenn der Anfechtungsberechtigte deutlich macht, dass er nur eine Anpassung des betreffenden Rechtsgeschäfts wünscht, nicht dessen Vernichtung.[116] Erst recht liegt keine Anfechtung vor, wenn der „Anfechtende" so tut, als habe *nicht er* sich geirrt, sondern der andere.[117]

515 *Einhaltung der Anfechtungsfrist:* Während man sich mit einer auf Arglist gestützten Anfechtung viel Zeit lassen kann (§ 124 Abs. 1, Abs. 2), ist eine Anfechtung wegen Irrtums eilbedürftig (FD „Irrtum", Frage 7). Denn sie muss *unverzüglich* erklärt werden (§ 121 Abs. 1 S. 1). Die damit beschriebene Frist beginnt, wenn der Anfechtungsbe-

---

[113] BGH NJW 1989, 1792.
[114] LG Berlin NJW 2004, 2833.
[115] BGH NJW 1979, 160.
[116] BGH NJW-RR 1988, 565.
[117] BGH NJW 1984, 2279. In seiner Entscheidung, die Fall 22 zugrunde liegt (BGH NJW 2017, 1660) hatte der Anfechtende nicht deutlich gemacht, dass er sich geirrt hatte, sondern hatte den Irrtum beim Prozessgegner gesucht. Der BGH hat aber stillschweigend die Wirksamkeit der Anfechtung daran nicht scheitern lassen (aaO Rn 29).

rechtigte von seinem Irrtum Kenntnis erlangt hat. Die in § 121 genannten Fristen sind Ausschlussfristen (Rn 466), keine Verjährungsfristen.

Den Begriff „*unverzüglich*" verwendet der Gesetzgeber im gesamten Privatrecht, aber er hat ihn nur einmal definiert, und zwar in § 121 Abs. 1 (versehentlich nicht schon anlässlich von § 111 S. 2). Diese berühmte Definition muss man auswendig wissen. „Schuldhaft" ist der Oberbegriff für „vorsätzlich" und „fahrlässig" (§ 276 Abs. 1). „Schuldhaftes Zögern" ist also ein vorsätzliches oder fahrlässiges Zögern. „Unverzüglich" erlaubt dem Anfechtenden ein im Einzelfall erforderliches (nicht schuldhaftes) Zögern. Der Anfechtungsberechtigte hat deshalb Zeit für eine Überlegung und gegebenenfalls für eine Beratung.

Gegensatz sofort: Die Worte „unverzüglich" und „sofort" dürfen keinesfalls verwechselt werden. Das Wort „sofort", das in § 147 Abs. 1 S. 1 verwendet wird, bedeutet so viel wie „ohne *jedes* Zögern" (Rn 176), bezeichnet also eine wesentlich kürzere Frist. Für ihre Umschreibung wird kein subjektiver Begriff wie „schuldhaft" verwendet. Die Dauer von „sofort" ist also immer gleich kurz (und tendiert gegen null). 516

Keine starre Frist: Der Gesetzgeber hat bewusst keine nach Tagen oder Wochen bemessene Frist festgelegt, sondern sich für eine interpretierbare Formulierung entschieden, die auf die Umstände des konkreten Falles Rücksicht nimmt. Es wäre deshalb falsch, beispielsweise zu sagen: „Unverzüglich bedeutet etwa eine Woche". Auch einen Rechtssatz des Inhalts, dass im Ausnahmefall zwei Wochen noch hinnehmbar sind, gibt es nicht.[118] Es ist in jedem Einzelfall zu prüfen, ob der Vorwurf fahrlässiger Untätigkeit erhoben werden muss. 517

Aber die Gerichte mussten natürlich immer wieder entscheiden, welche Frist im konkreten Fall einzuhalten war. Eine Frist von zwei Tagen wurde bei einem Großunternehmen als angemessen angesehen,[119] auch eine Woche,[120] während elf Tage die Frist überschreiten, jedenfalls bei einer Einzelperson.[121] Ein Zögern über mehr als zweieinhalb Wochen ist in jedem Fall schuldhaft, auch bei komplizierter Rechtslage.[122]

Datum der Absendung: Für die Frage, ob die mit „unverzüglich" bezeichnete Frist eingehalten worden ist, kommt es unter Abwesenden nach § 121 Abs. 1 S. 2 auf das Datum der *Absendung* an (Einwurf in den Briefkasten der Deutschen Post). Das ist eine Ausnahme von dem in § 130 enthaltenen Grundsatz, dass es für die Einhaltung von Fristen auf den *Zugang* der Willenserklärung ankommt (Rn 102 ff). Das Risiko, dass die Anfechtungserklärung überhaupt nicht ankommt, trägt allerdings (wie bei allen anderen empfangsbedürftigen Willenserklärungen) der Absender (§ 130 Abs. 1 S. 1). 518

Zehn Jahre nach Abgabe der Willenserklärung ist eine Anfechtung endgültig nicht mehr möglich (§ 121 Abs. 2). Denn eine wirksame Anfechtung muss beide Fristen einhalten. § 121 Abs. 2 ist Wort für Wort identisch mit § 124 Abs. 3 (Rn 464 f). 519

---

[118] So aber OLG Hamm NJW-RR, 1990, 523; BAG NJW 1980, 1302.
[119] LG Kleve NJW-RR 1995, 316 zu § 174.
[120] OLG Hamm NJW 1993, 2321.
[121] BGH NJW 2001, 220 zu § 174.
[122] BGH NJW 2012, 1725 Rn 12.

IV. Rechtsfolgen der Anfechtung

1. Rückwirkende Nichtigkeit der angefochtenen Willenserklärung

520 § 142 Abs. 1 regelt die Wirkung der Anfechtung einheitlich für die Anfechtung nach § 123 und die Irrtumsanfechtung. Die fragliche Willenserklärung ist deshalb in beiden Fällen *vor* der Anfechtung voll wirksam (nicht etwa schwebend unwirksam), aber anfechtbar. Erst durch die Anfechtung wird sie (es nunc) von Anfang an nichtig (§ 142 Abs. 1). Es gelten deshalb auch für die Irrtumsanfechtung die Ausführungen Rn 467 f.

Die Anfechtung hat nicht etwa zur Folge, dass das, was der Anfechtende eigentlich hatte zum Ausdruck bringen wollen, als erklärt gilt. Denn durch die Anfechtung wird die angefochtene Willenserklärung „nur kassiert, nicht reformiert".[123] Der Anfechtende muss also die *gewollte* Willenserklärung gegebenenfalls ausdrücklich nachholen.

521 Wenn jemand seine auf einen Vertragsschluss gerichtete Willenserklärung (Antrag oder Annahme) erfolgreich angefochten hat, ist eigentlich nur seine eigene Erklärung nichtig. Das führt aber dazu, dass der ganze Vertrag unwirksam wird. Ist der Vertrag ein Verpflichtungsgeschäft (Rn 318), so wird nur dieses nichtig, nicht auch ein entsprechendes Verfügungsgeschäft. Das ergibt sich aus dem Abstraktionsprinzip (Rn 331). Die Parteien sind verpflichtet, einander das Empfangene nach § 812 als ungerechtfertigte Bereicherung zurückzugewähren (Rn 470).

2. Schadensersatzpflicht des Anfechtenden

522 Falls der Erklärungsgegner durch sein Vertrauen auf die Gültigkeit der jetzt nichtigen Willenserklärung einen Schaden erlitten hat (Vertrauensschaden), muss der Irrende/Anfechtende ihm diesen Schaden nach § 122 Abs. 1 ersetzen. *Beispiel:* K kaufte ein von V im Internet angebotenes Notebook und zahlte Versandkosten von 12,80 Euro. V focht den Kaufvertrag erfolgreich wegen Irrtums an. K hatte Anspruch auf Ersatz der Versandkosten (§ 122 Abs. 1).[124]

Die in § 122 geregelte Schadensersatzpflicht ist so wichtig und so kompliziert, dass sie in einem eigenen Abschnitt behandelt wird (Rn 568 ff).

§ 23 Erklärungsirrtum

523 ▶ **Fall 23: Sofortkauf für einen Euro** § 119 Abs. 1

Franz Rabe wollte einen ihm gehörenden Pkw-Kastenanhänger über eBay versteigern, beginnend mit einem Preis von einem Euro. Er wählte aber versehentlich statt des Fensters „Startpreis" die Option „Sofort kaufen" und trug als Kaufpreis „Euro 1,00" ein. Kai Belzer kaufte den Anhänger und setzte sich anschließend mit Rabe in Verbindung. Dieser erklärte, er habe sich vertan und werde den Anhänger nicht für einen Euro hergeben. Zur Begründung sagte er, er habe den Anhänger versteigern, nicht für einen Euro zum Sofortkauf an-

---

123 Brox/Walker Rn 438.
124 BGH NJW 2005, 976 (977). Der BGH konnte dem Käufer die 12,80 Euro nur deshalb nicht zusprechen, weil dieser sie erstmals in der Revisionsinstanz verlangt hatte.

§ 23 Erklärungsirrtum

bieten wollen. Belzer verklagt jetzt Rabe auf Lieferung des Anhängers gegen Zahlung von einem Euro. (Nach AG Moers NJW 2004, 1330)

Belzers Klage kann nur dann erfolgreich sein, wenn zwischen ihm und Rabe ein entsprechender Kaufvertrag zustande gekommen und dieser immer noch wirksam ist. Indem Rabe den Anhänger bei eBay für einen Euro anbot, gab er einen Antrag ab. Dieser wies die Besonderheit auf, dass er sich nicht an eine bestimmte Person richtete (Rn 171), sondern an die Allgemeinheit. Aber das war unschädlich, weil nach den eBay-Bedingungen beim „Sofortkauf" derjenige den Kaufvertrag schließt, der den Antrag als erster annimmt. Da das Belzer war, ist er der Käufer.

524

Zu prüfen ist zunächst, ob Rabe durch eine Auslegung seiner Erklärung geholfen werden kann (§ 133). Das ist der Fall (siehe Rn 138, Beispiel 3).

Alternativ kommt auch eine Anfechtung wegen eines Erklärungsirrtums in Betracht (§ 119 Abs. 1 Var. 2). Ein Erklärungsirrtum liegt vor, wenn der Erklärende sich bei der Äußerung seiner Willenserklärung versprochen, verschrieben oder vertippt hat oder in sonstiger Weise infolge einer momentanen Unaufmerksamkeit etwas erklärt hat, was er nicht erklären wollte. Rabe hat im vorliegenden Fall den richtigen Betrag (1,00 Euro) eingegeben. Aber er tat das infolge eines Flüchtigkeitsfehlers an einer falschen Stelle, nämlich nicht in der Kategorie „Versteigerung", sondern in der Kategorie „Sofortkauf", was dem Betrag eine ganz andere Bedeutung gab.

Nun ist zu prüfen, ob der Irrtum auch erheblich war im Sinne des „wenn"-Satzes am Ende von § 119 Abs. 1 (Rn 510). Das ist der Fall, denn er führte dazu, dass Rabe den Anhänger für nur einen Euro verkaufen musste, während er im Fall einer Versteigerung die Aussicht hatte, wesentlich mehr zu erlösen. Rabe hat auch deutlich gemacht, dass er seine Willenserklärung infolge des Irrtums nicht aufrechterhalten wollte (Rn 514).

Zu fragen ist schließlich, ob Rabe „ohne schuldhaftes Zögern", also unverzüglich angefochten hat (§ 121 Abs. 1). Da er schon bei Belzers erstem Anruf auf seinen Irrtum hingewiesen und die Erfüllung des Vertrags aus diesem Grund abgelehnt hat, liegt eine unverzügliche Anfechtung vor (Rn 515).

Damit ist die angefochtene Erklärung als von Anfang an nichtig anzusehen (§ 142 Abs. 1). Das bedeutet, dass nicht nur Rabes Antrag, sondern der ganze Vertrag nichtig ist. Belzer kann deshalb nicht die Übereignung des Anhängers verlangen.

Aus dem FD „Irrtum" ergibt sich die Lösung so: 1. Nein (man kann die Frage aber auch mit Ja beantworten) – 2. Nein – 3. Nein – 11. Ja – 4. Ja – 5. Nein – 6. Ja – 7. Ja. Falls Belzer Schadensersatz verlangt: 8. Ja.

Nachbemerkung: Das AG Moers hat anders entschieden. Es hat angenommen, dass der Beklagte, der hier Rabe genannt wurde, „seine Behauptung, er habe sich vertan und statt des Fensters ‚Startpreis' versehentlich die Option ‚Sofort kaufen' angeklickt, nicht bewiesen hat". Das ist, höflich gesagt, erstaunlich. Der Amtsrichter hat nicht verraten, wie Rabe hätte beweisen sollen, dass er sich geirrt hatte. Sollte er Zeugen benennen oder Urkunden vorlegen? Ein solcher Beweis ist bei der Frage, ob ein Irrtum vorliegt, fast immer unmöglich. In diesen Fällen muss der Richter aufgrund seiner Lebenserfahrung und seiner Menschenkenntnis entscheiden, ob das fragliche Verhalten nur durch einen Irrtum zu erklären ist. Dabei ist von dem wichtigen Auslegungsgrundsatz auszugehen, dass sich jeder Mensch

525

grundsätzlich so verhält, wie es seinen Interessen entspricht (Rn 149 ff). Wenn er bei der Abgabe einer Willenserklärung in einer ganz ungewöhnlichen Weise gegen seine Interessen verstößt, ist ein Irrtum die einzige Erklärung. Kein vernünftiger Mensch bietet willentlich einen Anhänger zum Festpreis von einem Euro zum Kauf an. Es wäre in diesem Fall vernünftiger, ihn zu verschenken. Dass Rabe sich geirrt hatte, musste deshalb als bewiesen angesehen werden. ◂

Lerneinheit 23

526 Literatur: Siehe Rn 496.

I. Erklärungsirrtum

1. Einführung

527 *Definition:* Der Erklärungsirrtum (oder Irrtum in der Erklärungshandlung) wird vom Gesetz in § 119 Abs. 1 mit den Worten umschrieben „oder eine Erklärung dieses Inhalts überhaupt nicht abgeben wollte". Der Erklärungsirrtum ist ein Versehen bei der *Abgabe* der Willenserklärung, insbesondere ein Versprechen, Verschreiben oder Vergreifen. Der Erklärende weiß eigentlich, was das von ihm Gesagte oder Geschriebene bedeutet, aber weiß im Moment nicht, dass er das fragliche Wort oder die Formulierung falsch verwendet (FD „Irrtum", Frage 11, Spalte 11).

528 *Abgrenzung vom Inhaltsirrtum:* Wie beim Inhaltsirrtum besteht eine Diskrepanz zwischen (objektiver) Bedeutung des Erklärten und (subjektivem) Willen des Erklärenden. Der Unterschied liegt darin, dass der Erklärungsirrtum nicht auf einer Falschvorstellung beruht, sondern auf einer momentanen Unaufmerksamkeit. Auf eine kritische Nachfrage hin hätte der Erklärende sich gleich korrigiert. Der Unterschied zwischen Inhalts- und Erklärungsirrtum erinnert also an den Unterschied zwischen Wissensfehler und Flüchtigkeitsfehler.

529 *Beispiel 1:* Eine Kassiererin gab versehentlich einen 20-Euro-Schein statt eines 5-Euro-Scheins heraus. *Beispiel 2:* V füllte im Dezember 2018 das Antragsformular eines Versicherungsvertrags aus und schrieb in der Zeile „Versicherungsbeginn" das Datum „1.1.2018" statt „1.1.2019". *Beispiel 3:* Ein Kellner schrieb statt „187,90 Euro" versehentlich „178,90" auf die Rechnung. *Beispiel 4:* Ein eiliger Kunde kreuzte bei der Bestellung von Fotos ein falsches Bildformat an. *Beispiel 5:* Der Sachbearbeiter eines Lebensversicherers trug versehentlich die Summe „3 098 Euro" nicht in das Datenfeld „Erlebnisfallsumme" ein, sondern in das Datenfeld „Jährliche Rentenzahlung". Dadurch wurde dem Versicherten später zehnmal mehr ausgezahlt als ihm zustand.[125] Daran kann man sehen, dass eine richtige Zahl falsch wird, wenn sie im falschen Umfeld steht. Ein weiteres Beispiel für die Wichtigkeit des Umfeldes, in dem eine Mitteilung erscheint, ist Fall 23 (Rn 523).

2. Falsche Preisangabe im Internet

530 Ein Fall des Erklärungsirrtums kann gegeben sein, wenn ein Unternehmer im Internet eine Ware oder Dienstleistung zu einem falschen Preis anbietet. Dabei ist zu unterscheiden:

---

[125] OLG Hamm NJW 1993, 2321.

- *Der Preis wurde vom Sachbearbeiter falsch eingegeben:* Es liegt ein klassischer Fall des Erklärungsirrtums vor. Die Besonderheit liegt nur darin, dass sich der Fehler bereits auf der Website des Anbieters zeigt. Der Irrtum bezieht sich also eigentlich nur auf die (rechtlich unverbindliche) Invitatio ad offerendum (Rn 200). Die entscheidende Willenserklärung des Verkäufers – die spätere Annahmeerklärung gegenüber dem Besteller – ist ohne (erneuten) Irrtum vom Programm selbsttätig generiert worden. Aber das ist unschädlich, entscheidend ist, dass der ursprüngliche Eingabefehler fortwirkt.[126]

- *Der richtig eingegebene Preis wurde aufgrund eines Programmfehlers verändert:* *Beispiel:* Der Mitarbeiter M des Internetanbieters V legte für ein bestimmtes Notebook als Preis 2 650 Euro fest und gab ihn richtig in das Warenwirtschaftssystem ein. Weil dieses System einen Programmfehler enthielt, erschien auf der entsprechenden Internetseite des V ein Preis von 245 Euro. K bestellte das Notebook und erhielt es zu diesem Preis. Kurz darauf focht V seine Annahmeerklärung an. *Lösung:* Wenn sich M bei der Eingabe des Preises vertippt hätte, läge ein Grundfall des Erklärungsirrtums vor (Rn 527). Denn dann hätten sozusagen seine Finger eine Erklärung niedergeschrieben, die M „überhaupt nicht abgeben wollte". Im vorliegenden Fall lag der Fehler nicht in den Fingern des M, sondern in dem von ihm genutzten Programm. Aber Computerprogramme sind heute sozusagen die verlängerten Finger des Sachbearbeiters. Die Anfechtung des V war deshalb wirksam.[127]

3. Voraussetzungen und Rechtsfolgen

Voraussetzungen: Das Gesetz stellt in § 119 Abs. 1 für die Anfechtung wegen eines Erklärungsirrtums die gleichen Voraussetzungen auf, die auch für einen Inhaltsirrtum gelten. Es müssen also alle in den Rn 507 bis 519 genannten Voraussetzungen erfüllt sein. Nur anstelle des Inhaltsirrtums muss ein Erklärungsirrtum vorliegen.

Rechtsfolgen: Die unter Rn 520 bis 522 genannten Rechtsfolgen treten auch nach erfolgreicher Anfechtung wegen eines Erklärungsirrtums ein.

II. Übermittlungsirrtum

1. Die Person des Boten

Wenn jemand eine Willenserklärung abgeben will, spricht oder schreibt er nicht immer selbst. Viele Menschen bedienen sich dazu einer anderen Person, indem sie sie beauftragen, eine Erklärung für sie zu schreiben oder mündlich zu übermitteln. Eine solche Person nennt § 120 eine „zur Übermittlung verwendete Person", aber man nennt sie meist kurz einen „*Boten*". Bote ist jede Person, die auf Bitten oder Weisung eines anderen dessen Willenserklärung ausrichtet – möglichst wörtlich, jedenfalls ohne eigenen Formulierungsspielraum. Zwar kann auch schon ein Kind Bote sein (Rn 840). Aber unter einem Boten darf man sich nicht nur einen einfachen oder ungebildeten Menschen vorstellen.

§ 120 setzt voraus, dass der Bote die Erklärung „unrichtig übermittelt", indem er sie versehentlich verändert (FD „Irrtum", Frage 12, Spalte 12). *Beispiel 1:* Ein Simultan-

---

126 AG Lahr NJW 2005, 991 (992); zum Fortwirken des Fehlers auch OLG Hamm NJW 2004, 2601.
127 BGH NJW 2005, 976.

Dolmetscher übersetzte eine Bemerkung versehentlich falsch.¹²⁸ *Beispiel 2:* Frau B schrieb auf, was ihr Ehemann in der Metzgerei kaufen sollte. Herr B las der Verkäuferin den Besorgungszettel versehentlich falsch vor.

535 Auch ein Unternehmer kann Bote sein. *Beispiel 1:* Eine Versicherungsgesellschaft übernahm es für ihren Kunden (Versicherten), eine Erklärung zu übermitteln.¹²⁹ *Beispiel 2:* Karstadt hatte die Preise für seine Internetangebote überarbeitet und übergab sie dem Unternehmer U, der sie als Bote auf der Website veröffentlichen sollte. U machte einen Fehler, so dass mehrere Artikel mit falschem Preis erschienen.¹³⁰

536 *Gegensatz: Vertreter:* Der Bote darf nicht mit dem *Vertreter* (§ 164 Abs. 1) verwechselt werden. Ein Vertreter hat immer einen eigenen Formulierungs-, meist sogar einen Entscheidungsspielraum und gibt deshalb eine *eigene* Willenserklärung ab, allerdings im Namen eines anderen (zur Abgrenzung Rn 840).

537 *Einrichtung:* Mit der „zur Übermittlung verwendeten ... *Einrichtung*" (§ 120) hatten die Väter des BGB die „Telegraphenanstalt" gemeint, deren Mitarbeiter Telegrammtexte aufnahmen (oft am Telefon) und in den Fernschreiber eintippten. Dabei kamen natürlich Übertragungsfehler vor.

2. Einordnung

538 Ein Übermittlungsirrtum ist ein Unterfall des Erklärungsirrtums (Rn 527).¹³¹ Er unterläuft aber nicht dem Erklärenden selbst, sondern seinem Boten oder der zur Übermittlung eingesetzten Institution.

3. Rechtliche Regelung

539 *Voraussetzungen:* Das Gesetz verweist in § 120 für die Anfechtung wegen falscher Übermittlung auf die Voraussetzungen, die für die Anfechtung bei einem Inhalts- oder einem Erklärungsirrtum gelten. Es müssen also alle in den Rn 507 bis 519 genannten Voraussetzungen erfüllt sein, nur dass an Stelle des Irrtums ein Übermittlungsfehler vorliegt. Anfechtungsberechtigt ist im Fall des § 120 nicht der Bote, sondern dessen Auftraggeber. Denn er ist ja der Urheber der durch den Fehler entstellten Willenserklärung.

540 *Rechtsfolgen:* Die unter Rn 520 bis 522 genannten Rechtsfolgen treten auch nach erfolgreicher Anfechtung wegen eines Übermittlungsirrtums ein.

§ 24 Eigenschaftsirrtum

541 ▶ **Fall 24: Bildnis eines jungen Mannes**   § 119 Abs. 2

Alois Scheidwimmer war Eigentümer eines Ölgemäldes, das den Kopf eines jungen Mannes zeigt. Da es nicht signiert ist, ließ Scheidwimmer es von einem Kunsthistoriker begutachten, der es dem amerikanischen Maler Frank Duveneck (1848–1919) zuschrieb. Scheidwim-

---

128 BGH BB 1963, 204.
129 BGH NJW 2008, 2707 Rn 22.
130 OLG Hamm NJW 2004, 2601.
131 Soergel/Hefermehl § 119 Rn 11; MüKo/Armbrüster § 120 Rn 1; Wolf/Neuner § 41 Rn 40; BGH NJW 2005, 976 (977).

mer verkaufte das Bild für 6 000 Euro an Siegfried Kratz. Am 19. Juni des nächsten Jahres besuchte Scheidwimmer eine Ausstellung mit dem Titel „Wilhelm Leibl und sein Malerkreis". Dort entdeckte er das Bild wieder, das jetzt als Werk von Wilhelm Leibl bezeichnet war. Scheidwimmer setzte sich mit Kratz in Verbindung und erfuhr, dass dieser das Gemälde von dem Konservator Dr. Ringteich hatte untersuchen lassen, der es als Werk von Wilhelm Leibl erkannt hatte. An der Richtigkeit dieser Zuschreibung ist inzwischen nicht mehr zu zweifeln. Bilder von Leibl werden – zumindest in Deutschland – sehr viel höher gehandelt als Bilder von Duveneck. Scheidwimmer ließ sich von seinem Rechtsanwalt beraten, der am 26. Juni im Namen seines Mandanten den Kaufvertrag wegen Irrtums anfocht. Scheidwimmer verlangt die Rückgabe des Bildes gegen Rückzahlung des Kaufpreises. (Nach BGH NJW 1988, 2597)

Zu prüfen ist, ob Scheidwimmer seine Willenserklärung anfechten konnte, die sinngemäß lautete: „Ich verkaufe Ihnen dieses Bild von Duveneck". Eine Anfechtung wegen arglistiger Täuschung ist ausgeschlossen, weil Scheidwimmer von niemand getäuscht worden ist. Es kommt deshalb nur eine Anfechtung nach § 119 in Betracht. Da Scheidwimmer wusste, was ein „Bild" ist, wer „Duveneck" war und was „verkaufen" bedeutet, hat er sich nicht über den Inhalt seiner Erklärung geirrt (Inhaltsirrtum, § 119 Abs. 1 Var. 1). Auch ein Erklärungsirrtum (§ 119 Abs. 1 Var. 2) liegt nicht vor, weil sich Scheidwimmer nicht versprochen oder verschrieben hat. Er hat vielmehr durchaus das gesagt, was er auch sagen wollte.

542

Allerdings ging Scheidwimmer bei seiner Willensbildung von der falschen Voraussetzung aus, dass es sich um ein Bild von Duveneck und nicht um ein solches von Leibl handelte. Ein solcher Motivirrtum berechtigt im Allgemeinen nicht zur Anfechtung, ausnahmsweise aber doch, wenn es sich um einen *Eigenschaftsirrtum* nach § 119 Abs. 2 handelt. Zu fragen ist deshalb, ob sich Scheidwimmer in einem Irrtum befunden hat „über solche Eigenschaften ... der Sache, die im Verkehr als wesentlich angesehen werden" (§ 119 Abs. 2). Als Eigenschaften des Gemäldes kommen in erster Linie die äußeren Merkmale seiner Beschaffenheit in Betracht, die im vorliegenden Fall keine Rolle spielen. Es ist aber anerkannt, dass die Urheberschaft eines Werks der bildenden Kunst auch eine verkehrswesentliche Eigenschaft des Kunstwerks ist.[132]

Da § 119 Abs. 2 auf § 119 Abs. 1 Bezug nimmt, muss ferner geprüft werden, ob Scheidwimmer seine Willenserklärung „bei Kenntnis der Sachlage und bei verständiger Würdigung des Falles nicht abgegeben haben würde". Auch diese Voraussetzung ist erfüllt, weil Scheidwimmers Irrtum über den Maler des Bildes nicht unerheblich ist und deshalb seine Anfechtung nicht als willkürlich erscheint.

Scheidwimmer hat (durch seinen Anwalt) seine Erklärung wegen Irrtums angefochten. Er tat das gegenüber Kratz als dem richtigen Anfechtungsgegner (§ 143 Abs. 1, Abs. 2 Var. 1). Scheidwimmer musste diese Anfechtung „unverzüglich" erklären, nachdem er seinen Irrtum erkannt hatte (§ 121 Abs. 1). Er hat sich relativ lange Zeit gelassen, nämlich eine Woche. Aber das kann bei der nicht ganz einfachen Sach- und Rechtslage noch als unverschuldetes Zögern angesehen werden (§§ 121 Abs. 1 S. 1, 276 Abs. 2). Die Frist ist also gewahrt.

---

132 So der BGH in der zugrunde liegenden Entscheidung unter Hinweis auf BGHZ 63, 369.

Damit ist Scheidwimmers Vertragserklärung rückwirkend nichtig geworden (§ 142 Abs. 1), so dass der ganze Kaufvertrag nicht mehr besteht.[133] Kratz ist gemäß § 812 Abs. 1 verpflichtet, Scheidwimmer das Gemälde als ungerechtfertigte Bereicherung herauszugeben (zurückzuübereignen). In gleicher Weise ist natürlich auch Scheidwimmer zur Rückzahlung des Kaufpreises verpflichtet.

Aus dem FD „Irrtum" ergibt sich folgende Lösung: 1. Nein – 2. Nein – 3. Nein – 11. Nein – 12. Nein – 13. Ja (Spalte 13) – 4. Ja – 5. Nein – 6. Ja – 7. Ja – Um Schadensersatz geht es nicht. ◀

Lerneinheit 24

543 **Literatur zum Kalkulationsirrtum:** *Popescu,* Zur Behandlung des zwischen Angebots- und Zuschlagsfrist erkannten Kalkulationsirrtums, ZfBR 2015, 342; *Pfeifer,* Der Rubel-Fall: Dogmatische Einordnung und Rechtsfolgen des Kalkulationsirrtums nach der Rechtsprechung des Reichsgerichts und nach aktueller Betrachtung, Jura 2005, 774; *Hartmann,* Der Silberfall (RGZ 101, 107 f), Jura 2004, 843; *Waas,* Der Kalkulationsirrtum zwischen Anfechtung und unzulässiger Rechtsausübung, JuS 2001, 14.

Sonstige Literatur: *Eckebrecht,* Unbeachtlicher Motivirrtum bei starker Erwachsenenadoption, NZFam 2018, 1004; *Musielak,* Die Anfechtung einer Willenserklärung wegen Irrtums, JuS 2014, 491, 583; *Musielak,* Der Irrtum über die Rechtsfolgen einer Willenserklärung, JZ 2014, 64; *Abramenko,* Willensmängel bei der Beschlussfassung, ZWE 2013, 395; *Künzl,* Das Fragerecht des Arbeitgebers bei der Einstellung, ArbRAktuell 2012, 235; *Lorenz,* Grundwissen – Zivilrecht: Willensmängel, JuS 2012, 490; Jäckel/Tonikidis, Die Perle in der Auster, JA 2012, 339; *Dötsch,* Anfechtung wegen Eigenschaftsirrtums gem. § 119 II BGB im Mietrecht – Konkurrenz zum Gewährleistungsrecht? NZM 2011, 457; *U. Huber,* Eigenschaftsirrtum und Kauf, AcP 209 (2009), 143.

I. Eigenschaftsirrtum

1. Definition und gesetzliche Regelung

544 Der Eigenschaftsirrtum ist ein Irrtum über eine objektiv wesentliche Eigenschaft einer Person oder einer Sache (§ 119 Abs. 2; FD „Irrtum", Frage 13). Es wird nicht verlangt, dass der Erklärende seine falsche Vorstellung von der fraglichen Eigenschaft in seiner Erklärung zum Ausdruck gebracht hat. Er kann also durchaus das gesagt haben, was er auch sagen wollte. Es genügt, wenn der Eigenschaftsirrtum das unausgesprochene *Motiv* (der Beweggrund) für seine Willenserklärung war. Der Eigenschaftsirrtum ist ein Unterfall des Motivirrtums.[134] Das Gesetz ordnet ihn dagegen als Unterfall des *Inhaltsirrtums* ein („Als Irrtum über den Inhalt der Erklärung gilt auch ..."). Das wird aber heute allgemein anders gesehen.

2. Verkehrswesentlichkeit

545 Es kommen nur Eigenschaften in Betracht, „die im Verkehr als wesentlich angesehen werden", die also für die Bewertung der fraglichen Person oder Sache objektiv bedeutsam sind. Der Erklärende kann deshalb nicht wegen einer Eigenschaft anfechten, die ein vernünftiger Dritter an seiner Stelle für unerheblich gehalten hätte. Eine ähnliche

---

133 Scheidwimmers Anwalt hatte vorsichtshalber auch die von Scheidwimmer (stillschweigend) abgegebene Einigungserklärung nach § 929 S. 1 angefochten. Das war aber unzulässig, weil diese nicht von Irrtum beeinflusst war. Nach dem Abstraktionsprinzip hat das Verfügungsgeschäft trotz der Nichtigkeit des Verpflichtungsgeschäfts weiter Bestand (Rn 331).
134 HM, etwa Wolf/Neuner § 41 Rn 51 ff; Brox/Walker Rn 416.

§ 24 Eigenschaftsirrtum

Einschränkung enthält bereits § 119 Abs. 1 (auf den Absatz 2 ja Bezug nimmt) mit den Worten „wenn anzunehmen ist."

3. Eigenschaften einer Person

Zu den Eigenschaften eines Menschen gehören seine Bildung, seine Kenntnisse und Fähigkeiten, außerdem sein Alter, sein Geschlecht, seine Staatsangehörigkeit, sein Lebenswandel und seine Gesundheit. *Beispiel 1:* Der Inhaber einer Tanzschule stellte eine Assistentin ein. Später stellte sich heraus, dass sie an Epilepsie litt. Das ist für eine Tanzlehrerin eine verkehrswesentliche Eigenschaft.[135] *Beispiel 2:* Ein Arzt stellte als Sprechstundenhilfe einen Menschen ein, den er für eine Frau hielt. Er war aber als Mann geboren, und die Geschlechtsumwandlung war noch nicht abgeschlossen. Das ist für eine Arzthelferin eine verkehrswesentliche Eigenschaft.[136] *Beispiel 3:* Fabrikant F hatte den Personalberater P mit der Auswahl eines leitenden Angestellten beauftragt. Später erfuhr F, dass P zur Scientology-Organisation gehört. Er konnte seine Anfechtung auf § 119 Abs. 2 stützen.[137]

546

Keine Eigenschaften sind *vorübergehende* Besonderheiten eines Menschen. *Beispiel 1:* Der freie Kfz-Händler K kaufte in einer Daimler-Niederlassung einen neuen Mercedes in der Absicht, das Fahrzeug weiterzuverkaufen. Solche Geschäfte wollte Daimler damals verhindern. Aber die Absicht, das Fahrzeug wieder zu verkaufen, war keine Eigenschaft des K.[138] *Beispiel 2:* Frau F hatte ihren Arbeitsvertrag gekündigt ohne zu wissen, dass sie schwanger war. Sie konnte ihre Kündigung nicht nach § 119 Abs. 2 anfechten. Denn die Schwangerschaft ist keine Eigenschaft, zumindest keine dauerhafte.[139]

547

4. Eigenschaften einer Sache

Der Begriff „Sache" ist weiter als der des § 90. Er umfasst auch Tiere (§ 90 a) und alle sonstigen Gegenstände des Rechtsverkehrs, zB Geschäftsanteile an einer GmbH[140] oder einen Nachlass.[141] *„Eigenschaften"* sind

548

- alle auf der natürlichen Beschaffenheit beruhenden (physikalisch oder chemisch beschreibbaren) Merkmale sowie
- „alle tatsächlichen und rechtlichen Verhältnisse ..., die infolge ihrer Beschaffenheit auf Dauer für die Brauchbarkeit und den Wert" der Sache von Bedeutung sind.[142]

Beispiel 1: Fall 24 (Rn 541).[143] *Beispiel 2:* V verkaufte auf dem Flohmarkt Noten, von denen er annahm, sie seien nicht älter als 85 Jahre. Als sich herausstellte, dass ein Mozart-Autograph darunter war, konnte er anfechten.[144] Vorübergehende Eigenschaften der Sache sind aber (wie bei Menschen) kein Anfechtungsgrund. *Beispiel 3:* V bot bei eBay zur Versteigerung zum Startpreis von einem Euro einen Pkw an, der einen Wert

---

135 BAG NJW 1980, 1302.
136 BAG NJW 1991, 2723; siehe aber Rn 441.
137 LG Darmstadt, NJW 1999, 365.
138 BGH NJW 1992, 1222.
139 BAG NJW 1992, 2173.
140 BGH NJW 2001, 226.
141 OLG Düsseldorf NJW-RR 2009, 12; BayObLG NJW 2003, 216 (221).
142 BGH NJW 2001, 226; BGHZ 88, 245 mwN.
143 BGH NJW 1988, 2597.
144 AA AG Coburg NJW 1993, 938.

von 7 000 Euro hatte. Nachdem K ihn für 4 500 Euro ersteigert hatte, wollte V seine Willenserklärung mit der Begründung anfechten, er habe erst nach Beginn der Versteigerung bemerkt, dass der Wagen Öl verliere. Ein leicht zu reparierender Mangel stellt aber keine verkehrswesentliche Eigenschaft dar.[145] Die Anfechtung in diesem Fall nicht zuzulassen, wurde dem Gericht vermutlich auch durch den Verdacht erleichtert, dass V in Wahrheit nur von der Höhe des erzielten Kaufpreises enttäuscht war.

549 *Keine Eigenschaft* ist dagegen der *Wert* einer Sache, denn er ist nur das Ergebnis der wertbildenden Faktoren (Eigenschaften).[146] Bei einem Wertpapier ist deshalb der Tageskurs keine Eigenschaft.[147] Ähnliches gilt auch für den Nachlass. *Beispiel:* Frau F hatte ständig über Geldmangel geklagt. Nach ihrem Tod hielt ihr Sohn und einziger Erbe den Nachlass für unbedeutend oder gar für überschuldet und schlug die Erbschaft aus. Nachher stellte sich heraus, dass der Nachlass 129 000 Euro wert war. Die auf § 119 Abs. 2 gestützte Anfechtung hat das OLG Düsseldorf nicht gelten lassen, weil der Sohn sich nur über den *Wert* des Nachlasses, nicht über einzelne Nachlassgegenstände geirrt hatte.[148]

550 *Verhältnis zur Sachmängelhaftung:* Wenn eine Kaufsache einen Mangel hat (§ 434), kann der Käufer nur die in § 437 genannten Rechte geltend machen.[149] Insbesondere darf ein Käufer, dessen Ansprüche nach § 438 verjährt sind, die Verjährung nicht unterlaufen, indem er die Anfechtung nach § 119 Abs. 2 erklärt. Im strengen Gegensatz dazu kann ein *Verkäufer* aber nach § 119 Abs. 2 anfechten (Fall 24, Rn 541). Denn es gibt keine kaufrechtlichen Vorschriften für den Fall, dass der Verkäufer nachträglich werterhöhende Eigenschaften der Kaufsache entdeckt.

5. Rechtliche Behandlung

551 Für die Voraussetzungen einer Anfechtung wegen Eigenschaftsirrtums gilt alles, was für den Inhaltsirrtum gilt. Es müssen deshalb die in Rn 507 bis 519 genannten Voraussetzungen vorliegen. Die *Erheblichkeit des Irrtums* (Rn 510) muss wegen der Verweisung auf Absatz 1 auch im Fall des Absatzes 2 gegeben sein. Aber § 119 Abs. 2 fordert ja ohnehin die *Verkehrswesentlichkeit* der fraglichen Eigenschaft, so dass die gleiche Voraussetzung letztlich doppelt verlangt wird.

II. Gegensatz zum Irrtum nach § 119: Motivirrtum

1. Einführung und Definition

552 *Einführung:* Bevor man eine wichtige Willenserklärung abgibt, wägt man Wünsche und Möglichkeiten ab, überschlägt erforderliche Aufwendungen und einen möglichen Gewinn und wird sich über das Ziel klar, das man erreichen will. In diesem Stadium der Willensbildung wird das *Motiv* (der Grund) für die spätere Willenserklärung festgelegt. Wenn sich in dieser Zeit der Vorbereitung ein Irrtum einschleicht, muss sich

---

145 OLG Oldenburg NJW 2005, 2556 (2557). Ein Verkäufer kann außerdem nach Vertragsschluss nicht mehr anfechten, wenn er sich dadurch – wie in diesem Fall – seiner Mängelhaftung entziehen würde (BGH NJW-RR 2008, 222 Rn 9; Erman/Arnold § 119 Rn 9; Palandt/Ellenberger § 119 Rn 28). In Fall 24, Rn 541 durfte der *Verkäufer* anfechten, weil die fragliche Eigenschaft kein Mangel war, sondern im Gegenteil ein erheblich wertsteigernder Umstand.
146 BGHZ 16, 57; BGH NJW 1988, 2597; BayObLG NJW 2003, 216 (221).
147 RGZ 116, 15.
148 NJW-RR 2009, 12.
149 BGH NJW 1988, 2597; OLG Düsseldorf NJW 1992, 1326.

dieser in der späteren Willenserklärung nicht niederschlagen. Es handelt sich dann um einen Motivirrtum, keinen Inhaltsirrtum.

Definition: Ein Motivirrtum ist ein Irrtum, der dem Erklärenden bei seinem Motiv, also bei der Willens*bildung*, nicht bei der Willens*äußerung* unterläuft. Das Motiv (der Beweggrund) ist die unausgesprochene Erwartung oder Absicht, die den Erklärenden zu seiner Willenserklärung veranlasst hat. Beim Motivirrtum beruht das Motiv auf falschen, mit der Wirklichkeit nicht übereinstimmenden Voraussetzungen. Aber in der Erklärung findet dieser Irrtum keinen Niederschlag, denn der Erklärende hat durchaus das gesagt, was er sagen wollte. Erklärung und Wille fallen also nicht auseinander. *Beispiel:* X kaufte in einem Blumenladen sieben Anthurien, weil er meinte, es handele sich um die Lieblingsblume seiner Gastgeberin. In diesem Fall hat X im Blumengeschäft das gesagt, was er sagen wollte. Sein Irrtum hatte sich lediglich in seiner Vorstellung oder Hoffnung festgesetzt, die nicht Erklärungsinhalt geworden ist. 553

2. Als Anfechtungsgrund anerkannte Arten des Motivirrtums

Der Motivirrtum berechtigt nach dem Gesetz nur in zwei Fällen zur Anfechtung: 554

- *Arglistige Täuschung (§ 123):* Bei einer Anfechtung wegen arglistiger Täuschung kommt es nicht auf die Art des (durch die Täuschung hervorgerufenen) Irrtums an. Es ist insbesondere nicht nötig, dass der Irrtum in der abgegebenen Willenserklärung zum Ausdruck gekommen ist. Deshalb kann auch ein Motivirrtum zur Anfechtung nach § 123 berechtigen.

- *Eigenschaftsirrtum (§ 119 Abs. 2):* Beim Irrtum über eine verkehrswesentliche Eigenschaft einer Person oder Sache kann der Erklärende auch dann anfechten, wenn er seine falsche Vorstellung nicht zum Inhalt seiner Erklärung gemacht hat, sie also Motiv geblieben ist. Innerhalb der Irrtumsvorschriften ist der Eigenschaftsirrtum der einzige Motivirrtum, den das Gesetz als Anfechtungsgrund anerkannt hat. 555

3. Fälle des Motivirrtums, die nicht zur Anfechtung berechtigen

In allen anderen Fällen ist der Motivirrtum kein Anfechtungsgrund (FD „Irrtum", Spalte 14). Das gilt insbesondere für folgende Arten des Motivirrtums: 556

Spekulationsirrtum: Wer ein Geschäft in der spekulativen Erwartung abschließt, damit einen bestimmten Erfolg zu erzielen, kann nicht anfechten, wenn sich dieser Erfolg nicht einstellt. *Beispiel 1:* X hatte Aktien in der Erwartung gekauft, dass ihr Kurs steigen werde. *Beispiel 2:* Y buchte eine Ferienreise für zwei Personen in der Hoffnung, dass er bis zur Abreise eine Reisebegleitung finden werde. *Beispiel 3:* Q kaufte einen Steinway in der Erwartung, dass sein Sohn ein erfolgreicher Pianist werde. Die spekulative Erwartung kann auch darauf gerichtet sein, dass sich andere in einer bestimmten Weise verhalten.[150] 557

Rechtsfolgenirrtum: Meist weiß der Erklärende, was er sagt, ist sich jedoch nicht über alle Einzelheiten der damit verbundenen Rechtsfolgen im Klaren. Seine falsche Vorstellung ist dann grundsätzlich ein unbeachtlicher Motivirrtum.[151] *Beispiel 1:* Bauunternehmer B übereignete ein Grundstück schenkweise seiner Ehefrau, irrte sich dabei aber 558

---

150 OLG München NJW 2010, 687.
151 BFH DB 1990, 22; Brox/Walker Rn 423; Palandt/Ellenberger § 119 Rn 15; ähnlich BGH NJW 1999, 2664.

über die steuerlichen Folgen seiner Schenkung.[152] Da er – zumindest laienhaft – die wesentlichen Rechtsfolgen eines Schenkungsvertrags kannte, lag kein Inhaltsirrtum vor. *Beispiel 2:* Arbeitnehmer E unterschrieb einen Aufhebungsvertrag ohne zu wissen, dass eine Kündigung für ihn rechtlich vorteilhafter gewesen wäre. Da E wusste, was ein Aufhebungsvertrag ist, liegt nur ein unbeachtlicher Motivirrtum vor.[153] *Beispiel 3:* K gab im Zwangsversteigerungstermin ein Gebot von 70 000 Euro ab und bekam den Zuschlag. Erst kurz darauf wurde ihm klar, dass ein Erwerber nach den Vorschriften des ZVG das Grundstück mit den fortbestehenden Lasten erwirbt, in diesem Fall mit einer erheblichen Grundschuld. Er focht seine Erklärung nach § 119 Abs. 1 an, aber vergeblich. Denn er wusste, was „Bieten" und was „Zuschlag" bedeutet und ging nur von einer teilweise anderen Rechtsfolge aus. Es lag deshalb ein unbeachtlicher Rechtsfolgenirrtum vor.[154]

559 *Ausnahme:* Wenn die abgegebene Erklärung eine gänzlich andere rechtliche Folge hat, als der Erklärende angenommen hatte, billigt die Rechtsprechung ihm ausnahmsweise ein Anfechtungsrecht zu. *Beispiel:* H war von seinem Vater zum Alleinerben eingesetzt worden, doch war das Erbe so mit Vermächtnissen überfrachtet, dass H kaum etwas blieb. Er nahm die Erbschaft an, weil er glaubte, er könne sich dadurch wenigstens den Pflichtteilsanspruch erhalten. Aber das Gegenteil wäre richtig gewesen. Da die Annahme der Erbschaft nicht nur eine *teilweise* andere als die vermutete Rechtsfolge hatte, sondern das Gegenteil bewirkte, ließ der BGH die Anfechtung nach § 119 Abs. 1 Var. 1 zu.[155]

560 *Kalkulationsirrtum:* Ein Kalkulationsirrtum liegt vor, wenn ein Anbieter den vom ihm kalkulierten Betrag versehentlich zu niedrig berechnet hat. *Beispiel 1:* Ein Fabrikant bot auf eine Ausschreibung Elektromaterial an, hatte dabei aber zu niedrige Beträge eingesetzt.[156] *Beispiel 2:* Eine Ladenangestellte verkaufte die Grafik „Papagenos", die in der neuen Preisliste mit 2 500 Euro angegeben war, für 850 Euro, weil sie versehentlich in der alten Preisliste nachgesehen hatte.[157] *Beispiel 3:* Eine Vermieterin übersah bei der Nebenkostenabrechnung eine Rechnung der Stadtwerke, so dass sie ihrem Mieter zu wenig berechnete.[158]

Der Kalkulationsirrtum ist kein vom Gesetz anerkannter Irrtumsfall. Denn der Erklärende ist bei der Abgabe seiner Erklärung nicht über deren Bedeutung im Irrtum (Inhaltsirrtum) und hat sich auch nicht verschrieben (Erklärungsirrtum), vielmehr hat er die Summe genannt, die er auch nennen wollte. Er befand sich auch nicht im Irrtum über eine Eigenschaft der von ihm angebotenen Sache (§ 119 Abs. 2). Es handelt sich deshalb um einen unbeachtlichen *Motivirrtum*.[159] Eine bei der Preisberechnung vergessene Position kann das Gericht auch nicht etwa im Wege der ergänzenden Vertragsauslegung nachträglich berücksichtigen.[160]

---

152 BFH DB 1990, 22.
153 BAG NJW 1996, 2593.
154 BGH NJW 2008, 2442 Rn 20. Der BGH hat sich damit der Mindermeinung angeschlossen, während die hM damals von einem Inhaltsirrtum ausging.
155 BGHZ 168, 210 Rn 22 im Anschluss an Keim ZEV 2003, 358 (360).
156 BGH NJW-RR 1988, 565.
157 LG Bremen NJW 1992, 915.
158 LG Berlin MDR 1990, 550 mit falscher Lösung.
159 Allgemeine Meinung, OLG Frankfurt NJW-RR 1990, 692.
160 BGH NJW-RR 1995, 1360.

Es kommt in diesen Fällen darauf an, ob der Empfänger des falsch kalkulierten Antrags diesen *in Kenntnis* des Fehlers angenommen hat oder ohne diese Kenntnis. Es ist deshalb zu unterscheiden:

- *Der Empfänger hat den Antrag angenommen, ohne den Kalkulationsfehler erkannt zu haben:* Damit ist die nachträgliche Berücksichtigung des Kalkulationsirrtums ausgeschlossen. Ob der Annehmende den Kalkulationsirrtum bei genauerer Nachprüfung hätte erkennen *können*, ist ohne Bedeutung.[161] Eine Nachfrage beim Anbietenden kann vom Empfänger des Angebots nur in seltenen Ausnahmefällen erwartet werden.[162]   561

- *Der Empfänger hatte den Kalkulationsfehler erkannt* (oder war vom Antragenden noch rechtzeitig informiert worden), *nahm den Antrag aber trotzdem an:* Auch in diesem Fall liegt kein gesetzlich anerkannter Irrtumsfall vor.[163] Aber dem Antragenden kann manchmal mit den Vorschriften des Schuldrechts geholfen werden. Früher wurde meist der Grundsatz von Treu und Glauben (§ 242) bemüht.[164] Denn es kann eine unzulässige Rechtsausübung sein, einen Antrag in Kenntnis seiner Fehlerhaftigkeit anzunehmen, insbesondere wenn der Antragende dadurch „in erhebliche wirtschaftliche Schwierigkeiten geriete".[165] Heute ist es aber die dogmatisch bessere Lösung, den durch die Schuldrechtsreform neu geschaffenen § 241 Abs. 2 anzuwenden. Denn wer bewusst einen erheblich fehlerhaften Antrag annimmt, verletzt die in § 241 Abs. 2 normierte Pflicht, Rücksicht auf die „Interessen des anderen Teils" zu nehmen.[166]   562

Keine Anhebung des angegebenen Preises: Manchmal will der, der irrtümlich ein zu niedriges Angebot abgegeben hat, den Vertrag nicht (durch Anfechtung) vernichten, sondern mit einem höheren Preis aufrechterhalten. Das lässt sich aber durch eine Anfechtung nicht erreichen, weil sie nur zur Aufhebung (zur Nichtigkeit) führt, nicht zu einer Änderung (§ 142 Abs. 1). Das Rechtsgeschäft wird annulliert, nicht reformiert.   563

§ 25 Schadensersatzpflicht des Irrenden

▶ **Fall 25: Courtage des Maklers**   § 122   564

Die Müller-Märkte-GmbH (MM-GmbH) suchte in einem Münchener Vorort ein Verkaufslokal. Durch Vermittlung des Maklers Huber schloss die MM-GmbH mit der Boden AG einen schriftlichen Mietvertrag über Räume in einem Gebäude, das die Boden AG errichten wollte. An Huber zahlte die MM-GmbH dementsprechend eine Maklergebühr (Courtage) von 68 400 Euro. Später focht die Boden AG den Mietvertrag erfolgreich wegen Irrtums an. Die MM-GmbH verlangt deshalb von ihr a) den Ersatz des Gewinns, den sie durch den Betrieb

---

161 BGHZ 139, 177; Flume § 25 (493). Nach Staudinger/Singer § 119 Rn 66 ist die Annahme des Antrags bei grob fahrlässiger Unkenntnis ausgeschlossen; anders wieder Pawlowski JZ 1997, 741.
162 BGHZ 139, 177.
163 BGH NJW 2002, 2312.
164 Hundertmark, BB 1982, 16; Soergel/Hefermehl § 119 Rn 29; BGHZ 139, 177.
165 BGHZ 139, 177 unter Berufung auf Hundertmark aaO.
166 BGH NJW 2015, 1513 Rn 8. Wenn der Antragende es ablehnt, den unzulässig erzwungenen Vertrag zu erfüllen, macht er sich nicht schadensersatzpflichtig (BGH aaO).

des Ladenlokals erwirtschaftet hätte und b) die Erstattung der von ihr bezahlten Maklergebühr.

a) Ersatz des entgangenen Gewinns

565 Als Anspruchsgrundlage für die Erstattung des entgangenen Gewinns kommt nur § 122 Abs. 1 in Betracht. Zweckmäßigerweise prüft man zunächst Absatz 2, weil in diesem Fall die Schadensersatzpflicht ganz ausgeschlossen ist. Der Sachverhalt gibt aber keinen Anlass für die Annahme, dass die MM-GmbH „den Grund … der Anfechtbarkeit kannte oder infolge von Fahrlässigkeit nicht kannte".

§ 122 Abs. 1 bezieht den Fall des § 118 mit ein und unterscheidet außerdem zwischen empfangsbedürftigen Willenserklärungen („wenn die Erklärung gegenüber einem anderen abzugeben war"; § 130 Abs. 1 S. 1) und nichtempfangsbedürftigen Willenserklärungen („anderenfalls"). Für den vorliegenden Fall spielt diese Differenzierung aber keine Rolle. Auf den Fall zugespitzt, lautet der Anfang von § 122 Abs. 1 so: „Ist eine Willenserklärung … aufgrund der §§ 119, 120 angefochten, so hat der Erklärende … den Schaden zu ersetzen, den der andere … dadurch erleidet, dass er auf die Gültigkeit der Erklärung vertraut …" Im Einzelnen:

„Ist eine Willenserklärung …" Die fragliche Willenserklärung ist die Erklärung der Boden AG, sie wolle mit der MM-GmbH einen Mietvertrag schließen.

„… aufgrund der §§ 119, 120 angefochten …" Aus dem Sachverhalt ergibt sich, dass die Boden AG den Vertrag erfolgreich nach § 119 angefochten hat.

„… so hat der Erklärende …" Das Wort „Erklärende" bezieht sich nicht auf die Anfechtungserklärung. Der Erklärende ist derjenige, der die durch Irrtum beeinflusste Erklärung abgegeben hat. Aber im Ergebnis läuft das natürlich auf dasselbe hinaus, weil der Irrende auch der Anfechtende ist. Der Erklärende ist jedenfalls die Boden AG.

„… den Schaden zu ersetzen, den der andere … dadurch erleidet, dass er auf die Gültigkeit der Erklärung vertraut." Die Boden AG hat den Schaden zu ersetzen, der bei der MM-GmbH dadurch eingetreten ist, dass sie auf die Gültigkeit des Mietvertrags vertraut hat. Diesen Schaden nennt man ganz anschaulich den „Vertrauensschaden" oder – etwas blasser – das „negative Interesse" (Rn 568 ff). Zu prüfen ist, ob die MM-GmbH im Rahmen des negativen Interesses den Ersatz des ihr entgangenen Gewinns verlangen kann. Das muss man – und dieser Punkt ist sehr wichtig – klar verneinen. Denn die MM-GmbH kann nicht verlangen, so gestellt zu werden, als sei der Vertrag wirksam gewesen und dementsprechend auch durchgeführt worden. Sie hat also keinen Anspruch auf die Vermögenslage, die sie *nach* Durchführung des Vertrags erlangt hätte. Dabei würde es sich nämlich um das *positive* Interesse handeln (Rn 573 f). Die MM-GmbH kann vielmehr nach § 122 Abs. 1 nur verlangen, so gestellt zu werden, wie sie *vor* dem Vertragsschluss gestanden hatte (*negatives* Interesse).

b) Ersatz der Maklerkosten

566 Zu prüfen ist, ob die MM-GmbH die von ihr bezahlte *Maklergebühr* nach § 122 Abs. 1 ersetzt verlangen könnte. Die MM-GmbH kann nur verlangen, so gestellt zu werden, als ob sie nicht auf die Zusage der Boden AG vertraut hätte. Sie muss also so gestellt werden, als sei sie nie mit der Boden AG in geschäftlichen Kontakt getreten (negatives Interesse). In diesem Fall hätte sie den Vertrag mit der Boden AG nicht geschlossen und deshalb auch die Maklergebühr (Courtage) nicht bezahlen müssen. Anders gesagt: Die MM-GmbH hat die Maklerkosten nur im Vertrauen auf die Gültigkeit des Mietvertrags bezahlt. Hätte sie dieses Ver-

trauen in den Bestand des Vertrags nicht gehabt, wäre ihr der Schaden nicht entstanden (daher die Bezeichnung „Vertrauensschaden"). Die Courtage muss ihr deshalb nach § 122 im Prinzip ersetzt werden. Allerdings macht § 122 Abs. 1 eine Einschränkung:

„... jedoch nicht über den Betrag des Interesses hinaus, welches der andere ... an der Gültigkeit der Erklärung hat." Der „andere" ist die MM-GmbH. Die „Erklärung" ist die von der Boden AG abgegebene, auf den Abschluss des Mietvertrags zielende Willenserklärung, also entweder Antrag oder Annahme (§§ 145 ff). Das Interesse der MM-GmbH „... an der Gültigkeit" dieser Erklärung ist ihr Interesse an der ordnungsgemäßen Durchführung des Mietvertrags. Dieses „Interesse" ist also das „positive Interesse", von dem schon unter a) die Rede war.

§ 122 Abs. 1 verlangt, das Interesse der MM-GmbH am Mietvertrag zu bewerten, also ihr Interesse an der Durchführung des Vertrags. Zu fragen ist deshalb, ob die MM-GmbH durch eine Nutzung des Ladenlokals einen Gewinn erzielt hätte, und wenn ja, ob dieser geringer oder höher gewesen wäre als 68 400 Euro. Da der Sachverhalt nichts anderes sagt, ist vom Normalfall auszugehen und anzunehmen, dass der Gewinn (das positive Interesse) höher gewesen wäre als die entstandenen Maklerkosten. Die von der MM-GmbH geltend gemachte Schadensersatzforderung (das negative Interesse) muss also nicht auf den Betrag eines geringeren positiven Interesses gekürzt werden. Die MM-GmbH kann demnach von der Boden AG die Erstattung der Maklergebühr verlangen.

Anders wäre die Rechtslage, wenn die Boden AG durch ein Gutachten beweisen könnte, dass die Durchführung des Mietvertrags für die MM-GmbH ein Verlustgeschäft geworden wäre, zB weil an diesem Standort kein Gewinn zu erzielen gewesen wäre. In diesem Fall wäre das Interesse der MM-GmbH an der Durchführung des Mietvertrags geringer gewesen als 68 400 Euro. Dann würde die MM-GmbH keine volle Kostenerstattung verlangen können. Der Gedanke hinter dieser Regelung ist einleuchtend: Wenn die MM-GmbH die Kosten für den Makler nicht durch entsprechende Gewinne hätte kompensieren können, wäre die Anfechtung des Mietvertrags für sie ein Glücksfall gewesen. Sie soll aber durch die Anfechtung nicht besser gestellt werden, als sie bei Durchführung des Vertrags gestanden hätte. Verlustgeschäft soll Verlustgeschäft bleiben – auch nach der Anfechtung. Die MM-GmbH hätte also in diesem Fall keinen Schadensersatz geltend machen können. ◀

Lerneinheit 25

Literatur: *Prütting/Fischer,* Vertragsnahe gesetzliche Schuldverhältnisse – § 122, Jura 2016, 511; *Willems,* Ersatz von Vertrauensschäden und Begrenzung auf das Erfüllungsinteresse nach § 122 und § 179 II BGB, JuS 2015, 586; *Gröning,* Ersatz des Vertrauensschadens ohne Vertrauen? – Zur Dogmatik des vergaberechtlichen Schadensersatzanspruchs auf das negative Interesse, GRUR 2009, 266; *Vedder,* Neues zum Missbrauch der Vertretungsmacht – Vorsatzerfordernis, Anfechtbarkeit, negatives Interesse, JZ 2008, 1077; *Harke,* Positives als negatives Interesse, JR 2003, 1; *Schackel,* Der Anspruch auf Ersatz des negativen Interesses bei Nichterfüllung von Verträgen, ZEuP 2001, 248.

567

I. Negatives Interesse = Vertrauensschaden

1. Anspruchsgrundlagen

Einige Paragrafen des BGB geben dem Geschädigten nur einen beschränkten Schadensersatzanspruch, das sogenannte *„negative Interesse"*. Anspruchsgrundlagen hierfür

568

sind insbesondere die §§ 122 Abs. 1, 179 Abs. 2 und 1298.[167] In diesen Bestimmungen gibt das Gesetz dem Geschädigten einen Anspruch auf die Erstattung seiner Kosten, die er *im Vertrauen* auf den Bestand eines Rechtsgeschäfts aufgewendet hat. Diesen Schaden nennt man deshalb auch anschaulich den „Vertrauensschaden".

2. Erläuterung des negativen Interesses am Beispiel des § 1298

569 Besonders anschaulich ist der Anspruch auf Ersatz des negativen Interesses in § 1298 Abs. 1 geregelt worden, der offenbar auch heute noch praktische Bedeutung hat.[168] Der sitzengelassene Teil der ehemaligen Verlobten und seine Eltern können verlangen, so gestellt zu werden, als hätten sie die spätere Auflösung der Verlobung von Anfang an vorausgesehen und sich deshalb gar nicht erst in Unkosten gestürzt. *Beispiel:* Der 89-jährige A und die 77-jährige B lernten sich über eine Internet-Partnerbörse kennen. A verschwieg, dass er noch mit einer jüngeren Frau aus Lettland verheiratet war, und verlobte sich mit B, die daraufhin ihre Wohnung aufgab und zu A zog. A musste ihr u.a. ihre doppelten Umzugskosten erstatten.[169]

Ganz anders sähe die Regelung aus, wenn der oder die Exverlobte einen Anspruch auf Ersatz seines *Erfüllungsinteresses* (des *positiven* Interesses) hätte. Dann könnte er nämlich verlangen, so gestellt zu werden, als sei die Ehe geschlossen worden. Wenn ein Mann mit einer Millionärin verlobt war, hätte er deshalb Anspruch darauf, bis zu seinem Tode Unterhaltszahlungen zu erhalten, die dem Lebensstil seiner Exverlobten entsprechen. Einen so weitgehenden Schadensersatzanspruch hat das Gesetz dem sitzengelassenen Verlobten aber verständlicherweise nicht geben wollen.

3. Umfang des negativen Interesses

570 Der Umfang des negativen Interesses ergibt sich aus den jeweiligen Anspruchsgrundlagen selbst. Nach § 122 Abs. 1 hat der Schädiger „den Schaden zu ersetzen, den der andere ... dadurch erleidet, dass er *auf die Gültigkeit der Erklärung vertraut*". Man kann daraus die Formel ableiten: Wer zum Ersatz des negativen Interesses verpflichtet ist, hat den Geschädigten so zu stellen, als habe dieser *nicht* auf die Gültigkeit der Erklärung vertraut, also die (in Wirklichkeit entstandenen) Ausgaben vermieden.[170]

Zur Berechnung des negativen Interesses ist eine hypothetische Vermögensentwicklung zu konstruieren, und zwar von der Abgabe der angefochtenen Willenserklärung bis zum Tag der Schadensberechnung. Bei dieser Betrachtung ist zu unterstellen, dass die angefochtene Willenserklärung *nicht* existierte, der Anfechtungsgegner deshalb auch *nicht* auf ihre Gültigkeit vertrauen konnte und ihm deshalb *nicht* die durch sie verursachten Kosten entstanden wären.

571 Es gibt Schäden, die nur beim negativen Interesse ersetzt werden können (Kosten infolge des Vertragsschlusses) und andere, die nur das positive Interesse erfasst (hauptsächlich den entgangenen Gewinn).

Blick zurück: Das negative Interesse umfasst den Schaden, der im Vergleich zu einem *früheren* Zeitpunkt eingetreten ist. Bei der Berechnung des negativen Interesses ist also

---

[167] Auch andere Gesetze gewähren manchmal nur das negative Interesse, so § 61 InsO (BGHZ 159, 104 [117 ff]).
[168] OLG Frankfurt NJW-RR 1995, 899 und OLG Hamm FamRZ 1995, 296.
[169] OLG Oldenburg NJW 2016, 3185 Rn 12.
[170] BGH NJW-RR 1990, 230; NJW 1984, 1950 f; Wolf/Neuner § 41 Rn 154; Flume § 21, 7 (423); MüKo/Armbrüster § 122 Rn 17.

der Blick in die *Vergangenheit* gerichtet und die Frage lautet: Was muss werden, um die *frühere* Vermögenslage des Geschädigten wiederherzustellen?

Blick nach vorn: Das positive Interesse erfasst Vermögensnachteile, die im Vergleich zu einem *späteren* Zeitpunkt entstanden sind. Deshalb richtet das positive Interesse den Blick in die *Zukunft* und fragt: Wo würde der Geschädigte *heute* stehen, wenn ordnungsgemäß erfüllt worden wäre? Die Frage lautet deshalb: Was muss gezahlt werden, um die zu vermutende *spätere* (hypothetische) Vermögenslage des Geschädigten herzustellen?

Ein Schaden im Sinne des negativen Interesses kann auf folgende Weisen entstanden sein:

- Der Anfechtungsgegner hat im Vertrauen auf die Gültigkeit der Willenserklärung (insbesondere eines Vertrags) Aufwendungen gemacht, also Kosten gehabt, zB Telefon-, Porto-, Verpackungs-, Storno- oder Reisekosten oder er hat, weil er den Mietvertrag für wirksam hielt, die Courtage an den Makler bezahlt (Fall 25, Rn 564).
- Der Anfechtungsgegner hat im Vertrauen auf die Gültigkeit des Vertrags mit dessen Erfüllung begonnen, beispielsweise als Verkäufer die Kaufsache bereits geliefert. Dann kann er diese Leistung nach § 122 Abs. 1 zurückfordern, nicht nur nach § 812.[171]
- Wenn der Anfechtungsgegner im Vertrauen auf die Gültigkeit des angefochtenen Geschäfts ein anderes, günstiges Geschäft ausgeschlagen hat, muss er nach Ansicht des BGH und der hM vom Anfechtenden so gestellt werden, als hätte er es abschließen können.[172] Dies Ergebnis passt aber nicht zur Systematik des negativen Interesses, weil auf dem Umweg über das gescheiterte Zweitgeschäft doch ein entgangener Gewinn in die Berechnung des negativen Interesses einfließt.

II. Positives Interesse = Erfüllungsinteresse = Interesse an der Gültigkeit der Erklärung

1. Anspruchsgrundlagen

In den meisten Paragrafen, die dem Geschädigten einen Schadensersatzanspruch geben, legt das Gesetz fest, dass der Geschädigte „Ersatz des hierdurch entstehenden Schadens" (§ 280 Abs. 1) oder „Schadensersatz statt der Leistung" verlangen kann (§§ 281 Abs. 1, 282, 283, die auf § 280 Abs. 1 verweisen), oder schlicht „Schadensersatz" (§ 437 Nr. 3). Damit ist das positive Interesse gemeint, das man auch „Erfüllungsinteresse" nennt.

2. Umfang des zu ersetzenden Schadens

Die Anspruchsgrundlagen (zB die genannten §§ 280 bis 283) regeln das „Ob" des Schadensersatzes, also die Frage, ob einem Geschädigten überhaupt ein Schadensersatzanspruch zusteht. Die §§ 249 bis 255 regeln das „Wie", also den *Umfang* des zu ersetzenden Schadens im Fall des positiven Interesses. Die Fragen des Schadensersatzes gehören zu den wichtigsten des Allgemeinen Schuldrechts. Sie werden deshalb in den

---

171 HM, zB Erman/Arnold § 122 Rn 5.
172 BGH NJW 1984, 1950; BGH NJW 1998, 2900.

entsprechenden Lehrbüchern[173] ausführlich erläutert und können hier nur kurz angesprochen werden. Deshalb nur so viel:

575 Den Grundsatz für die Berechnung des positiven Interesses enthält § 249 Abs. 1 (bitte lesen). Er fordert den Bearbeiter eines Falles auf, sich vorzustellen, welcher Zustand bestehen würde, wenn das schädigende Ereignis („der zum Ersatz verpflichtende Umstand") *nicht* eigetreten wäre.

576 Man muss also für die Schadensberechnung eine hypothetische Entwicklung der Ereignisse konstruieren, bei der man unterstellt, dass alles ordnungsgemäß abgelaufen wäre. Wenn es um einen nicht (oder schlecht) erfüllten Vertrag geht, muss man etwa unterstellen, dass er von beiden Seiten getreulich erfüllt worden wäre.[174] Zum Schluss vergleicht man das Ergebnis der hypothetischen Vermögensentwicklung mit dem tatsächlichen gegenwärtigen Vermögensstand des Geschädigten. Die Differenz ist das positive Interesse.

III. Das positive Interesse ist meist höher als das negative Interesse

577 Da die Ermittlung des negativen Interesses von einer ganz anderen Betrachtungs- und Berechnungsweise ausgeht als die Ermittlung des positiven Interesses, ist es verständlich, dass die beiden Berechnungsarten im konkreten Fall meist zu unterschiedlichen Ergebnissen führen. Im Normalfall erhält der Geschädigte einen höheren Schadensersatz, wenn er das positive Interesse geltend machen kann. *Beispiel:* Konsul K erteilte Maler M den Auftrag, ihn für ein Honorar von 34 000 Euro zu portraitieren. Wenn K erfährt, dass M im Stil der „Jungen Wilden" malt, und er den Vertrag vor der ersten Sitzung wegen Irrtums über eine verkehrswesentliche Eigenschaft des M nach § 119 Abs. 2 anficht, muss er dem M nur die Kosten der Vorbereitung erstatten (negatives Interesse). Wenn M Anspruch auf das *positive Interesse* hätte, müsste K im Prinzip das vereinbarte Honorar bezahlen.

IV. § 122 begrenzt das negative Interesse

578 In § 122 Abs. 1 heißt es „jedoch nicht über den Betrag des Interesses hinaus, welches der andere ... an der Gültigkeit der Erklärung hat". Diese Worte gelten für die (seltenen) Fälle, in denen das positive Interesse (in Euro ausgedrückt) geringer ist als das negative Interesse. In diesen Fällen wird die Höhe des zu zahlenden negativen Interesses auf die Höhe des (ausnahmsweise geringeren) positiven Interesses beschränkt.

579 *Beispiel:* Ein gemeinnütziger Verein veranstaltete am Starnberger See für Rentner eine unentgeltliche Wochenendfreizeit „Freies Gestalten mit Ton", wobei die Reisekosten von den Teilnehmern selbst getragen werden mussten. Im Starnberger Tagungsbüro wurde Frau A eröffnet, dass sie die Zusage infolge einer Verwechselung erhalten hatte. Das *positive Interesse* von Frau A an der Teilnahme ist gleich null, weil das Töpfern ihr keinen Vermögensvorteil (dh keinen materiellen Vorteil) gebracht hätte.[175] Frau A hat zwar einen emotionalen Schaden erlitten, weil sie nicht in den Genuss einer künstlerischen Betätigung gekommen ist. Aber dieser „immaterielle" Schaden wird vom Gesetz grundsätzlich nicht als Schaden anerkannt (§ 253 Abs. 1). Das *negative Interesse*

---

173 ZB SAT Rn 863 ff, 977 ff.
174 Ein Kaufmann macht mit der beiderseitigen Erfüllung eines Vertrags idR einen Gewinn. Deshalb gehört bei einem Kaufmann auch der entgangene Gewinn zum positiven Interesse (§ 252).
175 Palandt/Ellenberger § 122 Rn 4.

umfasst die Erstattung der Reisekosten, weil sie Frau A dadurch entstanden sind, dass sie „auf die Gültigkeit der Erklärung vertraut" hatte (§ 122 Abs. 1). Tatsächlich besteht aber in diesem Fall keine Ersatzpflicht des Vereins, weil § 122 anordnet, dass das negative Interesse nicht höher sein darf als es das positive Interesse wäre.

Rechtsfolge nach § 122 Abs. 1: Der Anfechtungsgegner soll nach § 122 Abs. 1 durch den Wegfall der angefochtenen Erklärung nicht besser gestellt werden, als er bei deren Gültigkeit gestanden hätte.[176] Anders gesagt: Der Anfechtungsgegner soll keinen Ersatz seiner Aufwendungen verlangen können, wenn der gescheiterte Vertrag ihm nicht mindestens diese Kosten eingebracht hätte.[177] Der als Schadensersatz zu zahlende Betrag ist trotzdem als *negatives* Interesse anzusehen, eben nur als rechnerisch beschränktes negatives Interesse. Man kann sich das auch so merken: Bei der Ermittlung des negativen Interesses nach § 122 Abs. 1 sind beide Arten der Schadensberechnung vorzunehmen. Der sich jeweils ergebende *geringere* Betrag ist als Schadensersatz zu zahlen.

580

§ 26 Fehlendes Erklärungsbewusstsein

▶ **Fall 26: Frau Bovy will keine Mieterin gewesen sein**

581

Eduard Bovy mietete im Jahre 1984 von Herrn Vriemel eine Wohnung. Bei Abschluss des Mietvertrags lebte Bovys Ehefrau Elfi noch im Ausland, so dass Bovy den Mietvertrag allein unterschrieb. Einige Monate nach Mietbeginn zog auch Frau Bovy in die Wohnung. Fünfzehn Jahre später, im Jahre 1995, zog Herr Bovy aus. Seitdem lebte Frau Bovy allein in der Wohnung und zahlte die Miete. Ein Jahr später richtete Vriemel an das Ehepaar Bovy ein Schreiben, in dem er eine höhere Miete verlangte. Frau Bovy erhöhte daraufhin ihre monatlichen Zahlungen. Im Jahre 1998 kündigte Frau Bovy den Mietvertrag, bat aber später darum, ihre Kündigung zurücknehmen zu dürfen, was ihr gewährt wurde. Im Oktober 1999 kündigte Frau Bovy erneut, übersandte Vriemel die Schlüssel und schrieb ihm, dass sie die Mietkaution noch „gut habe". Kurz darauf forderte Vriemel beide Eheleute zur Vornahme der Schönheitsreparaturen auf. Tatsächlich sind nach dem Mietvertrag die Schönheitsreparaturen vom Mieter zu übernehmen. Die Eheleute kamen der Aufforderung nicht nach. Frau Bovy vertritt die Ansicht, sie habe den Mietvertrag nicht unterzeichnet und habe auch später nie erklärt, Mieterin werden zu wollen. Zumindest sei sie sich nicht bewusst gewesen, eine solche Erklärung abgegeben zu haben. Sie schließt daraus, dass sie keine Mieterin und deshalb nicht verpflichtet sei, die im Mietvertrag vereinbarten Schönheitsreparaturen auszuführen. Ist das richtig? (Nach BGH NJW 2005, 2620)

Frau Bovy muss die Schönheitsreparaturen nur dann übernehmen, wenn sie – allein oder gemeinsam mit ihrem Ehemann – Mieterin war, also Partnerin des mit Vriemel geschlossenen Mietvertrags. *Gegen* ihre Stellung als Vertragspartnerin spricht, dass ihr Ehemann den Mietvertrag allein unterzeichnet hat. Zu prüfen ist aber, ob Frau Bovy später dem Vertrag als weitere Mieterin beigetreten ist (*Vertragsbeitritt*). Dazu müsste sie gegenüber ihrem Ehemann und Herrn Vriemel sinngemäß erklärt haben: „Ich möchte auch Mieterin sein". Eine *ausdrückliche* Erklärung dieses Inhalts hat sie nicht abgegeben.

582

---

176 MüKo/Armbrüster § 122 Rn 19.
177 Medicus Rn 784.

Frau Bovy könnte aber *konkludent* erklärt haben, Mieterin sein zu wollen. Das hat der BGH zu Recht angenommen. Er hat eine solche konkludente (stillschweigende) Erklärung in dem Verhalten gesehen, das Frau Bovy seit dem Auszug ihres Mannes gegenüber Vriemel gezeigt hat. Das größte Gewicht hat dabei die Tatsache, dass sie die Wohnung wie eine Mieterin nutzte und allein die Miete bezahlte. Außerdem führte sie den Schriftverkehr mit Vriemel im eigenen Namen, ohne ihren Mann auch nur zu erwähnen. Sie unterzeichnete auch die Kündigung allein und beanspruchte die Mietkaution für sich. Aus diesem Verhalten war für Vriemel zu schließen, dass Frau Bovy sich als Mieterin ansah, also als seine Vertragspartnerin.

Nun hat sich aber Frau Bovy darauf berufen, dass sie sich nicht bewusst gewesen sei, eine Erklärung des Inhalts: „Ich will dem Mietvertrag beitreten" abgegeben zu haben. Nach ihren Worten fehlte ihr deshalb das *Erklärungsbewusstsein* (Rn 75). Die rechtliche Behandlung des mangelnden Erklärungsbewusstseins ist umstritten. Nach der heute kaum noch vertretenen *Willenstheorie* ist eine Erklärung, die ohne Erklärungsbewusstsein abgegeben wird, keine Willenserklärung und deshalb unbeachtlich (Rn 589). Nach der überzeugenden Gegenmeinung, der sich auch der BGH angeschlossen hat, ist Frau Bovys Erklärung grundsätzlich aus Sicht eines *objektiven Erklärungsempfängers* zu beurteilen (FD „Willensmängel", Frage 10; Rn 590).

Allerdings ist zu fragen, ob Frau Bovy bei Anwendung der im Geschäftsverkehr erforderlichen Sorgfalt (§ 276 Abs. 2) hätte erkennen können, dass ihr Verhalten als Antrag zum Vertragsbeitritt aufgefasst werden konnte (Rn 591; FD „Willensmängel", Frage 12, b). Da Frau Bovy jahrelang nicht nur die Pflichten einer Mieterin erfüllt, sondern auch die entsprechenden Rechte für sich in Anspruch genommen hat, war es fahrlässig von ihr nicht zu erkennen, dass Vriemel ihr Verhalten als Antrag zum Vertragsbeitritt verstehen musste.

Damit steht fest, dass ein wirksamer Antrag von Frau Bovy vorlag, in das Mietverhältnis aufgenommen zu werden. Diesen Antrag haben Vriemel und Herr Bovy – ebenfalls stillschweigend – angenommen. Dadurch wurde Frau Bovy neben ihrem Mann Mieterin. Beide Eheleute schulden deshalb Herrn Vriemel gemeinsam (§ 421) die Erfüllung des Mietvertrags und damit auch die Durchführung der Schönheitsreparaturen.

Allerdings führt fehlendes Erklärungsbewusstsein nach hM grundsätzlich zu einem Anfechtungsrecht analog § 119 (Rn 592 f). Frau Bovy hätte deshalb die (ihr unbewusste) Erklärung, dem Vertrag beitreten zu wollen, analog § 119 Abs. 1 unverzüglich anfechten können (FD „Willensmängel", Frage 13). Von dieser Möglichkeit hat sie aber keinen Gebrauch gemacht.

Aus dem FD „Willensmängel" ergibt sich die Lösung so: 1. d) – 10. Ja – 11. Nein – 12. Ja – 13. Nein (Spalte 15).

583 *Nachbemerkung:* Man kann sich spaßeshalber mal vorstellen, der Vermieter habe die Frau, die hier Bovy genannt wurde, etwa im Jahre 1997 aufgefordert, die Wohnung sofort zu räumen, weil sie mangels eines Mietvertrags nicht Mieterin sei. Die Reaktion wäre wahrscheinlich mit dem Wort „Empörung" noch milde beschrieben worden, und Frau Bovys Anwalt hätte akribisch dargelegt, warum sie längst Mieterin sei. Aber wenn es um Pflichten geht, ist der Standpunkt ein ganz anderer („Pflichten habe ich nie übernommen!"). Das ist ein Verhalten, das bei Laien häufiger zu beobachten ist. Dass sich drei Instanzen trotzdem mit der Ansicht der Klägerin ausführlich beschäftigt haben, zeigt die Geduld und Besonnenheit unserer Justiz. ◄

§ 26 Fehlendes Erklärungsbewusstsein

Lerneinheit 26

Literatur: *Schwarze*, Grenzen der Anfechtung einer betrieblichen Übung, NZA 2012, 289; *Lorenz*, Grundwissen – Zivilrecht: Willensmängel, JuS 2012, 490; *Oechsler*, Der Allgemeine Teil des Bürgerlichen Gesetzbuchs und das Internet, Jura 2012, 422 (zum Erklärungsbewusstsein); *Pauly*, Zur Notwendigkeit rechtsgeschäftlichen Erklärungsbewusstseins bei der Abnahme von Gemeinschaftseigentum, ZWE 2011, 349; *Neuner*, Was ist eine Willenserklärung? JuS 2007, 881; *Habersack*, Fehlendes Erklärungsbewusstsein mit Wirkung, JuS 1996, 585.

584

I. Einleitung

1. Definition

Eine Erklärung ohne Erklärungsbewusstsein ist eine Mitteilung oder ein Verhalten

585

- von dem ein anderer (der Empfänger) behauptet, er habe es als Willenserklärung verstanden, und zwar als eine für ihn günstige
- während sein Urheber behauptet, es habe ihm das Erklärungsbewusstsein (Rn 75) gefehlt.

Wegen der unterschiedlichen Verständnisse muss die Rechtsordnung entscheiden, ob das Verhalten als Willenserklärung anzuerkennen ist oder nicht.

Die Erklärung ohne Erklärungsbewusstsein ist nicht gesetzlich geregelt.

2. Beispiele

Beispiel 1: Fall 26, Rn 581. *Beispiel 2:* X war auf der Durchreise in Trier und wollte seinen Freund F besuchen. Er entdeckte ihn in einer Kellerwirtschaft, wo gerade eine Weinversteigerung stattfand, und winkte ihm zu. Er wusste nicht, dass das Handaufheben bei der Versteigerung in Trier als Gebot gilt (so der etwas verstaubte und gekünstelte Schulfall der „Trierer Weinversteigerung"). *Beispiel 3:* Kaufmann Y hatte die Sparkasse S gebeten, für ihn eine Bürgschaft zu übernehmen. Sparkassendirektor X schrieb an ihn: „... haben wir gegenüber Ihrer Firma die Bürgschaft übernommen". Y sah darin die Erklärung, die Sparkasse übernehme zu seinen Gunsten die von ihm gewünschte Bürgschaft. X wollte aber nicht im Namen der Sparkasse eine Bürgschaftserklärung abgeben. Er meinte vielmehr irrtümlich, die Bürgschaft sei von seinen Vorgesetzten bereits übernommen worden, und wollte darauf nur Bezug nehmen.[178]

586

3. Interessenlage

- Die Interessen der Beteiligten sind immer so verteilt, wie sie sich aus der Definition und den Beispielen ergeben (Rn 585 f): Der sich Verhaltende (Erklärende) ist daran interessiert, dass sein Verhalten *nicht* als Willenserklärung aufgefasst wird. Denn diese wäre für ihn nachteilig.[179]
- Derjenige, der als Empfänger der fraglichen Erklärung in Betracht kommt, will in ihr eine Willenserklärung sehen, weil diese für ihn vorteilhaft ist (oder wäre).

587

---

[178] BGHZ 91, 324.
[179] Der umgekehrte Fall ist ausgeschlossen. Es ist *nicht* möglich, ein eigenes, ohne Erklärungsbewusstsein gezeigtes Verhalten als Willenserklärung zu deklarieren und daraus Vorteile gegenüber einem Dritten abzuleiten (BGH NJW 1995, 953 mit richtigem Ergebnis, aber unklarer Begründung).

II. Rechtliche Einordnung

1. Weder ein Irrtum noch ein Scherz

588 *Irrtum:* Bei einem Irrtum nach § 119 Abs. 1 gibt jemand die Willenserklärung A ab, will aber die Willenserklärung B abgeben. Darüber, dass er eine Willenserklärung abgibt, ist er sich jedoch im Klaren. Derjenige, dem das Erklärungsbewusstsein fehlt, irrt sich nicht über die Bedeutung seiner Willenserklärung, sondern will gar keine Willenserklärung abgeben. Er ist sich nämlich einer solchen Erklärung gar nicht bewusst. Das Fehlen des Erklärungsbewusstseins kann also nicht als Irrtum nach § 119 behandelt werden.[180] Es kommt jedoch eine *analoge* Anwendung der §§ 119 bis 122 in Betracht (unten Rn 592).

Scherz: Die hM nimmt an, dass in § 118 ein Sonderfall des fehlenden Erklärungsbewusstseins geregelt sei. Die Begründung lautet etwa so: Wenn jemand eine Erklärung abgibt, die er zwar scherzhaft meint, die aber objektiv (für einen neutralen Dritten) nicht als Scherz erkennbar ist, liegt der äußere Tatbestand einer Willenserklärung vor. Es fehlt dem Scherzenden aber das Bewusstsein, eine Willenserklärung abzugeben, weil er meint, der Mangel der Ernstlichkeit werde nicht verkannt werden. Daraus wird geschlossen, bei § 118 handele es sich um einen gesetzlich geregelten Fall des fehlenden Erklärungsbewusstseins. Die Frage ist dann nur, ob sich diese Regelung verallgemeinern lässt. Nach einer Mindermeinung ist das zu bejahen, so dass beim Fehlen des Erklärungsbewusstseins allgemein Nichtigkeit die Folge wäre.[181] Die hM lehnt aber diese Verallgemeinerung ab und sieht in § 118 eine eigentümliche Sonderregelung, die auf andere Fälle fehlenden Erklärungsbewusstseins nicht übertragen werden kann.[182]

2. Willenstheorie

589 Die Vertreter der *„Willenstheorie"* und ihrer Abwandlungen gehen davon aus, dass das Erklärungsbewusstsein unverzichtbarer Bestandteil jeder wirksamen Willenserklärung ist (Rn 75). Folglich kann nach ihrer Meinung, wenn das Erklärungsbewusstsein fehlt, keine Willenserklärung vorliegen, so dass sich aus einer solchen Äußerung keine Rechtsfolgen herleiten lassen. Der Erklärende ist demnach berechtigt, sich auf die Nichtigkeit seiner Äußerung zu berufen, ohne dass er anfechten müsste.[183] Die Vertreter dieser Ansicht sehen in § 118 einen Fall fehlenden Erklärungsbewusstseins und weisen darauf hin, dass das Gesetz die *Nichtigkeit* der Scherzerklärung anordnet, nicht ihre Anfechtbarkeit.

3. Herrschende Meinung

590 *Objektive Mehrdeutigkeit des Verhaltens:* Die herrschende Meinung verlangt, dass ein objektiver (neutraler) Beobachter im Zweifel gewesen wäre, ob er das fragliche Verhalten als Erklärung *mit* Erklärungsbewusstsein (also als Willenserklärung) verstanden hätte (FD „Willensmängel", Frage 10, Ja). Wenn für ihn die Wertung als Willenserklä-

---

180 AA Bydlinski JZ 1975, 1.
181 Canaris NJW 1984, 2281.
182 Flume § 20, 3 (414); Palandt/Ellenberger Vor § 116 Rn 18; anders Wolf/Neuner § 40 Rn 11: „verallgemeinerbarer Sonderfall". Nach der hier vertretenen Ansicht handelt es sich bei einem unverständlichen (schlechten) Scherz um einen geheimen Vorbehalt nach § 116 S. 1 (Rn 403) und deshalb nicht um einen Fall des fehlenden Erklärungsbewusstseins.
183 Fabricius JuS 1966, 8; Wieacker JZ 1967, 389; Canaris NJW 1984, 2281; OLG Düsseldorf OLGZ 1982, 241.

§ 26 Fehlendes Erklärungsbewusstsein

rung ausgeschlossen gewesen wäre, handelt es sich endgültig *nicht* um eine Willenserklärung (FD „Willensmängel", Spalte 17). Das fragliche Verhalten des (angeblich) Erklärenden bindet diesen dann nicht. Auf das Wissen und die Interessen der Beteiligten kommt es mehr an.

Fahrlässigkeit des Erklärenden: Wenn das Verhalten des E hinsichtlich des Erklärungsbewusstseins objektiv mehrdeutig war (FD „Willensmängel", Frage 10, Ja), kann E an sein Verhalten (vorläufig) gebunden sein. Das ist der Fall, wenn er fahrlässig gehandelt hat (§ 276 Abs. 2), nämlich bei gehöriger Sorgfalt die Missverständlichkeit seines Verhaltens oder seiner Äußerung erkannt hätte (FD „Willensmängel", Frage 12, Ja).[184]

591

Schutzbedürftigkeit des Dritten: Der Dritte, der sich darauf beruft, es handle sich um eine Willenserklärung, muss schutzbedürftig sein. Daran fehlt es, wenn er wusste oder damit rechnen musste, dass dem Erklärenden das Erklärungsbewusstsein fehlte.[185] In diesem Fall gilt das fragliche Verhalten nicht als Willenserklärung (FD „Willensmängel", Spalte 13).

591a

Rechtsfolge: Wenn die genannten Voraussetzungen gegeben sind, muss sich der Erklärende sein Verhalten als eine (ihm ungünstige) Willenserklärung im Prinzip zurechnen lassen (FD „Willensmängel", Frage 12, Ja).

592

Anfechtung: Dem Erklärenden steht aber – in Analogie zu § 119 – die Möglichkeit offen, seine Erklärung unverzüglich anzufechten und dadurch zu vernichten (§ 142; FD „Willensmängel", Frage 13).[186]

---

184 BGH NJW 2010, 2873 Rn 18; sehr ähnlich NJW 2005, 2620 = Fall 26 (Rn 581) und NJW 2002, 363.
185 Palandt/Ellenberger, Vor § 116 Rn 17.
186 Flume § 23, 1 (449 f); Soergel/Hefermehl Vor § 116 Rn 14; Erman/Arnold Vor § 116 Rn 15; MüKo/Armbrüster § 119 Rn 101; Palandt/Ellenberger Vor § 116, Rn 17; kritisch Staudinger/Singer Vor § 116 Rn 37 ff; anders Wolf/Neuner § 32 Rn 22.

Siebtes Kapitel Andere fehlerhafte Rechtsgeschäfte

§ 27 Geschäfte nicht voll Geschäftsfähiger

▶ **Fall 27: Airsoftgun Beretta M 92 FS**   § 107

Der 14-jährige Yannick Dobermann aus Freiburg hatte ihm überlassenes Taschengeld von über 50 Euro angespart. Er kaufte sich davon beim Spielzeughändler Walther Markmann für 46,90 Euro eine Spielzeugpistole mit der Bezeichnung Airsoftgun Beretta M 92 FS nebst Munition. Auf Befragen erklärte Yannick, dass er den Kaufpreis mit Taschengeld bezahle und seine Eltern mit dem Kauf einverstanden seien. Das Letztere entsprach jedoch nicht der Wahrheit, vielmehr hatten seine Eltern ihm gesagt, dass sie keine Spielzeugwaffen duldeten. Yannick machte noch am selben Abend mit Kameraden Schießübungen und versteckte dann die Pistole in seinem Zimmer. Als die Eltern sie zwei Tage später fanden, verlangten sie von Markmann, die Pistole und die Munition gegen Erstattung des Kaufpreises zurückzunehmen. Markmann ist der Meinung, dass er den Kaufpreis nicht zu erstatten brauche, da die Pistole bereits gebraucht sei und ein Teil der Munition fehle. (Nach AG Freiburg NJW-RR 1999, 637)

Markmann muss die Kaufsachen nur dann zurücknehmen und den Kaufpreis erstatten, wenn der zwischen ihm und Yannick geschlossene Kaufvertrag nichtig ist. Die Nichtigkeit könnte sich daraus ergeben, dass Yannick beschränkt geschäftsfähig ist (§ 106).

Yannicks Erklärung, dass er die Spielzeugpistole kaufen wolle, war eine Willenserklärung, die ihm „nicht lediglich einen rechtlichen Vorteil" brachte (§ 107). Denn der durch diese Erklärung zustande gekommene Kaufvertrag verpflichtete ihn nach § 433 Abs. 2 zur Zahlung des Kaufpreises, was ein rechtlicher Nachteil ist. Yannick bedurfte deshalb für seine Willenserklärung der Einwilligung seiner Eltern (§ 107).

Die Einwilligung ist die vorherige Zustimmung (§ 183 S. 1). Yannicks Eltern hatten diesem konkreten Kaufvertrag nicht vorher zugestimmt. Die Eltern könnten dem Vertrag aber in einer allgemeinen Form vorher zugestimmt haben, indem sie Yannick Taschengeld überließen. Wenn Eltern ihrem Kind Taschengeld geben, erteilen sie dadurch ihre vorherige Zustimmung (Einwilligung) zu einer Vielzahl noch unbestimmter Rechtsgeschäfte, die der Minderjährige allein abschließen und mithilfe des Taschengelds erfüllen darf (§ 110). Insofern könnte man annehmen, dass der fragliche Kaufvertrag nach § 110 wirksam sei. Dagegen würde auch nicht sprechen, dass Yannick den Kaufpreis mit *angespartem* Taschengeld bezahlt hatte. Denn auch die von einem Minderjährigen angesparten Beträge sind „Mittel ... die ihm ... zu freier Verfügung von dem Vertreter ... überlassen worden sind".

Zu beachten ist aber, dass es kein „totales Taschengeld" gibt.[1] Es gibt also kein Taschengeld, das den Minderjährigen auch zu solchen Rechtsgeschäften ermächtigen würde, die dem pädagogischen Konzept und den ethischen Grundsätzen seiner Eltern nicht entsprechen. In diesem Fall waren die Eltern mit dem Kauf einer Spielzeugpistole nicht einverstanden, so

---

1 MüKo/Schmitt § 110 Rn 26.

dass sie auch mit der Gewährung von Taschengeld dazu nicht ihre Zustimmung erteilt haben (Rn 612). Deshalb kann die Wirksamkeit des Vertrags nicht auf § 110 gestützt werden.[2]

Die Wirksamkeit des Kaufvertrags hing deshalb „von der Genehmigung des Vertreters ab" (§ 108 Abs. 1). Die Genehmigung ist die nachträgliche Zustimmung (§ 184 Abs. 1). Aber die Eltern haben dem Kauf auch nicht nachträglich zugestimmt, sondern haben ihn sogar ausdrücklich abgelehnt. Damit ist der zunächst schwebend unwirksame Kaufvertrag nie wirksam geworden, sondern von Anfang an nichtig (Rn 613).

Nichtige Verträge werden nach den §§ 812 ff abgewickelt. Jeder, der etwas aufgrund eines nichtigen Vertrags erhalten hat, hat es nämlich „ohne rechtlichen Grund erlangt" (§ 812 Abs. 1 S. 1) und ist deshalb zur Rückgabe verpflichtet. Markmann muss deshalb den Kaufpreis erstatten und die Eltern Dobermann müssen die Kaufsache zurückgeben. Dass sie das aus tatsächlichen Gründen nur noch eingeschränkt tun können, weil die Munition teilweise fehlt und die Pistole nicht mehr neu ist, schadet ihnen nichts. Denn der Schutz des Minderjährigen vor ungünstigen Rechtsgeschäften geht in diesem Fall vor. Insbesondere kann sich Markmann nicht auf die Saldotheorie berufen.[3]

Aus dem FD „Beschränkte Geschäftsfähigkeit I" ergibt sich der Lösungsweg so: 1. Ja – 2. Nein – 3. Nein – 4. Nein – 5. Ja – 6. Nein – 7. Nein – 8. Ja – 9. Nein (Spalte 7). ◀

Lerneinheit 27

595 Literatur zur Geschäftsunfähigkeit: *Renner*, Prüfung der Geschäftsfähigkeit de lege lata und de lege ferenda, notar 2017, 218; *Litzenburger*, Sind die notariellen Vermerkpflichten zur Geschäftsfähigkeit mit dem Grundrecht auf Schutz der Privatsphäre vereinbar? ZEV 2016, 1; *Schmoeckel*, Die Geschäfts- und Testierfähigkeit von Demenzerkrankten, NJW 2016, 433; *Baumann/Selzener*, Vorsorge für den geschäftsunfähigen Personengesellschafter, RNotZ 2015, 605; *Schönfelder/ Boemke*, Wirksamwerden von Willenserklärungen gegenüber nicht voll Geschäftsfähigen (§ 131 BGB), JuS 2013, 7; *Spernath*, Übergeberrechte und Altersdemenz, MittBayNot 2012, 449; *Schmieder/Dengler/Huber*, 312-und-20 Jahre (Dreihundertzwölfundzwanzig Jahre) Geschäftsfähig/testierfähig oder fremdbestimmt? BWNotZ 2012, 150.

Literatur zur beschränkten Geschäftsfähigkeit: *Latzel/Zöllner*, Anfänglich kostenlose Verträge mit Minderjährigen, NJW 2019, 1031; *Hackenbroich*, Das Wirksamwerden von Willenserklärungen im System des Schutzes nicht voll Geschäftsfähiger, Jura 2019, 136; *Latzel/Zöllner*, Anfänglich kostenlose Verträge mit Minderjährigen, NJW 2019, 1031; *Menzel*, Die Kommanditanteilsübertragung an Minderjährige, MittBayNot 2019, 222; *Lüdecke*, Vermögensverwaltung unter Beteiligung Minderjähriger, NJOZ 2018, 681; *Naczinsky*, Auswirkungen der Testierfähigkeit auf die Geschäftsfähigkeit Minderjähriger, NZFam 2018, 713; *Spickhoff*, Einwilligungsfähigkeit und Geschäftsfähigkeit von Minderjährigen im Kontext medizinischer Behandlungen, FamRZ 2018, 412; *Pioch*, Der minderjährige Stellvertreter, JA 2018, 815; *Blum*, Konkretisierung der Gattungsschuld beim minderjährigen Gläubiger, JuS 2018, 838; *Lauf/Birk*, Minderjährige als Partei des Behandlungsvertrags, NJW 2018, 2230; *Schäuble*, Die gesetzliche Vertretung Minderjähriger in der notariellen Praxis in Fällen mit Auslandsbezug, BWNotZ 2016, 5.

---

2 So auch AG Freiburg in der zugrunde liegenden Entscheidung NJW-RR 1999, 637.
3 AG Freiburg aaO; KG NJW 1998, 2911; SBT Rn 1491.

§ 27 Geschäfte nicht voll Geschäftsfähiger

I. Geschäftsfähigkeit

Geschäftsfähigkeit ist die Fähigkeit, selbst alle für ein Rechtsgeschäft erforderlichen Willenserklärungen wirksam abgeben zu können (Rn 10). Die Geschäftsfähigkeit ist bekanntlich streng von der *Rechtsfähigkeit* zu unterscheiden (Rn 9, 22). Unbeschränkt geschäftsfähig sind alle Volljährigen, soweit sie nicht dauernd geistesgestört sind (§ 104 Nr. 2). Die Volljährigkeit beginnt „mit der Vollendung des achtzehnten Lebensjahres" (§ 2), also 18 Jahre nach der Geburt. Deshalb werden alle Deutschen an ihrem 18. Geburtstag volljährig, und zwar nicht erst zur Stunde der Geburt, sondern alle schon um 0.00 Uhr (§ 187 Abs. 2 S. 2; Rn 387). Zu beachten ist, dass zwar jeder an seinem 18. Geburtstag *volljährig* wird (§ 2), aber wegen § 104 Nr. 2 nicht jeder *voll geschäftsfähig*. Über die Rechtsstellung der voll Geschäftsfähigen ist im Übrigen nicht viel zu sagen, weil diese Personengruppe den Normalfall darstellt und das Gesetz deshalb auf sie nirgends besonders eingeht. Man muss sich nur eine Besonderheit merken: 596

Vorübergehende Störung der Geistestätigkeit (§ 105 Abs. 2): Wenn sich jemand „im Zustande der Bewusstlosigkeit oder *vorübergehender* Störung der Geistestätigkeit" befindet, kann er zwar keine wirksamen Willenserklärungen abgeben (§ 105 Abs. 2) – aber seine (volle oder beschränkte) Geschäftsfähigkeit ist damit nicht beeinträchtigt. Man sollte diesen Zustand deshalb nicht „partielle Geschäftsunfähigkeit" nennen.[4] *Beispiel 1:* Der voll geschäftsfähige Kommanditist K erklärte auf Wunsch seines Vaters seinen Austritt aus der vom Vater geführten KG. Später berief er sich erfolgreich darauf, dass er zu dieser Zeit vorübergehend an einer manisch-depressiven Geisteskrankheit gelitten habe. Er begründete das mit ärztlichen Gutachten und dem Hinweis, er habe seine Unterschrift nur geleistet, weil ihm sein Vater dafür 500 Euro gegeben habe, die er anschließend „in einem Bordell verjubelt" habe.[5] Die Willenserklärung des K war wegen § 105 Abs. 2 nichtig, aber K war auch zu dieser Zeit voll geschäftsfähig. Aber nicht alle vorübergehenden Beeinträchtigungen führen zu dem in § 105 Abs. 2 vorausgesetzten Zustand. *Beispiel 2:* A befand sich in einem „normalen" Rauschzustand. Die Voraussetzungen des § 105 Abs. 2 waren deshalb nicht erfüllt.[6] Nur ein extremer Vollrausch oder der entsprechende Zustand nach der Einnahme von Drogen führt zur Rechtsfolge des § 105 Abs. 2. Aber in dieser Lage kann man im Regelfall auch keine einigermaßen sinnvollen Erklärungen mehr abgeben. 597

Die Frage, ob eine vorübergehende Störung der Geistestätigkeit vorgelegen hat, ist eine Rechtsfrage, die nicht der Arzt zu entscheiden hat, sondern der Richter aufgrund eines ärztlichen Gutachtens. *Beispiel:* Frau K hatte ihren Arbeitsvertrag gekündigt. Später legte ihre Betreuerin dem Arbeitgeber eine Stellungnahme der Klinik vor, in der es lediglich heißt, man gehe „fest davon aus, dass zum Zeitpunkt der Kündigung krankheitsbedingt keine Geschäftsfähigkeit" vorgelegen habe. Das LAG ging allein aufgrund dieses einen Satzes von einem Fall des § 105 Abs. 2 aus. Das hat das BAG zu Recht beanstandet, weil die juristische Einordnung eines ärztlichen Befundes allein Sache des Richters ist.[7]

---

[4] So aber BGH NJW 2008, 840 Rn 18.
[5] BGH NJW 1992, 1503.
[6] BAG NJW 1996, 2593.
[7] BAG NJW 2017, 3800 Rn 40 ff. Die ärztliche Äußerung enthält auch einen Fehler. Denn die *Geschäftsfähigkeit* wird durch eine Störung nach § 105 Abs. 2 bekanntlich nicht infrage gestellt.

II. Geschäftsunfähigkeit

1. Kinder im Alter von null bis einschließlich sechs Jahren

598 Ein Kind von null bis einschließlich sechs Jahren ist geschäftsunfähig (§ 104 Nr. 1). Dieser Zustand ändert sich erst, wenn das Kind volle sieben Jahre auf der Welt ist, also an seinem siebten Geburtstag (und zwar nach § 187 Abs. 2 S. 2 morgens um 0.00 Uhr; Rn 387). Die Willenserklärung eines geschäftsunfähigen Kindes ist nichtig (§ 105 Abs. 1). Deshalb kann eine wirksame Willenserklärung des Kindes nur durch seinen gesetzlichen Vertreter abgegeben werden, also idR gemeinsam durch Vater und Mutter (§ 1629 Abs. 1 S. 2). Erklärungen des Kindes selbst sind unheilbar nichtig. Deshalb kann ein Fünfjähriger zB nicht sein Kettcar an einen Freund verschenken. Problematisch ist der Kauf von Bonbons auf eigene Rechnung und von Brötchen im Auftrag der Mutter. Hier kann man wohl nur helfen, wenn man das Kind als Boten sieht, das die ihm von seiner Mutter aufgetragene Willenserklärung (den Antrag) übermittelt (zum Boten siehe Rn 118, 121).

Gesetzliche Vertreter des Kindes sind idR seine Eltern, die es „gemeinschaftlich" vertreten (§ 1629 Abs. 1 S. 2), also im einvernehmlichen Zusammenwirken. Ein Elternteil allein ist nur dann vertretungsberechtigt, wenn er allein sorgeberechtigt ist (§ 1629 Abs. 1 S. 3). Anstelle der Eltern kann auch ein *Vormund* gesetzlicher Vertreter des Minderjährigen sein (§ 1773). Gewöhnliche Willenserklärungen können die gesetzlichen Vertreter selbst im Namen des Kindes abgeben. Nur bei besonders gefährlichen Geschäften bedürfen sie der Zustimmung des Familiengerichts (§ 1643).

2. Geistig behinderte Menschen

599 *Dauernder Ausschluss der freien Willensbestimmung:* Geschäftsunfähig ist auch, wer sich *dauerhaft* „in einem die freie Willensbestimmung ausschließenden Zustand krankhafter Störung der Geistestätigkeit befindet" (§ 104 Nr. 2). *Dauernd* ist ein Zustand, der nicht „seiner Natur nach ein vorübergehender ist" (der also nicht unter § 105 Abs. 2 fällt). Das Gesetz will die unter § 104 Nr. 2 fallenden Personen nicht etwa sozial diskriminieren, sondern sie davor bewahren, sich durch Erklärungen selbst zu schaden, deren Rechtsfolgen sie nicht abschätzen können (§ 105 Abs. 1).

Die „freie Willensbestimmung" ist ausgeschlossen, „wenn jemand nicht imstande ist, seinen Willen frei und unbeeinflusst von der vorliegenden Geistesstörung zu bilden und nach zutreffend gewonnenen Einsichten zu handeln".[8] Von einer freien Willensbildung kann schon dann nicht mehr gesprochen werden, wenn wegen erheblicher Minderbegabung „Einflüsse Dritter den Willen übermäßig beherrschen".[9] *Beispiel 1:* K ist als Bauhelfer an seiner Arbeitsstelle nicht auffällig, aber Analphabet und intellektuell stark beschränkt. Auf Drängen seines Bruders, unter dessen Einfluss er stand, nahm er bei einer Bank ein Darlehen von 70 000 Euro zum Kauf einer Eigentumswohnung auf. Der Darlehensvertrag war nach § 105 Abs. 1 nichtig.[10] *Beispiel 2:* Der Schiffbauingenieur S lebte in der Wahnvorstellung, die deutsche Werftindustrie und er selbst würden von internationalen Geheimdiensten verfolgt. Er befand sich „im Zustand eines systematisierten Wahns mit erheblicher Dynamik ..., bei dem eine freie Willensbestimmung

---

8   BGH NJW 1996, 918.
9   BGH aaO.
10 BGH aaO.

nicht mehr möglich" war. Ein von ihm abgeschlossener Grundstückskaufvertrag war deshalb nichtig.[11]

Bei Alkoholabhängigen liegt *kein* dauernder Ausschluss der freien Willensbestimmung vor,[12] es sei denn, dass ausnahmsweise „der Missbrauch zu einer organischen Veränderung des Gehirns geführt hat", und damit „zum dauerhaften Ausschluss der freien Willensbildung".[13]

Der „unerkannt Geisteskranke" galt lange als eine Erfindung von Professoren, die sich einen Klausurtext ausdenken mussten. Aber in letzter Zeit häufen sich die Fälle, in denen sich die Gerichte mit Rechtsgeschäften solcher Personen befassen mussten.[14] Das liegt daran, dass heute die verständliche Tendenz besteht, geistig behinderte Menschen nicht unnötig in Anstalten zu verwahren, sondern in das normale Leben zu integrieren. Ein weiterer Grund dürfte aber auch sein, dass immer mehr Menschen versuchen, sich mit der Berufung auf § 105 Abs. 1 oder Abs. 2 einer für sie unangenehmen Verpflichtung zu entziehen.[15] Da das Gesetz die Geschäftsunfähigkeit als Ausnahme ansieht, trägt derjenige die Beweislast, der sich auf sie beruft.[16]

Geschäfte des täglichen Lebens (§ 105a): Geschäfte des täglichen Lebens, die ein volljähriger Geschäftsunfähiger abschließt, werden wirksam, wenn er die Leistung erhalten und bezahlt hat (§ 105a S. 1). Damit soll es dem erwachsenen Geschäftsunfähigen erleichtert werden, sich Dinge des täglichen Bedarfs wie Lebensmittel, Bekleidung und Kosmetika zu kaufen oder übliche Dienstleistungen in Anspruch zu nehmen wie eine Busfahrt oder einen Friseurbesuch. Zugleich soll seinen Geschäftspartnern die Sorge genommen werden, sie müssten wegen Nichtigkeit des Vertrags das Geld später wieder herausgeben, ohne ihre eigene Leistung zurückfordern zu können.

600

Übrige Rechtsgeschäfte: Alle anderen Rechtsgeschäfte des Geschäftsunfähigen sind nach § 105 Abs. 1 nichtig. Der Geschäftspartner muss deshalb das Erlangte nach § 812 herausgeben. Das gilt für den Geschäftsunfähigen im Prinzip auch, aber er ist insoweit geschützt, als für ihn weder die Saldotheorie gilt[17] noch § 819 Abs. 1.[18]

601

Betreuer: Wer nach § 104 Nr. 2 geschäftsunfähig ist, kann vom Betreuungsgericht einen Betreuer erhalten (§ 1896; Fall 1, Rn 1). Der Betreuer ist für den ihm übertragenen Aufgabenkreis der gesetzliche Vertreter des Betreuten (§ 1902). Aber es gibt keine feste Verknüpfung zwischen den Begriffen „Geschäftsunfähigkeit" und „Betreuung". Denn die Anordnung einer Betreuung setzt weder Geschäftsunfähigkeit voraus noch führt sie zur Geschäftsunfähigkeit (§ 1896 Abs. 1 S. 1). Ein Betreuer kann deshalb sehr wohl voll geschäftsfähig sein. Umgekehrt kann es vorkommen, dass ein Geschäftsunfähiger (§ 104 Nr. 2) keinen Betreuer hat. Ist ein Geschäftsunfähiger durch seinen Betreuer ordnungsgemäß vertreten, kann er von einem Dritten natürlich keine besondere Rücksichtnahme mehr verlangen.[19]

602

---

11 BGH NJW 2000, 3562.
12 BayObLG NJW 1990, 774.
13 OLG Naumburg NJW 2005, 2017 (2018); BayObLG NJW 2003, 216 (219).
14 BGH NJW 2007, 2180 Rn 7; NJW 2003, 3271; NJW 2000, 3562.
15 ZB BAG NJW 1996, 2593.
16 HM, zB Staudinger/Knothe, § 104 Rn 18; BGH NJW 2014, 1095 Rn 24.
17 BGH NJW 2000, 3562, BGHZ 126, 105; SBT Rn 1486.
18 KG NJW 1998, 2911.
19 BGH NJW 1997, 581.

603 *Zugang von Willenserklärungen:* Eine an den Geschäftsunfähigen gerichtete Willenserklärung wird erst wirksam, wenn sie seinem gesetzlichen Vertreter zugeht (§ 131 Abs. 1). Wann das der Fall ist, kann zweifelhaft sein. *Beispiel:* Der Chemiker Dr. C war bei der X-AG beschäftigt. Sie kündigte das Arbeitsverhältnis mit einem Schreiben, das C im Mai 2006 übergeben wurde. Zu dieser Zeit war C jedoch, wie sich später herausstellte, dauerhaft an einer schizophrenen Psychose erkrankt und deshalb geschäftsunfähig. Er erhielt als gesetzlichen Vertreter den Betreuer B, der das Kündigungsschreiben erst im September 2007 überraschend zu Gesicht bekam, also 16 Monate nach der Aushändigung an C. Das BAG hat angenommen, dass es damit *nicht* nach § 131 Abs. 1 dem B zugegangen war.[20] Das ist wohl richtig, weil B das Schreiben mehr zufällig und erst nach langer Zeit gefunden hatte.

III. Beschränkt geschäftsfähige Personen

604 Wer das siebte Lebensjahr vollendet hat, aber noch nicht das 18., ist – sofern er nicht geistig behindert ist (§ 104 Nr. 2) – „nach Maßgabe der §§ 107 bis 113 in der Geschäftsfähigkeit beschränkt" (§ 106). Die Zeit der beschränkten Geschäftsfähigkeit beginnt volle sieben Jahre nach der Geburt, also am siebten Geburtstag (§ 106) morgens um 0.00 Uhr (§ 187 Abs. 2 S. 2; Rn 387). Sie endet am 18. Geburtstag, ebenfalls morgens um 0.00 Uhr (§§ 2, 187 Abs. 2 S. 2). Zu beachten ist, dass diejenigen Kinder, die dauernd geistesgestört sind, nicht an ihrem siebten Geburtstag beschränkt geschäftsfähig werden, sondern geschäftsunfähig bleiben. Sie sind es nur nicht mehr nach § 104 Nr. 1, sondern nunmehr nach Nr. 2.

605 Zu beachten ist, dass Erwachsene entweder voll geschäftsfähig sind oder geschäftsunfähig (§ 104 Nr. 2). Die beschränkte Geschäftsfähigkeit gibt es bei Erwachsenen nicht.[21] Wenn von einem beschränkt Geschäftsfähigen die Rede ist, ist also immer ein Mensch gemeint, der schon sieben, aber noch nicht 18 Jahre alt ist.

Zum Begriff „Minderjähriger": Kinder zwischen null und sechs Jahren sind streng genommen auch minderjährig. Jugendliche, die das siebte, aber noch nicht das 18. Lebensjahr vollendet haben, müssten also genau genommen *„beschränkt geschäftsfähige Minderjährige"* genannt werden. Ein Jugendlicher in diesem Alter wird aber vom Gesetz selbst in den §§ 107 bis 113 kurz „Minderjähriger" genannt. Es ist deshalb üblich, nur die genannten Jugendlichen als „Minderjährige" zu bezeichnen.

Gesetzliche Vertreter des Minderjährigen sind idR seine Eltern. Es gilt das unter Rn 598 Gesagte.

IV. Vertragsschluss durch einen beschränkt Geschäftsfähigen

1. Lediglich rechtlich vorteilhafte Verträge

606 Der beschränkt geschäftsfähige Minderjährige kann Willenserklärungen, durch die er „lediglich einen rechtlichen Vorteil erlangt" selbst wirksam abgeben, also ohne Mitwirkung seines gesetzlichen Vertreters (FD „Beschränkte Geschäftsfähigkeit I", Frage 4, Spalte 3). „Lediglich" rechtlich vorteilhaft sind nur Willenserklärungen, die dem be-

---

20 NJW 2011, 872.
21 Allerdings kann ein Betreuer (§ 1896 Abs. 1 S. 1) uU für eine Willenserklärung der vorherigen Zustimmung (Einwilligung) seines Betreuers bedürfen (§ 1903 Abs. 1 S. 1). Er ist dann einem beschränkt Geschäftsfähigen teilweise gleichgestellt (§ 1903 Abs. 1 S. 2).

schränkt Geschäftsfähigen keinerlei rechtlichen Nachteil, sondern nur einen Vorteil bringen. Es kommt nicht darauf an, ob die Vorteile überwiegen und das Geschäft auf diese Weise insgesamt wirtschaftlich vorteilhaft ist. Im Einzelnen ist zu unterscheiden:

Verpflichtungsgeschäfte: Zu den Verpflichtungsgeschäften (Rn 318) gehören in erster Linie die *gegenseitigen Verträge* (§§ 320 bis 326), die auf einen Austausch von Leistungen abzielen. Sie fallen nie unter § 107. *Beispiel 1:* Fall 27, Rn 93. *Beispiel 2:* Der Minderjähriger M kaufte ohne Zustimmung seines gesetzlichen Vertreters ein iPhone zu einem äußerst günstigen Preis. Da ein Käufer einen Kaufpreis zahlen muss (§ 433 Abs. 2), ist ein Kaufvertrag nie „lediglich rechtlich vorteilhaft", auch wenn der Preis noch so verlockend niedrig ist.

607

Zu den ganz wenigen Verpflichtungsgeschäften, die der Minderjährige allein abschließen kann, gehört ein einseitig verpflichtender Vertrag, nämlich der *Schenkungsvertrag* (§ 516) – aber natürlich nur, wenn der Minderjährige *der Beschenkte* ist, nicht der Schenker. Zur Schenkung von Grundstücken an Minderjährige siehe Rn 623. Die meisten anderen einseitig verpflichtenden Verträge kann der Minderjährige nicht ohne seinen gesetzlichen Vertreter schließen. Wenn der Minderjährige zB als Entleiher einen Leihvertrag schließt (§ 598), ist er eigentlich nur begünstigt, weil die Leihe unentgeltlich ist. Aber er muss die Leihsache später zurückgeben (§ 604), was einen rechtlichen Nachteil bedeutet.

Verfügungen: Wenn es der *Minderjährige* ist, der eine ihm gehörende Sache übereignet, kann er dadurch natürlich nie „lediglich einen rechtlichen Vorteil" erlangen. Der Minderjährige kann aber im Prinzip Verfügungsgeschäfte (Rn 324) abschließen, wenn er derjenige ist, zu dessen Gunsten die Rechtsänderung eintritt.[22] Wenn dem Minderjährigen etwas übereignet wird und er dadurch nach § 362 den Anspruch auf diese Leistung verlieren würde, fehlt dem Minderjährigen jedoch die so genannte *Empfangszuständigkeit*.[23]

608

2. Nicht lediglich rechtlich vorteilhafte Verträge

a) Mit spezieller Einwilligung

Wenn der Minderjährige für einen bestimmten Vertrag die nötige vorherige Zustimmung seines gesetzlichen Vertreters eingeholt hat (Einwilligung, § 183 S. 1), kann er ihn schließen, auch wenn er für ihn rechtlich nachteilig ist.[24] Das ergibt sich indirekt aus § 107 (FD „Beschränkte Geschäftsfähigkeit I", Frage 6, Ja, Spalte 4). *Beispiel:* Frau F hatte ihrer minderjährigen Tochter Tanja das nötige Geld gegeben, um mit der Straßenbahn zur Schule zu fahren. Dadurch hatte sie eingewilligt, dass Tanja einen Beförderungsvertrag abschloss. Der Beförderungsvertrag (der dadurch zustande kam, dass Tanja die Straßenbahn betrat [Rn 223]), war deshalb wirksam. Dass sie nicht bezahlte, sondern „schwarz" fuhr, ändert daran nichts.[25]

609

b) Mit Generaleinwilligung

Der gesetzliche Vertreter kann seine Einwilligung (§ 183 S. 1) auch generell, also im Voraus für eine Vielzahl noch nicht konkretisierter Vertragsschlüsse geben.

610

---

22 Zum Erwerb eines Grundstücks siehe Rn 623 f.
23 MüKo/Schmitt § 107 Rn 43; Medicus Rn 566; BGH NJW 2015, 2497 Rn 15.
24 Eine Ausnahme besteht für die in den §§ 1643 Abs. 1, 1821, 1822 genannten Verträge (Rn 621).
25 AG Köln NJW 1987, 447; aA die hM.

611 *Taschengeld (§ 110):* Insbesondere geschieht das dadurch, dass Eltern ihren Kindern Taschengeld überlassen (§ 110; FD „Beschränkte Geschäftsfähigkeit I", Spalte 5). Dann sind die mit dem Taschengeld vom Minderjährigen erfüllten Verträge grundsätzlich wirksam. Im Einzelnen müssen jedoch nach § 110 folgende Voraussetzungen erfüllt sein:

- Der gesetzliche Vertreter hat dem Minderjährigen entweder selbst Taschengeld gegeben oder ihm Geld aus anderer Quelle belassen (Patentante, BAföG-Amt, Ferienjob). Für Taschengeld gibt es keine Obergrenze. Es verliert auch nicht seinen Charakter als Taschengeld, wenn der Minderjährige es zu einer großen Summe angespart hat.

- Der beschränkt Geschäftsfähige hat einen *Vertrag* geschlossen (ein einseitiges Rechtsgeschäft fällt unter § 111).

612
- Für diesen konkreten Vertrag liegt keine Einwilligung vor (weil anderenfalls der Vertragsschluss schon nach § 107 wirksam wäre).

- Der gesetzliche Vertreter ist aber damit einverstanden, dass der beschränkt Geschäftsfähige das ihm überlassene Geld für Verträge der fraglichen Art ausgibt („zu diesem Zwecke"). Schwieriger ist die Auslegung der Worte „oder zu freier Verfügung". Damit ist nicht gemeint, dass der Jugendliche frei sein soll, Verträge zu schließen, die von seinem gesetzlichen Vertreter nicht gebilligt werden. Auch Mittel, die ohne ausdrückliche Zweckbindung überlassen sind, dürfen nur im Rahmen dessen ausgegeben werden, was die Eltern generell für richtig halten. *Beispiel 1:* Fall 27, Rn 3.[26] *Beispiel 2:* Eine 17-Jährige verdiente als Aushilfe in einer Eisdiele monatlich 200 Euro, die ihre Eltern ihr beließen. Von diesem Geld ließ sie sich für 25 Euro ein koptisches Kreuz auf das Handgelenk tätowieren. Der Vertrag war wirksam, weil die Eltern mit Tätowierungen einverstanden waren.[27]

- Der beschränkt Geschäftsfähige muss „die vertragsmäßige Leistung ... *bewirkt*" haben. Bei einem Kaufvertrag muss also der Kaufpreis vom Jugendlichen *vollständig bezahlt* worden sein. Anzahlungen fallen nicht unter § 110. Dadurch soll vermieden werden, dass der Jugendliche Schulden macht. Für einen mit Taschengeld zu erfüllenden Teilzahlungsvertrag bedeutet das zB, dass er schwebend unwirksam ist und erst die Zahlung der letzten Rate ihn wirksam macht.[28]

c) Vertragsschluss ohne Einwilligung

613 Hatte der gesetzliche Vertreter *nicht* vorher zugestimmt, „hängt die Wirksamkeit des Vertrags von der Genehmigung des Vertreters ab" (§ 108 Abs. 1). Man nennt diesen Zustand der Abhängigkeit „schwebende Unwirksamkeit" des Vertrags (diesen plastischen Ausdruck kennt das Gesetz nicht). Es gibt dann mehrere Möglichkeiten (FD „Beschränkte Geschäftsfähigkeit I, Spalten 6 bis 13):

- *Genehmigung oder Verweigerung:* Der gesetzliche Vertreter kann die Initiative ergreifen und die Genehmigung erteilen, wahlweise gegenüber dem Minderjährigen oder gegenüber dem Vertragspartner (§§ 108 Abs. 1, 184 Abs. 1, 182 Abs. 1). Durch die Genehmigung wird der Vertrag rückwirkend wirksam (§ 184 Abs. 1; FD „Beschränkte Geschäftsfähigkeit I", Spalte 6). Wird die Genehmigung verweigert,

---

26 AG Freiburg NJW-RR 1999, 637.
27 AG München NJW 2012, 2452.
28 Derleder/Thielbar NJW 2006, 3233.

ist der Vertrag von Anfang an nichtig (FD „Beschränkte Geschäftsfähigkeit I", Spalte 7).

- *Aufforderung zur Erklärung:* Solange sich der gesetzliche Vertreter noch nicht gegenüber dem anderen Teil definitiv geäußert hat, kann der andere den Vertreter zur Erklärung über die Genehmigung auffordern (§ 108 Abs. 2; FD „Beschränkte Geschäftsfähigkeit I", Frage 10). Eine dem *Minderjährigen* vorher erteilte Genehmigung wird dann unwirksam (§ 108 Abs. 2 S. 1 Hs. 2). Entscheidend ist allein, was der gesetzliche Vertreter anschließend dem Vertragspartner mitteilt (§ 108 Abs. 2 S. 1 Hs. 1). Wenn er zwei Wochen lang schweigt, gilt die Genehmigung als verweigert (§ 108 Abs. 2 S. 2; FD „Beschränkte Geschäftsfähigkeit I", Spalte 9).

614

- *Widerruf:* Der Vertragspartner kann den Vertrag auch widerrufen (§ 109 Abs. 1; FD „Beschränkte Geschäftsfähigkeit I", Frage 12). Das setzt allerdings voraus, dass der gesetzliche Vertreter den Vertrag noch nicht genehmigt hat und der Partner beim Vertragsschluss entweder nicht wusste, dass sein Vertragspartner minderjährig war (Frage 13, Nein), oder dieser ihm erfolgreich vorgespiegelt hatte, die Einwilligung des Vertreters liege vor (Frage 14, Ja, § 109 Abs. 2).

V. Einseitige Rechtsgeschäfte eines Minderjährigen ...

1. ... mit vorheriger Zustimmung (= Einwilligung)

Ein einseitiges Rechtsgeschäft, das der Minderjährige *mit* der erforderlichen Einwilligung (§ 183 S. 1) vornimmt, ist grundsätzlich wirksam. Das ergibt sich im Wege des Umkehrschlusses aus § 111 S. 1.

615

Zurückweisungsrecht: Wenn die fragliche Willenserklärung nach § 130 Abs. 1 S. 1 an eine bestimmte Person zu richten ist (einseitiges Rechtsgeschäft mit empfangsbedürftiger Willenserklärung), besteht uU ein Zurückweisungsrecht des Empfängers. *Beispiel:* Eine 17-Jährige kündigte mit Einwilligung ihrer Eltern gegenüber der Sparkasse ihr Sparguthaben. Wenn die Sparkasse von der Einwilligung nichts wusste (§ 111 S. 3) und die Minderjährige die Einwilligung nicht in schriftlicher Form (§ 126) vorlegen konnte, darf die Sparkasse die Erklärung unverzüglich (§ 121 Abs. 1) zurückweisen (§ 111 S. 2). Die Willenserklärung ist dann unwirksam (FD „Beschränkte Geschäftsfähigkeit II", Spalte 4).

616

2. ... ohne Einwilligung

Die Vornahme eines einseitigen Rechtsgeschäfts durch einen Minderjährigen ohne Einwilligung regelt § 111 in zweifacher Weise anders als einen Vertragsschluss:

617

- Das einseitige Rechtsgeschäft ist ohne die nötige Einwilligung *unwirksam* (§ 111 S. 1), nicht schwebend unwirksam. Darin besteht ein wesentlicher Unterschied zu den Verträgen (oben Rn 613 f).
- § 111 differenziert *nicht* danach, ob das einseitige Rechtsgeschäft dem Minderjährigen lediglich rechtlichen Vorteil bringt oder nicht.

Ausnahme 1: Es ist aber davon auszugehen, dass die Grundregel des § 107 durch § 111 nicht ganz ausgeschlossen werden sollte. *Beispiel:* Der 16-jährige T hatte (mit Zustimmung seiner Eltern) seinem Freund L ein Videospiel geliehen. Er kann es ohne Einwilligung seines gesetzlichen Vertreters nach § 604 Abs. 3 von T zurückfordern

618

oder den Leihvertrag kündigen (FD „Beschränkte Geschäftsfähigkeit II", Spalte 7).²⁹ Denn diese Willenserklärung ist für T ausschließlich vorteilhaft (Umkehrschluss aus § 107).

619 *Ausnahme 2:* Eine weitere Ausnahme lassen Rechtsprechung und Lehre (nicht das Gesetz!) für einseitige Rechtsgeschäfte mit *empfangsbedürftiger* Willenserklärung zu. Wenn der Empfänger weiß und duldet, dass der Minderjährige ohne Einwilligung handelt, gelten solche Willenserklärungen trotz des Gesetzeswortlauts *als schwebend unwirksam* (FD „Beschränkte Geschäftsfähigkeit II", Frage 9, Ja). Dann ist die Willenserklärung also noch genehmigungsfähig (§§ 108, 109 analog; FD „Beschränkte Geschäftsfähigkeit II", Fragen 10 bis 13).³⁰ *Beispiel:* Der 15-jährige M war betroffener Zeuge in einem Missbrauchsprozess. Rechtsanwalt R wollte als sein Verletztenbeistand auftreten und legte ihm deshalb ein Vollmachtsformular vor. M erteilte die Vollmacht (einseitiges Rechtsgeschäft), aber ohne Einwilligung seiner Eltern. Eine solche Vollmachtserteilung ist eigentlich nach § 111 S. 1 unwirksam, wird aber (bei Einverständnis des Empfängers) als schwebend unwirksam angesehen.³¹ Die Eltern konnten die Bevollmächtigung deshalb noch genehmigen.

620 Für einseitige Rechtsgeschäfte mit nichtempfangsbedürftiger Willenserklärung (zB Eigentumsaufgabe, Auslobung) bleibt es bei der gesetzlichen Regelung: Diese einseitigen Rechtsgeschäfte sind deshalb ohne Einwilligung unwirksam (§ 111 S. 1; FD II, Spalte 17). Für das Testament gelten allerdings Sonderbestimmungen (FD II, Spalte 1).

VI. Sonderfälle des Minderjährigenrechts

1. Besonders risikoreiche Geschäfte

621 Es gibt Rechtsgeschäfte, die das Gesetz für so gefährlich hält, dass der gesetzliche Vertreter den Minderjährigen bei ihnen nur mit gerichtlicher Genehmigung vertreten kann (§ 1643 Abs. 1 verweist auf die §§ 1821, 1822; FD „Beschränkte Geschäftsfähigkeit I", Frage 2). Das gilt zB von Grundstücksgeschäften zulasten des Minderjährigen (§§ 1643 Abs. 1, 1821 Abs. 1 Nr. 1) und von der Übernahme einer Bürgschaft (§§ 1643 Abs. 1, 1822 Nr. 10).

2. Unternehmerschaft und Berufstätigkeit

622 Das Gesetz erweitert die beschränkte Geschäftsfähigkeit des Minderjährigen, wenn der gesetzliche Vertreter und der Richter ihn „zum selbstständigen Betrieb eines Erwerbsgeschäfts" (§ 112 Abs. 1 S. 1) ermächtigt haben oder ersterer ihm erlaubt hat, „in Dienst oder Arbeit zu treten" (§ 113 Abs. 1 S. 1). Der Minderjährige ist dann insoweit geschäftsfähig, als sich die fragliche Willenserklärung auf seinen Betrieb bzw sein Arbeitsverhältnis bezieht (FD „Beschränkte Geschäftsfähigkeit I", Spalte 2). Auch in diesen Fällen sind aber die besonders gefährlichen Geschäfte von einer gerichtlichen Genehmigung abhängig (§§ 112 Abs. 1 S. 2, 113 Abs. 1 S. 2). Nicht unter § 113 fallen Ausbildungsverhältnisse.³²

---

29 Palandt/Ellenberger § 111 Rn 1; MüKo/Schmitt § 111 Rn 4.
30 RGZ 76, 91; MüKo/Schmitt § 111 Rn 8.
31 KG NJW 2012, 2293. Allerdings verweigerten die Eltern die Genehmigung, so dass die Vollmacht nichtig wurde.
32 HM, zB MüKo/Schmitt § 113 Rn 14.

Der gesetzliche Vertreter gibt seinen Einfluss übrigens nicht ganz aus der Hand, weil er seine Ermächtigung jederzeit zurücknehmen oder einschränken kann (nach § 113 Abs. 2 allein, nach § 112 Abs. 2 gemeinsam mit dem Familiengericht). Widerspricht er einem Rechtsgeschäft, liegt darin eine entsprechende Einschränkung seiner Einwilligung, so dass der Minderjährige das Rechtsgeschäft nicht wirksam vornehmen kann.

3. Schenkung eines Grundstücks

Zahlreiche Probleme tauchen auf, wenn Minderjährigen ein Grundstück geschenkt werden soll, was Eltern und Großeltern offenbar gern tun. 623

- *Erwerb eines bebauten oder unbebauten Grundstücks:* Die Einigungserklärung, die der minderjährige Grundstückserwerber für die Auflassung zu erklären hat (§ 925), ist, weil sie für ihn zum Eigentum führt, grundsätzlich vorteilhaft. Daran ändert sich auch nichts, wenn das erworbene Grundstück mit einer Grundschuld belastet ist (§§ 1192, 1147). Denn eine Grundschuld mindert zwar den Wert eines Grundstücks, beseitigt ihn aber nicht.[33] Auch öffentliche Lasten wie die Verpflichtung zur Grundsteuerzahlung können vernachlässigt werden.[34] Der Erwerb eines *vermieteten* Grundstücks ist aber nicht lediglich vorteilhaft.[35] Denn mit dem Erwerb wird der minderjährige Erwerber kraft Gesetzes zum neuen Vermieter (§ 566 Abs. 1), und mit der Stellung eines Vermieters sind erhebliche Verpflichtungen verbunden. 624

- *Erwerb einer Eigentumswohnung:* Früher sah die hM den Erwerb einer Eigentumswohnung als grundsätzlich rechtlich vorteilhaft an. Ausnahmen wurden gemacht, wenn etwa ein Verwaltervertrag bestand oder die Wohnung vermietet war. Inzwischen hat der BGH entschieden, dass der Erwerb einer Eigentumswohnung nie lediglich rechtlich vorteilhaft ist. Der BGH hat das in erster Linie mit der Tatsache begründet, dass der Minderjährige dann kraft Gesetzes Mitglied der Wohnungseigentümergemeinschaft wird und insofern zahlreichen Pflichten unterliegt.[36] 625

Bei familieninternen Schenkungen an Minderjährige sind neben § 107 auch Vorschriften des Vertretungsrechts (§ 181) und des Familienrechts (§§ 1795, 1629) zu beachten, was zu schwierigen Rechtsfragen führen kann.

4. Schutz vor Überschuldung

Da die Eltern und andere gesetzliche Vertreter allein oder zusammen mit dem Gericht im Namen und zulasten des Minderjährigen unbegrenzte Verbindlichkeiten eingehen können, kann ein Minderjähriger bei Eintritt der Volljährigkeit vor einem erdrückenden Schuldenberg stehen. Da diese Belastung das allgemeine Persönlichkeitsrecht des Minderjährigen verletzt,[37] hat der Gesetzgeber § 1629a in das BGB eingefügt. Dieser beschränkt die Haftung des Minderjährigen auf das Vermögen, das er bei Eintritt der Volljährigkeit besitzt. 626

---

33 Erman/Müller § 107 Rn 7; BGHZ 161, 170 (176).
34 MüKo/Schmitt § 107 Rn 39; Soergel/Hefermehl § 107 Rn 4.
35 BGHZ 162, 137 (140 f); BayObLG NJW 2003, 11299; Palandt/Ellenberger § 107 Rn 4; Staudinger/Peschel-Gutzeit § 1629 Rn 233.
36 BGH NJW 2010, 3643 Rn 13.
37 BVerfG NJW 1986, 1859.

5. Empfang von Willenserklärungen

627 Das Gesetz hat die *Abgabe* von Willenserklärungen durch den Minderjährigen bekanntlich in den §§ 107 bis 113 geregelt, dagegen die Frage, ob er eine Willenserklärung wirksam *empfangen* kann, in § 131 Abs. 2. Das Gesetz unterscheidet drei Fälle:

628 ■ Wenn die Willenserklärung dem Minderjährigen lediglich einen rechtlichen Vorteil bringt, wird sie mit Zugang bei ihm wirksam (§ 131 Abs. 2 S. 2 Var. 1). *Beispiel:* Jemand erteilt dem Minderjährigen Vollmacht (§ 167) oder übersendet ihm einen Vertragsantrag (§ 145).

629 ■ Wenn der gesetzliche Vertreter damit einverstanden ist (§ 183 S. 1), dass ein Dritter gegenüber dem Minderjährigen eine für diesen *nicht* lediglich vorteilhafte Willenserklärung abgibt, geht sie dem Minderjährigen wirksam zu (§ 131 Abs. 2 S. 2 Var. 2).

630 ■ In allen anderen Fällen muss die Willenserklärung, um wirksam zu werden, dem *Vertreter* zugehen (§ 131 Abs. 2 S. 1, Abs. 1). *Beispiel:* Die G-GmbH kündigte das Ausbildungsverhältnis mit dem 17-jährigen Kevin. Da Kevin noch bei seinen Eltern wohnte, wurde das Kündigungsschreiben durch einen Boten in den gemeinsamen Hausbriefkasten geworfen. Nach Ansicht des BAG ging es damit auch den Eltern zu.[38]

VII. Deliktsfähigkeit

631 Von der Geschäftsfähigkeit ist die Deliktsfähigkeit zu unterscheiden. Sie ist die Fähigkeit, für einen angerichteten Schaden verantwortlich zu sein. Der Begriff der *Geschäfts*fähigkeit ist in diesem Bereich nicht anwendbar, weil die Zufügung eines Schadens keine Willenserklärung ist und damit auch kein Rechtsgeschäft (FD „Rechtserhebliches Verhalten", Spalte 1).

632 Die Deliktsfähigkeit ist in den §§ 827 bis 829 geregelt. Es geht auch dort – ähnlich wie in den §§ 104 ff – um Geistesgestörte, Kinder und Jugendliche. Die Einzelheiten gehören in das Recht der Unerlaubten Handlungen.[39]

§ 28 Formnichtige Rechtsgeschäfte

633 ▶ **Fall 28: Unterverbriefung „La Gondola"**   §§ 117, 125, 311b

Das Erdgeschoss des Hauses Hunnenring 89, in dem die Gaststätte „La Gondola" liegt, gehörte Lutz Viehoff als Teileigentum. Er schloss mit Cesare Cammaroto einen privatschriftlichen Kaufvertrag, in dem vereinbart wurde, dass Cammaroto für die Räume und das Gaststätteninventar insgesamt 254 550 Euro bezahlen sollte. Anschließend ließen beide einen Kaufvertrag notariell beurkunden, in dem ein Kaufpreis von insgesamt 144 550 Euro genannt wurde. Zugleich erklärten Viehoff und Cammaroto vor dem Notar die Auflassung (§ 925). Cammaroto wurde daraufhin als neuer Eigentümer in das Teileigentumsgrundbuch eingetragen. Cammaroto bezahlte insgesamt 215 000 Euro. Als Viehoff den restlichen Kaufpreis anmahnte, erklärte Cammaroto, er brauche nichts mehr zu zahlen, weil er ohne-

---

[38] BAG NZA 2012, 495 Rn 23. Der Zugang bei den Eltern ist zweifelhaft, wenn das Kündigungsschreiben nur an den Auszubildenden adressiert war.
[39] SBT Rn 1559 bis 1563.

hin viel mehr bezahlt habe, als er Viehoff schulde. Ist das richtig? (Nach BGH NJW 1985, 2423)

Vorbemerkung 1: § 1 Abs. 3 WEG definiert „Teileigentum" als „das Sondereigentum an nicht zu Wohnzwecken dienenden Räumen eines Gebäudes ..." „Teileigentum" ist also das Gegenstück zum „Wohnungseigentum". Auch Kaufverträge über Teileigentum müssen nach § 311b Abs. 1 S. 1 notariell beurkundet werden (§ 4 Abs. 3 WEG). Das Teileigentum wird in ein besonderes „Teileigentumsgrundbuch" eingetragen (§ 7 Abs. 1 WEG).

634

Vorbemerkung 2: Um die Probleme des Falles richtig zu verstehen, muss man sich zunächst klarmachen, dass Cammaroto und Viehoff nicht einen, sondern zwei Verträge geschlossen haben. Die beiden Verträge beziehen sich zwar auf dieselbe Kaufsache, aber sie unterscheiden sich in drei Punkten erheblich:

– Die angegebenen Kaufpreise weichen um 110 000 Euro voneinander ab.
– Der eine Vertrag wurde notariell beurkundet, der andere nur in Schriftform festgehalten.
– Der in Schriftform geschlossene Vertrag wurde gewollt, während die Parteien den vom Notar beurkundeten Vertrag wegen des zu niedrigen Kaufpreises nicht wollten.

Aus diesen drei Gründen werden die beiden Verträge getrennt geprüft.

a) Der 144 550-Euro-Vertrag

Der vom Notar beurkundete Vertrag könnte nach § 117 Abs. 1 nichtig sein. Viehoff und Cammaroto haben einen Kaufpreis beurkunden lassen, den sie im gegenseitigen Einverständnis nicht wollten („Unterverbriefung" zum Zweck der Steuerhinterziehung und des Gebührenbetrugs gegenüber dem Notar). Damit ist die beurkundete *Kaufpreisvereinbarung* als Scheingeschäft nichtig (§ 117 Abs. 1; Rn 406 ff). Für die durch § 117 Abs. 1 begründete Nichtigkeit eines Vertrags gibt es nicht die Möglichkeit einer Heilung. Aus dem FD „Willensmängel" ergibt sich die Lösung so: 1. b) – 5. Ja – 6. Ja).

635

Der gesunde Menschenverstand würde einem nun sagen: Wenn der Kaufvertrag nichtig ist, kann auch kein Eigentum übertragen worden sein. Aber nach deutschem Recht ist bekanntlich der Eigentumsübergang als *Verfügungsgeschäft* vom zugrunde liegenden *Verpflichtungsgeschäft* (Kaufvertrag) streng zu trennen (Trennungsprinzip; Rn 317). Das bedeutet, dass die Nichtigkeit des Kaufvertrags den Eigentumsübergang auf Cammaroto nicht hinderte (Abstraktionsprinzip; Rn 331). Ob Cammaroto Eigentümer geworden ist, richtet sich allein nach den §§ 873, 925. Da Auflassung und Eintragung erfolgt sind, ist Cammaroto Eigentümer der Gaststätte (des Teileigentums) geworden, auch wenn der zugrunde liegende Kaufvertrag nach § 117 nichtig war.

Nun ist aber durch das Scheingeschäft „ein anderes Rechtsgeschäft verdeckt" worden (§ 117 Abs. 2), nämlich der von beiden Vertragspartnern *gewollte* 254 550-Euro-Vertrag (FD „Willensmängel", Frage 7, Ja, Spalte 6). Der etwas schwer verständliche § 117 Abs. 2 (Rn 408) will bekanntlich sagen: Ob das verdeckte Rechtsgeschäft gültig ist oder nicht, ist nach den allgemeinen Grundsätzen zu prüfen. Der Umstand, dass der 254 550-Euro-Vertrag durch den 144 550-Euro-Vertrag verdeckt wurde, macht ihn also weder gültig noch nichtig. Anders gesagt: Der nicht beurkundete Vertrag kann gültig sein oder nicht – die Tatsache, dass der notariell beurkundete Vertrag zum Schein vor ihn geschoben wurde, soll bei der Beurteilung seiner Gültigkeit keine Rolle spielen. § 117 Abs. 2 enthält also die Aufforderung, die Gültigkeit des 254 550 Euro-Vertrags unvoreingenommen zu prüfen.

b) Der 254 550-Euro-Vertrag

636 Der in Schriftform geschlossene Vertrag über einen Kaufpreis von 254 550 Euro war zwar gewollt, krankt aber daran, dass er entgegen § 311b Abs. 1 S. 1 nicht notariell beurkundet wurde (§ 128), so dass er nach § 125 S. 1 von Anfang an nichtig war. Die Nichtigkeit wegen Formmangels weist aber die Besonderheit auf, gelegentlich geheilt werden zu können. So bestimmt § 311b Abs. 1 S. 2, dass ein formnichtiger Grundstückskaufvertrag voll wirksam wird, „wenn die Auflassung und die Eintragung in das Grundbuch erfolgen". In dem Augenblick, in dem Cammaroto in das Grundbuch (hier das Teileigentumsgrundbuch) eingetragen wurde, ist also der nach den §§ 311b Abs. 1 S. 1, 125 eigentlich formnichtige 254 550-Euro-Vertrag geheilt worden (§ 311b Abs. 1 S. 2).

Man muss sich verdeutlichen, dass die Eintragung nur den Mangel der *Form* heilt, nicht den Mangel, der sich nach § 117 Abs. 1 aus dem Scheincharakter ergibt. Es kann also keinem Zweifel unterliegen, welcher der beiden Verträge geheilt worden ist – es ist allein der formnichtige Vertrag. Anfänger sträuben sich oft gegen dieses Ergebnis und sagen: „Der Grundbuchbeamte hat doch den notariell beurkundeten Vertrag eingetragen, den anderen hat er ja nie gesehen". Dazu ist zu sagen, dass in das Grundbuch nicht ein Kaufvertrag eingetragen wird (also nicht das Verpflichtungsgeschäft), sondern der Eigentumsübergang (die Verfügung). Man kann zwar sagen, dass die *Auflassung* (§ 925) der Grund der Eintragung war. Aber eine Auflassung enthält keinen Hinweis auf die Höhe des Kaufpreises und Viehoff und Cammaroto hatten sie wirklich gewollt, sie war also kein Scheingeschäft.

Damit ist der (durch Eintragung geheilte) 254 550-Euro-Vertrag wirksam geworden, und Viehoff hat Anspruch auf den restlichen Kaufpreis (§ 433 Abs. 2). ◄

Lerneinheit 28

637 **Literatur zu Schriftformklauseln:** *Kötz*, Schriftformklauseln, JZ 2018, 988; *Lindner-Figura/Reuter*, Nach dem Ende der Schriftformheilungsklauseln in Mietverträgen: Was nun? NJW 2018, 897; *Häublein*, Nach dem höchstrichterlich besiegelten Ende mietvertraglicher Schriftformheilungsklauseln: Ist § 550 BGB noch zu halten? JZ 2018, 755; *Weber*, „Schriftlich zu bestätigen", „schriftlich zu erklären": Die Verwendung von Schriftformklauseln für einseitige Erklärungen in notariell beurkundeten Verträgen, notar 2016, 172; *Streyl*, Zur Heilkraft von Schriftformheilungsklauseln, NZM 2015, 28.

Literatur zur Schriftform von Mietverträgen: *Schweitzer*, Die Mietvertragsänderung: Alarmstufe rot für das Wahren der Schriftform, NJW 2019, 198; *Lindner-Figura/Reuter*, Nach dem Ende der Schriftformheilungsklauseln in Mietverträgen: Was nun? NJW 2018, 897; *Häublein*, Nach dem höchstrichterlich besiegelten Ende mietvertraglicher Schriftformheilungsklauseln: Ist § 550 BGB noch zu halten? JZ 2018, 755; *Lohn/Schott*, Die Schriftformheilungsklauseln in der Rechtsdogmatik des § 550 BGB – Allheilmittel oder Quacksalberei? ZfIR 2016, 170.

Sonstige Literatur: *Roemer*, Die Formbedürftigkeit von Änderungen eines Grundstückskaufvertrages nach Auflassung … NotZ 2019, 192; *Wehrstedt*, Das neue Samenspenderregister und die Auswirkungen auf notarielle Beurkundungen anlässlich einer heterologen Insemination, MittBayNot 2019, 122; *Steinbrecher*, Beurkundungspflicht von Änderungen eines Grundstückskaufvertrags mit Vorlagesperre der Auflassung, NJW 2018, 1214; *Lingemann*, Strenge Schriftform für Arbeitsverträge durch die Hintertür! NZA 2018, 889; *Vielmeier*, Ein Relikt aus einer längst vergangenen Zeit: das Schriftformerfordernis des § 623 BGB, DB 2018, 3051; *Kretschmer*, Schriftlicher Prozessvergleich ersetzt notarielle Beurkundung, jM 2017, 408.

I. Die Form der Rechtsgeschäfte

1. Grundsatz der Formfreiheit

Das Gesetz geht davon aus, dass Rechtsgeschäfte *grundsätzlich formfrei* vorgenommen werden können, dh mündlich, telefonisch oder sogar ohne Worte durch konkludentes Verhalten (Rn 68, 147). Das Gesetz sagt deshalb nie, dass ein bestimmtes Rechtsgeschäft *keiner Form* bedürfe,[40] sondern schreibt umgekehrt dann, wenn eine bestimmte Form für eine bestimmte Art von Rechtsgeschäften eingehalten werden muss, diese Form ausdrücklich vor.

638

Insgesamt verlangt das Gesetz viel seltener eine Form, als die meisten Laien meinen. Besonders die Verträge des täglichen Lebens werden grundsätzlich formfrei, also mündlich geschlossen. Ausnahmen bestehen heute zum Schutz der Verbraucher (§ 13). So ist Schriftform zB vorgeschrieben bei Verbraucherdarlehensverträgen (§ 492 Abs. 1 S. 1) und Ratenlieferungsverträgen (§ 510 Abs. 1 S. 1). Verträge, die formlos abgeschlossen werden können, spielen aber nicht nur im täglichen Leben eine überragende Rolle, sondern sind auch im Wirtschaftsleben wichtig. So werden auf der ganzen Welt Geschäfte über Millionenbeträge am Telefon oder über das Internet abgeschlossen, insbesondere im Wertpapier- und Geldhandel der Banken und im Rohstoffhandel. Ernsthafte Probleme ergeben sich aus der Formlosigkeit nicht, weil sie elektronisch dokumentiert werden und jeder Beteiligte weiß, dass er nur einmal behaupten könnte, er habe ein solches Geschäft nicht oder zu anderen Bedingungen abgeschlossen.

Das Gesetz sieht für Rechtsgeschäfte verschiedene Formen vor, aber im Vordergrund stehen die Schriftform (§ 126) und die notarielle Beurkundung (§ 128).

2. Funktion der Formvorschriften

Die Formvorschriften haben hauptsächlich drei Funktionen, die Warn-, die Beratungs- und die Beweisfunktion, von denen mal die eine, mal die andere im Vordergrund steht.

639

Warnfunktion: Das Schriftformerfordernis (§ 126) soll in erster Linie verhindern, dass jemand leichtfertig riskante Verpflichtungen eingeht. So soll zB durch § 766 S. 1 der Bürge „zu größerer Vorsicht angehalten" werden.[41] Dass hier die Warnfunktion der Grund für die Formvorschrift ist, wird daran deutlich, dass die – generell als erfahren geltenden – Kaufleute eine geschäftliche Bürgschaft auch mündlich übernehmen können (§ 350 HGB). Warnfunktion hat auch die Bestimmung, dass ein Grundstückskauf vom Notar beurkundet werden muss (§ 311b Abs. 1 S. 1).[42]

640

Beratungsfunktion: Durch die Vorschrift, dass Grundstücksverträge notariell beurkundet werden müssen (§ 311b Abs. 1 S. 1), soll auch sichergestellt werden, dass die Parteien bei den oft komplizierten Rechtsfragen durch den Notar als Grundstücks-Fachmann beraten werden.

641

Beweisfunktion: Das Formerfordernis soll oft sicherstellen, dass die Parteien auch noch nach Jahren nachlesen können, was sie vereinbart haben (Beweisfunktion). Wenn

642

---

40 Gewisse Ausnahmen in den §§ 167 Abs. 2, 182 Abs. 2.
41 BGH NJW 1993, 1126.
42 BGH NJW 1993, 3323.

Vertragsparteien – ohne dazu vom Gesetz verpflichtet zu werden – Schriftform vereinbaren (§ 127; Rn 677), tun sie das meist in der Absicht, den genauen Inhalt der Vereinbarungen später leichter beweisen zu können.

3. Einseitige und beiderseitige Formbedürftigkeit

643 Wenn das Gesetz für einen Vertrag eine Form vorschreibt, dann manchmal nicht für die Erklärungen *beider* Vertragspartner, sondern nur für die Erklärung der Partei, die als schutzbedürftig gilt und durch das Formerfordernis gewarnt werden soll (Rn 665). *Beispiel 1:* Nur die Erklärung des Schenkers (durch die er sich zu einer unentgeltlichen Zuwendung verpflichtet) muss notariell beurkundet werden (§ 518 Abs. 1 S. 1), nicht die Gegenerklärung des Beschenkten. *Beispiel 2:* Im Bürgschaftsvertrag (§ 765 Abs. 1) verpflichtet sich der Bürge notfalls zu zahlen, der Gläubiger verpflichtet sich zu nichts. Deshalb bedarf nur die Vertragserklärung des Bürgen (die „Bürgschaftserklärung") der Schriftform (§ 766 S. 1).

4. Zugang in der vorgeschriebenen Form

644 Empfangsbedürftige Willenserklärungen (Rn 76, 96), für die eine Formvorschrift besteht, müssen nicht nur formgerecht abgefasst sein, sie müssen ihrem Empfänger auch in der vorgeschriebenen Form *zugehen* (§ 130 Abs. 1 S. 1). *Beispiel 1:* B wollte gegenüber der B-Bank die Bürgschaft für die Darlehensschuld seines Sohnes übernehmen. Er unterschrieb eine entsprechende Erklärung und erfüllte damit eigentlich die vorgeschriebene Schriftform (§ 766 S. 1). Aber er schickte die Erklärung per Fax an die B-Bank. Weil dem Empfänger eines Fax die Unterschrift nicht im Original, sondern *in Kopie* zugeht, war die Schriftform nicht gewahrt.[43] *Beispiel 2:* A ließ seinen an B gerichteten Antrag (§ 145) notariell beurkunden, was in diesem Fall gesetzlich vorgeschrieben war. Dem B ging aber der Antrag nicht in dieser Form zu, sondern nur als Abschrift. Der Zugang war deshalb nicht wirksam.[44]

5. Rechtsfolge eines Formverstoßes

645 Das Gesetz kann den Formvorschriften nur dadurch Geltung verschaffen, dass es ihre Nichteinhaltung mit einer empfindlichen Sanktion belegt. Deshalb ist ein Rechtsgeschäft *nichtig*, wenn es nicht der gesetzlich vorgeschriebenen Form entspricht (§ 125 S. 1). Die Nichtigkeit ergibt sich nicht aus der Formvorschrift selbst, sondern nur aus § 125. Aber diese wichtige Vorschrift wird von vielen Anfängern bei Formmängeln nicht zitiert, obwohl nur sie die Rechtsfolge des Formmangels festlegt. Auch der Mangel einer *rechtsgeschäftlich* vereinbarten Form (§ 127) hat im Zweifel Nichtigkeit zur Folge (§ 125 S. 2).

6. Heilung

646 Gelegentlich ist ein Formmangel heilbar, und zwar dadurch, dass der Verpflichtete die (wegen der Formnichtigkeit eigentlich nicht geschuldete) Leistung tatsächlich erbringt. Dann ist insbesondere die Warnfunktion hinfällig geworden, so dass der Formverstoß nun hingenommen werden kann. So sieht § 311b Abs. 1 S. 2 die Heilung eines form-

---

[43] BGH NJW 1997, 3169; BGH NJW 1993, 1126; großzügiger OLG Düsseldorf NJW 1992, 1050; anders für geschäftsähnliche Erklärungen BAG NJW 2003, 843.
[44] BGH NJW 1995, 2217.

nichtigen Grundstücksvertrags vor (Fall 28, Rn 633). Auch ein (mangels notarieller Beurkundung) formnichtiger Schenkungsvertrag wird durch seine Erfüllung geheilt (§ 518 Abs. 2). Solche Heilung gibt es auch bei der Nichteinhaltung der *Schriftform*, wenn auch selten. *Beispiele:* Die Formnichtigkeit eines Teilzahlungsgeschäfts wird geheilt, wenn der Unternehmer seine Vertragspflicht erfüllt (§ 507 Abs. 2 S. 2). Eine formnichtige „Bürgschaftserklärung" wird wirksam, soweit der Bürge seine versprochene Leistung erbringt (§ 766 S. 3).

Die Heilung formnichtiger Rechtsgeschäfte durch Erfüllung ist trotz der genannten Einzelregelungen kein verallgemeinerungsfähiger Grundsatz. *Beispiel:* Frau T sagte zu ihrem Lebenspartner P, er könne, wenn ihr Tod unmittelbar bevorstehe, über ihr gesamtes Vermögen verfügen. Dadurch schlossen beide einen Vertrag nach § 311b Abs. 3 (!). Als die T im Sterben lag, verkaufte P der T gehörende Fondsanteile und ließ den Erlös von fast 80 000 Euro auf sein Konto überweisen. Die Kinder der T forderten als Erben die Herausgabe der Summe. Der BGH gab ihnen Recht.[45] Denn ein Vertrag über das gesamte Vermögen einer Person bedarf der notariellen Beurkundung (§ 311b Abs. 3). Das BGB bestimmt nicht, dass ein Formmangel in diesem Fall durch Vollzug geheilt wird. Der Vertrag blieb deshalb formnichtig (§§ 311b Abs. 3, 125 S. 1).

Die Rechtsgeschäfte, die wegen fehlender Form nichtig sind, sind übrigens die einzigen nichtigen Rechtsgeschäfte, die in bestimmten Fällen durch ihre Erfüllung wirksam werden können. Daran sieht man, dass die Verletzung der Form nach Meinung des Gesetzgebers wesentlich leichter wiegt als andere Nichtigkeitsgründe.

7. Treuwidrige Berufung auf die Formnichtigkeit

Wenn sich jemand auf die Formnichtigkeit eines Rechtsgeschäfts beruft, wird ihm manchmal vorgeworfen, er verhalte sich treuwidrig. Aber der Grundsatz, dass der Verstoß gegen ein gesetzliches Formgebot zur Nichtigkeit führt (§ 125), dient der Rechtssicherheit. Es geht deshalb nicht an, ihn „aus allgemeinen Billigkeitserwägungen unbeachtet zu lassen".[46] Anderenfalls würden „die Formvorschriften ... ausgehöhlt".[47] Sie müssen deshalb auch dann gelten, wenn die Nichtigkeit des Rechtsgeschäfts für eine Partei sehr nachteilig ist.[48] Ein Ausnahmefall liegt nur vor, wenn die Nichtigkeit für den anderen Teil nicht nur nachteilig, sondern „schlechthin untragbar" ist,[49] insbesondere seine Existenz gefährden würde.[50] Es stellt auch einen Verstoß gegen das Gebot von Treu und Glauben (§ 242) dar, wenn ein Vertragspartner die Formnichtigkeit eines Vertrags bewusst herbeigeführt hat, um anschließend daraus einen Vorteil zu ziehen.[51]

647

---

45 NJW 2017, 885 Rn 10 ff.
46 BGH NJW 2004, 3330 (3331); BGHZ 92, 164 (172); BGH NJW 1996, 2503 (2504).
47 BAG NJW 2005, 844; BGH NJW 1996, 2503 und 1467.
48 BGH NJW 1996, 1467 mwN; 1995, 2217.
49 BGHZ 138, 339 (348); BGH NJW 2016, 1391 Rn 15; 2008, 2181 Rn 28; 2005, 2225 (2227).
50 BGHZ 149, 326 (331); NJW 1999, 54 (61); 1992, 164 (172); BGH FamRZ 2004, 947; weniger streng BAG NJW 1998, 1659.
51 BGH NJW 2017, 3772 Rn 23 ff.

II. Schriftform

1. Grundlagen

a) „... eigenhändig durch Namensunterschrift ..."

648 *Unterschrift:* Viele Laien sind davon überzeugt, dass vor Gericht nur Verträge Bestand hätten, die in Schriftform vorgelegt werden könnten. Aber dass das Gesetz die Schriftform vorschreibt, kommt nur selten vor. Wie sie eingehalten wird, regelt § 126. Die Worte „eigenhändig durch Namensunterschrift" (§ 126 Abs. 1) bedeuten, dass der Aussteller mit einer Bewegung seiner Hand seinen Namen so auf die Urkunde setzen muss, dass der Schriftzug dauerhaft lesbar ist. Der Vorname kann fehlen, ebenso der zweite Bestandteil eines Doppelnamens.[52] Aber eine Unterzeichnung allein mit dem Vornamen ist unwirksam.[53] Eine Unterschrift auf einer berührungsempfindlichen elektronischen Schreibfläche (Unterschriftenpad) reicht nicht aus, auch wenn die Abbildung der Unterschrift später mit dem Text ausgedruckt wird.[54]

649 *Kein „Handzeichen":* Der BGH hat sich jahrelang gegen die Nachlässigkeit gewandt, mit der viele Rechtsanwälte ihre Schriftsätze unterzeichneten, indem sie ihren Namen zu einem Strich oder Haken verkürzten.[55] Nach Ansicht des BGH setzt eine Unterschrift „einen individuellen Schriftzug voraus, der ... die Absicht einer vollen Unterschriftsleistung erkennen lässt".[56] Das BVerfG hat Vorbehalte gegen eine zu strenge Beurteilung von Unterschriften erkennen lassen.[57] Auch der BGH betont heute, es sei „ein großzügiger Maßstab anzulegen", „wenn die Autorschaft gesichert" sei.[58]

650 *Unterhalb des Textes:* Die Unterschrift muss *unterhalb* des Textes stehen, also den Text räumlich abschließen.[59] Denn es heißt ja in § 126 Abs. 1, die Urkunde müsse „... *unter*zeichnet werden ..." Eine Zeile, die unmittelbar unter der Unterschrift steht (zB „als Bürge"), gehört aber noch zum unterschriebenen Text.[60] Es schadet nichts, wenn der Aussteller den bereits unterschriebenen Text noch ändert.[61] Was er aber als Nachtrag *unter* seine Unterschrift setzt, muss er, wenn es der Schriftform genügen soll, neu unterschreiben.[62]

Blankounterschrift: Die Schriftform ist auch gewahrt, wenn jemand bewusst einen unvollständigen Text unterzeichnet und dieser anschließend von einem anderen ergänzt wird.[63] Nur wenn – wie bei der Bürgschaft (§ 766) – die Warnfunktion der vordringliche Grund für die Form ist, gilt etwas anderes.[64]

651 *Ohne Originalunterschrift:* Gelegentlich erlaubt der Gesetzgeber einem Erklärenden, statt seiner Originalunterschrift ein Faksimile zu verwenden[65] oder einen Computer-

---

52 BGH NJW 1996, 997; BAG NJW 1998, 3515.
53 BGH NJW 2003, 1120 zu § 128.
54 Staudinger/Hertel § 126 Rn 108; OLG München NJW 2012, 3584 (3585).
55 ZB BGH NJW 1996, 997; zur Praxis anderer Bundesgerichte BAG NJW 1996, 3164 und BFH NJW 2000, 607.
56 BGH NJW 1997, 3380 mit zahlreichen weiteren Nachweisen.
57 NJW 1998, 1853.
58 BGH NJW 2005, 3775; BGH NJW 2013, 1966 Rn 6 ff.
59 Staudinger/Hertel § 126, Rn 127; BGHZ 113, 48; ebenso für eine nicht unter- sondern *über*schriebene Quittung BGH NJW 1992, 829; MüKo/Einsele § 126, Rn 10 stellt die Notwendigkeit einer *Unter*schrift in Frage.
60 BGH NJW 1995, 43.
61 BGH NJW 1994, 2300.
62 HM; BGH aaO.
63 BGH NJW 1996, 1467.
64 BGH aaO.
65 ZB § 793 Abs. 2 S. 2 für die Inhaberschuldverschreibung und § 444 Abs. 1 S. 2 HGB für den Ladeschein.

text ohne Unterschrift zu lassen.⁶⁶ Solche Regelungen sind aber Ausnahmen und deshalb nicht auf andere Fälle übertragbar. Generell kann auf die Originalunterschrift nicht verzichtet werden.

b) Vollständige schriftliche Fixierung des Textes

Die von § 126 Abs. 1 verlangte *Urkunde* selbst muss nicht handschriftlich abgefasst sein. Ihre Schriftzeichen müssen nur gemeinsam mit der Unterschrift auf einem physischen Schreibmaterial (fast immer Papier) dauerhaft verkörpert sein, etwa mit der Hand, durch Buchdruck, mit einem PC-Drucker oder mit der Schreibmaschine. 652

Die Schriftform ist nur gewahrt, wenn sich zumindest der *wesentliche Vertragsinhalt* aus der Urkunde ergibt. Bei einem Mietvertrag etwa gehören zum Mindestinhalt die Namen der Vertragsparteien, die Bezeichnung der Mietsache, die Höhe der Miete und der Beginn des Mietverhältnisses.⁶⁷ *Beispiel:* Die Parteien schlossen in Schriftform einen Mietvertrag über Gewerberäume in einem größeren Gebäude, das noch nicht errichtet worden war. Aus dem Vertrag ergab sich nicht eindeutig, auf welche Fläche sich der Vertrag beziehen sollte. Dadurch fehlte dem Vertrag die Schriftform.⁶⁸

2. Regelfall: Beide Parteien müssen die Schriftform einhalten

a) Anwendungsfälle

Wenn das Gesetz Schriftform vorschreibt, muss sie meist von *beiden Vertragspartnern* eingehalten werden (zu den Ausnahmen Rn 665). Beispiele ergeben sich hauptsächlich aus den neueren Bestimmungen des BGB, die dem Schutz der Verbraucher (§ 13) dienen. 653

- *Verbraucherdarlehensvertrag:* Ein Verbraucherdarlehensvertrag (§ 491) ist ein Darlehensvertrag zwischen einem Verbraucher (§ 13) als Darlehensnehmer und einem Unternehmer (§ 14) als Darlehensgeber. Ein solcher Vertrag bedarf nach § 492 Abs. 1 S. 1 der Schriftform, die aber nach § 492 Abs. 1 S. 3 von Seiten des Darlehensgebers nicht streng eingehalten werden muss. 654

- *Finanzierungsleasingvertrag:* Dass der Finanzierungsleasingvertrag (§ 506 Abs. 2) der Schriftform bedarf, ergibt sich daraus, dass § 506 Abs. 1 S. 1 auf § 492 Abs. 1 verweist.

- *Teilzahlungsgeschäfte:* Die Verträge, die im täglichen Leben meist Ratenzahlungsverträge genannt werden, bezeichnet § 506 Abs. 3 als „Teilzahlungsgeschäfte". Dass sie der Schriftform bedürfen, ergibt sich aus denselben Vorschriften, die für die Finanzierungsleasingverträge gelten. 655

- *Auflösung eines Arbeitsverhältnisses:* Ein Vertrag, durch den das Arbeitsverhältnis (zwischen einem Arbeitgeber und einem Arbeitnehmer) aufgelöst werden soll, bedarf nach § 623 der Schriftform. Für einen Vertrag über die Auflösung eines *Mietverhältnisses* gilt das aber nicht (Fall 3, Rn 61).

Wenn ein Vertrag, für den das Gesetz die beiderseitige Schriftform verlangt, formwirksam sein soll, müssen die folgenden Voraussetzungen erfüllt sein.

---

66 So § 492 Abs. 1 S. 3 für die Vertragserklärung des Kreditinstituts bei Abschluss eines Verbraucherdarlehensvertrags.
67 BGH NJW 2008, 2178 Rn 18; 2000, 1105.
68 BGH NJW 2006, 140.

b) Zwei Unterschriften ...

656 *... entweder auf derselben Urkunde:* Die wichtigste Voraussetzung für die Einhaltung der Schriftform ist bekanntlich, dass der Aussteller den Text „eigenhändig durch Namensunterschrift" unterzeichnet (§ 126 Abs. 1). Einen *Vertrag*, für den die beiderseitige Schriftform vorgeschrieben ist, müssen *beide* Vertragspartner unterzeichnen, und zwar „auf *derselben* Urkunde" (§ 126 Abs. 2 S. 1). Es reicht also nicht aus, wenn der Vertrag durch Briefwechsel geschlossen wird. *Beispiel:* In einem Fall, in dem das Gesetz Schriftform vorschreibt, übersandte X dem Y einen von ihm unterzeichneten Brief, der den Inhalt des abzuschließenden Vertrags genau angab. Y schrieb zurück, er sei einverstanden, und unterzeichnete seinen Brief ebenfalls. Dadurch wurde aber nicht die gesetzlich vorgeschriebene Schriftform erreicht.[69] Denn es gab in diesem Fall keine Urkunde, die von beiden Parteien unterzeichnet war.

657 *... oder auf gleichlautenden Urkunden:* § 126 Abs. 2 S. 2 lässt es zu, dass „über den Vertrag mehrere gleichlautende Urkunden aufgenommen werden" und jeder auf dem für den anderen bestimmten Exemplar unterzeichnet. Von dieser Möglichkeit wird häufig Gebrauch gemacht.[70] Dann fehlt zwar zunächst auf jeder Urkunde die Unterschrift ihres Besitzers, aber diese lässt sich ja jederzeit nachholen.

658 *Zwei Problemfälle:* Manchmal stehen beide Unterschriften auf derselben Urkunde und trotzdem wird die Einhaltung der Schriftform infrage gestellt. *Beispiel 1:* A legte B einen vollständigen Vertragsentwurf vor, den er unterschrieben hatte (Antrag). B unterschrieb den Text in Gegenwart von A unterhalb von dessen Unterschrift mit dem Zusatz: „Akzeptiert mit Gegenzeichnung". Lange Zeit wurde von der hM in einem solchen Fall im Anschluss an eine RG-Entscheidung[71] die Einhaltung der Schriftform verneint. Das Argument war, A habe mit seiner Unterschrift nur seinen *Antrag* in Schriftform vorgelegt, nicht den *Vertrag* unterschrieben. Dazu habe er zum zweiten Mal unterschreiben müssen, diesmal unter der Unterschrift des B. Aber dieser Förmelei, die keinem vernünftigen Laien zu vermitteln ist, ist der BGH zu Recht nicht gefolgt. Die Schriftform ist also gewahrt.[72]

659 *Beispiel 2:* A und B wollten einen Vertrag schließen, für den das Gesetz Schriftform vorschreibt. A übersandte B zwei nicht unterzeichnete Exemplare eines Vertragsentwurfs. B schickte ein unterschriebenes Exemplar zurück (Antrag). A unterzeichnete dieses Exemplar seinerseits (Annahme) und nahm anschließend den Vertrag zu seinen Akten. Der BGH hat beanstandet, dass die Annahmeerklärung des A dem B nicht in Schriftform zugegangen war (§ 130 Abs. 1 S. 1), und hat daraus geschlossen, dass die Schriftform des Vertrags nicht gewahrt sei.[73] Das ist dem Gesetz aber nicht zu entnehmen. § 126 Abs. 2 S. 1 verlangt nur, dass beide Parteien auf derselben Urkunde unterzeichnet haben. Das ist erfolgt. Es ist gleichgültig, wo sich die Urkunde anschließend befindet und es muss auch keine zweite geben. Dass jede Partei die Unterschrift der anderen bei ihren Akten haben muss, wird nur verlangt, wenn die Unterschriften nicht auf derselben Urkunde stehen (§ 126 Abs. 2 S. 2).

---

69 Ein Vertragsschluss durch Briefwechsel ist nur zulässig, wenn die Schriftform durch *Rechtsgeschäft* bestimmt wurde (§ 127 Abs. 2 S. 1; Rn 679) oder nach spezieller gesetzlicher Anordnung, zB nach § 492 Abs. 1 S. 2.
70 Beispiel in BGH NJW 2008, 2178 Rn 34.
71 RGZ 105, 60 (62).
72 BGHZ 160, 97.
73 BGHZ 165, 213 Rn 13 unter Hinweis auf BGH WM 1997, 2000 (2001).

c) Vollständige Wiedergabe des Vertragsinhalts

Grundsatz: § 126 Abs. 2 S. 1 ist in erster Linie zu entnehmen, dass die *Unterschriften* auf derselben Urkunde stehen müssen (Rn 656). Damit ist aber auch gemeint, dass alle *Vertragsbestimmungen* – zumindest alle *wesentlichen* – in einer einheitlichen Urkunde festgehalten sein müssen. Sie dürfen nicht in mehreren Urkunden stehen.

Besteht der Text aus mehreren Seiten, so sollten sie fest miteinander verbunden sein (geheftet oder geklammert). Aber auch lose Blätter bilden *eine* Urkunde, wenn sich ihre Zusammengehörigkeit „aus fortlaufender Paginierung, fortlaufender Nummerierung der einzelnen Bestimmungen, einheitlicher grafischer Gestaltung, inhaltlichem Zusammenhang des Textes oder vergleichbaren Merkmalen zweifelsfrei ergibt".[74]

Wenn es zwei gleichlautende Vertragsurkunden gibt, reicht es aus, wenn eine von ihnen den Anforderungen der Formvorschrift genügt.[75]

Bezugnahme auf andere Schriftstücke: Sind wesentliche Vertragsinhalte (zB Grundrisse, Baubeschreibungen, Inventarverzeichnisse) „in Anlagen ausgelagert, so dass sich der Gesamtinhalt ... erst aus dem Zusammenspiel dieser ,verstreuten' Bedingungen ergibt", kann im Vertrag auf die Anlagen Bezug genommen werden.[76] Wenn die Bezugnahme eindeutig ist, ist eine körperliche Verbindung zu einer einzigen Urkunde nicht erforderlich. Das gilt auch bei einer Vertragsänderung. Es reicht dann aus, wenn der neue Vertrag auf den alten verweist und nur die abweichenden Vereinbarungen aufführt.[77]

d) Keine mündlichen Ergänzungen oder Änderungen

Die Einhaltung der Schriftform setzt auch voraus, dass der Inhalt des Vertrags nicht später mündlich geändert worden ist. Denn durch eine solche Änderung kann der Vertrag nachträglich formnichtig werden.[78] *Beispiel:* Im schriftlichen Mietvertrag war eine quartalsweise Zahlung der Miete vereinbart worden. Die Vertragsparteien einigten sich aber nachträglich mündlich auf eine monatliche Zahlung. Damit war für eine wesentliche Bestimmung des Vertrags (den Zeitpunkt der Mietzahlung) die Schriftform nicht mehr gewahrt. Das führte dazu, dass nunmehr dem ganzen Vertrag die Schriftform fehlte.[79] Wenn die Parteien mündlich eine Änderung vereinbaren, die nur einen *Nebenpunkt* betrifft[80] oder auf ein Jahr beschränkt ist, wird dadurch die Schriftform nicht infrage gestellt.[81]

3. Ausnahme: Nur ein Partner muss die Schriftform einhalten

Manchmal ist der Vertrag nur für *einen* Vertragspartner riskant, so dass nur er durch die Schriftform gewarnt werden muss (Warnfunktion, Rn 640). Das Gesetz verlangt dann nur für die Erklärung dieses Vertragspartners die Schriftform *(einseitiges Schriftformerfordernis)*. Bekanntestes Beispiel dafür ist der *Bürgschaftsvertrag* (§ 765), der

---

74 BGH NJW 1999, 1104; ähnlich BGHZ 142, 158 und BGHZ 136, 257.
75 BGHZ 142, 158 (161).
76 BGH NJW 2008, 2181 Rn 24; 2008, BGHZ 176, 301 Rn 21; BGH NJW 2007, 1742 Rn 20.
77 BGHZ 154, 171 (179); 160, 97 (101); BGH NJW 2008, 2178 Rn 21.
78 Palandt/Ellenberger § 125 Rn 21.
79 BGH NJW 2008, 365.
80 BGH NJW 2008, 365 Rn 11 und BGHZ 176, 301 Rn 18.
81 Staudinger/Emmerich § 550 Rn 31; Palandt/Weidenkaff § 550 Rn 16; auch der BGH „neigt" zu dieser Auffassung (NJW 2005, 1861 [1862]).

nur die „schriftliche Erteilung der *Bürgschaftserklärung*" verlangt (§ 766 S. 1). Deshalb muss nur die vom Bürgen abzugebende Vertragserklärung (Antrag oder Annahme) der Schriftform genügen. Auf die Unterschrift seines Vertragspartners, des Gläubigers, kommt es nicht an.

4. Einseitige Rechtsgeschäfte, die der Schriftform bedürfen

666 Für einseitige Rechtsgeschäfte schreibt das Gesetz die Schriftform nur selten vor, aber die wenigen Fälle haben große praktische Bedeutung:

- *Kündigung eines Arbeitsverhältnisses:* Nach § 623 bedarf die Kündigung eines Arbeitsverhältnisses durch den Arbeitgeber oder den Arbeitnehmer der Schriftform.[82] Eine mündliche Kündigung ist nichtig (§ 125). Zu beachten ist, dass auch eine Kündigung durch Fax oder durch Zusendung eines Schreibens mit kopierter Unterschrift die Schriftform nicht wahrt (Rn 644, 648).

667 - *Kündigung eines Wohnraummietvertrags:* Nach § 568 Abs. 1 bedarf die „Kündigung des Mietverhältnisses" der Schriftform. Aus der Tatsache, dass § 568 im Untertitel „Mietverhältnisse über Wohnraum" steht, ist zu entnehmen, dass nur die Kündigung eines *Wohnraummietvertrags* gemeint ist.[83]

- *Kündigung eines Bauvertrags:* Nach § 650h bedarf die Kündigung eines Bauvertrags der schriftlichen Form. Das gilt auch für den Verbraucherbauvertrag (§ 650i Abs. 3). Dieser Vertrag ist für einen Verbraucher sehr wichtig, denn er baut – wenn überhaupt – meist nur einmal. Deshalb stellt der Gesetzgeber den Verbraucherbauvertrag den wichtigsten Verträgen gleich, die ein Normalbürger schließt, nämlich dem Arbeits- und dem Wohnraummietvertrag: Für den *Abschluss* dieser drei Verträge ist keine Schriftform vorgeschrieben.[84] Aber ein Verbraucher soll daran gehindert werden, durch eine unbedachte *mündliche* Kündigung seine Rechtsstellung als Arbeitnehmer, Mieter oder Bauherr leichtfertig aufs Spiel zu setzen.

5. Sonderfall: Mietverträge über Wohn- und Geschäftsräume

668 Da die Schriftform von Verträgen bereits ausführlich behandelt wurde, ist es sicher verwunderlich, dass ein eigener Unterabschnitt der Schriftform von *Mietverträgen* gewidmet wird. Aber § 550, der diese Frage regelt, ist so ungewöhnlich und zugleich so bedeutungsvoll, dass er diese besondere Aufmerksamkeit verdient.

Wenn man § 550 S. 1 flüchtig liest, kann man den Eindruck haben, er schreibe für Mietverträge die Schriftform vor. Das ist aber nicht richtig. Kein Mietvertrag ist deshalb nichtig, weil er die Schriftform nicht einhält. Der Mangel der Form kann nur dazu führen, dass er früher kündbar ist.

669 Um § 550 S. 1 zu verstehen, muss man wissen, dass es, was den zeitlichen Aspekt angeht, zwei Arten von Mietverträgen gibt.

- Ein Mietvertrag *auf unbestimmte Zeit* liegt vor, wenn das Ende der Mietzeit nicht im Vertrag festgelegt ist. Solche Verträge sind der Normalfall. Jede Partei kann sie „nach den gesetzlichen Vorschriften kündigen" (§ 542 Abs. 1), also auch schon am

---

[82] BAG NJW 2005, 844. Zur Form eines Auflösungsvertrags siehe Rn 655.
[83] Für andere Mietverhältnisse – insbesondere für Mietverträge über Geschäftsräume – gilt die Formvorschrift nicht, weil § 578 Abs. 2 S. 1 nicht auf § 568 Abs. 1 verweist.
[84] Die Absicht ist, den Bestand des Vertrags nicht zu gefährden. Dass auch mündlich geschlossene Wohnraummietverträge gültig sind, wird von Laien meist bezweifelt, ist aber richtig (Rn 669).

Tage nach dem Vertragsschluss. Solche Mietverträge können uneingeschränkt *mündlich* geschlossen werden, auch wenn es sich um Wohnraum handelt.

- Mietverträge *auf bestimmte Zeit* legen die Dauer der Mietzeit vertraglich fest, zB mit den Worten „auf zehn Jahre". Dann endet das Mietverhältnis „mit Ablauf dieser Zeit" und ist vorher nicht regulär kündbar (§ 542 Abs. 2). § 550 S. 1 besagt, dass ein Wohnraum-Mietvertrag, der fest „für längere Zeit als ein Jahr" geschlossen wird, die Schriftform einhalten sollte. Tut der das nicht, ist er nicht etwa formnichtig, aber kündbar.

670

Der Grund der Schriftform ...: Die Väter des BGB haben § 550 aus folgendem Grund geschaffen: Wer ein vermietetes Wohngebäude erwirbt, tritt kraft Gesetzes als Vermieter in die bestehenden Mietverträge ein (§ 566 Abs. 1). § 550 soll sicherstellen, dass der neue Vermieter nur dann an längerfristig unkündbare Mietverträge gebunden ist, wenn sie in Schriftform vorliegen und der Mieter damit ihre Unkündbarkeit beweisen kann.[85] *Beispiel:* V und M hatten einen Wohnraummietvertrag „fest auf 15 Jahre" geschlossen, aber nur mündlich. Später trat X auf der Vermieterseite in den Vertrag ein und kündigte. M berief sich auf die mündlich vereinbarte Laufzeit von 15 Jahren, aber wegen § 550 vergeblich.

671

... und was clevere Anwälte daraus gemacht haben: § 550 gilt nicht nur für Mietverträge über Wohnraum, sondern durch die Verweisung in § 578 Abs. 2 auch für Mietverträge über *Geschäftsräume*. Und hier hat § 550 durch geschickte Anwälte eine große Bedeutung in den Fällen erlangt, in denen einer der Vertragspartner den Vertrag vorzeitig beenden will.

672

Beispiel: M hatte von V in Schriftform Räume für ein Speiselokal in einer großen Einkaufspassage fest auf zehn Jahre gemietet. Ein Jahr später wurde X Eigentümer der Immobilie, sodass er nach § 566 Abs. 1 anstelle von V in den Mietvertrag eintrat. Er wollte den Vertrag kurzfristig kündigen, sah sich daran aber gehindert, weil eine zehnjährige Laufzeit in Schriftform vereinbart war. Um über § 550 S. 1 trotzdem zu einem Kündigungsrecht kommen, suchte sein Anwalt einen Formfehler des Vertrags, der die Schriftform aufhob. Er fand heraus, dass sich Lage und Umfang der Mietfläche weder aus dem Mietvertrag noch aus dem beigefügten Gebäudeplan entnehmen ließen. Wegen dieses Mangels hielt der Mietvertrag insgesamt die Schriftform nicht ein (Rn 660 bis 663). Die Rechtslage war also so, als hätten V und M den Vertrag nur mündlich geschlossen. Der Vertrag war deshalb für X nach § 550 S. 1 kündbar.[86]

673

Geringere Anforderungen an die Schriftform: Die Anforderungen, die der BGH an die Einhaltung der Schriftform von Mietverträgen stellt, sind geringer als in anderen Fällen. *Beispiel:* Der Mietinteressent M hatte gemeinsam mit V den Text für einen Mietvertrag über Gewerberäume vorbereitet. M unterzeichnete den Entwurf und übersandte ihn dem V (Antrag). V unterzeichnete ebenfalls (Annahme). Später wollte M kündigen, sah sich daran aber durch die Bestimmung gehindert, dass die Laufzeit 15 Jahre betrug. M fand heraus, dass V die im Vertragsentwurf vorgesehene Annahmefrist (§ 148) nicht eingehalten hatte. Im Zeitpunkt der Annahmeerklärung war deshalb der Antrag des M bereits erloschen (§ 146). Aus diesem Grund konnte die Unterschrift des V nicht als Annahme verstanden werden, sondern war ein neuer Antrag (§ 150 Abs. 1). M hatte diesen Antrag nicht in Schriftform angenommen, sondern nur kon-

674

---

[85] BGHZ 176, 301 Rn 13; BGHZ 136, 357 (370).
[86] BGH NJW 2014, 2102 Rn 23 ff.

kludent. Daraus ließe sich ableiten, dass der ganze Mietvertrag insgesamt der Schriftform ermangelte. Aber der BGH hat die Anforderungen an die Schriftform von Mietverträgen in diesem Punkt zu Recht herabgesetzt. Es reicht aus, wenn der Mietvertrag der „äußeren Form" genügt. Es müssen deshalb nur alle wesentlichen Vertragsbestimmungen in einer von beiden Partnern unterschriebenen Urkunde enthalten sein. Ob die Parteien auch beim Vorgang des Vertragsschlusses alle Voraussetzungen der Schriftform eingehalten haben, ist gleichgültig.[87]

675 Die großzügigere Anwendung der Formvorschriften ergibt sich aus der speziellen Funktion, die die Schriftform bei Mietverträgen hat, nämlich einem künftigen Erwerber der Immobilie Gewissheit über den Vertragsinhalt zu verschaffen (Rn 671). Das gewährleistet auch ein Vertrag, der nur die „äußere Form" einhält.[88]

6. Durch Rechtsgeschäft bestimmte Schriftform

a) Deklaratorisch oder konstitutiv?

676 Manchmal haben die Parteien den Wunsch eine Form einzuhalten, obwohl diese vom *Gesetz nicht* vorgesehen ist. Man spricht dann von „durch Rechtsgeschäft bestimmter Form" oder von gewillkürter Form. Diesen Fall regelt § 127. Es ist zu unterscheiden:

- *Deklaratorische Form:* Es ist möglich, dass die Parteien den mündlich geschlossenen Vertrag als wirksam ansehen und nur der Meinung sind, er solle aus Beweisgründen oder „der guten Ordnung halber" in schriftlicher Form festgehalten werden. In diesem Fall ist nur eine *deklaratorische Form* vereinbart, so dass § 127 Abs. 1 nicht gilt. Der Vertrag ist auch ohne Einhaltung der gewählten Form wirksam.[89]
- *Konstitutive Form:* Die Parteien können aber auch der Meinung sein, das Rechtsgeschäft solle erst mit der Einhaltung der vereinbarten Form wirksam werden. Dann vereinbaren sie eine *konstitutive* (rechtsbegründende) Form. Nur diesen Fall meint § 127 und auch nur um ihn geht es im Folgenden.[90]

Unnötige Parallelvorschrift: § 154 Abs. 2 setzt voraus, dass „eine Beurkundung des beabsichtigten Vertrags verabredet worden" ist. Damit ist die Verabredung gemeint, einen (eigentlich mündlich wirksamen) Vertrag zu „beurkunden", also nach § 127 in Schriftform zu schließen (eine *notarielle* Beurkundung ist nicht gemeint). § 154 Abs. 2 beruht wohl auf einem Redaktionsversehen und könnte ersatzlos gestrichen werden. Denn die Rechtsfolge, dass der Vertrag im Zweifel erst mit der (vereinbarten) Beurkundung geschlossen ist, ergibt sich bereits aus den §§ 125 S. 2, 127.

b) Verträge in gewillkürter Schriftform

677 Eine „durch Rechtsgeschäft bestimmte" (gewillkürte) Schriftform nach § 127 Abs. 1 liegt vor, wenn die Parteien sich (auch stillschweigend) darauf geeinigt haben, einen (von Gesetzes wegen auch formlos wirksamen) Vertrag erst nach den beiderseitigen Unterschriften als geschlossen anzusehen. Dann gelten die Vorschriften über die gesetz-

---

87 BGH NJW 2010, 1518 Rn 22.
88 BGH NJW 2015, 2034 Rn 24.
89 BGH NJW 1964, 1270.
90 Der Gesetzgeber hält es für möglich, dass die Parteien vereinbaren, ein (von Gesetzes wegen mündlich wirksames) Rechtsgeschäft in *elektronischer Form* vorzunehmen (§ 127 Abs. 3). Auf diese Möglichkeit wird hier nicht eingegangen, weil sie keine praktische Bedeutung hat.

liche Schriftform (§ 126) im Zweifel auch für diesen Vertrag (§ 127 Abs. 1). Es bestehen aber feine Unterschiede:

- *Fax, E-Mail:* Für die gewillkürte Schriftform genügt im Zweifel „die telekommunikative Übermittlung" (§ 127 Abs. 2 S. 1), also insbesondere die Textform (§ 126b), bei der die Unterschrift fehlen darf (Rn 689 ff). Zur „telekommunikativen Übermittlung" gehört aber nur, was beim Empfänger in *lesbarer* Form ankommt (Fax, E-Mail).[91] Das Telefon gehört hier nicht zur Telekommunikation.

678

- *Briefwechsel:* Es genügt außerdem „bei einem Vertrag der Briefwechsel" (§ 127 Abs. 2 S. 1). *Beispiel:* A übermittelte B einen Antrag in Schriftform. B schrieb zurück, dass er einverstanden sei. Diese Form des Vertrags wäre nach § 126 unwirksam, weil nicht beide Unterschriften auf einer Urkunde stehen (§ 126 Abs. 2 S. 1) und auch nicht alternativ zwei gleichlautende Vertragsurkunden vorliegen (§ 126 Abs. 2 S. 2).

679

Austausch von E-Mails: Es ist auch eine Kombination beider Ausnahmen zulässig, nämlich ein Vertragsschluss durch Austausch von Faxkopien oder E-Mails.

Wird von einer dieser Möglichkeiten Gebrauch gemacht, kann jede Partei nachträglich den Abschluss des Vertrags in der Form des § 126 verlangen (§ 127 Abs. 2 S. 2).

c) Einseitige Rechtsgeschäfte in gewillkürter Schriftform

- Oft wird auch für *einseitige Rechtsgeschäfte* Schriftform vereinbart. *Beispiel 1:* In einem Mietvertrag über Lagerhallen hieß es: „Die Kündigung des Mietverhältnisses hat in schriftlicher Form zu erfolgen." Die Mieterin kündigte durch Übermittlung eines Telefax. *Lösung:* Das Gesetz schreibt für die Kündigung eines *Wohnraum*-Mietvertrags Schriftform vor, aber nicht für die Kündigung eines *Geschäftsraum*-Mietvertrags.[92] Die Schriftform der Kündigung war also nur vereinbart (§ 127 Abs. 1). Es reichte deshalb aus, „soweit nicht ein anderer Wille anzunehmen ist", die Kündigung „telekommunikativ" zu übermitteln, also als Fax oder als E-Mail (§ 127 Abs. 2 S. 1). Folglich war die Kündigung nicht formnichtig.[93] *Beispiel 2:* Der Mietvertrag über eine Arztpraxis sah für die Kündigung Schriftform vor. Der Vermieter unterschrieb die Kündigung ordnungsgemäß, übergab dem Mieter aber eine Kopie. Da eine gewillkürte Schriftform vorlag und deshalb „telekommunikative Übermittlung" ausgereicht hätte (§ 127 Abs. 2), brauchte die zugegangene Kündigung keine Originalunterschrift zu tragen.

680

Kündigung per Einschreiben: Wenn für eine Kündigung Schriftform vorgeschrieben ist (gleichgültig ob durch Gesetz oder durch Vertrag), wird oft zusätzlich vereinbart, dass die Kündigung durch Einschreiben erfolgen soll („Die Kündigung des Vertrags erfolgt durch eingeschriebenen Brief"). Diese Klausel soll nur den Beweis des Zugangs erleichtern und stellt kein Formerfordernis dar. Wirksam ist deshalb auch eine Zusendung mit einfacher Post oder eine persönliche Übergabe des Kündigungsschreibens.[94]

681

---

91 BGH NJW 2004, 1320; NJW-RR 1996, 866 (867).
92 § 578 Abs. 2 S. 1 verweist nicht auf § 568 Abs. 1.
93 BGH NJW 2004, 1320.
94 BGH NJW 2013, 1082 Rn 8; NJW 2004, 1320.

d) Nichteinhaltung der gewillkürten Schriftform ...

682 ... *von Anfang an:* Wenn es trotz einer Schriftformvereinbarung an der Form des § 127 fehlt, ist das Rechtsgeschäft nach § 125 S. 2 „im Zweifel" nichtig. Wenn die Parteien jedoch einverständlich mit der Durchführung des nicht (oder nicht vollständig) beurkundeten Vertrags begonnen haben, haben sie die Vereinbarung über die Form „stillschweigend wieder aufgehoben".[95] Das gleich gilt, wenn sie das eigentlich nichtige *einseitige* Rechtsgeschäft als wirksam behandelt haben. Hier besteht ein wesentlicher Unterschied zur gesetzlich vorgeschriebenen Schriftform. Denn eine Gesetzesnorm, die eine Form vorschreibt, gehört zum unabdingbaren Recht (Rn 253) und kann deshalb von den Parteien nicht aufgehoben werden.

683 ... *durch mündliche Änderungen:* Häufig einigen sich die Parteien später mündlich (auch konkludent) auf eine Änderung oder Ergänzung des Vertrags. Dadurch genügen nicht mehr alle Bestimmungen der vereinbarten Form, so dass die Formnichtigkeit des ganzen Vertrags droht (Rn 664). Aber die *gewillkürte* Schriftform, die ja auf einer Vereinbarung der Parteien beruht, kann durch eine neue Vereinbarung aufgehoben werden, auch konkludent. Genau das geschieht, wenn sich die Vertragspartner mündlich auf eine Vertragsänderung einigen. Deshalb bleibt der Vertrag trotz der mündlichen Änderung oder Ergänzung wirksam, nur mit neuem Inhalt.

7. Schriftformklauseln

a) Schriftformklauseln in AGB

684 *Einfache Schriftformklausel:* Oft legt einer der Vertragspartner großen Wert darauf, dass die gewillkürte Schriftform nicht nachträglich durch eine mündlich vereinbarte Vertragsänderung verloren geht (Rn 664, 673). Er nimmt dann oft eine so genannte *Schriftformklausel* in seine *AGB* auf. Sie lautet etwa: „Änderungen oder Ergänzungen dieses Vertrags bedürfen der Schriftform"[96] oder „Sämtliche Vereinbarungen sind schriftlich niederzulegen".[97]

Eine Schriftformklausel bezieht sich auf die Zukunft: Man darf die Schriftformklausel nicht mit der Vereinbarung verwechseln, die die Parteien anlässlich des Vertragsschlusses treffen und mit der sie die Schriftform des Rechtsgeschäfts vereinbaren (§ 127 Abs. 1). Denn die Schriftformklausel geht davon aus, dass die Schriftform nach § 127 vereinbart wurde, und will sie nur *für die Zukunft* erhalten.

Wenn sich die Vertragsparteien später trotz der einfachen Schriftformklausel mündlich und individuell auf eine Vertragsänderung einigen, stellt sich die Frage, ob sie durch diese Vereinbarung die Schriftformklausel, soweit sie eine AGB ist, außer Kraft gesetzt haben.

Qualifizierte (verstärkte/doppelte) Schriftformklausel: Deshalb wird oft ein Zusatz gemacht wie: „Auf das Formerfordernis kann nur durch eine *schriftliche* Erklärung verzichtet werden"[98] oder „Mündliche Vereinbarungen über die Aufhebung der Schriftform sind nichtig".[99] Durch diesen Zusatz wird aus der einfachen Schriftformklausel

---

[95] BGH NJW 2000, 354; NJW-RR 1997, 669; BGH NJW 1993, 1063.
[96] BGH NJW 1995, 1488.
[97] BGH NJW 2001, 292.
[98] BGHZ 66, 378.
[99] BAG NJW 2003, 3725 (3727).

eine „qualifizierte Schriftformklausel".[100] Sie zeigt den verstärkten Willen des Verwenders der AGB, mündliche Nebenabreden nicht zuzulassen.

Unwirksamkeit beider Klauseln: Die Frage, ob die Vertragsparteien durch eine individuell vereinbarte Vertragsänderung die anderslautende AGB (Schriftformklausel) außer Kraft setzen können, ist für beide Arten der Schriftformklausel zu bejahen.[101] Denn in der mündlich vereinbarten Vertragsänderung steckt auch eine individuelle Vertragsabrede mit dem Inhalt: „Wir wollen, dass die mündliche Abrede wirksam ist". Diese Abrede widerspricht der AGB (der Schriftformklausel). Den Streit darüber, welche Regelung Vorrang hat – die AGB oder die individuelle Vereinbarung – entscheidet § 305b mit erfrischender Kürze: „Individuelle Vertragsabreden haben Vorrang vor Allgemeinen Geschäftsbedingungen." Deshalb sind beide Schriftformklauseln „mit wesentlichen Grundgedanken der gesetzlichen Regelung" – nämlich des § 305b – „nicht zu vereinbaren" (§ 307 Abs. 2 Nr. 1), Weil sie den anderen Teil unangemessen benachteiligen (§ 307 Abs. 1 S. 1), sind sie unwirksam.[102]

685

b) Individuell vereinbarte Schriftformklauseln

Individuell vereinbarte Schriftformklauseln sind bekanntlich *keine* AGB (sondern ihr Gegenteil) und können folglich nicht an den §§ 305b, 307 scheitern. Sie sind deshalb im Prinzip wirksam und verpflichten die Parteien, den Formmangel zu vermeiden oder zu heilen.[103] Obwohl der Widerstreit zwischen den beiden individuellen Vereinbarungen nicht so eindeutig zu entscheiden ist wie nach § 305 b, kann die Vertragsänderung Siegerin sein. Denn auch *individuell* vereinbarten Schriftformklauseln können „dadurch außer Kraft gesetzt werden, dass die Vertragsparteien deutlich den Willen zum Ausdruck bringen, die mündlich getroffene Abrede solle ungeachtet dieser Klausel gelten".[104] Ein solcher Wille zeigt sich insbesondere, wenn die Parteien die mündliche Abrede praktizieren. Auch die individuelle Schriftformklausel täuscht also eine Unveränderbarkeit der gewillkürten Schriftform vor, die idR nicht gegeben ist.

686

III. Elektronische Form

Eine E-Mail schließt häufig mit dem Namen des Absenders, aber dabei handelt es sich bekanntlich nicht um eine Unterschrift. Deshalb kann der Empfänger nicht sicher sein, dass die eingegangene E-Mail tatsächlich von der Person stammt, die als Absender angegeben ist. Die Lösung kann nur eine technische Einrichtung bringen, die es dem Absender ermöglicht, sozusagen seinen elektronischen Fingerabdruck unter das Dokument zu setzen. Dann steht fest, dass der Text wirklich von dem angegebenen Absender stammt.

687

Beim Online-Banking gelingt das schon seit langem mithilfe von PIN und TAN. Für zwei Personen, die *nicht* in einer dauernden Geschäftsbeziehung stehen, ist dies Verfahren nicht möglich. Es kann aber für den Empfänger eine ähnliche Sicherheit ge-

---

100 BGHZ 66, 378 (381); 164, 133 (137/138).
101 BGH NJW 2017, 1017 Rn 18.
102 BGH NJW 2006, 138; 2001, 292; 1995, 1488. Ebenso zu einem Mietvertrag OLG Rostock NJW 2009, 3376.
103 Das gilt allerdings nicht für Mietverträge, auf die § 550 anwendbar ist. In diesen Fällen ist auch eine individual-vertragliche Schriftformheilungsklausel unwirksam, weil auch sie § 550 unzulässig unterlaufen würde (BGH NJW 2017, 3772 Rn 33 ff; BGHZ 200, 98 Rn 24 ff).
104 BGH NJW 1995, 1488; 1993, 1063; 1991, 1750; BAG NJW 1994, 2636; BFH NJW 1997, 1327; Soergel/Hefermehl § 125 Rn 33.

schaffen werden, wenn *ein Dritter* die Identität des Absenders bestätigt (sogenannte Authentifizierung). Diese Möglichkeit hat das (auf eine EU-Richtlinie zurückgehende) *Signaturgesetz* geschaffen, an dessen Stelle jetzt das Vertrauensdienstegesetz vom 18. Juli 2017 getreten ist.[105] Das Zertifikat wird nur natürlichen Personen erteilt, zB dem bestimmten Mitarbeiter M einer Bank. Denn auch eine Unterschrift kann ja nur von einem *Menschen* geleistet werden, nicht von einem Unternehmen oder einer Behörde.

688 Die Hauptaufgabe der elektronischen Form ist es, den Rechtsverkehr zu vereinfachen, indem sie die Schriftform in einigen Fällen ersetzt, in denen sie gesetzlich vorgeschrieben ist. Das ist aber nur möglich, „wenn sich nicht aus dem Gesetz ein anderes ergibt" (§ 126 Abs. 3). Von der Möglichkeit, etwas „anderes" anzuordnen, hat der Gesetzgeber mehrfach Gebrauch gemacht. So ist die Kündigung eines Arbeitsvertrags in elektronischer Form unzulässig (§ 623 Hs. 2) ebenso die Erteilung eines Arbeitszeugnisses in dieser Form (§ 630 S. 3). Auch für die Bürgschaft, das Schuldversprechen und das Schuldanerkenntnis ist die elektronische Signatur ausdrücklich nicht zugelassen (§§ 766 S. 2, 780 S. 2, 781 S. 2). Aber die elektronische Form kann die gesetzlich vorgeschriebene Schriftform zB bei der Kündigung von Wohnraummietverträgen ersetzen (§ 568 Abs. 1 schließt die elektronische Form nicht aus).

Die elektronische Form ist auch in den Fällen, in denen sie zulässig ist, nur begrenzt einsetzbar. Ihre Verwendung setzt nämlich voraus, dass der Erklärungsempfänger mit ihr einverstanden ist.[106] Zudem muss der Empfänger die technischen Voraussetzungen für eine Teilnahme am Verfahren geschaffen haben. Es ist kaum zu erwarten, dass in Zukunft Millionen von Wohnraummietern die umständlichen Voraussetzungen dafür schaffen werden, die nötig sind, um eine Kündigung ihres Vermieters in elektronischer Form entgegennehmen zu können.

Im Rechtsverkehr zwischen Behörden, Gerichten, Anwälten und Notaren spielt die elektronische Form aber eine große Rolle. *Beispiel:* Nach § 130 Nr. 6 ZPO ist für die Wirksamkeit bestimmender Schriftsätze eigentlich die Unterschrift des Rechtsanwalts unerlässlich. Solch ein Schriftsatz kann aber auch als elektronisches Dokument eingereicht werden, wenn es „mit einer qualifizierten elektronischen Signatur der verantwortenden Person versehen" ist (§ 130a Abs. 3 ZPO).

Wenn die elektronische Form vertraglich vereinbart ist, gewährt § 127 Abs. 3 Erleichterungen (ähnlich wie § 127 Abs. 2 für die rechtsgeschäftlich bestimmte *Schriftform*).

IV. Textform

689 § 126b regelt die Textform, die sozusagen eine „Schriftform ohne Unterschrift" ist. Sie ist geschaffen worden, um dem Fax und der E-Mail, die ja beide ohne (echte) Unterschrift beim Empfänger ankommen, eine juristisch anerkannte Funktion zu verschaffen. Die Textform bleibt in ihrem Gewicht deutlich hinter der Schriftform zurück und hat insbesondere nicht deren Warnfunktion. Sie ist andererseits aber auch mehr als eine bloß mündlich abgegebene Erklärung, weil ihr Inhalt nachlesbar und damit leichter beweisbar ist. Insofern steht sie zwischen der Schriftform und der mündlichen Erklärung. Die Textform ersetzt (natürlich) nicht die Schriftform, aber umgekehrt die

---

105 BGBl. I S. 2745. Das Gesetz wurde durch Artikel 2 des Gesetzes vom 18. Juli 2017 (BGBl. I S. 2745) geändert.
106 BT-Drucksache 14/4987, 41.

Schriftform die Textform. Das hat das Gesetz – anders als in § 126 Abs. 4 – nur nicht ausdrücklich normiert.

„*Ist durch Gesetz Textform vorgeschrieben ...*" Häufig ist die Textform für Informationen (Rn 52) vorgeschrieben, die einem Verbraucher zu geben sind. *Beispiel:* Ein Kreditinstitut muss einen Verbraucher vor Abschluss eines Verbraucherdarlehensvertrags (mindestens) in Textform umfassend informieren (§ 491a Abs. 1 mit Art. 247 § 1 Abs. 2 S. 1 EGBGB).

Auffallend häufig ist die Textform zugelassen für Mitteilungen zwischen Vermieter und Mieter (§§ 556a Abs. 2 S. 1, 556b Abs. 2 S. 1, 557b Abs. 3 S. 1, 558a Abs. 1). Das kommt Großvermietern entgegen, die an Hunderte von Mietern Schreiben ohne Unterschrift versenden können. Außerdem können die Mietvertragspartner in diesen Fällen per Fax oder E-Mail kommunizieren.

Die Textform ist selten für *Willenserklärungen oder Verträge* vorgeschrieben, aber auch das kommt vor. So müssen *Verbraucher*bauverträge mindestens in Textform geschlossen werden, während immer dann, wenn der Bauherr nicht Verbraucher ist (Bauvertrag, §§ 650a ff), ein mündlicher Vertragsschluss ausreicht. Textform reicht auch aus bei Verträgen, durch die sich ein Anwalt von seinem Mandanten ein höheres Honorar versprechen lässt, als es das RVG vorsieht (§ 3a Abs. 1 S. 1 RVG).[107] Für solche gefährlichen Verträge müsste mindestens Schriftform vorgeschrieben sein. Auch bei ihr ist die Warnfunktion (Rn 640) gering, bei der Textform geht sie gegen Null. Man merkt, dass die Anwaltschaft im Bundestag stark vertreten ist.

„*... so muss eine lesbare Erklärung ...*" Der Text muss aus Schriftzeichen bestehen, ein Tondokument ist nicht ausreichend.

„*... in der die Person des Erklärenden genannt ist ...*" Der Name des Erklärenden muss den Text nicht abschließen (wie bei der Unterschrift), er kann auch als Briefkopf am Anfang stehen.

„*... auf einem dauerhaften Datenträger abgegeben werden.*" Der Begriff des dauerhaften Datenträgers wird in Satz 2 umschrieben. Man denkt zunächst, damit seien nur elektronische Speichermedien wie Festplatte, CD oder USB-Stick gemeint. Aber auch das gute alte Papier fällt unter den Begriff des „dauerhaften Datenträgers". *Beispiel 1:* Zugang eines Schreibens per Fax. *Beispiel 2:* Die Stadtwerke AG schickt an alle Abnehmer ein individuell adressiertes Schreiben, das keine (handgeschriebene) Unterschrift trägt. Damit ist die Textform erfüllt.

Aber natürlich stehen die genannten elektronischen Speichermedien im Vordergrund. Sie müssen es dem Empfänger ermöglichen, „eine auf dem Datenträger befindliche, an ihn persönlich gerichtete Erklärung so aufzubewahren oder zu speichern, dass sie ihm während eines für ihren Zweck angemessenen Zeitraums zugänglich ist". Auch eine E-Mail ist in diesem Sinn ein dauerhafter Datenträger, weil der Empfänger ihren Inhalt auf seiner Festplatte speichern kann. Eine E-Mail ist auch „*geeignet ..., die Erklärung unverändert wiederzugeben*" (§ 126b S. 2 Nr. 2). Es ist nicht erforderlich, dass der Empfänger die unter seiner E-Mail-Adresse eingegangene Erklärung tatsächlich speichert oder gar ausdruckt. Das muss ihm nur „ermöglicht" werden (S. 2 Nr. 1).

Die Textform ist nicht eingehalten, wenn der fragliche Text nur auf der Website dessen zu finden ist, der die Erklärung abgeben soll. *Beispiel:* Händler V bot im Internet afri-

---

107 BGH NJW 2016, 1391.

kanische Holzhocker in Tierform an. Er musste K, der einen solchen Hocker bestellt hatte, in Textform über das Widerrufsrecht belehren. V ist der Meinung, er habe die Textform gewahrt, weil die Widerrufsbelehrung auf seiner Homepage zu lesen war. Das ist aber nicht richtig.[108] Die Belehrung musste von V „abgegeben ... werden" (§ 126b S. 1). V musste sie deshalb dem K als E-Mail oder auf andere Weise *zuschicken*.

V. Öffentliche Beglaubigung

692 Ist durch Gesetz die öffentliche Beglaubigung einer Erklärung vorgeschrieben, hat ein Notar zu bestätigen, dass die Unterschrift unter der Erklärung von einer bestimmten, namentlich genannten Person stammt (§ 129 Abs. 1 S. 1). Wenn der Notar den Unterzeichner nicht persönlich kennt, muss er sich zunächst „Gewissheit über seine Person verschaffen" (§ 40 Abs. 4, § 10 Abs. 2 S. 1 BeurkG), etwa durch Vorlage des Personalausweises. Anschließend beobachtet er, wie die Unterschrift geleistet wird. Ist die Urkunde bereits unterschrieben, kann der Unterzeichner sie auch gegenüber dem Notar ausdrücklich als seine eigene anerkennen (§ 40 Abs. 1 BeurkG). Mit dem Text der Urkunde (also ihrem Inhalt) hat der Notar bei der Beglaubigung grundsätzlich nichts zu tun (§ 40 Abs. 2 BeurkG). Er dürfte also die Beglaubigung vornehmen, auch wenn der Text über der Unterschrift erkennbar unwahr ist.

Der öffentlichen Beglaubigung bedürfen bestimmte Erklärungen gegenüber dem Nachlassgericht (zB § 1945 Abs. 1), dem Grundbuchamt (§ 29 GBO), dem Handelsregister (§ 12 HGB) und gegenüber anderen Gerichten und Behörden. In diesen Fällen wird meist erwartet, dass der Notar auch den Inhalt geprüft hat.[109]

Wenn die öffentlich beglaubigte Erklärung einer anderen Person zugehen soll (§ 130), muss das Original übersandt werden, eine Kopie reicht nicht aus (Rn 644).

693 *Beglaubigung einer Kopie:* Manchmal verlangt jemand, dass die Kopie einer Urkunde in beglaubigter Form vorzulegen ist. *Beispiel:* Ein Unternehmer bittet in der Stellenausschreibung um beglaubigte Kopien der Zeugnisse. Dann soll eine vertrauenswürdige Person (zB Polizeibeamter, Schuldirektor, Pfarrer) bestätigen, dass die Kopie mit dem Original übereinstimmt. Dieser Fall ist nicht gesetzlich geregelt, insbesondere nicht in § 129.

VI. Notarielle Beurkundung

1. Grundstücksverträge

694 Ein Vertrag, durch den sich jemand verpflichtet, sein Eigentum an einem (meist bebauten) Grundstück oder sein Wohnungseigentum zu übertragen oder – umgekehrt – ein solches Eigentum zu erwerben, bedarf der notariellen Beurkundung (§ 311b Abs. 1 S. 1). Zu beachten ist, dass sich die Beurkundungspflicht auf das *Verpflichtungsgeschäft* bezieht, nicht auf das Verfügungsgeschäft, das in den §§ 873, 925 geregelt ist. Ohne notarielle Beurkundung ist der Kaufvertrag nichtig (§ 125). *Beispiel:* K kaufte

---

[108] BGH NJW 2010, 3566 Rn 19.
[109] An § 12 HGB kann man besonders deutlich sehen, dass der Notar sich nach dem Willen des Gesetzgebers nicht auf die Kontrolle der Unterschrift beschränken soll. Denn § 12 HGB fordert die öffentliche Beglaubigung immer dann, wenn ein Kaufmann dem Handelsregister etwas mitzuteilen hat. Die öffentliche Beglaubigung soll sicherstellen, dass dem Registergericht keine laienhaften (mehrdeutigen) Ausführungen zugehen.

von V eine Eigentumswohnung in notarieller Form. Am nächsten Tag schlossen V und K einen Vertrag in Schriftform, in dem sich V verpflichtete, die Wohnung später zurückzukaufen. K verlangte die Erfüllung dieses Vertrags. Aber er war formnichtig (§§ 311b Abs. 1 S. 1, 125).[110] Das in § 311b Abs. 1 S. 1 beschriebene Verpflichtungsgeschäft muss kein Kaufvertrag (§ 433) sein. *Beispiel 1:* Die Eltern schenkten ihrem Sohn ein Grundstück. In diesem Fall ergibt sich der Formzwang zusätzlich aus § 518. *Beispiel 2:* Ein OHG-Gesellschafter verpflichtete sich gegenüber seinen Mitgesellschaftern, sein Fabrikgrundstück in die Gesellschaft einzubringen.

An § 311b Abs. 1 S. 1 lassen sich alle Gründe veranschaulichen, die zu einer Formbedürftigkeit führen können: So will § 311b Abs. 1 S. 1 vor Übereilung schützen (Warnfunktion), sachkundige Beratung gewährleisten (Beratungsfunktion) und den Inhalt der Vereinbarung auch nach Jahren noch beweisbar machen (Beweisfunktion).[111]

Wirtschaftlicher Zwang zum Grundstückserwerb: § 311b Abs. 1 ist auch dann zu beachten, wenn jemand zwar nicht juristisch, aber *wirtschaftlich* verpflichtet werden soll, ein Grundstück zu erwerben. *Beispiel:* Durch einen Vertrag in Schriftform ließ sich K ein Baugrundstück reservieren und zahlte dafür 15 000 Euro. Dieser Betrag sollte beim Erwerb des Grundstücks auf den Kaufpreis angerechnet werden, anderenfalls verfallen. Aber die Vereinbarung war mangels notarieller Beurkundung nichtig (§ 125).[112] Denn durch mündliche oder schriftliche Zusagen soll keine Pflicht, nicht einmal ein gewisser wirtschaftlicher Zwang, begründet werden können, Grundstückseigentum zu erwerben oder zu veräußern.

695

Bewusst falsche Angaben: Die tragenden Bestimmungen des Vertrags müssen richtig beurkundet werden. Das betrifft in erster Linie die Bezeichnung des Grundstücks und die Angabe des Kaufpreises. *Beispiel 1:* Die Parteien haben den Kaufpreis zum Zweck der Steuer- und Gebührenhinterziehung vor dem Notar *zu niedrig* angegeben. Dann ist der *beurkundete* Vertrag als Scheingeschäft nichtig (§ 117) und der *gewollte* Vertrag (mit höherem Kaufpreis) nach § 125 mangels Beurkundung ebenfalls (Fall 28, Rn 633).[113] *Beispiel 2:* Die Parteien gaben den Kaufpreis wissentlich *zu hoch* an, um die beleihende Bank über den Wert des Grundstücks zu täuschen.[114] Es kommt auch vor, dass die Parteien eine *unwesentliche* Einzelheit bewusst falsch beurkunden lassen. Das führt nicht zur Formnichtigkeit des Vertrags. *Beispiel:* Im Grundstückskaufvertrag heißt es „Der gesamte Kaufpreis ist bereits gezahlt", was aber, wie die Parteien wussten, nicht der Fall war. Da der notarielle Vertrag keine Angaben zur Zahlung machen musste, führte die Unrichtigkeit nicht zur Formnichtigkeit.[115]

696

Versehentlich falsche Angaben: Wenn der Vertrag eine fehlerhafte Angabe enthält, die auf ein gemeinsames Versehen der Parteien zurückgeht, gilt der Grundsatz „falsa demonstratio non nocet" (Rn 137).

---

110 BGH NJW 2012, 3171 Rn 8.
111 BGH NJW 2002, 2560; 2000, 1951; 1994, 3346; oben Rn 640 ff.
112 BGH NJW-RR 2008, 824.
113 BGHZ 89, 43; BGH NJW 1985, 2423 = Fall 28, Rn 633.
114 BGH NJW 1994, 2755 sowie 2885.
115 BGH NJW 2011, 2785 Rn 7.

697 *Rechtliche Einheit mit einem anderen Vertrag:* Auch ein Vertrag, der für sich genommen nicht formbedürftig ist, muss dann notariell beurkundet werden, wenn ein Grundstücksvertrag mit ihm „stehen oder fallen" soll, also von ihm abhängig ist.[116] *Beispiel 1:* A erteilte dem Bauträger B in Schriftform den Auftrag, für ihn ein schlüsselfertiges Einfamilienhaus auf einem dem B gehörenden Grundstück zu bauen. Zugleich verpflichtete sich A, anschließend das bebaute Grundstück von B zu kaufen. Der erste Teil des Vertrags (Bauvertrag) war von sich aus *nicht* formbedürftig. Aber die Verpflichtung zum Erwerb des Grundstücks bedurfte der notariellen Beurkundung (§ 311b Abs. 1 S. 1). Da beide Vereinbarungen miteinander „stehen oder fallen" sollten, war der *ganze* Vertrag notariell zu beurkunden.[117] *Beispiel 2:* V verkaufte sein Fabrikgebäude mit einer Vielzahl beweglicher Sachen des Anlage- und Vorratsvermögens an K für rund 11 Millionen Euro. Da der Verkauf des beweglichen Vermögens mit dem Grundstückskauf rechtlich und wirtschaftlich eng zusammenhing, musste auch der Kaufvertrag über die beweglichen Sachen notariell beurkundet werden. Der Notar hätte deshalb die mehrere hundert Seiten umfassenden Inventarverzeichnisse vorlesen und der Urkunde beifügen müssen. Da er das nicht getan hatte, war nach § 139 (Rn 783 ff) der ganze Vertrag nichtig.[118]

698 *Änderung des Vertrags ohne notarielle Beurkundung?* Ein Vertrag, der nach § 311b Abs. 1 S. 1 der notariellen Beurkundung bedurfte und auch so geschlossen wurde, kann nur in dieser Form geändert werden. Der BGH will jedoch eine privatschriftliche Änderung zulassen, wenn auch nur für die Zeit nach der Auflassung (§ 925 Abs. 1 S. 1).[119] Diese Entscheidung ist befremdlich, doch kann das in einem einführenden Lehrbuch zum Allgemeinen Teil des BGB nicht näher ausgeführt werden.

699 *Heilung:* Ein zunächst formnichtiger Grundstücksvertrag wird (samt allen Nebenabreden) wirksam, wenn die Auflassung vorliegt und der Erwerber im Grundbuch eingetragen wird (§ 311b Abs. 1 S. 2).[120] Die Heilung eines Grundstückskaufvertrags, der wegen nicht beurkundeter *Nebenabreden* formnichtig ist, ist der häufigste Fall der Heilung nach § 311b Abs. 1 S. 2.

2. Andere Rechtsgeschäfte, die der notariellen Beurkundung bedürfen

700 *Testament:* Ein Testament kann mündlich „zur Niederschrift eines Notars" erklärt werden (§ 2232 S. 1). Die „Niederschrift" des Notars ist die Beurkundung des Erklärten (§ 8 BeurkG).[121] Zur Errichtung des Testaments ohne Notar „durch eine eigenhändig geschriebene und unterschriebene Erklärung" nach § 2247 siehe Rn 708.

701 *Schenkung:* Nach § 518 Abs. 1 S. 1 muss auch eine Schenkung vom Notar beurkundet werden – aber nicht der ganze Schenkungsvertrag, sondern nur die entsprechende Erklärung des Schenkers (einseitiges Formerfordernis, Rn 643). § 518 Abs. 1 S. 1 bezieht sich auch auf Schenkungen beweglicher Sachen. *Beispiel 1:* Frau F hatte ihrer Tochter versprochen, ihr zum 16. Geburtstag ein Mofa zu schenken, war dann aber verärgert und schenkte ihr nur Turnschuhe. Der Schenkungsvertrag war – da Frau F ihre Erklä-

---

116 BGH NJW 2002, 2559.
117 BGH NJW 1994, 721.
118 BGH NJW 2004, 3330 (3331).
119 BGH NJW 2018, 3523 Rn 12 ff.
120 BGH NJW 2000, 1560.
121 § 2232 S. 1 eröffnet noch eine andere Form der Testamentserrichtung durch Mitwirkung des Notars.

rung nicht hatte notariell beurkunden lassen – nach § 518 Abs. 1 S. 1 mit § 125 (nicht zu vergessen!) nichtig, so dass die Tochter keine Erfüllung verlangen konnte.

Sobald der Schenker sein formnichtiges Versprechen erfüllt (Verfügungsgeschäft), wird der *Mangel der Form geheilt* (§ 518 Abs. 2). *Beispiel 1:* A eröffnete seiner Lebensgefährtin B am Heiligen Abend, dass in der Garage für sie der gewünschte Audi A 6 stehe. Dieses formnichtige Schenkungsversprechen wurde sogleich geheilt, als A Frau B den Wagen übergab (§ 929). A kann jetzt nicht mehr wegen Nichtigkeit des Schenkungsvertrags nach § 812 die Rückübereignung verlangen. Zu beachten ist, dass nur „die Bewirkung der versprochenen Leistung" den Formmangel heilt. *Beispiel 2:* Wie Beispiel 1, aber A hatte den Audi gestohlen, so dass er der B kein Eigentum verschaffen konnte.[122] Da er die geschuldete Übereignung nicht bewirkte, blieb der Schenkungsvertrag (also das Verpflichtungsgeschäft) formnichtig. Frau B kann deshalb in diesem Fall nicht dessen Erfüllung verlangen.

GmbH-Verträge: In der Beurkundungspraxis der Notare spielt die GmbH eine große Rolle. Denn die Gründung der GmbH erfolgt dadurch, dass ein Notar die Satzung (den GmbH-Gesellschaftsvertrag) beurkundet (§ 2 Abs. 1 S. 1 GmbHG). Ebenso bedarf jede Änderung der Satzung der notariellen Beurkundung (§ 53 Abs. 2 S. 1 GmbHG). Außerdem müssen der Kauf und die Abtretung von Geschäftsanteilen notariell beurkundet werden (§ 15 Abs. 4, Abs. 3 GmbHG).[123] In diesem Fall hat die Formvorschrift nicht nur eine Warn- und Beratungsfunktion. Indem sie die Übertragung von Anteilen bewusst erschwert, erreicht sie, dass es – anders als bei Aktien – keinen spekulativen Handel mit GmbH-Geschäftsanteilen gibt.[124]

3. Ablauf einer notariellen Beurkundung

Spärliche gesetzliche Regelung: § 128 ist der einzige BGB-Paragraf über die notarielle Beurkundung. Aber wer erwartet, dass er dort etwas über die Funktion und den Ablauf einer notariellen Beurkundung erfährt, wird enttäuscht. § 128 definiert die notarielle Beurkundung nicht. Außerdem bezieht er sich nur auf Verträge, bei denen die Erklärungen *beider* Parteien einer Beurkundung bedürfen, was nicht immer der Fall ist, zB bei der Schenkung (§ 518 Abs. 1 S. 1; Rn 701). Sein einziger Inhalt besteht darin, die sogenannte *Stufenbeurkundung* zu erlauben (Rn 707).

Funktion des Notars: Im Kern bestätigt der Notar nur, dass jemand in seiner Gegenwart eine bestimmte Willenserklärung abgegeben hat. Für die sachliche Richtigkeit der beurkundeten Erklärung übernimmt er keine Gewähr. Deshalb kann sich auch ein Depp einen IQ von 170 beurkunden lassen. Allerdings stände dann in der Urkunde nur: „Der Erschienene erklärt, er habe einen IQ von 170." Trotzdem besteht ein wichtiger Unterschied zur öffentlichen Beglaubigung (§ 129). Denn bei dieser äußert sich der Notar zum Text überhaupt nicht, sondern bestätigt nur die Echtheit der Unterschrift.

In der Praxis beschränkt sich der beurkundende Notar nicht auf die Rolle eines Ohrenzeugen und eines Protokollanten, sondern übernimmt die Funktion eines rechtlichen Beraters.[125] Denn er entwirft den zu beurkundenden Text, auch wenn dieser so formu-

---

122 Eine Übereignung nach § 929 S. 1 scheitert daran, dass A nicht der „Eigentümer" war. Ein gutgläubiger Erwerb nach § 932 scheitert an § 935.
123 BGH NJW 1994, 3227.
124 HM; BGH NJW 1996, 3338.
125 BGH NJW 1991, 1346.

liert ist, als äußerten sich die Erschienenen selbst. Außerdem berät er die Parteien mündlich über die Konsequenzen dessen, was sie beurkunden lassen.

706 *Formalien:* Die zahlreichen Formalien, die ein Notar zu beachten hat, ergeben sich aus dem Beurkundungsgesetz. Die wichtigsten: Der Notar liest den von ihm formulierten Text den Beteiligten vor und lässt ihn von diesen genehmigen und unterschreiben (§ 13 Abs. 1 S. 1 BeurkG). Auch der Notar unterschreibt (§ 13 Abs. 3 BeurkG) und lässt die Blätter mit Schnur und Prägesiegel zu einer einheitlichen Urkunde verbinden (§ 44 BeurkG). Die vom Notar aufgenommene Urkunde liefert Beweis dafür, dass die Beteiligten die fraglichen Willenserklärungen tatsächlich abgegeben haben.

Die Form ist nicht gewahrt, wenn der Notar zwar beurkundet, aber fehlerhaft. *Beispiel:* Der Grundstückskaufvertrag wurde den Parteien vom Notar nur teilweise vorgelesen.[126] Der Vertrag ist deshalb formnichtig (§§ 125, 128).

707 *Stufenbeurkundung:* § 128 erlaubt, dass „zunächst der Antrag und sodann die Annahme des Antrags von einem Notar beurkundet wird". Das ist bemerkenswert. Denn § 128 gestattet für notariell zu beurkundende Verträge das, was bei der gesetzlich vorgeschriebenen Schriftform unzulässig ist (§ 126 Abs. 2 S. 1).

Die Stufenbeurkundung hat Vorteile, wenn die Parteien ihren Sitz in verschiedenen Städten haben. Dann kann die Beurkundung durch zwei Notare erfolgen. Sie wird aber auch verwendet, wenn der eine Teil sich schon festlegen will, während sich der andere eine längere Bedenkzeit vorbehalten möchte. *Beispiel:* Ein Bauträger bot Eigentumswohnungen an, die noch nicht errichtet waren und deren Finanzierung nicht gesichert war. Die Interessenten sollten sich schon binden, indem sie einen Antrag mit langer Annahmefrist beurkunden ließen (§ 148). Der Bauträger nahm diese Anträge erst an, als die Finanzierung gesichert war und mit dem Bau begonnen wurde.[127]

Die Stufenbeurkundung wird in § 152 noch einmal aufgegriffen: Der Vertrag ist bereits mit der Beurkundung der Annahme geschlossen, ohne dass die entsprechende Urkunde dem anderen Teil zugegangen sein muss. Dazu verweist § 152 auf § 151 (zu ihm Rn 211 ff).

VII. Seltene Formen eines Rechtsgeschäfts
1. Eigenhändig geschriebene Erklärung

708 Eine besonders strenge Form verlangt das Gesetz, wenn ein Erblasser sein Testament nicht „zur Niederschrift eines Notars" errichten will (oben Rn 700), sondern „durch eine eigenhändig geschriebene und unterschriebene Erklärung" (§ 2247). Die Besonderheit des „eigenhändigen Testaments" besteht darin, dass der Erblasser nicht nur seine Unterschrift, sondern auch den Text selbst vollständig mit eigener Hand schreiben muss.

Im Übrigen ist das Gesetz aber großzügig: Der Erblasser muss nicht unbedingt Zeit und Ort der Errichtung angeben (§ 2247 Abs. 2) und kann auch statt mit seinem Namen mit einer familiären Bezeichnung wie „Euer Vater und Großvater" unterschreiben (§ 2247 Abs. 3 S. 2). Auch eine Überschrift wie „Mein letzter Wille" ist nicht erforderlich. Deshalb kann uU auch eine Postkarte als eigenhändiges Testament anerkannt werden.

---

126 BGH NJW 1998, 2354.
127 BGH NJW 2010, 2873.

Durch die Eigenhändigkeit kann der Testator die Gebühr des Notars sparen, läuft aber Gefahr, unklare oder widersprüchliche Anordnungen zu treffen, was zu Auseinandersetzungen zwischen seinen Erben führen kann.

2. Abgabe der Willenserklärung vor einer zuständigen Stelle

Für die *Auflassung* (Rn 303) verlangt das Gesetz nicht die notarielle Beurkundung, sondern die Abgabe der entsprechenden Willenserklärungen vor einer zuständigen Stelle, insbesondere vor einem Notar (§ 925 Abs. 1). Allerdings wird die Auflassung in der Praxis nahezu immer vom Notar *beurkundet*, nämlich in einer Urkunde zusammen mit dem Verpflichtungsgeschäft (§ 311b Abs. 1 S. 1).[128] Dass die Auflassung nicht beurkundet werden muss, kann große Bedeutung haben. *Beispiel:* Die Beteiligten erklärten die Auflassung korrekt vor einem Notar, doch dieser beurkundete sie fehlerhaft. Die Auflassung war wirksam.[129]

709

Auch für die *Eheschließung* verlangt das Gesetz nur, dass die (persönlich anwesenden) Verlobten vor dem Standesbeamten erklären, die Ehe miteinander eingehen zu wollen (§§ 1310 Abs. 1 S. 1, 1311 S. 1). Damit ist die Ehe geschlossen. Die Eintragung in das Eheregister ist für die Gültigkeit der Ehe nicht erforderlich.

710

§ 29 Verbotene Rechtsgeschäfte

▶ **Fall 29: Vorbefassung durch Rechtsanwalt Krüger**   § 134

711

Erich-Wilhelm Krüger ist zugleich Rechtsanwalt und Notar. In seiner Eigenschaft als Notar entwarf und beurkundete er den Gesellschaftsvertrag einer GmbH. Dieser bestimmte, dass die Gesellschafter – was zulässig ist – zunächst nur einen Teil ihrer Stammeinlagen einzuzahlen brauchten. Der Gesellschafter Beckmann hatte deshalb noch 14 632 Euro nachzuzahlen. Neun Jahre später musste die GmbH die Eröffnung des Insolvenzverfahrens beantragen. Der Insolvenzverwalter verlangte von Beckmann die noch offenen 14 632 Euro. Da Beckmann nicht zahlen wollte, beauftragte er Krüger in dessen Eigenschaft als Rechtsanwalt damit, die Forderung des Insolvenzverwalters zurückzuweisen. Später schickte Krüger Beckmann eine Rechnung über sein Anwaltshonorar. Beckmann ist der Ansicht, er brauche nichts zu zahlen, weil der Anwaltsvertrag nach § 134 nichtig sei. (Nach BGH NJW 2011, 373)

Der zwischen Beckmann und Krüger geschlossene Anwaltsvertrag könnte nach § 134 nichtig sein. Voraussetzung dafür ist, dass der Vertrag „gegen ein gesetzliches Verbot" verstößt. Im Folgenden soll § 134 abschnittsweise geprüft werden:

712

„*Ein Rechtsgeschäft ...*" Das Rechtsgeschäft, das in diesem Fall nichtig sein könnte, ist der Anwaltsvertrag.

„*... das gegen ein gesetzliches Verbot verstößt ...*" Das gesetzliche Verbot könnte § 45 Absatz 1 Nr. 1 BRAO sein. Er lautet verkürzt:

---

128 BGHZ 160, 368 (371).
129 BGH NJW 1994, 2768.

„Der Rechtsanwalt darf nicht tätig werden: 1. wenn er in derselben Rechtssache als Richter, Schiedsrichter, Staatsanwalt, ... Notar ... bereits tätig geworden ist."

Zu prüfen ist zunächst, ob Krüger bereits „in *derselben* Rechtssache" tätig geworden ist. Er hatte als Notar den Gesellschaftsvertrag entworfen und beurkundet.[130] Es kommt deshalb darauf an, ob diese Tätigkeit zu „derselben Rechtssache" gehört wie die spätere Vertretung des Gesellschafters Beckmann bei den Verhandlungen mit dem Insolvenzverwalter. Der BGH hat das bejaht, denn der Begriff „in derselben Rechtssache" ist weit auszulegen.[131] Es reicht aus, wenn die frühere Tätigkeit des Anwalts (in einer anderen beruflichen Funktion) und die neue Tätigkeit „bei natürlicher Betrachtungsweise auf ein innerlich zusammengehöriges, einheitliches Lebensverhältnis zurückzuführen" sind.[132] Die Beurkundung und die spätere Vertretung gehören deshalb zu „derselben Rechtssache". Das ergibt sich auch aus folgender Überlegung: Wenn Krüger sich in der Auseinandersetzung mit dem Insolvenzverwalter auf bestimmte Formulierungen des Gesellschaftsvertrags beziehen würde, würde er die von ihm selbst formulierte Vertragsurkunde auslegen. Das soll vermieden werden. Ein Rechtsanwalt soll bei der Vertretung seines Mandanten nicht an frühere Äußerungen gebunden sein. Dadurch will § 45 Abs. 1 Nr. 1 BRAO Interessenkonflikte vermeiden, Transparenz ermöglichen und letztlich das Vertrauen in die Rechtspflege stärken.

§ 45 Abs. 1 BRAO sagt nicht ausdrücklich, dass es „gegen ein *gesetzliches Verbot* verstößt" (§ 134), in derselben Sache erneut tätig zu werden. Doch die Worte „darf nicht tätig werden" machen hinreichend deutlich, dass die erneute Tätigkeit – so, wie es § 134 verlangt – *verboten* sein soll.

„*... ist nichtig ...*" § 45 Absatz 1 BRAO sagt auch nicht, welche Rechtsfolge eintreten soll, wenn ein Rechtsanwalt trotz des Verbots in derselben Sache tätig wird. Diese Konsequenz ergibt sich nur aus § 134. Denn dessen Funktion besteht darin, aus einem Verbot, das sich aus einer anderen gesetzlichen Vorschrift ergibt, die Nichtigkeit abzuleiten.

„*... wenn sich nicht aus dem Gesetz ein anderes ergibt.*" Wie dieser Halbsatz deutlich macht, ist die Rechtsfolge eines Verstoßes gegen ein gesetzlichen Verbot nicht immer die Nichtigkeit. Vielmehr muss geprüft werden, ob die Verbotsnorm – hier § 45 Absatz 1 Nr. 1 BRAO – wirklich die Nichtigkeit des Vertrags erfordert. Der BGH pflegt darauf hinzuweisen, dass „für jede einzelne Vorschrift Normrichtung und Normzweck zu ermitteln und zu werten" sind, also im Fall eines gesetzlichen Verbots keine automatische Nichtigkeit eintritt. Denn es könnte ja sein, dass es sich bei der fraglichen Verbotsnorm „um eine bloße Ordnungsvorschrift handelt, die lediglich die äußeren Umstände eines sonst unbedenklichen Rechtsgeschäfts aus Gründen rein ordnungspolitischer Art missbilligt".[133] Aber § 45 Absatz 1 BRAO ist nicht nur eine Ordnungsvorschrift, sondern will offensichtlich die Nichtigkeit entgegenstehender Verträge erreichen. Das ergibt sich aus Sinn und Zweck der Norm. Denn sie will, wie dargelegt, die Transparenz verbessern und damit das Vertrauen der Rechtssuchenden in die Justiz stärken.

Der Anwaltsvertrag „verstößt" also „gegen ein gesetzliches Verbot" und ist deshalb nichtig (§ 134). Das bedeutet zwar, dass Krüger seine Gebühr nicht aufgrund *des Vertrags* (also nach dem RVG) fordern kann. Aber wer gedacht hat, damit stünde Krüger überhaupt keine An-

---

130 Das ist nach § 2 Absatz 1 S. 1 GmbHG erforderlich.
131 BGH NJW 2011, 373 Rn 11.
132 BGH NJW 2011, 373 Rn 11.
133 BGHZ 118, 142 (145).

spruchsgrundlage zur Verfügung, muss sich wundern. Denn nach Ansicht der Rechtsprechung könnte Krüger im Prinzip die gleiche Summe wie nach dem RVG aufgrund einer Geschäftsführung ohne Auftrag verlangen (§§ 677, 683, 670). Außerdem könnte Krüger argumentieren, durch seine Tätigkeit sei Beckmann „ungerechtfertigt bereichert", so dass dieser ihm doch ein Honorar zahlen müsse (§ 812 Absatz 1 S. 1). Erfreulicherweise hat der BGH beide Anspruchsgrundlagen in diesem Fall für unanwendbar erklärt.[134] ◀

Lerneinheit 29

Literatur zur Schwarzarbeit: *Bülte/Meier*, Die Schwarzarbeit – ein Wagnis für den Verbraucher, VuR 2018, 128; *Hahn*, Festigung der neuen Schwarzarbeits-Rechtsprechung, jM 2016, 16; *Jerger*, Nachträgliche Schwarzgeldabreden und deren Auswirkung auf den Werkvertrag, NZBau 2016, 137; *Burghardt/Bröckers*, Bezahlung von Schwarzarbeit und Untreuestrafbarkeit, NJW 2015, 903; *Dresel*, Ohne Rechnung = Ohne Rechte? JR 2015, 499; *Friesen/Bauer*, Schwarzarbeit – Auswirkungen doppelter Unredlichkeit im Zivilrecht, DAR 2015, 513; *Stamm*, Die Rechtsvereinheitlichung der Schwarzarbeitsproblematik im Lichte der neuesten Rechtsprechung des BGH zum reformierten Schwarzarbeitsbekämpfungsgesetz, NZBau 2014, 131; *Stuckert*, Schadensermittlung bei Schwarzarbeit am Bau, wistra 2014, 289; *Jerger*, Zivilrechtliche Ausgleichsansprüche bei Schwarzarbeit, NZBau 2014, 415; *Stamm*, Kehrtwende des BGH bei der Bekämpfung der Schwarzarbeit, NJW 2014, 2145; *Prunzel*, Schwarzarbeit ist kein Kavaliersdelikt, RDG 2014, 144; *Lorenz*, „Brauchen Sie eine Rechnung?" – Ein Irrweg und sein gutes Ende, NJW 2013, 3132; *Jerger*, Von der Nichtigkeit zur Wirksamkeit zurück zur Nichtigkeit des gesamten Vertrags bei Schwarzarbeit, NZBau 2013, 608.

713

Sonstige Literatur: *Armbrüster/Schilbach*, Nichtigkeit von Versicherungsverträgen wegen Verbots- oder Sittenverstoßes, r + s 2016, 109; *Deckernbrock*, Tätigkeitsverbote wegen nichtanwaltlicher Vorbefassung und ihre Sozietätserstreckung, NJW 2015, 522; *Peter*, Probleme bei der Behandlung und Rückabwicklung wegen Verstoßes gegen § 134 BGB nichtiger Dienst- und Werkverträge – Teil II, JA 2014, 333.

I. Einleitung

Das BGB geht von der Privatautonomie aus, also von dem Grundsatz, dass jeder seine Lebensverhältnisse durch beliebige Rechtsgeschäfte frei gestalten kann. Diese Freiheit kann aber nicht grenzenlos sein. Deshalb gibt es Vorschriften, die bestimmte Rechtsgeschäfte verbieten. § 134 knüpft an diese Verbote an und leitet aus ihnen die Rechtsfolge ab, dass die verbotenen Rechtsgeschäfte *nichtig* sind.

714

II. Funktion des § 134

§ 134 sagt nicht, *ob* ein Rechtsgeschäft verboten ist, sondern nur, dass es nichtig ist, *wenn* es verboten ist. Das Verbot muss sich also aus einer anderen Norm ergeben. Solche Normen finden sich idR außerhalb des BGB, ja außerhalb des Zivilrechts. Die Verbotsnorm muss drei Bedingungen erfüllen:

715

- Sie muss das fragliche Rechtsgeschäft *verbieten*. Dazu muss sie nicht die Worte „verbieten" oder „Verbot" verwenden. Es reicht aus, wenn deutlich wird, zB durch eine Strafandrohung, dass das Rechtsgeschäft unerwünscht ist.

---

[134] NJW 2011, 373 Rn 18 f. Die Anwendung von § 670 scheiterte daran, dass Krüger die illegale Vertretung nicht „für erforderlich halten" durfte. § 812 ist wegen § 817 S. 2 nicht anwendbar.

- Sie darf nicht *selbst* die Nichtigkeit anordnen, weil dadurch § 134 funktionslos würde. *Beispiel:* Nach § 551 Abs. 1 darf ein Vermieter von Wohnraum als Mietsicherheit (meist Kaution genannt) maximal einen Betrag von drei Monatsmieten verlangen. § 551 Abs. 4 bestimmt: „Eine zum Nachteil des Mieters abweichende Vereinbarung ist unwirksam". Damit ergibt sich die Nichtigkeit einer überhöhten Mietsicherheit bereits aus § 551 selbst. Ein Rückgriff auf § 134 ist deshalb nicht nötig.[135]
- Die Verbotsnorm muss zu erkennen geben, dass sie von der Nichtigkeit dieses Rechtsgeschäfts ausgeht. Denn § 134 macht ja die Einschränkung: „... wenn sich nicht aus dem Gesetz ein anderes ergibt" (Rn 729).

III. Fallgruppen

1. Vorschriften des StGB und des OWiG

716 Die Androhung einer Strafe oder Geldbuße gibt „einen gewichtigen Hinweis" darauf, dass ein gegen die Androhung verstoßendes Rechtsgeschäft verboten ist.[136] Die Vorschriften des StGB und des OWiG sind deshalb im Zweifel Verbotsgesetze iS des § 134.[137] *Beispiel 1:* § 299 StGB bedroht die Bestechung eines Angestellten mit Strafe, so dass ein Schmiergeldvertrag nach § 134 nichtig ist.[138] *Beispiel 2:* Soweit ein Schwangerschaftsabbruch nach § 218 StGB strafbar ist, ist ein entsprechender Vertrag (zwischen einer Schwangeren und einem Arzt) nach § 134 nichtig.[139] Weitere Beispiele aus dem Straf- und Ordnungswidrigkeitsrecht finden sich auch in den folgenden Fallgruppen.

2. Gesetz zur Bekämpfung der Schwarzarbeit

717 Viele Besteller (Auftraggeber) eines Werkvertrags vereinbaren mit dem Unternehmer (Auftragnehmer), dass dieser seine Arbeit ganz oder teilweise „schwarz" erbringen solle, also ohne Umsatz- und ohne Einkommensteuer zu zahlen. Ein solcher Vertrag verstößt gegen § 1 Abs. 2 Nr. 2 des Gesetzes zur Bekämpfung der Schwarzarbeit (SchwarzArbG) und ist deshalb nach § 134 nichtig.[140] Früher hatte der BGH meist Wege gefunden, dem Unternehmer trotz der Nichtigkeit des Werkvertrags ein Entgelt und dem Besteller gewisse Mängelansprüche zu erhalten. Aber mit seinem Urteil vom 1. August 2013 hat er (mit großem Medienecho) entschieden: Die Nichtigkeit des Werkvertrags führt dazu, dass der *Besteller* keine Mängelrechte geltend machen kann.[141] Acht Monate später hat der BGH auch dem *Unternehmer* jeden Anspruch auf ein Entgelt abgesprochen, auch nach den früher ersatzweise angewandten §§ 677 ff und 812 ff.[142] Wer schwarzarbeitet und wer schwarzarbeiten lässt, kann deshalb nicht mehr die Hilfe der Justiz in Anspruch nehmen. Damit besteht zum ersten Mal die Hoffnung, die Schwarzarbeit (und die mit ihr verbundene Steuerhinterziehung) zumindest etwas einzudämmen.[143]

---

135 Anders BGH NJW 2011, 2570 Rn 20. Dort wird die Nichtigkeit auf § 134 gestützt.
136 BGH NJW 1992, 2557.
137 BGHZ 115, 123.
138 BGH NJW 1999, 2266.
139 AG Bad Oeynhausen NJW 1998, 1799; OLG Bremen VersR 1984, 288.
140 BGH NJW 1990, 2542.
141 BGHZ 198, 141 Rn 13; BGHZ 206, 69 Rn 10; OLG Stuttgart NJW 2016, 1394 Rn 39. .
142 BGHZ 201, Rn 14 ff.
143 Lorenz, NJW 2013, 3132.

Auch wenn der Vertrag bei seinem Abschluss keine Schwarzgeldabrede enthielt, aber später dahingehend geändert wurde, ist der Vertrag insgesamt nach § 134 nichtig.[144] Das kann zunächst ziemlich selbstverständlich erscheinen, ist es aber nicht. Denn es wurde auch argumentiert, dass in diesem Fall nur die Änderungsvereinbarung nichtig sei mit der Folge, dass dadurch der ursprüngliche (wirksame) Vertrag wieder auflebe.[145] Das hat der BGH aber zu Recht nicht gelten lassen.

3. Rechtsdienstleistung durch einen Nicht-Anwalt

Die „selbstständige Erbringung außergerichtlicher Rechtsdienstleistungen" ist prinzipiell der Rechtsanwaltschaft vorbehalten und für andere Personengruppen nur zulässig, soweit sie diesen vom Gesetz „erlaubt wird" (§ 3 RDG). *Beispiel:* Eine Wirtschaftsprüfungsgesellschaft beriet zwei Parteien juristisch bei der Gründung einer Gesellschaft bürgerlichen Rechts (§§ 705 ff). Eine der in § 5 RDG genannten Ausnahmen lag nicht vor, so dass die Rechtsberatung nicht erlaubt war. Aus § 3 RDG ergibt sich, dass eine nicht erlaubte Rechtsberatung *verboten* ist. Deshalb war der Beratungsvertrag nach § 134 nichtig.[146]

718

Unzulässiges Inkasso: Wenn jemand für Dritte deren Forderungen einzieht, erbringt er für die Dritten (die Gläubiger) eine Rechtsdienstleistung, die nach dem RDG grundsätzlich den Rechtsanwälten vorbehalten ist.[147] Er kann aber die aus § 134 folgende Nichtigkeit derartiger Verträge vermeiden, wenn er beim Kauf der Forderung uneingeschränkt das Risiko übernimmt, die Forderung nicht durchsetzen zu können (etwa wegen Zahlungsunfähigkeit des Schuldners). In diesem Fall erbringt er keine (verbotene) Dienstleistung für den Gläubiger, sondern ist selbst Gläubiger oder wird zumindest auf eigene Rechnung und eigenes Risiko tätig.[148]

4. Abtretung von Honorarforderungen

Ärzte: Wenn ein Arzt eine Honorarforderung an einen Dritten abtritt (§ 398), ist er diesem nach § 402 zu Auskünften über seinen Patienten und dessen Krankheiten verpflichtet. Durch eine solche Auskunft würde sich der Arzt nach § 203 Abs. 1 Nr. 1 StGB strafbar machen.[149] Eine Abtretung von ärztlichen Honoraransprüchen ist deshalb verboten und damit nach § 134 nichtig, wenn nicht der Patient seine ausdrückliche Zustimmung in Schriftform gegeben hat.[150] Das gilt uneingeschränkt, wenn der Empfänger der Abtretung (der neue Gläubiger der Honorarforderung) ein *kommerzielles* Unternehmen (zB eine GmbH) ist.[151] Die Einschaltung einer *Einrichtung der Ärzteschaft* (einer privatärztlichen Verrechnungsstelle) wird dagegen unterschiedlich bewertet, ist aber nach wohl richtiger Auffassung ebenfalls ein Verstoß gegen § 203 Abs. 1

719

---

144 BGH NJW 2017, 1808 Rn 17 ff.
145 Lorenz NJW 2013 3132 (3134).
146 OLG Bremen NJW 2012, 81. Es war gleichgültig, dass die GmbH einem Rechtsanwalt die Beratung überlassen hatte (BGHZ 132, 229 [232]; BGH NJW 2009, 3242 [3244]). Denn zur Rechtsberatung verpflichtet hatte sich die GmbH.
147 Verstoß gegen das gesetzliche Verbot des § 2 Abs. 2 S. 1 RDG mit § 3 RDG.
148 BGH NJW 2015, 397 Rn 7.
149 BGH NJW 1996, 775.
150 BGHZ 122, 115 (117); BGH NJW 2014, 141 Rn 9; NJW 1996, 775 (Zahnarzt); BGHZ 162, 187 (Arzt).
151 BGHZ 115, 123; so schon OLG Köln NJW 1991, 753; ebenso OLG Düsseldorf NJW 1994, 2421 und 2423, OLG Bremen NJW 1992, 757. Das gilt auch für Forderungen anderer Heilberufe gegen ihre Patienten (OLG Hamm NJW 2007, 849).

StGB[152] und eine Verletzung des aus Art. 1 und 2 GG abgeleiteten Rechts auf informationelle Selbstbestimmung des Patienten.[153] Die Tatsache, dass die Mitarbeiter einer privatärztlichen Verrechnungsstelle ihrerseits der Schweigepflicht unterliegen (§ 203 Abs. 1 Nr. 6 StGB), ändert daran nichts.

720 *Krankenversicherung:* Wer für ein Unternehmen der privaten Kranken-, Unfall- oder Lebensversicherung tätig ist, macht sich durch einen Geheimnisverrat ebenfalls strafbar (§ 203 Abs. 1 Nr. 6 StGB). *Beispiel:* Frau Z vermittelte als Handelsvertreterin der V-Versicherungs-AG den Abschluss von Unfallversicherungen. Sie hatte dadurch Einsicht in die Krankengeschichte der betreffenden Versicherten. Ihre Ansprüche aus dem Vertrag mit der V trat sie an X ab. Aber da sie ihm nach § 402 Einzelheiten der Krankengeschichte hätte offenbaren müssen, war die Abtretung nach § 134 nichtig.[154]

721 *Honorarabtretung durch Rechtsanwälte:* Auch Rechtsanwälte können eine Honorarforderung nicht abtreten, ohne nach § 402 auskunftspflichtig zu sein, was zu einem Geheimnisverrat nach § 203 Abs. 1 Nr. 3 StGB führen würde. Eine Abtretung an Nicht-Rechtsanwälte ist deshalb nach § 49b Abs. 4 S. 2 BRAO grundsätzlich verboten und nach § 134 nichtig.[155] Auch ein anderer Vertrag, durch den sich ein Anwalt zu umfassenden Informationen über seine Honorarforderung verpflichtet, ist nichtig. *Beispiel:* Rechtsanwalt R hatte V beraten und wollte ihn auf Zahlung einer Beratungsgebühr von fast 400 000 Euro verklagen. Um sein Prozessrisiko zu verringern, schloss er mit dem Prozessfinanzierer P einen Vertrag, nach dem P die Kosten tragen und dafür 50 % der zugesprochenen Summe erhalten sollte. Mit diesem Vertrag hatte sich R gegenüber P verpflichtet, Informationen preiszugeben, die zumindest teilweise seiner anwaltlichen Schweigepflicht unterlagen. Deshalb war der Vertrag nach § 134 nichtig.[156]

722 Ein Anwalt kann aber eine Honorarforderung ohne Zustimmung seines Mandanten wirksam an einen *Kollegen* abtreten, weil dieser nach § 49b Abs. 4 S. 1 BRAO gleichfalls zur Verschwiegenheit verpflichtet ist.[157]

723 *Praxisverkauf:* Wenn ein Arzt, ein Rechtsanwalt oder ein Wirtschaftsprüfer seine Praxis (Kanzlei) an einen Berufskollegen verkauft, ist er zur Aktenübergabe verpflichtet. Deshalb ist der Kaufvertrag nach § 134 mit § 203 Abs. 1 Nr. 1 (bzw Nr. 3) StGB nichtig.[158] Es gibt aber für diese Fälle eine elegante Lösung: Der künftige Käufer arbeitet zunächst in der Praxis/Kanzlei mit und erwirbt dadurch einen legalen Zugang zu den Daten. Die spätere Übergabe der Akten stellt dann keinen Geheimnisverrat dar.[159]

5. Interessenkonflikte

724 Ein Wirtschaftsprüfer darf einen Jahresabschluss nicht prüfen, bei dessen Aufstellung er mitgewirkt hat (§ 319 Abs. 3 Nr. 3 Buchst. a HGB).[160] Ein Anwalt darf nicht in einer Sache auftreten, die er bereits in einer anderen Funktion (zB als Notar oder als

---

152 OLG Oldenburg NJW 1992, 758.
153 AG Neuss NJW 1990, 2937; AG Rottweil NJW 1991, 757; aA AG Grevenbroich NJW 1990, 1535 und LG Kleve NJW 1991, 756; offen gelassen von BGH NJW 1993, 2371.
154 BGH NJW 2010, 2509 Rn 10.
155 BGH NJW 1999, 1544; 1995, 2915 und 2026, BGHZ 122, 115 (119); NJW 1993, 1912 und 2795.
156 OLG Köln NJW 2008, 589.
157 BGHZ 171, 252 Rn 15.
158 BGH NJW 1999, 1404; NJW 1996, 2087 für Anwälte und Steuerberater; OLG Hamm NJW 2012, 1743 (1745) für Wirtschaftsprüfer; BGHZ 116, 268.
159 BGHZ 148, 97 (101); OLG München NJW 2000, 2592 für eine Anwaltspraxis.
160 BGHZ 118, 142.

Syndikus) bearbeitet hat (§§ 45, 46 BRAO). Denn anderenfalls müsste man befürchten, dass er nicht so unvoreingenommen und unabhängig wäre, wie § 1 BRAO das voraussetzt. Ein trotzdem abgeschlossener Mandatsvertrag ist deshalb nach § 134 nichtig.[161] *Beispiel:* Fall 29 (Rn 711). Nicht nur der Mandant braucht in diesen Fällen dem Anwalt nichts zu zahlen. Wenn der Anwalt den Prozess gewonnen hat, kann er auch nicht (wie sonst üblich) seine „Vergütung" dem unterlegenen Gegner in Rechnung stellen.[162]

6. Verstoß gegen zwingendes Recht

Ein Rechtsgeschäft, das gegen zwingendes Recht verstößt, ist nichtig. Aber für die rechtliche Konstruktion gibt es zwei Modelle:

- Einige zwingende Vorschriften bestimmen selbst, dass abweichende Vereinbarungen nichtig sind (oder, was dasselbe ist, unwirksam). *Beispiel:* Viele Paragrafen des Wohnraummietrechts wollen den Mieter schützen und bestimmen deshalb in ihrem letzten Absatz: „Eine zum Nachteil des Mieters abweichende Vereinbarung ist unwirksam" (zB §§ 551 Abs. 4, 553 Abs. 3, 554 Abs. 5). Dann ergibt sich die Nichtigkeit entgegenstehender Vertragsbestimmungen schon aus diesen Vorschriften selbst. Auf § 134 braucht nicht zurückgegriffen zu werden (Rn 715).   725

- Wenn die zwingende Vorschrift diese Rechtsfolge nicht selbst anordnet, ergibt sich die Nichtigkeit aus § 134. *Beispiel 1:* Fall 29, Rn 711. *Beispiel 2:* Ein Kreisverband *des* Deutschen Roten Kreuzes (DRK), der von der Zahlungsunfähigkeit bedroht war, übertrug seine Kindertagesstätten auf eine zum DRK gehörende GmbH. Auf Druck der GmbH unterschrieben viele Mitarbeiter einen Verzicht auf rückständiges Weihnachts- und Urlaubsgeld. Darin lag ein Verstoß gegen § 613a. Da diese Vorschrift keine Rechtsfolge für den Fall eines Verstoßes anordnet, ergab sich die Nichtigkeit der Erlassverträge aus § 134.[163]   726

7. Unlauterer Wettbewerb

Ein Vertrag, der dazu verpflichten soll, unlauteren Wettbewerb zu betreiben, ist nach § 134 nichtig.[164] *Beispiel:* Unternehmer U lässt Verbrauchern Versicherungsverträge anbieten. Er schloss einen Vertrag mit der Inhaberin C eines Call-Centers. C verpflichtete sich, durch ihre Mitarbeiter wahllos Verbraucher anrufen zu lassen. Solche Anrufe sind als unlauterer Wettbewerb „unzulässig" (§ 7 Abs. 2 Nr. 2 UWG) und damit nach § 134 „verboten". Damit war der Vertrag zwischen U und C nichtig (§ 134).[165]   727

8. „Kontaktanzeigen" und Telefonsex

Nach § 119 Abs. 1 OWiG handelt ordnungswidrig, wer öffentlich in einer belästigenden oder grob anstößigen Weise „Gelegenheit zu sexuellen Handlungen anbietet …" Dieses Werbeverbot umfasst nicht die üblichen Anzeigen, die in „dezenter" Weise für die Prostitution werben. Verträge über solche Anzeigen sind deshalb nicht nach § 134   728

---

161 BGH NJW 2011, 373; BGH NJW 1999, 1715.
162 OLG Celle NJW 2017, 1557 Rn 4 ff.
163 BAG NJW 2009, 3260.
164 Allgemeine Meinung, zB Staudinger/Sack § 134 Rn 298.
165 OLG Stuttgart NJW 2008, 3071.

nichtig.¹⁶⁶ Im Gegensatz zur Prostitution vermittelt Telefonsex sexuelle Reize nur auf akustischem Wege, so dass Telefonsex nicht unter den Begriff der „sexuellen Handlungen" fällt.¹⁶⁷

IV. Rechtsfolge

1. Ausnahmefall: Wirksamkeit des Rechtsgeschäfts

729 § 134 ordnet die Nichtigkeit nur an, *„wenn sich nicht aus dem Gesetz ein anderes ergibt"*. Das Rechtsgeschäft kann also trotz des Verstoßes gegen ein gesetzliches Verbot wirksam sein. Erforderlich ist „eine normbezogene Abwägung, ob es mit dem Sinn und Zweck des Verbots ... unvereinbar wäre, die durch das Rechtsgeschäft getroffene Regelung hinzunehmen".¹⁶⁸

Von der Wirksamkeit des Rechtsgeschäfts ist ausnahmsweise auszugehen, wenn es sich bei der fraglichen Verbotsnorm „um eine *bloße Ordnungsvorschrift* handelt, die lediglich die äußeren Umstände eines sonst unbedenklichen Rechtsgeschäfts aus Gründen rein ordnungspolitischer Art missbilligt".¹⁶⁹ *Beispiel 1:* Der Mieter eines Einfamilienhauses suchte einen Nachmieter. Er gab, ohne den Vermieter V zu informieren, der Immobilienmaklerin J das Haus an die Hand. Frau J vermittelte erfolgreich einen Mietvertrag zwischen V und B. B will die Maklercourtage nicht zahlen, weil Frau J gegen § 6 Abs. 1 WoVermittG verstoßen hatte. Nach dieser Norm darf der Wohnraumvermittler „Wohnräume nur anbieten, wenn er dazu einen Auftrag von dem *Vermieter* ..." hat, nicht lediglich vom Mieter. Aber ein Verstoß gegen dieses Verbot führt nur zu einer Geldbuße, nicht zur Nichtigkeit des Maklervertrags nach § 134. B musste deshalb zahlen.¹⁷⁰

2. Regelfall: Nichtigkeit des verbotenen Rechtsgeschäfts

730 Im Regelfall will die konkrete Verbotsnorm nicht nur die Umstände, unter denen das Rechtsgeschäft zu Stande gekommen ist, sondern dessen „wirtschaftlichen Erfolg" verhindern.¹⁷¹ Wenn dieser Zweck nur durch die Nichtigkeit des Rechtsgeschäfts erreicht werden kann, ist es nichtig. Ein solcher Fall ist insbesondere anzunehmen, wenn sich das betreffende Verbot nicht nur an einen, sondern „an alle Beteiligten des Geschäfts richtet".¹⁷²

Die Nichtigkeit des Vertrags führt dazu, dass noch nicht erbrachte Leistungen entfallen. Bereits erbrachte Leistungen sind als ungerechtfertigte Bereicherung herauszugeben (§§ 812 ff). Dabei kann nach § 817 S. 2 eine Rückforderung ausgeschlossen sein.¹⁷³

731 *Folgevertrag:* Die Nichtigkeit des verbotenen Rechtsgeschäfts erstreckt sich nicht immer auf ein Folgegeschäft.¹⁷⁴ *Beispiel:* Die Wohnungsbaugesellschaft W wollte eines ihrer Hochhäuser sanieren lassen. Ein Architekt versprach ihrem Geschäftsführer mo-

---

166 Anders noch nach alter Rechtslage BGHZ 118, 182.
167 BGH NJW 1998, 2895.
168 BGH NJW 2000, 1186.
169 BGH NJW 1992, 2021.
170 BGH NJW 2002, 3015.
171 BGH NJW 1999, 51.
172 BGH NJW 2000, 1186.
173 Dazu SBT Rn 1383 ff.
174 BGH NJW 1998, 1955.

natliche Schmiergeldzahlungen für den Fall, dass er ihm die Planung und Bauleitung übertrage. Daraufhin bekam er den Zuschlag. Nichtig ist in diesem Fall natürlich die Schmiergeldvereinbarung (Rn 716), aber nach Ansicht des BGH nicht ohne weiteres der durch sie zustande gekommene Architektenvertrag.[175]

§ 30 Sittenwidrige Rechtsgeschäfte

▶ **Fall 30: Wettbewerbsverbot für den Bezirk Oberbayern** § 138   732

Die Münchner Sozietät Dr. Killermair und Kollegen ist im Medizinrecht tätig. Sie führte Fusionsgespräche mit der Sozietät Feller und Amann, die im gleichen Haus ihre Kanzlei betrieb. Rechtsanwalt Dr. Patrick Becker, ein Sozius der Kanzlei Dr. Killermair, verhandelte gleichzeitig im Auftrag der Sozietät über ein Zusammengehen mit der Kanzlei Riemerschmidt, die auch auf dem Gebiet des Medizinrechts tätig ist. Später kam es zu einer Einigung mit der Sozietät Feller und Amann. Nur Becker weigerte sich, den Fusionsvertrag zu unterzeichnen, alle seine Kollegen taten es.

Über diese Frage kam es zum Bruch. Becker kündigte aus wichtigem Grund, während die übrigen seinen Ausschluss aus der Sozietät beschlossen. Seit Anfang 2002 ist Becker Sozius der Kanzlei Riemerschmidt in München. Die Sozietät Dr. Killermair will gerichtlich durchsetzen, dass Becker fünf Jahre lang nicht im Bezirk Oberbayern (zu dem München gehört) als Anwalt praktizieren darf. Sie beruft sich dazu auf § 12e Nr. 5 des Sozietätsvertrags. Diese Bestimmung untersagt jedem Ausgeschiedenen, „als Rechtsanwalt oder wie ein solcher tätig" zu werden „oder sich an einer Anwaltssozietät" zu beteiligen oder sich „in ähnlicher Weise" zu betätigen. Nach dieser Bestimmung soll das Wettbewerbsverbot fünf Jahre dauern und sich auf den Regierungsbezirk Oberbayern beziehen. Becker hält diese Wettbewerbsklausel für unzulässig. (Nach BGH NJW 2005, 3061)

Die Frage, in welchem Umfang ein Wettbewerbsverbot in einem solchen Fall zulässig ist, ist gesetzlich nicht geregelt. Die Grenzen der Zulässigkeit ergeben sich, wie so häufig, nur aus § 138. Zu prüfen ist deshalb, ob das Wettbewerbsverbot gegen die guten Sitten verstößt (§ 138 Abs. 1).   733

Die Mitglieder der Sozietät Dr. Killermair bilden eine Gesellschaft des bürgerlichen Rechts (GbR, §§ 705 ff). Wenn ein Gesellschafter ausscheidet, besteht die Gefahr, dass er das erworbene Insiderwissen für eigene Zwecke nutzt und dadurch den verbliebenen Gesellschaftern unzulässige Konkurrenz macht. Die Gesellschafter einer GbR können deshalb ein legitimes Interesse haben, sich durch ein Wettbewerbsverbot „vor einer illoyalen Verwertung der Erfolge der gemeinsamen Arbeit ... zu schützen".[176] Nachvertragliche Wettbewerbsverbote sind deshalb nicht von vornherein sittenwidrig. Ihre Wirksamkeit hängt davon ab, „dass sie in räumlicher, gegenständlicher und zeitlicher Hinsicht das notwendige Maß nicht überschreiten".[177] Im vorliegenden Fall ist das jedoch in allen drei Kategorien geschehen:

– *Räumlich:* Das Verbot bezieht sich auf den gesamten Regierungsbezirk Oberbayern „mit einer Einwohnerzahl von mehreren Millionen Menschen", wie der BGH zu Recht betont. Welche Ausdehnung angemessen gewesen wäre, brauchte der BGH nicht festzulegen.

---
175 BGH NJW 1999, 2266 – bedenklich.
176 BGH NJW 2005, 3061 (3062 unter 1).
177 BGH aaO.

Aber vermutlich wären die Interessen der Sozietät Dr. Killermair bei einer räumlichen Beschränkung auf die Stadt München und den Landkreis München ausreichend berücksichtigt worden.
- *Gegenständlich:* Das fragliche Verbot umfasst alle Tätigkeiten eines Anwalts und jede Form, in der er diese Tätigkeit ausführen kann. Es beschränkte sich nicht etwa auf die Mandate, die Becker bereits in der alten Sozietät bearbeitet hatte oder auf eine anwaltliche Tätigkeit im Medizinrecht. Der völlige Ausschluss von jeder Anwaltstätigkeit stellt einen gravierenden Eingriff in das Grundrecht der Berufsfreiheit dar.
- *Zeitlich:* Der BGH hatte schon früher festgelegt, dass ein vergleichbares Wettbewerbsverbot auf zwei Jahre beschränkt werden muss.[178] Denn nach zwei Jahren haben sich die Verbindungen, die ein Freiberufler während seiner Zugehörigkeit zur GbR geknüpft hatte, so gelockert, dass er danach keinen Vorteil mehr gegenüber einem anderen Wettbewerber hat.[179] Die Ausdehnung auf mehr als das Doppelte war deshalb eine deutliche Überschreitung der einzuhaltenden zeitlichen Grenze.

Hätte das Wettbewerbsverbot nur die *zeitliche* Grenze überschritten, hätte der BGH im Wege einer (bedenklichen) „geltungserhaltenden Reduktion" die Dauer auf zwei Jahre begrenzt (Rn 758, 791 f).[180] Aber da die Sozietät Dr. Killermair auch in den beiden anderen Kategorien deutlich zu weit gegangen war, war das Wettbewerbsverbot insgesamt sittenwidrig und damit nichtig (§ 138 Abs. 1). Dr. Becker konnte also frei von Beschränkungen räumlicher, inhaltlicher und zeitlicher Art weiterhin in München anwaltlich tätig sein. ◂

Lerneinheit 30

734 Literatur: *Mindach*, Die Regulierung des Prostitutionsgewerbes – Zwischen Ordnungsrecht und Schutzgedanke, NordÖR 2019, 1; *Boeck*, Das Verhältnis von Mindestlohn und Sittenwidrigkeitsrechtsprechung, RdA 2018, 210; *Majer*, Die Vermietung des eigenen Körpers – Verträge über Leihmutterschaft und Prostitution, NJW 2018, 2294; *Kreße*, Wucherähnliche Geschäfte bei Versteigerungen, NJ 2016, 60; *Peitz/Pröbsting*, „Rettung" sittenwidriger Wettbewerbsverbote mittels einer salvatorischen Klausel? BB 2016, 840; *Dastis*, eBay-„Schnäppchen" – sittenwidrig und rechtsmissbräuchlich? JA 2016, 376; *Armbrüster/Schilbach*, Nichtigkeit von Versicherungsverträgen wegen Verbots- oder Sittenverstoßes, r + s 2016, 109; *Coburger*, Ein Pkw bei eBay für EUR 1,-. Sittenwidrig oder Schnäppchen? MMR-Aktuell 2015, 364959; *Forst/Degen*, Mindestlohn und Sittenwidrigkeit, DB 2015, 863; *J. Schmidt-Räntsch*, Sittenwidrige Grundstücksgeschäfte, ZfIR 2015, 169; *Tanck*, Zur Sittenwidrigkeit von Wiederverheiratungsklausel in gemeinschaftlichen Verfügungen von Todes wegen (Berliner Testament), ZErb 2015, 297;

I. Einführung

735 Nach § 138 Abs. 1 ist ein Rechtsgeschäft nichtig, wenn es „gegen die guten Sitten verstößt". Den Begriff der „guten Sitten" definiert das Gesetz nicht. Nach der Definition des BGH verstößt ein Rechtsgeschäft gegen die guten Sitten, „wenn es nach seinem ... Gesamtcharakter mit den grundlegenden Wertungen der Rechts- und Sittenordnung nicht zu vereinbaren ist".

---

178 NJW 2000, 2584.
179 BGH NJW 2004, 66.
180 Die Kläger (Killermair) hatten das noch vor Klageerhebung erkannt und deshalb ihrer Klage eine Verbotsdauer von zwei Jahren zu Grunde gelegt.

§ 30 Sittenwidrige Rechtsgeschäfte

Gesamtcharakter: Der genannte „Gesamtcharakter" ist aus dem „Inhalt, Beweggrund und Zweck" des Rechtsgeschäfts zu entnehmen.[181] *Beispiel:* Der *Inhalt* des Rechtsgeschäfts ließ auf einen Verstoß gegen die Grundlagen der Rechtsordnung schließen. Aber der *Beweggrund* war nicht verwerflich und nahm dem Rechtsgeschäft deshalb den Charakter der Sittenwidrigkeit.[182] Dass eine Gesamtbetrachtung erforderlich ist, bedeutet auch, dass eine Vertragsbestimmung nicht isoliert bewertet werden darf: Auch wenn sie für sich genommen sittenwidrig erscheint, kann sie durch andere Bestimmungen desselben Rechtsgeschäfts so gemildert werden, dass der Vertrag insgesamt noch hinnehmbar ist. Andererseits kann eine Vielzahl für sich genommen noch vertretbarer Bestimmungen den Vertrag insgesamt sittenwidrig machen (Rn 767).[183]

Objektiver Tatbestand: Indem die Definition auf die „Rechts- und Sittenordnung" verweist, macht sie deutlich, dass der Begriff der guten Sitten anhand der Wertentscheidungen zu ermitteln ist, die sich aus unserer Rechtsordnung ergeben.[184] Basis ist das Grundgesetz.[185] Die Ansicht einzelner Bevölkerungsgruppen ist nicht entscheidend. Es kommt weder auf die Anschauungen kirchlicher Amtsträger oder selbsternannter Moralapostel an, noch auf die laxen Auffassungen mancher Bevölkerungskreise. *Beispiel:* Der Titelhändler W hatte einem Geschäftsmann für 125 000 US-$ den Titel eines „Honorargeneralkonsuls von Sierra Leone" verschafft und berief sich vor Gericht darauf, dass sich der Titelhandel „zu einem eigenen Wirtschaftszweig mit respektablen Umsätzen entwickelt" habe. Der BGH hat das nicht gelten lassen, denn „missbräuchliche Praktiken, die sich in bestimmten Kreisen herausgebildet haben, sind im Rahmen des § 138 Abs. 1 BGB" nicht maßgeblich.[186]

736

Subjektive Voraussetzungen: Das fragliche Rechtsgeschäft muss nicht nur *objektiv* gegen grundlegende Prinzipien unserer Rechtsordnung verstoßen. Es muss auch eine *subjektive* Voraussetzung gegeben sein. Denn dem Handelnden müssen die „den Vorwurf der Sittenwidrigkeit begründenden Umstände bekannt" gewesen sein[187] oder er muss sich „zumindest ihrer Kenntnis grob fahrlässig" verschlossen haben.[188] Ihn muss also ein persönlicher Vorwurf treffen. Es ist allerdings nicht erforderlich, dass er die Umstände selbst als sittenwidrig bewertet hat; anderenfalls hätten besonders Uneinsichtige freie Hand. Eine Schädigungsabsicht ist nicht erforderlich.[189] Ein Sittenverstoß setzt auch nicht voraus, dass der Handelnde die Absicht hat, sich „einen rechtswidrigen Vermögensvorteil zu verschaffen". Das verlangt nur der Straftatbestand des Betrugs (§ 263 Abs. 1 StGB).

737

Die Rechtsprechung zu § 138 betrifft nahezu alle Arten von Rechtsgeschäften aus allen Lebensbereichen und ist fast unübersehbar. Die wichtigsten Anwendungsfälle der Sittenwidrigkeit werden im Folgenden vorgestellt. Den Anfang macht der Wucher, den der Gesetzgeber durch eine Sonderregelung in § 138 Abs. 2 besonders herausgehoben hat.

738

---

181 BGH NJW 2018, 3637 Rn 10 unter Hinweis auf BGHZ 210, 30 Rn 37 und BGHZ 205, 117 Rn 69. Ebenso BGH NJW 2018, 849 Rn 24.
182 BGH NJW 2001, 1127.
183 BGH NJW 1997, 2184 mwN: Franchisevertrag.
184 Palandt/Ellenberger § 138 Rn 3; Wolf/Neuner § 46 Rn 8 ff.
185 BGH NJW 2000, 1028.
186 NJW 1994, 187.
187 BGH NJW 1993, 1587.
188 BGH NJW 1998, 2531.
189 BGH NJW 1993, 1587.

II. Auffälliges Missverhältnis zwischen Leistung und Gegenleistung

1. Wucher

739 *„Auffälliges Missverhältnis":* Der Wucher ist als Sonderfall des sittenwidrigen Rechtsgeschäfts in § 138 Abs. 2 geregelt. § 138 Abs. 2 nennt viele Voraussetzungen, die teils kumulativ, teils alternativ gegeben sein müssen. Dadurch geht leicht der Blick dafür verloren, dass es eine ganz im Vordergrund stehende Voraussetzung gibt: Leistung und Gegenleistung müssen in einem „auffälligen Missverhältnis" stehen. Dieses Ungleichgewicht hat der BGH schon in einem Fall angenommen, in dem der Wert der Leistung des Bewucherten um 60 % über dem Wert der Gegenleistung des Wucherers lag.[190]

Im Arbeitsrecht wird ein auffälliges Missverhältnis angenommen, wenn die Vergütung (Lohn oder Gehalt) nicht einmal zwei Drittel des Entgelts erreicht, das ein für allgemeinverbindlich erklärter Tarifvertrag vorsieht.[191] *Beispiel:* Der tariflich vereinbarte Stundenlohn betrug 9,00 Euro, der gezahlte Lohn lag bei 5,10 Euro. Der Lohn unterschritt damit die Zwei-Drittel-Grenze, also in diesem Fall 6 Euro.

740 *„… unter Ausbeutung":* § 138 Abs. 2 führt noch andere Voraussetzungen auf, von denen mindestens eine gegeben sein muss. Zu beachten ist, dass derjenige, der als Wucherer in Betracht kommt, „unter *Ausbeutung*" der jeweils genannten Situation gehandelt haben muss.

741 *Zwangslage:* Nicht jeder, der dringend auf eine Leistung (insbesondere eine Zahlung) angewiesen ist, befindet sich in einer Zwangslage.[192] *Beispiel:* A gab dem Bauträger B, der von Banken kein Geld mehr erhielt, für kurze Zeit ein Darlehen von einer Million Euro zu 28 % Zinsen. Ein solcher Zinssatz bedeutet ein „auffälliges Missverhältnis" zwischen der Leistung (Überlassung des Geldes) und der Gegenleistung (Zinszahlung). Der Darlehensgeber A machte sich aber nicht notwendig eine „Zwangslage" zunutze.[193]

742 *Unerfahrenheit:* Mit diesem Wort ist ein Mangel an geschäftlicher Lebenserfahrung gemeint. *Beispiel 1:* Eine über 70 Jahre alte russlanddeutsche Rentnerin, die kein Deutsch sprach, wurde nach einer auf Russisch abgehaltenen Verkaufsveranstaltung dazu gebracht, einen deutschen Vertragstext zu unterschreiben, durch den sie Bettzeug für 3 374 Euro kaufte.[194] Aber nicht immer führt es zum Erfolg, eigene Unerfahrenheit geltend zu machen. *Beispiel 2:* N wusste von früheren Besuchen, dass im Bordell B eine Flasche Champagner 332 Euro kostet. Er bestellte in einer Nacht zehn Flaschen und unterzeichnete ein entsprechendes Schuldanerkenntnis. Er kann sich nicht auf Wucher berufen, weil weder eine Zwangslage noch Unerfahrenheit noch mangelndes Urteilsvermögen (Rn 743) vorlag.[195]

743 *Mangelndes Urteilsvermögen oder erhebliche Willensschwäche:* Im ersten Fall geht es um die Einsicht (die richtige Beurteilung der konkreten Situation), im anderen um die

---

[190] BGHZ 160, 8 Rn 17. Für § 138 Abs. 1 wird ein Missverhältnis von 100 zu 190 gefordert, weil Abs. 1 nicht die „Ausbeutung" voraussetzt und seine Anwendung deshalb auf andere Weise eingegrenzt werden muss (Rn 748). Das gilt für Abs. 2 nicht.
[191] BAG NZA 2009, 837.
[192] Dazu BGH NJW 2003, 1860.
[193] BGH NJW 1994, 1275.
[194] AG Siegen NJW-RR 2000, 1653; das AG hat unnötigerweise § 138 Abs. 1 angewendet (wucherähnliches Geschäft).
[195] OLG Schleswig NJW 2005, 225 (226).

§ 30 Sittenwidrige Rechtsgeschäfte

Fähigkeit, nach dieser Einsicht zu handeln.[196] Es ist erforderlich, dass dem Betreffenden das Urteilsvermögen *dauerhaft* mangelt oder er *ständig* unter erheblicher Willensschwäche leidet. Wenn ein erfahrener Mensch mit durchschnittlicher Willensstärke einen für ihn ungünstigen Vertrag geschlossen hat, kann er sich nicht darauf berufen, dass ihm diese beiden Fähigkeiten vorübergehend abhandengekommen seien.[197]

Rechtsfolgen des Wucherdarlehens: Weil der wucherische Darlehensvertrag nichtig ist (§ 138 Abs. 2), schuldet der Bewucherte keine Gegenleistung, also keine Zinsen. Die *Rückzahlung* der Darlehenssumme ist aber keine Gegenleistung des Darlehensnehmers, sondern eine selbstverständliche Pflicht, die das Darlehen von der Schenkung unterscheidet. Deshalb entfällt – trotz Nichtigkeit des Darlehensvertrags – diese Pflicht nicht. Der Bewucherte muss also das Kapital zu dem vereinbarten Zeitpunkt zurückzahlen.[198]

744

Rechtsfolge in anderen Fällen: Die Nichtigkeit des Verpflichtungsgeschäfts ergreift beim Wucher nach hM auch das Verfügungs- oder Erfüllungsgeschäft.[199] Dies Ergebnis, das dem Abstraktionsprinzip widerspricht (Rn 331), wird den Worten „oder gewähren lässt" entnommen. *Beispiel:* Eine alte Bäuerin übereignete ihren Hof an X. Dessen einzige Gegenleistung, die Gewährung von Wohnung und Kost, stand in einem groben Missverhältnis zum Wert des Hofes. Die Verkäuferin hatte diesen Vertrag aus Unerfahrenheit abgeschlossen. Hier war nicht nur das Verpflichtungsgeschäft (der Kaufvertrag) nichtig, sondern auch die Verfügung (die Übereignung nach den §§ 873, 925). Deshalb wurde X trotz seiner Eintragung ins Grundbuch *nicht* Eigentümer.[200]

745

Arbeitsverträge: Bei Dauerschuldverhältnissen kann die Nichtigkeit des Vertrags unangemessen sein, wenn sie allein den Bewucherten benachteiligt. *Beispiel:* X erhielt nicht einmal zwei Drittel des Tariflohns (Rn 739). Deshalb ist die Rechtsfolge in solchen Fällen nicht die Nichtigkeit des Arbeitsvertrags, sondern – umgekehrt – ein Anspruch auf die übliche Vergütung.[201]

2. Wucherähnliche Geschäfte

Oft liegt zwar ein grobes Missverhältnis zwischen Leistung und Gegenleistung vor, aber es fehlt an einer der weiteren Voraussetzungen wie Unerfahrenheit oder Willensschwäche. Dann scheidet der in § 138 Abs. 2 normierte „Wucher" aus. In diesen Fällen kann aber der Vertrag nach § 138 *Abs. 1* als „wucherähnliches Geschäft" nichtig sein.[202] Ein wucherähnliches Geschäft setzt voraus:

746

- „*Auffälliges Missverhältnis*": Die Voraussetzung, dass ein auffälliges Missverhältnis zwischen Leistung und Gegenleistung bestehen muss,[203] wird aus Absatz 2 übernommen.

- „*Verwerfliche Gesinnung*": Zusätzlich zum „auffälligen Missverhältnis" wird für ein wucherähnliches Geschäft nach Abs. 1 verlangt, dass auf Seiten des Begünstigten

747

---

196 Palandt/Ellenberger § 138 Rn 73.
197 MüKo/Armbrüster § 138 Rn 151; Erman/Arnold § 138 Rn 23; BGH NJW 2006, 3054 Rn 28: Diplom-Betriebswirt kauft ein verfallenes Herrenhaus.
198 So schon der Große Senat für Zivilsachen des RG in RGZ 161, 52; BGHZ 146,298 (301); BGHZ 99, 338.
199 Staudinger/Sack § 138 Rn 224; BGH NJW 1994, 1275 und 1470; MüKo/Armbrüster § 138 Rn 164.
200 BGH NJW 1994, 1470.
201 BAG NJW 2016, 2359 Rn 44.
202 BGH NJW 2003, 1860; 2002, 3165.
203 BGH NJW 2015, 1510 Rn 19; NJW 2003, 1860.

eine „*verwerfliche Gesinnung*" vorliegt.[204] Diese einschränkende Voraussetzung ist nötig, weil Abs. 1 nicht die Umstände nennt, mit denen Abs. 2 die Sittenwidrigkeit des Wuchers umschreibt und damit hohe Hürden errichtet („Ausbeutung ... Zwangslage ... Unerfahrenheit ... Mangel an Urteilsvermögen ... Willensschwäche").

Die „*verwerfliche Gesinnung*" ist gegeben, wenn der Begünstigte bei Abschluss des Geschäfts „der wirtschaftlich oder intellektuell Überlegene" war und der andere Teil „sich nur wegen seiner schwächeren Lage auf den ungünstigen Vertrag eingelassen hat".[205] Diese Situation muss der Begünstigte erkannt und ausgenutzt haben. Es reicht aber aus, wenn „er sich leichtfertig der Erkenntnis verschlossen hat", dass die geschilderte Lage vorlag.[206]

748 *Vermutung bei einem Wertverhältnis von knapp Zwei zu Eins:* Die verwerfliche Gesinnung des Begünstigten kann der Benachteiligte meist nicht nachweisen. Die Rechtsprechung hilft ihm deshalb mit der *Vermutung*, dass die verwerfliche Gesinnung vorliegt, wenn es sich um ein *besonders grobes* Missverhältnis handelt, nämlich „der Wert der Leistung knapp doppelt so hoch ist wie der Wert der Gegenleistung".[207] Wenn die Leistung des sittenwidrig Handelnden einen Wert von 100 Euro hat, muss deshalb die Leistung des übervorteilten Teils 190 Euro wert sein.[208] Ein Wert von 184 genügt nicht.[209] Ob der Begünstigte den erheblichen Wertunterschied erkannt hatte, ist unerheblich.[210] Denn anderenfalls wäre ihm eine allzu leichte Ausrede möglich.

749 *Wucherähnliche Kaufverträge:* Da Kaufverträge die häufigsten Verträge sind, gibt es besonders viele Beispiele für wucherähnliche Kaufverträge. Dann ist es meist der Verkäufer, der wucherähnlich handelt, und Wert und Gegenwert liegen häufig viel weiter auseinander als 100 und 190. *Beispiel 1:* Die S-GmbH vermarktete in Chemnitz gelegene Plattenbau-Wohnungen. Frau K kaufte eine solche Wohnung für 102 509 Euro, ohne sie gesehen zu haben. Später stellte sie fest, dass die Wohnung nur einen Wert von etwa 48 000 Euro hatte.[211] *Beispiel 2:* Ein Immobilienunternehmer verkaufte einem Zeitsoldaten für 16 000 Euro das Recht, eine spanische Ferienwohnung einmal im Jahr für eine Woche zu nutzen. Das entsprach einem *Kaufpreis* der Wohnung von 832 000 Euro.[212]

750 Auch der *Käufer* kann wucherähnlich handeln. *Beispiel 1:* A und B bewohnten gemeinsam mit der 77 Jahre alten, an Depressionen leidenden Hauseigentümerin H ein Haus, das über 200 000 Euro wert war. Sie kauften der H das Haus ab für das Versprechen einer täglichen Mahlzeit und einen Kaufpreis von 50 000 Euro, der auch noch gestundet wurde.[213] Es gibt auch Fälle mit einem noch krasseren Missverhältnis. *Beispiel 2:* X kaufte für 50 000 Euro ein Grundstück, das eine Größe von 63 000 qm hatte. Dass der Kaufpreis viel zu gering war, zeigte sich drei Wochen später, als X ein Fünftel der Fläche für 630 000 Euro an D verkaufte.[214]

---

[204] BGH NJW 2017, 2403 Rn 15; 2010, 363 Rn 6; BGHZ 160, 8 (14); 146, 298 (305).
[205] BGH NJW 2002, 55.
[206] BGH aaO; BGH NJW 2002, 429.
[207] BGHZ 179, 213 Rn 11 und 15; BGH NJW-RR 2016, 692; 2010, 363 Rn 12; BGH NJW 2008, 1585 Rn 38.
[208] BGH NJW 2015, 1510 Rn 19; NJW 2014, 1652 Rn 8.
[209] BGH NJW-RR 2014, 653; ähnlich BGH NJW 2017, 2403 Rn 15.
[210] BGHZ 146, 298 (303).
[211] BGH NJW 2015, 1510 Rn 22.
[212] BGHZ 125, 218 (227). Solche Verträge sind heute in den §§ 481 ff geregelt.
[213] BGH NJW 1985, 3006; ähnlicher Sachverhalt BGHZ 146, 298 und BGH NJW 1996, 2652.
[214] BGH NJW 2007, 2841.

Andere Maßstäbe gelten bei *Internet-Versteigerungen*. *Beispiel:* V bot seinen Passat, der mehr als 5 000 Euro wert war, bei eBay zu einem Startpreis von einem Euro an. K ersteigerte das Fahrzeug für 555,55 Euro. Das war nicht sittenwidrig. Denn es macht „gerade den Reiz einer Internetauktion aus, den Auktionsgegenstand zu einem ‚Schnäppchenpreis‘ zu erwerben".[215] Der Anbieter macht sich diesen Reiz bewusst zunutze, um möglichst viele (und damit möglichst hohe) Gebote zu erhalten. Er muss deshalb auch ein sehr geringes Höchstgebot akzeptieren.

Darlehensverträge: Diejenigen Banken, deren Kundschaft vorwiegend aus sozialschwachen Schuldnern besteht, gehen ein höheres Risiko ein als andere und dürfen deshalb auch einen höheren Zins verlangen. Aber idR liegt trotzdem ein wucherähnlicher Darlehensvertrag vor, wenn der vereinbarte Zins den marktüblichen Zins „relativ um etwa 100 % oder absolut um 12 Prozentpunkte überschreitet".[216] *Beispiel:* Der marktübliche Zins lag bei 5 %, der Vertragzins bei 9,8 %. Das zweite Kriterium (absolut um 12 Prozentpunkte) läge nur bei einem Vertragszins von 17 % vor. Aber der marktübliche Zins ist um fast 100 % überschritten worden. Deshalb liegt idR ein Verstoß gegen die guten Sitten vor, der den ganzen Darlehensvertrag nach § 138 Abs. 1 nichtig macht.[217] Der Kreditnehmer braucht keine Zinsen zu zahlen, muss den Kreditbetrag (das Kapital) aber trotz der Nichtigkeit des Vertrags zurückzahlen (Rn 744).

751

Gelegenheitsdarlehen: Andere Maßstäbe gelten, wenn ein privater Geldgeber einem Geschäftsfreund für kurze Zeit Geld leiht. *Beispiel:* A gab dem in finanzielle Schwierigkeiten geratenen B 72 000 Euro mit der Vereinbarung, dass B nach sechs Wochen 90 000 Euro zurückzahlen sollte. Die vereinbarten Zinsen können in solchen Fällen nicht ohne weiteres auf einen Jahreszins hochgerechnet und mit den üblichen Bankzinsen verglichen werden. Wegen der Zinshöhe allein war der Kreditvertrag deshalb nicht sittenwidrig.[218]

Arbeitsverträge: Ein Arbeitgeber, der mit seinem Mitarbeiter ein Entgelt vereinbart, dessen Höhe weniger als die Hälfte des Üblichen erreicht, handelt sittenwidrig. *Beispiel:* Ein angestellter Rechtsanwalt erhielt ein Monatsgehalt von 1 300 Euro. § 138 Abs. 2 war hier unanwendbar, weil bei einem Rechtsanwalt keine Unerfahrenheit oder ein sonstiger Fall des § 138 Abs. 2 angenommen werden kann. Aber die Voraussetzungen eines wucherähnlichen Geschäfts lagen vor.[219]

752

Maklerverträge: Ein Makler kann seine Maklergebühr (§ 652) frei vereinbaren, aber nur bis zur Grenze des § 138. *Beispiel 1:* Ein westdeutscher Makler ließ sich kurz nach der Wiedervereinigung von einem unerfahrenen Hauseigentümer aus Thüringen statt der üblichen Courtage von 3 bis 5 % mehr als 27 % versprechen. Der BGH hat ein *wucherähnliches* Geschäft nach § 138 Abs. 1 angenommen,[220] obwohl auch die Voraussetzungen des § 138 Abs. 2 gegeben waren. *Beispiel 2:* In Bayern fand ein Makler einen Grundstückseigentümer, der ihm eine Courtage von 24 % zahlte, in diesem Fall die Summe von 1 825 000 Euro.[221]

---

215 BGH NJW 2015, 548 Rn 10; wörtlich ebenso NJW 2017, 468 Rn 43.
216 BGH NJW 2018, 848 Rn 25.
217 BGH NJW 1991, 1810.
218 BGH NJW 1994, 1056.
219 LAG Hessen NJW 2000, 3372. Siehe auch BAG NJW 2016, 2359 Rn 42.
220 NJW 1994, 1475.
221 BGH NJW 2000, 2669.

753 *Honorarvereinbarung mit Mandanten:* Ein Anwalt kann mit seinem Mandanten eine Vergütung vereinbaren, die die gesetzliche Gebühr übersteigt (§ 3a RVG). Wenn aber zwischen der Leistung des Anwalts und der vereinbarten Vergütung ein auffälliges Missverhältnis besteht und der Anwalt die Unterlegenheit seines Mandanten bewusst ausgenutzt hat, ist die Vereinbarung sittenwidrig. *Beispiel 1:* M sollte mehr als das Fünffache dessen zahlen, was das Gesetz vorsieht (228 000 Euro statt 41 000 Euro).[222] Betroffen war übrigens derselbe Bayer, der dem Makler die fünf- bis achtfache Courtage gezahlt hatte (Rn 752). *Beispiel 2:* Ein Rechtsanwalt stellte seinem Mandanten in einer Erbschaftssache 88 607 Euro in Rechnung, das Siebzehnfache der gesetzlichen Gebühr. Der BGH hat die Honorarvereinbarung zwar für sittenwidrig erklärt, hat dem Anwalt aber (leider) die gesetzliche Gebühr zugesprochen (geltungserhaltende Reduktion, Rn 791 f).[223]

Pachtverträge: Der Wert einer Sache ist meist einigermaßen bestimmbar, zB der Wert eines Grundstücks oder einer Barockuhr. Auch der Wert einer Arbeitsleistung oder der marktgerechte Zinssatz für einen Kredit lassen sich ermitteln. Dagegen ist es für die Gerichte fast unmöglich, die „objektiv angemessene" Pacht zu ermitteln, insbesondere bei Gastwirtschaften. Denn bei der Vereinbarung einer Pacht spielen viele oft schnell wechselnde Umstände eine Rolle. Der BGH hat jedenfalls die EOP-Methode und die „indirekte Vergleichswertmethode"[224] als ungeeignet zurückgewiesen,[225] ohne eine brauchbare Lösung aufzeigen zu können. Wenn sich also herausstellt, dass die Pacht um fast 100 % höher war als vergleichbare andere Pachten, lässt das noch keinen Rückschluss auf eine „verwerfliche Gesinnung des Begünstigten" zu.[226]

III. Andere sittenwidrige Rechtsgeschäfte

1. Sittenwidrige wirtschaftliche Knebelung

754 Die Sittenwidrigkeit eines Rechtsgeschäfts muss nicht – wie in den bisherigen Ausführungen immer gegeben – auf einem auffälligen Missverhältnis zwischen Leistung und Gegenleistung beruhen. Sie kann sich auch ganz anders zeigen, zB in einer sittenwidrigen wirtschaftlichen Knebelung:

Eine sittenwidrige Knebelung liegt vor, wenn „durch eine einseitige Vertragsgestaltung im Übermaß die persönliche oder geschäftliche Handlungsfreiheit des Vertragspartners eingeschränkt wird, insbesondere dadurch, dass die wirtschaftliche Übermacht eines Vertragspartners zur Fremdbestimmung des anderen Vertragsteils eingesetzt wird".[227] *Beispiel 1:* Der damals noch unbekannte Mannheimer Sänger Xavier Naidoo schloss mit dem Label 3p einen Plattenvertrag, der (offenbar branchentypisch) fast ausschließlich das Unternehmen bevorzugte und den Künstler benachteiligte. Besonders nachteilig für Naidoo war, dass 3p den Vertrag einseitig jedes Jahr verlängern konnte, Naidoo aber nicht. 3p verklagte Naidoo, weil dieser mit den „Söhnen Mannheims" auftrat. Das Landgericht erklärte den Vertrag für sittenwidrig. 3p verlor auch in den nächsten Instanzen und schließlich vor dem BVerfG.[228] *Beispiel 2:* Die Eheleute V verkauften ihr

---
222 BGH NJW 2000, 2669.
223 BGH NJW 2003, 3486.
224 Walterspiel NZM 2000, 70.
225 NJW 2004, 3553 (3554); BGHZ 141, 257; NJW 2002, 55.
226 BGH NJW 2004, 3553 (3554).
227 BGH NJW 1998, 2531 unter Hinweis auf BVerfG NJW 1996, 2021; ähnlich BGH NJW 1993, 1587 mwN.
228 BVerfG NJW 2006, 596.

Hotel an die Eheleute K für rund 350 000 Euro und eine monatliche Rente von 2 500 Euro. Nach dem Vertrag war das Grundstück zurückzuübereignen, wenn die Eheleute K mit mehr als zwei Monatsbeträgen in Verzug kamen – aber der Kaufpreis war dann nicht zurückzuerstatten. Allein schon diese Regelung (es gab noch ähnliche) machte den Vertrag sittenwidrig.[229]

Globalzession: Eine sittenwidrige Knebelung kann vorliegen, wenn sich ein Gläubiger sämtliche Forderungen abtreten lässt, die sein Schuldner seinerseits gegen seine Schuldner (Abnehmer) hat und zukünftig haben wird.[230] Die in der Bankpraxis übliche Globalzession zur Kreditsicherung (Sicherungsabtretung) ist aber idR nicht sittenwidrig.[231]

Lange Laufzeit: Ein Vertrag kann schon allein aufgrund einer überlangen Laufzeit eine wirtschaftliche Knebelung bedeuten. Das gilt zB für Bierbezugsverträge zwischen einer Brauerei und einem Gastwirt mit einer Laufzeit von mehr als 15 Jahren.[232] Der BGH sieht solche Verträge aber nicht als nichtig an, sondern verkürzt ihre Laufzeit auf 15 Jahre (geltungserhaltende Reduktion).[233] Dabei ist zu berücksichtigen, dass die Brauereien sich als Gegenleistung meist zu erheblichen Investitionen verpflichten (Tische, Stühle, Zapfanlage). Wenn die Laufzeit durch *die AGB* der Brauerei festgelegt wird, gilt ein strengerer Maßstab, aber eine zehnjährige Laufzeit ist bei entsprechenden Leistungen der Brauerei nicht zu beanstanden.[234] Im Verhältnis Tankstellenbetreiber/Mineralölkonzern ist eine 15-jährige Bindung sittenwidrig, wenn der Mineralölkonzern sich nicht zu erheblichen Investitionen verpflichtet hat.[235]

2. Beschränkung der Berufsfreiheit

Eine Bestimmung, die einen Sportler daran hindert, Profi zu werden, kann sittenwidrig sein. *Beispiel:* Amateur-Eishockeyspieler, die zu einem anderen Verein wechseln wollten, um Berufsspieler zu werden, mussten einen Verein finden, der bereit war, eine erhebliche Ablösesumme zu zahlen, die als „Aus- und Weiterbildungsentschädigung" bezeichnet wurde. Aus diesem Grunde scheiterten viele Versuche junger Amateure, ins Profilager zu wechseln. Der BGH hat diese Praxis für sittenwidrig erklärt, weil sie die Amateurspieler in ihrem Grundrecht auf freie Berufswahl unzulässig behindert (Artikel 12 Abs. 1 GG).[236]

Wettbewerbsverbot: Eine vertragliche Bestimmung, die einen Mitarbeiter oder einen Mitgesellschafter nach seinem Ausscheiden in seiner Berufsausübung behindert, ist sittenwidrig, wenn sie räumlich, zeitlich oder gegenständlich das nötige Maß überschreitet. *Beispiel:* Fall 30 (Rn 732).[237] Der BGH unterscheidet: Wenn das Wettbewerbsverbot lediglich die *zeitliche* Grenze von zwei Jahren überschreitet, kürzt er die Frist im Wege einer „geltungserhaltenden Reduktion" (Rn 791 f) auf zwei Jahre.[238] Wenn die

---

229 BGH NJW 2009, 1135.
230 BGH NJW 1995, 1668.
231 BGH NJW 1998, 2592.
232 St Rspr, BGH NJW 1992, 2145; NJW-RR 1990, 816.
233 Sehr bedenklich, vgl Rn 791 f.
234 BGH NJW 2001, 2331.
235 BGH NJW 1998, 156.
236 BGH NJW 2000, 1028; ähnlich BGH NJW 1999, 3552 für Fußball-Amateure.
237 BGH NJW 2005, 3061 (3062) = Fall 30, Rn 732; NJW 2004, 66.
238 BGH NJW 2015, 1012 Rn 7 ff; NJW 2004, 66.

Abrede die gegenständlichen (auf die Tätigkeit bezogenen) oder räumlichen Grenzen überschreitet, ist sie unheilbar nichtig.²³⁹

3. Bürgschaften vermögensloser Angehöriger

759 Ein Kreditsuchender, der der Bank keine andere Sicherheit bieten kann, bittet manchmal einen nahen Angehörigen um eine Bürgschaft (§ 765). Früher akzeptierten die Kreditinstitute solche Bürgschaften auch dann, wenn der Bürge geschäftlich unerfahren und offensichtlich nicht in der Lage war, sich von seinen Verpflichtungen jemals aus eigener Kraft zu befreien. Jahrzehntelang hatte der damals für Bürgschaften zuständige IX. Zivilsenat des BGH diese Praxis gebilligt. Eine dramatische Wende trat erst ein, als das BVerfG am 19. Oktober 1993 einer jungen Bürgin Recht gab, die sich mit einer Verfassungsbeschwerde gegen ihre Verurteilung durch den IX. Senat gewehrt hatte.²⁴⁰ Das BVerfG hob in seinem vielfach als Sensation empfundenen Beschluss hervor, dass die Vertragsfreiheit nur bei einem annähernd ausgewogenen Kräfteverhältnis der Vertragsparteien zu einem gerechten Interessenausgleich führen kann. Die Gerichte dürfen sich deshalb nicht auf den Satz „Vertrag ist Vertrag" zurückziehen, sondern müssen verhindern, dass allein „das Recht des Stärkeren" gilt.²⁴¹ Nach der Rechtsprechung des nun zuständigen XI. Zivilsenats des BGH ist ein Bürgschaftsvertrag nach § 138 nichtig, wenn folgende Voraussetzungen gegeben sind:

- Der Bürge stand aufgrund seiner emotionalen Verbundenheit mit dem Hauptschuldner unter dem psychischen Druck, dessen Wunsch nach einer Bürgschaftsübernahme zu erfüllen.²⁴² Ein solcher Druck ist angenommen worden, wenn Hauptschuldner und Bürge in einem Eltern-Kind-Verhältnis standen, miteinander verheiratet, Partner einer eheähnlichen Lebensgemeinschaft²⁴³ oder Geschwister²⁴⁴ waren. Der Kreditgeber hat diese emotionale Abhängigkeit „in sittlich anstößiger Weise ausgenutzt".²⁴⁵

- Der Bürge ist durch die Übernahme der Verpflichtung „krass überfordert", was sich insbesondere darin zeigen kann, dass er nicht einmal die laufenden Zinsen der Hauptschuld aus eigener Kraft aufzubringen vermag.²⁴⁶

Die Einzelheiten gehören zum Bürgschaftsrecht (§§ 765 ff).²⁴⁷

4. Bestechung, Schmiergeld

760 Es kommt häufig vor, dass jemand, der einen Auftrag erhalten möchte, den mit der Entscheidung betrauten Beamten oder Angestellten besticht. Ein solches Verhalten ist für beide Beteiligte strafbar (§§ 299, 334 StGB), so dass die Vereinbarung nach § 134 nichtig ist (Rn 716). Solche Vereinbarungen sind außerdem nach § 138 nichtig, denn sie „widersprechen einfachsten und grundlegenden Regeln geschäftlichen Anstands

---

239 BGH NJW 2005, 3061 (3062) = Fall 30, Rn 732.
240 BVerfG NJW 1994, 36.
241 BVerfG NJW 1994, 2749.
242 BGH NJW 2000, 1182; 1996, 1470.
243 BGH NJW 2009, 2671; 2000, 1182.
244 BGH NJW 1998, 597.
245 BGH NJW 2009, 2671 Rn 18.
246 BGHZ 156, 302 (306) für eine Arbeitnehmerbürgschaft; BGH NJW 2009, 2671 Rn 18; 2002, 2705 und 2230; 2001, 815; 2000, 1182.
247 SBT Rn 1223 ff.

und kaufmännischer guter Sitte".[248] *Beispiel:* G betreibt einen Großhandel für ausländische Presseerzeugnisse. Sein Vertriebsleiter X verkaufte über einen längeren Zeitraum etwa 294 000 nicht mehr aktuelle US-Magazine an K und ließ sich für jedes Heft fünf Cent auf sein eigenes Konto überweisen.[249] Auch wenn die Nichtigkeit der Schmiergeldvereinbarung außer Frage steht, soll die Nichtigkeit des aus ihr folgenden Vertrags davon abhängen, ob er für den Vertretenen Nachteile hat.[250] Das ist aber zu vermuten (vgl. zur parallelen Frage beim verbotenen Rechtsgeschäft Rn 731).[251]

Provision: Wer Schmiergeld genommen hat, behauptet gern, er habe nur eine „Provision" erhalten. Der Unterschied liegt in der Heimlichkeit bzw Offenheit: Um eine (legale) Provision oder Courtage handelt es sich, wenn ein Dritter (insbesondere ein Makler) zwei Parteien zum Vertragsschluss zusammenbringt und dafür *offen* eine Vergütung verlangt. Wer aber als Sachwalter (Vertreter oder Verhandlungsgehilfe) der einen Seite von der Gegenseite *heimlich* Geld nimmt, lässt sich bestechen.[252] Es reicht aus, wenn der, der die Zahlung verspricht, „damit rechnet und billigend in Kauf nimmt, dass der Sachwalter diese Vereinbarung ... verschweigen wird".[253]

761

5. Handel mit Titeln und Adelsnamen

Verträge über die Verschaffung öffentlicher Ämter und Titel verstoßen „gegen das Anstandsgefühl aller billig und gerecht Denkenden" und sind deshalb nach § 138 nichtig.[254] *Beispiel 1:* Der Titelhändler W verpflichtete sich gegenüber X, diesem für 125 000 US-$ den Titel „Honorargeneralkonsul von Sierra Leone in Ungarn" zu verschaffen (Rn 736).[255] *Beispiel 2:* A zahlte an B für die Verschaffung des Titels „Dr. h. c." rund 20 000 Euro.[256] Sittenwidrig ist auch ein Vertrag über entgeltliche Hilfe bei der Anfertigung einer Doktorarbeit.[257] Als sittenwidrig hat der BGH zu Recht auch einen Vertrag angesehen, durch den sich eine verarmte Gräfin verpflichtete, gegen Entgelt einen Erwachsenen zu adoptieren.[258]

762

6. Ausnutzen der Gewinnsucht und der Spielleidenschaft

Schneeballsystem: Ein Spiel nach dem „Schneeballsystem" beginnt damit, dass ein Initiator Menschen dazu bringt, ihm eine größere Summe zu zahlen. Er stellt den Geworbenen in Aussicht, dass sie den Geldbetrag mehrfach zurückerhalten werden, indem sie ihrerseits Mitspieler werben, die an sie eine hohe Summe zahlen. Das Spiel ist darauf angelegt, dass die ersten Spieler hohe Gewinne erzielen, während die späteren ihren Einsatz verlieren, weil sie keine neuen Mitspieler mehr werben können. Ein Vertrag über die Teilnahme an einem solchen Spiel ist deshalb sittenwidrig.[259] Die Rückforderungssperre des § 817 gilt in diesen Fällen nicht.[260]

763

---

248 BGH NJW 2014, 2790 Rn 23; ähnlich NJW 1999, 2266.
249 BGH NJW 2014, 2790.
250 BGH NJW 2000, 511; 1999, 2255 – bedenklich.
251 BGH NJW 2014, 2790 Rn 25; NJW 2001, 1065 und 2001, 962.
252 BGH NJW 1992, 681; 1985, 2523; OLG Frankfurt NJW 1990, 2131.
253 BGH NJW 2001, 1062.
254 HM, BGH NJW 1994, 187; OLG Koblenz NJW 1999, 2904.
255 BGH NJW 1994, 187.
256 OLG Stuttgart NJW 1996, 665.
257 OLG Koblenz, ebenfalls NJW 1996, 665.
258 NJW 1997, 47.
259 BGH NJW 2012, 3366 Rn 19; NJW 2008, 1942; NJW 2006, 45 – alle zum „Schenkkreis".
260 SBT Rn 1385; Staudinger/S. Lorenz § 817 Rn 5, 10; BGH NJW 2008, 1942 Rn 10.

764 Vom Schneeballsystem zu unterscheiden ist ein besonders verwerfliches Unternehmenskonzept, das nach folgendem Muster abläuft: Die Y-GmbH bot die Teilnahme an Optionsgeschäften an und versprach Renditen von 9 bis 14 Prozent. Sie zahlte den ersten Kunden auch tatsächlich viel Geld, aber es stammte nicht aus Optionsgeschäften, sondern aus den Einzahlungen späterer Kunden.[261] Die fantastischen „Gewinnauszahlungen" locken in solchen Fällen immer neue Kunden an, so dass sich das System oft lange halten kann.[262] Die Unterschiede zum Schneeballsystem (Rn 763) sind groß. Die Ähnlichkeit besteht nur darin, dass in beiden Fällen die Initiatoren und die ersten Kunden viel Geld erhalten, während die späteren ihre Einsätze verlieren. Das Verhalten der Initiatoren ist natürlich sittenwidrig. Aber die Verträge sind es nicht, weil die Investoren gutgläubig sind.[263]

765 *Spielbank*: Der Vertrag zwischen einem Spieler und dem Betreiber einer konzessionierten Spielbank ist wirksam (§ 763 S. 1). Aber auch bei einem legalen Glücksspiel ist es sittenwidrig, aus Gewinnstreben die Spielleidenschaft Einzelner zu fördern. *Beispiel*: Die staatlich konzessionierte Spielbank Hannover gewährte einem Spieler, der alle Einsätze verloren hatte, ein Darlehen von 80 000 Euro, um ihn zum Weiterspielen zu animieren.[264]

7. Ehevertrag

766 In einem Ehevertrag (§§ 1408 ff) können die Eheleute die Folgen einer möglichen Scheidung grundsätzlich abweichend von den gesetzlichen Bestimmungen festlegen. Das darf aber nicht dazu führen, dass der Schutz des schwächeren Partners „beliebig unterlaufen" wird.[265] Das Problem spielt in der Praxis eine große Rolle.[266] Es geht meist darum, dass ein Ehemann seine Frau dazu veranlasst hat, in einem Ehevertrag für den Fall der Scheidung auf Unterhalt oder auf den Versorgungsausgleich (§§ 1587 ff) oder auf beides zu verzichten, und die Ehefrau diese Vereinbarung nach der Scheidung nicht gelten lassen will.

Der BGH hatte in dieser Frage jahrzehntelang die Vertragsfreiheit betont. Das änderte sich im Jahre 2001, als das Bundesverfassungsgericht in Anlehnung an sein Bürgschaftsurteil[267] auch für Eheverträge erklärte: Wenn ein Vertragspartner beim Vertragsschluss ein solches Gewicht hatte, dass er den Vertragsinhalt faktisch einseitig bestimmt hat, ist es Aufgabe der Rechtsprechung, die Fremdbestimmung des unterlegenen Teils zumindest teilweise rückgängig zu machen.[268] Der BGH hat daraufhin seine Rechtsprechung einer gründlichen Revision unterzogen.[269] Da er weitgehend auf den Einzelfall abstellt, ergeben sich kaum Grundsätze, aber immerhin kann man Folgendes sagen:

767 Die Sittenwidrigkeit eines Ehevertrags ergibt sich erst aus einer *Gesamtschau* aller Umstände. So ist der Ausschluss der Unterhaltsansprüche wegen Alters und Krankheit *für*

---

261 BGH NJW 2011, 1732.
262 Der größte Fall dieser Art ist der des US-amerikanischen Großbetrügers Bernard („Bernie") Madoff, der 2009 zu 150 Jahren Haft verurteilt wurde.
263 BGH NJW 2011, 1732 Rn 11 – abweichend von BGH ZIP 2010, 1253 Rn 8 und 12.
264 BGH NJW 1992, 316.
265 BGH NJW 2007, 907 Rn 13 mit weiteren Nachweisen; grundlegend BGHZ 158, 81.
266 NJW 2005, 137, 139, 1370, 2386, 2391.
267 BVerfG NJW 1994, 36 – oben Rn 759.
268 NJW 2001, 957.
269 BGHZ 158, 81.

sich genommen nicht sittenwidrig. Das gilt auch für den Ausschluss des Versorgungsausgleichs und des Zugewinnausgleichs.²⁷⁰ Wenn aber „das Zusammenwirken aller in dem Vertrag enthaltenen Regelungen erkennbar auf die einseitige Benachteiligung" eines Ehegatten abzielt, kann auf eine „einseitige Dominanz" und damit auf die „erforderliche *verwerfliche Gesinnung* des begünstigten Ehegatten geschlossen werden". In diesem Fall erweist sich der Ehevertrag „im Rahmen einer Gesamtwürdigung als insgesamt sittenwidrig".²⁷¹

Beispiel 1: Der 49-jährige A hatte (offenbar über eine Agentur) die 37-jährige russische Klavierlehrerin B kennen gelernt und lud sie nach Deutschland ein. Frau B sprach nicht Deutsch. Noch vor Ablauf des Besuchervisums schlossen beide die Ehe. In einem Ehevertrag vom Vortag hatten sie für die Zeit nach der Scheidung den Versorgungsausgleich und Ansprüche auf Unterhalt ausgeschlossen. A wusste schon damals, dass Frau B an einer schweren Krankheit litt, die sich kurz darauf als Multiple Sklerose herausstellte. Der BGH hat die Sittenwidrigkeit damit begründet, dass Frau B nur über eine Ehe eine Aufenthalts- und Arbeitserlaubnis erhalten konnte und A die Eheschließung vom Abschluss des Ehevertrags abhängig gemacht hatte.²⁷² *Beispiel 2:* Ein 44-jähriger Jurist veranlasste eine 24-jährige Erzieherin, die von ihm im neunten Monat schwanger war, einen Ehevertrag zu unterschreiben, der sie ausschließlich benachteiligte und dessen Inhalt ihr zum ersten Mal im Notartermin bekannt wurde.²⁷³ Der Ehevertrag war wegen Sittenwidrigkeit nichtig. Nach Ansicht des BGH kann es in weniger gravierenden Fällen angemessen sein, die Bestimmungen des Ehevertrags nach § 313 zu mildern.²⁷⁴

768

8. Sexualität

Prostitution: Der Vertrag zwischen Freier und Dirne wurde früher allgemein als sittenwidrig angesehen, weil die Verpflichtung, sexuelle Handlungen gegen Entgelt vornehmen oder dulden zu müssen, als Verletzung der Menschenwürde angesehen wurde. Die Nichtigkeit des Vertrags führte dazu, dass eine Prostituierte ihren Dirnenlohn nicht einklagen konnte. In diesem Punkt hat das am 1. Januar 2002 in Kraft getretene „Gesetz zur Regelung der Rechtsverhältnisse der Prostituierten" (ProstG) eine grundlegende Änderung gebracht. Denn § 1 S. 1 ProstG bestimmt: „Sind sexuelle Handlungen gegen ein vorher vereinbartes Entgelt vorgenommen worden, so begründet diese Vereinbarung eine *rechtswirksame* Forderung". Eine Prostituierte kann also heute den Dirnenlohn einklagen. Ob allerdings von dieser Möglichkeit schon einmal Gebrauch gemacht wurde, ist zweifelhaft.²⁷⁵

769

Aus § 1 S. 1 ProstG wird abgeleitet, dass die Prostitution nicht mehr als sittenwidrig zu bewerten sei.²⁷⁶ Zur Frage der Sittenwidrigkeit nimmt das ProstG aber nicht Stellung. Es kann deshalb weiterhin die Ansicht vertreten werden, dass ein Vertrag über die Vor-

---

270   BGH NJW 2017, 1883 Rn 32 ff.
271   BGH NJW 2017, 1883 Rn 38 f. Siehe auch BGH NJW 2018, 1015.
272   BGH NJW 2007, 908.
273   BGH NJW 2008, 3426; in gleicher Weise BGH NJW 2009, 2124.
274   BGH NJW 2005, 139. Die Ehefrau wird dann so gestellt, als habe sie ihre berufliche Tätigkeit nicht kinder- oder ehebedingt unterbrochen.
275   Das ist schon deshalb nicht anzunehmen, weil Dirnenlohn im Voraus verlangt und bezahlt wird.
276   So wohl BGHZ 168, 314.

nahme sexueller Handlungen sittenwidrig ist.[277] Das gilt auch für das Strafrecht.[278] Es handelt sich dann um einen sittenwidrigen Vertrag, aus dem sich ausnahmsweise kraft gesetzlicher Anordnung eine „rechtswirksame Forderung" ergibt. Von der weiterhin bestehenden Sittenwidrigkeit des Vertrags auszugehen, ist nicht nur sinnvoll, sondern im Interesse der Prostituierten sogar geboten. Denn wenn der Vertrag mit dem Freier *nicht* sittenwidrig wäre, müssten die Prostituierten ihrerseits den Vertrag erfüllen. Eine solche Verpflichtung will das ProstG aber gerade nicht begründen.[279] Es soll der Prostituierten vielmehr freistehen, die Erfüllung abzulehnen – etwa aus Ekel oder Überdruss. Ein einklagbarer Anspruch auf Erfüllung wird also aus guten Gründen *dem Freier* nicht zugestanden. Dieses Ergebnis lässt sich nur konstruieren, wenn der „Anspruch" des Freiers auf die versprochenen Dienste nichtig ist.[280]

770 Die Frage der Sittenwidrigkeit von Prostitution ist nicht nur eine akademische Diskussion, sondern bereitet der Praxis durchaus Probleme. *Beispiel:* Der Bordellbesitzer B verlangte von der Bundesagentur für Arbeit, ihm Prostituierte als Arbeitskräfte zu vermitteln, was diese ablehnte. Das BSG ging in seinem Urteil davon aus, dass die Prostitution nicht sittenwidrig sei, kam aber zu dem Schluss, dass die Bundesagentur nicht zu einer Arbeitsvermittlung verpflichtet sei.[281] Die Entscheidungsgründe zeigen, wie schwer diese Meinung zu begründen ist, wenn man (unnötigerweise) davon ausgeht, dass die Prostitution *nicht* sittenwidrig ist.

771 *Telefonsex:* Beim Telefonsex fehlt der körperliche Kontakt der Beteiligten, so dass er weniger anstößig ist als die Prostitution.[282] Deshalb muss für eine Telefonpartnerin erst recht gelten, dass sie eine einklagbare Forderung erhält. Auch Entgeltforderungen für das Anbieten, Vermitteln und Vermarkten von Telefonsexdienstleistungen sind einklagbar.[283]

772 *Geliebtentestament:* Vor hundert Jahren galt es als sittenwidrig, wenn ein Familienvater seine Geliebte als Erbin einsetzte. Das ist heute anders. *Beispiel:* 16 Jahre vor seinem Tod lernte E die Prostituierte P kennen, die schließlich seine Lebenspartnerin wurde. Seine Witwe und seine Tochter mussten es hinnehmen, dass P als Erbin des E Miteigentümerin des von ihnen bewohnten Hauses wurde.[284]

IV. Rechtsfolgen der Sittenwidrigkeit

773 Das sittenwidrige Rechtsgeschäft ist nach § 138 Abs. 1 nichtig, begründet also keinerlei Rechte und Pflichten. Das gilt auch dann, wenn es neben sittenwidrigen auch neutrale Bestimmungen enthält. Etwas anderes kann sich nach § 139 nur ausnahmsweise ergeben (Rn 783 f).

Wenn ein Arbeitsvertrag ein sittenwidrig niedriges Arbeitsentgelt vorsieht (Rn 752), ist der Vertrag nicht insgesamt nichtig. Vielmehr hat der Arbeitnehmer rückwirkend An-

---

277 OLG Schleswig NJW 2005, 225 (227); OLG Jena GewArch 2006, 216; Medicus Rn 701; Palandt/Ellenberger Anhang zu § 138, ProstG Rn 2 (nachträgliches Wirksamwerden durch Leistung). Anders Armbrüster NJW 2002, 2763 und MüKo/Armbrüster § 138 Rn 55.
278 BGHSt 61, 149 Rn 25.
279 Medicus Rn 701.
280 Majer NJW 2008, 1926 (1927).
281 NJW 2010, 1627.
282 Palandt/Ellenberger § 138 Rn 52a; BGH NJW 2008, 140 Rn 13.
283 NJW 2008, 140 Rn 13; ebenso schon BGHZ 158, 201 (205) und NJW 2007, 438; anders noch BGH NJW 1998, 2895.
284 OLG Düsseldorf Beck RS 2008, 19390.

spruch auf die übliche Vergütung nach § 612 Abs. 2.[285] Eine Sonderregelung gilt nach § 1 ProstG für den Vertrag zwischen Freier und Dirne (Rn 769).

Rückforderung nach § 812: Die Sittenwidrigkeit eines Verpflichtungsgeschäfts (Rn 318) ergreift grundsätzlich nicht das entsprechende Verfügungsgeschäft, weil dieses nach dem Abstraktionsprinzip (Rn 331) rechtlich selbstständig und idR wertneutral ist.[286] Jedoch müssen die Beteiligten alles, was sie aufgrund des sittenwidrigen Verpflichtungsgeschäfts erlangt haben, als ungerechtfertigte Bereicherung nach den §§ 812 Abs. 1 S. 2, 817 S. 1 zurückgeben, soweit dem nicht § 817 S. 2 entgegensteht.[287]

774

Schadensersatz: Wer einen anderen zum Abschluss eines sittenwidrigen Rechtsgeschäfts verleitet, kann dadurch die während des vorvertraglichen Vertrauensverhältnisses bestehende Pflicht zur Rücksichtnahme verletzen (§§ 241 Abs. 2, 311 Abs. 2). Im Rahmen des sich daraus ergebenden Schadensersatzanspruchs (§ 280 Abs. 1) kann der Geschädigte die Rückgängigmachung des Vertrags fordern.[288]

775

V. Verhältnis von § 138 zu anderen Vorschriften

§ 138 steht gegenüber anderen Vorschriften zurück. Im Einzelnen gilt:

776

Auslegung: Zuerst ist immer durch Auslegung (§§ 133, 157) zu ermitteln, welchen Inhalt das Rechtsgeschäft wirklich hat und ob es im Licht dieser Interpretation als sittenwidrig anzusehen ist.

Anfechtung: Die arglistige Täuschung oder widerrechtliche Drohung haben in § 123 eine Sonderregelung erfahren. Bekanntlich wird ein durch Täuschung oder Drohung zustande gekommenes Rechtsgeschäft erst durch die Anfechtung nichtig (§ 142). Wenn in allen Fällen der arglistigen Täuschung Sittenwidrigkeit anzunehmen wäre, wäre die Anfechtung überflüssig.[289] Das ist in der Praxis wichtig, wenn die Anfechtungsfrist abgelaufen ist (§ 124 Abs. 1, Abs. 2) und der Getäuschte oder Bedrohte deshalb auf § 138 ausweichen möchte. Um § 124 nicht ganz auszuhöhlen, ist dieser Weg nur möglich wenn zur Arglist noch besondere Umstände hinzutreten, die die Sittenwidrigkeit verstärken.[290]

777

Gesetzliches Verbot: Wenn ein Rechtsgeschäft gegen ein gesetzliches Verbot verstößt, geht § 134 vor.[291] Der Verstoß macht das Rechtsgeschäft nicht automatisch sittenwidrig, denn „anderenfalls liefe § 134 leer".[292] Doch kann das Geschäft natürlich zugleich sittenwidrig sein.[293] Wenn kein gesetzliches Verbot besteht, kommt nur § 138 in Betracht. *Beispiel:* § 23 Abs. 1b StVO untersagt die Benutzung eines Radarwarngeräts im Straßenverkehr, nicht den Handel mit solchen Geräten. Deshalb kann ein Kaufvertrag über ein Radarwarngerät nicht nach § 134 nichtig sein. Er ist aber sittenwidrig.[294] Denn ein Warngerät wird nur gekauft, um unbeschränkt rasen zu können, was andere erheblich gefährdet.

778

---

285 BAG NJW 2016, 2359 Rn 44.
286 BGH NJW 2001, 1127; 1990, 384.
287 BGHZ 101, 393; BGH NJW 1990, 314.
288 BGHZ 160, 8 (10); 146, 298 (306); zur Haftung aus culpa in contrahendo SAT Rn 830 ff, 852.
289 BGH NJW 1995, 3315.
290 BGH NJW 2005, 2991 (Gewinnzusagen).
291 MüKo/Armbrüster § 138 Rn 4.
292 BGH NJW 1998, 2592.
293 BGH NJW 1999, 2266.
294 BGH NJW 2010, 610; 2005, 1490.

779 *AGB:* Ist eine AGB-Klausel zu beurteilen, ist nicht § 138 der Maßstab, sondern § 307, eine Generalklausel, die in den §§ 308 und 309 ihre Konkretisierung gefunden hat. Auch AGB, die nicht gegen die guten Sitten verstoßen, können nach diesen Vorschriften unwirksam sein. Denn die §§ 307 bis 309 legen bewusst einen strengeren Maßstab an als § 138. Das schließt nicht aus, dass ein auf einer unwirksamen AGB beruhendes Rechtsgeschäft auch nach § 138 nichtig ist.[295]

Unlauterer Wettbewerb: Der Begriff der „guten Sitten" in § 1 UWG ist weiter als der entsprechende Begriff in § 138. Deshalb sind von § 1 UWG erfasste Wettbewerbsverstöße nicht ohne weiteres auch sittenwidrig nach § 138.[296] Außerdem führt ein Verstoß gegen § 1 UWG nicht zur Nichtigkeit, sondern nur zu einem Unterlassungs- und uU zu einem Schadensersatzanspruch.

§ 31 Die Aufrechterhaltung fehlerhafter Rechtsgeschäfte

780 ▶ **Fall 31: Tennishalle mit Preisbindung** § 139

Kern und Koller sind die Eigentümer mehrerer Tennishallen, die sie teilweise selbst betreiben, teilweise an Unternehmer vermieten. Eine dieser Hallen vermieteten sie zum 1. Januar auf zehn Jahre an Thomas Buckel. In dem Mietvertrag heißt es unter § 7 Nr. 3: „Mieter wird die von Vermieter vor einem jeden Saisonbeginn vorgegebenen Abonnement- und Einzelstundenpreise übernehmen." § 21 des Vertrags lautet: „Sollte eine oder mehrere Bestimmungen dieses Vertrages unwirksam oder nichtig sein, wird die Wirksamkeit der übrigen Bestimmungen nicht berührt."

Da Herr Buckel in Zahlungsrückstand gekommen war, kündigten Kern und Koller den Vertrag fristlos. Sie haben Buckel nunmehr auf Zahlung von rund 33 000 Euro verklagt. Herr Buckel hält den Mietvertrag für nichtig, weil er nach seiner Ansicht eine von § 14 GWB verbotene Wettbewerbsbeschränkung enthält. Kern und Koller sind der Meinung, der Vertrag sei trotzdem wirksam. Wer hat Recht? (Nach BGH NJW 2003, 347)

781 Kern und Koller machen mit ihrer Klage rückständige Miete geltend (§ 535 Abs. 2). Ein solcher Anspruch besteht nur, wenn der Mietvertrag wirksam ist. Genau das leugnet Buckel mit Hinweis auf § 1 GWB.[297] Diese Vorschrift lautet verkürzt: „Vereinbarungen zwischen Unternehmen, … die eine Verhinderung, Einschränkung oder Verfälschung des Wettbewerbs bezwecken oder bewirken, sind verboten."

§ 7 Nr. 3 des zwischen den Parteien geschlossenen Vertrags könnte zu den „Vereinbarungen zwischen Unternehmen" gehören, „… die eine … Einschränkung … des Wettbewerbs bezwecken oder bewirken". Denn Buckel musste sich an die Preise halten, die seine Vermieter ihm vorschrieben. Buckel sollte auf diese Weise daran gehindert werden, seinen Vermietern über den Preis unerwünschte Konkurrenz zu machen. Eine solche Preisabsprache, die im Allgemeinen zu höheren Preisen führt, will das GWB im Interesse der Kunden verhindern. Deshalb verbietet § 1 GWB solche Preisabsprachen mit den Worten: „… sind verboten". Das gesetzliche Verbot führt zur Nichtigkeit der Klausel (§ 134). Die Frage ist aber, ob damit zu-

---

295 BGH NJW 1997, 3372.
296 BGH NJW 1998, 2531.
297 Im Urteil des BGH ging es um den damaligen § 14 GWB, den Vorläufer des heutigen § 1 GWB.

gleich der ganze Mietvertrag nichtig ist oder ob er mit verändertem Inhalt fortbesteht, also ohne Preisbindung. Die Antwort auf diese Frage ergibt sich aus § 139.

§ 139 geht davon aus, dass eine nichtige Vertragsbestimmung im Prinzip die Nichtigkeit des ganzen Vertrags zur Folge hat („... so ist das ganze Rechtsgeschäft nichtig ..."). Das Gesetz schränkt diese Regel aber mit den Worten ein „... wenn nicht anzunehmen ist, dass es auch ohne den nichtigen Teil vorgenommen sein würde". Diese Worte sind im Sinne von „wenn nicht *ausnahmsweise* anzunehmen ist ..." zu verstehen. Derjenige Vertragsteil, der der Meinung ist, dass der Vertrag auch ohne den nichtigen Teil vorgenommen sein würde, trägt also nach § 139 die Darlegungs- und Beweislast für die Richtigkeit seiner Ansicht.

Nun haben aber die Vertragsparteien in § 21 des Vertrags vereinbart, dass die Unwirksamkeit einer Bestimmung „die Wirksamkeit der übrigen Bestimmungen nicht berührt". Damit haben sie die in § 139 aufgestellte Regel in ihr Gegenteil verkehrt, nämlich vereinbart, dass der Vertrag trotz einer nichtigen Vertragsbestimmung im Übrigen Bestand haben solle. Zu prüfen ist deshalb, welche Bedeutung diese sogenannte *salvatorische Klausel* (Rn 794 ff) für die Frage der Teil- oder Vollnichtigkeit hat. Der Kartellsenat des BGH, der den vorliegenden Fall zu entscheiden hatte, hatte früher angenommen, dass eine salvatorische Klausel *in jedem Fall* zur Aufrechterhaltung des Vertrags führe.[298] Das war eine sehr starre und extreme Position, weil sie dazu führte, dass ein Vertrag auch gegen den Willen der Parteien aufrechterhalten blieb, so lange diese nur (möglicherweise vor Jahren und ohne sich viel dabei zu denken) eine salvatorische Klausel in den Vertrag aufgenommen hatten.

Der Kartellsenat hat sich anlässlich der vorliegenden Entscheidung der in Literatur und Rechtsprechung (auch der übrigen BGH-Senate) ganz herrschenden Meinung angeschlossen und billigt nunmehr einer salvatorischen Klausel nur noch eine sehr viel geringere Wirkung zu. Die Klausel führt nämlich nur zu einer Umkehr der in § 139 enthaltenen Vermutung, weist also demjenigen Vertragspartner die Darlegungs- und Beweislast zu, der den Vertrag für *insgesamt nichtig* hält. Das ist im vorliegenden Fall Herr Buckel, der sich ja mit diesem Argument dem Zahlungsanspruch entziehen will.

Der BGH hat die Sache an das OLG zurückverwiesen, damit es in einer neuen Verhandlung Herrn Buckel Gelegenheit geben kann, überzeugende Argumente für eine Gesamtnichtigkeit des Vertrags zu nennen. Man wird vermuten dürfen, dass das Herrn Buckel schwergefallen ist. Denn er hätte den Vertrag ohne die fragliche Klausel mit großer Wahrscheinlichkeit sogar sehr viel lieber unterschrieben. Die Klausel behinderte ihn nämlich in der Entfaltung seiner unternehmerischen Freiheit. Wenn er heute sagen würde: „Für mich war die Tatsache, dass ich die Preise meiner Vermieter einhalten musste, so wichtig, dass ich den Vertrag ohne diese Klausel nicht unterschrieben hätte", wäre das wenig glaubwürdig. Vermutlich hat Herr Buckel also den zweiten Prozess vor dem OLG verloren, so dass er die von Kern und Koller geforderten 33 000 Euro zahlen muss. ◀

Lerneinheit 31

Literatur: *Berneith*, Umdeutung nichtiger gemeinschaftlicher Testamente mit wechselbezüglichen Verfügungen? ZEV 2019, 241; *Kollmeyer*, Umdeutung unwirksamer Verfügungen in gemeinschaftlichen Testamenten, NJW 2018, 662; *Hoffmann*, Die Teilbarkeit von Schuldverträgen, JuS 2017, 1045; *Lieder/Berneith*, Die Umdeutung nach § 140 BGB, JuS 2015, 1063; *Peter*, Grundsät-

---

298 BGH NJW 1994, 1651 – „Pronuptia II".

ze der Teilanfechtung unter Berücksichtigung der Besonderheiten im Mehrpersonenverhältnis, Jura 2014, 1; *Petersen*, Die Teilnichtigkeit, Jura 2010, 419; *Brambring*, Führt die Teilnichtigkeit zur Gesamtnichtigkeit von Eheverträgen? FPR 2005, 130; *Hartmann*, Zur Anwendung des § 139 BGB auf Vollmacht und Grundgeschäft, ZGS 2005, 62.

I. Teilnichtigkeit von Rechtsgeschäften

1. Funktion des § 139

783 Manchmal ist ein Rechtsgeschäft unzweifelhaft *insgesamt* nichtig, zB wenn es die vorgeschriebene Form nicht einhält (§ 125), wenn es von einem Geschäftsunfähigen vorgenommen (§ 105 Abs. 1) oder wenn es wirksam angefochten wurde (§ 142). Oft ist aber nur eine *einzelne Bestimmung* nichtig, zB wegen Sittenwidrigkeit (§ 138) oder wegen eines Verstoßes gegen ein gesetzliches Verbot (§ 134). In diesen Fällen stellt sich die Frage, ob lediglich diese eine Bestimmung entfällt (und das Rechtsgeschäft im Übrigen bestehen bleibt) oder ob das Rechtsgeschäft *insgesamt* nichtig ist. § 139 neigt zur radikalen Lösung, nämlich zur Gesamtnichtigkeit. Denn der Grundsatz lautet: „… so ist das ganze Rechtsgeschäft nichtig".[299] Nur wenn ausnahmsweise „anzunehmen ist, dass es auch ohne den nichtigen Teil vorgenommen sein würde", ist das Rechtsgeschäft teilnichtig, bleibt also im Übrigen erhalten. Die Teilnichtigkeit ist deshalb die Ausnahme, für die besondere Voraussetzungen gegeben sein müssen.

2. Voraussetzungen für eine Teilnichtigkeit (Fortbestand des Rechtsgeschäfts)

a) Keine gesetzlich bestimmte Gesamtnichtigkeit

784 Wenn das Gesetz keinen Zweifel daran lässt, dass das ganze Rechtsgeschäft nichtig sein soll (zB §§ 105 Abs. 1, 125 S. 1, 142 Abs. 1), ist für § 139 kein Raum. Voraussetzung für die Anwendung von § 139 ist deshalb, dass zunächst nur Teile eines Rechtsgeschäfts von der Nichtigkeit betroffen sind.

b) Keine AGB

785 Für unwirksame AGB-Klauseln enthält § 306 eine Spezialbestimmung (unten Rn 799).

c) Einheitliches Rechtsgeschäft

786 § 139 setzt voraus, dass es sich um ein einheitliches Rechtsgeschäft handelt. Wenn es um zwei selbstständige Rechtsgeschäfte geht, ist § 139 nicht anzuwenden. Denn die Nichtigkeit des einen Rechtsgeschäfts greift dann nie auf das andere über.

Ein einheitliches Rechtsgeschäft liegt auch dann vor, wenn man – äußerlich betrachtet – von zwei getrennten Rechtsgeschäften ausgehen könnte, aber „der Wille der Parteien" dahin geht, dass beide miteinander „stehen" oder „fallen" sollen, also das eine nicht ohne das andere Bestand haben soll.[300] Man kann vier Gruppen unterscheiden:

787 ■ Von einem einzigen Rechtsgeschäft ist idR auszugehen, wenn ein Vertrag in *einer* Urkunde festgehalten oder in *einem* Gespräch geschlossen wurde und einen einheitlichen Lebensbereich betrifft.[301]

---

299 Missverständlich BGH NJW 2012, 2648 Rn 13.
300 BGH NJW 2012, 296 Rn 55.
301 Zu eng BGH NJW 1994, 2885.

- Aber auch *getrennt geschlossene* Verträge können eine Einheit bilden, wenn beide so miteinander verzahnt sind, dass sie nach der Interessenlage und nach dem Willen der Parteien miteinander „stehen" oder „fallen" sollen.[302] *Beispiel:* In einer notariellen Urkunde verkaufte V dem K ein Erbbaurecht. Den Kaufpreis von 200 000 Euro sollte K erst später zahlen. Am nächsten Tag verpflichtete sich K privatschriftlich, V ein Darlehen von 180 000 Euro zu gewähren, das mit dem später zu zahlenden Kaufpreis verrechnet werden sollte. Der BGH nahm zu Recht an, dass die beiden äußerlich getrennten Verträge im Sinne von § 139 eine rechtliche Einheit bildeten.[303]

- Für ein Verpflichtungsgeschäft (Hauptbeispiel Kaufvertrag) und dem auf ihm aufbauenden Verfügungsgeschäft (Hauptfall Übereignung) gilt diese Regel aber nicht. Sie sind nach dem Trennungsprinzip (Rn 331) so selbstständig, dass sie nie miteinander „stehen oder fallen" sollen. § 139 ist deshalb auf sie nicht anwendbar.[304]

- Wenn zwei getrennte Vertragsurkunden vorliegen und die Vertragspartner auch noch unterschiedliche Personen sind, besteht die Vermutung, dass die Verträge nicht miteinander „stehen" oder „fallen" sollen. Es fehlt dann an dem erforderlichen „Einheitlichkeitswillen", so dass zwei getrennte Verträge vorliegen. Die Nichtigkeit des einen Vertrags überträgt sich nicht auf den anderen.[305]

d) Geringe Bedeutung des nichtigen Teils

Die Aufrechterhaltung des Rechtsgeschäfts kommt nur in Betracht, wenn „anzunehmen ist, dass es auch ohne den nichtigen Teil vorgenommen sein würde" (§ 139). Zu fragen ist deshalb: „Hätten die Vertragsparteien den Vertrag auch dann geschlossen, wenn sie über den nichtigen Teil keine Vereinbarung getroffen hätten?" Das ist nur anzunehmen, wenn die nichtige Bestimmung für die Parteien eine ‚quantité négligeable' war oder zumindest für ihre Vorstellungen und Absichten *nicht* im Vordergrund stand. Für die *restlichen* Vertragsbestimmungen bedeutet das, dass sie für den Vertrag eine überragende Bedeutung haben. Sie müssen nämlich für sich (ohne die nichtige Bestimmung) wirtschaftlich und juristisch lebensfähig sein oder – wie es der BGH etwas geschraubt ausgedrückt hat – „einen selbstständiger Geltung fähigen Inhalt" haben.[306] Ob das der Fall ist, muss objektiv entschieden werden, nicht subjektiv aus Sicht der Parteien. *Beispiel:* Die Mitglieder einer Wohnungseigentümergemeinschaft hatten der Jahresabrechnung zugestimmt. Allerdings war der Beschluss zu dem Unterpunkt „Verwalterkosten" ungültig. Weil Wohnungseigentümer im Allgemeinen nicht daran interessiert sind, in einem solchen Fall alle Positionen neu zu verhandeln, sondern die Diskussion auf das konkrete Problem beschränken wollen, war der Beschluss nicht insgesamt nichtig.[307]

Keine Lebensfähigkeit: Wenn die nichtige Bestimmung für den Vertrag wichtig war, ist der Rest für sich nicht lebensfähig und damit das ganze Rechtsgeschäft nichtig (Grundregel des § 139). *Beispiel:* Gastwirt G verpflichtete sich, zehn Jahre lang alle Getränke von der M-Brauerei zu beziehen, und zwar zu einem leicht überhöhten Preis. Als Ge-

---

302 BGH NJW 1995, 2547.
303 NJW 1994, 720.
304 Medicus Rn 504.
305 BGH NJW 2011, 2874 Rn 24.
306 NJW 1994, 1651.
307 BGH NJW 2012, 2648 Rn 17.

genleistung stellte die M-Brauerei dem G 50 000 Euro zur Verfügung, die er bei Erfüllung seiner Bezugspflicht nicht zurückzuzahlen brauchte. Die Verpflichtung zum Getränkebezug war aus einem bestimmten Grund nichtig, es fragte sich nur, ob das auch für die (eigentlich wirksame) Vereinbarung einer finanziellen Gegenleistung galt. Sie war für sich (ohne die nichtige Bestimmung über den Getränkebezug) wirtschaftlich und juristisch nicht lebensfähig, weil die Brauerei die 50 000 Euro nur als Gegenleistung für die Abnahme der Getränke zahlen sollte.[308] Es war deshalb „das ganze Rechtsgeschäft nichtig" (§ 139), auch der Vertrag über die Gewährung der 50 000 Euro.[309]

e) Keine „geltungserhaltende Reduktion"

791 § 139 fragt nicht, ob der Vertrag mit einer *anderen* Regelung fortbestehen könnte, sondern ob das Rechtsgeschäft „auch *ohne* den nichtigen Teil vorgenommen sein würde".[310] Es geht also nicht um eine Anpassung des Rechtsgeschäfts, sondern um die Frage seiner Überlebensfähigkeit trotz der durch die Teilnichtigkeit entstandenen Lücke. Aber die Rechtsprechung scheut davor zurück, einen Vertrag insgesamt für nichtig zu erklären, und erhält ihn deshalb oft mit einer veränderten Bestimmung aufrecht (geltungserhaltende Reduktion). Das sieht aber § 139 nicht vor.

792 *Beispiel 1:* V und M schlossen einen Mietvertrag über ein Einfamilienhaus. Der Mietvertrag bestimmte, dass M eine Mietsicherheit (Kaution) in Höhe von sechs Monatsmieten zu zahlen hatte. Da das Gesetz die Höhe der Mietsicherheit auf drei Kaltmieten beschränkt (§ 551 Abs. 1), war die Vertragsbestimmung nach § 551 Abs. 4 mit § 134 nichtig. Aber der BGH hat die Höhe auf drei Kaltmieten reduziert und die Vertragsbestimmung damit im Wesentlichen aufrechterhalten.[311] *Beispiel 2:* Bauunternehmer U hatte in seinem Gebot für einen Neubau unter der Position „Betonstahlmatten" einen mehr als achthundertfach überhöhten Betrag angegeben. Da der Bauherr das nicht bemerkt hatte, erhielt U den Zuschlag.[312] Auch hier hat der BGH die sittenwidrige und damit nichtige Vereinbarung nicht kassiert, sondern modifiziert und hat dem Bauunternehmer den „üblichen" Preis für Baustahlmatten zugesprochen.[313]

Die geltungserhaltende Reduktion ermuntert besonders rücksichtslose Zeitgenossen dazu, den Abschluss eines nichtigen Vertrags auf gut Glück zu versuchen. Denn sie müssen nur befürchten, „schlimmstenfalls durch gerichtliche Festsetzung das zu bekommen, was gerade noch rechtlich vertretbar" ist, gehen also keinerlei Risiko ein.[314] Der BGH ist teilweise zur geltungserhaltenden Reduktion auf Distanz gegangen.[315] Er betont in diesen wenigen Fällen zu Recht: „Fast jede sittenwidrige Vertragsklausel ließe sich ... im Wege der quantitativen Teilbarkeit aufrechterhalten. Hierzu darf ... § 139 BGB nicht führen."[316]

---

308 BGH NJW 1997, 933.
309 Ähnlich BGH NJW 1998, 2895.
310 BGH NJW 1996, 2087.
311 NJW 2011, 2571 Rn 20.
312 BGHZ 179, 213 Rn 10. Ähnliche Fälle BGH NJW 2013, 1950 und 1953.
313 BGHZ 179, 213 Rn 37.
314 BGHZ 146, 37 (47 f).
315 NJW 1997, 3089; aber anders wieder NJW 1998, 156 aE.
316 BGH NJW 2009, 1135 Rn 14.

f) Wille der Parteien

Schließlich ist zu fragen, ob die Parteien den rechtlichen Torso, von dem feststeht, dass er objektiv fortbestehen könnte, auch subjektiv wollen. Bei der Antwort auf diese Frage soll sich der Richter in die Lage der Parteien *bei Vornahme* des Rechtsgeschäfts versetzen. Denn abzustellen ist nach dem Gesetz nicht darauf, ob die Parteien das Rechtsgeschäft *fortbestehen* lassen wollen, sondern ob sie es in dem reduzierten Umfang „*vorgenommen*" hätten.

g) Keine entgegenstehende „Salvatorische Klausel"

Viele Verträge enthalten am Schluss eine sogenannte salvatorische Klausel.[317] Diese besteht meist aus zwei Teilen:

Erhaltungsklausel: Die Erhaltungsklausel versucht, den Vertrag auch bei Nichtigkeit einer Vertragsbestimmung aufrechtzuerhalten. *Beispiel:* „Sollte eine Bestimmung dieses Vertrags ganz oder teilweise rechtsunwirksam sein oder werden, so wird die Gültigkeit der übrigen Bestimmungen dadurch nicht berührt".[318] Ein weiteres *Beispiel* enthält Fall 31 (Rn 780). Die salvatorische Klausel besagt nicht, „dass die von dem Nichtigkeitsgrund nicht unmittelbar erfassten Teile des Geschäfts unter allen Umständen ... als wirksam behandelt werden sollen".[319] Vielmehr stellt sie nur die *Vermutung* auf, dass der Nichtigkeitsgrund isoliert werden kann, er also nicht das ganze Rechtsgeschäft erfasst.[320] Auf diese Weise „verkehrt die salvatorische Klausel die Vermutung des § 139 BGB in ihr Gegenteil".[321] Infolge der Klausel liegt die Darlegungs- und Beweislast bei demjenigen, der den Vertrag für insgesamt nichtig hält. Aber auch diese Klausel kann natürlich keine Wunder vollbringen. Wenn nicht nur ein nebensächlicher Punkt, sondern eine *wesentliche Bestimmung des Vertrags nichtig* ist, kann der verbleibende Teil trotz einer solchen Klausel nicht fortbestehen.[322]

Ersetzungsklausel: Die in der Vertragspraxis verwendeten Klauseln verpflichten meist darüber hinaus die Parteien, die entstandene Lücke durch eine andere Regelung zu ersetzen. *Beispiel:* „In diesem Fall tritt an die Stelle der nichtigen Klausel eine ihr möglichst nahekommende rechtswirksame Bestimmung."[323]

h) Übereinstimmung mit der Rechtsordnung

Schließlich ist noch zu prüfen, ob die Aufrechterhaltung mit den Grundsätzen der Rechtsordnung vereinbar ist. Das muss nicht immer der Fall sein, insbesondere dann nicht, wenn der Schutzzweck des verletzten Gesetzes auch den Fortbestand des Rumpfgeschäfts verbietet.[324]

---

317 Von spätlateinisch salvatorius = bewahrend, erhaltend.
318 BGH NJW 2007, 3202.
319 BGH NJW 2003, 347.
320 BGH NJW 2010, 1660, Rn 8; 2007, 3202 Rn 26.
321 BGH NJW 1996, 773 mwN.
322 BGH NJW 2010, 1660, Rn 8; 1997, 933; 1996, 773; KG DStR 1995, 1925.
323 Dazu Wichert ZMR 2006, 257.
324 BGH NJW 1977, 38.

3. Rechtsfolge

798 Wenn alle genannten Voraussetzungen erfüllt sind, ist das fragliche Rechtsgeschäft in der reduzierten Weise aufrechtzuerhalten (von § 139 zugelassene Ausnahme). Die durch die nichtige Regelung entstandene Lücke wird gegebenenfalls durch die gesetzlichen Bestimmungen ausgefüllt (ähnlich § 306 Abs. 2 für AGB).

Liegen die Voraussetzungen des Ausnahmefalls („... anzunehmen ist, dass es auch ohne den nichtigen Teil vorgenommen sein würde") *nicht* vor, gilt der Grundsatz, dass das ganze Rechtsgeschäft nichtig ist.

4. Unwirksamkeit einer AGB-Klausel

799 Die §§ 305 bis 310 verfolgen nicht nur den Zweck, die Einbeziehung von AGB zu erschweren (§ 305 Abs. 2; Rn 278 ff). Sie haben auch die Aufgabe, zwar wirksam vereinbarte, aber für den Gegner des AGB-Verwenders besonders nachteilige Klauseln für unwirksam zu erklären (§§ 307 bis 309). Wenn sich auf dieser Grundlage die Unwirksamkeit einer Klausel ergibt, stellt sich die Frage, was mit dem Vertrag im Übrigen zu geschehen hat. § 306 Abs. 1 sagt dazu: „Sind Allgemeine Geschäftsbedingungen ... unwirksam, so bleibt der Vertrag im Übrigen wirksam." § 306 Abs. 1 stellt damit die Regel auf, dass die Unwirksamkeit einer AGB-Klausel die Wirksamkeit des Vertrags nicht berührt. Der Gesetzgeber hat sich damit bei den AGB für das *Gegenteil* dessen entschieden, was § 139 als Grundregel anordnet. Nach § 306 Abs. 3 ist der Vertrag nur dann insgesamt unwirksam, wenn sich aus seiner Aufrechterhaltung eine „unzumutbare Härte" für eine der beiden Parteien ergeben würde.

II. Umdeutung nichtiger Rechtsgeschäfte

1. Einführung

800 Wenn ein Rechtsgeschäft ein zulässiges *Ergebnis* zu erreichen sucht, aber auf unzulässige oder sonst unwirksame *Art und Weise*, ist das Rechtsgeschäft zwar nichtig, aber es stellt sich die Frage, ob sich der angestrebte Zweck nicht auf einem *zulässigen* Weg erreichen lässt. Die Lösung, die § 140 dafür anbietet, heißt „Umdeutung" (in der Literatur auch Konversion genannt). § 140 will helfen, „den von den Parteien erstrebten wirtschaftlichen Erfolg auch dann zu verwirklichen, wenn das rechtliche Mittel, das sie dafür gewählt haben, unzulässig ist, jedoch ein anderer, rechtlich gangbarer Weg zur Verfügung steht, der zum annähernd gleichen wirtschaftlichen Ergebnis führt".[325] Ist ein anderer Weg möglich und wären die Beteiligten auch mit dem anderen Weg einverstanden gewesen, so gilt dieser. § 140 verfolgt damit den Zweck, das von den Parteien Gewollte trotz gewisser Hindernisse doch noch zu verwirklichen. Ein klassischer Fall des § 140 ist die Umdeutung einer unwirksamen fristlosen Kündigung in eine ordentliche Kündigung (mit Kündigungsfrist).[326]

2. Voraussetzungen einer Umdeutung

801 *Nichtiges Rechtsgeschäft:* Für eine Umdeutung kommen alle Rechtsgeschäfte in Betracht, also Verträge und einseitige Rechtsgeschäfte aller Art einschließlich der Verfügungen. Das fragliche Rechtsgeschäft muss aber nichtig sein, nicht nur schwebend un-

---

325 BGHZ 68, 204; ähnlich BGH NJW 1998, 896.
326 Lieder/Berneith, JuS 2015, 1063 (1065).

§ 31 Die Aufrechterhaltung fehlerhafter Rechtsgeschäfte

wirksam oder anfechtbar. Denn in diesen Fällen kann die Wirksamkeit erreicht werden, indem das fragliche Rechtsgeschäft genehmigt wird oder die Anfechtung unterbleibt.

Es reicht auch nicht, wenn das fragliche Rechtsgeschäft für denjenigen, der es vorgenommen hat, nur *nachteilig* ist. *Beispiel:* Der arglistig getäuschte G hatte wirksam die Anfechtung erklärt (§§ 123, 142), doch wäre für ihn ein Rücktritt (§ 346) vorteilhafter gewesen. Die Anfechtung hätte nach § 140 nur dann in einen Rücktritt umgedeutet werden können, wenn *sie* nichtig gewesen wäre. Nichtig war aber nicht die Anfechtung, sondern das angefochtene Rechtsgeschäft.[327] Die Anfechtungserklärung kann höchstens zugunsten des G als Rücktritt *ausgelegt* werden (§§ 133, 157).

Nichtigkeit des Wegs, nicht des Ziels: Die Nichtigkeitsfolge darf sich nicht aus dem angestrebten Zweck des Rechtsgeschäfts ergeben, sondern nur aus dem eingeschlagenen Weg.[328] Denn durch das gesuchte Ersatzgeschäft soll ja derselbe Zweck erreicht werden.

Taugliches Ersatzgeschäft: Es muss ein anderes Rechtsgeschäft geben, das auf zulässige Weise zu dem angestrebten Erfolg führt. Der Erfolg des Ersatzgeschäfts darf hinter dem ursprünglich angestrebten zurückbleiben, aber nicht weitergehen. *Beispiel 1:* Die Parteien eines Wohnraum-Mietvertrags hatten eine feste (unkündbare) Laufzeit des Vertrags von 13 Jahren vereinbart. Da die Voraussetzungen des § 575 Abs. 1 nicht vorlagen, war eine solche Vertragsbestimmung unwirksam. Die Parteien hätten aber für 13 Jahre wirksam auf ihr *Kündigungsrecht verzichten* können. In dieser Weise konnte der Mietvertrag umgedeutet werden.[329] *Beispiel 2:* Die fristlose Kündigung eines Mietverhältnisses war unwirksam, weil ihre besonderen Voraussetzungen nicht vorlagen. Sie kann aber in eine ordentliche Kündigung (mit Kündigungsfrist) umgedeutet werden. Der BGH macht die Umdeutung davon abhängig, dass „nach dem Willen des Kündigenden das Vertragsverhältnis in jedem Falle zum nächstmöglichen Termin beendet werden soll".[330] Man fragt sich allerdings, wann diese Voraussetzung *nicht* gegeben ist.

Erfüllung aller Voraussetzungen des Ersatzgeschäfts: Das nichtige Geschäft muss bereits alle Voraussetzungen des Ersatzgeschäfts erfüllen, so dass dies ohne weiteres (ohne Schaffung weiterer Voraussetzungen) an seine Stelle treten kann. Das ergibt sich aus den Worten: „Entspricht ein nichtiges Rechtsgeschäft den Erfordernissen eines anderen Rechtsgeschäfts, ..." Müsste ein Erfordernis des anderen Rechtsgeschäfts erst noch geschaffen werden, kommt nur eine Neuvornahme in Frage. *Beispiel:* Ein wegen Wuchers (§ 138 Abs. 2) nichtiger Kaufvertrag lässt sich nicht in einen entsprechenden Kaufvertrag mit angemessenem Preis umdeuten. Denn es ist nicht die Aufgabe des Gerichts, einen wucherischen Kaufvertrag mit einem angemessenen Preis aufrechtzuerhalten (Rn 791 f). Das gilt allgemein für sittenwidrige Rechtsgeschäfte.[331] Die Parteien könnten deshalb nur einen neuen Vertrag schließen, diesmal mit einer angemessenen Preisvereinbarung.

---

327 Wohl übersehen von BGH NJW 2010, 2503 Rn 15 f.
328 BGHZ 68, 204.
329 BGH NJW 2013, 2820; bestätigt von BGH NJW-RR 2014, 397. Der BGH hat allerdings in beiden Fällen nicht § 140 angewendet, sondern – nicht überzeugend – die Regeln über die ergänzende Vertragsauslegung.
330 NJW 2013, 3361 Rn 17 f.
331 BGHZ 68, 204; inkonsequent BGH ZIP 1987, 519.

805 *Wille der Beteiligten:* Die Umdeutung erfolgt kraft Gesetzes. Es muss sich deshalb kein Beteiligter auf die Umdeutung berufen oder sie gar beantragen.[332] Sie kommt aber nur in Frage, „wenn anzunehmen ist", dass die Geltung des anderen Rechtsgeschäfts „bei Kenntnis der Nichtigkeit gewollt sein würde" (§ 140). Es gibt also keine Umdeutung gegen den Willen der Beteiligten. Da sich die Beteiligten aber bei Abschluss des nichtigen Vertrags idR zu dieser Frage keine Gedanken gemacht haben, muss deren *Interessenlage* darüber entscheiden, ob das andere Rechtsgeschäft für den Fall der Nichtigkeit gewollt war. Daran kann die Umdeutung scheitern.[333]

3. Rechtsfolgen

806 An die Stelle des nichtigen Rechtsgeschäfts tritt das zum gleichen oder ähnlichen Ergebnis führende Ersatzgeschäft. Diese Rechtsfolge wird vom Gericht nur festgestellt. Sie tritt also kraft Gesetzes ein, nicht durch einen richterlichen Gestaltungsakt.[334]

III. Bestätigung eines nichtigen Rechtsgeschäfts

1. Allgemeines

807 *Definition:* Die Bestätigung nach § 141 Abs. 1 ist ein Rechtsgeschäft, durch das der Urheber eines nichtigen Rechtsgeschäfts dieses als wirksam anerkennt. Die Bestätigung kommt erst nach dem Wegfall des Nichtigkeitsgrundes in Frage.

Abgrenzung von § 144: § 141 ist leicht mit § 144 zu verwechseln. Die Bestätigung nach § 144, die schon unter Rn 454 behandelt wurde, bezieht sich auf ein *anfechtbares* (nicht auf ein nichtiges) Rechtsgeschäft. § 144 ist also nur anzuwenden, solange der Getäuschte, der Bedrohte (§ 123) oder der Irrende (§§ 119, 120) noch nicht angefochten hat. Erst *nach* der Anfechtung und der durch sie nach § 142 erreichten Nichtigkeit gilt § 141.

2. Voraussetzungen einer Bestätigung

808 *Nichtigkeit des Rechtsgeschäfts:* Das Rechtsgeschäft, das bestätigt werden soll, darf aus dem eben genannten Grund nicht anfechtbar, sondern muss nichtig sein. Aus welchem Grund es nichtig ist, ist gleichgültig. Die Nichtigkeit kann auch durch Anfechtung (§§ 119, 120, 123) entstanden sein (§ 142).[335]

809 *Entfall des Nichtigkeitsgrundes:* Die Bestätigung ist nur möglich, wenn der Nichtigkeitsgrund entfallen ist[336] oder durch die Bestätigung entfällt.[337] *Beispiel:* Zwei Kaufleute hatten vor der Währungsreform von 1948 ein verbotenes Schwarzmarktgeschäft verabredet, aber noch nicht erfüllt. Als die Bewirtschaftungsvorschriften aufgehoben wurden, konnten sie den inzwischen nicht mehr verbotenen Vertrag bestätigen.[338] Wenn der Nichtigkeitsgrund fortbesteht, nützt eine „Bestätigung" nichts. *Beispiel 3:* Der Mitarbeiter M des Kaufmanns K hatte Geld unterschlagen. K ließ sich von M als

---

332 BAG NJW 2002, 2972.
333 Beispiel in BGH NJW 1996, 659.
334 Soergel/Hefermehl § 140 Rn 1; Palandt/Ellenberger § 140 Rn 1.
335 BGH NJW 1990, 1106.
336 BGH NJW 1982, 1981.
337 BGH NJW 1998, 2528; anders in dem sonst ähnlichen Fall BGH NJW 1999, 720.
338 BGHZ 11, 59.

Ausgleich eine viel zu hohe Summe versprechen. Dieser sittenwidrige Vertrag konnte nicht durch eine „Bestätigung" wirksam werden.³³⁹

Kenntnis der Nichtigkeit: Ein Verhalten kann nur als Bestätigung gewertet werden, wenn der Betreffende die Nichtigkeit des Rechtsgeschäfts kennt oder zumindest erhebliche Zweifel an dessen Wirksamkeit hat.³⁴⁰ Denn bestätigen kann nur, wer sich einer entsprechenden Entscheidungsmöglichkeit oder -notwendigkeit bewusst ist. Wer ein Rechtsgeschäft für wirksam hält, kann es nicht bestätigen.

810

3. Die Bestätigung selbst

Keine Neuvornahme: „Bestätigung" kann nicht heißen, dass das Rechtsgeschäft vollständig neu vorgenommen werden muss, nur diesmal richtig. Denn das wäre eine Neuvornahme. Dass diese möglich ist und – wenn der Nichtigkeitsgrund diesmal vermieden wird – auch zur Wirksamkeit führt, ist so selbstverständlich, dass es nicht im Gesetz stehen müsste. Deshalb spricht § 141 Abs. 1 nur davon, dass „die Bestätigung als erneute Vornahme *zu beurteilen*" ist, ihr also in den Rechtsfolgen gleichsteht, ohne mit ihr identisch zu sein. Die Bestätigung muss also nicht alle Voraussetzungen einer Neuvornahme erfüllen.³⁴¹ Bei einem Vertrag braucht deshalb „nicht über alle einzelnen Abmachungen des ursprünglichen Rechtsgeschäfts erneut eine Willensübereinstimmung hergestellt und erklärt zu werden".³⁴² Das gilt auch für Rechtsgeschäfte, die der notariellen Beurkundung bedürfen. *Beispiel:* Durch notariellen Vertrag verkaufte V dem K eine Eigentumswohnung, die nur 25 000 wert war, für 54 000 Euro. Kurz darauf einigten sich K und V mündlich auf einen Kaufpreis von 43 000 Euro. Dadurch wäre der Vertrag nicht mehr nach § 138 Abs. 1 als wucherähnliches Geschäft nichtig gewesen. Aber die mündliche „Bestätigung" war formnichtig.³⁴³ Die Parteien hätten ihren Willen, den Vertrag zu dem geringeren Kaufpreis aufrecht zu erhalten, notariell beurkunden lassen müssen (§ 311b Abs. 1 S. 1). Eines vollständig neuen Vertrags bedurfte es aber nicht.³⁴⁴

811

Eindeutiges Bekenntnis zum ehemals nichtigen Rechtsgeschäft: Das Verhalten des Bestätigenden muss – unter Ausschluss jeder anderen Deutung – den Willen zum Ausdruck bringen, das bisher nichtige Rechtsgeschäft gelten zu lassen.³⁴⁵ *Beispiel:* K hatte noch nicht das Informationsblatt „Wichtige Informationen über Verlustrisiken bei Finanztermingeschäften" unterschrieben. Ohne diese Unterschrift waren von K getätigte Termingeschäfte nichtig. K drängte seine Bank telefonisch, für ihn noch am selben Tag Optionsscheine zu kaufen, und versprach, am nächsten Tag das Informationsblatt zu unterzeichnen. Als er das tat, bestätigte er nach § 141 das bisher nichtige Rechtsgeschäft.³⁴⁶ Wenn Zweifel am Bestätigungswillen bestehen, bleibt das Rechtsgeschäft nichtig.³⁴⁷

812

---

339 BGHZ 104, 24.
340 BGH NJW 2012, 1570 Rn 21; BGHZ 129, 371 (377).
341 Im Ergebnis ebenso M. Müller, Die Bestätigung nichtiger Rechtsgeschäfte, 1989; Palandt/Ellenberger § 141 Rn 4.
342 BGH NJW 1982, 1981.
343 BGH NJW 2012, 1570 Rn 21 f.
344 BGH NJW 2012, 1570 Rn 18; anders Schwab JuS 2012, 1027 (1028).
345 BGH NJW 1990, 1106.
346 BGH NJW 1998, 2528; anders in dem sonst ähnlichen Fall BGH NJW 1999, 720. Die Regeln über Termingeschäfte haben sich seit diesen Entscheidungen geändert.
347 BGH NJW 1990, 1106; NJW 1971, 1795.

4. Rechtsfolge

813 Auch wenn die Bestätigung keine Neuvornahme ist, ist sie doch als solche *„zu beurteilen"* (§ 141 Abs. 1). Sie führt deshalb zur Wirksamkeit des Rechtsgeschäfts. Die Bestätigung hat keine rückwirkende Kraft. Nach § 141 Abs. 2 sind die Parteien allerdings „im Zweifel" verpflichtet, einander so zu stellen, *als ob* der Vertrag von Anfang gültig gewesen wäre.

Achtes Kapitel Vertretung

§ 32 Erkennbarkeit der Stellvertretung

▶ **Fall 32: Ein Schreiben der Hausverwaltung** § 164

Frau Inka Boehme ist Eigentümerin eines Mietshauses in Berlin-Tempelhof, das sie von Ludwig Gehrke verwalten lässt. Im November 2011 beauftragte Frau Boehme Gehrke, von den Mietern des Hauses die Zustimmung zu einer Mieterhöhung zu verlangen. Gehrke richtete ein entsprechendes Gesuch an jeden Mieter und verwendete dabei sein Briefpapier mit dem Briefkopf „Gehrke Hausverwaltung". Darin heißt es: „Gemäß § 558 BGB kann der Vermieter die Zustimmung zur Erhöhung der Miete bis zur ortsüblichen Vergleichsmiete verlangen. Wir bitten deshalb um Zustimmung". Gehrke unterschrieb die Briefe mit seinem Namen ohne einen das Vertretungsverhältnis andeutenden Zusatz (wie „i.V."). Allen Schreiben war die Nebenkostenabrechnung für das Jahr 2010 beigefügt. Darin bat Gehrke, den Nachzahlungsbetrag auf das Konto der (namentlich genannten) Frau Inka Boehme zu überweisen.

Der Mieter Falk Malchow ist der Meinung, es liege kein wirksames Mieterhöhungsverlangen vor, da aus dem Schreiben nicht hervorgehe, dass Gehrke im Namen der Vermieterin Boehme gehandelt habe. (Nach BGH NJW 2014, 1803)

Zu prüfen ist, ob die Voraussetzungen einer wirksamen Vertretung gegeben sind. § 164 Abs. 1 S. 1 setzt zunächst voraus, dass jemand „eine Willenserklärung ... im Namen des Vertretenen" abgegeben hat. Die Aufforderung, einer Mieterhöhung zuzustimmen, ist eine Willenserklärung, nämlich der Antrag auf Abschluss eines entsprechenden Vertrags. Fraglich ist jedoch, ob Gehrke die Willenserklärung „im Namen" von Frau Boehme oder im eigenen Namen abgegeben hat. Für ein Handeln im eigenen Namen spricht, dass Gehrke für das Schreiben sein eigenes Briefpapier verwendet hat. Er hat auch nicht die Worte „im Namen von Frau Boehme" verwendet oder seiner Unterschrift die Abkürzung „i.V." („in Vertretung") beigefügt.

Aber nach § 164 Abs. 1 S. 2 reicht es aus, wenn „die Umstände ergeben", dass Gehrke im Namen von Frau Boehme (der Vertretenen) aufgetreten ist. Zu prüfen ist deshalb, ob solche „Umstände" gegeben sind. Jeder Mieter weiß, dass nur der Vermieter die Zustimmung zu einer Mieterhöhung verlangen kann, nicht ein Dritter. Wenn trotzdem die Erklärung nicht vom Vermieter selbst abgegeben wird, sondern von einem Dritten, kann das nur so verstanden werden, dass der Dritte im Namen des Vermieters auftreten will. Dass Gehrke für Frau Boehme handelte, ergab sich auch aus einem Detail der Nebenkostenabrechnung. Denn dort forderte Gehrke die Mieter auf, die Nachzahlung auf Frau Boehmes Konto zu überweisen. Damit machte er zusätzlich deutlich, dass er in ihrem Auftrag und in ihrem Namen handelte.

Daraus ergibt sich, dass Gehrke insgesamt noch erkennbar für Frau Boehme aufgetreten ist. Er war damit ihr Vertreter (§ 164 Abs. 1).

Eine andere Frage ist, ob Gehrke auch *berechtigt* war, die Erklärung im Namen der Vermieterin Boehme abzugeben. Nach § 164 Abs. 1 S. 1 muss der Vertreter „innerhalb der ihm zustehenden Vertretungsmacht" aufgetreten sein. „Vertretungsmacht" ist hier als Vollmacht zu verstehen, nämlich als „durch Rechtsgeschäft erteilte Vertretungsmacht" (§ 166 Abs. 2 S. 1). Die Erteilung einer Vollmacht darf man sich nicht als feierliches und förmliches Rechtsgeschäft vorstellen, sie kann auch konkludent erfolgen. Frau Boehme hatte Herrn Gehrke gebeten, die Mieter zur Zustimmung aufzufordern. Da Gehrke diesen Auftrag nur ausführen konnte, wenn er in Frau Boehmes Namen schrieb, lag in dem Auftrag zugleich die Erteilung einer entsprechenden Vollmacht (§ 167 Abs. 1; Rn 859). Gehrke war also nicht Vertreter *ohne* Vertretungsmacht (§§ 177, 180), sondern Vertreter *mit* Vertretungsmacht.

Damit sind alle Voraussetzungen gegeben, von denen § 164 Abs. 1 S. 1 eine wirksame Vertretung abhängig macht. Deshalb wirkte die Aufforderung zur Zustimmung „unmittelbar für und gegen den Vertretenen", also zugunsten und zulasten von Frau Boehme. Folglich hat Herr Malchow Unrecht.

Aus dem FD „Vertretung" ergibt sich Folgendes: 1. Nein – 2. Nein – 3. Ja – 4. Ja – 5. Ja – 6. Ja – 7. Nein – 10. Nein (Spalte 9). ◂

Lerneinheit 32

816 Literatur: *Paulus*, Stellvertretung und unternehmensbezogenes Geschäft, JuS 2018, 301; *Bartels*, Die Bestimmung der Vertragssubjekte und der Offenheitsgrundsatz des Stellvertretungsrechts, JA 2016, 438; *Elsing*, Die rechtsgeschäftliche Vertretung bei der GmbH-Errichtung, notar 2015, 259; *Zehelein*, Verdeckt, ermächtigt, konkludent handelnd – oder verloren? – Die Grundlagen des Handelns für Dritte oder im eigenen Namen ohne Offenlegung ... , NZM 2015, 31; *Lieder*, Trennung und Abstraktion im Recht der Stellvertretung, JuS 2014, 393; *Leo*, Schriftformwahrung bei Stellvertretung in der Gewerberaummiete, NJW 2013, 2393; *Hoffmann*, Verbraucherwiderruf bei Stellvertretung, JZ 2012, 1156; *Kropp*, Die Vorsorgevollmacht, FPR 2012, 9; *Häublein*, Die Vertretung von Wohnungseigentümern durch den Verwalter in der Versammlung, ZWE 2012, 1.

I. Einführung

817 Wer im Privatleben etwas sagt, tut das meist im eigenen Namen. So kaufen wir unsere Lebensmittel oder unsere Kinokarte im eigenen Namen und schließen im eigenen Namen einen Vertrag über eine Ferienreise. Wer sich aber beruflich äußert, tut das meist im fremden Namen. Deshalb hat das Handeln im fremden Namen eine so umfassende Bedeutung für das Rechtsleben. Bei einer Handelsgesellschaft (OHG, KG, GmbH, AG) gibt es niemand, der im eigenen Namen spricht: Angefangen beim Vorstandsvorsitzenden einer AG oder dem persönlich haftenden Gesellschafter einer KG über den Prokuristen bis hinunter zum kleinen Angestellten spricht und schreibt jeder im Namen der Gesellschaft.

Freiberufler handeln als Selbstständige zwar grundsätzlich im eigenen Namen. Viele Freiberufler nehmen aber beruflich fremde Vermögensinteressen wahr (zB Rechtsanwälte, Notare, Steuerberater, Wirtschaftsprüfer, teilweise auch Architekten). In diesen Fällen sprechen auch die Freiberufler oft im fremden Namen, nämlich im Namen ihrer Mandanten oder Kunden.

818 Im Bereich der öffentlichen Verwaltung findet das BGB meist nicht unmittelbar Anwendung. Aber dort gibt es überhaupt nur die Vertretung, nie das Handeln im eigenen Namen: Angefangen beim Bundespräsidenten, bis herab zum Stadtinspektor spricht jeder im fremden Namen, zB für die Bundesrepublik Deutschland, für sein Bundesland, seinen Kreis oder seine Gemeinde.

II. Vertretung

1. Definitionen

Vertretung und Vertreter: Vertretung ist das rechtsgeschäftliche Handeln für einen anderen (den Vertretenen). Wer erkennbar für einen anderen (in dessen Namen) eine Willenserklärung abgibt, handelt in Vertretung und ist Vertreter. Für die Begriffe „Vertretung" und „Vertreter" kommt es *nicht* darauf an, ob die Person, die die Willenserklärung abgibt, eine Vertretungsmacht besitzt (Rn 847). Auch wer ohne Vertretungsmacht erkennbar im fremden Namen aufgetreten ist, ist Vertreter, allerdings „Vertreter ohne Vertretungsmacht" (§§ 177 ff).

Eine *wirksame* Vertretung – also eine solche, die den Vertretenen berechtigt und verpflichtet – setzt allerdings zusätzlich voraus, dass die fragliche Person bei der Abgabe der Erklärung eine ausreichende *Vertretungsmacht* besaß (§ 164 Abs. 1 S. 1). Anders gesagt: Nur wenn beide Voraussetzungen gegeben sind (Auftreten im fremden Namen und Vertretungsmacht), treten die Wirkungen des Rechtsgeschäfts in der Person des Vertretenen ein (§ 164 Abs. 1 S. 1).

819

2. Reihenfolge der Prüfung

Zuerst ist immer zu prüfen, ob der Erklärende erkennbar im fremden Namen aufgetreten ist. Tat er das nicht, liegt eine Erklärung *im eigenen* Namen vor, so dass sich die Frage einer Vertretungsmacht gar nicht mehr stellt. Es ist ein häufiger Anfängerfehler, zuerst die Vertretungsmacht (Rn 847) zu bejahen und dann gar nicht mehr zu prüfen, ob die fragliche Erklärung überhaupt erkennbar im fremden Namen abgegeben wurde. Das kann zu schweren Fehlern führen. Denn auch ein Bevollmächtigter schließt im eigenen Namen ab, wenn er seinen Vertreterwillen nicht erkennen lässt.[1] Diesen Fehler vermeidet man am besten, wenn man immer zuerst fragt, ob die Erklärung auch wirklich im fremden Namen abgegeben wurde (offene Stellvertretung).

820

III. Offene Stellvertretung

1. Ausdrücklicher Hinweis auf die eigene Rolle als Vertreter

Im einfachsten Fall sagt der Vertreter ausdrücklich, dass er im fremden Namen auftritt, und nennt die Person des Vertretenen namentlich oder beschreibt sie eindeutig. *Beispiel:* Ein Rechtsanwalt schreibt: „Ich erkläre hiermit im Namen meines Mandanten Ludwig Meyer …" Auch eine Unterschrift mit dem Zusatz „i.V." (in Vertretung) macht deutlich, dass der Unterzeichnende seine Erklärung im fremden Namen abgibt.[2]

821

Vertretener ungenannt: Solange der Vertreter klarmacht, dass er *nicht im eigenen Namen* handelt, muss er nicht angeben, für wen er auftritt. Die Person des Vertretenen ist dann durch Auslegung nach den §§ 133, 157 aus der Sicht eines objektiven Dritten zu ermitteln.[3] Es schadet auch nicht, wenn der Vertreter die Person des Vertretenen unrichtig bezeichnet.[4]

822

---

1 BGH NJW 1993, 1798.
2 Das gilt auch für den Zusatz „i.A." (im Auftrag). Der Rechtsverkehr entnimmt daraus nicht (mehr), dass der Unterzeichnende nur als Bote (Rn 118 ff, 840 ff) auftreten will (BAG NJW 2008, 1243).
3 BGH NJW 2011, 1666 Rn 11; 2000, 3344; OLG München NJW 1998, 1406.
4 BGH NJW 1996, 1053.

823 *Vertretener noch unbestimmt:* Es ist möglich, die Person des Vertretenen zunächst offen zu lassen. Es genügt, wenn der Vertreter später die Person des Vertretenen bestimmt oder die Umstände ergeben, wer der Vertretene sein soll.[5] *Beispiel:* Der Immobilienkaufmann V schloss mit der Bank B einen Darlehensvertrag im Namen aller Personen, die später der Bauherrengemeinschaft Q beitreten würden.[6]

824 *Vertretener nicht existent:* Wer jedoch im Namen einer nicht existierenden Person oder eines nicht existierenden Unternehmens Erklärungen abgibt, handelt nicht *in*, sondern *unter* fremdem Namen und wird analog § 177 wie ein Vertreter ohne Vertretungsmacht behandelt (Rn 1089 ff).[7]

2. Erkennbarkeit der Vertretung aus den „Umständen"

825 Der Erklärende braucht nicht zu sagen, dass er für einen anderen auftritt, wenn das bereits *die Umstände* ergeben. Dieser in § 164 Abs. 1 S. 2 aufgestellte Grundsatz ist von großer praktischer Bedeutung. *Beispiel 1:* Aus den Umständen des Schreibens, das Herr Gehrke an die Mieter richtete, ergab sich, dass er im Namen der Vermieterin Boehme schrieb (Fall 32, Rn 814). *Beispiel 2:* In einem Mietvertrag war Frau L korrekt als Grundstückseigentümerin und Vermieterin angegeben worden. Ihr Ehemann unterschrieb den Mietvertrag auf der Vermieterseite mit seinem Namen ohne Vertretungszusatz. Aus den Umständen war erkennbar, dass L als Vertreter seiner Frau unterschrieb (§ 164 Abs. 1 S. 2).[8]

Hauptbeispiele für § 164 Abs. 1 S. 2 sind die Erklärungen von Unternehmensangehörigen. *Beispiel 1:* Ein Mitarbeiter der Z-GmbH sagte am Telefon zu einem Lieferanten: „Ich brauche bis Donnerstag noch 3 000 Stück". Es wäre lebensfremd anzunehmen, dass er die Ware im eigenen Namen bestellen wollte. Nach einer vom BGH ständig wiederholten Auslegungsregel geht „bei einem unternehmensbezogenen Geschäft ... der Wille der Beteiligten ... im Zweifel dahin, dass der *Inhaber des Unternehmens* Vertragspartei wird" und nicht der für das Unternehmen Handelnde.[9] *Beispiel 2:* Kellner K sagt immer „*Ich* empfehle Ihnen ...", aber an seiner Berufskleidung ist erkennbar, dass er für den Inhaber des Restaurants spricht. *Beispiel 3:* K rief den ihm bekannten Bankprokuristen P in der Bank an und äußerte die Bitte, bestimmte Inhaberschuldverschreibungen zu besorgen, was P zusagte. Vertragspartner des K ist dann die Bank, nicht P.[10]

826 Auch ein GmbH-Geschäftsführer gibt eine geschäftliche Erklärung im Namen der GmbH ab, nicht im eigenen Namen. *Beispiel 1:* Der Geschäftsführer der G-GmbH, die Rockkonzerte veranstaltet, erklärte gegenüber einem Künstler, er garantiere ihm Einspielerlöse von insgesamt 110 000 Euro. Diesen Betrag schuldet die G-GmbH, nicht der Geschäftsführer.[11] *Beispiel 2:* Die V-GmbH vermietete mit schriftlichem Vertrag ein Geschäftsgebäude. Auf der mit „Vermieter" gekennzeichneten Unterschriftszeile unterschrieb ein gewisser L – allerdings ohne einen Zusatz wie „i.V." oder „ppa" oder „als Geschäftsführer". Aber das schadete nichts. Der BGH sagte dazu treffend: Da „L

---

5 BGH NJW 1998, 62; 1989, 164; hM, zB MüKo/Schramm § 164 Rn 20; vgl aber BGHZ 105, 283.
6 BGH NJW 1989, 164.
7 BGH NJW 1996, 1053.
8 BGH NJW 2008, 2178 Rn 28. Der BGH erwähnt § 164 Abs. 1 S. 2 allerdings nicht.
9 BGH NJW 1998, 2897; 1995, 43; 1990, 2678.
10 BGH NJW 1984, 1347.
11 BGH NJW 1990, 2678.

§ 32 Erkennbarkeit der Stellvertretung

nicht selbst Vertragspartei werden sollte, kann seine Unterschrift ... nur bedeuten, dass er ... die V vertreten wollte".[12]

Ausnahme Bürgschaft: Eine wichtige Ausnahme besteht aber bei der Übernahme einer Bürgschaft. *Beispiel:* Die Q-GmbH wollte ein Darlehen bei der Z-Bank aufnehmen. Da die Q nur eingeschränkt kreditwürdig war, verlangte die Z-Bank einen Bürgen und schlug den Hauptgesellschafter B der Q-GmbH vor, der zugleich auch ihr Geschäftsführer war (sehr häufiger Fall). B unterzeichnete den Bürgschaftsvertrag. Er tat das im *eigenen* Namen, so dass *er* Bürge wurde, nicht die GmbH. Denn niemand kann zugleich Schuldner *und* Bürge sein (§ 765). Bei Geschäftsführer- oder Gesellschafter-Bürgschaften gilt deshalb nicht der Grundsatz, dass sie im Zweifel im Namen der GmbH übernommen werden.[13]

827

IV. Gegensatz: Verdeckte Stellvertretung

Verdeckte Stellvertretung ist das Handeln im *eigenen* Namen, aber im wirtschaftlichen Interesse und für Rechnung eines anderen. Die verdeckte Stellvertretung wird vom BGB nicht anerkannt. Ihre Rechtsfolgen treten deshalb in der Person des Handelnden ein. Die von ihm erworbene Rechtsstellung muss er anschließend durch ein besonderes Rechtsgeschäft auf die Person übertragen, für die er tätig geworden ist (Ausnahme: Rn 830).

828

Kommissionsvertrag: Das wichtigste Beispiel für eine verdeckte Stellvertretung ist die Kommission. Durch den Kommissionsvertrag verpflichtet sich der Kommissionär, im eigenen Namen, aber für Rechnung seines Auftraggebers (des Kommittenten) mit einem Dritten ein Geschäft abzuschließen (§§ 383, 406 HGB). Der Kommissionär ist – weil er im *eigenen* Namen auftritt – selbst der Partner des von ihm abgeschlossenen Vertrags. *Beispiel:* Kunsthändler Q sollte für A ein Gemälde verkaufen, ohne A zu nennen. Q verkaufte und übereignete das Gemälde an D. Partner des Kaufvertrags sind Q und D. Das Eigentum konnte Q auf D nach § 185 Abs. 1 übertragen, da A ihn dazu ermächtigt hatte (Rn 337 ff).

Treuhänder/Strohmann: Bei der (im Gesetz nicht geregelten) Verwaltungstreuhand macht der Treugeber den Treuhänder juristisch zum unbeschränkten Inhaber eines Rechts, obwohl der Treuhänder dieses Recht, wirtschaftlich gesehen, nur für ihn *verwalten* soll. Der Treuhänder tritt wie der Kommissionär im eigenen Namen, aber für Rechnung des Treugebers auf. Das gilt auch für den Strohmann.[14]

829

V. Ausnahme vom Offenheitsgrundsatz: Geschäft für den, den es angeht

Ein „Geschäft für den, den es angeht" wird angenommen, wenn jemand ein Bargeschäft des täglichen Lebens im eigenen Namen, aber für fremde Rechnung vornimmt und es dem Vertragspartner gleichgültig ist, mit wem er abschließt.[15] Dann ist der Ver-

830

---

12 NJW 2005, 2225 (2226). Zu Unrecht nimmt der BGH an, dass für die Vertretung einer GbR etwas anderes gelte (NJW 2003, 3053 [3054] und NJW 2004, 1103; ihm folgend BAG NJW 2005, 2572). Der BGH hat diese Ansicht in NJW 2008, 2178 Rn 26 nicht aufgegeben, was Stapenhorst zu Recht bedauert hat (Urteilsanmerkung NJW 2008, 2181).
13 BGH NJW 1995, 43; 1992, 1380; NJW 2000, 2984: Schuldanerkenntnis.
14 BGH NJW 1995, 727.
15 So die hM, zB MüKo/Schramm § 164 Rn 47 ff.

trag mit dem, „den es angeht", zustande gekommen (FD „Vertretung", Spalte 15). *Beispiel:* Frau A erwarb für ein Konzert der Backstreet Boys drei Karten, eine davon im Auftrag ihrer Schwägerin S. Obwohl Frau A nicht zu erkennen gegeben hatte, dass sie die eine Karte im Namen von Frau S kaufen wollte, wurde Frau S Vertragspartnerin des Konzertveranstalters und konnte später eigene Ansprüche gegen ihn geltend machen.[16] Wenn nicht sofort bezahlt wird, liegt *kein Bargeschäft* und damit kein Geschäft für den, den es angeht, vor. *Beispiel:* Frau F ließ sich ärztlich behandeln und ging stillschweigend davon aus, dass ihr geschiedener Mann die Rechnung bezahlen werde. Hier lag kein Geschäft für den, den es angeht, vor. Denn es wurde nicht gleich bezahlt und es konnte dem Arzt nicht gleichgültig sein, wer sein Schuldner war. Schuldnerin des Honorars ist deshalb Frau F.[17]

VI. Breite Anwendung der Vertretung

1. Verpflichtungs- und Verfügungsgeschäfte

831 *Verpflichtungsgeschäfte:* Die größte Gruppe von Willenserklärungen stellen diejenigen, die zum Abschluss eines Vertrags führen, also Antrag und Annahme. Und die häufigsten Verträge sind die Verpflichtungsgeschäfte wie zB Kauf-, Werk- oder Mietvertrag. Es ist deshalb nicht verwunderlich, dass hier die Vertretung am häufigsten vorkommt.

832 *Verfügungsgeschäfte:* Eine Vertretung ist aber auch bei einer Verfügung möglich. Das Hauptbeispiel einer Verfügung ist bekanntlich die Übertragung des Eigentums an einer beweglichen Sache nach § 929 (Rn 310 ff). *Beispiel:* Die Z-OHG vertrieb in ihrer Tankstelle die Kraftstoffe und Motoröle als Handelsvertreterin der Esso AG. Sie schloss die Kaufverträge mit den Kunden im Namen der Esso AG (Verpflichtungsgeschäft) und übereignete auch die Kraftstoffe im Namen der Esso nach §§ 929, 164 Abs. 1 (Verfügungsgeschäft).[18]

833 *Einseitige Rechtsgeschäfte:* Dass auch einseitige Rechtsgeschäfte durch einen Vertreter vorgenommen werden können, berücksichtigt das Gesetz in zwei Sondervorschriften (§§ 174, 180). *Beispiel:* Die G-GmbH hatte ihre Geschäftsräume von V gemietet. Ihr Geschäftsführer kündigte den Mietvertrag im Namen der GmbH.

2. Aktive und passive Vertretung

834 *Aktive Vertretung* (§ 164 Abs. 1 S. 1) ist die *Abgabe* einer Willenserklärung durch eine Person (den Vertreter) im Namen einer anderen Person (des Vertretenen). Bei der aktiven Vertretung ist der Vertreter sozusagen der Mund oder die schreibende Hand des Vertretenen.

835 *Passive Vertretung* (§ 164 Abs. 3) ist der *Empfang* einer Willenserklärung durch eine Person (den Vertreter) für eine andere Person (den Vertretenen). Bei der passiven Vertretung ist der Vertreter sozusagen das Ohr oder das lesende Auge des Vertretenen. Die Frage, ob jemand wirksam für einen anderen eine Erklärung entgegennehmen konnte, ist manchmal prozessentscheidend. *Beispiel:* Die Mineralölgesellschaft M hatte ihrem Tankstellenpächter T gekündigt, so dass diesem ein Ausgleichsanspruch in Höhe von rund 80 000 Euro zustand. Einen solchen Anspruch konnte T nur innerhalb eines Jah-

---

16 AG Herne-Wanne NJW 1998, 3651.
17 BGH NJW 1991, 2958.
18 BGH NJW 2010, 3578 Rn 28.

res geltend machen. T hatte die Summe innerhalb der Frist nur gegenüber B gefordert, dem Bezirksleiter der M, der ihn zu führen und zu kontrollieren hatte. Deshalb war entscheidend, ob der Bezirksleiter für die Entgegennahme dieser Erklärung *passiv* vertretungsberechtigt war. Der BGH hat das bejaht.[19]

3. Ausschluss der Vertretung

Nur höchstpersönliche Rechtsgeschäfte wie die Eheschließung (§ 1311 S. 1), die Vaterschaftsanerkennung und ihre Anfechtung (§§ 1596 Abs. 4, 1600a Abs. 2 S. 1) und die Testamentserrichtung (§ 2064) müssen persönlich vorgenommen werden, so dass eine Vertretung ausgeschlossen ist.

836

VII. Handeln im eigenen Namen und Vertretung

1. Im Zweifel: Handeln im eigenen Namen

Trotz ihrer Häufigkeit ist die Abgabe einer Erklärung im fremden Namen die Ausnahme. Im Regelfall gibt der Erklärende seine Erklärung *im eigenen* Namen ab. Daraus ergibt sich die Verteilung der Beweislast. Wer sich darauf beruft, er sei im fremden Namen aufgetreten, beruft sich auf die Ausnahme und muss ihre Voraussetzungen im Zweifel darlegen und beweisen.[20] Wenn ein objektiver Beobachter den Eindruck gehabt hätte, der Erklärende sei im eigenen Namen aufgetreten, handelt es sich um ein Eigengeschäft.[21]

837

Anders gesagt: Wer seinen Willen, im fremden Namen zu handeln, nicht erkennbar macht, handelt im eigenen Namen. Dieser Grundsatz ergibt sich indirekt bereits aus § 164 Abs. 1 S. 1. Der verwirrend formulierte § 164 Abs. 2 will das nicht wiederholen, sondern sagen: Niemand kann seine Willenserklärung nach § 119 Abs. 1 mit der Begründung anfechten, er habe seine Erklärung nicht im eigenen, sondern im fremden Namen abgeben wollen.[22] Aber der gemeinte Sinn ist der Formulierung nicht zu entnehmen. § 164 Abs. 2 gilt deshalb seit jeher als Beispiel für schlechten Gesetzesstil. Die verunglückte Formulierung wurde im Jahre 1900 in einer Witzzeitschrift abgedruckt – ohne Kommentar.

2. Zugleich im fremden und im eigenen Namen

Man kann eine Willenserklärung zugleich im eigenen Namen und im fremden Namen abgeben. Das ist unproblematisch, wenn es ausdrücklich geschieht. *Beispiel:* Frau M schrieb an den Eigentümer eines Ferienhauses: „Das von Ihnen vorgelegte Angebot nehme ich – zugleich im Namen meines Mannes – dankend an". In zweifelhaften Fällen kann auch eine Auslegung zu diesem Ergebnis führen. *Beispiel:* Yannick wollte in Erlangen studieren und fand ein möbliertes Zimmer in einem privaten Wohnheim. Auf Wunsch des Vermieters unterzeichnete auch Yannicks Vater Klaus den Mietvertrag. Später zog Yannick wegen unhaltbarer Zustände aus und Klaus schrieb eine Kündigung, in deren Briefkopf nur Yannick aufgeführt ist. Den in Ich-Form gehaltenen Text unterschrieb Klaus mit „i.A." und seinem Namen. Da Sohn *und* Vater Mieter waren, mussten beide kündigen. Es stellte sich deshalb die Frage, ob Klaus auch zugleich im

838

---

[19] NJW 2002, 1041.
[20] BGH NJW 1997, 3370; 1992, 1010.
[21] BGH NJW-RR 1995, 991.
[22] Karsten Schmidt JuS 1987, 425; BGH NJW-RR 1992, 1011.

VIII. Rechtsfolgen der Vertretung

839 *Vertretung mit Vertretungsmacht:* Hat die fragliche Person erkennbar im Namen einer anderen Person und mit Vertretungsmacht gehandelt, ist sie Vertreterin mit Vertretungsmacht. Ihre Willenserklärung wirkt deshalb unmittelbar für und gegen die vertretene Person (§ 164 Abs. 1 S. 1). Es ist gleichgültig, ob dem Vertretenen die in seinem Namen abgegebene Willenserklärung gefällt oder nicht. Der Vertreter ist von den Rechtsfolgen seiner Erklärung nie betroffen. Deshalb darf er auch beschränkt geschäftsfähig sein (§§ 165, 106), allerdings nicht geschäftsunfähig.

Vertretung ohne Vertretungsmacht: Hat die fragliche Person erkennbar im Namen einer anderen gehandelt, aber ohne (oder ohne ausreichende) Vertretungsmacht, war sie Vertreterin ohne Vertretungsmacht (§§ 177 bis 180; Rn 1051 ff).

IX. Gegensatz: Bote

1. Erklärungsbote

840 Der Bote ist die in § 120 genannte „zur Übermittlung verwendete Person" (Rn 534). Der Bote gibt nicht – wie der Vertreter – eine *eigene* (selbstformulierte) Willenserklärung ab, sondern übermittelt nur eine fremde.[24] Er wird deshalb vom BGB nicht in den §§ 164 ff geregelt.

841 Ob jemand Bote ist oder Vertreter, richtet sich nach dem Eindruck, den der Erklärungsempfänger haben musste. Es kann also jemand als Bote ausgeschickt werden, aber (aufgrund seines Auftretens) Vertreter sein, und umgekehrt. Niemand ist immer (sozusagen von Berufs wegen) Bote, denn die Rolle des Boten hat nichts mit einer bestimmten sozialen Stellung zu tun. Auch der Vorstandsvorsitzende einer AG kann die Funktion eines Boten übernehmen. Weil ein Bote keine eigene Willenserklärung formuliert, sondern eine fremde ausrichtet, können auch Geschäftsunfähige Boten sein, („Und ist das Kindlein noch so klein, so kann es doch schon Bote sein"). Es ist zu unterscheiden:

842 ■ *Mündliche Erklärung:* Soll der Bote eine Erklärung *mündlich* übermitteln, macht er seine Stellung als Bote typischerweise deutlich mit den Worten „Ich soll Ihnen ausrichten, dass ..." (FD „Vertretung", Frage 2, Ja, Spalte 2). Der Zugang beim Erklärungsempfänger erfolgt erst, indem er diesem die Erklärung ausrichtet (§ 130 Abs. 1 S. 1). Der Unterschied zum Brief besteht darin, dass der Bote die ihm aufgetragene Erklärung falsch übermitteln kann. Dann kann sie angefochten werden, aber nur vom Geschäftsherrn (§ 120; Rn 534).[25]

■ *Schriftliche Erklärung:* Der Erklärungsbote unterzeichnet eine schriftliche Erklärung mit der Abkürzung „i. A." (im Auftrag). Damit gibt er sich als Bote zu erkennen. Zugleich macht er deutlich, dass es sich nicht um *seine* Erklärung (in fremdem Namen), sondern um die Erklärung eines anderen handelt, für die er „nicht die Ver-

---

23 NJW 2009, 3506 Rn 13.
24 Soergel/Leptien Vor § 164 Rn 42 ff; MüKo/Schramm Vor § 164 Rn 42; Staudinger/Schilken Vor § 164 Rn 73.
25 Ist die Hilfsperson jedoch als Vertreterin anzusehen, kommt es auf ihren Erkenntnishorizont an (§ 166 Abs. 1), so dass der Vertretene nach § 119 oder § 123 anfechten muss (Rn 850).

antwortung ... übernehmen ... will".²⁶ Es besteht allerdings vielfach die Unsitte, dass auch Vertreter, wenn sie eine sehr eingeschränkte Vollmacht haben, mit „i. A." unterzeichnen.

2. Empfangsbote

Hat jemand, der keine passive Vertretungsmacht nach § 164 Abs. 3 besitzt, eine Erklärung für einen anderen entgegengenommen, ist er dessen Empfangsbote (dazu schon ausführlich Rn 121, 122). *Zur Erinnerung:* Hat der Bote eine (mündliche oder schriftliche) Willenserklärung entgegengenommen, erfolgt der Zugang beim Adressaten (§ 130 Abs. 1 S. 1) erst dann, wenn dieser unter gewöhnlichen Verhältnissen „die ... Möglichkeit der Kenntnisnahme hat".²⁷ Ist dagegen die Willenserklärung an einen (vertretungsberechtigten) *Passivvertreter* übermittelt worden (§ 164 Abs. 3), ist sie damit auch schon dem von ihm Vertretenen zugegangen (§§ 164 Abs. 3, 130 Abs. 1 S. 1; Rn 120).

843

§ 33 Vertretungsmacht

▶ **Fall 33: Ehevertrag**   § 167 Abs. 2

844

Die Eheleute Stirnemann wollten einen Ehevertrag von Notar Wellershaus beurkunden lassen. Frau Stirnemann konnte an dem Notartermin nicht teilnehmen und unterschrieb deshalb folgende Vollmachtsurkunde: „Hiermit bevollmächtige ich die Notariatsangestellte Frau Claudia Habermas, mich beim Abschluss des Ehevertrags mit meinem Ehemann Volker Stirnemann zu vertreten". Notar Wellershaus beglaubigte die Unterschrift in Gegenwart der Eheleute Stirnemann, aber in Abwesenheit von Frau Habermas. Einen Monat später beurkundete er den Ehevertrag, bei dessen Abschluss Frau Stirnemann wie vorgesehen von Frau Habermas vertreten wurde. Fünf Jahre später wollten sich die Eheleute Stirnemann scheiden lassen. Frau Stirnemann wurde nun klar, wie sehr der Ehevertrag sie bei den Scheidungsfolgen benachteiligt. Um den Vertrag zu Fall zu bringen, vertritt sie die Ansicht, die von ihr ausgestellte Vollmachtsurkunde sei formnichtig. (Nach BGH NJW 1998, 1857)

Zu prüfen ist, ob die von Frau Stirnemann erteilte Vollmacht wirksam ist. Die Erteilung der Vollmacht ist ein einseitiges Rechtsgeschäft, weil sie aus nur einer Willenserklärung besteht (§ 167 Abs. 1; Rn 82). Diese eine Willenserklärung muss nach § 130 Abs. 1 S. 1 „einem anderen gegenüber" abgegeben werden, ist also empfangsbedürftig. Bei der Erteilung der Vollmacht kommen ausnahmsweise zwei Personen als Empfänger in Betracht. Denn nach § 167 Abs. 1 kann die Erteilung der Vollmacht entweder „gegenüber dem zu Bevollmächtigenden" erfolgen oder „gegenüber ... dem Dritten, dem gegenüber die Vertretung stattfinden soll".

845

– *„Gegenüber dem zu Bevollmächtigenden":* Die „zu Bevollmächtigende" war Frau Habermas. Im vorliegenden Fall hat Frau Stirnemann die Erteilung der Vollmacht erklärt, indem sie einen entsprechenden Text unterschrieb (und ihre Unterschrift vom Notar be-

---

26 BGH NJW 2018, 1689 Rn 16. Wenn ein Anwalt, der nicht Mitglied der mandatierten Sozietät ist, auf deren Wunsch einen bestimmenden Schriftsatz verfasst und mit dem Zusatz „i. A." unterzeichnet hat, soll der Schriftsatz unwirksam sein (BGH aaO Rn 16 f). Sehr förmlich!
27 BGH NJW 2002, 1565.

glaubigen ließ). Bei diesem Vorgang war Frau Habermas nicht anwesend, sondern nur Herr Stirnemann. Frau Stirnemann hat deshalb die Bevollmächtigung *nicht* gegenüber der „zu Bevollmächtigenden", nämlich gegenüber Frau Habermas, erklärt. Dass Frau Habermas später von der Bevollmächtigung in Kenntnis gesetzt wurde, ist richtig, ändert daran aber nichts.

– *„Gegenüber ... dem Dritten, dem gegenüber die Vertretung stattfinden soll".* Frau Habermas sollte im Namen von Frau Stirnemann Erklärungen gegenüber Herrn Stirnemann abgeben. Denn es ging ja um einen Vertragsschluss zwischen den Eheleuten Stirnemann. Der Dritte, „dem gegenüber die Vertretung stattfinden" sollte, war also Herr Stirnemann. Dieser war anwesend, als Frau Stirnemann die Vollmachtsurkunde unterschrieb. Frau Stirnemann hat die Bevollmächtigung deshalb an ihn (ihren anwesenden Ehemann) gerichtet. Das war korrekt, weil § 167 Abs. 1 Var. 2 diese Möglichkeit vorsieht.[28]

Zu prüfen ist, ob die Vollmachtsurkunde einer bestimmten Form bedurfte. Das ist naheliegend, weil die Vollmacht dem Abschluss eines Ehevertrags diente und dieser „zur Niederschrift eines Notars" geschlossen wird (§ 1410). Aber § 167 Abs. 2 sagt klipp und klar, dass die Erteilung der Vollmacht nicht der Form bedarf, „welche für das Rechtsgeschäft bestimmt ist, auf das sich die Vollmacht bezieht". Danach hätte Frau Stirnemann Frau Habermas auch privatschriftlich oder sogar mündlich bevollmächtigen können.

Nun ist allerdings sehr umstritten, ob § 167 Abs. 2 in jedem Fall uneingeschränkt angewendet werden kann. Insbesondere für Vollmachten, die dem Abschluss eines Grundstückskaufvertrags (§ 311b Abs. 1) dienen sollen, werden erhebliche Einschränkungen gemacht (Rn 860). Der BGH musste sich deshalb mit der Frage auseinandersetzen, ob § 167 Abs. 2 auf Vollmachten für den Abschluss eines Ehevertrags uneingeschränkt anzuwenden ist oder ob nicht doch eine – der Form des Ehevertrags entsprechende – *notarielle Beurkundung* erforderlich ist. Bei dieser Überlegung spielte keine Rolle, dass die Unterschrift von Frau Stirnemann immerhin vom Notar beglaubigt worden war. Denn einer notariellen Beurkundung steht die Beglaubigung nicht gleich (Rn 692 und Rn 704). Der BGH hat sich dafür entschieden, auch in diesem Fall § 167 Abs. 2 anzuwenden, also keine notariell beurkundete Erteilung der Vollmacht für erforderlich zu halten. Der Hauptgrund ist ein berechtigter Respekt vor dem Gesetzgeber, der bewusst davon abgesehen hat, für den Abschluss eines Ehevertrags eine notariell beurkundete Vollmacht zu verlangen. Das Familienrecht ist seit Inkrafttreten des BGB so oft geändert worden, dass der Gesetzgeber vielfach Gelegenheit gehabt hätte, bei einer dieser Änderungen auch diesen Punkt neu zu regeln. Frau Stirnemann konnte deshalb *nicht* geltend machen, dass die von ihr ausgestellte Vollmachtsurkunde formnichtig sei. ◀

Lerneinheit 33

846   **Literatur:** *v. Schwander*, Ausgewählte Rechtsfragen der transmortalen und der postmortalen Vollmacht insbesondere bei Grundstücksgeschäften, RNotZ 2019, 57; *Müller-Engels*, Die (Vorsorge-)Vollmacht des Testamentsvollstreckers – zugleich Untervollmacht zur Vertretung der Erben? ZEV 2019, 251; *Joachim/Lange*, Trans- und postmortale Vollmachten als Mittel der Nachlassabwicklung, ZEV 2019, 62; *Horn*, Spezialklauseln für Vorsorgevollmachten, NJW 2018, 2611; *Metzing*, Folgen des Erlöschens organschaftlicher Vertretungsmacht, NJW 2017, 3194; *Barth*, Die Schwierigkeit der gutachtlichen Problemdarstellung am Beispiel der Anfechtung einer betätig-

---

28   In der zugrunde liegenden BGH-Entscheidung wird die Erteilung der Vollmacht nicht erörtert.

ten Innenvollmacht, JA 2016, 12; *Probst*, Gesetzliche Vertretung durch Angehörige – lohnt die Neudiskussion eines alten Themas? SchlHA 2014, 295; *Schüller*, Untervollmachten bei General- und Vorsorgevollmachten – Risiken und Gestaltungsmöglichkeiten, RNotZ 2014, 585; *Weidlich*, Grundstücksverfügungen mittels Vollmachten über den Tod hinaus, ZEV 2016, 57; *Haas*, Wer unterschreibt was? Interne und externe Haftung im Unternehmen, BC 2012, 171.

I. Vertretungsmacht als Oberbegriff

1. Vertretungsmacht

Vertretungsmacht ist die Fähigkeit, im Namen eines anderen Willenserklärungen abzugeben und zu empfangen. Vertretungsmacht ist der Oberbegriff für die Vollmacht und die gesetzliche Vertretungsmacht. Da § 164 Abs. 1 S. 1 nur eine „Vertretungsmacht" verlangt, lässt er sowohl eine Vollmacht als auch eine gesetzliche Vertretungsmacht zu.

847

2. Vollmacht

Vollmacht ist die „durch Rechtsgeschäft erteilte Vertretungsmacht" (§ 166 Abs. 2),[29] also diejenige Vertretungsmacht, die der *Vertretene* dem Vertreter erteilt. Das in § 166 Abs. 2 genannte „Rechtsgeschäft" (durch das die Vertretungsmacht erteilt wird) nennt man „Erteilung der Vollmacht" (§ 167 Abs. 1) oder auch „Bevollmächtigung" (Rn 854 ff).

848

Prokura und Handlungsvollmacht: Die bekannteste Vollmacht ist die Prokura (§ 48 HGB). Sie kann nur vom Inhaber eines kaufmännischen Unternehmens (Kaufmann) erteilt werden oder vom gesetzlichen Vertreter einer Handelsgesellschaft (zB vom Geschäftsführer einer GmbH). Sie hat einen sehr weiten Umfang, denn sie ermächtigt „zu allen Arten von gerichtlichen und außergerichtlichen Geschäften und Rechtshandlungen …" (§ 49 Abs. 1 HGB). Die Handlungsvollmacht hat einen deutlich geringeren Umfang (§ 54 Abs. 1 HGB).

3. Gesetzliche Vertretungsmacht

Gesetzliche Vertretungsmacht ist die Vertretungsmacht, die *das Gesetz* bestimmten Personen verleiht, zB den Eltern (§ 1629 Abs. 1 S. 1). Ob das Gesetz einer Person eine Vertretungsmacht gibt, richtet sich nach dem *Vertretenen*: Wenn dieser nicht selbst rechtswirksame Erklärungen abgeben (und deshalb auch keine Vollmacht erteilen) kann, bestimmt das Gesetz für ihn einen gesetzlichen Vertreter. Auf die gesetzliche Vertretung finden alle Vorschriften des Vertretungsrechts Anwendung, soweit sie nicht ausdrücklich eine Vollmacht voraussetzen (wie zB die §§ 166 Abs. 2, 167, 168).

849

Eltern: Der klassische Fall der gesetzlichen Vertretungsmacht ist die der Eltern für ihre nicht volljährigen Kinder (§§ 1626 Abs. 1 S. 1, 1629 Abs. 1 S. 1).

850

Vormund und Betreuer: Eine ähnliche Vertretungsmacht wie die Eltern hat der an ihre Stelle tretende Vormund eines Minderjährigen (§ 1793 Abs. 1 S. 1). Auch der Betreuer ist „in seinem Aufgabenkreis" der gesetzliche Vertreter des Betreuten (§ 1902). Der Unterschied zur gesetzlichen Vertretungsmacht der Eltern ist insbesondere der, dass El-

---

[29] Wie immer, wenn der Gesetzgeber einen Begriff definieren will, setzt er ihn in Klammern. Die davor stehenden Worte sind die Definition. Dieses Verfahren zeigt, dass äußerste Knappheit das Stilideal ist. Man könnte auch von Schreibfaulheit sprechen, denn statt vier Wörtern verwendet das Gesetz in Zukunft nur noch eines: Vollmacht.

tern nicht von irgendjemand zu Eltern ernannt werden müssen, während Vormünder und Betreuer amtlich bestellt werden.

851 *Vereinsvorstand:* Dem Vorstand des Vereins gibt das Gesetz ausdrücklich „die Stellung eines gesetzlichen Vertreters" (§ 26 Abs. 1 S. 2 Hs. 2). In dieser Formulierung sollte ein gewisser Zweifel anklingen, ob der Vereinsvorstand wirklich gesetzlicher Vertreter ist oder nur eine solche „Stellung" hat. Denn das war damals strittig.[30]

Organe der Handelsgesellschaften: Auch die Handelsgesellschaften (AG, GmbH, OHG, KG) brauchen jemand, der sie vertritt. *Beispiel:* § 35 Abs. 1 S. 1 GmbHG bestimmt: „Die Gesellschaft wird durch die Geschäftsführer gerichtlich und außergerichtlich vertreten." Da das Gesetz selbst dem Geschäftsführer die Vertretungsmacht gibt, handelt es sich um eine *gesetzliche* Vertretungsmacht,[31] nicht um eine Vollmacht. Dagegen besitzen Prokuristen und Handlungsbevollmächtigte eine Vollmacht (§§ 48, 54 HGB).

II. Vergleich zwischen Vollmacht und gesetzlicher Vertretungsmacht

852 Zwischen der Vollmacht und der gesetzlichen Vertretungsmacht bestehen viele Übereinstimmungen, denn sie sind beide Unterfälle der Vertretungsmacht. Für die Rechtsfolge einer wirksamen Vertretung kommt es deshalb nicht darauf an, ob sich der Vertreter aufgrund einer Vollmacht oder aufgrund einer gesetzlichen Vertretungsmacht geäußert hat. Denn § 164 Abs. 1 S. 1 schließt mit dem Oberbegriff „Vertretungsmacht" beide Möglichkeiten ein. Es bestehen aber folgende Unterschiede:

- Der Bevollmächtigte leitet seine Befugnis zu Erklärungen im Namen des Vertretenen von dessen Vollmachtserteilung ab (§ 167 Abs. 1). Demgegenüber hat der gesetzliche Vertreter sein Recht zur Vertretung aufgrund einer gesetzlichen Vorschrift.

- Die Vollmacht ist fast immer auf einen kleinen Ausschnitt der Rechtsgeschäfte begrenzt, die der Vertretene (Vollmachtgeber) selbst abschließen kann. Im Gegensatz dazu ist die gesetzliche Vertretungsmacht meist umfassend. *Beispiel:* Die gesetzliche Vertretungsmacht des GmbH-Geschäftsführers (§ 35 Abs. 1 GmbHG) ist nur durch die (sehr enge) Vertretungsmacht der Gesellschafterversammlung beschränkt.

- Eine Vollmacht kann der Vertretene meist jederzeit einschränken und widerrufen (§ 168 S. 2). Demgegenüber kann ein gesetzlicher Vertreter zwar seine Position verlieren, aber eine Einschränkung oder einen Entzug seiner Vertretungsmacht gibt es nicht. *Beispiel:* Der Betreuer (§§ 1896 ff) kann abberufen werden (§ 1908b Abs. 1 S. 1). Aber solange er Betreuer ist, kann niemand seine umfassende Vertretungsmacht einschränken.

853 - Im Fall der Vollmacht ist der Vertretene voll geschäftsfähig (sonst könnte er keine Vollmacht erteilen). Der Vertretene könnte das fragliche Rechtsgeschäft also auch selbst abschließen. Im Fall der gesetzlichen Vertretungsmacht könnte der Vertretene die fragliche Erklärung nicht selbst abgeben. Denn er ist entweder eine (geschäftsunfähige oder beschränkt geschäftsfähige) natürliche Person. Oder er ist eine juristi-

---

30 Mugdan I 609. Diese Zweifel gingen auf die Ansicht Otto von Gierkes zurück, der Verein handele durch seinen Vorstand selbst. Das wird heute noch vertreten. Es ist aber unbestritten, dass auch auf den Vereinsvorstand die §§ 164 ff anzuwenden sind, und dass er keine Vollmacht hat.
31 Nach Ansicht von Karsten Schmidt handelt es sich nicht um eine Vertretung, vielmehr spreche die juristische Person durch ihr Organ selbst (Gesellschaftsrecht § 10 I 2; ähnlich Palandt/Ellenberger Vor § 164 Rn 5: Der gesetzlichen Vertretung „verwandt" ist die „Vertretung juristischer Personen durch ihre Organe").

sche Person oder eine Gesamthandsgemeinschaft, die selbst keine Erklärungen abgeben kann.
- Aus diesem Unterschied folgt, dass im Fall der Vollmacht oft der *Vertretene* die Entscheidungen trifft, im Fall der gesetzlichen Vertretung immer der *Vertreter*.
- Einen Bevollmächtigten *kann* man haben, wer einen gesetzlichen Vertreter hat, *muss* ihn haben.

III. Die Erteilung der Vollmacht (Bevollmächtigung)

1. Die Beteiligten

a) Vollmachtgeber

Das „Rechtsgeschäft", durch das die Vollmacht erteilt wird, nennt § 167 „*Erteilung der Vollmacht*", es wird aber auch *Bevollmächtigung* genannt. § 167 Abs. 1 bestimmt nicht, wer die Vollmacht erteilt. Aber es ist klar, dass es derjenige ist, der vertreten werden will. 854

b) Empfänger

Da die Erteilung der Vollmacht ein einseitiges Rechtsgeschäft mit empfangsbedürftiger Willenserklärung ist (Rn 84, 858), muss sie einen Empfänger haben. § 167 Abs. 1 nennt zwei Personen als mögliche Empfänger der Bevollmächtigung:

- *Innen-Bevollmächtigung:* Fast immer erklärt der Vollmachtgeber die Bevollmächtigung nach § 130 Abs. 1 S. 1 gegenüber dem, der ihn vertreten soll, also gegenüber dem künftigen Vertreter. § 167 Abs. 1 bezeichnet diesen Fall mit den Worten „*gegenüber dem zu Bevollmächtigenden*". 855

- *Außen-Bevollmächtigung:* § 167 Abs. 1 Var. 2 lässt zu, dass der Vollmachtgeber die Vollmacht gegenüber *dem Dritten* erteilt, „dem gegenüber die Vertretung stattfinden soll". Das bedeutet nicht, dass der Vertreter von dieser Vollmacht nichts erfahren würde (das wäre ja auch sehr unpraktisch). Er ist nur nicht iSv § 130 Abs. 1 S. 1 der *Empfänger* ihrer Erteilung. *Beispiel 1:* Fall 33, Rn 844. *Beispiel 2:* Die Schwestern Sophie und Carolin S waren Mieterinnen einer Wohnung, die allein von Carolin bewohnt wurde. Sie schrieben gemeinsam an die Vermieterin: „Im Schriftverkehr wenden Sie sich bitte an Sophie S". Damit erteilte Carolin ihrer Schwester eine Empfangsvollmacht (Vollmacht zur *passiven* Vertretung von Carolin nach § 164 Abs. 3) und eine Vollmacht zur *aktiven* Vertretung, weil der Begriff „Schriftverkehr" auch Äußerungen im Namen von Carolin umfasst.[32] Da die Bevollmächtigung gegenüber „dem Dritten, dem gegenüber die Vertretung stattfinden soll", erfolgte, handelt es sich um eine Außen-Bevollmächtigung. Die Außen-Bevollmächtigung ist zwar die seltenere Alternative, aber eigentlich naheliegend. Als das BGB beraten wurde, wurde sogar die Meinung vertreten, die Außen-Bevollmächtigung solle die einzig erlaubte Art der Bevollmächtigung sein. Denn sie stellt sicher, dass der Dritte wirklich weiß, dass sein Verhandlungspartner eine Vollmacht besitzt und welchen Umfang sie hat. 856

---

[32] BGH NJW 2015, 473 Rn 29.

857 Eine Erteilung der Vollmacht gegenüber der Öffentlichkeit, etwa durch öffentliche Bekanntmachung, gibt es nicht.[33] Die gegenteilige Ansicht beruht möglicherweise auf einer Verwechselung mit der in § 171 Abs. 1 genannten „öffentliche Bekanntmachung". Bei ihr handelt es sich aber nicht um die Bevollmächtigung, sondern um die *Information darüber, dass diese erfolgt sei*.

2. Rechtliche Einordnung

858 Die Erteilung der Vollmacht ist ein einseitiges Rechtsgeschäft mit empfangsbedürftiger Willenserklärung (Rn 84). Im Einzelnen:

- *Einseitiges Rechtsgeschäft:* § 167 Abs. 1 bestimmt, die Erteilung der Vollmacht erfolge „durch Erklärung". Das ist im Sinne von „durch *eine einzige* Erklärung" zu verstehen. Die Bevollmächtigung bedarf deshalb keiner Gegenerklärung, ist also ein einseitiges Rechtsgeschäft.

- *Empfangsbedürftige Willenserklärung:* § 167 Abs. 1 bestimmt ferner, die Erteilung der Vollmacht erfolge „gegenüber dem zu Bevollmächtigenden" (oder gegenüber „dem Dritten"). Damit soll klargestellt werden, dass die fragliche Willenserklärung „gegenüber einem anderen abzugeben ist" (§ 130 Abs. 1 S. 1), also eines Empfängers bedarf.

Als einseitiges Rechtsgeschäft kann die Bevollmächtigung vom Bevollmächtigten weder angenommen noch abgelehnt werden. Letzteres ist aber unschädlich, weil sie ihn zwar berechtigt, aber zu nichts verpflichtet (Rn 872).

3. Form

859 Die Bevollmächtigung bedarf nach § 167 Abs. 2 keiner Form. Das ist manchmal naheliegend, manchmal aber auch sehr problematisch:

Vollmacht zu formlosen Rechtsgeschäften: Wenn das Rechtsgeschäft, das der Bevollmächtigte vornehmen soll, keiner Form bedarf, ist es naheliegend, dass auch die Bevollmächtigung formfrei ist. Sie kann dann insbesondere dadurch erfolgen, dass A dem B einen Auftrag erteilt (§ 662), zu dessen Durchführung B einer Vollmacht bedarf. *Beispiel 1:* Frau Boehme beauftragte Herrn Gehrke, die Mieter um eine Mieterhöhung zu bitten. Darin lag die konkludente Erteilung einer entsprechenden Vollmacht (Fall 32, Rn 814). *Beispiel 2:* Der Bezirksleiter eines Mineralölunternehmens hatte die Aufgabe, die Tankstellen seines Bezirks alle zwei Wochen aufzusuchen und mit den Pächtern bestimmte Vereinbarungen zu treffen. Eine ausdrückliche (mündlich oder schriftlich erteilte) Vollmacht besaß er nicht. Aber es lag „in der Natur seiner Aufgabe begründet", dass er „entsprechend bevollmächtigt war".[34] Man darf sich deshalb unter der Erteilung einer Vollmacht keinen förmlichen Akt vorstellen. Insbesondere bedarf sie keiner Vollmachtsurkunde (Rn 861). *Beispiel 3:* Die X GmbH hatte zahlreiche alte Wohnungen aus der DDR-Zeit erworben und wollte sie als Eigentumswohnungen verkaufen. Sie hatte den Y mit dem Vertrieb beauftragt, der insbesondere die steuerlichen Vorteile eines Erwerbs hervorheben sollte. Es ist davon auszugehen, dass die X den Y still-

---

33 Anders die hM, etwa Staudinger/Schilken § 167 Rn 12, MüKo/Schramm § 167 Rn 11. Diese Ansicht vermengt die Kundgabe der Bevollmächtigung (§ 171 Abs. 1) mit der Erteilung der Vollmacht. Distanziert gegenüber der hM Brox/Walker Rn 542.
34 BGH NJW 2002, 1041; der Fall wurde schon unter Rn 835 erwähnt.

schweigend zur Abgabe derartiger Erklärungen bevollmächtigt hatte.[35] Aus den Umständen kann sich also nicht nur ergeben, dass jemand in fremdem Namen spricht (§ 164 Abs. 1 S. 2), sondern auch, dass er eine Vollmacht besitzt.

Vollmacht zu formgebundenen Rechtsgeschäften: Die Erteilung der Vollmacht ist nach § 167 Abs. 2 auch dann formfrei, wenn das Rechtsgeschäft, das der Vertreter vornehmen soll, seinerseits formbedürftig ist. Diese ausdrückliche Anordnung ist bemerkenswert, weil das Gesetz sonst nicht die Formfreiheit hervorhebt, sondern vom Grundsatz ausgeht, dass alle Rechtsgeschäfte formfrei sind, für die keine Form vorgeschrieben ist (Rn 638). Dass das Gesetz hier eine Ausnahme macht zeigt, dass die Formfreiheit in diesen Fällen alles andere als selbstverständlich ist. Tatsächlich ist § 167 Abs. 2 bedenklich, denn er höhlt die mit einer Formvorschrift häufig bezweckte Warnfunktion (Rn 640) aus.[36] Es gibt wohl keine andere Vorschrift des BGB, deren bewusste Nichtbeachtung oder gar Abschaffung so oft gefordert worden ist.[37] Der Gesetzgeber hat aber in 100 Jahren nicht reagiert und Rechtsprechung und hM nehmen nur vorsichtige Korrekturen vor.

So wird § 167 Abs. 2 insbesondere im Hinblick auf § 311b Abs. 1 S. 1 einschränkend ausgelegt. Nach ständiger Rechtsprechung muss die Erteilung der Vollmacht zum Abschluss eines *Grundstückskaufvertrags* entgegen § 167 Abs. 2 immer dann notariell beurkundet werden, wenn die Vollmacht *unwiderruflich* sein soll oder zumindest eine „tatsächliche Bindungswirkung" entfaltet, zB durch das Versprechen einer Vertragsstrafe bei Widerruf.[38] Auch bei der *Bürgschaftserklärung* weicht die Rechtsprechung und die hM von § 167 Abs. 2 ab. Die Verpflichtungserklärung des Bürgen („Bürgschaftserklärung") bedarf bekanntlich der Schriftform (§ 766 S. 1; Rn 665). Wenn der künftige Bürge einen Dritten bevollmächtigt, für ihn die Bürgschaftserklärung abzugeben, bedarf die Bevollmächtigung nach § 167 Abs. 2 eigentlich nicht der Schriftform. Da die Übernahme einer Bürgschaft aber ein besonders risikoreiches, ja gefährliches Geschäft ist, bedarf die Erteilung einer Vollmacht in diesem Fall ausnahmsweise – entgegen § 167 Abs. 2 – doch der Schriftform.[39]

Bei anderen formbedürftigen Rechtsgeschäften wird es aber abgelehnt, eine förmliche Vollmacht zu verlangen.

Vollmachtsurkunde: Die „Vollmacht" mit der „Vollmacht*urkunde*" zu verwechseln oder gleichzusetzen, ist ein häufiger Anfängerfehler. Die Vollmachtsurkunde ist ein Schriftstück, das die Erteilung der Vollmacht (und damit die Vollmacht selbst) dokumentiert. Die Vollmacht unterscheidet sich von der Vollmachtsurkunde wie die Fahrerlaubnis vom Führerschein. Und wie groß deren Unterschied ist, erkennt man am Fahren ohne Führerschein (Bußgeld von 10 Euro) und am Fahren ohne Fahrerlaubnis (Freiheitsstrafe bis zu einem Jahr).

Da die Vollmacht im Prinzip formlos erteilt werden kann (§ 167 Abs. 2), sind Vollmachtsurkunden selten. Die Vollmachtsurkunde kommt deshalb auch nur in den praktisch weniger bedeutsamen §§ 172, 174, 175 und 176 vor.

---

35 BGH NJW 2015 Rn 9 bis 18 mwN.
36 MüKo/Schramm § 167 Rn 16.
37 Staudinger/Schilken § 167, Rn 20.
38 BGHZ 132, 120; NJW 1979, 2306.
39 BGHZ 132, 120.

4. Gesamtvollmacht

862 Der Geschäftsherr kann einer *Einzelperson* Vollmacht erteilen, so dass ihn diese Person allein (ohne eine weitere Person) vertreten kann *(Einzelvollmacht)*. Er kann aber auch Vollmacht an zwei (oder mehr) Personen in der Weise erteilen, dass diese ihn nur gemeinsam vertreten können *(Gesamtvollmacht*; Einzelheiten Rn 957).

5. Untervollmacht

863 Die *Untervollmacht* ist nicht gesetzlich geregelt. Sie ist eine Vollmacht, die nicht der Vertretene selbst, sondern sein Vertreter (sein Bevollmächtigter oder sein gesetzlicher Vertreter) einem Dritten (dem Unterbevollmächtigten) erteilt. Die Untervollmacht befugt den Unterbevollmächtigten dazu, seinerseits im Namen des Vertretenen Willenserklärungen abzugeben und zu empfangen. Er braucht dabei nicht deutlich zu machen, dass er nur Unterbevollmächtigter ist.[40]

Der *Umfang* der Untervollmacht ist idR kleiner als der der Hauptvollmacht. Er kann auch gleich groß sein, aber nie weiter gehen.[41] Zum Widerruf der Untervollmacht siehe Rn 918.

Bei der Frage, ob der Hauptvertreter Untervollmacht erteilen darf, ist zu differenzieren:

- Ein *gesetzlicher* Vertreter kann immer Untervollmacht erteilen. Denn es kann nicht erwartet werden, dass er alle Erklärungen selbst abgibt. *Beispiel*: Ein GmbH-Geschäftsführer erteilt einem leitenden Mitarbeiter Prokura (§ 48 HGB).
- Ob ein *Bevollmächtigter* Untervollmacht erteilen darf, richtet sich nach seiner Vollmacht. Soweit dem Bevollmächtigten für die ihm übertragene Aufgabe die fachliche Kompetenz fehlt, kann er immer einem Fachmann Untervollmacht erteilen. *Beispiel*: Zu den Aufgaben des Hauptbevollmächtigten gehörte es, eine Forderung gegen eine Kanzlei durchzusetzen. Dazu durfte er einem Rechtsanwalt Mandat erteilen.[42]

§ 34 Vollmacht und Grundgeschäft

864 ▶ **Fall 34: Geld für das Fahrrad** §§ 168, 667

Herr Eigen hatte schon öfter bedauert, dass sein schönes Rennrad nutzlos in der Garage stand. Als sein Sohn Ulf ihm anbot, das Rad für ihn zu verkaufen, war Herr Eigen deshalb sofort einverstanden. Ulf fand in seinem Kommilitonen Klaus einen Interessenten. Bei den Vertragsverhandlungen sagte er ihm, dass das Rad seinem Vater gehöre. Klaus gab Ulf 300 Euro, und Ulf übergab Klaus das Fahrrad. a) Hat Ulf den Vertrag mit Wirkung für seinen

---

[40] MüKo/Schramm § 167 Rn 94, 99.
[41] Erman/Müller-Reimer, § 167 Rn 64; BGH NJW 2017, 3373 Rn 16.
[42] BGH NJW 2017, 3373 Rn 12.

Vater geschlossen? b) Nach welcher Vorschrift muss Ulf seinem Vater die 300 Euro geben? c) Ist Ulfs Vollmacht inzwischen erloschen?

a) Hat Ulf den Vertrag mit Wirkung für seinen Vater geschlossen?

Ulf hat Klaus gesagt, dass das Fahrrad seinem Vater gehöre, und hat dadurch den Kaufvertrag erkennbar im Namen seines Vaters abgeschlossen (§ 164 Abs. 1 S. 1, S. 2). Fraglich ist aber, ob Ulf auch „innerhalb der ihm zustehenden Vertretungsmacht" gehandelt hat. Als Vertretungsmacht kommt nur eine Vollmacht in Frage. Ulfs Vater war damit einverstanden, dass Ulf das Fahrrad für ihn verkaufte. Da zum Abschluss des Kaufvertrags im Namen des Vaters eine Vollmacht nötig war, hat Herr Eigen seinem Sohn konkludent eine entsprechende Vollmacht erteilt (§ 167 Abs. 1 Var. 1). 865

b) Nach welcher Vorschrift muss Ulf seinem Vater die 300 Euro geben?

Da es sich um einen Fall der wirksamen Vertretung handelt, könnte man vermuten, dass sich in den §§ 164 ff eine Vorschrift über die Herausgabe des Erlangten finden müsse. Aber im Recht der Vertretung steht darüber nichts. Das ist auch folgerichtig, weil eine Vollmacht nur ein Recht (zur wirksamen Vertretung) begründet, *nie eine Verpflichtung*, weder für den Vollmachtgeber noch für den Bevollmächtigten (Rn 872). 866

Herr Eigen hat aber mit seinem Sohn stillschweigend auch einen *Vertrag* geschlossen, der *„Auftrag"* heißt (§ 662). Ulf hatte sich in diesem Vertrag zu der Dienstleistung verpflichtet, das Fahrrad für seinen Vater zu verkaufen und zu übereignen, und zwar unentgeltlich (§ 662). Aus dem Auftragsrecht ergibt sich auch die Pflicht zur Herausgabe. Denn als Beauftragter (nicht als Bevollmächtigter!) muss Ulf nach § 667 die erhaltenen 300 Euro an seinen Vater als seinen Auftraggeber herausgeben.

Aus dieser Lösung ist zu erkennen, dass einer Vollmacht sehr häufig ein Vertrag zu Grunde liegt, der die Basis für die Vollmacht darstellt. Dieses *zugrunde liegende Rechtsverhältnis* ist sogar im praktischen Leben wichtiger als die Vollmacht selbst. Das zugrunde liegende Rechtsverhältnis muss allerdings kein Auftrag sein, sehr viel öfter ist es ein Dienstvertrag (§ 611). In jedem Fall muss man aber die Vollmacht einerseits und das zugrunde liegende Rechtsverhältnis andererseits streng auseinanderhalten, weil beide Rechtsgeschäfte „abstrakt" sind, also voneinander losgelöst (Rn 870).

c) Ist Ulfs Vollmacht inzwischen erloschen?

§ 168 regelt das Erlöschen der Vollmacht. Das der „Erteilung" der Vollmacht „zugrunde liegende Rechtsverhältnis" (§ 168 S. 1), war der „Auftrag" genannte Vertrag mit der Verpflichtung, das Fahrrad zu verkaufen und zu übereignen (§§ 662 ff). Ulfs Vollmacht erlosch also mit der Erledigung dieses Auftrags. Das ist auch einleuchtend, denn da sich die Vollmacht nur auf den Verkauf und die Übereignung des Fahrrads bezog, musste sie gegenstandslos werden, als diese Geschäfte abgewickelt waren. An § 168 kann man übrigens erkennen, dass das Gesetz die Vollmacht zwar scharf vom Grundverhältnis trennt, dass aber beide doch wieder eng zusammengehören. Denn das Ende des Grundverhältnisses bedeutet auch das Ende der Vollmacht. ◀ 867

Lerneinheit 34

Literatur: *Wendt*, Stolpersteine auf dem langen Weg zur Grundbucheintragung via trans- oder postmortaler Vollmacht, ErbR 2016, 74; *Lieder*, Trennung und Abstraktion im Recht der Stellver- 868 tretung, JuS 2014, 393; *Hartmann,* Zur Anwendung des § 139 BGB auf Vollmacht und Grundgeschäft, ZGS 2005, 62; *Hellgardt/Majer,* Die Auswirkungen nichtiger Grundverhältnisse auf die Vollmacht – Eine rechtsdogmatische Einordnung und Bewertung der neueren BGH-Rechtsprechung zu den Bauherren- und Erwerbermodellen, WM 2004, 2380; *Beuthien,* Gilt im Stellvertretungsrecht ein Abstraktionsprinzip? 50 Jahre Bundesgerichtshof, Festgabe aus der Wissenschaft (2000), Bd. I, 81.

I. Historisches

869 Die Verfasser des BGB haben in ihren „Motiven", die sie zum ersten Entwurf des BGB veröffentlicht haben, darauf hingewiesen, dass sie dem *Trennungsprinzip* folgen, also streng zwischen der Vollmacht einerseits und dem zugrunde liegenden Rechtsverhältnis andererseits unterscheiden wollen. In diesem Hinweis klingt ein gewisser Stolz mit, denn das Trennungs- oder Abstraktionsprinzip war damals die neueste juristische Erkenntnis im Bereich der Vertretung. Die BGB-Verfasser wiesen deshalb darauf hin, dass andere Gesetzbücher, deutsche und ausländische, diese klare begriffliche Trennung zwischen der Vollmacht und dem Grundverhältnis noch nicht kannten.

II. Definitionen

870 „*Trennungsprinzip*" bedeutet im Rahmen der Vertretung die begriffliche Trennung von Vollmacht und Grundverhältnis.

871 „*Grundverhältnis*" ist das der Vollmachtserteilung „zugrunde liegende Rechtsverhältnis" (§ 168 S. 1). Wer einem anderen eine Vollmacht erteilt, tut dies in der Regel deshalb, weil er zu dem Bevollmächtigten in einer bestimmten Rechtsbeziehung steht, zB sein Arbeitgeber ist. Der Vollmacht liegt dann dieses andere Rechtsverhältnis, das sogenannte *Grundverhältnis,* zugrunde. Es muss sich nicht um einen Dienstvertrag (§§ 611 ff) handeln, es kann auch ein Auftrag sein (§§ 662 ff; Fall 34, Rn 864), ein Werkvertrag (§§ 631 ff), eine entgeltliche Geschäftsbesorgung (§ 675 Abs. 1) oder ein anderer Vertrag.

III. Unterschiede zwischen Grundverhältnis und Vollmacht

872 Grundverhältnis und Vollmacht haben ganz verschiedene Voraussetzungen und Funktionen. Das kann man sich am besten anhand eines Angestellten mit Handlungsvollmacht klarmachen:

- Das *Grundverhältnis* ist für den Angestellten das zwischen ihm und seinem Arbeitgeber bestehende Arbeitsverhältnis. Es wird begründet durch einen *Vertrag* (§ 611a), nicht – wie die Vollmacht – durch ein einseitiges Rechtsgeschäft. Der Vertrag begründet gegenseitige *Ansprüche und Pflichten,* zB verpflichtet er den Angestellten, die ihm übertragene Arbeit zu leisten. Andererseits begründet der Arbeitsvertrag auch den Gehaltsanspruch des Angestellten. Deshalb hat der Arbeitsvertrag für ihn eine viel größere Bedeutung als die ihm erteilte Vollmacht.

873
- Die *Vollmacht* eines Angestellten, die das HGB Handlungsvollmacht nennt (§ 54 HGB), wird wie jede Vollmacht nicht durch einen Vertrag, sondern durch ein *einseitiges Rechtsgeschäft,* die Erteilung der Handlungsvollmacht begründet (§ 167 Abs. 1). Sie verschafft dem Handlungsbevollmächtigten nur die Rechtsmacht, den Geschäftsinhaber (Vollmachtgeber) zu vertreten. Die Vollmacht begründet für den

§ 34 Vollmacht und Grundgeschäft

Bevollmächtigten nur Rechte. *Pflichten* lassen sich nur aus dem Grundverhältnis herleiten!

IV. Unabhängigkeit und Abhängigkeit von Grundverhältnis und Vollmacht

1. Unabhängigkeit

Vollmacht und Grundverhältnis sind im Prinzip voneinander unabhängig (Trennungsprinzip). Das wird besonders deutlich an § 168 S. 2, demzufolge die Vollmacht auch bei Fortbestand des Grundverhältnisses jederzeit widerruflich ist. Für den Prokuristen des Handelsrechts (§ 48 HGB) bedeutet das, dass der Inhaber des Unternehmens ihm die Prokura jederzeit mit sofortiger Wirkung entziehen kann. Ob er auch den *Dienstvertrag* mit sofortiger Wirkung kündigen könnte, steht auf einem anderen Blatt. Das wäre eine Frage des Arbeitsrechts.

874

Die Unabhängigkeit von Vollmacht und Grundverhältnis zeigt sich auch an dem Begriff „*Geschäftsführungsbefugnis*", der sich aus dem Grundverhältnis ergibt. *Beispiel:* Kaufmann U hat seinem Mitarbeiter M Prokura erteilt, also eine Vollmacht, deren Umfang § 49 Abs. 1 HGB sehr weit und unveränderlich festlegt. Zugleich hat U (aufgrund seiner Weisungsbefugnis im Grundverhältnis/Arbeitsverhältnis) dem M untersagt, bestimmte Geschäfte abzuschließen, die von der Prokura gedeckt sind. Dann hat M nur eine beschränkte Entscheidungskompetenz, die man *Geschäftsführungsbefugnis* nennt. Das ändert an seiner durch die Prokura bestimmten Vertretungsmacht nichts. Sein „*Können*" (Vertretungsmacht) geht also weiter als sein „*Dürfen*" (Geschäftsführungsbefugnis). Das zeigt sich sehr deutlich, wenn M einen Vertrag schließt, mit dem er seine Geschäftsführungsbefugnis überschreitet, aber nicht seine Vertretungsmacht (Prokura). Der Vertrag ist dann nach § 164 Abs. 1 S. 1 für das Unternehmen verbindlich. Aber M hat durch die Überschreitung seiner Geschäftsführungsbefugnis eine Pflicht aus dem Dienstverhältnis verletzt. U kann deshalb im Prinzip von ihm Schadensersatz verlangen (§ 280 Abs. 1).

875

Die Unterscheidung zwischen Geschäftsführungsbefugnis („Dürfen") und Vertretungsmacht („Können") spielt im Vereinsrecht eine Rolle und durchzieht das Gesellschaftsrecht wie ein roter Faden.

876

2. Abhängigkeit

Erlöschen der Vollmacht: Ein Beispiel dafür, dass der Bestand der Vertretungsmacht vom Grundverhältnis *abhängig* ist, ergibt sich aus § 168 S. 1. Denn wenn die Vollmacht nicht aus anderen Gründen vorher erlischt, erlischt sie mit dem Ende des Grundverhältnisses (Rn 920). *Beispiel:* Prokurist H trat in den Ruhestand. Mit dem Arbeitsverhältnis erlosch auch seine Prokura (Vollmacht). Sie brauchte ihm nicht entzogen zu werden.

877

Umfang der Vollmacht: Wenn jemand einem anderen eine Aufgabe überträgt (Grundverhältnis), die eine Vertretung erforderlich macht, liegt in der Auftragserteilung eine konkludente Erteilung der Vollmacht. Zugleich legt der Auftraggeber mit dem Auftrag auch den *Umfang* der Vollmacht fest (Rn 888). *Beispiele:* Frau Boehme (Fall 32, Rn 814) und Herr Eigen (Fall 34 Rn 864) bestimmten mit ihrem Auftrag auch, wie

878

weit die Vollmacht gehen sollte. Daraus ergibt sich der Grundsatz: Der Umfang der Vollmacht kann oft dem zugrunde liegenden Rechtsverhältnis entnommen werden.

879 *Nichtigkeit beider Geschäfte:* Wenn das Grundgeschäft nichtig ist, zB nach § 138 oder § 134, ist auch die auf ihm gründende Bevollmächtigung nichtig.[43]

§ 35 Der Umfang der Vollmacht

880 ▶ **Fall 35: Höher gelegter Keller**

Frau Katrin Harsch schloss mit dem Bauunternehmer Unkelmann einen Vertrag über den Bau eines Dreifamilienhauses. Der Vertrag verpflichtete Unkelmann, den Bau nach den amtlich genehmigten Plänen zu errichten. In dem Vertrag heißt es:
  „Als Bevollmächtigter des Bauherrn gilt sein bauleitender Architekt. Er ist berechtigt, Anordnungen zu treffen, die zur vertraglichen Durchführung der Leistung erforderlich sind."
Mit der Bauleitung beauftragte Frau Harsch den Architekten Arndt. Noch vor Baubeginn sagte Unkelmann zu Arndt, dass es seiner Meinung nach günstiger sei, das Haus weniger tief in das Erdreich zu bauen, genauer gesagt, den Keller um 1,15 m höher zu gründen, als der amtlich genehmigte Plan vorsah. Diese Lösung hatte praktische Vorzüge, aber auch den Nachteil, dass eine zur Haustür führende Treppe gebaut und das Gelände hinter dem Haus um 1,15 m aufgeschüttet werden musste, um den dort vorgesehenen Sitzplatz zu ermöglichen. Arndt stimmte dem Vorschlag zu und gab Anweisung, den Bau in dieser Weise zu errichten. Frau Harsch sagte er davon nichts. Als Frau Harsch die Abweichung vom Plan erkannte, ordnete sie das Ende der Bauarbeiten an. Seitdem ruht der Bau. Frau Harsch verlangt von Unkelmann den kostenlosen Abriss der Bauruine. Unkelmann ist der Meinung, die neue Lösung sei technisch, wirtschaftlich und optisch besser als die alte. Außerdem sei er von Arndt verbindlich angewiesen worden, den Bau in dieser Weise zu errichten. Frau Harsch vertritt die Ansicht, Arndt sei nicht von ihr bevollmächtigt gewesen, die Bauplanung zu ändern. Ist das richtig? (Nach BGH NJW 2002, 3543)

881 Arndt und Unkelmann haben einen Vertrag geschlossen mit dem Inhalt, den alten, zwischen Frau Harsch und Unkelmann geschlossenen Vertrag (der eine tiefere Gründung vorsah) zu ändern. Dabei trat Unkelmann im eigenen Namen auf, Arndt als Vertreter von Frau Harsch. Der Vertrag ist deshalb nur wirksam, wenn Arndt Frau Harsch beim Abschluss des Vertrags wirksam vertreten hat (§ 164 Abs. 1).

Aus den Umständen ergab sich, dass Arndt im Namen der Bauherrin Harsch aufgetreten ist (§ 164 Abs. 1 S. 2). Arndt war also Vertreter von Frau Harsch. Es fragt sich nur, ob er auch eine entsprechende Vertretungsmacht besaß. Frau Harsch hatte mit Unkelmann vereinbart, dass ihr Bauleiter Arndt, ihr „Bevollmächtigter" sein sollte. Sie hatte Arndt damit eine Vollmacht erteilt, und zwar durch Erklärung gegenüber Unkelmann, nicht durch Erklärung gegenüber Arndt (Außen-Bevollmächtigung, § 167 Abs. 1 Var. 2; Rn 856). Es ist jedoch zu prüfen, ob Arndts Anordnung, den Rohbau anders zu gründen, von dieser Vollmacht gedeckt wurde. Dazu ist die Vollmacht hinsichtlich ihres Umfangs nach den §§ 133, 157 auszulegen (Rn 886).

---

43 BGH NJW 2002, 2325; der BGH stützt dies Ergebnis auf § 139.

Arndt ist zunächst ohne Einschränkung zu Frau Harschs „Bevollmächtigtem" erklärt worden. Weiter heißt es, dass er berechtigt sein sollte, „Anordnungen zu treffen, die zur vertraglichen Durchführung der Leistung erforderlich sind". Arndt konnte also nur Willenserklärungen abgeben, die der plangerechten Errichtung des Bauwerks dienten. Seine Vollmacht erstreckte sich nicht auf Anordnungen, die darauf hinausliefen, den Bauvertrag zu ändern.

Es ist gleichgültig, ob die von Arndt vorgesehene Lösung die technisch, ästhetisch und wirtschaftlich bessere war. Denn gute Ideen des Vertreters erweitern seine Vollmacht nicht. Arndt hat seine Vollmacht überschritten und war deshalb Vertreter ohne Vertretungsmacht (§ 177; Rn 1055).

Aus dem FD „Vertretung" ergibt sich: 1. Nein – 2. Nein – 3. Ja – 4. Ja – 5. Nein (Spalte 13) ....
Weiter mit dem FD „Vertretungsmacht": 1. Nein – 2. Ja – 3. Nein – 4. Nein – 6. Nein – 7. Nein – 8. Nein – 9. Nein – 10. Nein (Spalte 12). ◄

Lerneinheit 35

Literatur: *Stenzel*, Vollmachtmängel bei der GmbH-Gründung, GmbHR 2015, 567; *Petersen*, Bestand und Umfang der Vertretungsmacht, Jura 2003, 310; *Pauly*, Zur Frage des Umfangs der Architektenvollmacht, BauR 1998, 1143; *Pawlowski*, Die gewillkürte Stellvertretung, JZ 1996, 125; *Quack*, Die originäre Vollmacht des Architekten, BauR 1995, 441.

882

I. Hintergrund

Wie sich aus § 164 Abs. 1 S. 1 ergibt, bindet und berechtigt die Erklärung des Vertreters den Vertretenen nur dann, wenn der Vertreter sie „innerhalb der ihm zustehenden Vertretungsmacht" abgegeben hat. Es reicht also nicht aus, dass der Vertreter überhaupt eine Vertretungsmacht hat, er muss mit seiner Erklärung auch innerhalb dieser Vertretungsmacht geblieben sein. Anders gesagt: Der Vertreter muss eine *ausreichende* – also eine die fragliche Willenserklärung einschließende – Vertretungsmacht haben. Deshalb ist immer auch zu prüfen, welchen *Umfang* die Vollmacht hat.[44] In zwei Fällen legt das *Gesetz* den Umfang fest (Rn 884), in allen anderen Fällen muss das der Vollmachtgeber selbst tun (Rn 885 ff).

883

II. Vom Gesetz festgelegter Umfang

Den Umfang der bekanntesten Vollmacht, der Prokura, hat das HGB in den §§ 49, 50 festgeschrieben. Die Prokura ist damit eine Vollmacht mit gesetzlich festgelegtem Umfang. Sie bleibt aber eine Vollmacht und ist nicht etwa eine gesetzliche Vertretungsmacht.[45] Gleiches gilt von der Prozessvollmacht des Rechtsanwalts (§§ 80 bis 83 ZPO). Dass das Gesetz den Umfang der Vollmacht in diesen beiden Fällen festlegt, geschieht zugunsten des Geschäftsgegners: Er soll ohne Nachfrage und ohne Einsicht in die Vollmachtsurkunde wissen können, was der Prokurist bzw der Prozessbevollmächtigte wirksam erklären kann.

884

---

44 Der Umfang der *gesetzlichen* Vertretungsmacht wird oft vom Gesetz festgelegt und wirft deshalb idR keine Abgrenzungsprobleme auf.
45 So aber versehentlich BAG NJW 2010, 313 Rn 16.

III. Vom Vollmachtgeber festgelegter Umfang

1. Grundsatz: Beliebiger Umfang

885 Soweit das Gesetz nicht ausnahmsweise den Umfang der Vollmacht festlegt, bestimmt ihn allein derjenige, der die Vollmacht erteilt (der Vollmachtgeber).[46] Er ist völlig frei, den Umfang so eng oder so weit festzulegen, wie ihm das richtig erscheint. Laien denken oft, es gebe da Grenzen, die nicht unter- oder nicht überschritten werden dürften. Aber das ist nicht der Fall.

2. Anfänglicher Umfang der Vollmacht

886 *Vollmachtsurkunde:* Ein sorgfältiger Vollmachtgeber legt meist in einer (vom Gesetz bekanntlich selten geforderten) *Vollmachtsurkunde* fest, welchen Umfang die Vollmacht haben soll. Es ist dann vom Wortlaut der Vollmachtsurkunde auszugehen. *Beispiel:* Bei kaufmännischen Angestellten ist es üblich, die Vollmacht (Handlungsvollmacht) auf einen bestimmten Geldbetrag („bis zu einem Wert von 30 000 Euro") und auf die Geschäfte zu beschränken, die zum Tätigkeitsfeld des Bevollmächtigten gehören („für alle Geschäfte im Rahmen der von ihm geleiteten Abteilung").

Wenn der Vertretene sich darauf beruft, ein vom Vertreter abgeschlossenes Rechtsgeschäft sei von der Vollmacht nicht gedeckt, muss der Umfang der Vollmacht vom Richter durch Auslegung ermittelt werden.[47] Dabei gelten die allgemeinen Auslegungsgrundsätze (§§ 133, 157). Es ist deshalb in erster Linie vom Wortlaut der Vollmacht auszugehen.[48] Dabei sind auch die ausdrücklichen Einschränkungen zu beachten. *Beispiel:* A war nur zu Anordnungen berechtigt, „die zur vertraglichen Durchführung der Leistung erforderlich" waren. Daraus ist zu schließen, dass er nicht zu Vertragsänderungen bevollmächtigt war (Fall 35, Rn 880).[49] Bei der Auslegung entscheidet der Erkenntnishorizont des Geschäftsgegners (Erklärungsempfängers), es kommen also nur die ihm bekannten Umstände in Betracht.[50] Ein Gutgläubiger darf deshalb auf den Wortlaut der Vollmachtsurkunde vertrauen (Rechtsgedanke der §§ 171, 172). Wissen jedoch alle Beteiligten, dass der Vollmachtgeber die Vollmacht wesentlich enger gemeint hat als der Wortlaut der Urkunde vermuten lässt, gilt der enge Umfang.[51] Denn das von den Parteien übereinstimmend Gemeinte geht jeder Auslegung vor (Rn 137).

887 *Mündlich festgelegter Umfang:* Auch wenn die Vollmacht mündlich erteilt wurde, kann der Vollmachtgeber den Umfang der Vollmacht näher bestimmt haben. Soweit die Formulierung noch rekonstruierbar ist, ist von ihr auszugehen. Es gelten dann die gleichen Grundsätze wie bei der Auslegung einer Vollmachtsurkunde.

888 *Kein ausdrücklich festgelegter Umfang:* Der Vollmachtgeber legt den Umfang der Vollmacht oft nicht fest. Dann kann aber das zugrunde liegende Rechtsgeschäft Auskunft geben (Rn 878). Denn in Abwandlung des alten Spruchs „Wem Gott ein Amt gibt, dem gibt er auch den nötigen Verstand" kann man sagen: Wem der Geschäftsherr eine Aufgabe überträgt, dem gibt er auch die nötige Vollmacht.[52]

---

46 Das gilt auch für die (in § 54 HGB geregelte) Handlungsvollmacht.
47 BGH NJW 1991, 3141.
48 BGH NJW 1988, 3012.
49 BGH NJW 2002, 3543. Siehe auch AG Mosbach NJW 2018, 2966 Rn 22.
50 BGH NJW 1991, 3141.
51 BGH NJW 1999, 486; NJW-RR 1988, 1320.
52 Für die Vertretungsmacht des Gesellschafters hat das BGB diesem Gedanken in § 714 Ausdruck gegeben.

Wenn nicht auf das auszuführende Rechtsgeschäft zurückgegriffen werden kann, ist davon auszugehen, dass die Vollmacht den *verkehrsüblichen* Umfang hat, also den Umfang, den andere Vollmachtgeber für vergleichbare Geschäfte festzulegen pflegen.[53] Das kann zu dem Ergebnis führen, dass die erteilte Vollmacht das konkrete Rechtsgeschäft nicht abdeckt. *Beispiel:* K, der eine nicht näher abgegrenzte Kontovollmacht für das Konto des X hatte, überzog das Konto. Üblicherweise umfasst eine Kontovollmacht nicht die Befugnis, das Konto zu überziehen. Die Frage, ob die Vollmacht des K ausreichte, war deshalb zu verneinen.[54]

3. Nachträgliche Änderungen

Einschränkungen der Vollmacht: Manchmal sind sich Vollmachtgeber und Bevollmächtigter nachträglich einig, dass der Umfang der Vollmacht enger gehandhabt werden soll, als die Vollmachtsurkunde ausweist. Dann ist der engere Umfang der Vollmacht für den Vertreter verbindlich.[55] *Beispiel:* M hatte Rechtsanwalt R eine umfassende Prozessvollmacht erteilt, die eigentlich auch den Abschluss eines Vergleichs einschloss. Später hatte er aber deutlich gemacht, dass er sich keinesfalls mit der Gegenseite vergleichen wollte. In diesem Fall hatte R für den Abschluss eines Vergleichs keine Vollmacht.[56]

889

Erweiterungen der Vollmacht: Der Vollmachtgeber kann den Umfang der Vollmacht auch nachträglich erweitern, insbesondere dadurch, dass er dem Bevollmächtigten einen Tätigkeitsbereich zuweist, der eine weitergehende Vollmacht erfordert.[57]

890

§ 36 Vorlage der Vollmachtsurkunde

▶ **Fall 36: Fehlgeschlagene Kündigung**   § 174

891

Klaus-Dieter Findeisen hatte zusammen mit zwei Partnern eine GmbH gegründet, wollte aber aus der Gesellschaft ausscheiden. Nach § 9 der GmbH-Satzung kann jeder Gesellschafter den Gesellschaftsvertrag unter Einhaltung einer Frist von sechs Monaten zum Jahresende kündigen. Rechtsanwalt Jakobs riet Findeisen, seinen Mitgesellschaftern die Kündigung erst am letzten Tag zugehen zu lassen, damit sie keine Gegenmaßnahmen mehr ergreifen konnten. Findeisen war damit einverstanden. Jakobs schrieb daraufhin am 29. Juni an die Mitgesellschafter, er kündige den Gesellschaftsvertrag im Namen seines Mandanten Findeisen zum 31. Dezember. Diesem Schreiben fügte er eine Fotokopie seiner Vollmachtsurkunde bei. Am 30. Juni wurde das Kündigungsschreiben den Mitgesellschaftern zugestellt. Zwei Tage später wiesen sie die Kündigung mit der Begründung zurück, Jakobs habe nicht

---

53 Davon geht auch § 54 HGB aus.
54 BGH NJW 1992, 378.
55 BGH NJW 2000, 3272.
56 BGH NJW-RR 1987, 307.
57 BGH NJW-RR 1998, 1343.

das Original seiner Vollmachtsurkunde beigelegt. Ist die Kündigung aus diesem Grunde unwirksam? (Nach BGH NJW 1994, 1472).

892 Die Mitgesellschafter stützen die Zurückweisung der Kündigung auf § 174:

„*Ein einseitiges Rechtsgeschäft ...*" Bekanntlich besteht eine Kündigung aus einer einzigen Willenserklärung und ist deshalb ein einseitiges Rechtsgeschäft (Rn 82 f).

„*... das ein Bevollmächtigter ...*" Findeisen hatte Jakobs eine Vollmacht erteilt, so dass dieser sein Bevollmächtigter war.

„*... einem anderen gegenüber vornimmt ...*" Die eine Willenserklärung, aus der das einseitige Rechtsgeschäft besteht, muss eine Willenserklärung nach § 130 Abs. 1 S. 1 sein. Es muss sich also um ein einseitiges Rechtsgeschäft mit *empfangsbedürftiger* Willenserklärung handeln. Die Kündigung ist ein solches Rechtsgeschäft (Rn 84).

„*... ist unwirksam, wenn der Bevollmächtigte eine Vollmachtsurkunde nicht vorlegt ...*" Jakobs hatte der Kündigung eine beglaubigte Kopie seiner Vollmachtsurkunde beigefügt. Unter einer „Vollmachtsurkunde" versteht § 174 aber nur das *Original*, nicht eine Kopie.

„*... und der andere das Rechtsgeschäft aus diesem Grunde unverzüglich zurückweist.*" Die Mitgesellschafter haben die Kündigung „aus diesem Grunde" zurückgewiesen, nämlich ausdrücklich wegen Nichtvorlage der Originalurkunde. „Unverzüglich" heißt bekanntlich „ohne schuldhaftes Zögern" (§ 121 Abs. 1). Da die Mitgesellschafter die Kündigung zwei Tage nach ihrem Zugang zurückgewiesen haben, haben sie diese Frist eingehalten.

Findeisen (vertreten durch Jakobs) hat den Gesellschaftsvertrag also nicht wirksam gekündigt. Das ist für Findeisen nachteilig, weil er nun ein ganzes Jahr warten muss, bevor er aus der GmbH ausscheiden kann.

Aus dem FD „Vertretung" ergibt sich die folgende Lösung: 1. Nein – 2. Nein – 3. Ja – 4. Ja – 5. Ja – 6. Nein – 13. Nein – 14. Ja (Spalte 11). ◀

Lerneinheit 36

893 **Literatur:** *Preis/Lukes*, Die Zurückweisung nach § 174 BGB, JA 2015, 900; *Raif*, Auf die Vollmacht kommt es an: Zurückweisung von Kündigungen nach § 174 BGB, ArbRAktuell 2013, 587; *Goldmann*, BGH beendet ein Ärgernis – Keine Zurückweisung einer Abmahnung ohne Vollmachtsnachweis analog § 174 Satz 1 BGB, GRUR-Prax 2010, 524; *Lux*, Ausschluss des Zurückweisungsrechts nach § 174 S. 2 BGB wegen Eintragung im Handelsregister? NZA-RR 2008, 393; *Busch*, Zurückweisung einer Abmahnung bei Nichtvorlage der Originalvollmacht nach § 174 S. 1 BGB? GRUR 2006, 477.

I. Problemstellung

894 Ein Vertreter *ohne* Vertretungsmacht kann kein einseitiges Rechtsgeschäft vornehmen (§ 180 S. 1). Ein Vertreter *mit* Vertretungsmacht kann dies sehr wohl. Der Empfänger eines solchen Rechtsgeschäfts weiß aber oft nicht, ob der eine oder der andere Fall vorliegt. Er hat deshalb ein berechtigtes Interesse daran zu erfahren, ob der Vertreter das einseitige Rechtsgeschäft (erfolgreich) mit oder (erfolglos) ohne Vertretungsmacht vorgenommen hat. Aus diesem Grund gibt das Gesetz dem Empfänger in § 174 S. 1 das Recht, ein einseitiges Rechtsgeschäft, dem der Bevollmächtigte seine Vollmachtsurkun-

de *nicht* im Original beigelegt hat, zurückzuweisen und dadurch die Frage der Wirksamkeit zu klären.

Missbrauch des § 174: In der Praxis weist der Empfänger das einseitige Rechtsgeschäft meist nicht deshalb zurück, weil er über die Vollmacht im Zweifel ist, sondern um sich gegen das für ihn nachteilige Rechtsgeschäft zu wehren (Fall 36, Rn 891). § 174 wird sogar offen als „Waffe" empfohlen.[58] Die Vorschrift wird durch diese Praxis missbraucht, so dass die Vorschrift zu Recht als „Falle" bezeichnet worden ist.[59]

Terminologisches: Das Gesetz spricht in § 174 S. 1 korrekt von einem „einseitigen Rechtsgeschäft". Nur *Rechtsgeschäfte* können einseitig oder mehrseitig sein (zu letzteren gehören bekanntlich alle Verträge). Eine *Willenserklärung* kann nicht „einseitig" sein, sondern nur empfangsbedürftig oder nicht. Leider liest man aber immer wieder – auch in der höchstrichterlichen Rechtsprechung – den falschen Ausdruck *„einseitige Willenserklärung".*[60]

II. Allgemeine Voraussetzungen des § 174

Bevollmächtigter: Das Rechtsgeschäft muss ein „Bevollmächtigter" vorgenommen haben. Das bedeutet zweierlei:

- § 174 bezieht sich nicht auf gesetzliche Vertreter, weil sie keine Vollmachtsurkunde besitzen können.[61] *Beispiel:* Die X-AG übersandte ihrem Mitarbeiter K eine fristlose Kündigung, die vom Vorstandsmitglied Dr. B unterzeichnet war. K konnte nicht beanstanden, dass B keine Vollmachtsurkunde beigefügt hatte. Denn B hat keine Vollmacht, sondern ist als Mitglied des Vorstands gesetzlicher Vertreter der AG.[62]
- Der Vertreter muss auch wirklich eine Vollmacht besessen haben, die das fragliche Rechtsgeschäft abdeckt. Fehlt es an einer (ausreichenden) Vollmacht, gilt für die Vornahme einseitiger Rechtsgeschäfte nicht § 174, sondern § 180 (Rn 1080).

Einseitiges Rechtsgeschäft mit empfangsbedürftiger Willenserklärung: Der Bevollmächtigte muss ein einseitiges Rechtsgeschäft vorgenommen haben, das aus einer empfangsbedürftigen Willenserklärung besteht (§ 130 Abs. 1; Rn 84). Denn es heißt ja: „... einem anderen gegenüber vornimmt". Einseitige Rechtsgeschäfte mit *nicht*empfangsbedürftiger Willenserklärung[63] kommen nicht in Betracht, weil sie keinen Adressaten haben, der über die Wirksamkeit der Stellvertretung im Unklaren sein könnte. Eine Ausweitung des § 174 auf geschäftsähnliche Erklärungen (Rn 57) wird vom BGH befürwortet.[64]

III. Voraussetzung der Wirksamkeit

1. Originalurkunde

Der sicherste Weg, das einseitige Rechtsgeschäft wirksam vorzunehmen, ist die Vorlage einer „Vollmachtsurkunde" durch den Bevollmächtigten. Mit dem Wort „Vollmachts-

---

58 Diller FA 1999, 106, Deggau JZ 1982, 796.
59 Häublein NJW 2002, 1398.
60 BGH NJW 2014, 1587 Rn 15; BAG NZA 2011, 683 Rn 23.
61 BGH NJW 2002, 1194. Eine Ausnahme nennt BGH NJW 2014, 1587 Rn 17.
62 BGH NJW 2003, 431.
63 *Beispiele:* Auslobung (§ 657), Gründung einer Einmann-GmbH; Rn 88.
64 NJW 2011, 2120 Rn 13.

urkunde" meint § 174 S. 1 das (oder ein) *Original* (Fall 36, Rn 891),[65] keine Kopie oder Faxkopie.[66] Diese Strenge ist auf den ersten Blick überraschend, denn eine Kopie muss ja mit dem Original übereinstimmen. Dass trotzdem das Original vorgelegt werden muss, hat folgenden Grund: Es könnte sein, dass der Vollmachtgeber dem Bevollmächtigten die Vollmacht inzwischen entzogen hat, was ja jederzeit möglich ist (§ 168 S. 2). Der Bevollmächtigte wäre dann zur Rückgabe des *Originals* verpflichtet (§ 175), dagegen könnte er alle beglaubigten Abschriften behalten. Deshalb hat der Adressat das Recht, die (oder eine) *Originalurkunde* vorgelegt zu bekommen.[67] Nur so kann er schon beim Zugang des (ihn meist benachteiligenden) einseitigen Rechtsgeschäfts erkennen, ob es wirksam ist oder nicht.

902 Wenn eine Originalurkunde vorgelegt wurde, kann der Empfänger das einseitige Rechtsgeschäft nicht zurückweisen. Vielmehr wird das einseitige Rechtsgeschäft mit dem Zugang der Willenserklärung wirksam (§ 130 Abs. 1 S. 1).

2. Alternativ: Information über die Bevollmächtigung

903 Auch wenn die Originalurkunde nicht vorgelegt wurde, kann das einseitige Rechtsgeschäft wirksam sein. Denn „die Zurückweisung ist ausgeschlossen", wenn der Vollmachtgeber (der Vertretene) den Empfänger „von der Bevollmächtigung in Kenntnis gesetzt hatte" (§ 174 S. 2). Dies Inkenntnissetzen kann auch dadurch erfolgt sein, dass der Vertreter dem Empfänger bei früherer Gelegenheit die Originalurkunde vorgelegt hatte.[68] Es reicht aber nicht aus, wenn der Empfänger nur von dritter Seite vom Vorliegen der Vollmacht gehört hatte.[69]

904 Die persönliche Information ist bei der Kündigung eines *Arbeitsverhältnisses* – insbesondere bei Großbetrieben – nicht immer möglich. Es reicht deshalb aus, wenn der kündigende Arbeitgeber den Unterzeichner des Kündigungsschreibens „in eine Stellung berufen hat, mit der üblicherweise ein Kündigungsrecht verbunden ist", insbesondere wenn er ihn zum Leiter der Personalabteilung ernannt hat.[70] Dann braucht dieser dem Kündigungsschreiben nicht das Original seiner Vollmachtsurkunde beizulegen. Wichtig ist aber, dass der Empfänger des Kündigungsschreibens bei dessen Zugang die besondere Stellung des Unterzeichners kannte.[71]

3. Alternativ: Keine unverzügliche Zurückweisung

905 Auch dann, wenn die Originalurkunde nicht vorgelegt wurde und der Empfänger nicht über die Vollmacht informiert worden war, kann das einseitige Rechtsgeschäft wirksam sein, nämlich wenn der Empfänger das Rechtsgeschäft *nicht* nach § 174 S. 1 unverzüglich wegen der fehlenden Vollmachtsurkunde zurückgewiesen hat.

---

65 BGH NJW 1994, 1472.
66 LAG Düsseldorf NZA 1995, 994; OLG Hamm NJW 1991, 1185.
67 Falsch OLG Frankfurt NJW-RR 1996, 10.
68 BAG NJW 2016, 345 Rn 27.
69 Palandt/Ellenberger § 174 Rn 7; BAG NZA 2007, 377; 2006, 977 (982).
70 BAG NJW 2014, 3595 Rn 20; ähnlich BAGE 137, 347.
71 BAG NJW 2014, 3594 Rn 26, 30.

IV. Unwirksamkeit des Rechtsgeschäfts

1. Voraussetzungen der Unwirksamkeit

Aus dem Vorstehenden ergibt sich, dass das einseitige Rechtsgeschäft unwirksam ist, wenn kumulativ drei Voraussetzungen gegeben sind: 906
- Die Vollmachtsurkunde wurde nicht im Original vorgelegt (§ 174 S. 1; Rn 901).
- Der Vertretene hat den Empfänger auch nicht über das Bestehen der Vollmacht informiert (Rn 903). 907
- Der Erklärungsempfänger hat das Rechtsgeschäft unverzüglich mit der Begründung zurückgewiesen, es fehle die Vollmachtsurkunde. Es reicht nicht aus, wenn der Empfänger das Rechtsgeschäft aus einem anderen Grund zurückweist[72] oder nur eine Vollmachtsurkunde *anfordert*.[73] Ein Großunternehmen (mit mehreren Entscheidungsebenen) kann das einseitige Rechtsgeschäft noch nach einer Bearbeitungszeit von zwei Tagen „unverzüglich" (§ 121 Abs. 1; Rn 515) zurückweisen,[74] während sieben Tage die Frist überschreiten,[75] erst recht zehn Tage.[76] 908

2. Rechtsfolgen der Unwirksamkeit

Wenn alle drei Voraussetzungen gegeben sind, „ist" das fragliche Rechtsgeschäft „unwirksam" (§ 174 S. 1). Es wird also nicht rückwirkend vernichtet (wie durch eine Anfechtung nach § 142), sondern ist von Anfang an nicht wirksam geworden. 909

Erneute Vornahme: Wenn das fragliche Rechtsgeschäft auch noch zu einem späteren Zeitpunkt vorgenommen werden kann (weil zB keine Frist endgültig abgelaufen ist), kann der Vertreter es nachholen, diesmal unter Vorlage der Originalurkunde. Auch der Vertretene selbst kann es (im eigenen Namen) vornehmen. Die neue Willenserklärung gilt aber nicht als zu dem Zeitpunkt zugegangen, zu dem die erste zuging (Fall 36, Rn 891). 910

§ 37 Erlöschen der Vollmacht

▶ **Fall 37: In letzter Minute**   §§ 168, 175   911

Ein in einem Geschäftshaus gelegenes Ladenlokal gehörte Richard Beck als Teileigentum. Er brauchte Geld und bat deshalb Ottomar Pilarski, mit dem er damals befreundet war, ihm den Laden für 610 000 Euro abzukaufen. Pilarski verstand nicht viel von Grundstücksgeschäften, wollte aber Becks Bitte erfüllen. Am 22. März schlossen deshalb Pilarski und Beck vor einem Notar einen Kaufvertrag über das Teileigentum. Zugleich erklärten sie die Auflassung. Pilarski bezahlte den Kaufpreis und wurde als neuer Eigentümer im Grundbuch eingetragen. Da er sich aber mit der Verwaltung und Nutzung des Teileigentums nicht belasten wollte, erteilte er Beck eine notariell beurkundete Vollmacht mit folgendem Wortlaut:

---

72 BAG NJW 2012, 1677, Rn 33 ff.
73 BGH NJW 2011, 2120 Rn 13.
74 LG Kleve NJW-RR 1995, 316.
75 BAG NZA 2012, 495.
76 BGH NJW 2001, 220.

„Hiermit bevollmächtige ich Herrn Richard Beck unwiderruflich ... zur Verwaltung, Veräußerung und Belastung meines Teileigentums an dem im Erdgeschoss des Grundstücks Richard-Wagner-Straße 21 gelegenen Laden ..."

Anfang Juli des folgenden Jahres erfuhr Pilarski, dass Beck das Teileigentum in Pilarskis Namen an Klaus Hinkel verkaufen wollte. Da Pilarski das nicht wünschte, suchte er Beck in dessen Wohnung auf, widerrief die Vollmacht und fordere ihn auf, die Vollmachtsurkunde sofort zurückzugeben. Beck verweigerte das, weil er für den Nachmittag des gleichen Tages mit Hinkel einen Termin beim Notar zur Beurkundung des Kaufvertrags vereinbart hatte. Muss Beck die Vollmachtsurkunde noch vorher an Pilarski zurückgeben? (Nach BGH NJW 1988, 2603)

912 Beck muss die Vollmachtsurkunde zurückgeben, wenn die Vollmacht erloschen ist (§ 175). Eine Vollmacht kann insbesondere durch Widerruf erlöschen. Verkürzt heißt es dazu in § 168 S. 2: „Die Vollmacht ist ... widerruflich", woraus zu entnehmen ist, dass Pilarski die Vollmacht im Prinzip widerrufen konnte. Der Widerruf einer Vollmacht hat sofortige Wirkung. Eine Frist, wie sie zB bei der ordentlichen Kündigung einzuhalten ist, gibt es beim Widerruf einer Vollmacht nicht. Von der freien Widerruflichkeit der Vollmacht macht § 168 S. 2 aber eine Einschränkung für den Fall, dass der Vollmacht ein „Rechtsverhältnis" zu Grunde liegt und sich „aus diesem ein anderes ergibt".

Zu fragen ist deshalb, ob der Vollmacht ein zwischen Pilarski und Beck bestehendes Rechtsverhältnis zu Grunde lag. Das ist zu verneinen. Pilarski und Beck hatten zwar einen Kaufvertrag über das Teileigentum geschlossen, hatten aber die daraus entstandenen beiderseitigen Pflichten (§ 433 Abs. 1, Abs. 2) voll erfüllt. Ein anderes Rechtsverhältnis bestand nicht zwischen ihnen. Der Sachverhalt nennt zwar Pilarskis Motiv für die Erteilung der Vollmacht: Er wollte auf Becks besondere Kenntnisse in Grundstücksgeschäften zurückgreifen und zugleich sich selbst geschäftlich entlasten. Aber beide hatten keine Vereinbarung geschlossen, die die beiderseitigen Rechte und Pflichten bei der Verwaltung und Verwertung des Teileigentums regelte. Es handelt sich deshalb um eine Vollmacht, der keine Kausalvereinbarung (Rechtsgrundabrede) zu Grunde lag, also um eine sogenannte *isolierte Vollmacht*. Die Widerruflichkeit einer isolierten Vollmacht wird von § 168 S. 2 nicht eingeschränkt. Daraus ist zu entnehmen, dass die Vollmacht jederzeit widerruflich war.

Dagegen könnte man nur einwenden, dass Pilarski Beck ausdrücklich „unwiderruflich" bevollmächtigt hatte. Aber auch daraus ergibt sich nichts anderes. Denn ob eine „unwiderrufliche" Vollmacht im Einzelfall wirklich nicht widerrufen werden kann, muss anhand des zugrunde liegenden Rechtsverhältnisses ermittelt werden (Rn 871). Diese Prüfung kann im Fall einer isolierten Vollmacht nicht stattfinden, so dass diese immer frei widerruflich ist.

Pilarski konnte die Vollmacht also mit sofortiger Wirkung widerrufen. Er hat den Widerruf an Beck gerichtet, was richtig war (§ 168 S. 3 verweist auf § 167 Abs. 1). Der Widerruf wurde wirksam, als er Beck unter Anwesenden zuging, also als Beck ihn am Vormittag des 16. Juli hörte (Rn 7). Deshalb hatte Beck von diesem Zeitpunkt an keine Vollmacht mehr. Es gibt keine Regel, nach der die Wirkung des Widerrufs erst um 24.00 Uhr des Tages wirksam wird, an dem der Widerruf dem Bevollmächtigten zugeht.[77] Beck muss die Vollmachtsurkunde sofort an Pilarski zurückgeben (§ 175). ◀

---

77 Es gilt also nicht etwa analog § 187 Abs. 1.

§ 37 Erlöschen der Vollmacht

Lerneinheit 37

Literatur: *Metzing*, Das Erlöschen von rechtsgeschäftlicher Vertretungsmacht und Rechtsscheinvollmacht, JA 2018, 413; *Barth*, Die Schwierigkeit der gutachtlichen Problemdarstellung am Beispiel der Anfechtung einer betätigten Innenvollmacht, JA 2016, 12; *Brandt/Hansen*, Verwalterhaftung: Folgen des Wegfalls der Vertretungsmacht und mögliche Auswege, WuM 2015, 62; *Schwarze*, Die Anfechtung der ausgeübten (Innen-)Vollmacht, JZ 2004, 588; *Lorenz*, Verkehrsschutz bei Vollmacht und Prozessvollmacht – BGH, NJW 2004, 59, JuS 2004, 468.

I. Überblick

Die Vollmacht kann auf verschiedene Weisen erlöschen (unten Rn 916 bis 920).

Aber der Tod des Vollmachtgebers hat keine Auswirkung auf die Vollmacht. Das bestimmt das BGB zwar nicht ausdrücklich, aber es ordnet in § 672 an, dass der „Auftrag" genannte Vertrag auch nach dem Tod des Auftraggebers fortbesteht. Wenn (wie oft) der Auftrag das zugrunde liegende Rechtsverhältnis ist und dieser im Todesfall fortbesteht, darf auch die zugeordnete Vollmacht nicht erlöschen. Gleiches gilt für die entgeltliche Geschäftsbesorgung (§ 675 Abs. 1 verweist auf § 672). Auch der Prokurist verliert seine Prokura nicht durch den Tod des Geschäftsinhabers (§ 52 Abs. 3 HGB). Der Bevollmächtigte vertritt nach dem Tod des Vollmachtgebers natürlich nicht mehr den Verstorbenen (der nicht mehr rechtsfähig ist), sondern dessen Erben. Diese sind ihrerseits jederzeit zum Widerruf der Vollmacht berechtigt.[78]

II. Erlöschenstatbestände

1. Ablauf der Zeit

Der Vollmachtgeber kann die Dauer der Vollmacht, also den Zeitpunkt ihres Erlöschens, schon bei der Erteilung der Vollmacht festlegen. *Beispiel:* „Diese Vollmacht erlischt am 7. Oktober 2016." Solche Fälle sind aber selten.

2. Widerruf

Rechtsnatur: Der Widerruf ist – wie sein Gegenstück, die Erteilung der Vollmacht – ein einseitiges Rechtsgeschäft mit empfangsbedürftiger Willenserklärung. Empfänger des Widerrufs kann der Bevollmächtigte sein oder der, dem gegenüber die Vertretung stattfinden sollte (§ 168 S. 3 verweist auf § 167 Abs. 1). Einen Widerruf durch öffentliche Bekanntmachung gibt es ebenso wenig wie es eine *Erteilung* der Vollmacht durch öffentliche Erklärung gibt (Rn 857). Der Widerruf wird bereits mit seinem Zugang wirksam (§ 130 Abs. 1 S. 1). Zugunsten eines Gutgläubigen wird aber uU der Fortbestand der Vollmacht fingiert (Rn 922 ff).

Widerruflichkeit der Vollmacht: Der Vollmachtgeber kann die Vollmacht grundsätzlich jederzeit nach Gutdünken widerrufen. Das ist auch nötig, weil *er* es ist, der durch die Rechtsgeschäfte verpflichtet wird (§ 164 Abs. 1 S. 1), nicht der Bevollmächtigte. Deshalb muss der Vollmachtgeber uneingeschränktes Vertrauen zum Bevollmächtigten haben. *Beispiel:* Ein Kaufmann kann seinem Prokuristen die Prokura entziehen, auch wenn dessen Arbeitsverhältnis fortbesteht. Eine *Untervollmacht* (Rn 863) kann neben

---

[78] Zu welchen dramatischen Entwicklungen es kommen kann, wenn ein Erblasser seine Lebensgefährtin mit einer postmortalen Bankvollmacht ausgestattet und eine andere Freundin als seine Alleinerbin eingesetzt hat, ist in der BGH-Entscheidung NJW 1995, 250 nachzulesen.

dem Vertretenen auch der Hauptbevollmächtigte widerrufen. Aber (selbstverständlich) kann nicht umgekehrt der Unterbevollmächtigte die Hauptvollmacht widerrufen.[79]

919 *Unwiderruflichkeit der Vollmacht:* Das Widerrufsrecht kann ausgeschlossen sein, wenn der Vollmachtgeber die Vollmacht für ein bestimmtes Rechtsgeschäft erteilt hat, das der Bevollmächtigte *im eigenen Interesse* ausführen will und soll. *Beispiel:* S schuldete dem G 8 000 Euro. Er bevollmächtigte ihn unwiderruflich, bei der Bank diesen Betrag vom Konto des S abzuheben. Diese Vollmacht ist unwiderruflich.

3. Beendigung aufgrund des Grundverhältnisses

920 Die Vollmacht erlischt ferner nach § 168 S. 1, wenn sich das aus dem „ihrer Erteilung zugrunde liegenden Rechtsverhältnisse" ergibt. Insbesondere erlischt die Vollmacht, wenn der Bevollmächtigte die ihm übertragene Aufgabe abgeschlossen hat. *Beispiel 1:* In Fall 34 (Rn 880) erlosch die Vollmacht zum Verkauf des Fahrrads mit Abschluss des Kaufvertrags. *Beispiel 2:* Prokurist P schied mit Vollendung seines 65. Lebensjahres aus dem Unternehmen aus. Seine Prokura erlosch, ohne dass sie widerrufen werden musste. *Beispiel 3:* Der Notar hatte im Namen des Grundstückserwerbers den Eintragungsantrag beim Grundbuchamt gestellt, so dass seine diesbezügliche Vollmacht erlosch.

III. Rechtsfolgen des Erlöschens der Vollmacht

921 Wenn die Vollmacht erloschen ist, kann der bisherige Bevollmächtigte den Vollmachtgeber im Prinzip nicht mehr wirksam vertreten, weil er keine Willenserklärungen mehr „innerhalb der ihm zustehenden Vertretungsmacht" (§ 164 Abs. 1 S. 1) abgeben kann. Es ist aber zu prüfen, ob nicht im Einzelfall zugunsten Unwissender der Fortbestand der Vollmacht vom Gesetz fingiert wird. Diese Frage ist in den §§ 170 bis 173 geregelt und wird ab Rn 922 behandelt.

Nach dem Erlöschen der Vollmacht muss der ehemals Bevollmächtigte eine ihm erteilte Urkunde zurückgeben (§ 175). Alternativ kann der Vollmachtgeber die Urkunde auch öffentlich für kraftlos erklären (§ 176).

§ 38 Fiktion des Fortbestehens der Vollmacht

922 ▶ **Fall 38: Xantners unbekannter Anwalt** §§ 170, 173

Willi Dietrich hatte Matthias Xantner seit 2007 ein möbliertes Appartement vermietet. Mit einem Schreiben, dass Xantner am 6. Januar 2012 zuging, kündigte Dietrich das Mietverhältnis zum 31. Januar 2012. Xantner war zu Recht der Meinung, dass die Kündigungsfrist nicht eingehalten sei. Am Schluss seines an Dietrich gerichteten Schreibens heißt es: „Sollten Sie auf Ihrem abwegigen Rechtsstandpunkt beharren, wenden Sie sich bitte direkt an meinen Rechtsberater, Herrn Rechtsanwalt Dr. Vollhard, Bahnhofstrasse 38. Mit der Ihnen gebührenden Hochachtung ..."

Als Xantner an seinen Vermieter Dietrich schrieb, kannte er Dr. Vollhard nicht. Er hatte sich dessen Anschrift lediglich aus dem Internet herausgesucht. Schon bei der ersten Bespre-

---

79 BGH NJW 2017, 3373 Rn 16.

§ 38 Fiktion des Fortbestehens der Vollmacht

chung Mitte Januar war Xantner von Dr. Vollhard enttäuscht. Er sagte deshalb zu ihm: „Sie haben ja keine Ahnung, ich entziehe Ihnen meine Vertretung" und ging.
Zwei Wochen später, am 29. Januar ging bei Dr. Vollhard ein Schreiben ein, in dem Dietrich den Mietvertrag mit Herrn Xantner nunmehr korrekt kündigte. Das Büro von Dr. Vollhard leitete das Schreiben nicht an Xantner weiter, weil Xantner kein Mandant mehr war. Xantner berief sich später gegenüber Dietrich darauf, das zweite Kündigungsschreiben sei ihm nicht zugegangen. Als Dietrich darauf hinwies, er habe es Dr. Vollhard als Xantners bevollmächtigtem Vertreter übersandt, erwiderte Xantner: „Der Vollhard hatte Ende Januar keine Vollmacht mehr von mir, denn ich hatte ihm das Mandat schon zwei Wochen vorher entzogen". Dietrich war das nicht bekannt. Kann sich Xantner darauf berufen, dass Dr. Vollhard nicht mehr von ihm bevollmächtigt war, das Kündigungsschreiben in Empfang zu nehmen?

Ein Kündigungsschreiben muss an den Vertragspartner adressiert und ihm zugegangen sein (§ 130 Abs. 1 S. 1). Da Dietrichs zweites Kündigungsschreiben nicht an Xantner, sondern an Dr. Vollhard adressiert war, kann es Xantner gegenüber nur wirksam geworden sein, wenn Dr. Vollhard eine Vollmacht zur passiven Vertretung hatte (§ 164 Abs. 3), eine sogenannte Empfangsvollmacht. 923

Nach § 167 Abs. 1 gibt es bekanntlich für die Adressierung einer Bevollmächtigung zwei Möglichkeiten, eine häufige und eine seltene (Rn 855 f). Der vorliegende Fall ist ein Beispiel für die seltene Art der Adressierung. Denn Xantner hatte Vollhard nicht durch eine diesem gegenüber abgegebene Erklärung bevollmächtigt, sondern durch eine Erklärung gegenüber Dietrich. Damit sind die Worte gegeben: „.... durch Erklärung gegenüber ... dem Dritten, dem gegenüber die Vertretung stattfinden soll". Dr. Vollhard war also von dem Augenblick an bevollmächtigt, in dem Xantners Schreiben Dietrich zuging (§ 130). Dass Dr. Vollhard von seiner Vollmacht erst später erfahren hat, ist ohne Bedeutung. Die Vollmacht umfasste nicht nur die Abgabe, sondern auch den Empfang von Willenserklärungen (§ 164 Abs. 3).

Zu prüfen ist aber, ob Dr. Vollhard bei Eingang des zweiten Kündigungsschreibens noch eine Empfangsvollmacht besaß. Mit den Worten „... ich entziehe Ihnen meine Vertretung" hatte Xantner Herrn Dr. Vollhard die Vollmacht mit sofortiger Wirkung entzogen. So gesehen, besaß Vollhard also keine Empfangsvollmacht mehr, als das Kündigungsschreiben bei ihm einging. Das Schreiben wäre deshalb Herrn Xantner nicht zugegangen.

Es wäre aber sehr ungerecht gegenüber Dietrich, wenn sich Xantner auf das Erlöschen der Vollmacht berufen könnte. Immerhin hatte er ja erklärt, dass sich Dietrich in dieser Mietsache an Dr. Vollhard wenden solle. Deshalb muss Dietrich auf diese Worte vertrauen dürfen. Das Gesetz schützt in den §§ 170 bis 173 dieses Vertrauen durch den Grundsatz, dass sich jeder, der auf besondere Weise von der Erteilung einer Vollmacht erfahren hat, auf den Fortbestand der Vollmacht verlassen darf, bis er von ihrem Erlöschen erfährt.

Da Xantner die Vollmacht gegenüber Dietrich erklärt hatte, ist § 170 einschlägig (Rn 929). Dr. Vollhards Vollmacht blieb also Dietrich gegenüber (nicht gegenüber anderen!) „in Kraft", bis Xantner Dietrich ihr Erlöschen anzeigte (§ 170). Eine solche Mitteilung hat Dietrich inzwischen bekommen. Aber im fraglichen Zeitpunkt – beim Zugang des korrekten Kündigungsschreibens bei Vollhard – hatte Xantner Dietrich das Erlöschen noch nicht angezeigt. Zu prüfen wäre noch, ob Dietrich „bei der Vornahme des Rechtsgeschäfts", also bei seiner Kündigung, das Erlöschen der Vollmacht kannte oder kennen musste (§ 173). Das ist aber dem Sachverhalt nicht zu entnehmen.

Zugunsten des gutgläubigen Dietrich wird also der Fortbestand der eigentlich erloschenen Vollmacht fingiert. Für ihn wird es so angesehen, als sei Dr. Vollhard bei Eingang der korrekten Kündigung am 29. Januar noch von Xantner bevollmächtigt gewesen (§§ 170, 173). Damit ist Dietrichs Kündigungsschreiben Xantner – vertreten durch Dr. Vollhard – an diesem Tage wirksam zugegangen (§§ 164 Abs. 3, 130 Abs. 1 S. 1).

In dem FD „Vertrauen auf den Fortbestand der Vollmacht" wird Xantner als X bezeichnet, Dr. Vollhard als V und Dietrich als D. Die Lösung ergibt sich so: 1. Ja – 2. Ja – 3. Nein – 4. Nein – 5. Nein (Spalte 4). ◄

Lerneinheit 38

924 Literatur: *Metzing*, Das Erlöschen von rechtsgeschäftlicher Vertretungsmacht und Rechtsscheinvollmacht, JA 2018, 413; *Stöhr*, Rechtsscheinhaftung nach § 172 I BGB, JuS 2009, 106; *Oechsler*, Die Bedeutung des § 172 I BGB beim Handeln unter fremdem Namen im Internet, AcP 208 (2008), 565; *Bous*, Fortbestand und Rechtsschein der Untervollmacht trotz Wegfalls der Hauptvollmacht, RNotZ 2004, 483; *Arnold/Gehrenbeck*, Kein Rechtsschein nichtiger Treuhändervollmachten, VuR 2004, 41; *Nittel*, Geschäftsbesorgervollmachten im Zusammenhang mit Immobilienerwerb, VuR 2003, 87; *Paulus/Henkel*, Rechtsschein der Prozessvollmacht, NJW 2003, 1692; *Brenner*, Die Rechtsscheinhaftung des Vertretenen bei Aushändigung und Vorlage der Vollmacht i. Satz von § 172 I BGB, BWNotZ 2001, 186; *Hoffmann*, Rechtsscheinhaftung beim Widerruf notarieller Vollmachten, NJW 2001, 421.

I. Allgemeines

1. Funktion der §§ 170 bis 173

925 Die §§ 170 bis 173 regeln die Frage, wer erfolgreich auf den Fortbestand einer bereits erloschenen Vollmacht vertrauen kann. Die Konstellation ist immer die gleiche: X hatte V eine Vollmacht erteilt. Diese war bereits erloschen (§ 168), als V gegenüber D als Vertreter des X hätte auftreten sollen. D ist daran interessiert, dass V den X trotzdem wirksam vertreten hat. Er beruft sich deshalb darauf, dass das Gesetz zu seinen Gunsten die Vollmacht als fortgeltend fingiere.

Für eine andere Interessenlage sind die Vorschriften nicht geeignet.[80]

2. Ausschluss bei Bösgläubigkeit

926 Der wichtigste Grundsatz steht im letzten der genannten vier Paragrafen: Nach § 173 wird der Fortbestand der Vollmacht für denjenigen *nicht* fingiert, der bösgläubig war, als er das fragliche Rechtsgeschäft abschloss. Bösgläubig ist, wer „das Erlöschen der Vertretungsmacht bei Vornahme des Rechtsgeschäfts kennt oder kennen muss".

927 ■ „Kennt" bezeichnet das positive Wissen vom Erlöschen der Vollmacht.

928 ■ Die Wörter „kennen muss" nehmen Bezug auf die Definition in § 122 Abs. 2. Bösgläubig ist danach auch, wer das Erlöschen „infolge von Fahrlässigkeit" nicht kannte, wem also aus seinem Nichtwissen der Vorwurf der Fahrlässigkeit (§ 276 Abs. 2) zu machen ist. Soweit der Geschäftsgegner zwar die Umstände kannte, die

---

[80] Anders BAG NJW 1999, 444 (445). Außerdem hält das BAG (unter II 1 a) wahlweise § 170 oder § 171 Abs. 2 für anwendbar, was es nicht geben kann.

die Vertretungsmacht verhindert haben, daraus aber ohne Fahrlässigkeit nicht den richtigen Schluss gezogen hat, ist er gutgläubig.[81]

II. Der gute Glaube nach § 170

§ 170 beginnt mit den Worten: „Wird die Vollmacht durch Erklärung gegenüber einem Dritten erteilt ...". Damit nimmt § 170 Bezug auf § 167 Abs. 1 Var. 2, also auf die seltene der beiden Möglichkeiten der Bevollmächtigung (Außen-Bevollmächtigung, Rn 856; FD „Vertrauen auf den Fortbestand der Vollmacht", Frage 1, Ja). Solche Fälle der Bevollmächtigung spielen in der Praxis kaum eine Rolle. Trotzdem wurde § 170 in Fall 38 (Rn 922) ausführlich vorgestellt. Das sind zwei Gründe, ihn hier nicht weiter auszubreiten. Es ist aber hilfreich, sich die Fragen 1 bis 5 des FDs „Vertrauen auf den Fortbestand der Vollmacht" anzusehen. 929

III. Der gute Glaube nach § 171

1. Voraussetzungen

Kundgabe, dass eine Bevollmächtigung erfolgt ist: Nach § 171 Abs. 1 muss der Vollmachtgeber kundgegeben haben, „dass er einen anderen bevollmächtigt habe". Diese Kundgabe kann auf zwei Weisen erfolgen: 930

- *Besondere Mitteilung:* Der Vollmachtgeber kann „durch besondere Mitteilung an einen Dritten" diesen in Kenntnis gesetzt haben (FD „Vertrauen auf den Fortbestand der Vollmacht", Frage 6, Ja). Zu beachten ist, dass es sich bei dieser Mitteilung *nicht um die Erteilung* der Vollmacht handelt, sondern nur um eine Benachrichtigung von diesem Ereignis. Genau genommen setzt § 171 nicht einmal voraus, dass tatsächlich eine Bevollmächtigung erfolgt ist. Es reicht, dass X dem D (zu Unrecht) mitteilt, er habe V Vollmacht erteilt. Der Vollmachtgeber muss die bestimmte Person, die sich später auf ihren guten Glauben beruft, gezielt angesprochen oder angeschrieben haben. Wer nur vom Hörensagen von einer Bevollmächtigung erfahren hat, hat keine „Mitteilung" bekommen. 931

- *Öffentliche Bekanntmachung:* Als Alternative zur „besonderen Mitteilung" kann der Vollmachtgeber auch „... durch öffentliche Bekanntmachung kundgegeben" haben, „dass er einen anderen bevollmächtigt habe ..." (§ 171 Abs. 1 Var. 2; FD „Vertrauen auf den Fortbestand der Vollmacht", Frage 9, Ja). Die öffentliche Bekanntmachung ist nicht etwa die Bevollmächtigung, sondern nur deren *Bekanntgabe* (wird oft verwechselt). Die Bekanntmachung kann zB durch eine Zeitungsanzeige oder durch einen Aushang erfolgen. *Beispiel:* Der Deutschlanddirektor eines Paketdienstes gab durch Aushang bekannt, dass der Leiterin der Personalabteilung Vollmacht erteilt wurde.[82] 932

Kein Widerruf der Kundgebung: Die Rechtsfolge, dass der Genannte „im ersteren Falle dem Dritten gegenüber, im letzteren Falle jedem Dritten gegenüber zur Vertretung befugt" ist, scheint schon allein durch eine der beiden Arten der Kundgabe einzutreten (§ 171 Abs. 1). Aber für eine wirksame Vertretung müssen noch zwei weitere Bedingungen erfüllt sein, eine zeitliche und eine persönliche. Zunächst zur zeitlichen: Die Vollmacht bleibt nur „bestehen, bis die Kundgebung ... widerrufen wird" (§ 171 933

---

81 BGHZ 167, 223 (233); BGH NJW 2008, 1585 Rn 30.
82 BAG NJW 1999, 444 (445).

Abs. 2).[83] Zu den Voraussetzungen des guten Glaubens gehört also, dass der fragliche Zeitpunkt vor dem Widerruf liegt.

934 *Keine anderweitige Kenntnis:* Die letzte Voraussetzung einer wirksamen Vertretung nach § 171 muss in der Person des Dritten gegeben sein. Der Dritte muss sagen können: „Ich habe im entscheidenden Zeitpunkt das Erlöschen der Vertretungsmacht nicht gekannt, und meine Unkenntnis beruhte auch nicht auf Fahrlässigkeit" (§ 173; Rn 926 f; FD „Vertrauen auf den Fortbestand der Vollmacht", Frage 8 oder 11).

2. Rechtsfolge

935 Wenn die unter a) bis c) genannten Voraussetzungen vorliegen, wird die erloschene Vollmacht zugunsten des Dritten als fortbestehend fingiert (§ 171 Abs. 2). Der Dritte ist deshalb in seinem Vertrauen auf die Gültigkeit der Vollmacht geschützt.[84]

936-942 (nicht belegt)

IV. Der gute Glaube nach § 172

1. Voraussetzungen

943 *Aushändigung einer Vollmachtsurkunde:* § 172 verlangt, dass der Vollmachtgeber dem Vertreter eine Vollmachtsurkunde ausgehändigt und ihn dadurch besonders legitimiert hat (FD „Vertrauen auf den Fortbestand der Vollmacht", Frage 12).

944 § 172 schützt eigentlich nur das Vertrauen auf den Fortbestand einer Vollmachtsurkunde, die einmal *wirksam* erteilt wurde. Nach hM erfasst § 172 aber auch Fälle einer unerkannt *von Anfang an* nichtigen Vollmachtsurkunde.[85]

945 *Vorlage der Original-Urkunde:* Der Vertreter muss die Urkunde dem Verhandlungspartner im *Original* vorgelegt haben.[86] Eine Kopie oder Abschrift reicht nicht aus.[87] Der Grund ist derselbe wie in § 174 (Rn 901).

§ 172 unterscheidet zwischen dem Aushändigen und dem Vorlegen: Dem *Vertreter* wird die Urkunde ausgehändigt, dem *Geschäftspartner* nur (zum Ansehen) vorgelegt.[88] Dass dieser sie sich wirklich näher ansieht, ist nicht erforderlich.[89] Die Urkunde muss spätestens bei Abschluss des Vertrags vorgelegt werden.[90] Das ergibt sich daraus, dass § 172 Abs. 1 die Vorlage der Urkunde der besonderen Mitteilung nach § 171 Abs. 1 Var. 1 gleichstellt und auch diese dem Geschäftsgegner schon vor Abschluss des Geschäfts zugegangen sein muss.[91]

---

83 Der Widerruf hat „in derselben Weise" zu erfolgen wie die Kundgebung (§ 171 Abs. 2). Wenn also der Dritte von der Erteilung der Vollmacht durch eine persönliche Mitteilung erfahren hat, muss der Vollmachtgeber gegenüber ihm persönlich die Kundgabe widerrufen. Und eine Kundgabe durch „öffentliche Bekanntmachung" muss auch auf diese Weise widerrufen werden.
84 BGH NJW 2000, 2268 und 2270.
85 So der BGH in st. Rspr: BGHZ 171, 1 Rn 11; 167, 223 (232 f); NJW 2008, 1585 Rn 27 ff; 2007, 3127 Rn 15; 2006, 2118 Rn 25.
86 BGH NJW 2008, 845 Rn 16.
87 BGHZ 159, 294 (302).
88 LG Düsseldorf NJW 2003, 1330.
89 BGHZ 76, 76 (78); BGH NJW 2006, 1957 Rn 30.
90 BGHZ 174, 334; 161, 15 (29); BGH NJW 2008, 3355 Rn 18; 2008, 3357 Rn 21; Stöhr JuS 2009, 106.
91 MüKo/Schramm § 171 Rn 12; Bamberger/Roth/Valentin § 171 Rn 7.

Wenn die Vollmacht notariell beurkundet wurde, muss eine (vom Notar hergestellte) Ausfertigung der Urkunde vorgelegt werden.[92] Hat der Vertreter nur eine Kopie vorgelegt, können aber uU die Voraussetzungen der Duldungsvollmacht (Rn 1015 ff) oder der Anscheinsvollmacht (Rn 1029 ff) gegeben sein.[93]

Keine Rückgabe, keine Kraftloserklärung: Wenn der Vertreter die Urkunde einmal vorgelegt hat, besteht der Vertrauenstatbestand auch für spätere Erklärungen fort, aber nur bis zu dem Zeitpunkt, zu dem der Vertreter die Urkunde zurückgibt (§ 175) oder sie nach § 176 für kraftlos erklärt wird (§ 172 Abs. 2). 946

Keine anderweitige Kenntnis: Der Dritte darf nicht auf andere Weise erfahren haben, dass die Vollmacht erloschen ist. Eine fahrlässige Unkenntnis steht der Kenntnis gleich (§ 173; Rn 928; FD „Vertrauen auf den Fortbestand der Vollmacht", Frage 14). 947

2. Rechtsfolge

Wenn die unter Rn 943 bis 947 genannten Voraussetzungen vorliegen, ist der Partner in seinem Vertrauen auf die Gültigkeit der Vollmacht geschützt (§ 172 Abs. 2).[94] 948

§ 39 Gesamtvertretungsmacht

▶ **Fall 39: Rückzahlung 115 191,10 Euro** 949

Die H-GmbH betrieb in Schleswig eine Fischkonservenfabrik. Ihre Gesellschafter und Geschäftsführer waren Hauke Hinrichsen und Jörn Rasmussen. Die Satzung der GmbH bestimmte, dass die GmbH von zwei Geschäftsführern vertreten wurde. Rasmussen hatte der GmbH aus seinem eigenen Vermögen ein Darlehen von 100 000 Euro gewährt. Da die GmbH Verluste machte, hatte Rasmussen Sorge, sie könne das Darlehen schon bald nicht mehr zurückzahlen. Ohne Hinrichsen zu informieren, wies er die Volksbank an, 100 000 Euro vom Geschäftskonto der GmbH auf sein Privatkonto bei der Nordischen Kreditbank zu überweisen. Der Überweisungsauftrag trägt den Stempel der GmbH und ist allein von Rasmussen unterschrieben. Die Volksbank hat die Überweisung ausgeführt. Später widersprach ihr Hinrichsen. Ein Jahr später wurde über das Vermögen der GmbH das Insolvenzverfahren eröffnet. Der Insolvenzverwalter ist der Meinung, die Überweisung sei unwirksam. (Nach BGH NJW 2001, 3183)

Die Unwirksamkeit der Überweisung könnte sich daraus ergeben, dass sie allein von Rasmussen unterschrieben wurde. Der gesetzliche Vertreter einer GmbH ist ihr Geschäftsführer (§ 35 Abs. 1 S. 1 GmbHG). Wenn eine GmbH mehr als einen Geschäftsführer hat, stellt sich die Frage, ob die Geschäftsführer einzeln zur Vertretung der Gesellschaft berechtigt sind *(Einzelvertretung)* oder nur gemeinsam *(Gesamtvertretung)*. Das Gesetz lässt beide Lösungen zu (§ 35 Abs. 2 S. 1 GmbHG). Im vorliegenden Fall ordnete die Satzung Gesamtvertretung an. 950

Der fragliche Überweisungsauftrag war ein an die Volksbank gerichteter Antrag auf Abschluss eines *Einzelzahlungsvertrags* (§ 675f Abs. 1). Diesen Antrag hat Rasmussen erkenn-

---

92 BGH NJW 2002, 2325.
93 BGH NJW 2002, 2325.
94 BGH NJW 2000, 2268 und 2270.

bar im Namen der GmbH abgegeben (§ 164 Abs. 1 S. 1, S. 2), denn er belastete das Konto der GmbH (nicht sein eigenes) und hat seiner Unterschrift den Stempel der GmbH beigefügt.

Fraglich ist nur, ob Rasmussen auch „innerhalb der ihm zustehenden Vertretungsmacht" gehandelt hat (§ 164 Abs. 1 S. 1). Wenn eine Willenserklärung nur von *einem* gesamtvertretungsberechtigten Geschäftsführer abgegeben wird, liegt im Prinzip *keine* wirksame Vertretung vor. Aber nur im Prinzip, denn Gesetz und Rechtsprechung lassen auch andere Lösungen zu (Rn 958 ff). So kann der andere Gesamtvertreter dem konkreten Geschäft vorher zustimmen. Aber Hinrichsen hatte Rasmussen zu dieser Überweisung keine vorherige Zustimmung erteilt. Hinrichsen konnte Rasmussen auch nicht zum Abschluss von entsprechenden Überweisungsverträgen *generell* ermächtigt haben. Denn eine solche Ermächtigung darf sich nur auf Routineangelegenheiten beziehen, sie darf nicht dazu führen, dass die Gesamtvertretung praktisch zur Einzelvertretung wird (Rn 958, 3. Spiegelstrich).[95] Eine Überweisung von 100 000 Euro gehört aber nicht zu den Routinegeschäften.

Daraus ergibt sich, dass Rasmussen bei Abschluss des Überweisungsvertrags nicht „innerhalb der ihm zustehenden Vertretungsmacht" (§ 164 Abs. 1 S. 1) gehandelt, die GmbH also nicht wirksam vertreten hat. Rasmussen war deshalb *Vertreter ohne Vertretungsmacht* (§ 177). Der Vertrag hätte noch wirksam werden können, wenn Hinrichsen dem Antrag nachträglich zugestimmt hätte (Genehmigung nach § 184 Abs. 1; Rn 959). Aber auch das war nicht der Fall (§ 177 Abs. 1). Hinrichsen hat der Überweisung sogar ausdrücklich widersprochen. Damit wurde der von Rasmussen im Namen der GmbH erklärte Antrag auf Abschluss eines Einzelzahlungsvertrags (§ 675f Abs. 1) endgültig unwirksam. Da es keinen Antrag gab, konnte die Volksbank ihn auch nicht annehmen und hat die Überweisung auf eigenes Risiko durchgeführt. Sie muss deshalb die Belastung des GmbH-Kontos rückgängig machen.

Lerneinheit 39

951 **Literatur:** *Köhl*, Der Prokurist in der unechten Gesamtvertretung, NZG 2005, 197; *von Hein*, Der Abschluss eines Scheingeschäfts durch einen Gesamtvertreter: Zurechnungsprobleme zwischen Corporate Governance und allgemeiner Rechtsgeschäftslehre, ZIP 2005, 191; *Fleischer*, Zum Grundsatz der Gesamtverantwortung im Aktienrecht, NZG 2003, 449; *Schwarz*, Die Gesamtvertreterermächtigung – Ein zivil- und gesellschaftsrechtliches Rechtsinstitut, NZG 2001, 529; *Sandmann*, Zur haftungsrechtlichen Verantwortlichkeit des Prokuristen bei gemischter Gesamtvertretung, NZA 1999, 457; *Reichel*, Gestaltungsmöglichkeiten der Gesamtvertretung bei der GmbH, MDR 1996, 759; *Beuthien/Müller*, Gemischte Gesamtvertretung und unechte Gesamtprokura, DB 1995, 461.

I. Einführung

952 *Gesamtvertretungsmacht* ist eine Vertretungsmacht, die zwei oder mehr Personen in der Weise gemeinsam besitzen, dass sie nur zusammen zur Vertretung berechtigt sind.

953 *Einzelvertretungsmacht:* Das Gegenteil der Gesamtvertretungsmacht ist die Einzelvertretungsmacht. Manche sagen statt Einzelvertretungsmacht „Alleinvertretungsmacht" und entsprechend statt einzelvertretungsberechtigt „alleinvertretungsberechtigt".[96] Das führt aber leicht zu Missverständnissen. Denn die Aussage: „X ist alleinvertretungsbe-

---

95 BGH NJW 1988, 1199.
96 ZB BGH NJW 2001, 3183.

rechtigter Gesellschafter der Y-OHG" kann so verstanden werden, als sei X der einzige, der diese vertreten dürfe. Das soll es aber gar nicht heißen. Normalerweise kann eine Offene Handelsgesellschaft durch ihre Gesellschafter jeweils einzeln vertreten werden. Deshalb sagt man besser: „X ist *einzel*vertretungsberechtigter Gesellschafter der Y-OHG".

Zweck: Durch die Anordnung einer Gesamtvertretung kann sich der Vollmachtgeber davor schützen, dass in seinem Namen leichtfertig Willenserklärungen abgegeben werden. Denn zwei Vertreter zusammen werden seltener etwas Unüberlegtes oder Nachteiliges erklären als einer allein.[97]

II. Fälle der Gesamtvertretungsmacht

Die Gesamtvertretungsmacht kommt sehr häufig vor, und zwar sowohl im Bereich der gesetzlichen Vertretungsmacht als auch bei Vollmachten.

Gesetzliche Gesamtvertretungsmacht: Die Eltern sind nur zusammen vertretungsberechtigt, nicht einzeln (§ 1629 Abs. 1 S. 2). Vorstandsmitglieder einer AG sind „nur gemeinschaftlich zur Vertretung der Gesellschaft befugt" (§ 78 Abs. 2 S. 1 AktG), soweit die Satzung nichts anderes bestimmt. Gleiches gilt für die GmbH-Geschäftsführer (§ 35 Abs. 2 S. 2 GmbHG). Auch die Gesellschafter einer Gesellschaft bürgerlichen Rechts sind nur gesamtvertretungsberechtigt (§§ 714, 709). Dagegen herrscht in der OHG und der KG das Prinzip der Einzelvertretung, soweit der Gesellschaftsvertrag nichts anderes bestimmt (§ 125 Abs. 1 HGB).

Gesamtvollmachten: Die Prokura wird häufig in der Form der Gesamtprokura (§ 48 Abs. 2 HGB) an zwei Leitende Mitarbeiter erteilt (Gesamtprokuristen). Auch andere Vollmachten (Handlungsvollmachten) werden in der Wirtschaft fast ausschließlich in der Weise erteilt, dass die Gegenzeichnung durch einen anderen Handlungsbevollmächtigten erforderlich ist (sogenanntes Vier-Augen-Prinzip). Deshalb werden geschäftliche Schreiben fast immer von zwei Personen unterschrieben. Da derjenige, der den Brief geschrieben oder diktiert hat, rechts unterzeichnet, bezeichnet er sich in dem Schreiben meist (sprachlich unschön) als den „Rechtsunterzeichneten".

III. Aktive Vertretung

1. Von Anfang an wirksame Vertretung

Für die wirksame Abgabe einer Willenserklärung durch Gesamtvertreter (aktive Vertretung) gibt es mehrere Möglichkeiten:

- *Gleichzeitigkeit:* Die Gesamtvertreter können die fragliche Erklärung gleichzeitig abgeben (gewissermaßen im Chor aufsagen) oder ihre Unterschriften gleichzeitig leisten.
- *Einwilligung:* Ein Gesamtvertreter kann dem anderen zu einem bestimmten *Einzelgeschäft* vorher seine Zustimmung erteilen (Einwilligung), so dass dieser die Erklärung dann allein abgeben kann.
- *Ermächtigung:* Gesamtvertreter können sich ferner zu einer bestimmten Art von Geschäften vorher *generell* die erforderliche Zustimmung erteilen („Ermächti-

---

[97] Nur die Gesamtvertretungsmacht der Eltern hat andere Gründe, denn sie ergibt sich aus den Grundrechten, insbesondere aus der Gleichberechtigung der Geschlechter (Art 3 Abs. 2) und aus Art 6 Abs. 2 S. 1 GG.

gung"), auch konkludent. Dann kann der Ermächtigte für den Kreis dieser Rechtsgeschäfte den Vertretenen allein vertreten. Die Zulässigkeit dieses Verfahrens wird vom Gesetz nur für die Personengesellschaften und für den Vorstand der AG ausdrücklich ausgesprochen.[98] Es handelt sich jedoch nicht um Ausnahmen, sondern um Ausprägungen einer Regel. Die Ermächtigung darf aber nicht auf *ungewöhnliche* Geschäfte bezogen werden, weil dadurch aus der Gesamtvertretung praktisch eine Einzelvertretung würde.[99]

Wenn keine der genannten Voraussetzungen vorliegt, schließt der allein handelnde Gesamtvertreter den Vertrag als Vertreter ohne Vertretungsmacht, so dass der Vertrag schwebend unwirksam ist (§ 177 Abs. 1).[100]

2. Genehmigung

959 Wenn ein Gesamtvertretungsberechtigter die fragliche Willenserklärung allein abgegeben hat und keine der vorstehend aufgeführten Voraussetzungen gegeben ist, kann die Vertretung wirksam werden, indem der andere Gesamtvertreter sie nach § 184 Abs. 1 genehmigt.[101] Die Genehmigung kann wahlweise dem anderen Gesamtvertreter oder dem Geschäftspartner gegenüber erklärt werden (§ 182 Abs. 1).

3. Verweigerung der Genehmigung

960 Verweigert der andere Gesamtvertreter die Genehmigung, ist zu unterscheiden:

- Wenn es sich um eine *gesetzliche* Gesamtvertretungsmacht handelt (zB um die Vertretungsmacht der GmbH-Geschäftsführer), ist damit der Vertrag endgültig unwirksam.

961 - Wenn es sich um eine Gesamt*vollmacht* handelt (zB Gesamtprokura) und der Vertretene eine natürliche Person ist, kann der *Vertretene* das Rechtsgeschäft genehmigen. *Beispiel:* Einzelkaufmann E hat S und T zu Gesamtprokuristen ernannt. T will den allein von S abgeschlossenen Vertrag nicht genehmigen. Dann kann das aber E tun, denn er ist ja der Herr des Geschäfts (§ 177 Abs. 1).

IV. Passive Vertretung

962 Zur *Entgegennahme* von Willenserklärungen (§ 164 Abs. 3, passive Vertretung) ist jeder Gesamtvertreter einzeln berechtigt. Das hat das Gesetz in vielen Einzelbestimmungen festgelegt. So genügt nach § 28 Abs. 2 die Abgabe einer Willenserklärung gegenüber *einem* gesamtvertretungsberechtigten Vorstandsmitglied des Vereins. Nach § 1629 Abs. 1 S. 2 Hs. 2 genügt die Abgabe der Willenserklärung gegenüber *einem* Elternteil. Entsprechendes bestimmt § 78 Abs. 2 S. 2 AktG für die Vorstandsmitglieder der AG. Aus der Vielzahl solcher Einzelregelungen (auch § 125 Abs. 2 S. 3 HGB, § 35 Abs. 2 S. 3 GmbHG) ergibt sich ein allgemeiner Grundsatz.[102] Das ist auch gerecht, denn die Gesamtvertretung dient nicht dazu, den Vertretenen vor unliebsamen Erklärungen Dritter zu schützen, indem sie deren Zugang erschwert. *Beispiel:* Vermieter V hat eine Wohnung an eine Wohngemeinschaft vermietet, die aus A, B und C besteht.

---

98 § 125 Abs. 2 S. 2 HGB, § 78 Abs. 4 AktG.
99 BGH NJW 1988, 1199.
100 BAG NJW 2010, 1100 Rn 22.
101 BGH NJW 2001, 3183.
102 BGH NJW 1997, 3437.

Er überreichte dem C ein Kündigungsschreiben. Da eine Wohngemeinschaft eine Gesellschaft bürgerlichen Rechts ist und ihre Gesellschafter gesamtvertretungsberechtigt sind (§§ 714, 709), ist die Kündigung damit allen zugegangen.[103]

§ 40 Entscheidend ist das Wissen des Vertreters

▶ **Fall 40: Anderweitig vermietete Küche**   § 166 Abs. 1   963

Das Ehepaar Karlow suchte eine Eigentumswohnung als Kapitalanlage. Ein Herr Vollmer bot ihnen an, die Formalitäten für sie zu erledigen, so dass die Eheleute Karlow ihm eine notariell beurkundete Vollmacht erteilten. Vollmer empfahl den Eheleuten Karlow eine Eigentumswohnung, die von Frau Bullerjahn angeboten wurde. Die Karlows entschlossen sich zum Kauf, konnten aber am Notartermin nicht teilnehmen. Für sie trat Vollmer als ihr Vertreter auf. Später erfuhren die Karlows, dass ein Raum von etwa 21 qm, der im Plan als Küche bezeichnet war, nur von der Nachbarwohnung aus zugänglich ist. Dieser Raum ist an den Mieter dieser Nachbarwohnung vermietet. Vollmer musste zugeben, diesen Mangel der Wohnung schon bei Abschluss des Kaufvertrags gekannt zu haben. Die Eheleute Karlow machten Frau Bullerjahn wegen des Mangels Vorhaltungen. Frau Bullerjahn ist der Meinung, die Eheleute Karlow müssten sich, da der Mangel der Wohnung Herrn Vollmer bekannt gewesen sei, so behandeln lassen, als hätten sie den Mangel selbst gekannt. Ist das richtig? (Nach BGH NJW 2000, 1405)

Es ist zu prüfen, ob sich die Eheleute Karlow Vollmers Wissen zurechnen lassen müssen. Als Grundlage einer solchen Wissenszurechnung kommt § 166 Abs. 1 in Betracht: 964

„Soweit die rechtlichen Folgen einer Willenserklärung ..." Die fragliche Willenserklärung ist die Erklärung der Karlows im Notartermin, dass sie die Eigentumswohnung kaufen wollten. Diese Erklärung haben sie nicht selbst abgegeben. Aber die entsprechende Erklärung ihres Vertreters Vollmer „wirkt unmittelbar für und gegen" sie (§ 164 Abs. 1 S. 1), so dass es *ihre* Erklärung ist.

„... durch die Kenntnis ... gewisser Umstände beeinflusst werden ..." Die Tatsache, dass ein Teil der Wohnung gar nicht zugänglich und anderweitig vermietet ist, stellt einen Mangel der Wohnung dar. Dieser Mangel gibt den Karlows eigentlich das Recht, vom Vertrag zurückzutreten (§§ 435, 437 Nr. 2). Allerdings haben sie dieses Recht nicht, wenn sie den Mangel bei Abschluss des Kaufvertrags gekannt haben (§ 442 Abs. 1 S. 1).

In § 166 Abs. 1 geht es um die Frage, ob Vollmers Kenntnis dieses Mangels den Karlows zugerechnet wird. Die „Kenntnis ... gewisser Umstände" ist im vorliegenden Fall die Kenntnis, dass ein Raum der Wohnung nicht zugänglich und anderweitig vermietet ist. Diese Kenntnis beeinflusst „die rechtlichen Folgen einer Willenserklärung", nämlich die rechtlichen Folgen der von den Karlows (vertreten durch Vollmer) abgegebenen Willenserklärung: „Wir kaufen die Eigentumswohnung".

„... kommt nicht die Person des Vertretenen, sondern die des Vertreters in Betracht." Es kommt allein auf Vollmers Kenntnis an, nicht auf die Unkenntnis der von ihm vertretenen Eheleute. Da er den Rechtsmangel kannte, wird dieses Wissen den Eheleuten zugerechnet. Sie werden

---

103 BGH NJW 1997, 3437.

also von § 166 Abs. 1 so gestellt, als hätten sie den Mangel beim Abschluss des Kaufvertrags selbst gekannt (§ 442 Abs. 1 S. 1). Frau Bullerjahn hat also Recht.

Aus dem FD „Vertretung" ergibt sich Folgendes: 1. Nein – 2. Nein – 3. Ja – 4. Ja – 5. Ja (Vollmacht) – 6. Ja – 7. Nein – 10. Nein (Spalte 9 mit Hinweis auf § 166). ◄

Lerneinheit 40

965 **Literatur:** *Spindler/Seidel,* Die zivilrechtlichen Konsequenzen von Big Data für Wissenszurechnung und Aufklärungspflichten, NJW 2018, 2153; *Kohler-Gehrig,* Wissenszurechnung bei fiskalischen Grundstücksgeschäften der Gemeinde, VBlBW 2017, 367; *Schwab,* Wissenszurechnung in arbeitsteiligen Organisationen, JuS 2017, 481; *Hoenig/Klingen,* Grenzen der Wissenszurechnung beim Unternehmenskauf, NZG 2013, 1046; *Maier-Reimer,* Umgehungsbekämpfung durch Wissenszurechnung – ohne Grenzen und um jeden Preis? NJW 2013, 2405; *Fatemi,* Der Begriff der Kenntnis im Bürgerlichen Recht, NJOZ 2010, 2637; *Petersen,* Die Wissenszurechnung, Jura 2008, 914; *Fassbender/Neuhaus,* Zum aktuellen Stand der Diskussion in der Frage der Wissenszurechnung, WM 2002, 1253; *Waas,* Ausschluss der Wissenszurechnung gem. § 166 I BGB bei Bevollmächtigung einer Person aus dem „Lager" des Vertragspartners? JABl 2002, 511; *Beuthien,* Zur Wissenszurechnung nach § 166 BGB – § 166 Abs. 2 BGB ausweiten – § 166 I BGB klarer ordnen, NJW 1999, 3585.

I. Hintergrund

966 Nach § 164 Abs. 1 S. 1 treffen bekanntlich den Vertretenen (nicht den Vertreter) die Rechtsfolgen des in seinem Namen abgeschlossenen Rechtsgeschäfts. Das könnte zu der Ansicht verleiten, der Vertreter sei eine eher unwichtige Figur, auf deren Absichten, Einsichten oder Kenntnisse oder auf deren Auffassungs- und Formulierungsgabe es nicht ankomme. Das Gegenteil ist jedoch der Fall. Denn immer dann, wenn der Vertreter nicht nach genauen Weisungen des Vertretenen gehandelt hat, hat der *Vertreter* (nicht der Vertretene) die Entscheidung getroffen, das fragliche Rechtsgeschäft überhaupt oder jedenfalls mit dem konkreten Inhalt abzuschließen. Zumindest stammen die verwendeten Formulierungen nie vom Vertretenen, sondern vom Vertreter. Daran wird deutlich, dass der Vertreter der *Repräsentant des Vertretenen* ist, sozusagen sein Gehirn, sein Mund, sein Auge und sein Ohr. Deshalb kommt es für die Beurteilung des Rechtsgeschäfts wesentlich auf den *Vertreter,* nämlich auf seine Intelligenz oder seine Begriffsstutzigkeit, auf seine Willensrichtung und seine Absichten, insbesondere aber auch auf seine Unkenntnis oder Kenntnis und damit auf seine Arglist oder seine Gutgläubigkeit an. Dieser Grundsatz ist in § 166 Abs. 1 festgelegt worden.

Gegensatz Bote: An § 166 Abs. 1 wird der Gegensatz zwischen einem Vertreter und einem Boten (Rn 534, 841 f) besonders deutlich. Der Bote denkt und entscheidet nicht für seinen Auftraggeber, sondern transportiert nur dessen Willenserklärung. Auf seine Auffassungsgabe und sein Verständnis der Situation kommt es nicht an. Auf ihn ist deshalb § 166 nicht anwendbar.[104]

§ 166 Abs. 1 regelt zwei unterschiedliche Fragen mit entgegengesetzter Interessenlage. In der folgenden Kommentierung wird deshalb der Absatz aufgeteilt.

---

[104] Staudinger/Schilken Vor § 164 Rn 73 mwN; Palandt/Ellenberger § 166 Rn 2.

II. „Willensmängel" – vorteilhaft für den Vertretenen

„Soweit die rechtlichen Folgen einer Willenserklärung durch Willensmängel ... beeinflusst werden ..." „Willensmängel" ist der Oberbegriff für den Irrtum (den selbst verursachten nach § 119 und den fremdverschuldeten nach § 123), das Fehlen des Erklärungsbewusstseins, die mangelnde Ernstlichkeit (§ 118), das Scheingeschäft (§ 117) und andere Defizite bei der Abgabe der Willenserklärung. Die rechtlichen Folgen einer Willenserklärung werden durch einen Willensmangel idR erheblich beeinflusst. Denn der Willensmangel führt dazu, dass die betroffene Willenserklärung anfechtbar ist (§§ 119, 123) oder sogar nichtig ist (§§ 116 S. 2, 117 Abs. 1, 118).

967

„... kommt nicht die Person des Vertretenen, sondern die des Vertreters in Betracht." Es kommt also auf den Willensmangel des Vertreters an. Ob es auch einen Willensmangel in der Person des Vertretenen gab, ist gleichgültig. *Beispiel:* Die Konrektorin einer kleinen privaten Mädchenschule wurde arglistig getäuscht (§ 123) und hat deshalb im Namen der Schule viel zu viele Rollen Toilettenpapier bestellt.[105] Der Schulträger kann die Anfechtung erklären, obwohl er nicht getäuscht wurde. Denn nach § 166 Abs. 1 kommt es auf die getäuschte Vertreterin an.

968

Ohne § 166 Abs. 1 Var. 1 wäre es sehr fraglich, ob der Vertretene die von seinem Vertreter abgegebene Erklärung anfechten könnte. Man könnte ihm nämlich vorhalten, dass die Willenserklärung vom Gesetz als *seine* angesehen wird (§ 164 Abs. 1 S. 1: „... wirkt unmittelbar für und gegen den Vertretenen ..."), *er* sich aber nicht geirrt habe. Wenn andererseits der *Vertreter* anfechten wollte, könnte man ihm entgegnen, dass er sich zwar geirrt habe, aber die fragliche Willenserklärung nicht seine eigene sei. § 166 Abs. 1 Var. 1 entscheidet diese Ungewissheit: Der Vertretene hat das Recht, die Willenserklärung anzufechten, obwohl *er* sich nicht geirrt hat. Damit stärkt das Gesetz die Rechtsstellung des Vertretenen erheblich. Das ist der Grund, warum der aktuelle Abschnitt II die Überschrift „Willensmängel – vorteilhaft für den Vertretenen" trägt.

Ein Grundsatz des Vertretungsrechts lautet, dass der Vertretene dadurch keinen Nachteil erleiden soll, dass er sich vertreten lässt. § 166 Abs. 1 bekräftigt diesen Grundsatz, indem er den Vertretenen so stellt, als hätte dieser selbst die fragliche – durch einen Willensmangel beeinflusste – Willenserklärung abgegeben. Hätte sich selbst geirrt, könnte er ja auch anfechten.

III. „Kenntnis" – nachteilig für den Vertretenen

1. § 166 Abs. 1 Var. 2

„Soweit die rechtlichen Folgen einer Willenserklärung ... durch die Kenntnis ... gewisser Umstände beeinflusst werden ..." Die rechtlichen Folgen einer Willenserklärung werden oft durch die Kenntnis des Erklärenden beeinflusst. Dabei ist Kenntnis idR für den, der sie hat, nachteilig. Man sagt zwar: „Wissen ist Macht", und tatsächlich gelten Kenntnisse im Leben als großer Vorteil. Aber im Recht hat man oft entscheidende Nachteile, wenn man etwas weiß, und Vorteile, wenn man etwas *nicht weiß. Beispiel 1:* Jedem, der mit einem Unternehmer Geschäfte macht, obwohl er von dessen Zahlungseinstellung weiß, schadet diese Kenntnis erheblich (§ 130 InsO). *Beispiel 2:* Wer beim Kauf einer mangelhaften Sache den Mangel kennt, aber nicht beanstandet, kann nachher aus dem Mangel keine Rechte ableiten (§ 442 Abs. 1 S. 1; Fall 40, Rn 963).

969

---

105 LG Hanau NJW 1979, 721.

„Kenntnis" ist auch böse Kenntnis iS von Arglist (§ 123 Abs. 1), und auch diese ist für den arglistig Handelnden rechtlich nachteilig.

970 *„... oder das Kennenmüssen gewisser Umstände ..."* § 122 Abs. 2 definiert bekanntlich die Worte „kennen musste" durch die Worte „infolge von Fahrlässigkeit nicht kannte" (Rn 475). Das „Kennenmüssen" ist deshalb die fahrlässige Unkenntnis. Auch diese kann die Folgen einer Willenserklärung beeinflussen.

971 *„... kommt nicht die Person des Vertretenen, sondern die des Vertreters in Betracht."* Das bedeutet, dass das Wissen des Vertreters (oder sein Kennenmüssen) dem Vertretenen unmittelbar zugerechnet wird. Auch durch diese Bestimmung stellt der Gesetzgeber den Vertretenen so, als habe er das fragliche Rechtsgeschäft selbst vorgenommen. Aber die zweite Alternative des § 166 Abs. 1 zeigt von der Interessenlage her ein völlig anderes Gesicht als die erste. Denn sie *benachteiligt* den Vertretenen, indem sie ihm das schädliche Wissen seines Vertreters zurechnet.[106]

Da § 166 Abs. 1 allgemein vom „Vertreter" spricht, ist es gleichgültig, ob es sich um einen Bevollmächtigten handelt oder um einen gesetzlichen Vertreter (anders § 166 Abs. 2). Im Fall der Gesamtvertretung (Rn 952) genügt bereits die Kenntnis oder die Arglist *eines* Vertreters.[107]

Beispiel 1: Fall 40 (Rn 963). *Beispiel 2:* Der Angestellte A des Gebrauchtwagenhändlers G hatte den Kunden K arglistig getäuscht. Wenn G sich darauf beruft, er habe von der Arglist seines Vertreters A nichts gewusst, ist das unerheblich, weil es auf A's Kenntnis und Arglist ankommt. Dieser Gedanke kommt in dem Grundsatz zum Ausdruck, dass der Vertreter nie „Dritter" iS von § 123 Abs. 2 ist (Rn 486). *Beispiel 3:* Die „Göttinger Gruppe" (GG) bot Vermögensanlagen an und hatte bei Anlegern über zwei Milliarden Euro eingesammelt. Anwalt Z wies seit 2001 auf seiner Homepage darauf hin, dass die GG nahezu zahlungsunfähig sei, und bot Anlegern an, ihnen zur Rückzahlung zumindest eines Teils ihrer Einlagen zu verhelfen. Die GG leistete Zahlungen an rund 400 Mandanten des Z. Später focht der Insolvenzverwalter der GG die Zahlungen an, weil die Mandanten sie in Kenntnis der Zahlungsunfähigkeit erhalten und damit andere Gläubiger benachteiligt hatten (§§ 133 Abs. 1 S. 2, 143 Abs. 1 InsO). Die Mandanten hatten die Zahlungsunfähigkeit selbst nicht gekannt, ihnen wurde aber das Wissen ihres Anwalts zugerechnet (§ 166 Abs. 1).[108] Auch hier zeigt sich, dass im Rechtsleben Wissen meist nachteilig ist.

Kollusion: Wenn der Vertreter Hand in Hand mit einem Dritten seine Vertretungsmacht zum Nachteil des Vertretenen missbraucht, wird dieses Wissen seines ungetreuen Vertreters dem Vertretenen nicht zugerechnet (Rn 1003).

2. § 166 Abs. 2

972 § 166 Abs. 2 will verhindern, dass ein Bösgläubiger sich eines gutgläubigen Vertreters als seines ferngesteuerten Werkzeugs bedient und sich nachher nach Absatz 1 auf dessen Unkenntnis beruft:

„Hat im Falle einer durch Rechtsgeschäft erteilten Vertretungsmacht (Vollmacht) ..." § 166 Abs. 2 beginnt mit der wichtigen Definition des Begriffs „Vollmacht". Der Ab-

---

106 Diese gegensätzliche Interessenlage bei den beiden in § 166 Abs. 1 geregelten Fällen hat erstmals in dieser Deutlichkeit Beuthien herausgestellt (NJW 1999, 3585).
107 BGH NJW 1988, 1200.
108 BGH NJW 2013, 611 Rn 26 ff.

satz bezieht sich (im Gegensatz zu Absatz 1) nur auf *Bevollmächtigte,* nicht auf gesetzliche Vertreter. Bei gesetzlichen Vertretern geht das BGB davon aus, dass der Vertretene (zB das minderjährige Kind, die GmbH) keine Weisungen erteilen kann.

„... *der Vertreter nach bestimmten Weisungen des Vollmachtgebers gehandelt ...*" Der Begriff „Weisungen" ist sehr weit auszulegen. Es reicht aus, wenn der Vertretene den Abschluss des Geschäfts durch seinen Vertreter nicht verhindert hat, obwohl ihm das möglich gewesen wäre.[109] Damit ist die Voraussetzung, dass der Vertretene eine „Weisung" gegeben haben muss, praktisch gestrichen. Das ist gerecht, weil dem Vertretenen die eigene Bösgläubigkeit auch dann angelastet werden muss, wenn ihm nicht nachzuweisen ist, dass er dem Vertreter eine *Weisung* erteilt hat.[110] Es reicht aus, wenn der Vertreter in enger Abstimmung mit ihm gehandelt hat.

„... *so kann sich dieser in Ansehung solcher Umstände, die er selbst kannte, nicht auf die Unkenntnis des Vertreters berufen.*" Das Nichtwissen des Vertreters nützt dem Vertretenen in diesem Fall also nichts. *Beispiel 1:* X wusste, dass sein Auto einen Unfall hatte, und ließ es deshalb durch einen unwissenden Vertreter verkaufen. Er kann sich dann nicht nach § 166 Abs. 1 Var. 2 darauf berufen, dass sein Vertreter nichts vom Unfall wusste. *Beispiel 2:* Dr. med. V sagte zu seinem Sohn, einem Rechtsanwalt: „Bitte schließ in meinem Namen mit meiner Mitarbeiterin M einen Abfindungsvertrag". Dabei verheimlichte V seinem Sohn die Tatsache, dass er mit M jahrelang ein Verhältnis gehabt hatte. Später war dieser Umstand aus einem bestimmten Grund wichtig. Wegen § 166 Abs. 2 konnte sich V nicht auf die Unkenntnis seines Sohnes berufen.[111] *Beispiel 3:* Fabrikant F wusste, dass die von X eingereichte Reisekostenabrechnung unrichtig war, wies aber seinen unwissenden Mitarbeiter A an, sie zu bezahlen. F kann später nicht von X die Erstattung überzahlter Beträge mit der Begründung verlangen, A habe die Unrichtigkeit der Abrechnung nicht gekannt. Denn A hat nach seiner Weisung gehandelt.[112]

973

Zu beachten ist, dass Absatz 2 die „*Unkenntnis* des Vertreters" voraussetzt. Ist er (ebenso wie der Vertretene) in Kenntnis der fraglichen Tatsache, gilt auch bei einer Weisung Absatz 1.

3. Aufbau des § 166

§ 166 Abs. 2 bildet inhaltlich eine Einheit mit § 166 Abs. 1 Var. 2. Denn in beiden Fällen geht es um die *Zurechnung von Wissen.* Dagegen bildet § 166 Abs. 1 Var. 1 einen Regelungsbereich für sich, weil es um ein ganz anderes Thema geht, nämlich um die *Berufung auf Willensmängel* des Vertreters.[113]

974

IV. Entsprechende Anwendung des § 166

1. Allgemeines

§ 166 Abs. 1 geht davon aus, dass es einen Vertreter gibt, der für einen Vertretenen eine Willenserklärung abgibt. Die Beschränkung auf die von § 164 Abs. 1 S. 1 vorgegebene Situation hat sich aber als zu eng erwiesen. Deshalb haben Rechtsprechung und

975

---

109 BGHZ 51, 145; BayObLG NJW-RR 1989, 910.
110 Beuthien NJW 1999, 3585.
111 BAG NJW 1997, 1940.
112 Ähnlicher Sachverhalt BGH NJW 1999, 1024.
113 Beuthien NJW 1999, 3585.

Lehre aus § 166 Abs. 1 den allgemeinen Grundsatz entwickelt, „dass ... – unabhängig von dem Vorliegen eines Vertretungsverhältnisses – derjenige, der einen anderen mit der Erledigung bestimmter Angelegenheiten in eigener Verantwortung betraut", sich das „erlangte Wissen des anderen zurechnen lassen muss".[114] In letzter Zeit haben sich deshalb Literatur und Rechtsprechung ausführlich mit einer analogen Anwendung des § 166 beschäftigen müssen.

2. Verhandlungsgehilfen

976 Ein *Verhandlungsgehilfe* führt oder begleitet die Verhandlungen und bereitet dadurch den Vertragsschluss vor. Diesen überlässt er aber demjenigen, der Vertragspartei werden soll. Da der Verhandlungsgehilfe keine Willenserklärung im Namen eines anderen abgibt, ist er kein Vertreter. § 166 Abs. 1 ist deshalb nicht unmittelbar anwendbar. Das Wissen des Verhandlungsgehilfen hat aber oft das abgeschlossene Rechtsgeschäft beeinflusst. Es ist deshalb richtig, einem Erklärenden – in Analogie zu § 166 Abs. 1 – auch das Wissen seines Verhandlungsgehilfen zuzurechnen.[115] *Beispiel:* B bot als Bauträger Eigentumswohnungen an und setzte dazu als Vermittlerin Frau L ein. Frau L warb K für den Kauf von fünf Eigentumswohnungen. B nahm den Notartermin selbst wahr. Frau L hatte keine Willenserklärungen im Namen des B abgegeben, auch nicht bei der Werbung des K. Sie war deshalb keine Vertreterin des B, sondern nur seine Verhandlungsgehilfin. Sie hatte aber Wissen, das dem B geschadet hätte, hätte er es selbst gehabt. B musste sich das (schädliche) Wissen der L analog § 166 Abs. 1 als eigenes Wissen zurechnen lassen.[116]

3. Das Wissen innerhalb einer Organisation

a) Problemstellung

977 Willenserklärungen werden oft im Namen von Organisationen abgegeben, zB von Unternehmen oder Gebietskörperschaften. Wenn innerhalb der Organisation mehrere Personen im Lauf der Zeit mit demselben Vorgang befasst waren und dazu Wissen erworben haben, stellt sich die Frage, welches Wissen welcher Personen analog § 166 Abs. 2 demjenigen zugerechnet werden muss, der für die Organisation eine Willenserklärung abgibt. *Beispiel:* Eine Stadt hatte ein ehemaliges Fabrikgelände erworben, um interessierten Unternehmern Gewerbeflächen anbieten zu können. Bauamtsleiter B wusste, dass das Grundstück mit Schwermetallen verunreinigt war, während der Leiter des Liegenschaftsamts V, der die Stadt im Notartermin gegenüber dem Käufer K vertrat, davon nichts wusste. Später erfuhr K, dass das Grundstück belastet ist und dass B das wusste. Die Stadt berief sich darauf, dass ihr Vertreter V von der Belastung keine Kenntnis hatte. In diesem Fall kommt es darauf an, ob der Stadt das Wissen des B analog § 166 Abs. 2 zugerechnet werden muss, obwohl er nicht ihr Vertreter war.

978 Der BGH hat den Grundsatz aufgestellt, „dass der juristischen Person das Wissen auch derjenigen ... Mitarbeiter zuzurechnen ist, die am Abschluss eines Vertrags selbst nicht beteiligt sind, sofern dieses Wissen ... aktenmäßig festzuhalten, weiterzugeben und vor

---

114 BGH NJW 2014, 1294 Rn 11.
115 Wenn jemand allerdings eine Willenserklärung im *eigenen* Namen, aber im Interesse eines Dritten abgegeben hat (verdeckte Stellvertretung), kommt eine analoge Anwendung des § 166 nicht in Betracht (BGH NJW 2003, 589).
116 BGH NJW 2004, 2156 (2157). Siehe auch BGH NJW 2010, 596 Rn 33.

Vertragsabschluss abzufragen ist".[117] Denn „derjenige, der es mit einer Organisation ... zu tun hat", darf „grundsätzlich nicht schlechter gestellt werden ... als derjenige, der einer natürlichen Person gegenübersteht."[118] Eine natürliche Person kann nicht sagen: „In meiner Eigenschaft als Vertreter war mir dieser Umstand unbekannt, in anderem Zusammenhang hätte ich ihn gekannt." Deshalb darf sich auch eine Organisation grundsätzlich nicht darauf berufen, dass der Wissende sie nicht vertreten und der Vertreter nichts gewusst hat.

b) Lösung

Um im konkreten Fall festzustellen, ob ein Wissen dem Vertreter (und damit der Organisation) zugerechnet wird, ist zu fragen:

- *Hatte ein Angehöriger der Organisation von dem fraglichen Umstand Kenntnis erlangt?* Der Angehörige muss nach heutiger Ansicht kein leitender Mitarbeiter sein. Es kommt auch nicht darauf an, ob er im fraglichen Zeitpunkt noch in der Organisation tätig oder bereits ausgeschieden war.[119] Es wird nicht nur das von Sachbearbeitern angesammelte Wissen den Repräsentanten zugerechnet, sondern auch umgekehrt. Deshalb ist auch das Wissen eines Vorstandsmitglieds als Wissen seiner Mitarbeiter anzusehen.[120]

- *Wird das fragliche Wissen in gut geführten Organisationen vergleichbarer Art „typischerweise aktenmäßig festgehalten"?* Je wichtiger ein Umstand ist, desto vordringlicher ist es, ihn festzuhalten, und desto länger muss er gespeichert bleiben.[121] *Beispiel:* In einem großen Autohaus kauft der Mitarbeiter M1 Gebrauchtwagen an, während M2 sie verkauft. Wenn M1 erfährt, dass bei einem Fahrzeug der Kilometerzähler nicht die wahre Laufleistung angibt, muss er dieses Wissen aktenmäßig festhalten.[122]

- *Bestand Anlass, das gespeicherte Wissen an die handelnden Personen weiterzugeben?* Wenn ein Wissen so wichtig ist, dass es gespeichert werden muss, hat die Organisation dafür zu sorgen, dass es auch „an die für sie handelnden Personen weitergegeben wird."[123] Tut sie das nicht, wird das fragliche Wissen dem für sie auftretenden Vertreter zugerechnet. *Beispiel 1:* Im obigen Fall mit dem falschen Kilometerstand war M1 verpflichtet, seine Kenntnis an M2 weiterzugeben (oder M2 verpflichtet, die Unterlagen seines Kollegen M1 durchzusehen). Der Inhaber des Autohauses kann sich nicht auf die Unkenntnis des M2 und auf seine eigene Unkenntnis berufen. *Beispiel 2:* Der Filialleiter F der B-Bank gab der Kundin C eine Zusage, die für sie vorteilhaft war. Später wechselte Frau C zu einer anderen Filiale derselben Bank. Die Zusage des F hätte aktenmäßig festgehalten werden müssen. Der zweite Filialleiter kann sich nicht auf sein Nichtwissen berufen.[124]

Nur wenn alle drei Fragen mit Ja beantwortet werden müssen, kann das fragliche Wissen analog § 166 Abs. 2 der Organisation zugerechnet werden.

---

117 BGH NJW 2001, 359; ähnliche Formulierung NJW 2004, 1868 (1869).
118 BGH NJW 2010, 602 Rn 23; wörtlich ebenso NJW 2010, 596 Rn 29.
119 BGHZ 135, 202; anders noch BGH NJW 1995, 2159.
120 BGH NJW 2004, 1868 (1869).
121 BGH NJW 1995, 2159.
122 BGH NJW 1996, 1205.
123 BGH NJW 2010, 596 Rn 29.
124 BGH NJW 2004, 2232.

c) Ausnahmen

979a *Verschwiegenheitspflicht:* Wenn der Angehörige einer Organisation etwas erfährt, was im Interesse eines Dritten kraft Gesetzes der Verschwiegenheit unterliegt, wird dieses Wissen seiner Organisation nicht zugerechnet. *Beispiel:* Der Prokurist P der B-Bank war von der Hauptversammlung der A-AG in deren Aufsichtsrat gewählt worden. P erfuhr dort Interna der A-AG, die nicht allgemein bekannt waren. Prozessgegner der B-Bank vertraten die Ansicht, dass dieses Wissen der B-Bank analog § 166 Abs. 1 zugerechnet werden müsse. Das ist aber klar zu verneinen.[125] Denn für die Mitglieder eines Aufsichtsrats besteht nach § 116 S. 1 AktG eine strenge Verschwiegenheitspflicht. Da P auch seinem Arbeitgeber gegenüber schweigen musste, kann sein Wissen diesem nicht zugerechnet werden.

Sittenwidrige vorsätzliche Schädigung: § 826 setzt das besonders verwerfliche Verhalten einer bestimmten Person voraus. Dazu muss es diese konkrete Person geben und sie muss auch selbst dieses Wissen haben. Es lässt sich „nicht dadurch konstruieren", dass die in der Organisation des Betreffenden bei anderen „vorhandenen kognitiven Elemente ‚mosaikartig' zusammengesetzt werden."[126]

4. Das Wissen außerhalb von Willenserklärungen

980 Auf ein Wissen oder Nichtwissen kann es auch ankommen, ohne dass es um eine Willenserklärung geht. So sind für den Beginn der Verjährung nach § 199 Abs. 1 Nr. 2 bestimmte Kenntnisse entscheidend (Rn 1118 ff). Auch in diesen Fällen wird der Rechtsgedanke des § 166 angewendet. *Beispiel 1:* Die Schadensersatzforderung einer Behörde drohte zu verjähren. Der Beginn der Verjährungsfrist war davon abhängig, ab wann die Behörde die nach § 199 Abs. 1 Nr. 2 nötige Kenntnis bestimmter Umstände hatte. Es kam auf die Kenntnis derjenigen Mitarbeiter an, die innerhalb der Behörde für die Verfolgung von Schadensersatzansprüchen zuständig waren und die deshalb in dieser Frage ihre „Wissensvertreter" waren.[127] *Beispiel 2:* M hatte sich aufgrund eines Anlageprospekts an einer Gesellschaft beteiligt, aber den Prospekt hatte nur seine Ehefrau gelesen. Diese wäre nur dann seine „Wissensvertreterin" gewesen (so dass er sich ihr Wissen hätte zurechnen lassen müssen), wenn er sie „mit der Lektüre des Anlageprospekts betraut" hätte.[128] Denn auch unter Eheleuten gibt es keine automatische Zurechnung des gegenseitigen Wissens.

§ 41 Insichgeschäfte

981 ▶ **Fall 41: Chefin Schäfer** §§ 181, 925

An der „Bottroper Bau-Treuhand-GmbH" waren vier Gesellschafter beteiligt, unter ihnen Frau Edith Schäfer. Diese war zugleich die einzige Geschäftsführerin. Die Satzung der GmbH befreite die Geschäftsführerin nicht von den Beschränkungen des § 181. Frau Schäfer verkaufte das wertvollste Grundstück der GmbH hinter dem Rücken ihrer Mitgesellschafter

---

125 BGH NJW 2016, 2569 Rn 32.
126 BGH NJW 2017, 250 Rn 23.
127 BGH NJW 2012, 447 Rn 12; ebenso schon NJW 2011, 1799 Rn 11.
128 BGH NJW 2013, 448 Rn 23.

§ 41 Insichgeschäfte

durch notariellen Kaufvertrag an sich selbst. Dabei trat sie auf der Verkäuferseite als Vertreterin der GmbH auf, ließ sich aber auf der Käuferseite durch ihren Ehemann vertreten. Die übrigen drei Gesellschafter halten den Vertrag für unwirksam. (Nach OLG Hamm NJW 1982, 1105)

Bedenken gegen die Wirksamkeit des Kaufvertrags könnten aufgrund von § 181 bestehen. Die Vorschrift soll wieder schrittweise geprüft werden:

„*Ein Vertreter kann ... im Namen des Vertretenen ...*" Frau Schäfer hat den Kaufvertrag im Namen der GmbH als deren Geschäftsführerin abgeschlossen (§ 164 Abs. 1; § 35 GmbHG). Die Worte „*... soweit nicht ein anderes ihm gestattet ist ...*" werden zunächst zurückgestellt.

„*... mit sich im eigenen Namen ...*" Fraglich ist, ob Frau Schäfer den Vertrag auf der Käuferseite „im eigenen Namen" abgeschlossen hat. Hier ist, streng genommen, nicht Frau Schäfer „im eigenen Namen" aufgetreten, sondern ihr Ehemann in ihrem Namen. Bei einem wörtlichen Verständnis wäre also kein Fall des § 181 gegeben. Aber es kann keinen Unterschied machen, ob Frau Schäfer im eigenen Namen auftrat oder sich von ihrem Mann vertreten ließ. Das Ergebnis ist nämlich in beiden Fällen das gleiche, weil die Wirkungen einer Vertretung allein den Vertretenen, nicht den Vertreter treffen (§ 164 Abs. 1 S. 1). Es kann deshalb nicht zweifelhaft sein, dass § 181 auch in diesem Fall angewendet werden muss.[129]

Die Worte „*... oder als Vertreter eines Dritten ...*" passen hier nicht.

„*... ein Rechtsgeschäft nicht vornehmen ...*" Frau Schäfer konnte den Kaufvertrag grundsätzlich nicht wirksam abschließen. Etwas anderes würde nur gelten, wenn eine der beiden in § 181 genannten Ausnahmen gegeben wäre, die im Folgenden geprüft werden sollen.

„*... es sei denn, dass das Rechtsgeschäft ausschließlich in der Erfüllung einer Verbindlichkeit besteht.*" Der Abschluss des Kaufvertrags war ein Akt der Freiwilligkeit auf beiden Seiten und geschah nicht in Erfüllung einer eingegangenen Verpflichtung.

„*... soweit nicht ein anderes ihm gestattet ist ...*" Nach diesen Worten ist zu fragen, ob der Abschluss des Kaufvertrags der Geschäftsführerin Schäfer gestattet war. Diese Gestattung hätte von der Vertretenen – also der GmbH – erklärt werden müssen. Da eine GmbH aber nichts erklären kann, ist zu fragen, wer sie in diesem Fall vertreten konnte. Frau Schäfer war zwar die gesetzliche Vertreterin der GmbH (§ 35 GmbHG), kam aber in diesem Fall nicht in Betracht, weil niemand sich selbst etwas gestatten kann. Da es keinen anderen Geschäftsführer gab, konnte nur die Gesellschafterversammlung oder die Satzung der GmbH Frau Schäfer das Selbstkontrahieren gestatten. Viele GmbH-Satzungen enthalten eine Vorschrift wie „Der Geschäftsführer ist von den Beschränkungen des § 181 BGB befreit". Eine solche Bestimmung enthält die Satzung aber nicht. Und die übrigen Gesellschafter konnten gar nicht zustimmen, weil sie nicht einmal informiert worden waren.

Der Kaufvertrag erfüllt mithin keinen der beiden in § 181 genannten Ausnahmetatbestände. Er war deshalb zunächst schwebend unwirksam (Rn 996). Theoretisch hätte der Vertrag noch wirksam werden können, wenn die übrigen drei Gesellschafter ihre nachträgliche Zustimmung (Genehmigung) erteilt hätten. Aber sie vertreten die Ansicht, dass der Vertrag unwirksam sei. Darin liegt die Ablehnung der Genehmigung. Deshalb ist der Vertrag unwirksam (nichtig).

---

[129] OLG Hamm aaO; Palandt/Ellenberger § 181 Rn 12.

Aus dem FD „Vertretung" ergibt sich: 1. Nein – 2. Nein – 3. Ja – 4. Ja – 5. Ja – 6. Ja – 7. Ja – 8. Nein – 9. Nein (Spalte 5). ◄

Lerneinheit 41

983 **Literatur:** *Lipp*, Das Verbot des Selbstkontrahierens im Minderjährigenrecht, JA 2016, 477; *Rawert/Endres*, Der falsus procurator und § 181, ZIP 2015, 2197; *Schindeldecker*, Insichgeschäfte im Gesellschaftsrecht – Anwendungsfälle und praktische Lösungen für die notarielle Praxis, RNotZ 2015, 533; *Hauschild*, § 181 BGB im Gesellschaftsrecht – eine heilige Kuh auf (international) verlorenem Posten? ZIP 2014, 954; *Höpfner*, Die Gehaltserhöhung mit sich selbst, NZG 2014, 1174; *Altmeppen*, In-sich-Geschäfte der Geschäftsführer in der GmbH, NZG 2013, 401.

I. Einführung

984 § 181 lässt nur in Ausnahmefällen zu, dass dieselbe Person auf beiden Seiten eines Rechtsgeschäfts mitwirkt. Denn dann besteht oft ein Interessenkonflikt. § 181 unterscheidet zwei Konstellationen:

„*... im Namen des Vertretenen mit sich im eigenen Namen ...*'": In diesem Fall tritt bei einem Rechtsgeschäft (hauptsächlich beim Abschluss eines Vertrags) dieselbe Person auf der einen Seite als Vertreter eines anderen auf und auf der anderen Seite im eigenen Namen (*Selbstkontrahieren*).

„*... im Namen des Vertretenen mit sich... als Vertreter eines Dritten ...*": In diesem zweiten Fall vertritt dieselbe Person als Vertreter zugleich beide Partner eines Rechtsgeschäfts (*Mehrvertretung*). Die Ausdrücke „Selbstkontrahieren" und „Mehrvertretung" sind dem Gesetz unbekannt, haben sich aber durchgesetzt.

„*Insichgeschäft*" ist der Oberbegriff für das Selbstkontrahieren und die Mehrvertretung. Der Betriff hat amtlichen Charakter, denn er bildet die offizielle Überschrift des § 181.

II. Selbstkontrahieren

1. Definition

985 *Selbstkontrahieren* ist der Abschluss eines Rechtsgeschäfts durch eine einzige Person in der Weise, dass sie auf der einen Seite als Vertreterin eines anderen, auf der anderen Seite im eigenen Namen auftritt. Nach § 181 ist dem Vertreter das Selbstkontrahieren im Prinzip nicht gestattet, doch gibt es Ausnahmen (Rn 991 bis 995).

2. Fallgruppen

986 *Verpflichtungsgeschäfte:* Oft schließt jemand ein *Verpflichtungsgeschäft* im Wege des Selbstkontrahierens ab. *Beispiel 1:* Die Wohnungseigentümergemeinschaft W hatte Rechtsanwalt A zum Verwalter bestellt. A erteilte im Namen der W sich selbst das Mandat, sie in einem Prozess als Anwalt zu vertreten.[130] *Beispiel 2:* Der Geschäftsführer einer GmbH vereinbarte in deren Namen mit sich selbst im eigenen Namen, dass ihm die GmbH künftig ein erhöhtes Monatsgehalt zu zahlen habe.[131] *Beispiel 3:* Eine Frau schloss mit ihrem 14-jährigen Sohn einen Schenkungsvertrag über kostbare Tep-

---

130 BayObLG NJW 2005, 1587.
131 BFH NJW 1991, 2039.

piche. Dabei trat sie auf der Seite ihres beschenkten Sohnes als dessen gesetzliche Vertreterin auf und zugleich als Schenkerin im eigenen Namen.[132]

Verfügungsgeschäfte: § 181 betrifft auch Verfügungsgeschäfte (Rn 324). *Beispiel 1:* Der Kassierer einer Bank zahlte sich selbst das Gehalt aus, indem er sich die Scheine nach § 929 übereignete. *Beispiel 2:* Die Mutter des vorigen Beispiels 3 (Rn 986) übereignete die Teppiche an ihren von ihr vertretenen Sohn. Wenn in diesen Fällen ein wirksames Verpflichtungsgeschäft vorliegt, erfolgt die Verfügung meist „ausschließlich in der Erfüllung einer Verbindlichkeit" (§ 181 aE; Rn 994).

987

Einseitige Rechtsgeschäfte: § 181 erfasst alle Arten von Rechtsgeschäften, also auch einseitige Rechtsgeschäfte. *Beispiel:* Der für die Verwaltung der Werkswohnungen zuständige Angestellte wohnte selbst in einer Werkswohnung. Er kündigte im Namen des Unternehmens sich selbst den Mietvertrag.

988

Gesetzliche Vertreter: Das Selbstkontrahieren ist nicht nur dem Bevollmächtigten, sondern auch dem gesetzlichen Vertreter grundsätzlich verwehrt. *Beispiele* sind die Fälle des Geschäftsführers und der Mutter (Rn 986).

989

Analoge Anwendung: § 181 ist immer zu beachten, wenn seine formalen Voraussetzungen gegeben sind, mag auch der Vertreter über jeden Verdacht einer Benachteiligungsabsicht erhaben sein (zB die schenkende Mutter). Andererseits darf § 181 nur angewendet werden, wenn eine der beiden von ihm beschriebenen Personenkonstellationen tatsächlich vorliegt. Er gilt nicht etwa immer schon dann, wenn ein Vertreter in Versuchung sein könnte, andere Interessen als die des Vertretenen zu verfolgen.[133] Eine Analogie ist aber in folgendem Fall geboten: Jemand tritt auf der einen Seite im Namen eines anderen auf, während er sich auf der anderen Seite des Vertrags durch einen Dritten vertreten lässt (Fall 41, Rn 981).[134]

990

3. Ausnahmen

a) Gestattung

Der Begriff „Gestattung" bezieht sich auf die Worte des § 181 „... soweit nicht ein anderes ihm gestattet ist, ..." Das Gesetz sagt nicht, wer berufen ist, das Insichgeschäft zu gestatten. Aber aufgrund der Interessenlage ist klar, um wen es sich handeln muss. Denn § 181 verfolgt allein den Zweck, Benachteiligungen des *Vertretenen* zu vermeiden. Deshalb kann nur er das Insichgeschäft gestatten. Der Vertreter kann ihn in diesem Punkt nicht vertreten. Denn anderenfalls wäre die Gestattung ihrerseits ein Fall des Selbstkontrahierens, das der Gestattung bedürfte.[135] Außerdem kann niemand sich selbst etwas gestatten, auch nicht im Namen des von ihm Vertretenen.

991

Beispiel 1: In dem Fall mit dem Rechtsanwalt als Verwalter (Rn 986, Beispiel 1) hatte die Wohnungseigentümergemeinschaft als Vertretene den Anwalt unter „Befreiung von den Beschränkungen des § 181 BGB" bevollmächtigt.[136] Die Gestattung kann sich auch konkludent aus dem zugrunde liegenden Auftrag ergeben. *Beispiel 2:* Auktionator A kündigte an, bei der nächsten Auktion werde auch ein ihm selbst gehörendes Gemälde von Hans Purrmann versteigert werden. Kunstsammler K, der nicht selbst an

---

132 BGH NJW 1985, 2407.
133 OLG Jena NJW 1995, 3126.
134 OLG Hamm NJW 1982, 1105.
135 BGH NJW 2016, 3235 Rn 33.
136 BayObLG NJW 2005, 1587.

der Auktion teilnehmen konnte, erteilte A den Auftrag und zugleich die Vollmacht, das Bild für ihn zu ersteigern. Da K (vertreten durch A) der Höchstbietende war, erteilte A ihm den Zuschlag und schloss so mit ihm den Kaufvertrag. A handelte auf der Verkäuferseite im eigenen Namen und auf der Käuferseite im Namen des K.[137] Dies Selbstkontrahieren war ihm von K gestattet worden und deshalb wirksam. In diesen Fällen kann auch kein Interessenkonflikt auftreten, weil der Preis nicht vom Auktionator festgesetzt wird, sondern von den Bietenden, also vom Markt (zum Vertragsschluss durch Zuschlag Rn 227 f).

992 *Einmann-GmbH mit Personenidentität:* Wenn eine GmbH nur einen Gesellschafter hat (Einmann-GmbH) und dieser einzige Gesellschafter auch noch der *einzige* Geschäftsführer ist, sind Fälle des Selbstkontrahierens kaum zu vermeiden. *Beispiel:* K, der einzige Gesellschafter und einzige Geschäftsführer der G-GmbH, fuhr als Geschäftswagen einen Audi A 8, der der G-GmbH gehörte. Er wollte den Audi von der GmbH erwerben, um ihn seinem Sohn zu schenken. Beim Abschluss des Kaufvertrags trat er auf der Verkäuferseite als Geschäftsführer der GmbH auf und auf der Käuferseite im eigenen Namen. Dies Selbstkontrahieren führt bei einer GmbH wie der genannten zu Schwierigkeiten. Denn es gibt keinen anderen Geschäftsführer und keinen anderen Gesellschafter, so dass niemand dem Geschäftsführer das Insichgeschäft gestatten kann. Die einzige Lösung ist eine Satzungsbestimmung, die den Geschäftsführer, wie es meist heißt, „von den Beschränkungen des § 181 befreit".[138]

993 *Andere GmbH:* Wenn eine GmbH mehr als einen Geschäftsführer hat oder mindestens einen Gesellschafter, der nicht zugleich Geschäftsführer ist, ist die *satzungsmäßige* Befreiung von § 181 unnötig, weil es noch eine andere Person gibt, die die GmbH vertreten kann. *Beispiel:* In Fall 41 (Rn 981) gab es weitere Gesellschafter, die für eine Zustimmung (oder deren Ablehnung) in Frage kamen. Es war für die Mitgesellschafter in diesem Fall ein Glück, dass die Satzung Frau Schäfer nicht von § 181 befreite.

b) Erfüllung einer Verbindlichkeit

994 Einen zweiten Ausnahmefall bezeichnet § 181 mit den Worten „es sei denn, dass das Rechtsgeschäft ausschließlich in der Erfüllung einer Verbindlichkeit besteht". Das in § 181 genannte „Rechtsgeschäft" ist eine *Verfügung* (Verfügungsgeschäft oder Erfüllungsgeschäft; Rn 324). *Beispiel:* Die Angestellte A hatte mit dem Ladeninhaber L über eine Ware des Sortiments einen Kaufvertrag geschlossen und übereignete sie sich anschließend nach § 929 selbst. Eine Benachteiligung des Vertretenen ist in einem solchen Fall ausgeschlossen, weil durch die Verfügung nur erfüllt wird, wozu der Vertretene verpflichtet ist.

c) Lediglich rechtlicher Vorteil

995 Rechtsprechung und Lehre haben den beiden in § 181 genannten Ausnahmefällen einen dritten hinzugefügt. Das Selbstkontrahieren gilt nämlich auch dann als wirksam, wenn das Rechtsgeschäft dem Vertretenen (in Anlehnung an § 107) „lediglich einen rechtlichen Vorteil" bringt. *Beispiel 1:* Eine Mutter schloss mit ihrem 14-jährigen Sohn einen Schenkungsvertrag über Teppiche (wie oben Rn 986).[139] Die Mutter kann sich in

---

137 BGH NJW 1983, 1186.
138 BGH NJW 2000, 664.
139 BGH NJW 1985, 2407.

diesem Fall nicht auf eine Gestattung des Sohnes berufen, aber das Selbstkontrahieren muss ihr trotzdem erlaubt sein, weil ihrem Kind durch die Schenkung ausschließlich ein Vorteil entsteht. Diese Ausnahme ergibt sich nicht aus dem Wortlaut des § 181, aber aus seiner teleologischen Reduktion.[140] *Beispiel 2:* Dem Geschäftsführer F der G-GmbH waren Rechtsgeschäfte zwischen der GmbH und sich selbst nicht gestattet. Streng genommen konnte er deshalb auch nicht eine (ihm zustehende) Forderung an die GmbH abtreten. Aber der Erwerb der Forderung bedeutete für die vertretene GmbH lediglich einen rechtlichen Vorteil, so dass die Abtretung wirksam war.[141]

4. Rechtsfolgen

Aus der Formulierung „kann ... nicht vornehmen" müsste man schließen, dass ein durch Selbstkontrahieren zustande gekommenes Rechtsgeschäft nichtig sei, wenn nicht eine der genannten Ausnahmen vorliegt. Das ist aber nach allgemeiner Meinung nicht der Fall, vielmehr ist das Rechtsgeschäft *schwebend unwirksam*.[142] Folglich kann das Geschäft dadurch rückwirkend wirksam werden, dass der Vertretene das Selbstkontrahieren analog § 184 Abs. 1 genehmigt (nachträglich gestattet). Die Begründung lautet so: Wenn die *vorherige* Gestattung dazu führt, dass das Rechtsgeschäft von Anfang an wirksam ist, muss der Vertretene es auch durch Genehmigung (*nachträgliche* Gestattung) heilen können. Denn er ist der Herr des Geschäfts.

996

Beispiel: Kaufmann K und Rechtsanwalt R sind die Gesellschafter der D-GbR (§§ 705 ff), der ein Geschäftshaus gehört. Beide Gesellschafter sind berechtigt, die GbR einzeln zu vertreten. Eine Befreiung von § 181 erteilt der Gesellschaftsvertrag nicht. R hat von der GbR Räume gemietet, in denen er seine Kanzlei betreibt. Ohne K zu informieren, schloss er einen Änderungsvertrag zum Mietvertrag, der die Rechtsstellung der Vermieterin (der GbR) verschlechterte. Vertragspartner waren laut Vertrag als Vermieterin die D-GbR mit dem Zusatz „vertreten durch ihren Gesellschafter Rechtsanwalt R". Zur Mieterseite heißt es: „Rechtsanwalt R, handelnd im eigenen Namen". *Lösung:* Da ein klassischer Fall des Selbstkontrahierens vorliegt (Rn 985), konnte R nach § 181 das „Rechtsgeschäft nicht vornehmen", es sei denn, dass „ein anderes ihm gestattet" war. Da der Gesellschaftsvertrag keine Befreiung von § 181 vorsieht und niemand sich selbst etwas gestatten kann, hätte nur K die Gestattung erklären können. Das hat er jedoch nicht getan, so dass der Vertrag schwebend unwirksam ist. Aber er kann dadurch wirksam werden, dass K (im Namen der GbR) dem R das Selbstkontrahieren *nachträglich* gestattet.[143]

III. Mehrvertretung

Mehrvertretung ist das Auftreten derselben Person als Vertreter sowohl des einen als auch des anderen Beteiligten eines Rechtsgeschäfts (so schon Rn 984). Im Prinzip ist die Mehrvertretung nicht erlaubt. Denn § 181 bestimmt: „Ein Vertreter kann ... im Namen des Vertretenen mit sich ... als Vertreter eines Dritten ein Rechtsgeschäft nicht

997

---

140 Von griechisch „telos", das Ziel. Die teleologische Reduktion reduziert den (sich aus dem Wortlaut ergebenden) Anwendungsbereich einer Vorschrift auf die Fälle, die das „Ziel" des Gesetzgebers waren.
141 BGH NJW 2011, 918 Rn 14.
142 Der selbstkontrahierende Vertreter wird also wie ein beschränkt geschäftsfähiger Minderjähriger behandelt, der ohne Zustimmung einen für ihn nicht lediglich vorteilhaften Vertrag geschlossen hat (§ 108 Abs. 1; Rn 613 f).
143 BGH NJW 2010, 861 Rn 24.

vornehmen ..." *Beispiel 1:* Zwei Bauherrengemeinschaften schlossen einen Vertrag über die gemeinsame Nutzung einer Tiefgarage und eines Treppenhausturms. Beim Vertragsschluss wurden beide Bauherrengemeinschaften durch ihren gemeinsamen Initiator und geschäftsführenden Gesellschafter vertreten.[144] *Beispiel 2:* Frau A ist Geschäftsführerin der P-GmbH, die Marktforschung betreibt. Sie ist zugleich Geschäftsführerin der B-GmbH, die Inhaberin der Marke „Media Control" ist. Beide Gesellschaften haben gemeinsame Wurzeln, aber unterschiedliche Gesellschafter. Sie schlossen einen Vertrag über die Nutzung der Marke „Media Control", wobei beide Gesellschaften durch Frau A vertreten wurden.[145] *Beispiel 3:* Die Eheleute K kauften durch notariellen Vertrag vom Bauträger B eine Eigentumswohnung. Sowohl die Eheleute als auch B hatten einer S-GmbH unter Befreiung vom Verbot der Doppelvertretung Vollmacht erteilt.[146]

Auch die Mehrvertretung ist dem Vertreter nach § 181 nur in den beiden Ausnahmefällen möglich, in denen das Selbstkontrahieren zulässig ist. Denn bekanntlich kann man schlecht zwei Herren dienen. Die Gestattung (Rn 991) muss im Fall der Mehrvertretung von *beiden* Vertretenen ausgesprochen werden, gegebenenfalls auch die Genehmigung. Im Übrigen gilt das zum Selbstkontrahieren Gesagte entsprechend auch für die Mehrvertretung.

§ 42 Kollusion und erkennbarer Missbrauch der Vertretungsmacht

998 ▶ **Fall 42: Hausarzt Dr. Drimmel** §§ 164, 138

Dr. Karsten-Kevin Drimmel war bei der Ärzte-Privatbank hoch verschuldet und wurde gedrängt, seine Kredite wenigstens teilweise zurückzuführen. Er erzählte der 70-jährigen Klara Heydebreck, deren Hausarzt er war, er habe bei einer Luxemburger Bank sehr günstig Geld angelegt und könne das auch für sie tun. Frau Heydebreck nahm das Angebot dankbar an. Dr. Drimmel fügte hinzu, der Mindestbetrag der Geldanlage betrage allerdings 200 000 Euro und der Betrag müsse zunächst der Ärzte-Privatbank zur Verfügung gestellt werden. Frau Heydebreck erklärte sich dazu bereit und zahlte ihre gesamten Ersparnisse von 150 000 Euro auf ein für sie neu eingerichtetes Sparkonto bei der Ärzte-Privatbank ein. Um die Summe von 200 000 Euro zu erreichen, nahm sie bei derselben Bank ein Darlehen von 50 000 Euro auf und zahlte den Betrag ebenfalls auf das neue Sparkonto ein. Herrn Dr. Drimmel erteilte sie auf seinen Wunsch eine umfassende Kontovollmacht. Wenige Tage später erschien Drimmel bei der Bank. Er legte dem Bankangestellten Beutel die Vollmacht vor und gab ihm den Auftrag, Frau Heydebrecks Sparkonto aufzulösen und den Betrag von 200 000 Euro einem seiner defizitären Kreditkonten gutzuschreiben. Beutel wusste, dass Frau Heydebreck Drimmels Patientin war, in bescheidenen Verhältnissen lebte und erst eben das Sparkonto eröffnet und mit einem Kredit von 50 000 Euro aufgestockt hatte. Aber er führte die Aufträge aus.

An Frau Heydebreck überwies Drimmel noch eine Zeit lang Beträge, die er als Zinsen aus Luxemburg bezeichnete. Nachdem sein Betrug aufgeflogen war, wurde er zu einer Frei-

---

144 BGH NJW 1991, 1730.
145 BGH NZG 2018, 221.
146 BGH NJW 2005, 2983.

§ 42 Kollusion und erkennbarer Missbrauch der Vertretungsmacht

heitsstrafe von drei Jahren und sechs Monaten verurteilt. *Frau Heydebreck nimmt jetzt die Ärzte-Privatbank auf Auszahlung ihres Guthabens von 200 000 Euro in Anspruch. Die Bank ist der Meinung, sie habe den Betrag wirksam an Drimmel ausgezahlt, weil dieser eine gültige Vollmacht vorgelegt habe.* (Nach BGH NJW 1999, 2883)

Es geht um die Frage, ob die Ärzte-Privatbank den auf Frau Heydebrecks Sparkonto befindlichen Betrag wirksam an Drimmel ausgezahlt hat. Das ist nur dann der Fall, wenn auf Seiten von Drimmel die Voraussetzungen des § 164 vorlagen. Drimmel ist beim Abschluss des Vertrags über die Auflösung und Auszahlung des Sparkontos erkennbar im Namen von Frau Heydebreck aufgetreten (§ 164 Abs. 1 S. 1). Denn es war für Beutel klar, dass er das fremde Konto nicht im eigenen Namen auflösen wollte und konnte. Fraglich ist nur, ob er die entsprechende Willenserklärung auch „innerhalb der ihm zustehenden Vertretungsmacht" abgegeben hat (§ 164 Abs. 1 S. 1). Auch diese Frage ist jedoch zu bejahen, weil er von Frau Heydebreck eine umfassende Vollmacht erhalten hatte. So gesehen, hätte die Ärzte-Privatbank die fragliche Summe wirksam an Drimmel gezahlt, so dass sie nicht erneut an Frau Heydebreck zahlen müsste.

Es stellt sich aber die Frage, ob nicht ein *Missbrauch der Vertretungsmacht* vorliegt. Nach dem *Wortlaut* der Vollmachtsurkunde hatte Drimmel seine Vollmacht nicht überschritten. Aber Frau Heydebreck hatte mit Drimmel vereinbart, dass sich die Vollmacht ausschließlich auf die Geldanlage in Luxemburg beziehen sollte. Sie sollte nicht dazu dienen, Frau Heydebrecks Ersparnisse auf Drimmels defizitäres Konto zu transferieren. Der zwischen Drimmel und Frau Heydebreck vereinbarte (wirkliche) Umfang der Vollmacht war also wesentlich enger als der Umfang, der sich aus dem Wortlaut der Urkunde ergab. Drimmel hat die formale Weite der Vollmacht missbraucht. Das Risiko, dass der Vertreter die Vollmacht missbraucht, trägt normalerweise der *Vollmachtgeber,* nicht der Geschäftspartner des Vertreters, hier also die Ärzte-Privatbank. Frau Heydebreck kann sich gegenüber der Bank nur dann auf den Missbrauch berufen, wenn sich der Bank der Missbrauch infolge von *„massiven Verdachtsmomenten ... geradezu aufdrängte".*[147] Dabei kam es auf den Erkenntnishorizont des Sachbearbeiters Beutel an, der die Bank in den Verhandlungen mit Drimmel vertrat (§ 166 Abs. 1).

Solche Verdachtsmomente waren in diesem Fall reichlich vorhanden. Zunächst wusste Beutel, dass Frau Heydebreck das Sparkonto erst wenige Tage zuvor eingerichtet hatte. Spargelder werden normalerweise langfristig angelegt. Es musste Beutel deshalb eigenartig vorkommen, dass das Sparkonto schon kurze Zeit später aufgelöst werden sollte. Außerdem wusste Beutel, dass Frau Heydebreck einen Kredit von 50 000 Euro aufgenommen hatte, um ihr Sparkonto auf 200 000 Euro aufzufüllen. Das war ein fast unerklärliches Verhalten, weil ein Bankkunde für einen Kredit wesentlich höhere Zinsen zahlt, als er für ein Spargutthaben bekommt. Außerdem wusste Beutel, dass Frau Heydebrecks Beziehung zu Drimmel nur darin bestand, dass sie seine Patientin war. Er hätte sich deshalb fragen müssen, was die Sparerin Heydebreck dazu veranlassen konnte, mit einem so hohen Betrag die Schulden ihres Hausarztes zu verringern. Es musste ihn auch stutzig machen, dass Frau Heydebreck den umständlichen Weg über die Eröffnung eines Sparkontos gegangen war. Hätte sie das Geld wirklich Herrn Drimmel zukommen lassen wollen, hätte sie den Betrag gleich auf eines seiner Konten einzahlen können. Auffällig war auch die enorme Höhe des Betrags. Und schließlich: Wer eine ihm erteilte Kontovollmacht ausschließlich zu seinen eigenen Gunsten einsetzt, muss bei einem Kreditinstitut Verdacht erregen.

---

147 So der BGH in der zugrunde liegenden Entscheidung.

Aus der Gesamtheit dieser Umstände ergibt sich, dass sich Beutel der Missbrauch der Vollmacht durch Drimmel „geradezu aufdrängen musste". Beutel hätte deshalb bei Frau Heydebreck anrufen und fragen müssen, ob sie mit diesem Vorgehen wirklich einverstanden war. Beutel hat aber alle Bedenken zurückgestellt, weil aus seiner Sicht das Interesse der Bank an einer zumindest teilweisen Tilgung der notleidenden Kredite größer war als ihre Bereitschaft, auf ihre Sparerin Heydebreck Rücksicht zu nehmen.

Da der Ärzte-Privatbank Beutels Wissen und Wollen nach § 166 Abs. 1 zugerechnet wird, ist sie in ihrem Vertrauen auf den Bestand der Vollmacht nicht schutzwürdig. Sie kann sich deshalb nicht darauf berufen, sie habe an Drimmel wirksam gezahlt. Sie muss noch einmal zahlen – diesmal an Frau Heydebreck.

Im FD „Vertretung" ist V Drimmel und X ist Frau Heydebreck. Dann ergibt sich die Lösung so: 1. Nein – 2. Nein – 3. Ja – 4. Ja – 5. Ja – 6. Ja – 7. Nein – 10. Ja – 11. Nein (weil Drimmel sich mit Beutel nicht abgesprochen hatte) – 12. Ja (Spalte 7). ◀

Lerneinheit 42

1000 Literatur: *Scholz*, Missbrauch der Vertretungsmacht durch Gesellschafter-Geschäftsführer, ZHR 2018, 2018, 656; *Liebers/Schuppner*, Kollusion von Arbeitnehmern mit Vertretern des Arbeitgebers, NZA 2017, 155; *Horn*, Strategien bei Vollmachtsmissbrauch und Optionen bei der Gestaltung, ZEV 2016, 373; *Lieder*, Missbrauch der Vertretungsmacht und Kollusion, JuS 2014, 681; *Horn/Schabel*, Auskunfts- und Rückforderungsansprüche nach möglichem Vollmachtsmissbrauch, NJW 2012, 3473; *Vedder*, Neues zum Missbrauch der Vertretungsmacht – Vorsatzerfordernis, Anfechtbarkeit, negatives Interesse, JZ 2008, 1077; *Wilsch*, „In is out": evidenter Vollmachtsmissbrauch zur Änderung der Teilungserklärung, NZM 2007, 909; *Preuß*, „Missbrauch der Vertretungsmacht" des Insolvenzverwalters, NZI 2003, 625; *Waas*, Scheingeschäft des Vertreters gemäß § 117 BGB und Missbrauch der Vertretungsmacht, Jura 2000, 292.

I. Hintergrund

1001 Das Verbot des Insichgeschäfts (§ 181) ist nicht in der Lage, alle Fälle des Vertretungsmissbrauchs zu erfassen. Es muss deshalb eine Regelung für den Fall geben, dass der Vertreter zwar kein Insichgeschäft vornimmt, aber trotzdem die Interessen des Vertretenen vorsätzlich verletzt und ihn dadurch schädigt. Allerdings sind dann auch die Interessen desjenigen zu berücksichtigen, mit dem der ungetreue Vertreter abschließt. Das Gesetz enthält dazu keine speziellen Vorschriften, doch haben Rechtsprechung und Lehre Grundsätze entwickelt.

II. Kollusion

1002 Wenn der Vertreter zum Nachteil des Vertretenen mit einem Dritten zusammenwirkt, dem die Absicht bekannt ist, den Vertretenen zu benachteiligen, spricht man von einer „Kollusion" (FD „Vertretung", Spalte 6).[148] Der Hauptfall der Kollusion ist die Vereinbarung von Schmiergeld. *Beispiel 1:* M war innerhalb einer Aktiengesellschaft für die Rechnungsprüfung zuständig. Der Lieferant L ließ dem M wertvolle Geschenke zukommen. Als „Gegenleistung" bezeichnete M eine von L eingereichte Scheinrechnung als korrekt, so dass die Finanzabteilung der AG zahlte.[149] *Beispiel 2:* S war der Ver-

---

[148] Von lateinisch „collusio", gebildet aus „con" = zusammen und „ludere" = spielen.
[149] BGH NJW 2000, 2896; siehe auch BGH NZG 2011, 1225.

triebsleiter des Pressegroßhändlers P. Im Namen des P vereinbarte er mit B, diesem etwa 300 000 nicht mehr aktuelle ausländische Zeitschriften zu einem Sonderpreis zu liefern. Dafür hatte B 5 Cent pro Heft auf das Privatkonto des P zu zahlen. Nicht nur die Schmiergeldvereinbarung war sittenwidrig und damit nichtig (§ 138), sondern auch der abgeschlossene Kaufvertrag.[150] Es kann aber für den Vertretenen vorteilhaft sein, nicht von der Sittenwidrigkeit des Vertrags auszugehen. Denn dann kann er – da sein Vertreter in jedem Fall ohne Vertretungsmacht gehandelt hat – nach § 177 über die Wirksamkeit des Vertrags entscheiden.[151]

In Fällen der Kollusion gilt § 166 Abs. 1 nicht, dh das böse Wissen des Vertreters wird dem Vertretenen nicht zugerechnet.[152] *Beispiel*: Y war der persönlich haftende Gesellschafter einer KG. Als deren Vertreter kaufte er von dem Lieferanten L Ware. Dabei musste sich L verpflichten, Y ein Schmiergeld in Höhe von 10 % des Kaufpreises zu zahlen.[153] Die Kenntnis des Y macht die KG nicht bösgläubig, weil anderenfalls letztlich die (durch die Kollusion benachteiligten) anderen Gesellschafter wie Täter behandelt würden.

III. Erkennbarer Missbrauch der Vertretungsmacht

1. Allgemeines

Ein Vertreter kann auch bewusst zum Nachteil des Vertretenen handeln, ohne mit seinem Geschäftspartner gemeinsame Sache zu machen. In diesem Fall liegt keine Kollusion vor. Es kommt aber vor, dass sich dem Geschäftspartner die Benachteiligung des Vertretenen *geradezu aufdrängen* musste (Fall 42, Rn 998).[154] In diesen Fällen kann ein erkennbarer Missbrauch der Vertretungsmacht vorliegen, der das Rechtsgeschäft ebenfalls nichtig macht (FD „Vertretung", Frage 12, Ja, Spalte 7).

2. Voraussetzungen

a) Handeln im Rahmen der Vertretungsmacht

Erste Voraussetzung eines Missbrauchs der Vertretungsmacht ist, dass der Vertreter für Rechtsgeschäfte der fraglichen Art eine Vertretungsmacht besitzt.[155] Denn missbrauchen kann man nur ein Recht, das man hat. Oft ergibt aber eine Prüfung der Vertretungsmacht, dass der Vertreter das fragliche Rechtsgeschäft ohnehin nicht abschließen konnte. Tut er es trotzdem, liegt kein Fall des Missbrauchs vor, sondern eine Vertretung ohne Vertretungsmacht (§ 177 Abs. 1). Man kann diese Frage gegebenenfalls offenlassen, weil das Ergebnis dasselbe ist.

b) Erhebliche Nachteile für den Vertretenen

Der Vertreter muss die Interessen des Vertretenen in erheblichem Maß *vorsätzlich* (nicht nur fahrlässig) verletzt haben. Soweit er nur in Einzelheiten von den ihm erteilten Weisungen abgewichen ist, liegt kein Missbrauch vor.

---

150 BGH NJW 2014, 2790 Rn 23 und Rn 25. Erstaunlicherweise hat der BGH angenommen, der Käufer habe sich auf eine Anscheinsvollmacht des ungetreuen Vertriebsleiters berufen können (aaO Rn 12 f).
151 Lieder JuS 2014, 681 (685).
152 BGH NJW 2013, 2015 Rn 27; NJW 2000, 2896.
153 BGH NJW 1989, 26.
154 BGH NJW 1999, 2883.
155 MüKo/Schramm § 164 Rn 106; BGH NJW 2012, 3582 Rn 24.

c) Evidenz des Missbrauchs für den Geschäftsgegner

1007 Der Geschäftsgegner hat nicht mit dem Vertreter gemeinsame Sache gemacht (wie bei der Kollusion). Aber er muss die Treuwidrigkeit entweder erkannt haben oder sie musste sich ihm zumindest *geradezu aufdrängen*.[156] Dabei gilt ein strenger Maßstab. Denn bei der Beurteilung der Missbrauchsfälle darf man nicht nur an die Interessen des Vertretenen denken, der das fragliche Rechtsgeschäft natürlich nicht gelten lassen will, sondern muss auch die Interessen des Geschäftsgegners berücksichtigen.

1008 *Wissen:* Im einfachsten Fall weiß der Geschäftsgegner Bescheid. *Beispiel 1:* Der Geschäftsführer F der G-GmbH war den Gesellschaftern gegenüber verpflichtet, von seiner umfassenden Vertretungsmacht nur in engen Grenzen Gebrauch zu machen. X wusste das, aber nicht von F, und er sprach auch nicht mit F darüber. Er schloss aber mit F (dem Vertreter der GmbH) einen Vertrag, der diese Grenzen deutlich überschritt.[157] Ein Fall der Kollusion liegt nicht vor, weil X mit F nicht einverständlich zusammengearbeitet hat. Aber der Missbrauch der Vertretungsmacht war für X evident.

1009 *Verdachtsmomente:* Wenn der Geschäftspartner den Verstoß des Vertreters nicht kannte, muss „der Vertreter von seiner Vertretungsmacht in ersichtlich verdächtiger Weise Gebrauch gemacht" haben, „so dass beim Vertragspartner begründete Zweifel bestehen mussten" bis zur „objektiven Evidenz".[158] *Beispiel:* Fall 42 (Rn 998).

1010 *Kein Verdacht:* Wenn der Geschäftsgegner ohne Fahrlässigkeit darauf vertraut hat, dass der Vertreter die Interessen des Vertretenen vertrat, wird er in seinem Vertrauen geschützt. Denn grundsätzlich trägt der *Vertretene* die Folgen, wenn sein Vertreter die ihm erteilte Vollmacht missbraucht. Den Verhandlungspartner des Vertreters „trifft keine Prüfungspflicht, ob und inwieweit der Vertreter im Innenverhältnis gebunden ist, von seiner nach außen unbeschränkten Vertretungsmacht nur begrenzten Gebrauch zu machen".[159] *Beispiel:* K wollte sich bei der V-Versicherungs-AG versichern lassen. Er erzählte deren Versicherungsvertreter A, dass er durch seinen Dienst in einer JVA psychisch überfordert sei, und machte Angaben über seine psychosomatischen Erkrankungen. A fürchtete, dass bei einer korrekten Weitergabe der Informationen kein Versicherungsvertrag zustande kommen und er deshalb keine Provision verdienen würde. Er trug deshalb die Vorerkrankungen nicht in das Antragsformular ein. Später berief sich die V darauf, dem K habe sich das treuwidrige Verhalten ihres Vertreters A geradezu aufdrängen müssen. Der BGH folgte dem nicht, weil die Treuwidrigkeit des A für K nicht evident war.[160]

3. Rechtsfolgen

1011 Wenn ein erkennbarer Missbrauch gegeben ist, ist der Geschäftspartner in seinem (angeblichen) Vertrauen auf die Vertretungsmacht des Vertreters nicht schutzwürdig. Deshalb ist der ungetreue Vertreter ein Vertreter ohne Vertretungsmacht (§ 177), so dass der Vertretene aus dem Rechtsgeschäft nicht verpflichtet wird. Weil der Geschäftsgegner den Mangel der Vertretungsmacht kannte oder kennen musste (§ 179 Abs. 3 S. 1), haftet der Vertreter ihm nicht auf Erfüllung oder Schadensersatz.

---

156 BGH NJW 2012, 1718 Rn 21. Flume: Der Missbrauch muss so „evident" sein, dass ein „reasonable man ihn erkennen würde" (§ 45 Abs. 2 S. 3 [790]).
157 BGH NJW 2006, 2776.
158 NJW 1999, 2883; 1997, 1063; 1995, 250.
159 BGH NJW 2017, 3373 Rn 20; 2011, 66 Rn 29.
160 BGH NJW 2002, 1497.

§ 43 Duldungsvollmacht und Anscheinsvollmacht

▶ **Fall 43: Spekulationen einer Hausfrau** 1012

Die 62 Jahre alte Hausfrau Elfriede Tull nahm bei der Kreissparkasse einen Kredit über 150 000 Euro auf, um damit Wertpapiere zu kaufen. Sie erteilte der Kreissparkasse zunächst Aufträge zum Kauf von Aktien, später auch von Optionsscheinen. Später kauften Frau Tulls Sohn Norbert Tull und dessen Lebensgefährtin Barbara Leisner zulasten des von Frau Tull unterhaltenen Girokontos in größerem Umfang Optionsscheine. Durch die ihr regelmäßig übersandten Kontoauszüge erfuhr Frau Tull von diesen Geschäften, ohne sich dazu zu äußern. Die von Norbert Tull und Barbara Leisner getätigten Spekulationsgeschäfte endeten mit einem Verlust von insgesamt 318 874 Euro. Frau Tull erklärte daraufhin der Kreissparkasse, sie habe weder ihrem Sohn noch dessen Lebensgefährtin jemals eine Vollmacht erteilt, für sie Aktien oder Optionsscheine zu erwerben. Die Kreissparkasse vertritt die Ansicht, Frau Tull müsse sich die Geschäfte zurechnen lassen, weil zumindest von einer Duldungsvollmacht auszugehen sei. (Nach BGHZ 133, 82)

Zu prüfen ist, ob Frau Tull beim Abschluss der Wertpapiergeschäfte wirksam durch Norbert und Barbara vertreten war (§ 164 Abs. 1 S. 1). Es kommt in erster Linie darauf an, ob der die Verhandlungen führende Mitarbeiter der Kreissparkasse den Eindruck haben musste, Norberts und Barbaras Erklärungen erfolgten *im Namen* von Frau Tull. Das ist der Fall, weil sich alle Beteiligten einig waren, dass die Geschäfte zulasten von Frau Tulls Konto abgewickelt werden sollten. Da Frau Tull die alleinige Kontoinhaberin war, konnten Norbert und Barbara nur im Namen von Frau Tull über das Konto verfügen, nicht im eigenen Namen. 1013

Es ging aber um die Frage, ob Norbert und Barbara eine entsprechende *Vollmacht* besaßen. Eine ausdrückliche Erteilung der Vollmacht durch Frau Tull fehlt, zumindest wird sie von Frau Tull bestritten und ist nicht beweisbar. Es kann auch nicht unterstellt werden, dass Frau Tull Norbert und Barbara den *Auftrag* erteilt hatte, für sie die fraglichen Wertpapiergeschäfte abzuschließen, woraus sich eine stillschweigende Erteilung der Vollmacht ergeben hätte (Rn 859). Zu prüfen ist deshalb, ob die Voraussetzungen einer *Duldungsvollmacht* gegeben sind (Rn 1018 ff). Dabei ist zu unterscheiden:

– Als Frau Tull *zum ersten Mal* einem Kontoauszug entnahm, dass in ihrem Namen und auf ihre Kosten Wertpapiere gekauft worden waren, konnte Frau Tull dies Verhalten noch nicht geduldet haben. Norbert und Barbara waren also zu dieser Zeit noch Vertreter ohne Vertretungsmacht (§ 177). Frau Tull könnte ihr Auftreten aber später genehmigt haben (Rn 1058).

– *Spätere* Wertpapierkäufe könnten durch eine Duldungsvollmacht gedeckt sein. Denn Frau Tull wusste aufgrund der Kontoauszüge, dass Norbert und Barbara in ihrem Namen gegenüber der Kreissparkasse Willenserklärungen abgaben, und hat dieses Verhalten nicht verhindert, obwohl sie das hätte tun können. Dadurch hat sie dieses Verhalten *geduldet*. Für die Kreissparkasse musste deshalb mangels anderer Informationen der Eindruck entstehen, Norbert und Barbara seien von Frau Tull bevollmächtigt worden.

Damit liegen alle Voraussetzungen der Duldungsvollmacht vor.[161] Es ist deshalb unbeachtlich, dass sich Frau Tull darauf beruft, ihr habe der Wille zur Erteilung der Vollmacht gefehlt.

---

161 Der BGH spricht in der zugrunde liegenden Entscheidung BGHZ 133, 82 von einer Anscheinsvollmacht, aber offenbar aus Versehen.

Da die Duldungsvollmacht die Wirkung einer normalen Vollmacht hat, war Frau Tull die Vertragspartnerin der Kreissparkasse (§ 164 Abs. 1 S. 1), so dass sie die Spekulationsgeschäfte gegen sich gelten lassen muss.

Aus dem FD „Vertretung" ergibt sich die Lösung zunächst folgendermaßen: 1. Nein – 2. Nein – 3. Ja – 4. Ja – Frage 5 führt zum FD „Vertretungsmacht": 1. Nein – 2. Nein – 7. Nein – 8. Nein – 9. Ja (Spalte 10). ◀

Lerneinheit 43

1014   **Literatur:** *Metzing*, Das Erlöschen von rechtsgeschäftlicher Vertretungsmacht und Rechtsscheinvollmacht, JA 2018, 413; *Thomale/Schüßler*, Das innere System des Rechtsscheins, ZfPW 1015, 454; *Zimmermann*, Bei Anruf Zahlung? – Das Pay by Call-Verfahren zwischen Rechtsscheinhaftung und Minderjährigenschutz, MMR 2011, 516; *Borges*, Rechtsscheinhaftung im Internet, NJW 2011, 2400; *Lux*, Rechtsscheinhaftung des Scheinsozius auch für nicht anwaltstypische Tätigkeiten, NJW 2008, 2309; *Bornemann*, Rechtsscheinvollmachten in ein- und mehrstufigen Innenverhältnissen, AcP 207 (2007), 102; *Rott*, Duldungsvollmacht bei Verstoß gegen das Rechtsberatungsgesetz? NJW 2004, 2794; *Merkt*, Die dogmatische Zuordnung der Duldungsvollmacht zwischen Rechtsgeschäft und Rechtsscheintatbestand, AcP 204 (2004), 638.

I. Duldungsvollmacht

1. Definition

1015   Eine Duldungsvollmacht liegt nach der Definition des BGH vor, wenn „der Vertretene es willentlich geschehen lässt, dass ein anderer für ihn wie ein Vertreter[162] auftritt, und der Geschäftspartner dieses Dulden nach Treu und Glauben dahin versteht und auch verstehen darf, dass der als Vertreter Handelnde zu den vorgenommenen Erklärungen bevollmächtigt ist".[163]

2. Ableitung, Hintergrund

1016   Aus den §§ 170 bis 173 (Rn 925 ff) lässt sich der Satz entnehmen, dass „derjenige, der durch besonderen Kundgebungsakt einem gutgläubigen Dritten gegenüber wissentlich den Rechtsschein einer Vollmacht setzt, im Verhältnis zu dem Dritten an diese Kundgabe gebunden ist".[164] Dadurch sollen Dritte geschützt werden, die vom Fehlen der Vertretungsmacht keine Kenntnis hatten und auch nicht haben mussten und aus gutem Grund vom Bestehen einer Vollmacht ausgegangen sind.[165] Die Verallgemeinerung dieses Rechtsgedankens bildet die Grundlage für die Duldungsvollmacht und die Anscheinsvollmacht.

Es besteht aber ein wichtiger Unterschied zwischen den §§ 170 bis 173 einerseits und der Duldungs- und Anscheinsvollmacht andererseits: Die §§ 170 ff setzen voraus, dass es einmal eine durch Bevollmächtigung entstandene Vollmacht gab, die inzwischen erloschen ist, und fingieren nur unter gewissen Umständen deren *Fortbestand*. Dagegen knüpfen die Regeln über die Duldungs- und Anscheinsvollmacht nicht an einer erlo-

---

162 Gemeint ist: „… wie ein *bevollmächtigter* Vertreter". Denn jemand, der Erklärungen im fremden Namen abgibt, ist in jedem Fall Vertreter.
163 BGH NJW 2011, 2421 Rn 15; mit kleinen sprachlichen Abweichungen (zB „wissentlich" statt „willentlich") ebenso NJW 2007, 987 Rn 19.
164 BGH NJW 2008, 3355 Rn 36.
165 Staudinger/Schilken § 171 Rn 1.

schen Vollmacht an, sondern an dem missverständlichen Verhalten einer Person, die sich wie ein Vollmachtgeber verhalten hat.

Die Duldungsvollmacht spielt in der Praxis – im Gegensatz zur Anscheinsvollmacht – eine geringe Rolle. Überzeugende Anwendungsfälle in der Rechtsprechung zu finden, ist jedenfalls schwer. Zwei Fälle hat der BGH zudem (wohl versehentlich) der Anscheinsvollmacht zugeordnet.[166]

1017

3. Voraussetzungen der Duldungsvollmacht

a) Auf Seiten des Vertreters

Verhalten vor dem zu beurteilenden Vertragsschluss: Der Vertreter ist schon *vor* dem zu beurteilenden Fall ohne (oder ohne ausreichende) Vertretungsmacht für den Vertretenen aufgetreten. (Wenn jemand zum *ersten Mal* für einen anderen eine Willenserklärung ohne Vertretungsmacht abgibt, kann noch kein Fall der Duldungsvollmacht vorliegen.)

1018

Verhalten im konkreten Fall: Der Vertreter hat auch im konkreten Fall ohne (ausreichende) Vertretungsmacht gehandelt. Er ist deshalb eigentlich ein Vertreter ohne Vertretungsmacht (§ 177).

1019

b) Auf Seiten des Vertretenen

Verhalten vor dem zu beurteilenden Rechtsgeschäft: Der Vertretene hatte Informationen darüber, dass der Vertreter ohne (oder ohne ausreichende) Vollmacht für ihn aufgetreten ist.[167] Er ließ dieses Verhalten aber „willentlich" (oder zumindest *„wissentlich) geschehen"*, und zwar „in der Regel über einen längeren Zeitraum."[168] *Beispiel:* Frau Tull wusste aufgrund der Kontoauszüge, dass ihr Sohn und seine Freundin bereits öfter für sie Wertpapiere gekauft hatten (Fall 43, Rn 1012). Es reicht nicht aus, wenn der Vertretene den Vertreter zwar abgemahnt, aber anschließend nicht kontrolliert hat.[169] (Erfährt der Vertretene erst *nach* dem fraglichen Vertragsschluss von den bisherigen Fällen, kann keine Duldungsvollmacht vorliegen.[170])

1020

Psychologischer Hintergrund: Wer zum ersten Mal von dem Verhalten hört, das der Vertretene bei der Duldungsvollmacht gezeigt haben muss, hat leicht den Eindruck, dass es widersprüchlich sei und deshalb in der Wirklichkeit nicht vorkommen könne. Aber das ist nicht richtig. Man darf nicht annehmen, dass alle Menschen konsequent das tun, was sie als nötig erkannt haben. Dass jemand etwas duldet, was er eigentlich nicht will, ist im täglichen Leben sogar häufig.

1021

Verhalten im konkreten Fall: Es ist nicht erforderlich, dass der Vertretene vom erneuten Auftreten des Vertreters vorher oder zeitgleich erfährt. Wichtig ist nur, dass er den erneuten Fall nicht unterbunden hat.

1022

---

166 BGHZ 133, 82 = Fall 43, Rn 1012 und NJW 1998, 1854.
167 BGH NJW 2002, 2325.
168 BGH NJW 2003, 2091.
169 BGH NJW 1998, 1854.
170 Staudinger/Schilken § 167, Rn 43; MüKo/Schramm § 167 Rn 66.

c) Auf Seiten des Geschäftspartners

1023 *Vor dem zu beurteilenden Rechtsgeschäft:* Der Vertragspartner hat bemerkt, dass der Vertreter unbeanstandet für den Vertretenen aufgetreten ist.[171] Dabei kann es ausreichen, wenn ihm ein einziger solcher Fall vom Hörensagen bekannt geworden ist.[172] Der Vertragspartner durfte das Dulden „nach Treu und Glauben" dahin verstehen, „dass der als Vertreter Handelnde bevollmächtigt" sei, und hat das auch so verstanden.[173] Daraus hat sich beim späteren Vertragspartner ein *Vertrauenstatbestand* aufgebaut.

1024 *Verhalten im konkreten Fall:* Der Vertragspartner hat im Zeitpunkt des Vertragsschlusses ohne Fahrlässigkeit (§ 276 Abs. 2) auf das Bestehen einer ausreichenden Vollmacht vertraut.[174]

4. Rechtsfolge und Rechtsnatur

1025 Das Dulden des eigenmächtigen Vertreterhandelns wird der Erteilung einer Vollmacht (§ 167 Abs. 1) gleichgestellt. Der Vertretene wird deshalb aus dem Vertrag berechtigt und verpflichtet, als habe er den Vertreter bevollmächtigt. *Beispiel:* Kontoinhaber K duldete bisher, dass X ohne Vollmacht über das Konto verfügte, will das aber in dem fraglichen Fall nicht mehr gelten lassen.[175]

Umfang der Vollmacht: Der Umfang der Duldungsvollmacht richtet sich nach den berechtigten Erwartungen des Geschäftsgegners. Diese wiederum leiten sich aus den Verträgen ab, die der Vertretene in der Vergangenheit (ohne Vertretungsmacht, aber auch ohne Beanstandung) abgeschlossen hatte und von denen der Vertragspartner wusste.

1026 *Rechtsnatur:* Die Duldungsvollmacht ist ein von Rechtsprechung und Lehre geschaffenes, in seinen Voraussetzungen und seiner Wirkung allgemein anerkanntes Rechtsinstitut. Nur seine rechtliche Einordnung ist umstritten:

Früher ging der BGH und mit ihm ein Teil der Lehre davon aus, dass es sich bei der Duldungsvollmacht nur um einen Sonderfall der durch schlüssiges Verhalten erteilten Vollmacht handele.[176] Später hat sich der BGH von dieser Gleichsetzung distanziert.[177] Heute besteht Einigkeit darüber, dass die Duldungsvollmacht sich von der schlüssig erteilten Vollmacht dadurch unterscheidet, dass der Vertretene bei der Duldungsvollmacht *nicht den Willen* hat, eine Vollmacht zu erteilen.[178]

1027 Die hM sieht die Duldungsvollmacht zu Recht nur als *Anschein* einer (in Wirklichkeit nicht gegebenen) Vollmacht.[179] Nach dieser Ansicht beruht die Duldungsvollmacht also nicht auf einer Willenserklärung, sondern ist ein Scheintatbestand wie die (von § 171 Abs. 2 fingierte) Rechtsscheinvollmacht (Rn 935) und die Anscheinsvollmacht (Rn 1044 ff). Für diese Ansicht spricht, dass sich – darüber besteht Einigkeit – nur ein *Gutgläubiger* auf das Bestehen einer Duldungsvollmacht berufen kann (wie § 173; Rn 1024). Das widerspricht der Einordnung der Duldungsvollmacht als einer rechtsge-

---

171 BGH WM 1978, 1046.
172 Palandt/Ellenberger § 172 Rn 9; MüKo/Schramm § 167 Rn 47.
173 BGH NJW 2003, 2091.
174 BGH NJW 2002, 2325.
175 BGH NJW 1997, 312; 1996, 2511.
176 BGH MDR 1953, 345.
177 LM § 167 Nr. 13.
178 BGH LM § 167 Nr. 10, § 164 Nr. 24.
179 Soergel/Leptien § 167 Rn 17, 20; MüKo/Schramm § 167 Rn 51.

schäftlich erteilten Vollmacht. Denn der gute Glaube ist immer ein Glauben an etwas, das es in Wirklichkeit *nicht* gibt, also an einen Scheintatbestand.

Man kann in dem Dulden auch *die Kundgabe* des Vertretenen sehen, er habe dem Vertreter Vollmacht erteilt.[180] Eine solche Kundgabe ist bekanntlich nicht die Erteilung der Vollmacht selbst, sondern nur die Mitteilung über die vollzogene Erteilung der Vollmacht (§ 171 Abs. 1; Rn 930 ff). Das Vertrauen auf diese Kundgabe wird durch § 171 geschützt, so dass man die Duldungsvollmacht auch als einen Sonderfall des § 171 ansehen kann.

1028

Im FD „Vertretungsmacht" steht die Duldungsvollmacht (Spalte 10) nicht ohne Grund zwischen der konkludent erteilten Vollmacht und der Anscheinsvollmacht.

II. Anscheinsvollmacht

1. Definition

Die Anscheinsvollmacht setzt (wie die Duldungsvollmacht) voraus, dass jemand ohne Vertretungsmacht im Namen eines anderen (des Vertretenen) aufgetreten ist. Im Gegensatz zur Duldungsvollmacht hat jedoch der Vertretene das Handeln des Vertreters *nicht geduldet*. Es war ihm sogar unbekannt. Aber seine Unkenntnis beruhte auf Fahrlässigkeit. Denn er hätte es „bei pflichtgemäßer Sorgfalt erkennen ... und verhindern können".[181]

1029

Im Fall des Duldens bezieht sich der Vorwurf darauf, dass der Vertretene das fragliche Handeln *nicht verhindert* hat, obwohl er es kannte. Im Fall der Anscheinsvollmacht bezieht sich der Vorwurf darauf, dass der Vertretene das fragliche Handeln *nicht erkannt* hatte.

1030

Im Ergebnis stimmen Duldungs- und Anscheinsvollmacht wieder überein: Der Vertretene kann in beiden Fällen nicht geltend machen, er habe seinen Vertreter nicht bevollmächtigt.

Das Rechtsinstitut der Anscheinsvollmacht ist – wie die Duldungsvollmacht – aus dem Rechtsgedanken der §§ 170 bis 173 entwickelt worden.[182]

1031

2. Voraussetzungen der Anscheinsvollmacht

a) Auf Seiten des Vertreters

Der Vertreter hat im Namen des Vertretenen eine Willenserklärung abgegeben, für die er – zumindest nach Darstellung des Vertretenen – keine Vollmacht besaß. Es ist gleichgültig, ob er überhaupt keine Vollmacht hatte (selten), oder ob er sie im konkreten Fall überschritten hatte.[183]

1032

b) Auf Seiten des Vertretenen

Bei der Anscheinsvollmacht weiß der Vertretene nicht, dass der Vertreter für ihn auftritt (oder behauptet das zumindest). Er hat aber den Rechtsschein einer Erteilung der Vollmacht schuldhaft hervorgerufen. *Beispiel 1:* Der Gesellschafter G einer „UG (haf-

1033

---

180 Medicus Rn 930.
181 BGH NJW 2011, 2421 Rn 16; fast wortgleich BGH NJW 2007, 987 Rn 25. Siehe auch BGHZ 166, 369.
182 BGH NJW 1991, 1225.
183 ZB BGH NJW-RR 1986, 1476, BGH NJW-RR 1987, 308.

tungsbeschränkt)"¹⁸⁴ verlieh seinen beiden Mitarbeitern die Titel „vice president" und „general manager". Diese schlossen daraufhin Verträge in einem von G nicht beabsichtigten Umfang. Aber G muss den Rechtsschein einer umfassenden Vollmacht gegen sich gelten lassen.¹⁸⁵ *Beispiel 2:* Unternehmer U hatte einen Bauauftrag der Stadtwerke Frankfurt erhalten und war dadurch ihr „Auftragnehmer". Zu Verhandlungen über die Einzelheiten schickte er seinen Mitarbeiter P, der keine Vollmacht besaß. P vereinbarte mit den Stadtwerken eine Vertragsänderung, die für U erhebliche Nachteile brachte. Auf seine fehlende Vertretungsmacht wies er nicht hin. U wusste zwar nichts vom eigenmächtigen Auftreten des P. Aber der BGH schreibt zu Recht: „Entsendet der Auftragnehmer zu dieser Verhandlung einen Mitarbeiter, erzeugt er regelmäßig den Anschein, er werde durch einen Bevollmächtigten vertreten".¹⁸⁶

1034 Dem Vertretenen muss der Vorwurf zu machen sein, dass er das Verhalten des Vertreters „bei pflichtgemäßer Sorgfalt hätte erkennen und verhindern können".¹⁸⁷ Der Vertretene muss also fahrlässig gehandelt haben (§ 276 Abs. 2). Er genügt „seinen Obliegenheiten nicht schon dadurch, dass er dem Vertreter dessen Handlungen intern ernstlich untersagt". Er muss vielmehr im Rahmen des ihm Zumutbaren die Maßnahmen ergreifen, „die geeignet sind, den ... Rechtsschein zu zerstören".¹⁸⁸

c) Auf Seiten des Geschäftsgegners

1035 Vom Geschäftsgegner (der sich auf das Bestehen einer Anscheinsvollmacht beruft), wird verlangt, dass er „die Tatsachen kennt, aus denen sich der Rechtsschein der Bevollmächtigung ergibt".¹⁸⁹

1036 Obwohl der BGH gern „Häufigkeit und Dauer" fordert,¹⁹⁰ muss eine Anscheinsvollmacht auch schon bei einem *Erstkontakt* bejaht werden können. *Beispiel:* Ein Hersteller erhielt eine Bestellung, die auf dem Briefpapier eines Großhändlers geschrieben und von einem Mitarbeiter des Großhändlers unterschrieben war. Der Hersteller darf dann, wenn nicht besondere Verdachtsmomente bestehen, davon ausgehen, dass die Bestellung von einer Vollmacht des Großhändlers gedeckt ist.¹⁹¹

1037 *Keine Fahrlässigkeit:* Eine Anscheinsvollmacht darf nur angenommen werden, „wenn der Geschäftsgegner *ohne Fahrlässigkeit* annehmen darf, der Vertretene kenne und dulde das Verhalten des für ihn handelnden Vertreters".¹⁹² Es kommt also darauf an, ob einem vernünftigen Menschen in der Lage des Geschäftsgegners Zweifel am Bestehen der Vollmacht gekommen wären.¹⁹³

1038 Ein Geschäftsgegner, der bei einem *ungewöhnlichen Geschäft* auf den Bestand einer Vollmacht vertraut, wird sich idR den Vorwurf der Fahrlässigkeit gefallen lassen müssen. *Beispiel:* Die Mitarbeiterin eines Maklers behauptete gegenüber einem Kunden, sie

---

184 Bei der „Unternehmergesellschaft" (§ 5a GmbHG) handelt es sich um die passende Gesellschaftsform für besonders windige Kleinunternehmen.
185 Borsch GmHR 2004, 1376.
186 BGH NJW 2011, 1965 Rn 18. Der BGH hat aber letztlich nicht die Regeln der Anscheinsvollmacht angewendet, sondern die des kaufmännischen Bestätigungsschreibens (Rn 235 f).
187 BGH NJW 1998, 3342; BGHZ 5, 111.
188 BGH NJW 1991, 1225.
189 BGH NJW 2007, 987 Rn 25.
190 BGH NJW 1999, 2889.
191 So darf wohl der (allzu knappe) Sachverhalt der Entscheidung BGH NJW 1999, 53 verstanden werden.
192 BGH NJW 1999, 2889.
193 MüKo/Schramm § 167, Rn 70.

habe Vollmacht zur Entgegennahme von über 30 000 Euro in bar ohne Rechnung und ohne Quittung. Das durfte der Kunde nicht ohne weiteres glauben.[194]

3. Rechtsnatur und Rechtsfolgen

Es ist allgemein anerkannt, dass es sich bei der Anscheinsvollmacht *nicht* um eine echte (rechtsgeschäftlich erteilte) Vollmacht handelt, sondern nur um den Rechtsschein einer Vollmacht. Aber wenn die Voraussetzungen der Anscheinsvollmacht vorliegen, wird der Vertreter so angesehen, als habe er eine entsprechende Vollmacht gehabt.[195] Der Vertretene wird also analog § 164 Abs. 1 aus dem Rechtsgeschäft verpflichtet und berechtigt. Die Rechtsfolge ist dieselbe wie bei der in den §§ 170 bis 173 normierten Rechtsscheinhaftung und bei der Duldungsvollmacht.

1039–1047

§ 44 Vertragsschluss ohne Vertretungsmacht

▶ **Fall 44: Baugeschäft Sawatzki**   §§ 177, 179

1048

Ansgar Benckert gab eine Zeitungsanzeige auf, in der von einem „Baugeschäft Sawatzki" Maurer und Betonarbeiter gesucht wurden. Er schloss mit dem Maurer Klaus Lorenzen einen schriftlichen Arbeitsvertrag und gab als Arbeitgeber „Baugeschäft Sawatzki" an. Er unterschrieb mit dem Zusatz „Für und im Namen von Baugeschäft Heribert Sawatzki". Zu dieser Zeit war Heribert Sawatzki Inhaber eines Ein-Mann-Betriebs für Garten- und Landschaftsbau in Elmshorn. Lorenzen hatte keinen Grund zu bezweifeln, dass Benckert von Sawatzki bevollmächtigt sei. Er begann am 1. Juli eine Tätigkeit als Maurer und Kranführer. Benckert verschickte an Lorenzen Lohnabrechnungen für die Monate Juli und August und gab auf den Briefumschlägen als Absender „Baugeschäft Sawatzki, Gerold-Straße 13, Elmshorn" an. Lorenzen erhielt jedoch nur eine Abschlagszahlung von 200 Euro und stellte deshalb seine Arbeit nach zwei Monaten ein. Er suchte Sawatzki auf und verlangte von ihm den ausstehenden Lohn. Aber Sawatzki erklärte, er habe Benckert nicht bevollmächtigt und habe mit der ganzen Sache nichts zu tun. Nunmehr verklagt Lorenzen Benckert auf Zahlung des Lohns. Dieser kann nicht nachweisen, dass er von Sawatzki bevollmächtigt worden war. (Nach BAG NJW 2007, 1378)

Zu prüfen ist, ob Lorenzen nach § 179 Abs. 1 von Benckert die Zahlung des Arbeitslohns verlangen kann. Diese Vorschrift soll – leicht umgestellt – wieder abschnittsweise geprüft werden:

1049

„*Wer als Vertreter einen Vertrag geschlossen hat, ...*" Als „Wer" kommt Benckert in Betracht und als „Vertrag" der Arbeitsvertrag (§ 611a). Benckert hat ihn dann „als Vertreter" abgeschlossen, wenn er erkennbar im Namen eines anderen aufgetreten ist. Der Begriff des Vertreters setzt bekanntlich nicht voraus, dass dieser Vertretungsmacht besaß. Es genügt, dass die betreffende Person erkennbar im fremden Namen aufgetreten ist. Da Benckert den Vertrag mit dem Zusatz „Für und im Namen von Baugeschäft Heribert Sawatzki" unterschrieben hat, hat er deutlich gemacht, dass er sich nicht selbst verpflichten wollte, also Vertreter war. Auf eine korrekte Bezeichnung des Vertretenen kommt es nicht an. Es ist deshalb gleichgültig, dass ein „Baugeschäft" nicht Vertretener sein kann, sondern nur dessen Inha-

---

[194] BGH NJW-RR 1987, 308.
[195] BGH NJW 1983, 1308.

ber, in diesem Fall Sawatzki. Und es ist auch gleichgültig, dass Sawatzki nicht Inhaber eines Baugeschäfts war, sondern eines Gartenbaubetriebs.

„... ist, sofern er nicht seine Vertretungsmacht nachweist, ..." Als „Vertretungsmacht" kommt hier nur eine durch Rechtsgeschäft erteilte Vertretungsmacht in Frage, also eine Vollmacht (§ 166 Abs. 2). Wie sich aus dem Sachverhalt ergibt, kann Benckert nicht – etwa durch Vorlage einer Vollmachtsurkunde – nachweisen, dass Sawatzki ihn bevollmächtigt hatte. Es fehlt auch an den Voraussetzungen einer Duldungs- oder einer Anscheinsvollmacht, weil Sawatzki nicht in einer zurechenbaren Weise den Anschein erweckt hatte, es liege eine Vollmacht vor. Deshalb ist Benckert als *Vertreter ohne Vertretungsmacht* aufgetreten (§ 177).

„... wenn der Vertretene die Genehmigung des Vertrags verweigert." Mit einer Genehmigung hätte Sawatzki den von Benckert geschlossenen Vertrag wirksam machen können (§ 177 Abs. 1). Die Genehmigung ist bekanntlich die „nachträgliche Zustimmung" (§ 184 Abs. 1). Sie oder ihre Verweigerung konnte Sawatzki wahlweise gegenüber Lorenzen oder Benckert erklären (§ 182 Abs. 1). Als Lorenzen ihn aufsuchte, hat sich Sawatzki damit erklärt, er habe Benckert keine Vollmacht erteilt. Spätestens dadurch hat er – korrekt gegenüber Lorenzen – die Genehmigung des Vertrags verweigert. Der Vertrag wurde dadurch Sawatzki gegenüber nichtig (Rn 1064).

Und nun folgen die ausgelassenen Worte:

„... dem anderen Teil nach dessen Wahl zur Erfüllung oder zum Schadensersatz verpflichtet, ..." Der Verpflichtete ist Benckert, der Wahlberechtigte ist Lorenzen. Da Lorenzen nur den ihm zustehenden Lohn verlangt, nimmt er Benckert auf Erfüllung des Arbeitsvertrags in Anspruch, nicht auf Schadensersatz.

Ein solcher Anspruch wäre ausgeschlossen, wenn Lorenzen bei Abschluss des Vertrags „den Mangel der Vertretungsmacht kannte oder kennen musste" (§ 179 Abs. 3 S. 1). Positive Kenntnis davon, dass Benckert nicht bevollmächtigt war, hatte Lorenzen nicht. Es kommt deshalb darauf an, ob Lorenzen das Fehlen der Vollmacht „kennen musste" (§ 179 Abs. 3 S. 1), dh ob seine Unkenntnis auf Fahrlässigkeit beruhte (§ 122 Abs. 2; Rn 475). Das wäre der Fall gewesen, wenn Lorenzen die im Verkehr erforderliche Sorgfalt außer Acht gelassen hätte (§ 276 Abs. 2), als er von einer Vollmacht ausging. Wie sich aus dem Sachverhalt ergibt, musste Lorenzen jedoch keinen Verdacht schöpfen, als ihm Benckert mit dem Anspruch gegenübertrat, Sawatzkis bevollmächtigter Vertreter zu sein.[196] Denn es ist nichts Ungewöhnliches, wenn jemand als Vertreter eines Bauunternehmers einen Arbeiter einstellt. Es ist in solchen Fällen nicht Sache des Arbeiters, kritische Fragen nach einer ausreichenden Vollmacht zu stellen. Vielmehr behauptet derjenige, der als Vertreter auftritt, konkludent, dass er bevollmächtigt sei (Rn 1071). Darauf durfte sich Lorenzen verlassen. Der Vorwurf der Fahrlässigkeit ist ihm deshalb nicht zu machen. Folglich ist Benckert nicht nach § 179 Abs. 3 S. 1 von der Haftung frei.

Damit steht fest, dass Lorenzen Benckert auf Erfüllung in Anspruch nehmen kann (§ 179 Abs. 1).

---

[196] Damit lagen auf Seiten von Lorenzen auch die Voraussetzungen einer Anscheinsvollmacht vor – aber nicht auf Seiten von Sawatzki. Denn es ist nicht bekannt, dass dieser schuldhaft den Eindruck erweckt hatte, er habe Benckert bevollmächtigt.

§ 44 Vertragsschluss ohne Vertretungsmacht   § 44

Aus dem FD „Vertragsschluss ohne Vertretungsmacht" ergibt sich die Lösung so: 1. Nein – 8. Ja – 9. Nein – 4. Nein – 5. Nein – 6. Nein (Spalte 5). ◀

Lerneinheit 44

Literatur zur Vertretung ohne Vertretungsmacht: *Willems,* Ersatz von Vertrauensschäden und Begrenzung auf das Erfüllungsinteresse nach § 122 und § 179 II BGB, JuS 2015, 586; *Rawert/ Endres,* Der falsus procurator und § 181, ZIP 2015, 2197; *Tonikidis,* Die Gründung einer Einpersonen-GmbH durch einen vollmachtlosen Stellvertreter, MittBayNot 2014, 514; *Kleensang/ Seybold,* Die Kosten der gescheiterten vollmachtlosen Stellvertretung, notar 2014, 92; *Engelhardt,* Haftung des falsus procurator – alternative Anspruchsgrundlage auf Schadensersatz, ZFS 2014, 604; *Klimke,* Fehlerhafte Gesellschaft und Vertretung ohne Vertretungsmacht, NZG 2012, 1366; *Behnen,* Die Haftung des falsus procurator im IPR – nach Geltung der Rom I- und Rom II-Verordnungen, IPRax 2011, 221; *Fehrenbach,* Die Haftung bei Vertretung einer nicht existierenden Person, NJW 2009, 2173;

1050

Literatur zum Handeln unter fremdem Namen: *Oechsler,* Der Allgemeine Teil des Bürgerlichen Gesetzbuchs und das Internet, Jura 2012, 581; *Hauck,* Handeln unter fremdem Namen, JuS 2011, 967; *Oechsler,* Die Bedeutung des § 172 I BGB beim Handeln unter fremdem Namen im Internet, AcP 208 (2008), 565.

I. Vertretung ohne Vertretungsmacht

1. Definition

Vertretung ohne Vertretungsmacht ist die Abgabe (oder der Empfang) einer Willenserklärung im Namen eines anderen durch eine Person, die dafür keine Vertretungsmacht besitzt. Der Vertreter ohne Vertretungsmacht wird auch „falsus procurator" genannt (lateinisch: falscher Verwalter/Stellvertreter).

1051

2. Verträge und einseitige Rechtsgeschäfte

Bei den Rechtsfolgen der Vertretung ohne Vertretungsmacht unterscheidet das Gesetz zwischen Verträgen (§ 177) und einseitigen Rechtsgeschäften (§ 180). Im ersten Fall gibt das Gesetz dem Vertretenen Gelegenheit, den Vertragsschluss zu genehmigen und damit wirksam zu machen (§ 177). Dagegen sind *einseitige* Rechtsgeschäfte eines falsus procurator unerwünscht und deshalb nur ausnahmsweise genehmigungsfähig (§ 180; Rn 1081 ff). Im Folgenden geht es zunächst um Verträge.

1052

II. Vertragsschluss ohne Vertretungsmacht

1. Erkennbar im fremden Namen

Erste Voraussetzung des § 177 Abs. 1 ist, dass die betreffende Person überhaupt *als Vertreter* den Vertrag geschlossen hat („Schließt jemand ... *im Namen eines anderen* einen Vertrag ..."). Die mit „jemand" bezeichnete Person muss also *erkennbar* im Namen eines anderen eine zum Vertragsschluss erforderliche Willenserklärung abgegeben haben (Antrag oder Annahme). Ist dies *nicht* der Fall, ist die betreffende Person nicht Vertreter (§ 164 Abs. 1 S. 1) und damit auch nicht Vertreter ohne Vertretungsmacht (§ 177), sondern hat im eigenen Namen gehandelt (§ 164 Abs. 2).

1053

357

§ 179 wird analog angewendet, wenn jemand im Namen einer nicht existierenden Person oder Gesellschaft einen Vertrag geschlossen hat.[197] *Beispiel:* Rechtsanwalt B kaufte in einem Notartermin einen GmbH-Geschäftsanteil als Vertreter der „R & Partner GbR", die es nicht gab. Die Nichtexistenz des Vertretenen schloss es nicht aus, B nach § 179 Abs. 1 persönlich in Anspruch zu nehmen.[198]

2. Ohne Vertretungsmacht

1054 Die zweite Voraussetzung ist, dass der Vertreter den Vertrag „ohne Vertretungsmacht" geschlossen hat (§ 177 Abs. 1). Diese Voraussetzung kann auf verschiedene Weise erfüllt sein:

- Der Vertreter hatte für seine Erklärung weder eine gesetzliche Vertretungsmacht noch hatte der Vertretene ihm eine Vollmacht erteilt. Ein Beispiel ist Fall 44 (Rn 1048). Wenn der Vertreter eine Duldungs- oder Anscheinsvollmacht besaß, war er nicht Vertreter ohne Vertretungsmacht.[199]
- Der Vertretene hatte dem Vertreter zwar eine Vollmacht erteilt, aber diese war von Anfang an nichtig[200] oder wurde es rückwirkend zB infolge einer Anfechtung (§§ 119, 123, 142).

1055
- In den meisten zu § 177 veröffentlichten Entscheidungen besaß der Erklärende bei der Abgabe der fraglichen Willenserklärung durchaus eine gewisse Vertretungsmacht, aber sie umfasste nicht die abgegebene Willenserklärung (Fall 35, Rn 880).
- Der Vertreter kann auch allein aufgetreten sein, obwohl er nur eine Gesamtvertretungsmacht hatte (Fall 39, Rn 949).
- Dem Fehlen der Vertretungsmacht stellt das Gesetz den Fall gleich, dass der Erklärende seine Vertretungsmacht nicht nachweisen kann (§ 179 Abs. 1).

1056
- Es fehlt auch an der Vertretungsmacht, wenn der Vertreter zwar eine solche besitzt, bei seiner Erklärung aber ausdrücklich darauf verzichtet, von ihr Gebrauch zu machen. *Beispiel:* P hatte durch notariellen Vertrag ein baufälliges Schloss gekauft (§§ 433, 311b Abs. 1) und wollte die Auflassung erklären (§ 925). Dazu hatte er die Notariatsangestellte G wirksam bevollmächtigt. G erklärte auch im Namen des P vor dem Notar die Auflassung, aber – wie die Urkunde des Notars ausweist – „vollmachtlos". Da Frau G von ihrer Vollmacht ausdrücklich keinen Gebrauch gemacht hat, war sie Vertreterin ohne Vertretungsmacht.[201]

Der Unterschied zwischen dem Missbrauch der Vertretungsmacht (Rn 1004 ff) und der Vertretung ohne Vertretungsmacht liegt hauptsächlich darin, das die Vertretungsmacht im ersten Fall vorhanden ist, aber missbraucht wird, und dass sie im zweiten Fall fehlt.

---

197 Soergel/Leptien § 179 Rn 9 ff; MüKo/Schramm § 179 Rn 11.
198 BGH NJW 2009, 215. Die Haftung nach § 179 scheiterte jedoch an § 179 Abs. 3, weil sich B ausdrücklich als „Vertreter ohne Vertretungsmacht" bezeichnet hatte (BGH aaO Rn 14).
199 BGH NJW 1983, 1308.
200 BGH NJW 2012, 3424 Rn 8 ff.
201 BGH NJW 2009, 3792. Notariatsangestellte treten häufig als vollmachtlose Vertreter auf. Der Notar hatte in diesem Fall wohl übersehen, dass hier ausnahmsweise eine Vollmacht vorlag.

III. Rechtslage nach dem Vertragsschluss

1. Allgemeines

Ein vom Vertreter ohne Vertretungsmacht geschlossener Vertrag ist zunächst schwebend unwirksam (§ 177 Abs. 1). Die Rechtslage entspricht also der beim Abschluss eines nicht ausschließlich vorteilhaften Vertrags durch einen beschränkt geschäftsfähigen Jugendlichen, dem die nötige Einwilligung fehlt (§ 108 Abs. 1; Rn 613).

Die §§ 177, 178 wollen erkennbar zunächst dem *Vertretenen* das Recht geben, den Vertrag zu genehmigen oder die Genehmigung zu verweigern (FD „Vertragsschluss ohne Vertretungsmacht", Frage 1, Ja). Erst in zweiter Linie hat der *Vertragspartner* zwei Rechte (§ 177 Abs. 2, § 178; Rn 1065 ff; FD „Vertragsschluss ohne Vertretungsmacht", Frage 1, Nein, Frage 8). So ist auch die folgende Darstellung aufgebaut.

1057

2. Genehmigung durch den Vertretenen

a) Zwei mögliche Adressaten

Der Vertretene kann frei entscheiden, ob er die Vertretung genehmigt (§§ 177 Abs. 1, 184 Abs. 1; FD „Vertragsschluss ohne Vertretungsmacht", Frage 3, Ja) oder die Genehmigung verweigert (Frage 3, Nein). Die Genehmigung kann er wahlweise an den Vertragspartner (den „anderen Teil") oder an den Vertreter richten (§ 182 Abs. 1). Dabei ist aber zu unterscheiden:

1058

- *Gegenüber dem anderen Teil:* Wenn der Vertretene gegenüber dem *Vertragspartner* (dem „anderen Teil") genehmigt hat, ist die Entscheidung gefallen (FD „Vertragsschluss ohne Vertretungsmacht", Spalte 1): Der Vertrag ist rückwirkend wirksam (§§ 177 Abs. 1, 184 Abs. 1), so dass eine Haftung des Vertreters nach § 179 entfällt.

- *Gegenüber dem Vertreter:* Eine Genehmigung, die der Vertretene nur gegenüber dem *Vertreter* ausgesprochen hat, kann noch in Frage gestellt werden. Denn wenn der „andere Teil" den Vertretenen zur Erklärung über die Genehmigung auffordert, wird alles Makulatur, was der Vertretene vorher gegenüber dem *Vertreter* über eine Genehmigung oder Verweigerung geäußert hat (§ 177 Abs. 2 S. 1 Hs. 2; FD „Vertragsschluss ohne Vertretungsmacht", Frage 7, Ja, Spalte 6).

1059

b) Arten der Genehmigung

Ausdrückliche Genehmigung: Normalerweise wird der Vertretene dem „anderen Teil" mitteilen, dass er den Vertrag genehmige. *Beispiel:* Bauherr H ließ ein Seniorenheim errichten. Nachdem der PVC-Belag verlegt worden war, bildeten sich Beulen und Blasen. Der dazu nicht bevollmächtigte Bauleiter L beauftragte den Unternehmer U mit der Reparatur. Nach Abschluss der Arbeit schrieb H an U: „Wir bestätigen die Beauftragung über die Reparaturarbeiten des Schadens am PVC-Belag". Damit war der Reparaturvertrag zwischen H und U rückwirkend wirksam geworden (§§ 177 Abs. 1, 184 Abs. 1).[202]

1060

Konkludente Genehmigung: Die Genehmigung kann auch wortlos erfolgen. *Beispiel:* Für die Holzarbeiten an ihrem neuen Verwaltungsgebäude hatten die Stadtwerke Frankfurt dem Unternehmer U den Zuschlag erteilt. Noch in der Bauphase vereinbarten sie mit U ein Gespräch, zu dem U seinen Mitarbeiter P schickte. Obwohl P keine

1061

---

[202] BGH NJW 2012, 2105 Rn 15.

Vollmacht besaß, stimmte er dem Vorschlag der Stadtwerke zu, die Verjährungsfrist von zwei auf fünf Jahre zu verlängern. Das Protokoll über diese Vereinbarung wurde U zugeschickt, der nicht widersprach. Damit hatte er den Vertrag über die längere Verjährungsfrist konkludent genehmigt.[203]

1062 Nach § 182 Abs. 2 bedarf die Genehmigung auch dann keiner Form, wenn das zu genehmigende Rechtsgeschäft formbedürftig ist. Der klare Wortlaut des § 182 Abs. 2 lässt keinen Zweifel, dass das auch für die Genehmigung eines Grundstückskaufvertrags gelten soll.[204] *Beispiel*: V schloss als vollmachtloser Vertreter des Grundstückseigentümers E mit K einen notariell beurkundeten Kaufvertrag. Später nahm E Zahlungen des K entgegen. Darin lag eine wirksame konkludente Genehmigung des Vertrags.[205]

c) Bewusstsein, dass etwas zu genehmigen ist

1063 Solange der Vertretene meint, alles sei wirksam vereinbart und es gebe nichts zu genehmigen, kann sein Verhalten nicht als konkludente Genehmigung interpretiert werden. *Beispiel*: K und seine Lebensgefährtin L wollten eine Wohnung kaufen. Sie bevollmächtigten V, für sie alle Rechtsgeschäfte abzuschließen, die zum Erwerb und zur Finanzierung nötig waren. Wie sich später herausstellte, war die Vollmacht nichtig. V war also Vertreter ohne Vertretungsmacht, so dass der mit der Bank B geschlossene Darlehensvertrag schwebend unwirksam war. K und L zahlten jahrelang Zins und Tilgung an die B. Darin lag *keine* konkludente Genehmigung des schwebend unwirksamen Darlehensvertrags. Denn eine konkludente Genehmigung setzt voraus, „dass sich der Vertretene zumindest der Möglichkeit bewusst ist, durch sein Handeln eine in seinem Namen abgegebene Erklärung zu genehmigen".[206] Wer wie K und L der Meinung ist, es gebe nichts zu entscheiden, entscheidet nicht.[207]

3. Verweigerung der Genehmigung

1064 Wenn der Vertretene gegenüber dem „anderen Teil" die Genehmigung verweigert (§ 177 Abs. 1), wird der Vertrag für ihn rückwirkend unwirksam (FD „Vertragsschluss ohne Vertretungsmacht", Frage 3, Nein).[208] Die Verweigerung ist unwiderruflich.[209] Für den „anderen Teil" (den Vertragspartner) kommt dann nur eine Inanspruchnahme *des Vertreters* in Betracht (§ 179; Rn 1068 f).

4. Initiative des Vertragspartners

a) Aufforderungsrecht

1065 Der „andere Teil" (der Vertragspartner) kann den Vertretenen zur Genehmigung auffordern (§ 177 Abs. 2 S. 1 Hs. 1). Dadurch kann er den für ihn lästigen (vom Gesetz

---

[203] BGH NJW 2011, 1965 Rn 21 ff. Der BGH wendet allerdings nicht die §§ 177 ff an, sondern analog die Grundsätze des kaufmännischen Bestätigungsschreibens (Rn 235 f).
[204] HM; BGHZ 125, 218 (222) mit Wiedergabe des Meinungsstandes; BGH NJW 1996, 3338.
[205] BGH NJW 2004, 2382 (2383).
[206] BGH NJW 2002, 2863; etwas zu weit gehend BGH NJW 2002, 2325; 1997, 312; 1988, 1199.
[207] NJW 2002, 2325; ähnlicher Fall BGH NJW 2007, 3127 Rn 17.
[208] Allgemeine Meinung, zB BGH NJW 1999, 3704.
[209] BGH NJW 1999, 3704.

zeitlich nicht beschränkt!) Schwebezustand beenden und Klarheit schaffen.[210] Nach der Aufforderung kann der Vertretene die Genehmigung nur noch dem „anderen Teil" gegenüber erklären (§ 177 Abs. 2 S. 1 Hs. 1). Alles, was der Vertretene vorher zu diesem Thema dem *Vertreter* gesagt hatte, wird ungültig (§ 177 Abs. 2 S. 1 Hs. 2).

Wenn dem „anderen Teil" nicht spätestens nach zwei Wochen[211] die Genehmigung zugegangen Ist, gilt sie als verweigert (§ 177 Abs. 2 S. 2; FD „Vertragsschluss ohne Vertretungsmacht", Spalte 9).[212] *Beispiel:* T hatte K gegenüber geäußert, er wolle ihm sein Grundstück verkaufen, erschien jedoch nicht zum Notartermin. Er wurde deshalb von der Notariatsangestellten A vertreten, die im Kaufvertrag ausdrücklich als Vertreterin ohne Vertretungsmacht bezeichnet wurde. Am folgenden Tag forderte K den T auf, den Vertrag zu genehmigen, doch reagierte T zwei Wochen lang nicht. Damit galt die Genehmigung als verweigert (§ 177 Abs. 2 S. 2 Hs. 2), so dass der Vertrag nichtig ist.[213]

1066

b) Widerruf

Der „andere Teil" (der Vertragspartner) hat nach § 178 unter zwei (kumulativen) Voraussetzungen ein Widerrufsrecht:

1067

- Der Vertretene hat den Vertrag noch nicht genehmigt (§ 178 S. 1: „Bis zur Genehmigung ..."; FD „Vertragsschluss ohne Vertretungsmacht", Frage 10, Ja).
- Der Vertragspartner wusste beim Vertragsschluss *nicht*, dass der Vertreter keine Vertretungsmacht besaß (§ 178 S. 1; FD „Vertragsschluss ohne Vertretungsmacht", Frage 11, Nein).[214] Umgekehrt: Wenn er bewusst mit einem Vertreter ohne Vertretungsmacht abgeschlossen hat, muss er die Entscheidung über den Bestand der Vereinbarung dem Vertretenen überlassen (FD „Vertragsschluss ohne Vertretungsmacht", Frage 11, Ja, Spalte 10).

Der „andere Teil" kann den Widerruf wahlweise an den Vertretenen richten oder an den Vertreter (§ 178 S. 2). Der Widerruf kann auch schlüssig erklärt werden, zB indem der Vertragspartner den Vertreter nach § 179 Abs. 1 in Anspruch nimmt.[215]

IV. Die Haftung des Vertreters

1. Allgemeines

Wer zu Unrecht *wie* ein Vertreter *mit* Vertretungsmacht aufgetreten ist, hat Vertrauen enttäuscht und muss deshalb persönlich haften (§ 179 Abs. 1). Dem Fall, dass der Vertreter keine Vertretungsmacht hat, steht der Fall gleich, dass er sie *nicht nachweist*. Der persönlichen Haftung unterliegt deshalb auch ein Vertreter, der zwar Vertretungsmacht hat, aber die Person des Vertretenen nicht nennen will und deshalb seine Vertre-

1068

---

210 Wenn dem Vertretenen und seinem vollmachtlosen Vertreter mehrere Personen als Vertragspartner gegenüberstehen, müssen sie im Prinzip die Aufforderung gemeinsam erklären (BGH NJW 2004, 2382 [2383 unter 2b]).
211 Die Frist beginnt am Ende des Tages, an dem dem Vertretenen die Aufforderung zugegangen ist (§§ 177 Abs. 2 S. 2, 130 Abs. 1 S. 1, 187 Abs. 1). Sie endet am übernächsten Wochentag mit gleicher Bezeichnung um 24.00 Uhr (§ 188 Abs. 2).
212 BGH NJW 2000, 3128; OLG Köln NJW 1995, 1499.
213 BGH NJW 2000, 3128.
214 Dieser „Widerruf" hat natürlich nichts mit dem Widerruf nach § 355 zu tun.
215 BGH NJW 1988, 1199.

tungsmacht nicht nachweisen kann.[216] Die Haftung besteht ohne Rücksicht darauf, ob den Vertreter ein Verschulden trifft oder nicht. Obwohl es sich um einen Fall der Vertrauenshaftung im Interesse der Verkehrssicherheit handelt,[217] umfasst der Schadensersatzanspruch nach § 179 Abs. 1 nicht das negative, sondern das *positive* Interesse (Erfüllungsinteresse).[218]

Allerdings ist der Vertreter unter bestimmten Voraussetzungen gar nicht (§ 179 Abs. 3) oder nur beschränkt haftbar (§ 179 Abs. 2). Bevor man eine Haftung nach Absatz 1 bejaht, muss man deshalb sicher sein, dass weder die Voraussetzungen von Absatz 3 noch die von Absatz 2 gegeben sind. Aus diesem Grunde werden hier die Absätze in der Reihenfolge: Absatz 3, Absatz 2, Absatz 1 behandelt.

1069 *Rücksicht auf die Interessen des Vertreters:* Sobald der Vertretene merkt, dass sein Vertreter irrtümlich ohne Vertretungsmacht aufgetreten ist, muss er ihn darauf hinweisen, um ihn vor Schaden zu bewahren. *Beispiel:* Architekt A war von einer Baubehörde des Landes Berlin beauftragt, einen Kinderspielplatz neu zu gestalten. Er vergab einen Auftrag an den Unternehmer U in der irrtümlichen Annahme, sein Auftrag schließe eine entsprechende Vollmacht ein. Die Baubehörde erkannte, dass A den Vertrag als vollmachtloser Vertreter geschlossen hatte. Sie war deshalb verpflichtet, ihn auf die Rechtslage hinzuweisen und so vor einer persönlichen Inanspruchnahme durch U nach § 179 zu bewahren.[219]

2. Keine Haftung des Vertreters

1070 „*Kannte*": Der Vertreter ohne Vertretungsmacht haftet *nicht,* wenn sein Verhandlungspartner „den Mangel der Vertretungsmacht kannte" (§ 179 Abs. 3 S. 1; FD „Vertragsschluss ohne Vertretungsmacht", Frage 4, Ja, Spalte 2). *Beispiel:* Rechtsanwalt B war beim Abschluss eines Kaufvertrags für die Käuferseite ausdrücklich als „Vertreter ohne Vertretungsmacht" aufgetreten. Deshalb galt § 179 Abs. 3 S. 1 Var. 1, so dass die Verkäuferin den B nicht in Anspruch nehmen konnte.[220]

1071 „*Kennen musste*": Der Partner hat auch dann keine Ansprüche, wenn er den Mangel der Vertretungsmacht „kennen musste" (§ 179 Abs. 3 S. 1 Var. 2), also „infolge von Fahrlässigkeit nicht kannte" (§ 122 Abs. 2; Rn 475). *Beispiel:* Frau A sah auf einer Party, wie die ihr nur dem Namen nach bekannte afrikanische Asylbewerberin B zusammenbrach. Sie brachte sie zur Notaufnahme in eine Klinik und erklärte wahrheitsgemäß, sie kenne Frau B nicht und leiste nur Erste Hilfe. Zugleich unterschrieb sie ein Formular und erklärte damit, sie beantrage im Namen und in Vollmacht von Frau B deren Aufnahme. In diesem Fall musste der Klinikleitung (vertreten durch die Mitarbeiterin in der Notaufnahme) klar sein, dass Frau B Frau A nicht bevollmächtigt haben konnte. Sie „musste" also den Mangel der Vertretungsmacht „kennen".[221] Insgesamt sind solche Fälle aber selten. Denn wer als Vertreter auftritt, behauptet damit im Regelfall schlüssig, die erforderliche Vertretungsmacht zu besitzen. Deshalb „darf der Vertragspartner daran grundsätzlich glauben" und braucht keine Nachforschungen

---

216 BGH NJW 1995, 1739. Dazu bedarf es, anders als der BGH annimmt, keiner *Analogie* zu § 179 Abs. 1.
217 BGH NJW 1989, 894; ähnlich Flume § 47, 3 a und Medicus Rn 985: Eine „Art von Garantiehaftung".
218 BGH NJW 2017, 2673 Rn 24.
219 BGH NJW 2001, 3184.
220 BGH NJW 2009, 215 Rn 14.
221 LG Düsseldorf NJW 1995, 3062.

anzustellen.²²² Nur wenn Anhaltspunkte für ein Fehlen der Vertretungsmacht vorliegen, ist zu fragen, ob diese bei einem verständigen Dritten Zweifel an einer Vertretungsmacht geweckt hätten.²²³

Jugendlicher Vertreter: Bekanntlich kann ein Jugendlicher im Alter zwischen 7 und einschließlich 17 Jahren schon Vertreter sein (§ 165; Rn 839). Aber er wird mit einer gewissen Milde behandelt: Wenn er ohne Vertretungsmacht aufgetreten ist, ist er frei von jeder Haftung (§ 179 Abs. 3 S. 2),. Eine Ausnahme besteht nur, wenn sein gesetzlicher Vertreter mit seinem Auftreten einverstanden war (§ 179 Abs. 3 S. 2 aE; FD „Vertragsschluss ohne Vertretungsmacht", Frage 5, Ja, Spalte 3).

1072

3. Beschränkte Haftung

Es kommt vor, dass der Vertreter seinen „Mangel der Vertretungsmacht" selbst „nicht gekannt" hat (§ 179 Abs. 2). Es reicht dafür aus, dass der Vertreter glaubte (aus welchen Gründen auch immer), er habe Vertretungsmacht (FD „Vertragsschluss ohne Vertretungsmacht", Frage 6, Ja, Spalte 4). Da in § 179 Abs. 2 nicht die Worte „kennen musste" stehen (§ 122 Abs. 2), ist es gleichgültig, ob seine Unkenntnis auf Fahrlässigkeit beruht. Der häufigste Fall des § 179 Abs. 2 ist der der unbewussten *Überschreitung* der Vertretungsmacht.²²⁴ *Beispiel:* Der Verwaltungsleiter einer Klinik mietete im Namen des Klinikträgers eine Wohnung zur Unterbringung von Krankenschwestern. Er ging irrtümlich von einer entsprechenden Vollmacht aus und konnte sich deshalb auf § 179 Abs. 2 berufen.²²⁵

1073

Der Vertreter hat nur den *Vertrauensschaden* zu ersetzen, also das *negative* Interesse, das betragsmäßig sogar auf den Umfang des positiven Interesses begrenzt wird, falls dies ausnahmsweise kleiner sein sollte (§ 179 Abs. 2). Diese Regelung entspricht der in § 122 Abs. 1 (Rn 578 ff). Der Geschäftspartner muss also darlegen, welchen Schaden er dadurch erlitten hat, dass er auf eine (ausreichende) Vertretungsmacht und damit auf die Wirksamkeit des Vertrags vertraut hat.²²⁶ Ein entgangener Gewinn ist grundsätzlich nicht zu ersetzen,²²⁷ aber die Kosten eines vergeblichen Prozesses gegen den Vertretenen.²²⁸

1074

4. Volle Haftung

Wenn keine der genannten Ausnahmen nach § 179 Abs. 3 oder Abs. 2 vorliegt, kann der Geschäftspartner vom Vertreter nach § 179 Abs. 1 wahlweise Erfüllung des Vertrags oder Schadensersatz verlangen (FD „Vertragsschluss ohne Vertretungsmacht", Frage 6, Nein, Spalte 5).

1075

Erfüllung kann nur verlangt werden, wenn der Vertreter die versprochene Leistung an Stelle des Vertretenen selbst erbringen kann, zB wenn es sich um die Zahlung eines Geldbetrags handelt oder um die Lieferung einer Sache, die sich jedermann beschaffen kann. Wählt der Berechtigte die Erfüllung des Vertrags, so wird der Vertreter dadurch *nicht* zu seinem Vertragspartner. Deshalb hat der Gläubiger gegen ihn keinen vertragli-

1076

---

222 BGH NJW 2000, 1407; BGHZ 105, 283.
223 BGH NJW 1990, 387.
224 ZB BGH NJW 1990, 387.
225 Übersehen von BGH NJW 2000, 1407.
226 BGH NJW 1990, 387.
227 Falsch OLG Düsseldorf NJW 1992, 1176.
228 OLG Düsseldorf aaO.

chen Anspruch auf Erfüllung, sondern einen *gesetzlichen* Anspruch.[229] *Beispiel:* In Fall 44 (Rn 1048) wurde Benckert nicht zu Lorenzens Arbeitgeber, er musste ihm nur den Lohn zahlen.[230] Da der Gegner durch die Haftung des Vertreters nicht günstiger gestellt werden soll als im Fall eines Vertrags mit dem Vertretenen, kann der Vertreter auch alle Rechte geltend machen, die dem Vertretenen zugestanden hätten.[231] Beispielsweise kann er bei arglistiger Täuschung nach § 123 anfechten.[232]

Schadensersatz: Wenn es um eine Leistung geht, die der Vertreter nicht erbringen kann, muss er Schadensersatz leisten (§ 179 Abs. 1 Var. 2). *Beispiel:* Die fragliche Leistung war die Übereignung von Sammlerstücken, die dem Vertretenen gehören.[233] Wählt der Vertragspartner den Schadensersatz, muss der Vertreter ihn finanziell so stellen, als sei der Vertrag erfüllt worden (§§ 249 Abs. 1, 251 Abs. 1). Der Schadensersatz nach Absatz 1 umfasst also – im Gegensatz zu Absatz 2 – das *positive* Interesse (Schadensersatz statt der Leistung; Rn 573 ff). Wäre es das negative Interesse, ergäbe sich kein sinnvoller Unterschied zu Absatz 2.

§ 45 Einseitige Rechtsgeschäfte ohne Vertretungsmacht

1077 ▶ **Fall 45: Missglückter Vorkauf** § 180

Walter Erkelenz ist Eigentümer eines mit einem Mehrfamilienhaus bebauten Grundstücks in Hildesheim. Die Mehldorfer Volksbank war am Erwerb des Grundstücks interessiert und hatte deshalb mit Erkelenz ein Vorkaufsrecht vereinbart. Erkelenz schloss mit einem Ehepaar einen notariell beurkundeten Kaufvertrag über das Grundstück. Kurz darauf setzte der Notar die Volksbank darüber in Kenntnis und nannte die Frist, in der sie ihr Vorkaufsrecht ausüben konnte. Rechtsanwalt Schwieger schrieb an Erkelenz, dass er im Namen der Volksbank das Vorkaufsrecht ausübe. Der Erklärung war eine Vollmachtsurkunde beigefügt, die ein Vorstandsmitglied und eine Prokuristin der Volksbank unterzeichnet hatten. Erkelenz wies die Ausübung des Vorkaufsrechts mit der Begründung zurück, die Vollmacht des Rechtsanwalts sei aus formalen Gründen unwirksam. Später stellte sich heraus, dass die Vollmacht tatsächlich nicht wirksam erteilt worden war, weil das Vorstandsmitglied und die Prokuristin die Volksbank in diesem Fall nicht wirksam vertreten hatten. Wie ist die Rechtslage? (Nach BGH NJW 2013, 297)

1078 Der entscheidende Paragraf soll wieder Schritt für Schritt geprüft werden. In diesem Fall ist es § 180 S. 1.

„Bei einem einseitigen Rechtsgeschäft..." Zu prüfen ist, ob es sich bei der von Rechtsanwalt Schwieger abgegebenen Erklärung um ein einseitiges Rechtsgeschäft handelt. § 464 Abs. 1 S. 1 sagt dazu, dass „die Ausübung des Vorkaufsrechts ... durch Erklärung gegenüber dem Verpflichteten" erfolgt. Die Worte „durch Erklärung" machen deutlich, dass es sich um eine einzige Willenserklärung handelt, also um ein einseitiges Rechtsgeschäft. Die Worte „gegenüber dem Verpflichteten" zeigen an, dass die eine Willenserklärung empfangsbedürftig

---

229 BGH NJW 1970, 240; Palandt/Ellenberger § 179 Rn 5.
230 So in einem Parallelfall ausdrücklich BAG NJW 2003, 2554.
231 BGH WM 2004, 537.
232 MüKo/Schramm § 179 Rn 26; Staudinger/Schilken § 179 Rn 10; BGH NJW 2002, 1867.
233 BGH WM 1985, 1481.

ist (§ 130 Abs. 1 S. 1). Die Ausübung des Vorkaufsrechts ist deshalb insgesamt ein einseitiges Rechtsgeschäft mit empfangsbedürftiger Willenserklärung (Rn 84).)

„... ist Vertretung ohne Vertretungsmacht ..." § 180 S. 1 setzt voraus, dass der Vertreter „ohne Vertretungsmacht" aufgetreten ist. Das ist ein wichtiger Unterschied zu § 174 S. 1, der einen „Bevollmächtigten" voraussetzt (also einen Vertreter *mit* Vertretungsmacht), der nur seine „Vollmachtsurkunde nicht vorlegt". Auf die Vorlage der Vollmachtsurkunde stellt § 180 S. 1 nicht ab, weil ein Vertreter ohne Vertretungsmacht eine solche Urkunde nicht besitzt. Aus dem Sachverhalt ergibt sich, dass Schwieger nicht wirksam bevollmächtigt worden war. Er war also – wie § 180 S. 1 voraussetzt – ein Vertreter „ohne Vertretungsmacht".

„... unzulässig." Das Wort „unzulässig" stellt klar, dass Schwieger als Vertreter ohne Vertretungsmacht das einseitige Rechtsgeschäft (Ausübung des Vorkaufsrechts) nicht wirksam vornehmen konnte.

„... Hat jedoch derjenige, welchem gegenüber ein solches Rechtsgeschäft vorzunehmen war, ..." Das fragliche einseitige Rechtsgeschäft war gegenüber dem Grundstückseigentümer (und Vorkaufsverpflichteten) Erkelenz vorzunehmen (§ 464 Abs. 1 S. 1).

„... die von dem Vertreter behauptete Vertretungsmacht ..." Schwieger hat nicht ausdrücklich behauptet, Vertretungsmacht (hier Vollmacht) zu haben. Aber durch die Vorlage seiner (ungültigen) Vollmachtsurkunde hat er das konkludent zum Ausdruck gebracht, was im Ergebnis dasselbe ist.

„... bei der Vornahme des Rechtsgeschäfts nicht beanstandet ..." Der Sachverhalt sagt dazu, Erkelenz habe die Ausübung des Vorkaufsrechts mit der Begründung zurückgewiesen, die Vollmacht des Rechtsanwalts sei aus formalen Gründen unwirksam. Damit hat Erkelenz sehr deutlich Schwiegers Vertretungsmacht beanstandet.

„... oder ist damit einverstanden gewesen, dass der Vertreter ohne Vertretungsmacht handelte, ..." Erst recht kann keine Rede davon sein, dass Erkelenz mit Schwiegers Auftreten als Vertreter ohne Vertretungsmacht „einverstanden" gewesen sei.

„... so finden die Vorschriften über Verträge entsprechende Anwendung." Die „Vorschriften über Verträge" sind die §§ 177 bis 179. Wären sie analog anzuwenden, könnte die Vertretene (also die Volksbank) Schwiegers schwebend unwirksame Ausübung des Vorkaufsrechts genehmigen (FD „Einseitige Rechtsgeschäfte ohne Vertretungsmacht", Spalte 1). Aber es steht fest, dass die §§ 177 bis 179 *keine* entsprechende Anwendung finden. Damit gilt allein § 180 S. 1: Die Vertretung durch Schwieger war „unzulässig" und damit ist die Ausübung des Vorkaufsrechts nichtig.

Aus dem FD „Einseitige Rechtsgeschäfte ohne Vertretungsmacht" ergibt sich der Lösungsweg so: 1. Ja – 2. Ja – 3. Nein (Spalte 8). ◀

Lerneinheit 45

Literatur: *Tonikidis*, Die Kündigung durch einen Vertreter ohne Vertretungsmacht, JR 2019, 215; *Payrhuber*, Die Genehmigung von ohne Vertretungsmacht erklärten Kündigungen, JuS 2018, 222; *Tonikidis*, Die Gründung einer Einpersonen-GmbH durch einen vollmachtlosen Stellvertreter, MittBayNot 2014, 514; *Schmid:* Heilung fehlerhafter Kündigung durch Klageerhebung, NZM 2013, 401; *Link/Soergel/Löffler*, Die Maßgeblichkeit des Namens beim Abschluss eines

Rechtsgeschäfts, NJOZ 2013, 1321; *Meyer/Reufels,* Prozesstaktische Erwägungen bei Vollmachtsproblemen, NZA 2011, 5.

I. Einführung

1. § 180 und § 174

1080 Wichtig für das Verständnis von § 180 ist, sich den Unterschied zu § 174 klarzumachen: Es geht in beiden Vorschriften um die Vornahme eines einseitigen Rechtsgeschäfts durch einen Vertreter. Aber:

- § 174 setzt voraus, dass der Vertreter ein „Bevollmächtigter" ist, also Vollmacht besitzt, sie nur nicht durch eine Originalurkunde nachweist (Rn 894 ff).
- Dagegen verlangt § 180 S. 1, dass eine „Vertretung ohne Vertretungsmacht" vorliegt, der Vertreter also *keine Vertretungsmacht* besitzt.

2. § 180 S. 1 und § 180 S. 2

1081 § 180 S. 1 legt zunächst apodiktisch fest, dass bei einseitigen Rechtsgeschäften „Vertretung ohne Vertretungsmacht unzulässig" ist. Aber ganz so streng nimmt es der Gesetzgeber dann doch nicht. In Satz 2 lässt er nämlich eine Ausnahme zu, die einen breiten Anwendungsbereich hat. Bei der Fallbearbeitung empfiehlt es sich, mit der Prüfung von Satz 2 zu beginnen. Denn erst, wenn dessen Voraussetzungen *nicht* gegeben sind, steht fest, dass Satz 1 gilt.

II. § 180 S. 2

1. Voraussetzungen

1082 *Empfangsbedürftige Willenserklärung:* § 180 S. 2 setzt voraus, dass die vom Vertreter ohne Vertretungsmacht abgegebene Willenserklärung, die das einseitige Rechtsgeschäft bildet, einem *anderen gegenüber* abzugeben war.[234] Das ergibt sich aus den Worten: „... derjenige, welchem gegenüber ein solches Rechtsgeschäft vorzunehmen war". Es muss sich also um ein einseitiges Rechtsgeschäft mit *empfangsbedürftiger* Willenserklärung handeln (Rn 84; *Beispiele:* Kündigung, Widerruf, Anfechtung, Bevollmächtigung, Rücktritt).

Aktive Vertretung: § 180 S. 2 setzt ferner voraus, dass der Vertreter ohne Vertretungsmacht eine Erklärung *abgegeben* hat (aktive Vertretung; FD „Einseitige Rechtsgeschäfte ohne Vertretungsmacht", Frage 2, Ja). *Beispiel:* Der dazu nicht bevollmächtigte Ehemann der Vermieterin schickte im Namen seiner Frau dem Mieter eine Kündigung. Wenn der Vertreter ohne Vertretungsmacht eine Willenserklärung für den Vertretenen *empfangen* hat (§ 164 Abs. 3, passive Vertretung), gilt § 180 S. 3 (FD „Einseitige Rechtsgeschäfte ohne Vertretungsmacht, Frage 2, Nein).

Keine Beanstandung: Der Empfänger darf das Fehlen der Vertretungsmacht nicht beanstandet haben oder ist sogar „damit einverstanden gewesen, dass der Vertreter ohne Vertretungsmacht handele" (§ 180 S. 2; FD, Frage 3, Ja). Es kann offen bleiben, ob der Empfänger aus Unwissenheit oder aus Großzügigkeit nicht protestiert hat.

---

234 Es muss sich also um eine Willenserklärung handeln, von der § 130 Abs. 1 S. 1 sagt, dass sie „einem anderen gegenüber abzugeben ist".

§ 180 S. 2 legt auch fest, in welchem *Zeitpunkt* die Beanstandung unterblieben sein muss, nämlich „bei der Vornahme des Rechtsgeschäfts". Der Empfänger kann also eigentlich nicht *nach* der Vornahme des Rechtsgeschäfts protestieren. Aber man wird ihm – entsprechend § 174 S. 1 – zubilligen müssen, dass er auch noch „unverzüglich" nach der Erklärung des Vertreters ohne Vertretungsmacht den Mangel der Vertretungsmacht beanstanden darf.[235]

1083

2. Rechtsfolge des § 180 S. 2

Wenn der Erklärungsempfänger den Mangel der Vertretungsmacht nicht beanstandet hat, finden „die Vorschriften über Verträge entsprechende Anwendung" (§ 180 S. 2). Es gelten also die §§ 177 bis 179 analog. Das Rechtsgeschäft ist deshalb schwebend unwirksam (§ 180 S. 2 verweist auf § 177 Abs. 1). Genehmigt der Vertretene, wird das einseitige Rechtsgeschäft wirksam,[236] und zwar im Prinzip rückwirkend (§ 184 Abs. 1). Das gilt jedoch nicht für die Ausübung eines Gestaltungsrechts (zB Kündigung, Anfechtung).[237] Die Genehmigung wirkt in diesem Fall nur ex nunc, dh erst vom Zugang der Genehmigung an.[238]

1084

Beispiel: Rechtsanwalt D war für V und dessen Söhne tätig geworden. Später nahm V im eigenen Namen und im Namen seiner Söhne gegenüber D ein einseitiges Rechtsgeschäft mit empfangsbedürftiger Willenserklärung vor. Ihm fehlte aber eine Vollmacht seiner Söhne, so dass er Vertreter ohne Vertretungsmacht war. D beanstandete nicht das Fehlen der Vertretungsmacht. Das einseitige Rechtsgeschäft war deshalb nicht nach § 180 S. 1 nichtig,[239] vielmehr konnten es die Söhne nach den §§ 180 S. 2, 177 Abs. 1 genehmigen. Das lehnten sie allerdings gegenüber D ab (FD „Einseitige Rechtsgeschäfte ohne Vertretungsmacht", Spalte 2).

1085

III. 180 S. 3: Passive Vertretung

Voraussetzungen: Ein einseitiges Rechtsgeschäft kann auch *gegenüber* einer Person vorgenommen werden, die keine Vertretungsmacht besitzt (§ 180 S. 3). Der Vertreter ohne Vertretungsmacht ist dann ein Passivvertreter (§ 164 Abs. 3). Die Rollen sind gegenüber § 180 S. 2 vertauscht: Die empfangsbedürftige Willenserklärung wird nicht von einem Vertreter ohne Vertretungsmacht *abgegeben*, sondern *empfangen*. Beispiel: Frau D hatte eine Wohnung an X vermietet, wollte aber kündigen. Sie richtete das Kündigungsschreiben an den volljährigen Sohn V des X, der von X nicht dazu bevollmächtigt war, eine Kündigung entgegenzunehmen.

1086

Rechtsfolgen: Wenn das einseitige Rechtsgeschäft gegenüber dem Vertreter ohne Vertretungsmacht „mit dessen Einverständnis vorgenommen wird" (oder jedenfalls nicht deswegen zurückgewiesen wird), gilt nach § 180 S. 3 das Gleiche wie bei der aktiven Vertretung (FD „Einseitige Rechtsgeschäfte ohne Vertretungsmacht", Frage 10, Ja, Spalte 9). *Beispiel:* Im vorigen Beispiel war der Sohn mit seiner Rolle als vollmachtloser Vertreter seines Vaters X einverstanden. Die Kündigung ist dann nicht nach § 180

1087

---

235 Palandt/Ellenberger § 180 Rn 1.
236 BGH NJW 1993, 1926.
237 Anders OLG Brandenburg OLG-NL 2006, 121 (124).
238 BGHZ 114, 361 (366); Palandt/Ellenberger § 184 Rn 2.
239 So aber BGH NJW 2009, 215 Rn 13.

S. 1 nichtig, sondern kann von X analog § 177 Abs. 1 genehmigt werden (§ 184 Abs. 1). Denn es gilt „das Gleiche" wie nach S. 2.

IV. § 180 S. 1

1088 Wie bereits ausgeführt, gilt die strenge Regelung des § 180 S. 1, dass eine Vertretung ohne Vertretungsmacht bei einem einseitigen Rechtsgeschäft „unzulässig" ist, nur in den Fällen, in denen weder die Voraussetzungen von § 180 S. 2 noch von S. 3 gegeben sind.

Wenn das einseitige Rechtsgeschäft aus einer Willenserklärung besteht, die *nicht* nach § 130 „einem anderen gegenüber abzugeben ist", spricht man bekanntlich von einem einseitigen Rechtsgeschäft *mit nichtempfangsbedürftiger Willenserklärung* (Rn 78). Beispiele sind die Auslobung (§ 657) und die Gründung einer Einmann-GmbH (§ 1 GmbHG). Diese einseitigen Rechtsgeschäfte können nicht von einem vollmachtlosen Vertreter vorgenommen werden (§ 180 S. 1; FD „Einseitige Rechtsgeschäfte ohne Vertretungsmacht", Spalte 11). Davon gibt es keine Ausnahme, weil sich Satz 2 und Satz 3 des § 180 nur auf einseitige Rechtsgeschäfte mit *empfangsbedürftiger* Willenserklärung beziehen.

V. Gegensatz: Handeln unter fremdem Namen

1. Definition

1089 Ein Handeln *unter* fremdem Namen (oder unter *falschem* Namen) liegt vor, wenn jemand eine Willenserklärung im eigenen Namen abgibt, aber nicht seinen eigenen Namen benutzt, sondern den eines anderen oder einen Fantasienamen.

Der Unterschied zur Vertretung ohne Vertretungsmacht liegt in Folgendem:
- Wenn ein Vertreter ohne Vertretungsmacht seinen Verhandlungspartner täuscht, dann über die Existenz seiner *Vertretungsmacht.*
- Wer unter falschem Namen auftritt, täuscht keine Vertretungsmacht vor (denn er behauptet gar nicht, für einen anderen zu sprechen), sondern täuscht über seine *Identität.* Er behauptet nicht: „Herr Fröhlich hat mich bevollmächtigt", sondern „Ich *bin* Fröhlich!"

Eine gesetzliche Regelung fehlt. Da keine Vertretung vorliegt, gelten die §§ 164 ff nicht, sie sind aber teilweise analog anwendbar. Es besteht Einigkeit darüber, dass in manchen Fällen der Handelnde (der unter fremdem Namen auftritt) selbst berechtigt und verpflichtet wird (Rn 1090 ff), in anderen Fällen der wahre Träger des verwendeten Namens (Rn 1094 f). Maßgeblich ist die Interessenlage des Erklärungsempfängers.[240]

---

[240] Grundlegend BGHZ 45, 193 (195 f).

2. Dem Erklärungsempfänger ist die Identität des Erklärenden gleichgültig

a) Voraussetzungen

- Q hat gegenüber D eine Willenserklärung abgegeben und dabei den Eindruck erweckt, er sei eine andere Person, nämlich Y.
- Der von Q verwendete Name Y ist dem Erklärungsempfänger D gleichgültig. Das kann aus zwei Gründen der Fall sein:
  - Der Name Y ist ein *Fantasiename*, so dass D nicht den Wunsch haben kann, gerade mit Y das Geschäft abzuschließen.
  - Y ist der Name einer *existierenden Person*, die aber dem Erklärungsgegner D unbekannt ist und mit der er auch keine bestimmte Rechtsstellung verbindet. Er hat deshalb kein Interesse daran, gerade mit dem Namensträger abzuschließen.

b) Rechtsfolge

Der Erklärende Q wird selbst aus seiner Willenserklärung verpflichtet und berechtigt.[241] Denn sein Erklärungsgegner D wollte mit seinem Gegenüber Q abschließen, nicht mit einem Namensträger Y. Die Regeln über die Vertretung ohne Vertretungsmacht finden nicht einmal analog Anwendung. *Beispiel 1:* Frau Q mietete ein Ferienhaus unter dem Namen Böhmer, dem Namen ihrer Tochter. Dem Ferienhausvermieter D waren beide Frauen unbekannt. Seine Vertragspartnerin war deshalb Frau Q (Rn 1092).[242] *Beispiel 2:* Der bis heute unbekannten Q schloss über das Internet mit Frau Y einen Vertrag, in dem sie sich verpflichtete, alle auf ihrem Konto eingehenden Beträge gegen eine „Provision" von 10 % an Q weiterzuleiten. Q verkaufte unter dem Namen von Frau Y einer Frau D eine (nicht existierende) Kamera für 1 550 Euro und wies sie an, den Kaufpreis auf das Konto von Frau Y zu überweisen. Frau Y überwies den eingegangenen Betrag nach Abzug der „Provision" an Q. Da Frau D die Kamera nie erhielt, verklagte sie Frau Y auf Rückzahlung des Kaufpreises. Aber beim Vertragsschluss verband sie nichts mit dem Namen Y. Sie hat den Kaufvertrag deshalb nicht mit Frau Y, sondern mit ihrem Verhandlungspartner Q geschlossen (Rn 1092).[243] Vertragliche Ansprüche konnte sie deshalb Frau Y gegenüber nicht geltend machen.

3. Die Identität des Erklärenden ist für den Erklärungsempfänger von Bedeutung

a) Voraussetzungen

- Q hat gegenüber D eine Willenserklärung abgegeben und dabei den Eindruck erweckt, er sei Y.
- Bei Y handelt es sich um eine existierende Person oder Organisation.
- Der Erklärungsempfänger D verband mit dem Namen Y eine – zumindest ungefähre – Vorstellung. Er wollte deshalb nicht mit irgendeiner Person, sondern mit Y abschließen.

---

[241] BGH NJW-RR 2006, 701; Palandt/Ellenberger § 164 Rn 12; abweichend noch BGH NJW 1996, 1053; BGHZ 105, 283.
[242] LG Berlin ZMR 1987, 308.
[243] BGH NJW 2018, 1602 Rn 8. Der BGH kommt zu diesem Ergebnis, ohne darauf einzugehen, dass Q unter fremdem Namen gehandelt hatte.

b) Rechtsfolge

1095 Es kommt ein schwebend unwirksamer Vertrag zwischen dem wahren Namensträger Y und D zustande. Y kann – in Analogie zu § 177 Abs. 1 – entscheiden, ob er den Vertrag genehmigt. Tut er das, ist er selbst aus dem Vertrag berechtigt und verpflichtet. Wenn er die Genehmigung verweigert, ist allein der Handelnde Q – analog § 179 Abs. 1 – dem D verpflichtet.

Beispiel 1: Q war Eigentümer einer Gaststätteneinrichtung, die er bei eBay zur Versteigerung einstellte. Er tat das unter dem eBay-Mitgliedsnamen seiner Ehefrau Y, aber ohne deren Wissen. D war der Höchstbietende. Für ihn war die Frage wichtig, wer sein Verkäufer war, weil ein Bieter bei eBay sehen kann, wie der Verkäufer bisher bewertet wurde. Frau Y konnte analog § 177 Abs. 1 entscheiden, ob sie den Kaufvertrag genehmigte.[244]

Beispiel 2: Die Stadt Trier hatte in der Fußgängerzone einen Basaltstein aufstellen lassen, der als Kunstwerk gemeint war, aber viel Spott erntete. Q rief den Unternehmer D an, gab sich als Mitarbeiter des Tiefbauamts der Stadt Trier aus und beauftragte D mit der Entsorgung des Steins. D entfernte ihn und schrieb der Stadt eine Rechnung. Da es D wichtig gewesen war, mit der Stadt abzuschließen, kam ein schwebend unwirksamer Vertrag zwischen ihm und der Stadt zustande. Die Stadt konnte die Genehmigung des Vertrags analog § 177 Abs. 1 ablehnen, was sie verständlicherweise auch tat. D musste versuchen, Q ausfindig zu machen, um sich an ihn zu halten.[245]

4. Strittiger Fall

1096 Bei Kaufverträgen über unterschlagene Kraftfahrzeuge wird die Frage, ob die Identität des Erklärenden dem Erklärungsempfänger gleichgültig war, unterschiedlich beantwortet. *Beispiel:* Q hatte ein Wohnmobil von Y gemietet und bot es in einer Kleinanzeige zum Verkauf an. Er sagte dem Kaufinteressenten D, sein Name sei Y, legte ihm die Zulassungsbescheinigung Teil II vor und unterschrieb den Kaufvertrag mit „Y".[246] Die Lösung solcher Fälle ist umstritten.

- Nach wohl richtiger Ansicht ist es D wichtig, das Fahrzeug von dem zu kaufen, der in der Zulassungsbescheinigung Teil II eingetragen ist, also von Y.[247] Die Wirksamkeit des Kaufvertrags hängt nach dieser Ansicht also davon ab, dass Y ihn analog § 177 Abs. 1 genehmigt. Lehnt er das ab, ist der Kaufvertrag ihm gegenüber unwirksam. D kann aber Q schadensersatzpflichtig machen.

- Nach anderer Ansicht kommt es D in erster Linie darauf an, dass der von Q genannte Name Y mit dem in den Fahrzeugpapieren eingetragenen Namen übereinstimmt.[248] Über die Frage, ob der Erklärende Q mit dem Namensträger Y identisch ist, pflegt sich D nach dieser Ansicht keine Gedanken zu machen (fehlende „Identitätsvorstellung").[249] Der BGH hat sich dem angeschlossen. Er hat deshalb im Bei-

---

244 BGHZ 189, 346 Rn 10. Siehe auch LG Bonn NJW-RR 2012, 1008; OLG Köln NJW 2006, 1676 und OLG München NJW 2004, 1328.
245 LG Trier NJW 1998, 1407. Man kann X auch als Vertreter ohne Vertretungsmacht der Stadt ansehen, so dass § 177 Abs. 1 unmittelbar Anwendung findet.
246 BGH NJW 2013, 1946.
247 OLG Düsseldorf NJW 1989, 906; Palandt/Ellenberger § 164 Rn 11.
248 MüKo/Schramm § 164 Rn 43; Reinking/Eggert, Der Autokauf, 11. Aufl, Rn 4737.
249 Soergel/Leptien, 13. Aufl. § 164 Rn 25.

spielsfall entschieden, dass der Kaufvertrag zwischen Q und D geschlossen wurde.[250] Y muss deshalb versuchen, sich bei Q schadlos zu halten.

---

250 NJW 2013, 1946 Rn 9.

Neuntes Kapitel Verjährung

§ 46 Verjährungsfristen

▶ **Fall 46: Überhöhte Rechnung** §§ 195, 199 1097

Die „Wasserversorgung Grafschaft Hohenthal GmbH" erteilte dem Bauunternehmer Boris Bogdanowitsch den Auftrag zur Erweiterung eines Wasserwerks. Bogdanowitsch legte im Jahre 2000 eine Schlussrechnung vor, die die GmbH von ihrem Bauleiter prüfen ließ. Dieser erkannte nicht, dass die Rechnung zwei in Wirklichkeit nicht erbrachte Positionen enthielt und dass zwei Positionen mit zu großen Massen abgerechnet worden waren. Er hätte das aber ohne weiteres erkennen können. Die GmbH bezahlte die Rechnung im September 2000 ohne Vorbehalt. Im Jahre 2005 erwartete die GmbH eine Prüfung des Landesrechnungshofs und rechnete deshalb das Bauvorhaben noch einmal nach. Dabei bemerkte sie zum ersten Mal den Fehler. Mit einer am 8. August 2005 erhobenen Klage verlangte sie von Bogdanowitsch die Rückzahlung der überzahlten Beträge. Bogdanowitsch erhebt die Einrede der Verjährung. Zu Recht? (Nach BGH NJW 2008, 2427)

Bogdanowitsch beruft sich auf Verjährung, also auf das Recht, „die Leistung zu verweigern" (§ 214 Abs. 1). Es ist deshalb zu prüfen, ob die Verjährung eingetreten ist. Eine Verjährung setzt nach § 194 Abs. 1 voraus, dass das von der GmbH geltend gemachte Recht ein „Anspruch" ist. Da die GmbH von Bogdanowitsch Zahlung verlangt und das Zahlen ein „Tun" ist, handelt es sich um einen Anspruch. Zu prüfen ist deshalb, in welcher Frist dieser Zahlungsanspruch verjährt. In Betracht kommen die in den §§ 195 bis 197 genannten Fristen. Da keiner der in den §§ 196 und 197 genannten Ansprüche gegeben ist, gilt die „regelmäßige Verjährungsfrist" von drei Jahren (§ 195). 1098

Als nächstes ist zu klären, wann die Verjährungsfrist *begonnen* hat. Die in § 195 genannte „regelmäßige Verjährungsfrist" beginnt am Schluss des Kalenderjahres, in dem zwei Bedingungen (kumulativ) erfüllt sind (§ 199 Abs. 1 Nr. 1 und Nr. 2):

„Entstanden" (§ 199 Abs. 1 Nr. 1): Es ist zunächst zu fragen, wann der Anspruch der GmbH auf Rückzahlung des überzahlten Betrags „entstanden ist" (§ 199 Abs. 1 Nr. 1). Ein Anspruch ist entstanden, wenn der Schuldner ihn erfüllen muss oder, was das Gleiche ist, der Gläubiger ihn einklagen könnte (Rn 1113). Die GmbH stützt ihren Anspruch auf § 812 Abs. 1 S. 1. Denn sie hat einen Teil des Betrags „ohne rechtlichen Grund" bezahlt, nämlich ohne dass Bogdanowitsch insofern Leistungen erbracht hatte. Der Anspruch aus § 812 entsteht in dem Augenblick, in dem die ungerechtfertigte Bereicherung eingetreten ist, also in diesem Fall mit der Gutschrift des entsprechenden Betrags auf Bogdanowitschs Konto. Denn von diesem Tage an hätte die GmbH den Betrag zurückfordern können. Der Anspruch ist also im September 2000 entstanden.

Kenntnis (§ 199 Abs. 1 Nr. 2): Weitere Voraussetzung für den Beginn der Verjährungsfrist ist, dass die GmbH „von den den Anspruch begründenden Umständen ... *Kenntnis* erlangt" hatte (§ 199 Abs. 1 Nr. 2). Es kommt nur auf die Kenntnis der Fakten an, nicht auf die richtige rechtliche Beurteilung (Rn 1120). Der den Anspruch begründende Umstand war die Tatsache, dass die Abrechnung teilweise falsch war. Von diesem Umstand hat die GmbH erst im Jahre 2005 erfahren (so dass die Verjährung erst am Ende des Jahres 2008 eingetreten wäre). Nun stehen aber in § 199 Abs. 1 Nr. 2 noch die wichtigen Worte: „... oder ohne grobe Fahrlässigkeit erlangen müsste". Es ist deshalb zu fragen, ob es von der GmbH grob fahrlässig war, die Fehler der Abrechnung nicht früher zu erkennen. Der Begriff der *groben* Fahrlässigkeit wird vom Gesetz nicht definiert, aber man kann – in Anlehnung an § 276 Abs. 2 – sagen, dass die GmbH dann *grob* fahrlässig gehandelt hat, wenn sie die im Geschäftsverkehr erforderliche Sorgfalt *in ungewöhnlichem Maße* außer Acht gelassen hat.[1] Zu fragen ist deshalb, ob die GmbH bei der Prüfung der Rechnung die im Geschäftsleben erforderliche Sorgfalt in kaum noch nachvollziehbarer Weise verletzt hat. Das hat der BGH zu Recht angenommen. Der Bauleiter hätte „ohne grobe Fahrlässigkeit ... von diesen Tatsachen bereits bei der ersten Rechnungsprüfung im Jahr 2000 Kenntnis erlangen müssen".[2] Damit lagen die Voraussetzungen für den Beginn der Verjährungsfrist bereits vollständig im Jahre 2000 vor.

Die Verjährungsfrist begann deshalb „mit dem Schluss des Jahres" 2000 zu laufen, genauer gesagt am 31. Dezember 2000 um 24.00 Uhr (§ 199 Abs. 1). Die dreijährige Verjährungsfrist (§ 195) lief also über die vollen Kalenderjahre 2001, 2002 und 2003. Die Verjährung trat damit am 31. Dezember 2003 um 24.00 Uhr ein. Bogdanowitsch konnte folglich vom 1. Januar 2004 an die Einrede der Verjährung erheben. Da er das getan hat, ist er „berechtigt, die Leistung zu verweigern" (§ 214 Abs. 1). Er muss nicht zahlen.

Aus dem FD „Verjährung" ergibt sich die Lösung so: 1. Ja – 2. Nein – 3. Nein – 4. Ja – 5. Nein – 10. Ja – 6. Ja – 7. Ja – 8. Nein – 9. Nein (Spalte 5).

Lerneinheit 46

1099 Literatur: *Eichel*, Die fortschreitende Konturierung des „neuen" Verjährungsrechts, NJW 2019, 393; *Gräfenstein/Gläser*, Zur Frage der Verjährung wiederkehrender Leistungen, ZfS 2019, 253; *Leenen*, Die Richtlinienwidrigkeit der Verkürzung der Verjährungsfrist beim Verbrauchsgüterkauf über gebrauchte Sachen, JZ 2018, 284; *Bräuer*, Hektik zum Jahresende - wie mit Verjährungsfristen umgehen? AnwBl 2018, 612; *Teuber*, Der Beginn der Verjährungsfrist zuwendungsrechtlicher Erstattungs- und Zinsansprüche, NVwZ 2017, 1814; *Ziegler/Oynar*, Der Beginn der Verjährung im Arzthaftungsrecht, NJW 2017, 2438; *Leitmeier*, Rechtskraft der Hauptschuld und Verjährungseinrede des Bürgen, NJW 2017, 1273; *Hahne/Goldmann*, Der Beginn der regelmäßigen Verjährungsfrist nach § 199 I BGB, JA 2015, 407; *Maier*, § 215 BGB und die verjährte „dolo agit"-Einrede, VuR 2015, 407; *Marburger*, Verjährung und Verwirkung von Schadensersatzansprüchen bei Verkehrsunfällen, NZV 2015, 218; *Harnos*, Zumutbarkeit der Klageerhebung und Verjährungsbeginn im Bankrecht, WM 2015, 1658: *Windorfer*, Der Verjährungsverzicht, NJW 2015, 3329; *Eichel*, Verjährung in Dauerschuldverhältnissen, NJW 2015, 3265; *Kähler*, Vom bleibenden Wert des Eigentums nach der Verjährung des Herausgabeanspruchs, NJW 2015, 1041.

I. Einleitung

1. Hintergrund

1100 Wenn sich jemand erst sehr spät auf einen Anspruch beruft, besteht die Möglichkeit (vielleicht sogar die Vermutung), dass dieser entweder nie bestanden hat oder inzwischen durch Erfüllung erloschen ist (§ 362). Zumindest muss sich der Gläubiger dann fragen lassen, warum er sein angebliches Recht nicht schon früher geltend gemacht hat. Auf der anderen Seite ist der (angebliche) Schuldner nach längerer Zeit oft in Be-

---

[1] SAT Rn 400 f.
[2] BGH NJW 2008, 2427 Rn 16.

weisnot, weil die „verdunkelnde Macht der Zeit" die Rekonstruktion der Vorgänge erschwert. Deshalb gibt ihm das Gesetz das Recht, sich nach Ablauf einer gewissen Zeit auf Verjährung zu berufen und so die geforderte Leistung zu verweigern. Das Rechtsinstitut der Verjährung dient damit dem Schutz des Schuldners, aber auch dem Rechtsfrieden zwischen den Bürgern[3] und nicht zuletzt dem Interesse der Gerichte, nicht unnötig mit Prozessen um veraltete Ansprüche belastet zu werden.

2. Definition der Verjährung

Verjährung ist die *altersbedingte Schwächung* eines Anspruchs. Die Schwächung besteht darin, dass der Schuldner berechtigt ist, die Erfüllung des Anspruchs zu verweigern (§ 214 Abs. 1), obwohl dieser fortbesteht (§ 214 Abs. 2). Die Verjährung tritt mit dem Ablauf der Verjährungsfrist ein.

1101

II. Ansprüche als Gegenstand der Verjährung

1. Ansprüche

Nach § 194 Abs. 1 unterliegen nur *Ansprüche* der Verjährung (FD „Verjährung", Frage 1). § 194 Abs. 1 definiert den Anspruch als „das Recht, von einem anderen ein Tun oder Unterlassen zu verlangen". „Tun" ist jede Handlung, zB die Lieferung einer Kaufsache (§ 433 Abs. 1) oder die Ausführung von Arbeiten (§ 631 Abs. 1 oder § 611), insbesondere aber die Zahlung eines Geldbetrags. „Unterlassen" ist jedes gezielte Nicht-Handeln, zB die Nicht-Äußerung ehrenkränkender Behauptungen, die Nicht-Vornahme wettbewerbswidriger Handlungen oder das Nicht-Einleiten giftiger Abwässer.

1102

Ansprüche als Pfeile: Wenn Juristen einen Anspruch darstellen wollen, zeichnen sie einen Pfeil, der sozusagen vom Gläubiger zum Schuldner fliegt. Beim gegenseitigen Vertrag bestehen zwei Ansprüche (FD „Rechtserhebliches Verhalten, Spalte 8), so dass man zwei Pfeile zeichnet. *Beispiel:* Bei der Darstellung eines Kaufvertrags zeichnet man einen Pfeil, der vom links stehenden „V" in Richtung „K" zeigt. Dieser Pfeil symbolisiert den Anspruch des V gegen K auf Zahlung des Kaufpreises (§ 433 Abs. 2). Darüber oder darunter zeichnet man einen Pfeil, der von K auf V zeigt. Er symbolisiert den Anspruch des K gegen V auf Übergabe und Übereignung der Kaufsache (§ 433 Abs. 1 S. 1).

Dass es sich in beiden Fällen um Ansprüche handelt, ist der in § 433 gewählten Formulierung nicht ohne weiteres zu entnehmen. Denn das Gesetz sagt in § 433 Abs. 1 S. 1 nicht: „Durch den Kaufvertrag erlangt der Käufer den Anspruch auf Übergabe und Übereignung der Kaufsache". Vielmehr drückt das Gesetz den Anspruch des Käufers als Pflicht des Verkäufers aus.[4] So verfährt auch § 433 Abs. 2, nur umgekehrt.

Forderung: Die Kommission, die am Ende des 19. Jahrhunderts das zweite Buch des BGB („Recht der Schuldverhältnisse") entwickelte, hat versehentlich nicht den Ausdruck „Anspruch" übernommen. Im Schuldrecht ist deshalb nicht von Ansprüchen, sondern von „Forderungen" die Rede. Beide Begriffe sind aber inhaltsgleich.

1103

---

3 BGH NJW 1995, 252.
4 Durch diese Formulierung wird deutlicher, dass es sich beim Kaufvertrag um ein *Verpflichtungsgeschäft* handelt, also um einen Vertrag, der Pflichten begründet, sie aber noch nicht erfüllt (Rn 301, 318).

2. Andere Rechte

a) Absolute Rechte

Keine Ansprüche sind die absoluten Rechte und die Gestaltungsrechte.

1104 *Absolute Rechte* sind Rechte, die gegenüber jedermann vor Entziehung und Beeinträchtigung geschützt sind (Rn 1185). Zu den *absoluten Rechten* gehören insbesondere das allgemeine Persönlichkeitsrecht (Art. 1 Abs. 1, Art. 2 GG), das Recht am eigenen Namen (§ 12), das Eigentum (§ 903) und das Urheberrecht. Diese Rechte wirken nicht gegen eine einzelne Person (einen Schuldner). Sie geben dem Berechtigten deshalb nicht das Recht, von einer bestimmten Person „ein Tun oder Unterlassen zu verlangen" (§ 194 Abs. 1). Dass absolute Rechte nicht verjähren, kann man sich am besten am Eigentum klarmachen. Es wäre eine absurde Vorstellung, dass ein Eigentümer von seinem Eigentum nach spätestens dreißig Jahren keinen Gebrauch mehr machen könnte, zumindest nicht mehr gegen den Willen anderer. Eine solche Regelung gab es selbst im sowjetischen Sozialismus nicht. Auch absolute Rechte können aber zeitlich begrenzt sein, so „erlischt" zB das Urheberrecht 70 Jahre nach dem Tod des Urhebers (§ 64 Urheberrechtsgesetz).

b) Gestaltungsrechte

1105 Zu den *Gestaltungsrechten* (Rn 1197) gehört das Recht zur Kündigung, zur Anfechtung (§ 142), zum Rücktritt (§ 346)l, zum Widerruf (§ 355)[5] und zur Aufrechnung (§ 387). Wer von einem Gestaltungsrecht Gebrauch macht, ändert von sich aus (einseitig) die Rechtslage. Er verlangt nicht von einem anderen ein Tun oder Unterlassen, macht also keinen Anspruch geltend (FD „Verjährung", Frage 1, Nein, Spalte 11). *Beispiel*: V hat M ein Ladenlokals vermietet, hat aber den Vertrag gekündigt. Mit der Kündigung gestaltet er die Rechtslage um, indem er das Mietverhältnis (mit Ablauf der Kündigungsfrist) beendet. Aber V verlangt in seinem Kündigungsschreiben von M kein Tun. Allerdings hat die Ausübung eines Gestaltungsrechts oft einen Anspruch *zur Folge*. Im Beispielsfall führt die Kündigung dazu, dass V (nach Ablauf der Kündigungsfrist) einen Anspruch auf Räumung hat.

1106 *Ausschlussfristen*: Da Gestaltungsrechte keine Ansprüche sind, können sie nicht verjähren (§ 194). Auch sie müssen aber oft innerhalb bestimmter Fristen ausgeübt werden. Diese Fristen nennt man *Ausschlussfristen*. Bei der Anfechtung wegen arglistiger Täuschung sind zB die Jahresfrist (§ 124 Abs. 1, Abs. 2) und die Zehnjahresfrist (§ 124 Abs. 3) Ausschlussfristen. Auch eine Kündigung kann nach einer gewissen Zeit ausgeschlossen sein, zB die Kündigung eines Arbeitsvertrags aus wichtigem Grund nach Ablauf von zwei Wochen (§ 626 Abs. 2; Fall 4, Rn 92).

1107 *Im Zweifel das Wort „Anspruchsgrundlage" vermeiden*: Anfänger lernen früh, dass man die Lösung eines Falles mit der Suche nach der „Anspruchsgrundlage" beginnt. Das ist immer dann richtig, wenn A von B ein „Tun oder Unterlassen" verlangt (§ 194 Abs. 1), also einen Anspruch geltend macht. Es ist aber falsch, wenn es darum geht, ob A von einem Gestaltungsrecht Gebrauch machen kann. *Beispiel*: In einem Klausurfall geht es darum, ob der Käufer den Vertrag über einen Gebrauchtwagen wegen arglistiger Täuschung anfechten kann. Der Bearbeiter beginnt gedankenlos mit dem Satz: „Als Anspruchsgrundlage kommt § 123 in Betracht". Genauso falsch ist es natürlich,

---

[5] BH NJW 2018, 225 Rn 18.

die Frage einer Verjährung mit den Worten zu prüfen: „Anspruchsgrundlage könnte § 195 sein". Wer sich nicht ganz sicher ist, ob es wirklich um einen Anspruch geht, sollte das Wort Anspruchsgrundlage vermeiden – man kommt gut ohne diesen Ausdruck aus. So sollte man zB im ersten Beispielsfall schreiben: „Zu prüfen ist, ob K seine auf den Vertragsschluss gerichtete Willenserklärung nach § 123 Abs. 1 anfechten kann". Auch wenn es wirklich um einen Anspruch geht, muss man das Wort „Anspruchsgrundlage" nicht verwenden. Man kann zB schreiben: „Zu prüfen ist, ob K nach § 433 Abs. 1 S. 1 von V die Übereignung des Motorrads verlangen kann".

III. Wirkung der Verjährung

1. Leistungsverweigerungsrecht

Einrede: Der Anspruch geht durch den Eintritt der Verjährung nicht etwa unter, sondern besteht fort (Rn 1110). Gemäß § 214 Abs. 1 ist der Schuldner nach Ablauf der Verjährungsfrist nur „*berechtigt,* die Leistung zu verweigern". Es ist ihm freigestellt, von diesem Leistungsverweigerungsrecht Gebrauch zu machen oder nicht. Die Berufung auf die Verjährung ist deshalb eine *Einrede* (Rn 1194).

1108

Behandlung im Prozess: Nur wenn der Schuldner als Beklagter im Prozess die Einrede der Verjährung erhebt, darf der Richter sie berücksichtigen und die Klage wegen Verjährung abweisen. Beruft sich der Beklagte *nicht* auf Verjährung, darf der Richter die Verjährung nicht von Amts wegen beachten. Täte er das, könnte er seine Pflicht zur Neutralität verletzen. Allerdings wird heute nur noch selten angenommen, dass ein Richter, der von sich aus auf eine mögliche Verjährung hingewiesen hat, *wegen Befangenheit abgelehnt* werden könne. Denn ein solcher Hinweis kann zumindest bei der Erörterung eines Vergleichs durchaus sachdienlich sein.[6] Wenn der Kläger in der Klageschrift selbst erwähnt hat, dass sich der Beklagte (Schuldner) auf Verjährung berufen habe, darf das Gericht eine mögliche Verjährung (zum Nachteil des Gläubigers/ Klägers) auch dann berücksichtigen, wenn der Schuldner sie im Prozess nicht geltend gemacht hat.[7]

Einwendungen: Ganz im Gegensatz zu den Einreden sind die *Einwendungen* (Rn 1196) von Amts wegen zu beachten. Zu den Tatsachen, die eine Einwendung begründen, gehören zB die Überschreitung einer Ausschlussfrist (Rn 1106) oder die Verwirkung eines Anspruchs (Rn 1171). *Beispiel:* Der Richter kommt zu dem Schluss, dass der Kläger die Anfechtungsfrist des § 121 Abs. 1 nicht eingehalten hat. Der Ablauf einer Ausschlussfrist führt zum Untergang des (zeitlich befristeten) Anfechtungsrechts, so dass § 214 Abs. 2 keine Anwendung findet.[8] Auch wenn sich der Beklagte nicht darauf berufen hatte, muss der Richter die auf Anfechtung gestützte Klage abweisen.

1109

2. Fortbestand des Anspruchs

Der Anspruch des Gläubigers *erlischt nicht* mit Eintritt der Verjährung. Ein Anspruch kann auf die Weisen erlöschen, die das Gesetz in den §§ 362 ff aufgeführt hat, insbesondere durch Erfüllung (§ 362). Die Verjährung gehört nicht dazu. Dass der verjährte Anspruch fortbesteht, macht § 214 Abs. 2 S. 1 deutlich: Wenn der Schuldner den ver-

1110

---

6 BGH NJW 1998, 612 in eigener Sache; BayObLG NJW 1999, 1875.
7 OLG Düsseldorf NJW 1991, 2089.
8 BGH NJW 2006, 903 Rn 10.

jährten Anspruch – auch in Unkenntnis der Verjährung – erfüllt hat, kann er das Geleistete nicht (als ungerechtfertigte Bereicherung nach § 812 Abs. 1 S. 1) vom Gläubiger herausverlangen. Das ist ein klarer Hinweis darauf, dass der Schuldner einen *bestehenden* Anspruch erfüllt hat, dass also der verjährte Anspruch noch existiert, nur in geschwächter Form.

IV. Die regelmäßige Verjährungsfrist (§§ 195, 199)

1. Einführung

1111 Bis zum Inkrafttreten der Schuldrechtsreform und damit auch des neuen Verjährungsrechts am 1. Januar 2002 bestand im deutschen Zivilrecht eine verwirrende Fülle von unterschiedlich langen Verjährungsfristen. Sie waren in über 200 verschiedenen Gesetzen geregelt und reichten von sechs Wochen über ein halbes Jahr und zwei, drei oder vier Jahre bis zu 30 Jahren. Die damit verbundene Undurchsichtigkeit galt als größte Schwäche des Verjährungsrechts. Die Reform wollte damit Schluss machen und hat deshalb in § 195 die Verjährungsfrist auf drei Jahre festgelegt. Unter dem Gesichtspunkt der Einfachheit und Klarheit wäre es zu wünschen gewesen, wirklich *alle* Ansprüche nach drei Jahren verjähren zu lassen. Aber die Gerechtigkeit lässt eine so strikte Vereinheitlichung und Vereinfachung nicht zu. Aus diesem Grund musste das Gesetz in einigen Fällen andere Verjährungsfristen vorsehen (Rn 1127 ff). Die dreijährige Verjährungsfrist ist deshalb nur die „regelmäßige".

Die regelmäßige Verjährungsfrist steht aber ganz im Vordergrund. Es gilt nämlich der Grundsatz: Wenn das Gesetz für einen bestimmten Anspruch *keine eigene* Verjährungsfrist festlegt, verjährt der Anspruch nach § 195 in drei Jahren. Das Gesetz schreibt nie: „Dieser Anspruch verjährt in drei Jahren". Denn das Schweigen des Gesetzes verweist auf § 195.

2. Beginn der regelmäßigen Frist am Jahresende

1112 Um berechnen zu können, wann die Verjährung eintritt, muss man nicht nur wissen, wie lang die einschlägige Verjährungsfrist ist, sondern auch, wann sie beginnt. Für den Regelfall – also für die Fälle der „regelmäßigen Verjährungsfrist" von drei Jahren (§ 195) – bestimmt § 199 Abs. 1, dass die Frist *„mit dem Schluss des Jahres"* beginnt.

Man kann sich das gar nicht klar genug machen: Die weitaus wichtigste Verjährungsfrist, nämlich die regelmäßige nach § 195, beginnt *nicht* im Laufe eines Jahres – zB mit der Fälligkeit des Anspruchs – sondern am Jahresende! Und deshalb tritt die Verjährung auch im Normalfall – wenn es keine Hemmung und keinen Neubeginn der Verjährung gegeben hat – am Jahresende ein. Mit dem einheitlichen Verjährungseintritt am Jahresende will das BGB erreichen, dass ein Gläubiger nicht während des ganzen Kalenderjahrs den Eintritt der Verjährung befürchten muss. Er soll im November seine Außenstände darauf überprüfen können, ob eine Verjährung droht. Ist das der Fall, kann er noch rechtzeitig Klage erheben und so den Eintritt der Verjährung verhindern (§ 204 Abs. 1 Nr. 1).

Nur die Frist beginnt, nicht die Verjährung: Häufig wird falsch oder zumindest sehr missverständlich formuliert, die *„Verjährung"* beginne am Ende des Jahres. Dadurch wird der Eindruck erweckt, die Verjährung sei ein fortschreitender Prozess des allmählichen Verfalls einer Forderung, der Anfang und Ende kenne. Aber das wäre ganz falsch. Eine Verjährung *beginnt nie,* sondern tritt schlagartig ein, und zwar am Ende der Verjährungsfrist. Es ist *allein die Frist*, die – wie es richtig in § 199 Abs. 1 heißt – „beginnt", und zwar mit dem Schluss des Jahres.

3. Erste Voraussetzung des Beginns: Entstehen des Anspruchs

Ein Anspruch ist entstanden, wenn der Gläubiger ihn im Wege der *Klage* geltend machen kann (FD „Verjährung", Frage 4).[9] Das setzt voraus, dass der Tatbestand vorliegt, der ihn begründet (zB Vertragsschluss oder Verkehrsunfall) und dass der Anspruch *fällig* ist. Die Fälligkeit richtet sich nach § 271.[10]

Entstehen eines Anspruchs auf Zahlung eines Entgelts: Oft ist ein Anspruch auf Zahlung eines Geldbetrags gerichtet, der die Gegenleistung (das Entgelt) für eine Sach- oder Dienstleistung darstellt.[11] Die Fälligkeit eines solchen Entgeltanspruchs ergibt sich oft aus dem zugrunde liegenden Vertrag oder aus dem Gesetz. *Beispiel 1:* In einem Darlehensvertrag heißt es: „Der monatliche Betrag für Tilgung und Zinsen in Höhe von 987 Euro ist bis zum 5. eines Monats zu zahlen." *Beispiel 2:* Nach § 556b Abs. 1 ist die Miete für Wohnraum am dritten Werktag des Monats fällig, für den die Miete zu zahlen ist.

Typisch für solche Ansprüche ist aber, dass sie durch eine *Rechnung* geltend gemacht werden müssen, aus der sich die Höhe des Anspruchs ergibt. Es stellt sich dann die Frage, ob der Anspruch (die Forderung) schon mit dem Abschluss der Sach- oder Dienstleistung entsteht, oder erst mit dem Zugang der Rechnung

- *Regel:* Ein Entgeltanspruch (eine Entgeltforderung) wird im Regelfall schon fällig (entsteht also), wenn der Gläubiger die Rechnung *hätte erteilen können*.[12] Das wird gelegentlich ausdrücklich angeordnet. So bestimmt § 8 Abs. 1 S. 1 RVG für den Gebührenanspruch des Rechtsanwalts: „Die Vergütung wird fällig, wenn der Auftrag erledigt oder die Angelegenheit beendet ist". Für die Ansprüche steuerlicher Berater bestimmt § 7 StBGebV fast wortgleich dasselbe. Es widerspricht zwar dem allgemeinen Rechts- und Sprachgefühl, eine Forderung als fällig zu bezeichnen, deren Höhe der Schuldner nicht kennt und nicht kennen kann. Der Vorteil der Regelung ist aber, dass sie Rechtsanwälte und Steuerberater dazu anhält, ihre Rechnungen zügig zu erstellen. Das gilt in der Regel auch für andere Gläubiger. Wer erst zwei Jahre nach Erbringung seiner Leistung die Rechnung schickt, muss mit dem baldigen Eintritt der Verjährung rechnen.

- *Ausnahmen:* Nur ausnahmsweise – kraft ausdrücklicher Anordnung – wird ein Anspruch erst mit dem Zugang der Rechnung fällig. So heißt es in § 12 Abs. 1 GOÄ zum Honoraranspruch eines Arztes: „Die Vergütung wird fällig, wenn dem Zahlungspflichtigen eine … entsprechende Rechnung erteilt worden ist". Das gilt auch für das Architektenhonorar.[13] Diese Regelung entspricht dem Rechtsgefühl, hat aber für den Patienten (oder Kunden) den gravierenden Nachteil, dass diese Ansprüche (Forderungen) „praktisch unverjährbar" sind, solange keine Rechnung er-

---

9 BGH NJW 2019, 2189 Rn 17; BGHZ 79, 176 (177/178); NJW 1995, 2547.
10 SAT Rn 492 ff.
11 § 286 Abs. 3 S. 1 nennt diesen Anspruch eine „Entgeltforderung", weil im Schuldrecht die Ansprüche als Forderungen bezeichnet werden (Rn 1103)
12 Palandt/Ellenberger § 199 Rn 5; BGHZ 102, 167 (171).
13 § 8 Abs. 1 HOAI: „Das Honorar wird fällig, wenn … eine prüffähige Honorarschlussrechnung überreicht worden ist".

teilt wird.[14] *Beispiel:* Sieben Jahre nach Beendigung seiner Arbeit schickte ein Architekt seiner Auftraggeberin die Rechnung. Diese berief sich erfolglos auf Verjährung.[15]

Merkhilfe: Ärzte und Architekten gelten offenbar als wenig strukturiert, so dass sie Nachsicht verdienen, wenn sie es verbummelt haben, eine Rechnung zu schreiben. Oder haben sie im Gesetzgebungsverfahren einfach die bessere Lobby?

1116 *Entstehen eines Schadensersatzanspruchs:* Ein Schadensersatzanspruch ist „entstanden" (§ 199 Abs. 1 Nr. 1), wenn der entsprechende *Schaden* entstanden ist. Das ist wiederum anzunehmen, wenn durch eine „Verletzungshandlung eine … Verschlechterung der Vermögenslage eingetreten" ist.[16]

Unproblematisch ist die Bestimmung dieses Zeitpunkts zB bei einem Verkehrsunfall: Der Schaden ist in dem Augenblick entstanden, in dem ein Mensch verletzt oder ein Fahrzeug beschädigt wurde, auch wenn die Schuldfrage und der Schadensumfang erst später geklärt werden können.

Komplizierter ist die Festlegung des Zeitpunkts, wenn ein Bankkunde, der Geld anlegen wollte, falsch oder gar nicht beraten wurde und deshalb eine Kapitalanlage erworben hat, die er bei korrekter Beratung nicht erworben hätte. In diesen Fällen besteht die Tendenz, die Entstehung des Schadens – und damit des entsprechenden Anspruchs – früh anzusetzen: Der Schaden entsteht nicht erst, wenn sich die Anlage als geringwertig oder gar als wertlos herausstellt. Vielmehr ist der Anleger „bereits durch den Erwerb der Kapitalanlage geschädigt".[17] Denn der Schaden besteht darin, dass die Anlage infolge der Aufklärungsmängel nicht seinen Vorstellungen entspricht.

Dass die endgültige Höhe des Schadens zu diesem Zeitpunkt noch nicht feststeht, ist gleichgültig. Es spielt auch keine Rolle, ob der Schaden möglicherweise noch durch ein Rechtsmittel abgewendet werden könnte.[18] Denn ein Schaden kann auch dann schon entstanden sein, wenn noch nicht feststeht, dass die Vermögenseinbuße endgültig ist.[19]

4. Zweite Voraussetzung des Beginns: Kenntnis

a) Einführung

1117 Die Entstehung des Anspruchs allein führt noch nicht dazu, dass die Verjährungsfrist am Jahresende beginnt. Es müssen auch subjektive (in der Person des Gläubigers bestehende) Voraussetzungen gegeben sein (§ 199 Abs. 1 Nr. 2). Die Verjährungsfrist beginnt nämlich erst am Ende des Jahres, in dem der Gläubiger von den anspruchsbegründenden Umständen und von der Person des Schuldners Kenntnis erlangt hat.

- Wenn der Gläubiger eine *Sach- oder Dienstleistung* in Rechnung stellt, kennt er im Regelfall „die den Anspruch begründenden Umstände" und „die Person des Schuldners" genau. Es handelt sich schließlich um seinen Vertragspartner und er ist für ihn

---

14 Palandt/Ellenberger § 199 Rn 6.
15 LG Karlsruhe NZBau 2007, 328 (nur Leitsatz, Volltext unter BeckRS 2006, 01196). Dazu Leitmeier NZBau 2009, 345; zum Problem auch Herchen NZBau 2007, 473.
16 BGH NJW 2017, 2189 Rn 17.
17 BGH NJW 2019, 356 Rn 14; BGHZ 196, 233 Rn 25;.
18 In den Fällen, in denen dem Anleger zunächst noch ein Widerrufsrecht zusteht, sieht der III. Senat des BGH im Abschluss des Kaufvertrags eine „lediglich risikobehaftete Situation", noch keinen Schaden (NJW 2019, 356 Rn 14).
19 BGH NJW 2017, 2189 Rn 17; NJW 2009, 685 Rn 12.

tätig geworden. Die in § 199 Abs. 1 Nr. 2 aufgestellte Voraussetzung für den Beginn der dreijährigen Verjährungsfrist erscheint dann recht überflüssig zu sein.

- Wenn aber zB Schadensersatzansprüche oder Ansprüche aus ungerechtfertigter Bereicherung (§§ 812 ff) geltend gemacht werden, kann § 199 Abs. 1 Nr. 2 eine große Bedeutung haben. Je nachdem, für welchen Zeitpunkt das Gericht die erforderliche Kenntnis (oder grob fahrlässige Unkenntnis) annimmt, kann der Schadensersatzanspruch verjährt oder nicht verjährt sein.

b) Kenntnis „... von den ... Umständen"

Kenntnis der Tatsachen: Wie sich aus § 199 Abs. 1 Nr. 2 ergibt, beginnt die Verjährungsfrist nicht, bevor „der Gläubiger von den den Anspruch begründenden Umständen ... Kenntnis erlangt ..." (FD „Verjährung", Frage 5). Diese „Umstände" sind die Tatsachen, die zur Entstehung des Anspruchs geführt haben.[20] Zu betonen ist, dass es *nicht* darauf ankommt, ab wann der Geschädigte aus den ihm bekannten Umständen den Schluss gezogen hat, dass ihm ein Anspruch zustehe (unten Rn 1120). Es kommt nur auf die Kenntnis der Tatsachen an, die solch einen Schluss zulassen.

Beispiel 1: Fall 46, Rn 1097.[21] *Beispiel 2*: Rechtsanwalt R vertrat Frau M in einem Prozess, der deshalb verloren ging, weil R einen Fehler gemacht hatte. Als Frau M Schadensersatz verlangte, erhob R die Einrede der Verjährung. Er vertrat die Ansicht, Frau M habe bereits Kenntnis „von den den Anspruch begründenden Umständen" erlangt, als sie von dem nachteiligen Ausgang des Prozesses erfuhr. Das war aber falsch. Die Kenntnis musste sich auf die Tatsachen beziehen, die auf einen *Fehler des R* schließen ließen. Erst am Ende des Jahres, in dem Frau M von *diesen* Umständen erfuhr, konnte die dreijährige Verjährungsfrist beginnen.[22] Das Gleiche gilt bei einem *ärztlichen Behandlungsfehler*. Wenn der Patient einen Schadenersatzanspruch gegen den Arzt geltend machen will, kommt es nicht darauf an, ab wann ihm „der negative Ausgang der ärztlichen Behandlung bekannt" war. Entscheidend ist vielmehr, ab wann er „Kenntnis von solchen Tatsachen" erlangt hat, „aus denen sich für ihn als medizinischen Laien ergibt, dass der behandelnde Arzt" einen Behandlungsfehler gemacht hat.[23]

1118

„ ... oder ohne grobe Fahrlässigkeit erlangen müsste": Der Kenntnis der Tatsachen stellt § 199 Abs. 1 Nr. 2 den Fall gleich, dass der Gläubiger sie zwar *nicht* kennt, diese Unkenntnis aber auf *grober* Fahrlässigkeit beruht (FD „Verjährung", Frage 10): Grob fahrlässige Unkenntnis liegt vor, „wenn dem Gläubiger die Kenntnis deshalb fehlt, weil er ganz naheliegende Überlegungen nicht angestellt oder das nicht beachtet hat, was im gegebenen Fall jedem hätte einleuchten müssen".[24] *Anders gesagt*: Die Unkenntnis steht der Kenntnis *nicht* gleich, wenn dem Gläubiger wegen seiner Unkenntnis entweder gar keine oder nur leichte (gewöhnliche) Fahrlässigkeit vorgeworfen werden kann (§ 276 Abs. 2). *Beispiel*: Frau F erklärte dem Anlageberater A, sie suche eine sichere Anlage für ihre Altersvorsorge. A empfahl ihr bestimmte Papiere, verschwieg aber deren spekulativen Charakter. Er legte Frau F ein Kaufvertragsformular zur Unterschrift

1119

---

20 BGHZ 179, 260 Rn 47.
21 BGH NJW 2008, 2427.
22 BGH NJW 2014, 1800 Rn 8. Siehe auch das Parallelurteil vom selben Tag NJW 2014, 993 Rn 9 ff.
23 BGH NJW 2017, 949 Rn 13. Siehe dazu auch OLG Koblenz NJW 2015, 2894 Rn 14.
24 BGH (III. Senat) NJW 2017, 2187 Rn 8 und NJW 2015, 2956 Rn 11; fast wörtlich wie BGH (XI. Senat) NJW 2015, 1948 Rn 29.

vor, ohne darauf hinzuweisen, dass es (kleingedruckte) Risikohinweise enthielt. Frau F las diese Hinweise nicht. Die Papiere wurden wenig später wertlos. Da Frau F der Empfehlung des A vertrauen durfte, war das Nichtlesen nicht *grob*, sondern höchstens leicht fahrlässig. Frau F wird also nicht so angesehen, als habe sie den spekulativen Charakter der Wertpapiere bereits bei deren Kauf gekannt.[25]

Kenntnis einer Organisation: Wenn eine Organisation, insbesondere eine Handelsgesellschaft oder eine Behörde, einen Anspruch geltend machen will, stellt sich die Frage, ob ihr bereits die Kenntnis eines beliebigen Mitarbeiters zugerechnet wird. Das ist nach dem Rechtsgedanken des § 166 Abs. 1 zu verneinen (Rn 963 ff). Es ist allein auf die Kenntnis der sogenannten *Wissensvertreter* abzustellen. Das sind die Mitarbeiter*innen, die nach der internen Zuständigkeitsverteilung mit der Verfolgung des fraglichen Anspruchs betraut waren.[26] Außerdem kann der Organisation nicht jedes archivierte Wissen zugerechnet werden. Anderenfalls würde sie „weit über jede menschliche Fähigkeit hinaus belastet", also deutlich schlechter gestellt werden als eine natürliche Person.[27]

c) Richtige rechtliche Schlüsse nicht erforderlich

1120 Die nötige Kenntnis des Gläubigers ist vorhanden, „wenn er aufgrund der ihm bekannten Tatsachen gegen eine bestimmte Person eine Klage ... erheben kann, die ... so viel Erfolgsaussicht hat, dass sie ihm zumutbar ist".[28] Es kommt *nicht* darauf an, ob der Gläubiger „aus den ihm bekannten Tatsachen die *zutreffenden rechtlichen Schlüsse*" gezogen hat.[29] Denn § 199 Abs. 1 Nr. 2 setzt keine korrekte rechtliche Würdigung voraus,[30] sondern nur die Kenntnis der Tatsachen. Anderenfalls würde billigen Ausreden Tor und Tür geöffnet. Wenn nämlich ein Gläubiger erfolgreich geltend machen könnte, er habe zwar die Umstände gekannt, aber aus ihnen nicht einen entsprechenden Anspruch abgeleitet, hätten die Gläubiger, die über geringe Rechtskenntnisse verfügen (oder das behaupten!) und auch keinen Rechtsanwalt konsultiert haben, einen unberechtigten Vorteil.

Beispiel: Der zwischen M und V geschlossene Mietvertrag bestimmte, dass M eine Mietsicherheit („Kaution") in Höhe von sechs Monatsmieten zu zahlen hatte. Zulässig ist jedoch höchstens ein Betrag von drei Monatsmieten (§ 551 Abs. 1, Abs. 4). M zahlte die überhöhte Mietsicherheit, so dass er im gleichen Moment einen Anspruch auf Rückzahlung des überschießenden Betrags hatte (§ 812 Abs. 1 S. 1). V berief sich auf Verjährung. Zu fragen war deshalb, ab wann M Kenntnis von den „den Anspruch begründenden Umständen" hatte. Diese „Umstände" waren die konkrete Vereinbarung und die Zahlung der Mietsicherheit. Beide Umstände waren M von Anfang an bekannt. Dass er § 551 nicht kannte, war unerheblich. Die Verjährungsfrist begann deshalb am Schluss des Jahres, in dem M die überhöhte Mietsicherheit gezahlt hatte.[31]

---

25 BGH NJW 2017, 2187 Rn 8 ff. Siehe auch BGH NJW 2010, 3292 Rn 30 ff, bestätigt von BGH NJW 2011, 3573 Rn 11.
26 BGH NJW 2012, 2644 Rn 10-14; 2012, 1789 Rn 9; 2012, 447 Rn 12 ff.
27 BGH NJW 2015, 1948 Rn 25.
28 BGH NJW 2013, 1077 Rn 47; 2013, 991 Rn 48; ähnlich BGHZ 196, 233 Rn 27 und NJW 2012, 3569 Rn 14.
29 BGHZ 203, 115 Rn 35; BGH NJW 2015, 1948 Rn 20; 2014, 3713 Rn 35; 2013, 1228 Rn 34; BGHZ 179, 260 Rn 47; BGHZ 170, 260 Rn 28.
30 BGH NJW 2011, 2570 Rn 23 unter Hinweis auf BGHZ 175, 161 Rn 26; NJW-RR 2010, 1574 Rn 12.
31 BGH NJW 2011, 2570 Rn 23.

Es ist gleichgültig, ob die Rechtsunkenntnis auf *Fahrlässigkeit* beruhte. Denn da es auf die rechtliche Würdigung durch den Gläubiger insgesamt nicht ankommt, ist auch eine eventuelle Fahrlässigkeit ohne Bedeutung.

Unsichere Rechtslage: Eine Ausnahme macht der BGH, „wenn eine zweifelhafte und unsichere Rechtslage vorliegt, die selbst ein rechtskundiger Dritter nicht zuverlässig einzuschätzen vermag".[32] Eine unsichere Rechtslage besteht insbesondere, wenn es keine einheitliche Rechtsprechung gibt. *Beispiel:* Jahrelang war es üblich, dass die Kreditinstitute ihre Kunden formularmäßig zu bestimmten Entgelten verpflichteten. Die Oberlandesgerichte entschieden uneinheitlich. Erst im Lauf des Jahres 2011 setzte sich bei ihnen die Ansicht durch, dass die entsprechenden AGB nach § 307 unwirksam sind. Deshalb hatte erst im Jahre 2012 eine Klage auf Rückzahlung der Entgelte Aussicht auf Erfolg und war deshalb den Kunden zumutbar. Die dreijährige Verjährungsfrist für Ansprüche auf Rückzahlung begann deshalb frühestens am Jahresende 2012.[33]

d) Kenntnis von „der Person des Schuldners"

Name des Schuldners: Bei Schadensersatzansprüchen ist dem Gläubiger manchmal längere Zeit die Person seines Schuldners unbekannt. Es kommt dann darauf an, ob diese Unkenntnis auf grober Fahrlässigkeit beruhte (§ 199 Abs. 1 Nr. 2). *Beispiel:* Ein von P gesteuerter Pkw erfasste den Fahrradfahrer F und verletzte ihn schwer. Der Unfallversicherer U des F erfuhr erst drei Jahre später Namen und Anschrift des P. Im folgenden Jahr verklagte U ihn auf Zahlung von 118 000 Euro, aber P erhob die Einrede der Verjährung. Es kam darauf an, ob dem U, weil er die Adresse so spät ausfindig gemacht hatte, grobe Fahrlässigkeit vorgeworfen werden konnte. Der BGH hat das verneint, weil U nicht gehalten war, telefonisch die Angehörigen, die behandelnde Klinik oder den Krankenversicherer des F zu befragen.[34]

Adresse des Schuldners: Zur Kenntnis der Person des Schuldners gehört auch die Kenntnis seiner Anschrift.[35] Es kommt vor, dass der Gläubiger zwar den Namen, aber nicht (mehr) die Adresse des Schuldners kennt. *Beispiel:* B hatte sich gegenüber der G-Bank für eine Darlehensverbindlichkeit seines Sohnes S verbürgt. Als die G-Bank Jahre später den B aus dem Bürgschaftsvertrag in Anspruch nehmen wollte, stellte sie fest, dass sich seine Adresse geändert hatte. Die G-Bank unternahm nur geringe Anstrengungen, die Adresse ausfindig zu machen. Sie hatte damit aber die Nachforschungen noch nicht *grob* fahrlässig verzögert.[36] Von grober Fahrlässigkeit ist aber auszugehen, wenn „nur eine einfache Anfrage oder ein Telefongespräch erforderlich" gewesen wäre, um die Adresse zu ermitteln.[37]

5. Die Begrenzung der regelmäßigen Verjährungsfrist durch Höchstfristen

Wenn der Gläubiger die nach § 199 Abs. 1 Nr. 2 nötige Kenntnis erst nach Jahren oder Jahrzehnten erlangt, würde die regelmäßige Verjährungsfrist erst sehr lange nach Entstehen des Anspruchs beginnen und noch später enden. *Beispiel:* Dem Y wurde am

---

32 BGHZ 203, 115 Rn 35; BGH NJW 2014, 3092 Rn 23 mwN; 2013, 991 Rn 48; 2011, 1278 Rn 15.
33 BGH NJW 2014, 3713 Rn 38, 44.
34 BGH NJW 2007, 834 Rn 8 (zu § 852 aF, einer Vorgängernorm von § 199).
35 BGH NJW 2012, 1645 Rn 14; WM 2008, 2165 Rn 12.
36 BGH NJW 2009, 587 Rn 12 f.
37 BGH NJW 2013, 448 Rn 13.

23. September 2009 die Kreditkarte gestohlen, ohne dass er das bemerkte. Am 2. März 2012 wurden mit ihr umfangreiche Zahlungen geleistet. Y kann aber erst im Jahre 2024 den Verdächtigen namhaft machen. Dann würde die Verjährung nach § 199 Abs. 1 Nr. 2 erst am Ende des Jahres 2027 eintreten.

Der Gesetzgeber will vermeiden, dass durch einen sehr späten Beginn der regelmäßigen Verjährungsfrist die Verjährung erst zu einer Zeit eintritt, zu der Rechtsfrieden eingekehrt sein sollte. § 199 nennt deshalb in seinen Absätzen 2 bis 4 Verjährungsfristen, die zwar dreimal oder zehnmal länger sind als die Frist des § 195, die aber bereits *vor der Kenntniserlangung* (und manchmal sogar vor der Entstehung des Anspruchs) beginnen. Wenn die im konkreten Fall zutreffende Frist der Absätze 2 bis 4 abgelaufen ist, tritt die Verjährung ein, auch wenn die regelmäßige Frist des § 195 (trotz ihrer Kürze) noch läuft oder noch nicht einmal begonnen hat. Das Vorbild für diese doppelte Befristung ist § 124, und zwar Abs. 1, Abs. 2 einerseits und Abs. 3 andererseits (Rn 461 bis 466).[38] In beiden Fällen gilt: Wenn das Gesetz in derselben Sache die Einhaltung von zwei Fristen verlangt, sind sie immer verschieden lang und beginnen zu unterschiedlichen Zeitpunkten.

1126 *Achtung, Falle!* § 199 kann durch seine Absätze 2 bis 4 Anfänger in die Irre führen, manchmal auch einen BGH-Senat. Wer seine Ausführungen zur Verjährung mit den Worten beginnt: „Der Schadensersatzanspruch ... unterliegt der zehnjährigen Verjährungsfrist des § 199 Abs. 3 Nr. 1",[39] hat § 199 nicht verstanden. Seine Absätze 2 bis 4 können nie isoliert und primär angewendet werden, sondern immer nur als Korrektiv zur regelmäßigen Verjährungsfrist (Abs. 1), die zuerst zu prüfen ist.

Die Absätze 2 bis 4 sind nur dann im Gutachten heranzuziehen, wenn dazu Anlass besteht, dh wenn der Gläubiger die nach § 199 Abs. 1 Nr. 2 erforderlichen Kenntnisse extrem spät erlangt hat. Sie spielen in der Klausurpraxis nur eine geringe Rolle und werden deshalb hier nicht im Einzelnen erläutert. Eine gute Übersicht und zahlreiche Einzelheiten ergeben sich aber aus dem FD: „Begrenzung der regelmäßigen Verjährungsfrist". Die Lösung des obigen Beispiels (Rn 1125) ergibt sich aus diesem FD wie folgt: 1. Nein – 2. Ja – 3. Nein – 6. Ja – 7. Am 2. März 2012. Ende der Frist am 2. März 2022 – 8. Am 23. September 2009, Fristende am 23. September 2039 – 9. Ja, am 2. März 2022 wird die Verjährung spätestens eintreten.

V. Die in den §§ 196 und 197 geregelten Verjährungsfristen

1127 Dass die regelmäßige Verjährungsfrist der §§ 195 und 199 gilt, darf erst bejaht werden, wenn feststeht, dass die in den §§ 196 und 197 Abs. 1 genannten, sehr viel längeren Verjährungsfristen *nicht* gelten (FD „Verjährung", Frage 2). Auch dass es sich um die Verjährung eines Sachmangelanspruchs handelt, muss ausgeschlossen sein (FD „Verjährung", Frage 3). Wenn keine Zweifel bestehen können, muss der Ausschluss dieser Bestimmungen aber nicht begründet werden. Es reicht dann der Hinweis: „Da der fragliche Anspruch nicht in den §§ 196, 197 genannt ist, gilt § 195."

1128 *In zehn Jahren* verjähren die in § 196 genannten Ansprüche, insbesondere der Anspruch „auf Übertragung des Eigentums an einem Grundstück". *Beispiel:* V hatte K durch wirksamen notariellen Vertrag ein Grundstück verkauft, aber sieben Jahre lang

---

[38] Der Unterschied besteht insbesondere darin, dass die in § 124 genannten Fristen Ausschlussfristen sind (Rn 466), die in § 199 genannten aber Verjährungsfristen.
[39] So der 3. Zivilsenat des BGH NJW 2019, 356 Rn 13. Ihm zustimmend Schwab JuS 2019, 579 (581 unter 4.).

die Auflassung (§ 925) verweigert und so verhindert, dass K in das Grundbuch eingetragen wurde (§ 873). Wenn K nicht in den nächsten drei Jahren auf Übereignung klagt, wird sich V auf Verjährung berufen können. § 196 gilt aber auch für den Anspruch auf den Kaufpreis eines Grundstücks („Ansprüche auf die Gegenleistung") und selbst für Ansprüche, die nur mittelbar im Zusammenhang mit einem Grundstück stehen.[40]

In 30 Jahren verjähren die Ansprüche, die in § 197 Abs. 1 unter sechs Nummern aufgezählt sind. Hervorzuheben sind zwei Fälle:

- Nr. 1 betrifft Ansprüche aus bestimmten *vorsätzlichen (!)* Straftaten gegen die körperliche Integrität (Tötung, Körperverletzung, Freiheitsberaubung und sexueller Missbrauch). Für diese Ansprüche gilt nicht § 199 Abs. 2, weil dieser sich nur auf Ansprüche bezieht, die in der regelmäßigen Frist verjähren (wie etwa Ansprüche aus *fahrlässiger* Körperverletzung).
- Außerdem ist ein Gläubiger, der ein rechtskräftiges Urteil erstritten hat, 30 Jahre lang vor der Einrede der Verjährung geschützt (§ 197 Abs. 1 Nr. 3).

Fristbeginn während des Kalenderjahres: Wann eine Verjährungsfrist beginnt, die *keine* „regelmäßige Verjährungsfrist" nach § 195 ist, bestimmt § 200 S. 1:[41] Die Frist beginnt „mit der Entstehung des Anspruchs".[42] Dieser Zeitpunkt ist identisch mit dem in § 199 Abs. 1 Nr. 1 genannten (Rn 1113 ff). Es gibt für den Fristbeginn aber zwei ganz wesentliche Unterschiede gegenüber der regelmäßigen Verjährungsfrist: Der Beginn ist – anders als nach § 199 Abs. 1 Nr. 2 – *nicht* davon abhängig, dass der Gläubiger bestimmte Kenntnisse erlangt hat. Und die Verjährungsfrist beginnt nie erst am Jahresende, sondern schon mit der „Entstehung des Anspruchs" (§ 200 S. 1). Diese Verjährungsfristen beginnen also *im Laufe* eines Kalenderjahres, so dass sie auch im Laufe eines Kalenderjahres enden.

1129

VI. Vereinbarungen über die Verjährungsfrist

1. Vereinbarung zugunsten des Schuldners

Die Verjährung kann grundsätzlich zugunsten des Schuldners „durch Rechtsgeschäft erleichtert werden" (Umkehrschluss aus § 202 Abs. 1). Da der Hauptfall der Erleichterung die *Abkürzung* der Verjährungsfrist ist, kann man auch sagen: Vertraglich kann eine gesetzliche Verjährungsfrist verkürzt werden.

1130

Eine solche Bestimmung ist aber *unwirksam*, wenn kumulativ zwei Voraussetzungen gegeben sind:

- Es handelt sich um eine „Haftung wegen Vorsatzes" (§ 202 Abs. 1). Es muss also ein vorsätzliches (nicht nur fahrlässiges) Verhalten des Schuldners den Anspruch des Gläubigers ausgelöst haben. *Und:*
- Die Parteien hatten „im Voraus" die Haftungserleichterung vereinbart, also bevor der Gläubiger wusste, dass es sich um einen Anspruch wegen vorsätzlicher Schädigung handeln würde.

---

40 BGH NJW-RR 2008, 824.
41 Für rechtskräftig festgestellte Ansprüche und ähnliche Fälle (§ 197 Abs. 1 Nr. 3 bis 6) legt § 201 S. 1 den Beginn der dreißigjährigen Verjährungsfrist gesondert fest.
42 BGH NJW 2019, 596 Rn 16 f.

Anders gesagt: Wenn der Schuldner den Gläubiger vorsätzlich geschädigt hat, kann er sich nicht auf eine *zuvor* vereinbarte Verkürzung der Verjährungsfrist berufen (§ 202 Abs. 1).

2. Vereinbarung zugunsten des Gläubigers

1131 *Verlängerung der Verjährungsfrist:* Die Verjährung kann grundsätzlich auch zugunsten des *Gläubigers* „durch Rechtsgeschäft ... erschwert werden" (§ 202 Abs. 2). Die Erschwerung erfolgt durch eine Verlängerung der Verjährungsfrist. Aber die gesetzliche Verjährungsfrist kann nicht über einen Zeitraum von 30 Jahren hinaus verlängert werden (§ 202 Abs. 2).

1132 *Zeitweiser Verzicht auf die Einrede der Verjährung:* Solange noch keine Verjährung eingetreten ist, kann der Schuldner erklären, dass er zeitweise auf die Einrede der Verjährung verzichte. Auch durch diese Vereinbarung wird die „Verjährung ... durch Rechtsgeschäft ... erschwert (§ 202 Abs. 2), nur nicht durch eine (von § 202 Abs. 2 allein erwähnte) Verlängerung der Verjährungsfrist. *Beispiel:* Der Anspruch des G drohte am Jahresende 2010 zu verjähren. Im August 2010 erklärte S: „Ich werde bis Freitag, den 1. Juli 2011 auf die Einrede der Verjährung verzichten", was G zustimmend zur Kenntnis nahm.[43] Die Verjährungsfrist läuft in diesem Fall in der angegebenen Zeit weiter, der Zeitpunkt des Verjährungseintritts verschiebt sich *nicht.*[44] S konnte nur nicht in der Zeit zwischen dem 31. Dezember 2010, 24.00 Uhr (Eintritt der Verjährung) und dem 1. Juli 2011, 24.00 Uhr die Einrede der Verjährung erheben.

§ 47 Hemmung der Verjährung

1133 ▶ **Fall 47: Im Sande verlaufen** § 204

Albert Berndt schloss im Juli 2006 mit dem Bauunternehmer Heribert Ulrich einen Werkvertrag über den Bau eines Einfamilienhauses. Schon bald darauf kündigte Berndt den Vertrag. Es steht fest, dass Ulrich aufgrund der Kündigung eine Entschädigung von 22 000 Euro fordern kann. Die Anwälte der Parteien verhandelten von August 2006 an darüber, ob ein neuer Werkvertrag geschlossen und dadurch das Vertragsverhältnis fortgesetzt werden sollte. Im Februar 2007 schrieb Berndts Anwalt, er sei bis zum 15. März im Urlaub, werde jedoch danach unaufgefordert auf die Sache zurückkommen. Das tat er aber nicht, und auch die Gegenseite äußerte sich nicht mehr, so dass die Verhandlungen nicht fortgeführt wurden. Im Sommer 2010 mahnte Ulrich die Zahlung der 22 000 Euro an, aber Berndt berief sich Verjährung. Zu Recht? (Nach BGH NJW-RR 2014, 981)

1134 *Vorbemerkung:* Das Werkvertragsrecht kennt eigene Verjährungsvorschriften. Aber sie beziehen sich nur auf die Verjährung von *Mängelansprüchen* (§ 634a). Im vorliegenden Fall geht es jedoch allein um die Verjährung eines Anspruchs auf Entschädigung. Für diesen Anspruch enthält das Werkvertragsrecht keine Verjährungsregelung, so dass allein die §§ 194 ff gelten.

---

[43] Diesen Antrag des Schuldners (§ 145) kann der Gläubiger annehmen, ohne dass die Annahme dem Schuldner zugehen muss (§ 151; Rn 211).
[44] BGH NJW 2009, 1598 Rn 22: Eine solche Vereinbarung führt nicht zur Hemmung (§§ 203 ff). Bestätigt von BGH NJW 2014, 2267 Rn 18.

§ 47 Hemmung der Verjährung

Da Entschädigungsansprüche nicht in den §§ 196 und 197 genannt sind, ist auf ihre Verjährung § 195 anzuwenden. Deshalb begann die Verjährungsfrist am 31. Dezember 2006 um 24.00 Uhr (§ 199 Abs. 1). Die Verjährung wäre folglich drei Jahre später, am 31. Dezember 2009, 24.00 Uhr eingetreten.

Die Verjährung könnte jedoch gehemmt gewesen sein, weil „zwischen dem Schuldner und dem Gläubiger Verhandlungen über den Anspruch oder die den Anspruch begründenden Umstände ..." schwebten (§ 203 S. 1). Der Schuldner ist Berndt, weil er die Entschädigung schuldete. Ulrich ist dementsprechend der Gläubiger. Sie verhandelten seit August 2006. Man könnte nur fragen, ob die Verhandlungen wirklich „den Anspruch oder die den Anspruch begründenden Umstände" betreffen. Denn sie bezogen sich – zumindest in erster Linie – auf den Abschluss eines neuen Werkvertrags. Aber der BGH hat die zitierten Worte des Gesetzes zu Recht großzügig ausgelegt. Denn bei Abschluss eines neuen Vertrags wäre der Anspruch auf Entschädigung wegen Kündigung zumindest stark modifiziert worden. Insofern wurde auch über diesen Anspruch verhandelt.

Folge der Verhandlungen ist nach § 203 S. 1 generell, dass „die Verjährung gehemmt" ist. Dabei muss man aber beachten, dass nur *eine laufende Verjährungsfrist* gehemmt werden kann. Da die Verjährungsfrist erst am 31. Dezember 2006 um 24.00 Uhr begann, kann die Hemmung auch erst zu diesem Zeitpunkt begonnen haben. Die Verhandlungen, die im Jahre 2006 geführt wurden, hatten auf die Verjährung keinen Einfluss (FD „Hemmung und Neubeginn", Spalte 2).

Die Verhandlungen des Jahres 2007 führten aber zu einer Hemmung (§ 203 S. 1), die am 31. Dezember 2006 um 24.00 Uhr begann (oder, was dasselbe ist, am 1. Januar 2007 um 00.00 Uhr). Die Frage ist nur, wann sie endete. Der in § 203 S. 1 genannte Fall, dass „der eine oder der andere Teil die Fortsetzung der Verhandlungen verweigert", liegt nicht vor. Aber der Verweigerung steht nach allgemeiner Meinung der Fall gleich, dass die Parteien die Verhandlungen – wie man sagt – „einschlafen lassen". Nach Ansicht des BGH hätte Berndts Anwalt nicht gleich nach der Rückkehr aus seinem Urlaub, also am 15. März, die Verhandlungen wieder aufnehmen müssen. Der BGH hat ihm vielmehr eine Einarbeitungsfrist von 14 Tagen zugestanden. Da er sich aber in dieser Frist nicht geäußert hat (und auch die Gegenseite nicht), sind die Verhandlungen 14 Tage nach der Rückkehr aus dem Urlaub, also mit Ablauf des 29. März 2007 „eingeschlafen". Zur gleichen Zeit endete die Hemmung.

Wenn man die Dauer der Hemmung bestimmen will, muss man in Tagen rechnen, nicht in Wochen oder Monaten. Das führt zu dem Ergebnis, dass die Hemmung insgesamt 88 Tage dauerte, nämlich 31 Tage im Januar, 28 Tage im Februar und 29 Tage im März.

Nach § 209 wird die Zeit der Hemmung „in die Verjährungsfrist nicht eingerechnet". Das bedeutet, dass die Verjährung so viele Tage später eintritt, wie die Hemmung gedauert hat. Die Verjährung trat deshalb nicht mit Ablauf des 31. Dezember 2009 ein, sondern 88 Tage später. Das lässt sich in diesem Fall leicht rechnen, weil die anzuhängenden 88 Tage wieder zum 29. März führen (auch 2010 war kein Schaltjahr). Die Verjährung ist also am 29. März 2010 um 24.00 Uhr eingetreten. Berndt beruft sich deshalb zu Recht auf Verjährung.[45]

Aus dem FD „Hemmung und Neubeginn" ergibt sich die Lösung so: 1. Ja – 2. (Alternative 2) Ja – 3. Nein ... aa), Spalte 2.

---

45 Im Originalfall kam eine weitere Hemmung hinzu, die hier aus Gründen der Vereinfachung nicht berücksichtigt wurde. Wegen dieser zweiten Hemmung war der Anspruch nicht verjährt.

Lerneinheit 47

1135 Literatur: *Röß*, Die Verjährungshemmung bei Verbraucherdarlehensverträgen, NJW 2019, 1249; *Schütze*, Hemmung der Verjährung durch Schieds- oder Schlichtungsverfahren, RIW 2018, 481; *Naber/Schulte*, Hemmung von Ausschlussfristen nach § 203 S. 1 BGB, NZA 2018, 1526; *Kremer*, Die neue Rechtsprechung des Bundesgerichtshofs zur Hemmung der Verjährungsfrist durch Anrufung einer Ärztekammerschlichtungsstelle, GuP 2017, 121; *Riehm*, Alternative Streitbeilegung und Verjährungshemmung, NJW 2017, 113; *Boemke/Dorr*, Verjährungshemmung durch Verhandlung, NJOZ 2017, 1578; *Regenfus*, Ungeschriebene Voraussetzungen der Verjährungshemmung durch Rechtsverfolgung, NJW 2016, 2977; *Symosek*, Verjährungshemmung, aber richtig, NJW 2016, 1142; *Grothe*, Verjährungshemmung durch Mahnbescheid bei mehreren Mängeln, NJW 2015, 17.

I. Einführung

1136 *Definition:* Die Hemmung ist ein vorübergehender Stillstand des Laufs der Verjährungsfrist. Denn die Hemmung bewirkt, dass die Zeit der Hemmung „*in die Verjährungsfrist nicht eingerechnet*" wird (§ 209). Die Hemmung führt *nicht* zu einer *Verlängerung* der Verjährungsfrist,[46] die Verjährung tritt nur später ein.

Bild einer Sanduhr: Wenn man sich vorstellt, die Dauer der Verjährungsfrist würde durch eine Sanduhr bestimmt, dann bedeutet die Hemmung, dass die Sanduhr für eine gewisse Zeit auf die Seite gelegt wird. Mit dem Ende der Hemmung wird sie wieder senkrecht gestellt und der Rest des Sandes rieselt weiter.

Beginn der Hemmung: Die Zeit der Hemmung kann erst beginnen, nachdem die Verjährungsfrist begonnen hat. Denn eine Frist, die noch nicht läuft, kann nicht gehemmt werden (sehr wichtig!). *Beispiel:* Im April 2011 wurde durch einen von X verschuldeten Verkehrsunfall das Fahrzeug des K beschädigt. Von Mai bis September 2011 beglich der Versicherer des X einige Schadenspositionen und diskutierte mit K über andere. Im September 2011 erklärte der Versicherer, aus seiner Sicht seien alle Schäden reguliert, so dass er die Verhandlungen endgültig beende. Auf den ersten Blick könnte man meinen, dass die Verjährung in der Zeit dieser Verhandlungen gehemmt gewesen sei (§ 203 S 1). Das wäre aber ein Fehler. Denn die Verjährungsfrist begann erst am 31. 12. 2011, 24.00 Uhr (§ 199 Abs. 1). Da die Verhandlungen vollständig in die Zeit fielen, zu der die Verjährungsfrist noch nicht begonnen hatte, konnten sie keinen Einfluss auf die Verjährung haben (FD „Hemmung und Neubeginn", Frage 3, Ja, Spalte 1).[47]

Am *Ende der Hemmung* läuft der Rest der Verjährungsfrist sofort weiter, nicht erst am Jahresende (indirekt aus § 209 zu entnehmen). Deshalb führt die Hemmung dazu, dass die Verjährung auch in den Fällen der regelmäßigen Verjährungsfrist (§§ 195, 199 Abs. 1) nicht am Jahresende eintritt. Die Verjährung tritt vielmehr so viele Tage nach dem regulären Verjährungseintritt (Jahreswechsel) ein, wie die Hemmung gedauert hat.

1137 Wenn die Voraussetzungen einer Hemmung vorliegen, sind auch die in § 199 Abs. 2 bis 4 genannten Fristen (Höchstfristen) gehemmt (Rn 1125).[48]

---

[46] So aber BGH NJW 2005, 1423 (1425).
[47] BGH NJW 2017, 3144 Rn 6 ff.
[48] Fischinger VersR 2006, 1475; BGH NJW 2017, 3144 Rn 14.

II. Verjährungshemmende Umstände

1. Verhandlungen über den Anspruch

Die Hemmung der Verjährung kann durch sehr unterschiedliche Ereignisse ausgelöst werden. Einen in der Praxis besonders wichtigen und häufigen Fall hat das Gesetz dadurch herausgehoben, dass es ihn zuerst geregelt hat, dazu in einem eigenen Paragrafen, nämlich in § 203. Nach dieser Vorschrift führen *Verhandlungen* der Parteien zur Hemmung der Verjährung (FD „Hemmung und Neubeginn", Frage 1)

Beginn der Hemmung: Nach § 203 S. 1 beginnt die Hemmung um 24.00 Uhr des Tages, an dem die „Verhandlungen" begonnen haben. Zu beachten ist, dass die Hemmung nicht beginnen kann, bevor die Verjährungsfrist begonnen hat (Rn 1136).

Verhandlungen: Der Begriff „Verhandlungen" ist weit auszulegen. Wenn es um einen Schaden geht, genügt „jeder Meinungsaustausch über den Schadensfall ..., sofern nicht sofort und eindeutig jeder Ersatz abgelehnt wird".[49] Es ist nicht erforderlich, dass ein Entgegenkommen signalisiert wird. Es genügt die Bereitschaft zu einem Meinungsaustausch über den Streitfall.[50]

Es genügt, wenn eine der Parteien „Erklärungen abgibt, die der jeweils anderen die Annahme gestatten, der Erklärende lasse sich auf Erörterungen über die Berechtigung des Anspruchs oder dessen Umfang ein".[51] *Beispiel 1:* Die Eheleute K hatten von Architekt A ein Einfamilienhaus planen lassen. Später verlangten sie von ihm Schadensersatz, weil sich Risse und Senkungen im Fußboden zeigten. Bei einer Besichtigung riet A ihnen, den Sachverhalt durch einen Sachverständigen überprüfen zu lassen. Diese Bemerkung löste eine Zeit der Hemmung aus, weil die Eheleute den Eindruck haben durften, B „lasse sich auf Erörterungen über die Berechtigung des Schadensersatzanspruchs ein".[52] *Beispiel 2:* Nachdem Ö dem K mit einem Messer ins Auge gestochen hatte, schrieb sein Anwalt an K: „... möchten wir Sie bitten, uns ... zu informieren, ... welche Ansprüche gegen unseren Mandanten, Herrn Ö, von Ihnen geltend gemacht werden". Mit dem Zugang dieses Schreibens begann die Zeit der Hemmung.[53]

Kein Verhandlungsangebot liegt vor, wenn der Schuldner deutlich macht, dass er „weder gegenwärtig noch zukünftig bereit" sei, „über die Berechtigung der geltend gemachten Ansprüche zu sprechen".[54] Erst recht liegt kein Verhandlungsangebot vor, wenn der mögliche Schuldner sofort und eindeutig jeden Schadensersatz ablehnt.[55]

Ende der Hemmung im Fall von Verhandlungen: Die Hemmung dauert an, bis „der eine oder der andere Teil die Fortsetzung der Verhandlungen *verweigert*" (§ 203 S. 1 aE). Es gilt ein strenger Maßstab, so dass die Erklärung klar und eindeutig sein muss. *Beispiel:* Ein Patient warf seinem Arzt einen Behandlungsfehler vor und forderte von dessen Versicherer Schadensersatz. Nach längeren Verhandlungen schrieb der Versicherer: „Demnach ergibt sich, dass eine Haftung bereits dem Grunde nach abzulehnen ist. Wir bedauern, Ihnen keine günstigere Mitteilung machen zu können." Insbesondere mit dem Wort „bedauern" hat der Versicherer deutlich gemacht, dass es sich um seine

---
[49] BGH NJW 2012, 2435 Rn 63.
[50] BGHZ 182, 76; ähnlich NJW 2007, 587 Rn 10; wortgleich NJW 2007, 64 Rn 5.
[51] BGH NJW 2015, 1007 Rn 20; ähnlich BGHZ 182, 76; BGH NJW 2011, 1594 Rn 14.
[52] BGH NJW 2007, 587 Rn 14.
[53] BGH NJW 2001, 1723.
[54] BGH NJW 2011, 1594 Rn 16.
[55] BGH NJW 2007, 587 Rn 10; wortgleich NJW 2007, 64 Rn 5.

endgültige Entscheidung handelte und er die Verhandlungen nicht fortsetzen wollte.[56] Die Hemmung endete, als dem Patienten die Erklärung zuging (§ 130 Abs. 1 S. 1, § 187 Abs. 1 analog).

Dreimonatsfrist: Dem Gläubiger muss nach dem Abbruch der Verhandlungen genügend Zeit bleiben, um eine Klage vorzubereiten. Deshalb tritt die Verjährung „frühestens drei Monate nach Ende der Hemmung ein" (§ 203 S. 2). § 203 S. 2 ist in den Fällen wichtig, in denen nach dem Ende der Verhandlungen (und damit der Hemmung) nur noch eine kurze Rest-Verjährungszeit ablaufen würde.

1143 „*Einschlafenlassen*": Dass die Hemmung auch durch ein „Einschlafenlassen" beendet wird, bestimmt § 203 nicht. Das entspricht aber der Vorstellung des Gesetzgebers[57] sowie der hM und der Rechtsprechung.[58] Ein „Einschlafenlassen" liegt vor, wenn eine Partei so lange auf die letzte Einlassung der anderen Partei geschwiegen hat, dass diese nicht mehr mit einer Fortsetzung der Verhandlungen rechnen musste. In seiner Entscheidung, die Fall 47 (Rn 1133) zugrunde liegt, hat der BGH angenommen, dass schon zwei Wochen des Schweigens zum Einschlafen geführt haben.[59] Aber ein Einschlafen setzt wohl eher voraus, dass der andere Teil sechs Monate lang auf die letzte Stellungnahme nicht reagiert hat.[60]

Interessenlage: In erster Linie wird der *Gläubiger* daran interessiert sein, durch Schweigen das Ende der Hemmung zu verzögern und damit den (für ihn nachteiligen) Eintritt der Verjährung. Es ist aber allgemein anerkannt, „dass die Verhandlungen unabhängig davon einschlafen können, ob der Gläubiger oder der Schuldner weitere Verhandlungsschritte unterlassen hat."[61]

2. Rechtsverfolgung

a) Beginn der Hemmung im Fall der Rechtsverfolgung

1144 *Klage:* Die Verjährungsfrist wird auch gehemmt, wenn der Gläubiger Klage erhebt (§ 204 Abs. 1 Nr. 1; FD „Hemmung und Neubeginn", Frage 4). Es spielt keine Rolle, ob der Gläubiger die ihm zustehende Leistung – zB die Zahlung eines Geldbetrags – einklagt (Leistungsklage) oder nur die gerichtliche Feststellung wünscht, dass sein Anspruch besteht (Feststellungsklage).

Umfang: Die Hemmung erfasst nur die Ansprüche, die mit der Klage geltend gemacht werden, also den *Streitgegenstand* bilden. Dabei gilt allerdings kein formeller, sondern ein lebensnaher Maßstab („tatsächlicher Lebenssachverhalt").[62]

Mängel der Klage: Auch wenn die Klage unter einem schweren Mangel leidet – insbesondere wenn sie unzulässig oder unschlüssig ist – macht sie doch hinreichend deutlich, dass der Gläubiger gewillt ist, seine Forderung durchzusetzen. Deshalb führt auch

---

56 BGH NJW 2017, 949 Rn 19.
57 BT-Drs 14/6857, 7 und 43.
58 Neuenfeld NJW 2007, 588 (Urteilsanmerkung); Palandt/Ellenberger § 203 Rn 4; Staudinger/Peters § 203 Rn 13; Erman/Schmidt-Räntsch § 203, Rn 6; BGHZ 152, 298 (303); NJW 2009, 1806 Rn 9 ff; BGH NJW-RR 2005, 1044 (1047); OLG Bremen ZGS 2008, 118.
59 NJW-RR 2014, 981 Rn 21.
60 BGH NJW 2009, 1806. Das OLG hatte angenommen, dass das Einschlafenlassen nach sechs Monaten eingetreten sei, und der BGH hat dem in allgemeiner Form zugestimmt (aaO Rn 5).
61 BGH NJW 2017, 949 Rn 25 mit einer Flut von Nachweisen.
62 BGH NJW 2017, 2673 Rn 20.

eine fehlerhafte Klage zu einer Hemmung.[63] Aber wenn der Kläger nicht der materiell Berechtigte ist, kommt es nicht zur Hemmung. *Beispiel:* Die N-GmbH hatte einen Anspruch gegen ihren italienischen Subunternehmer B. Die Muttergesellschaft M der N nahm irrtümlich an, die N habe ihr diese Forderung abgetreten, und verklagte den B. Die Klage führte nicht zur Hemmung, weil die M nicht die Gläubigerin der Forderung war.[64]

Mahnbescheid: Verjährungshemmend wirkt auch die Zustellung eines Mahnbescheids (§ 204 Abs. 1 Nr. 3) im *Mahnverfahren* (§§ 688 ff ZPO). Der Mahnbescheid setzt voraus, dass es sich um einen *Zahlungsanspruch* handelt, der zudem nicht von einer Gegenleistung abhängig ist. Der Mahnbescheid empfiehlt sich besonders, wenn mit einer Gegenwehr des Geldschuldners nicht zu rechnen ist, aber der Eintritt der Verjährung droht. Das Mahnverfahren beginnt damit, dass der Gläubiger ein Mahnantragsformular ausfüllt und es an das für ihn zuständige zentrale Mahngericht schickt.[65] Der Mahnbescheid darf nicht mit der formlosen *Mahnung* verwechselt werden, die nach § 286 Abs. 1 S. 1 zum Schuldnerverzug führt. Manche Gläubiger erschleichen sich einen Mahnbescheid durch die falsche Angabe, der geltend gemachte Anspruch sei nicht von einer noch nicht erbrachten Gegenleistung abhängig. In diesen Fällen darf sich der Gläubiger nach Treu und Glauben (§ 242) nicht auf die Hemmung berufen.[66]

1145

„Zustellung demnächst": Manche Gläubiger reichen die Klageschrift oder den Mahnantrag erst kurz vor Ablauf der Verjährungsfrist ein. Das ist eigentlich zu spät, denn § 204 Abs. 1 Nr. 1 stellt auf die *„Erhebung der Klage"* ab, und eine Klage wird erhoben, indem die Klageschrift dem Beklagten *zugestellt* wird (§ 253 Abs. 1 ZPO). Da das Gericht für die Zustellung einige Zeit braucht, kann die Verjährung am Tag der Zustellung schon eingetreten sein. Entsprechendes gilt für den Mahnbescheid (§ 204 Abs. 1 Nr. 3). Aber wenn die Klage oder der Mahnantrag *vor* Ablauf der Verjährungsfrist *bei Gericht eingegangen* ist und die Zustellung *„demnächst"* erfolgt ist, gilt das noch als rechtzeitig (§ 167 ZPO).[67]

Andere Maßnahmen der Rechtsverfolgung: Eine Hemmung erreicht der Gläubiger auch, wenn er – statt Klage zu erheben – auf andere Weise versucht, mithilfe staatlicher Einrichtungen seinen Anspruch durchzusetzen (§ 204 Abs. 1 Nr. 2 bis 14; FD „Hemmung und Neubeginn", Frage 4 aE). Das Verständnis dieser Vorschriften setzt aber Kenntnisse im Zivilprozessrecht voraus.

b) Ende der Hemmung im Fall der Rechtsverfolgung

Sechsmonatsfrist: Solange der Prozess dauert (oder das sonstige in § 104 Abs. 1 genannte Verfahren anhält), ist die Verjährung gehemmt. Nach § 204 Abs. 2 S. 1 endet die Hemmung aber erst „sechs Monate nach der rechtskräftigen Entscheidung oder anderweitigen Beendigung des eingeleiteten Verfahrens". Zugunsten des Gläubigers wird die Zeit der Hemmung um ein halbes Jahr verlängert und dadurch der Eintritt der Verjährung um den gleichen Zeitraum hinausgeschoben. Das ist in den Fällen

1146

---

63 BGHZ 160, 259 mwN; BGH NJW 2011, 2193 Rn 13 (unzulässige Klage des materiell Berechtigten, dazu Althammer, NJW 2011, 2172). Vgl auch BGH NJW 2011, 1965 Rn 47 (mangelhafter Antrag auf Durchführung eines selbstständigen Beweisverfahrens nach § 204 Abs. 1 Nr. 7).
64 BGH NJW 2010, 2270 Rn 38.
65 Es gibt in Deutschland nur elf zentrale Mahngerichte. Ein Anwalt kann einen Mahnbescheid nur noch per E-Mail beantragen (§ 690 Abs. 3 S. 2 ZPO). Erlaubt und empfehlenswert ist das aber auch für Nicht-Anwälte.
66 BGH NJW 2015, 3160 Rn 17 ff und 3162 Rn 18; NJW 2012, 995 Rn 7.
67 BGH NJW 2009, 685 Rn 18; 1995, 3380.

wichtig, in denen nach dem eigentlichen Ende der Hemmung nur noch eine kurze Zeit der Rest-Verjährungsfrist ablaufen würde. Durch § 204 Abs. 2 S. 1 hat der Gläubiger, der das (eigentliche) Ende der Hemmung nicht sogleich erkannt hatte, noch ausreichend Zeit, um den Eintritt der Verjährung zu verhindern. Für die Hemmung durch Verhandlungen gilt die ähnliche Vorschrift § 203 S. 2 (Rn 1142).

Rechtskräftige Entscheidung: Soweit das Gericht den Anspruch des Klägers rechtskräftig festgestellt hat, kommt es allerdings auf den zeitweiligen Fortbestand der Hemmung nicht an. Denn dann gilt eine neue, extrem lange Verjährungsfrist. Ein „rechtskräftig festgestellter" Anspruch verjährt nämlich in 30 Jahren (§ 197 Abs. 1 Nr. 3). Diese neue Verjährungsfrist beginnt mit der Rechtskraft der Entscheidung (§ 201 S. 1).

1147 *Stillstand:* Das Verfahren kann dadurch „in Stillstand" geraten, dass die Parteien „es nicht betreiben" (§ 204 Abs. 2 S. 2). Dann endet die Hemmung sechs Monate nach der letzten Verfahrenshandlung (§ 204 Abs. 2 S. 2).[68] Der Gesetzgeber will damit verhindern, dass ein Gläubiger zwar einen Prozess beginnt, ihn aber nicht weiter betreibt und dadurch zulasten des Schuldners das Ende der Hemmung hinauszögert und damit den Eintritt der Verjährung.[69]

Was § 204 Abs. 2 S. 2 für die Zeit *nach* Klageerhebung anordnet, muss entsprechend für die *vorprozessualen* Verhandlungen gelten. Daraus ergibt sich die Regelung des „Einschlafenlassens" (Rn 1143).

3. Hemmung nach § 205

1148 *Stundung:* Das Gesetz nennt in § 205 als verjährungshemmenden Umstand eine Vereinbarung zwischen Gläubiger und Schuldner, die es dem Schuldner erlaubt, vorübergehend die Leistung zu verweigern. Der Hauptfall einer solchen Vereinbarung ist die *Stundung*. Hinter diesem Wort verbergen sich zwei mögliche Fallgestaltungen, von denen nur eine gemeint ist:

- Wenn sich Gläubiger und Schuldner über eine Stundung einigen, deren Dauer ganz in das alte Kalenderjahr fällt, hat diese Vereinbarung auf die regelmäßige Verjährungsfrist (§ 195) keinen Einfluss. *Beispiel:* Bei Abschluss des Kaufvertrags am 3. Mai wurde nicht über eine Stundung des Kaufpreisanspruchs gesprochen. Später einigten sich die Vertragsparteien darauf, dass der Käufer am 1. September zahlen sollte. Da die Verjährungsfrist erst am 31. Dezember, 24.00 Uhr begann (§ 199 Abs. 1), spielte die Stundung für die Verjährung keine Rolle.
- Wenn die Stundung schon vor Beginn der Verjährungsfrist vereinbart wurde, aber auch nach diesem Zeitpunkt weitergelten soll, ist eine Hemmung nur ab Beginn der Verjährungsfrist gegeben (FD „Hemmung und Verjährung", Spalte 7).

1149 *Stillhalteabkommen:* § 205 umfasst auch eine Vereinbarung zwischen Gläubiger und Schuldner, durch die sich der Gläubiger verpflichtet, seinen Anspruch zunächst nicht (weiter) gerichtlich zu verfolgen, sondern ein bestimmtes klärendes Ereignis abzuwarten („Stillhalteabkommen" oder *„pactum de non petendo"*).[70] Aus der Vereinbarung muss sich ergeben, dass der Schuldner „berechtigt sein soll, vorübergehend die Leistung zu verweigern".[71] Die Parteien können zB vereinbaren, den Ausgang eines Mus-

---

68 BGH NJW 2009, 1598.
69 BGH NJW 2009, 1598 Rn 25 ff; NJW 2000, 132; 1999, 1101.
70 Lateinisch: Vereinbarung über das Nichtklagen; BGH NJW 2002, 1488; 2000, 2661; 1999, 1022.
71 BGH NJW 2000, 2661; 1998, 2274.

terprozesses, eine behördliche Entscheidung oder das Ergebnis eines parallelen Strafverfahrens abzuwarten. *Beispiel:* Eine Gemeinde hatte Streit mit einem Bauunternehmer, den sie mit dem Bau einer Gesamtschule beauftragt hatte. Die Parteien einigten sich darauf, die Schiedsstelle beim Innenministerium anzurufen.[72] Ein Stillhalteabkommen kann auch stillschweigend (konkludent) abgeschlossen werden.[73] Die Hemmung beginnt mit dem Abschluss der Vereinbarung und endet mit Eintritt des abgewarteten Ereignisses.

4. Weitere Fälle der Hemmung

Das Gesetz nennt in den §§ 206 bis 208 weitere Umstände, die zu einer Hemmung führen. Zu diesen Umständen gehören Fälle höherer Gewalt am Ende der Verjährungsfrist (§ 206) und der Bestand einer Ehe zwischen Gläubiger und Schuldner (§ 207).

1150

§ 208 hemmt den Anspruch des Opfers sexueller Gewalt bis zu dem Tag, an dem das Opfer sein 21. Lebensjahr vollendet hat. Die dreißigjährige Verjährungsfrist des § 197 Abs. 1 Nr. 1 beginnt deshalb am Ende des Tages, an dem das Opfer 21 Jahre alt wird. Sie beginnt noch später, wenn das Opfer und der Täter zu dieser Zeit in häuslicher Gemeinschaft leben (§ 208 S. 2).

§ 48 Neubeginn der Verjährung

▶ **Fall 48: Chemische Spezialprodukte** § 212 Abs. 1 Nr. 1   1151

William Schulze bezog von der Glauber KG laufend chemische Spezialprodukte. Immer zum Jahresbeginn teilte die Glauber KG ihm mit, in welcher Höhe Rechnungen noch nicht bezahlt waren. Zu Beginn des Jahres 2008 übersandte die Glauber KG Schulze eine neue Aufstellung der noch offenen Rechnungen. Sie bezogen sich auf Lieferungen aus den Jahren 2005 bis 2007 und beliefen sich auf insgesamt 24 000 Euro. In einem Schreiben, das der Glauber KG am 5. Januar 2008 zuging, erklärte Schulze: „Ich stehe zu meinen Verbindlichkeiten und werde sie weiterhin im Rahmen meiner Möglichkeiten abtragen". Ein Jahr später, im Januar 2009, wechselte Schulze seinen Lieferanten.

Im Februar 2009 erhob die Glauber KG Klage auf Zahlung der noch offenen Rechnungen in Höhe von 22 000 Euro aus den Jahren 2005 bis 2007. Schulze erhebt die Einrede der Verjährung. (Nach BGH NJW 2007, 2843)

Zu prüfen ist, ob es hinsichtlich der Ansprüche aus den Jahren 2005 bis 2007 zu einem Neubeginn der Verjährung gekommen ist (§ 212 Abs. 1 Nr. 1). Die ältesten eingeklagten Forderungen stammen aus dem Jahre 2005. Wenn sie bei Klageerhebung noch nicht verjährt waren, dann waren auch die jüngeren Forderungen nicht verjährt. Deshalb sollen zunächst die Forderungen aus dem Jahre 2005 überprüft werden.

1152

Da Kaufpreisansprüche nicht in den §§ 196, 197 genannt sind, gilt für sie die dreijährige Verjährungsfrist (§ 195). Die Verjährungsfrist begann deshalb am 31. Dezember 2005 (§ 199 Abs. 1) und wäre – ohne Hemmung und Neubeginn – am 31. Dezember 2008 um 24.00 Uhr abgelaufen. Da die Glauber KG erst im Januar 2009 Klage erhoben hat, wäre – nach dem

---

72 BGH NJW 2002, 1488.
73 BGH NJW 2002, 1488; 1999, 1022.

bisherigen Ergebnis – die Einrede der Verjährung hinsichtlich der ältesten Ansprüche berechtigt.

Zu prüfen ist aber, ob der Lauf der Verjährungsfrist durch *ein Anerkenntnis* des Schuldners Schulze neu begonnen hat (§ 212 Abs. 1 Nr. 1: „… anerkennt"). In Betracht kommt das Schreiben, das der Glauber KG am 5. Januar 2008 zugegangen ist. Mit „meinen Verbindlichkeiten" konnte Schulze nur die von der Glauber KG in ihrem letzten Saldo aufgeführten Verbindlichkeiten meinen. Die Worte, dass er zu ihnen stehe, brachten zum Ausdruck, dass er sie anerkannte. Das ergab sich auch aus Schulzes Worten, dass er seine Verbindlichkeiten im Rahmen seiner Möglichkeiten „abtragen", also bezahlen wolle.

Das Anerkenntnis bewirkte, dass die Verjährungsfrist sofort (nicht erst am Jahresende) neu zu laufen begann (§ 212 Abs. 1: „Die Verjährung beginnt erneut, …"). Die dreijährige Verjährungsfrist begann also am Ende des Tages neu zu laufen, an dem die Glauber KG Schulzes Schreiben erhielt (§ 212 Abs. 1 Nr. 1 mit § 130 Abs. 1 S. 1 und § 187 Abs. 1). Das war der 5. Januar 2008. Die Verjährung wäre also erst am 5. Januar 2011 um 24.00 Uhr eingetreten.

Vorher, noch während die Verjährungsfrist lief, hat die Glauber KG im Februar 2009 Klage erhoben. Schulze konnte also nicht die Einrede der Verjährung erheben. Durch die Klage ist die Verjährung zusätzlich gehemmt worden (§ 204 Abs. 1 S. 1). ◀

Lerneinheit 48

1153 Literatur: *Bauerfeind*, Der Neubeginn der Verjährung oder die argentinische Inhaberschuldverschreibung …, GWR 2018, 326; *Müller*, Anerkenntnis durch Nacherfüllung – Wie der Verkäufer einem Neubeginn der Verjährung entgehen kann, NJOZ 2016, 481; *Derleder/Kähler*, Die Kombination von Hemmung und Neubeginn der Verjährung, NJW 2014, 1617; *Grunsky*, Die Auswirkungen des „urteilsvertretenden Anerkenntnisses" auf die Verjährung, NJW 2013, 1336; *Retzlaff*, Kein Anerkenntnis durch Aufrechnung, NJW 2013, 2854; *Reiling/Walz*, Der Neubeginn der Verjährung bei Nacherfüllung durch den Verkäufer, BB 2012, 982; *Andreae*, Neubeginn der Verjährung durch Nachbesserung des Verkäufers, DAR 2008, 31.

I. Grundlagen des Neubeginns

1154 *Definition:* Ein Neubeginn der Verjährung ist der Abbruch einer laufenden Verjährungsfrist, verbunden mit dem sofortigen Neubeginn von Anfang an (§ 212 Abs. 1). Aus den Worten: „Die Verjährung beginnt erneut …" wird deutlich, dass ein Neubeginn nur möglich ist, wenn die (alte) Verjährungsfrist bereits begonnen hat. Denn nur wenn die Verjährung schon einmal begonnen hatte, kann sie „erneut" beginnen.

Weitere Voraussetzung des Neubeginns ist, dass entweder ein Anerkenntnis vorliegt (§ 212 Abs. 1 Nr. 1; Rn 1156) oder eine Vollstreckungshandlung (§ 212 Abs. 1 Nr. 2; Rn 1160).

Rechtsfolgen: Der Neubeginn bewirkt, dass die bislang verstrichene Verjährungsfrist ersatzlos entfällt und die vollständige Frist sofort neu beginnt. Die neue Frist beginnt am Ende des Tages, an dem der zum Neubeginn führende Tatbestand (§ 212 Abs. 1 Nr. 1 oder Nr. 2) vorliegt. Die Regelung des § 199 Abs. 1 (Beginn der Verjährungsfrist am Jahresende) gilt also nur für den *ersten* Beginn der regelmäßigen Verjährungsfrist, nicht für den Neubeginn!

§ 48 Neubeginn der Verjährung § 48

Eintritt der Verjährung im Lauf eines Jahres: Aus dem Gesagten ergibt sich, dass nach einem Neubeginn auch die regelmäßige Verjährungsfrist (§ 195) im Laufe eines Kalenderjahres ausläuft. Die Verjährung tritt also (von seltenen Zufällen abgesehen) *nicht am Jahresende* ein.

Höchstfristen: Wenn die Voraussetzungen eines Neubeginns vorliegen, beginnen auch die Verjährungsfristen neu, die in § 199 Abs. 2 bis 4 genannt sind und gegebenenfalls *vor* der regelmäßigen Verjährungsfrist zur Verjährung führen (Rn 1125).[74]

II. Vergleich zwischen Neubeginn und Hemmung

Unterschied: Neubeginn und Hemmung unterscheiden sich dadurch, dass nach einer Hemmung nur der (noch nicht abgelaufene) Rest der Verjährungsfrist weiterläuft, während mit einem Neubeginn die volle Verjährungsfrist *neu zu laufen beginnt*. Man kann sich diesen Unterschied am Bild einer Sanduhr verdeutlichen: Bei der Hemmung wird (wie schon gesagt) die Sanduhr eine Zeit lang auf die Seite gelegt und dann wieder aufgerichtet, während bei einem Neubeginn der gesamte Sand neu durchlaufen muss.

1155

Gemeinsamkeiten: Gemeinsam ist Hemmung und Neubeginn, dass sie die Verjährung später eintreten lassen, als das ohne sie der Fall gewesen wäre. Außerdem kann sowohl ein Neubeginn als auch eine Hemmung nur *während* der Verjährungsfrist eintreten. Beide können also *noch nicht* eintreten, solange die Verjährungsfrist nicht begonnen hat. Und sie können *nicht mehr* eintreten, wenn die Verjährungsfrist abgelaufen und damit die Verjährung eingetreten ist.[75]

III. Anerkenntnis

1. Grundsatz

§ 212 Abs. 1 Nr. 1 nennt verschiedene Vorgänge, die zu einem Neubeginn führen, und verwendet erst am Schluss das Wort „anerkennt". Aber das ist der entscheidende Begriff – die vorher aufgeführten Vorgänge sind nur Ausprägungen eines Anerkenntnisses.

1156

Für ein Anerkenntnis genügt „jedes – auch rein tatsächliche – Verhalten des Schuldners gegenüber dem Gläubiger, aus dem sich das Bewusstsein vom Bestehen des Anspruchs – wenigstens dem Grunde nach – unzweideutig ergibt und das deswegen das Vertrauen des Gläubigers begründet, dass sich der Schuldner nicht nach Ablauf der Verjährungsfrist alsbald auf Verjährung berufen wird".[76] *Beispiel 1:* Fall 48, Rn 1151. *Beispiel 2:* Ein Anwalt teilte nach verlorenem Prozess seinem Mandanten mit, er habe einen Fehler gemacht und werde die Sache seiner Haftpflichtversicherung unterbreiten. Mit diesen Worten hat der Anwalt einen gegen ihn bestehenden Schadensersatzanspruch seines Mandanten dem Grunde anerkannt.[77]

Das Anerkenntnis ist keine Willenserklärung, sondern eine geschäftsähnliche Erklärung (Rn 57).

---

74 Fischinger VersR 2006, 1475; BGH NJW 2017, 3144 Rn 14.
75 BGH NJW 2003, 1524.
76 BGH NJW 2015, 1589 Rn 8; NJW-RR 2009, 455 Rn 22; 2002, 2872 (2873).
77 Anders BGH NJW 2000, 2661.

Wie bereits erwähnt (Rn 1155), kann ein Anerkenntnis nur dann zum Neubeginn der Verjährung führen, wenn es *nach Beginn* der Verjährungsfrist und *vor deren Ende* abgegeben wird. *Beispiel 3:* Im Januar 2007 war ein Anspruch des G gegen S entstanden, für den die regelmäßige Verjährungsfrist galt (§ 195). Am 21. September 2007 erkannte S an, die Summe zu schulden. Die Verjährungsfrist konnte dadurch nicht nach § 212 Abs. 1 Nr. 1 neu beginnen, weil die Verjährungsfrist zu dieser Zeit noch nicht begonnen hatte.[78] *Beispiel 4:* Frau Y hatte gegen ihren geschiedenen Ehemann Z einen Anspruch auf Zugewinnausgleich, der jedoch am Jahresende 2009 verjährt war. Z überwies im Januar 2010 an sie 5 000 Euro mit dem Zusatz: „Anzahlung Zugewinnausgleich". Dadurch konnte kein Neubeginn ausgelöst werden.[79]

2. Einzelfälle

1157 *„Abschlagszahlung":* § 212 Abs. 1 Nr. 1 nennt selbst drei Beispiele eines Anerkenntnisses, als erstes die Abschlagszahlung. Wenn der Schuldner zu erkennen gibt, dass es sich bei seiner Zahlung nur um einen Abschlag handeln soll, also nicht um eine Schluss- oder Vollzahlung, erkennt er an, dass es noch eine Restschuld gibt. Hinsichtlich dieser Restschuld beginnt also die Verjährung durch die Abschlagszahlung neu zu laufen. *Beispiel 1:* K hatte sich gegenüber V verpflichtet, den Kaufpreis für die Geschirrspülmaschine in Teilzahlungen zu leisten (Teilzahlungsgeschäft, § 506 Abs. 3). Mit jeder Monatsrate erkannte er den Bestand der Kaufpreisschuld an. *Beispiel 2:* Die N-AG schuldete ihrem Mitarbeiter M aus einem Betriebsunfall eine monatliche Rente. Jede Zahlung enthielt ein Anerkenntnis ihrer Verpflichtung zur Rentenzahlung.[80]

„Zinszahlung": Wenn jemand Darlehenszinsen zahlt, erkennt er an, dass er das Darlehenskapital noch schuldet, jedenfalls in dem Zeitraum noch schuldete, auf den sich die Zinsen bezogen. Denn ohne Hauptschuld kann es keine Zinsschuld geben.

„Sicherheitsleistung": Die Sicherheitsleistung wird vom Gesetz in einem eigenen Abschnitt geregelt (§§ 232 ff). Aus ihm ergibt sich, dass der Schuldner dem Gläubiger durch Bestellung einer Hypothek oder einer Grundschuld Sicherheit leisten kann, zur Not auch durch die Stellung eines Bürgen. Der Schuldner erkennt damit stillschweigend an, dass die gesicherte Forderung besteht.

1158 *Mitteilung einer Buchung:* Neben den in § 212 Abs. 1 Nr. 1 genannten Fällen gibt noch andere Beispiele für ein Anerkenntnis: Wenn ein Schuldner seinem Gläubiger mitteilt, dass er dessen Forderung in seinen Büchern als eigene Verbindlichkeit gebucht habe, liegt darin ein Anerkenntnis.[81]

Bitte um Stundung: Durch die Bitte um Stundung erkennt der Schuldner das Bestehen der Schuld an.[82] Falls die Verjährungsfrist zu dieser Zeit schon begonnen hatte, führt die Bitte zum Neubeginn der Verjährung (§ 212 Abs. 1 Nr. 1). Wenn der Gläubiger die erbetene Stundung gewährt, kann dies zugleich zur Hemmung führen (§ 205; Rn 1148).

1159 *Nacherfüllung:* Wenn eine Kaufsache einen Mangel hat, kann der Käufer nach seiner Wahl die Beseitigung des Mangels oder die Lieferung einer anderen (mangelfreien) Sa-

---

78 BGH NJW 2013, 1430 Rn 6.
79 BGH NJW 2014, 2267 Rn 23.
80 BGH NJW 2002, 1791.
81 BGH NJW 1989, 2469.
82 BGH NJW 1978, 1914.

che fordern (§§ 437 Nr. 1, 439 Abs. 1). Lässt sich der Verkäufer darauf ein, kann darin das Anerkenntnis liegen, dass die Kaufsache einen Mangel hat.[83] Dadurch würde die Verjährungsfrist neu beginnen. Das gilt aber nicht, wenn der Schuldner „zum Ausdruck bringt, die Arbeiten nur aus Kulanz und ohne Anerkenntnis einer Rechtspflicht erbringen zu wollen".[84] Deshalb geben viele Verkäufer und Unternehmer (§ 631) eine entsprechende Erklärung ab, bevor sie mit der Nacherfüllung beginnen.[85]

IV. Vollstreckungshandlung

Wenn es dem Gläubiger nicht gelingt, den Schuldner vor Ablauf der Verjährungsfrist zu einem Anerkenntnis zu bewegen, kann er die Verjährung nur neu beginnen lassen, indem er „eine gerichtliche oder behördliche *Vollstreckungshandlung*" vornimmt oder beantragt (§ 212 Abs. 1 Nr. 2). Die *Erhebung der Klage*, die früher auch zum Neubeginn führte, löst heute nur eine Hemmung aus (§ 204 Abs. 1 Nr. 1).   1160

Man muss sich merken, dass kein Gläubiger aus eigener Kraft einen Neubeginn der Verjährung herbeiführen kann. Insbesondere kann der Gläubiger den Neubeginn nie dadurch bewirken, dass er Briefe schreibt oder durch seinen Anwalt schreiben lässt. Den Neubeginn kann nur der Schuldner auslösen (§ 212 Abs. 1 Nr. 1) oder ein Gericht oder eine Behörde (§ 212 Abs. 1 Nr. 2).   1161

§ 49 Treu und Glauben im Verjährungsrecht

▶ **Fall 49: „Enthalte mich jeder Stellungnahme"**   1162

Holger Wittig war von einem Autofahrer angefahren worden und starb noch an der Unfallstelle. Seine Witwe beauftragte im selben Jahr Rechtsanwalt Siegfried Bommel mit der Geltendmachung ihrer Ansprüche gegen den Fahrer und Halter und dessen Haftpflichtversicherer. Bommel betrieb die Sache aber so nachlässig, dass sich die Versicherungsgesellschaft schließlich mit Erfolg auf Verjährung berufen konnte. Frau Wittig wollte nun Bommel wegen Verletzung seiner Anwaltspflichten in Anspruch nehmen. In ihrem Auftrag machte deshalb ein anderer Anwalt, Dr. Klausewitz, in einem Schreiben an Rechtsanwalt Bommel Schadensersatzansprüche geltend. Bommel erwiderte darauf:
„*Ich enthalte mich jeder Stellungnahme zu Grund und Höhe der von Ihnen erhobenen Ansprüche."*

Auf weitere Schreiben antwortete Bommel nicht. Am 31. Dezember 2002 verjährte der gegen Bommel geltend gemachte Anspruch. Vier Monate später erhob Frau Wittigs neuer Anwalt Klausewitz Klage gegen Bommel. Bommel beruft sich nun auf Verjährung. Rechtsanwalt Klausewitz ist der Meinung, dass die Einrede der Verjährung unter diesen Umständen eine unzulässige Rechtsausübung darstelle. (Nach BGH NJW 1988, 265)

Es gibt Fälle, in denen es dem Schuldner verwehrt ist, sich auf die eingetretene Verjährung zu berufen, weil dies eine unzulässige Rechtsausübung darstellen würde (Rn 1165 ff). Ein solcher Fall liegt insbesondere vor, wenn der Schuldner den Gläubiger von der Erhebung der Klage abgehalten hat. Im vorliegenden Fall hatte Bommel das jedoch nicht getan. Er hatte   1163

---

83 Reiling/Walz BB 2012, 982.
84 BGH NJW 2014, 3368 Rn 15; NJW 2012, 3229 Rn 11.
85 Auktor/Mönch NJW 2005, 1686; Palandt/Ellenberger § 212 Rn 4.

sich nur ausdrücklich jeder Stellungnahme enthalten und spätere Schreiben nicht mehr beantwortet. Eine ausdrückliche Nicht-Stellungnahme kann aber – ebenso wie ein Schweigen – nicht dazu führen, eine spätere Berufung auf die Verjährung missbräuchlich erscheinen zu lassen.[86]

Der BGH schreibt dazu in der zugrunde liegenden Entscheidung:

„Unter diesen Umständen kann die Erhebung der Verjährungseinrede durch den Beklagten (Bommel) nicht als unzulässige Rechtsausübung angesehen werden; denn er hatte gegenüber der anwaltlich vertretenen Klägerin (Frau Wittig) nichts getan, woraus diese hätte den Schluss ziehen können, sie werde auch ohne gerichtliche Hilfe ihren Anspruch durchsetzen können ... Der Beklagte hat die Klägerin auch nicht in irgendeiner Weise vom Einreichen der ... Klage abgehalten."

Der BGH hat deshalb die Klage wegen Verjährung abgewiesen.

Nachbemerkung: Frau Wittig wurde damit zum zweiten Mal zum Opfer der Verjährungseinrede in der gleichen Sache und auf diese Weise fast zur tragischen Figur des Verjährungsrechts. Sie kann jetzt allerdings gegen Rechtsanwalt Klausewitz Schadensersatzansprüche wegen Pflichtverletzung stellen, weil er (wie vorher schon sein Kollege Bommel) den drohenden Eintritt der Verjährung fahrlässig übersehen hatte. Man kann nur hoffen, dass ihr dritter Anwalt sich im Verjährungsrecht besser auskennt als seine Vorgänger. ◀

Lerneinheit 49

1164 **Literatur zur Verwirkung:** *Knops*, Gläubigerkenntnis und Schuldnervertrauen als Verwirkungsvoraussetzungen, NJW 2018, 425; *Bauer*, Verwirkung des Widerspruchsrechts nach Betriebsübergang – Rechtssicherheit zu welchem Preis? NZA 2018, 1243; *Feldhusen*, Der Verwirkungseinwand beim Widerruf von Verbraucherdarlehensverträgen: Tatbestand einer unzulässigen Rechtsausübung oder teleologische Reduktion? BKR 2018, 284; *Cirullies*, Verwirkung von Unterhaltsansprüchen trotz Rechtshängigkeit, NZFam 2018, 812; *Jesgarzewski/Hermann*, Elternunterhalt – Unbilligkeit und Verwirkung, NZFam 2018, 1012; *Rake*, Die Renaissance des Umstandsmoments in der BGH-Rechtsprechung zur Verwirkung von Unterhaltsrückständen, FuR 2018, 446; *Graba*, Verwirkung von Unterhaltsrückständen, NJW 2018, 2025; *Goldmann*, Zur Verwirkung nach § 242 BGB beim Schutz geschäftlicher Bezeichnungen und im Lauterkeitsrecht, GRUR 2017, 657; *Viefhues*, Verwirkung von laufendem Unterhalt, FuR 2017, 166, 236; *Viefhues*, Verwirkung von Unterhaltsrückständen, FuR 2017, 2; *Schoop*, Verwirkung von Ehegattenunterhalt wegen Prozessbetrugs, NJW-Spezial 2017, 452; *Schoop*, Unterhaltsverwirkung bei verfestigter Lebensgemeinschaft, NJW-Spezial 2017, 132; *Dawirs*, Widerrufsrecht bei Verbraucherdarlehen – Ausschluss auch bei laufenden Verträgen und Sonderwissen des Darlehensnehmers? NJW 2016, 439.

I. Treuwidrige Berufung auf die Verjährung

1. Grundsatz

1165 Grundsätzlich ist es nicht treuwidrig, sich auf Verjährung zu berufen, selbst dann, wenn man genau weiß, dass man nicht geleistet hat. Der Schuldner ist auch nicht ver-

---

86 BGH NJW 1988, 265; ebenso die hM, etwa MüKo/Grothe Vor § 194 Rn 24; Soergel/Niederführ § 222 Rn 7.

pflichtet, den Gläubiger auf den drohenden Ablauf der Verjährungsfrist hinzuweisen. Ein Irrtum über Dauer und Beginn der Verjährungsfrist geht zulasten des Gläubigers.[87]

2. Ausnahmen

Ein Schuldner, der sich auf Verjährung beruft, kann in seltenen Ausnahmefällen gegen Treu und Glauben verstoßen (§ 242). Dazu müssen jedoch kumulativ drei Voraussetzungen gegeben sein:

- Der Schuldner hat während des Laufs der Verjährungsfrist auf die Verjährungseinrede verzichtet[88] oder hat auf andere Weise „beim Gläubiger den Eindruck erweckt, dessen Ansprüche würden befriedigt oder doch nur mit sachlichen Einwendungen bekämpft".[89] Aber bloßes „Ausweichen, Ablenken oder Schweigen ... rechtfertigt das Unwerturteil einer unzulässigen Rechtsausübung" nicht.[90]
- Der Schuldner hat den Gläubiger „hierdurch von der rechtzeitigen Klageerhebung" abgehalten[91] oder der Gläubiger hat im Vertrauen auf dieses Verhalten des Schuldners von einer Vollstreckungshandlung (§ 212 Abs. 1 Nr. 2) abgesehen.
- Die vom Schuldner trotzdem erhobene Einrede der Verjährung erscheint deshalb auch bei einem strengen Maßstab als ein „wirklich grober Verstoß gegen Treu und Glauben".[92]

Wenn die genannten Voraussetzungen vorliegen, bedeutet die Einrede der Verjährung ausnahmsweise eine unzulässige Rechtsausübung. Sie ist dann unbeachtlich, so dass der Anspruch als nicht verjährt gilt.[93]

1166

Die Einrede der Verjährung kann auch rechtsmissbräuchlich und damit unbeachtlich sein, wenn der Schuldner den Gläubiger *auf andere Weise* daran gehindert hat, rechtzeitig Klage zu erheben. *Beispiel:* A hatte Ansprüche gegen die H-Maschinenbau-GmbH. Diese hatte sich verpflichtet, A über alle Änderungen ihrer Rechtsform zu informieren. Als er sie verklagen wollte, wurde ihm entgegnet, dass die H-Maschinenbau-GmbH inzwischen mit der K-Industries-GmbH verschmolzen worden sei und deshalb nicht mehr existiere. Es gelang A nicht, die K-Industries-GmbH als Rechtsnachfolgerin noch rechtzeitig vor Eintritt der Verjährung zu verklagen. Aber der BGH hat die von der K-Industries-GmbH erhobene Einrede der Verjährung zu Recht als rechtsmissbräuchlich zurückgewiesen.[94]

1167

II. Exkurs: Die Verwirkung eines Rechts

1. Grundlagen

Das Rechtsinstitut der Verwirkung ist nicht gesetzlich geregelt, sondern von Rechtsprechung und Lehre entwickelt worden.

1168

Definitionen: Die Verwirkung ist die Schwächung eines Rechts, die eintritt, wenn drei Voraussetzungen gegeben sind:

---

87 Palandt/Ellenberger Vor § 194 Rn 19.
88 BGH NJW 1996, 661; NJW-RR 1994, 1210.
89 BGH NJW 1991, 974; ähnlich NJW 1996, 2929.
90 BGH NJW 1988, 2245; ähnlich BGH NJW 1988, 265 = Fall 49, Rn 1162.
91 BGH NJW 1991, 974.
92 BGH NJW 1988, 2245.
93 BGH NJW 1996, 661; NJW-RR 1994, 1210.
94 NJW 2002, 3110.

- Der Gläubiger hat sein Recht „über einen gewissen Zeitraum" nicht geltend gemacht.
- Der Schuldner durfte sich „bei objektiver Beurteilung darauf einrichten" und hat sich darauf eingerichtet, der Gläubiger „werde sein Recht nicht mehr geltend machen".
- Aus den genannten Gründen verstößt im konkreten Fall „die verspätete Geltendmachung gegen Treu und Glauben".[95]

Anders gesagt, ist „ein Recht verwirkt, wenn seit der Möglichkeit der Geltendmachung längere Zeit verstrichen ist (Zeitmoment) und besondere Umstände hinzutreten, die die verspätete Geltendmachung als Verstoß gegen Treu und Glauben erscheinen lassen (Umstandsmoment)".[96]

Zu den Begriffen „Zeitmoment" und „Umstandsmoment" siehe auch Rn 1174 f.

1169 *Rechtliche Klassifizierung:* Einigkeit besteht darin, dass einem Gläubiger, der ein verwirktes Recht geltend macht, eine *unzulässiger Rechtsausübung* wegen widersprüchlichen Verhaltens vorzuwerfen ist (venire contra factum proprium).[97] Der Widerspruch liegt darin, dass der Gläubiger ungewöhnlich lang gewartet und beim Schuldner bestimmte Erwartungen geweckt hat (factum proprium), aber sein Recht nun doch durchsetzen will. Die Verwirkung hat damit ihre Wurzeln im Grundsatz von Treu und Glauben (§ 242).[98]

1170 *Zur Terminologie:* Allgemein wird formuliert, die Verwirkung sei ein „Unterfall der unzulässigen Rechtsausübung".[99] Das ist aber nicht korrekt. Denn nicht die Verwirkung selbst ist eine unzulässige Rechtsausübung, sondern die *Geltendmachung* eines verwirkten Rechts.[100]

Einordnung in dieses Lehrbuch: Die Verwirkung ist kein Unterfall der Verjährung, sondern – wie eben ausgeführt – des Grundsatzes von Treu und Glauben. Insofern passt die Verwirkung nicht in das Kapitel „Verjährung". Aber beide Rechtsinstitute geben dem Schuldner das Recht, aus zeitlichen Gründen die Erfüllung eines Rechts zu verweigern. Es liegt deshalb nahe, sie im Zusammenhang zu erläutern. Dass die Verwirkung nicht zur Verjährung gehört, soll durch den Zusatz „Exkurs" verdeutlicht werden.

2. Verwirkung von Ansprüchen

1171 Es kommt vor, dass ein Schuldner erst spät auf Zahlung oder auf eine sonstige Leistung in Anspruch genommen wird, sich aber nicht auf Verjährung berufen kann, weil die Verjährungsfrist noch läuft. Er könnte dann versuchen, Verwirkung geltend zu machen. Das spielte vor der Schuldrechtsreform von 2001, als die regelmäßige Verjährungsfrist noch 30 Jahre betrug, eine gewisse Rolle. Nachdem jedoch der Gesetzgeber die regelmäßige Verjährungsfrist auf ein Zehntel gekürzt hat (§ 195), kann eine Ver-

---

95 BGH NJW 2019, 66 Rn 12; 2018, 1390 Rn 9.
96 BGH NJW 2014, 1230, Rn 13; ähnlich BGH NJW 2010, 1065 Rn 32; NJW 2012, 1796 Rn 24; MüKo/Roth/Schubert § 242 Rn 329 ff.
97 BAG NJW 2014, 2461 Rn 25; BGH NJW 2010, 1065 Rn 32.
98 BGH NJW 2006, 219 Rn 22.
99 Als Beispiele etwa BGH NJW 2019, 66 Rn 12; 2018, 1390 Rn 9; 2016, 3518 Rn 40; Knops NJW 2018, 423 (unter I.).
100 Es ist ja auch nicht das Faulen einer Tomate eine unerlaubte Handlung, sondern nur das Bewerfen einer Person mit einer solchen Tomate.

wirkung bei *Ansprüchen* – wenn überhaupt – nur noch in sehr seltenen Ausnahmefällen angenommen werden.[101]

3. Verwirkung von Gestaltungsrechten

Die Verwirkung hat aber Bedeutung bei der Ausübung von *Gestaltungsrechten*. Diese unterliegen bekanntlich keiner Verjährung, so dass ihre Ausübung nur durch *Ausschlussfristen* zeitlich begrenzt werden kann (Rn 466, 1106). Dabei ist zu unterscheiden:

- *Gesetzliche Ausschlussfrist:* Oft legt das Gesetz für die Ausübung eines Gestaltungsrechts eine Ausschlussfrist fest. *Beispiel:* Als Bedrohter oder arglistig Getäuschter kann man seine Willenserklärung „nur binnen Jahresfrist" anfechten (§ 124 Abs. 1). Wenn der Getäuschte diese Frist eingehalten hat, ist es kaum denkbar, dass der Täuschende geltend machen könnte, der Getäuschte habe das Recht zur Anfechtung schon vor Ablauf der Jahresfrist verwirkt.
- *Keine gesetzliche Ausschlussfrist:* Für manche Gestaltungsrechte schreibt das Gesetz aber keine Ausschlussfrist vor. *Beispiel 1:* Die Gesellschafter der G-Gesellschaft hatten einen bestimmten Beschluss gefasst. Lange Zeit danach machte Gesellschafter X dessen Unwirksamkeit gerichtlich geltend. Eine gesetzliche Ausschlussfrist gibt es für solche Klagen nicht. Aber der BGH hat entschieden, dass X sein Recht, sich auf die Unwirksamkeit zu berufen, inzwischen verwirkt hatte.[102] *Beispiel 2:* Ein Buchverleger hatte sich in einem Vertrag mit einem Filmproduzenten ein Rücktrittsrecht vorbehalten, von diesem Recht aber erst nach längerer Zeit Gebrauch gemacht. Der Filmproduzent berief sich deshalb auf Verwirkung. Grundsätzlich kann zwar ein vertraglich vereinbartes Rücktrittsrecht durch zu langes Abwarten verwirkt sein, doch hat der BGH das in diesem Fall nicht angenommen.[103] Das ist für die Rechtsprechung zur Verwirkung nicht untypisch. Denn die Hürden, die der Schuldner nehmen muss, wenn er erfolgreich Verwirkung

1172

1173

4. Die Voraussetzungen der Verwirkung im Einzelnen

„Zeitmoment": Die Verwirkung kann nur eintreten, wenn der Berechtigte sein Recht lange Zeit nicht geltend gemacht hat.[104] Diese Voraussetzung wird „Zeitmoment" genannt.[105] Je länger der Inhaber des Rechts untätig bleibt, desto schutzwürdiger wird der Verpflichtete.[106] *Beispiel:* Ein geschiedener Ehemann hatte seine Einkommens- und Vermögensverhältnisse offengelegt, aber seine frühere Ehefrau bezifferte ihren Unterhaltsanspruch erst drei Jahre später. Sie hatte damit ihren Anspruch auf Nachzahlungen verwirkt.[107]

„Umstandsmoment": Das so genannte Umstandsmoment ist gegeben, „wenn der Verpflichtete bei objektiver Betrachtung aus dem Verhalten des Berechtigten entnehmen durfte, dass dieser sein Recht nicht mehr geltend machen werde" und er sich „im Ver-

1174

1175

---

101 BGH EnWZ 2013, 223; NJW 2014, 1230 Rn 13.
102 BGH NJW 1999, 3113.
103 NJW 2002, 669.
104 BGH NJW 2001, 2535; 1999, 3113.
105 BAG NJW 2011, 1833 Rn 20.
106 BGH NJW 2019, 66 Rn 12.
107 BGH NJW 2007, 1273 Rn 23; im Unterhaltsrecht können schon mehr als ein Jahr zurückliegende Ansprüche verwirkt sein (BGHZ 152, 217 [220]).

trauen auf das Verhalten des Berechtigten in seinen Maßnahmen so eingerichtet" hat, „dass ihm durch die verspätete Durchsetzung des Rechts ein unzumutbarer Nachteil entstünde".[108] Das Verhalten des Berechtigten müsste deshalb einen Verstoß gegen Treu und Glauben (§ 242) darstellen.[109] Der Verpflichtete kann sich nicht schon auf Verwirkung berufen, wenn ihm anderenfalls nur gewisse Unannehmlichkeiten drohen würden.

Zwischen dem Zeitmoment und dem Umstandsmoment besteht insofern eine Wechselwirkung, als die Bedeutung der Umstände zurücktritt, je länger die Zeitspanne ist. Umgekehrt kann die Zeit umso kürzer sein, je gravierender die Umstände sind.[110] *Beispiel:* Die Z-AG wollte einen ihrer Geschäftsbereiche auf die A-GmbH übertragen. Betroffen war auch der Arbeitnehmer P. Er hatte das Recht, dem Übergang seines Arbeitsverhältnisses auf die A-GmbH zu widersprechen (§ 613a Abs. 6 S. 1). Er tat das jedoch nicht, sondern ließ sich übernehmen, weil ihm das günstiger schien. Kurz darauf schloss er mit der A-GmbH einen Aufhebungsvertrag, weil dieser mit einer erheblichen Abfindung verbunden war, und nahm eine Arbeitsstelle bei einem dritten Unternehmer an. Nach über einem Jahr widersprach P dem Übergang seines Arbeitsverhältnisses von der Z-AG auf die A-GmbH. Die Z-AG konnte sich (wegen eines Formfehlers) nicht auf den Ablauf der einmonatigen Ausschlussfrist berufen. Aber es stellte sich die Frage, ob P sein Widerspruchsrecht verwirkt hatte. Das BAG hat das zu Recht bejaht.[111] In diesem Fall war die abgelaufene Zeitspanne relativ kurz, aber das „Umstandsmoment" besonders gravierend.

1176 In den meisten Fällen ist es umgekehrt: Es ist zwar viel Zeit ins Land gegangen, aber die Nachteile für den Schuldner sind noch zumutbar, so dass er sich nicht auf Verwirkung berufen kann. *Beispiel 1:* Im Mietvertrag war vorgesehen, dass V jährlich über die Betriebskosten (meist Nebenkosten genannt) abzurechnen hatte. Nachdem V das zwanzig Jahre lang nicht getan hatte, legte er eine Jahresabrechnung für das vergangene Jahr vor und verlangte eine erhebliche Nachzahlung. M machte geltend, V habe dies Recht verwirkt, aber er hatte damit keinen Erfolg. Denn M hatte keinen Grund zu der Annahme, V werde auch in Zukunft nie eine Jahresabrechnung vorlegen und eine Nachzahlung verlangen.[112] Es fehlte deshalb am „Umstandsmoment". *Beispiel 2:* M hatte von V eine Lagerhalle gemietet, deren Dach, wie M wusste, undicht war. V bemühte sich, das Dach zu reparieren, scheiterte aber. M zahlte fünf Jahre lang ohne Vorbehalt die ungekürzte Miete, verlor dadurch aber nicht das Recht, wegen des schadhaften Dachs fristlos zu kündigen. Denn V konnte nicht darauf vertrauen, M habe auf dieses Recht für immer verzichtet.[113]

1177 Wenn der Verpflichtete selbst in treuwidriger Weise dazu beigetragen hat, dass der Gläubiger sein Recht lange Zeit nicht geltend gemacht hat, ist eine Verwirkung fast immer ausgeschlossen. *Beispiel:* V hatte in einen Mietvertrag über Büroräume die Klausel aufgenommen, dass der Mieter keine Ansprüche wegen Mängeln der Mieträume geltend machen könne. Diese Klausel war unzulässig. Aber sie hielt den Mieter

---

108 BGH NJW 2014, 1230 Rn 13.
109 BGHZ 146, 217; BGH NJW 2002, 669; 1982, 1999.
110 BGHZ 146, 217 (224); BGH NJW 2006, 219 Rn 23.
111 BAG NJW 2010, 1302; ähnlicher Fall BAG NJW 2014, 2461.
112 BGH NJW 2008, 1302.
113 BGH NJW 2007, 147 Rn 17.

dreieinhalb Jahre davon ab, Mängel zu beanstanden. Als er es endlich tat, konnte sich V nicht auf Verwirkung berufen.[114]

5. Rechtsfolge

Erlöschen des Rechts: Die Verwirkung führt dazu, dass das verwirkte Recht mit Ablauf der Frist (ex nunc) nicht mehr geltend gemacht werden kann. Wenn sich der Verpflichtete auf die Verwirkung beruft, erhebt er eine rechtsvernichtende Einwendung (Rn 1196).[115]

Berücksichtigung von Amts wegen: Die rechtsvernichtende Einwendung der Verwirkung ist – anders als die Einrede der Verjährung (Rn 1108) – im Prozess *von Amts wegen* zu berücksichtigen.[116] Das bedeutet, dass das Gericht von einer Verwirkung ausgehen muss, wenn ihre Voraussetzungen vorliegen. Einer entsprechenden Einwendung des Verpflichteten bedarf es nicht. Der Grund ist folgender: Die *Verjährung* führt nicht zum Erlöschen des Anspruchs, sondern lediglich zu einem Verweigerungsrecht, von dem niemand wissen kann, ob der Schuldner von ihm Gebrauch machen will, und auf das er sich deshalb berufen muss (Rn 1108). Demgegenüber lässt die Verwirkung den Anspruch entfallen. Diese Rechtsfolge tritt unabhängig vom Willen des Schuldners ein, so dass er die Verwirkung nicht geltend zu machen braucht.

1178

1179

---

114 BGH NJW 2008, 2254 Rn 22 f.
115 BGH NJW 2006, 903 Rn 10; OLG Celle NJW-RR 2007, 235.
116 Palandt/Grüneberg § 242 Rn 96.

Zehntes Kapitel Die Rechte des Einzelnen und ihr Schutz

§ 50 Die Rechte des Einzelnen

▶ **Fall 50: Schützenpanzer Marder**   §§ 226, 242

Dipl.-Ing. Jochen Ritter war jahrzehntelang als leitender Ingenieur bei der Rhein-Henschel Defence AG (RHD) tätig gewesen, die Panzerfahrzeuge herstellt. Er ist Miterfinder von mehreren patentierten Erfindungen, die von der RHD für den Schützenpanzer „Marder" benutzt wurden. Er hatte vertraglich die Verpflichtung übernommen, bei Beendigung seines Dienstverhältnisses alle geschäftlichen Unterlagen, einschließlich aller Kopien, an seine Arbeitgeberin herauszugeben. Nach seiner Pensionierung hat Ritter die RHD auf Zahlung von Arbeitnehmererfindervergütung verklagt und zum Beweis Kopien vorgelegt, die er vor seinem Ausscheiden angefertigt hatte. Die RHD verlangt von Ritter die Herausgabe dieser Kopien. Ritter verweigert das mit dem Hinweis, dass er seinen Anspruch nur beweisen könne, wenn er im Besitz der Kopien sei. Darauf schrieb die RHD:

„Der Kläger (Ritter) kann sich den für seine Anspruchsdurchsetzung erheblichen Inhalt und die relevanten Daten jeweils aus den bei den Gerichtsakten befindlichen Kopien notieren und die Namen der Personen, die die betreffenden Schriftstücke erstellt haben, namentlich vermerken, um sie gegebenenfalls als Zeugen in den Prozess einzuführen".

Muss Ritter seine Kopien herausgeben? (Nach BGH NJW 1990, 1289)

Die RHD macht einen Anspruch geltend (Rn 1102), denn sie verlangt von Ritter die Herausgabe von Kopien, also ein Tun. Wie jeder Anspruch bedarf auch dieser einer Anspruchsgrundlage. Eine *gesetzliche* Vorschrift, die dem Arbeitnehmer vorschreibt, bei seinem Ausscheiden die in seinem Besitz befindlichen Arbeitsunterlagen herauszugeben, gibt es nicht. Die RHD kann sich aber auf eine von Ritter *vertraglich* übernommene Verpflichtung berufen. Sie ist also grundsätzlich berechtigt, die Herausgabe zu verlangen.

Es ist aber zu beachten, dass jedes Recht nur in den Grenzen der guten Sitten und von Treu und Glauben ausgeübt werden darf, woraus sich ein Verbot der unzulässigen Rechtsausübung ergibt (Rn 1202). Einen speziellen Aspekt des Verbots unzulässiger Rechtsausübung regelt § 226. „Die Ausübung eines Rechts" liegt vor, weil die RHD ihr Recht auf Herausgabe der Kopien geltend macht. Zu fragen ist aber, ob das Herausgabeverlangen „nur den Zweck haben kann", Ritter „Schaden zuzufügen" (§ 226). Das setzt zunächst voraus, dass die RHD mit den Kopien nichts anfangen könnte, also durch ihrem Besitz keinen Vorteil hätte. Das ist der Fall, weil die RHD über die Originale verfügt.

Ritter müsste durch die Herausgabe der Kopien auch ein „Schaden zugefügt" werden. Auch diese Voraussetzung liegt vor, weil Ritter ohne die Dokumente in seiner Prozessführung behindert würde. Das hatte die RHD offenbar selbst erkannt und war sich wohl auch bewusst, dass sie als frühere Arbeitgeberin verpflichtet ist, Auskünfte zur Berechnung der Arbeitnehmererfindervergütung zu geben (§§ 9, 12 ArbnErfG). Sie hatte deshalb angeboten, dass sich Ritter die nötigen Angaben aus den Gerichtsakten notieren könne. Aber auch dieses Ansinnen „läuft ... auf Schikane (§ 226 BGB) hinaus", wie der BGH in der zugrunde liegenden Entscheidung mit erfreulicher Klarheit festgestellt hat. Der BGH fährt fort:

„Wenn die Beklagte dem Kläger unter diesen Umständen in seinem persönlichen Besitz befindliche Kopien von Unterlagen entziehen und ihm ansinnen will, deren genauen Inhalt jedes Mal ... durch persönliche Einsichtnahme aus den Gerichtsakten zu entnehmen, ... so ist dafür kein anderes Motiv erkennbar, als dem Kläger Hindernisse zu bereiten und ihm seine Prozessführung zu erschweren."

§ 226 untersagt also der RHD, von ihrem Herausgabeanspruch Gebrauch zu machen. Ritter darf deshalb seine Unterlagen behalten. ◄

Lerneinheit 50

1182 Literatur: *Ulrici/Purrmann*, Einwendungen und Einreden, JuS 2011, 104; *Körner*, Der Schutz der Marke als absolutes Recht – insbesondere die Domain als Gegenstand markenrechtlicher Ansprüche, GRUR 2005, 33; *Schreiber*, Die Rechtfertigungsgründe des BGB, Jura 1997, 29; *Portmann*, Wesen und System der subjektiven Privatrechte, 1996; *Leverenz*, Die Gestaltungsrechte des Bürgerlichen Rechts, Jura 1996, 1; *Steinbeck*, Die Übertragbarkeit von Gestaltungsrechten, 1994; *G. Wagner*, Rudolph von Iherings Theorie des subjektiven Rechts und der berechtigenden Reflexwirkungen, AcP 193 (1993), 319; *Ramrath*, Die Geltendmachung der Unwirksamkeit von Gestaltungserklärungen, JR 1993, 309.

I. Subjektive Rechte

1183 „*Subjektive Rechte*" ist die zusammenfassende Bezeichnung für alle Zivilrechte, deren Träger eine Person sein kann (zB das Eigentum an einem Grundstück, der Anspruch auf Zahlung von Werklohn, das Recht zur Anfechtung wegen Irrtums). Die subjektiven Rechte bilden den Gegensatz zu den objektiven Rechten, den Rechtssätzen. Subjektives Recht und objektives Recht sind dadurch miteinander verbunden, dass das objektive Recht die Quelle und der Grund der subjektiven Rechte ist.

Traditionell wird das subjektive Recht definiert als die von der Rechtsordnung dem Einzelnen verliehene Rechtsmacht zur Befriedigung seiner Interessen.[1]

1184 *Subjektive Pflichten* sind die Kehrseite der subjektiven Rechte. *Beispiele:* Dem subjektiven Recht des Käufers auf Belieferung entspricht die Lieferverpflichtung des Verkäufers als dessen subjektive Pflicht (§ 433 Abs. 1 S. 1). Dem Eigentum als subjektivem Recht des Eigentümers entspricht die Pflicht aller anderen Personen, sein Eigentum zu respektieren (§ 903).

Die meisten subjektiven Rechte kann man entweder der Gruppe der „absoluten Rechte" (Rn 1185 ff) oder den „relativen Rechten" zuordnen (Rn 1191 ff).

II. Absolute Rechte

1. Definition

1185 Absolute Rechte sind Rechte, die gegenüber jedermann vor Entziehung und Beeinträchtigung geschützt sind (Hauptbeispiele sind die Persönlichkeitsrechte und das Eigentum). Sie berechtigen ihren Inhaber nicht nur (wie die Ansprüche) gegenüber einer Einzelperson, sondern gegenüber der Allgemeinheit, wirken also gegen jedermann. Die Verletzung eines absoluten Rechts löst idR einen Schadensersatzanspruch nach § 823 Abs. 1 aus. Die absoluten Rechte verjähren nicht (Umkehrschluss aus § 194 Abs. 1).

---

1 Enneccerus/Nipperdey § 72; Brox/Walker Rn 617; zur Geschichte des Begriffs Medicus Rn 70 f.

§ 50 Die Rechte des Einzelnen

2. Einzelne absolute Rechte

a) Persönlichkeitsrechte

Persönlichkeitsrechte sind die Rechte, die jeder Mensch deshalb hat, weil er ein Mensch ist, mit denen er also geboren wird. Das einzige Persönlichkeitsrecht, das das BGB ausdrücklich nennt, ist das Recht jeder Person an ihrem Namen (§ 12; Rn 13 ff). Indirekt regelt das BGB aber in § 823 Abs. 1 auch andere Persönlichkeitsrechte. Denn § 823 Abs. 1 gibt jedem Menschen gegenüber jedermann das absolute Recht auf Nichtverletzung seiner Rechtsgüter *Leben, Körper, Gesundheit und Freiheit*.[2] Ihren grundlegenden Ausdruck haben die Persönlichkeitsrechte im Grundgesetz gefunden, nämlich in Art. 1 Abs. 1 S. 1 GG („Die Würde des Menschen ist unantastbar") und in Art. 2 Abs. 1 GG („Jeder hat das Recht auf die freie Entfaltung seiner Persönlichkeit ..."). Diese Bestimmungen formulieren eigentlich Grundrechte des Bürgers gegenüber dem Staat, müssen aber auch für die Rechtsbeziehungen zwischen den Bürgern gelten. Aus Art. 1 und Art. 2 GG hat die Rechtsprechung deshalb einen umfassenden Schutz des allgemeinen Persönlichkeitsrechts abgeleitet (Rn 16 f). Dieses umfassende Recht gehört heute zu den durch § 823 Abs. 1 geschützten „sonstigen Rechten".[3] Außerhalb des BGB ist das Recht am Bild der eigenen Person geregelt, nämlich in den §§ 22 bis 50 KunstUrhG (den einzigen Paragrafen, aus denen dieser Gesetzestorso heute noch besteht). Die Persönlichkeitsrechte sind unveräußerlich und unvererblich, weswegen sie nicht zu den „Gegenständen" gehören.

1186

b) Persönliche Familienrechte

Unveräußerlich und unvererblich (höchstpersönlich) sind auch das Recht der Eltern, ihr Kind zu betreuen (elterliches Sorgerecht; Art. 6 Abs. 2 S. 1 GG, §§ 1626 Abs. 1, 1631 Abs. 1) und das Recht jedes Ehegatten auf Achtung der ehelichen Lebensgemeinschaft (§ 1353 Abs. 1 S. 1; Fall 52, Rn 1203).

1187

c) Herrschaftsrechte an Sachen („dingliche" Rechte)

Eigentum: Das wichtigste Herrschaftsrecht an Sachen (§ 90) ist das Eigentum (§ 903). Es umfasst alle Rechte, die eine Person an einer Sache haben kann. Der Eigentümer hat das Eigentum meist von einem Voreigentümer erworben (abgeleiteter Erwerb; §§ 929 bis 931; §§ 873, 925). Der Eigentümer kann das Eigentum aber auch selbst neu geschaffen haben (ursprünglicher oder originärer Erwerb), insbesondere durch Aneignung (§ 958) oder durch Verarbeitung (§ 950).

1188

Sicherungs- und Nutzungsrechte: Neben dem Eigentum gibt es beschränkte dingliche Rechte an Sachen, die dadurch entstehen, dass der Eigentümer anderen Personen Teilrechte an seiner Sache einräumt. Diese Rechte sind aus dem Eigentum ausgegliederte Rechte, die, wenn sie erlöschen, wieder in das Eigentum zurückfallen.[4] Man kann diese Rechte aufteilen in Sicherungs- und Nutzungsrechte. Zu den Sicherungsrechten an *Grundstücken* zählen die Hypothek (§§ 1113 ff) und die Grundschuld (§§ 1191 ff), zu den Sicherungsrechten an *beweglichen* Sachen gehört das Pfandrecht (§§ 1204 ff). Zu den Nutzungsrechten gehört zB der Nießbrauch an Sachen (§§ 1030 ff).

---

[2] Wolf/Neuner § 20 Rn 52, 58.
[3] Einzelheiten in der Literatur zu § 823, zB SBT Rn 1620 ff.
[4] Wolf/Neuner § 20 Rn 52.

1189 *Anwartschaftsrecht:* Zu den dinglichen Rechten an Sachen ist auch das Anwartschaftsrecht des Vorbehaltskäufers (§ 449) auf Erwerb des Eigentums an der Kaufsache zu zählen (Rn 376 f). Das Anwartschaftsrecht ist eigentlich nur eine rechtlich gesicherte und unentziehbare Aussicht („Anwartschaft") auf einen Rechtserwerb. Es wird aber weitgehend dem Vollrecht gleichgestellt. So ist das Anwartschaftsrecht des Vorbehaltskäufers wie das Eigentum nach § 929 übertragbar und wird als „sonstiges Recht" nach § 823 Abs. 1 geschützt.

Aneignungsrecht: Ein eigenartiges Herrschaftsrecht an Sachen ist das Recht des Jagdberechtigten, sich das herrenlose Wild des Waldes, zB einen Hirsch, anzueignen (Aneignungsrecht; § 958 Abs. 2). Ähnliche ausschließliche Aneignungsrechte bestehen für den Fischereiberechtigten oder für den Fiskus bei einem vom Eigentümer aufgegebenen Grundstück (§ 928 Abs. 2). Es handelt sich um absolute Rechte, weil der Berechtigte jedem anderen die Aneignung verwehren darf. Im Einzelnen ist die Rechtsnatur des Aneignungsrechts umstritten.[5]

d) Immaterialgüterrechte

1190 Ein Herrschaftsrecht kann auch an geistig-künstlerischen Schöpfungen (Immaterialgütern) bestehen, zB das Urheberrecht, das Patentrecht und das Gebrauchsmusterrecht. Diese Rechte stehen einerseits den Persönlichkeitsrechten nahe, weil die jeweilige Schöpfung Ausdruck der Persönlichkeit ihres Schöpfers ist. Andererseits sind sie als umfassendes Herrschaftsrecht dem Eigentum verwandt („geistiges Eigentum").

III. Relative Rechte

1. Definition

1191 Relative Rechte sind Rechte, die dem Berechtigten nur gegen eine einzelne Person (oder gegen mehrere bestimmte Personen) zustehen. Ihr Hauptbeispiel ist der Anspruch (§ 194; Rn 1102). Sie bilden den Gegensatz zu den absoluten Rechten. Während absolute Rechte von jedem verletzt werden können (und dann entsprechende Abwehr- und Schadensersatzansprüche auslösen), kann das relative Recht nur von dem verletzt werden, dem gegenüber es besteht.

2. Einzelne relative Rechte

a) Ansprüche

1192 *Definition:* Ein Anspruch ist nach der berühmten Definition in § 194 Abs. 1 „das Recht, von einem anderen ein Tun oder Unterlassen zu verlangen" (Rn 1102). Für Ansprüche ist charakteristisch, dass sie der Verjährung unterliegen (§ 194 Abs. 1). Das Schuldrecht des BGB nennt den Anspruch „Forderung" (§ 398 S. 1); ein Unterschied in der Sache besteht aber nicht.

1193 *Anspruchsgrundlage:* Ein Anspruch besteht nur bei einer entsprechenden *Anspruchsgrundlage*. Als Anspruchsgrundlage bezeichnet man eine Norm oder eine Vertragsbestimmung, die einer Person (dem Gläubiger) den Anspruch gewährt.

---

[5] Wolf/Neuner § 20 Rn 44.

Norm: Ein Beispiel für eine *Norm* als Anspruchsgrundlage ist § 179 Abs. 1, der dem Vertragspartner das Recht gibt, ohne vertragliche Grundlage vom Vertreter ohne Vertretungsmacht wahlweise Erfüllung oder Schadensersatz zu verlangen (Rn 1068 ff).

Vertrag: Ein Beispiel für einen *Vertrag* als Anspruchsgrundlage ist der Kaufvertrag. Denn genau genommen ist er es, der die Verpflichtung des Käufers zur Zahlung des Kaufpreises und die Verpflichtung des Verkäufers zur Übergabe und Übereignung der Kaufsache begründet. Man kann in diesem Fall aber auch § 433 als Anspruchsgrundlage bezeichnen, weil das Gesetz hier die vertraglichen Ansprüche bestätigt.

b) Einreden

Der Schuldner kann sich gegen einen Anspruch uU mit einer Einrede wehren. Eine Einrede ist ein dem Schuldner zustehendes Leistungsverweigerungsrecht. Die Ausübung der Einrede hat auf den Fortbestand des Anspruchs keinen Einfluss. Einreden werden vom Gericht nur berücksichtigt, wenn der Beklagte sie ausdrücklich erhoben hat (Rn 1108). Man unterscheidet dauernde und aufschiebende Einreden:

1194

- Eine *dauernde* (peremptorische) Einrede hat zur Folge, dass der Schuldner die Leistung für immer verweigern darf. Die wichtigste dauernde Einrede ist die Einrede der Verjährung (§ 214; Rn 1108). Weitere dauernde Einreden ergeben sich zB aus § 821 und aus § 853.

- Eine *aufschiebende* (dilatorische) Einrede gewährt dem Schuldner nur eine vorläufige Erleichterung. *Beispiel 1:* Die Einrede der Stundung gewährt dem Schuldner nur das Recht, die Leistung vorübergehend zu verweigern. *Beispiel 2:* Die Einrede der Vorausklage (§ 771) gibt dem Bürgen das Recht, die Leistung zu verweigern, bis der Gläubiger die Zwangsvollstreckung gegen den Hauptschuldner vergeblich versucht hat. Die Einrede des Zurückbehaltungsrechts (§ 273) und die Einrede des nicht erfüllten gegenseitigen Vertrags (§ 320) verhindern nicht, dass der Schuldner verurteilt wird. Aber er braucht nur „Zug um Zug" zu leisten, dh nur gegen Empfang der ihm gebührenden Gegenleistung.[6]

1195

c) Einwendungen

Die Einreden dürfen nicht mit den *Einwendungen* verwechselt werden. Wenn der Schuldner eine Einwendung geltend macht, beruft er sich darauf, dass das geltend gemachte Recht in Wirklichkeit gar nicht bestehe.

1196

- Eine *rechtshindernde* Einwendung liegt vor, wenn der Schuldner Tatsachen geltend macht, die die Entstehung des fraglichen Rechts im konkreten Fall verhindert haben (zB Nichtigkeit des Vertrags nach § 138 Abs. 1; Entfall des Anfechtungsrechts wegen Fristüberschreitung nach § 121 Abs. 1).

- Eine *rechtsvernichtende* Einwendung ist gegeben, wenn sich der Schuldner auf Tatsachen beruft, die das geltend gemachte Recht untergehen lassen (zB Erlöschen des Anspruchs durch Erfüllung nach § 362). Mit einer Einwendung gestaltet der Schuldner also nicht das Rechtsverhältnis, sondern stellt es nur anders dar. Da er aber die Existenz des Rechts bestreitet, geht die Einwendung weiter als die Einrede. Tatsachen, die zu Einwendungen führen, muss das Gericht von Amts wegen beachten (Rn 1109).

---

6 SAT Rn 144, 156.

d) Gestaltungsrechte

1197 Ein Gestaltungsrecht ist das Recht, ein Rechtsverhältnis einseitig zu begründen, zu ändern oder aufzuheben. Die Gestaltungsrechte werden dadurch ausgeübt, dass der Berechtigte eine entsprechende Willenserklärung abgibt, die zugleich ein Rechtsgeschäft ist (einseitiges Rechtsgeschäft mit empfangsbedürftiger Willenserklärung; Rn 84).

Im Allgemeinen Teil des BGB finden sich keine Gestaltungsrechte, die ein Rechtsverhältnis begründen oder ändern. Hier ist nur ein Gestaltungsrecht geregelt, das ein Rechtsverhältnis *aufhebt*, nämlich das Recht zur Anfechtung (§ 142; Rn 458, 513). Ebenfalls zur Aufhebung berechtigen das Recht zum Rücktritt (§ 346), zum Widerruf (§ 355) und das Recht zur Kündigung (zB § 314). Ein Gestaltungsrecht ist auch das Recht zur Aufrechnung (§ 387), weil es einseitig ausgeübt wird (§ 388 S. 1) und zumindest eine der beiden Forderungen zum Erlöschen bringt (§ 389).

1198 *Ausschlussfristen:* Ein Gestaltungsrecht gibt dem Berechtigten, wie gesagt, das Recht, einseitig ein Rechtsverhältnis umzugestalten, aber nicht das Recht, von einem anderen ein Tun oder ein Unterlassen zu fordern (§ 194 Abs. 1). Da Gestaltungsrechte keine Ansprüche sind, *können sie auch nie verjähren* (wie sich im Umkehrschluss aus § 194 Abs. 1 ergibt). Trotzdem müssen auch Gestaltungsrechte oft innerhalb einer Frist – einer sogenannten *Ausschlussfrist* – ausgeübt werden. Wichtige Ausschlussfristen sind die mit dem Wort „unverzüglich" umschriebene Anfechtungsfrist (§ 121 Abs. 1), die Jahresfrist nach § 124 Abs. 1 und die Zweiwochenfrist des § 626 Abs. 2 S. 1.

Bedingungsfeindlich: Gestaltungsrechte sind bedingungsfeindlich (Rn 378), weil der Betroffene über die Wirksamkeit der entsprechenden Willenserklärung nicht im Unklaren gelassen werden soll. So kann der Vermieter zB nicht mit den Worten kündigen: „Für den Fall, dass mein Sohn die Wohnung benötigt, kündige ich hiermit den Mietvertrag".

e) Mitwirkungsrechte

1199 Ein Mitwirkungsrecht ist das Recht eines Vereinsmitglieds oder eines Gesellschafters auf Teilnahme an Abstimmungen und an der Geschäftsführung. Beispiele sind das Stimmrecht des Vereinsmitglieds in der Mitgliederversammlung (§ 32 Abs. 1) und das Stimmrecht des Aktionärs in der Hauptversammlung (§§ 134 ff AktG). Die Mitwirkungsrechte stehen den Gestaltungsrechten nahe, unterscheiden sich aber von diesen dadurch, dass sie nicht zur Alleinentscheidung berechtigen, sondern nur zur Mitwirkung an einer Entscheidung.

IV. Grenzen der Rechtsausübung

1. Schikaneverbot

1200 § 226 ist die einzige Vorschrift, die die Ausübung der subjektiven Rechte ausdrücklich beschränkt. Sie ist aber an so enge Voraussetzungen geknüpft, dass sie in der Praxis nur selten angewendet werden kann. Voraussetzung ist nämlich, dass die Rechtsausübung „nur den Zweck haben kann, einem anderen Schaden zuzufügen" (Fall 51, Rn 1180). Es muss also feststehen, dass ein anderer Zweck (insbesondere ein Vorteil des Berechtigten) nicht in Frage kommt. *Beispiel 1:* Der junge Graf X wollte das Grab seiner Mutter im Schlosspark besuchen. Sein Vater verwehrte ihm das, weil er mit ihm verfeindet war.[7] Wenn es nicht nur um einen Besuch am Grab geht, sondern um die Grabgestaltung, kann die Entscheidung aber anders lauten. *Beispiel 2:* Eine Witwe verbot ihrer Schwiegermutter (der Mutter ihres verstorbenen Mannes), Blumen in einer Vase auf das Grab zu stellen. Das Amtsgericht gab ihr Recht. Denn das Recht zur Gestaltung des Grabes steht in erster Linie der Witwe zu, die an der freien Ausübung dieses Rechts ein berechtigtes Interesse hat.[8]

2. Die „guten Sitten" und „Treu und Glauben" als Grenzen der Rechtsausübung

1201 Das BGB sagt nicht ausdrücklich, dass man seine (subjektiven) Rechte nur im Rahmen der guten Sitten und von Treu und Glauben ausüben dürfe. Aber es verwendet diese Ausdrücke in anderen Zusammenhängen so, dass daraus ein allgemeines Prinzip abzuleiten ist:

§ 138 Abs. 1 ordnet an, dass jedes Rechtsgeschäft den „guten Sitten" entsprechen muss, wenn es wirksam sein soll (Rn 732 ff). Den gleichen Begriff der „guten Sitten" verwendet § 826, der denjenigen schadensersatzpflichtig macht, der einem anderen „in einer gegen die guten Sitten verstoßenden Weise" Schaden zufügt.

1202 *Verbot der unzulässigen Rechtsausübung:* Im Schuldrecht findet sich die berühmte Generalklausel, derzufolge der Schuldner seine Verpflichtung so zu erfüllen hat, „wie Treu und Glauben mit Rücksicht auf die Verkehrssitte es erfordern" (§ 242). Genau genommen wird damit nur ein Maßstab für das Verhalten des *Schuldners* bei der Erfüllung seiner Schuld aufgestellt. Aber Rechtsprechung und Lehre sind sich seit langem einig, dass darin ein allgemeiner, das ganze Recht durchziehender Gedanke zum Ausdruck kommt: Jedermann, nicht nur der Schuldner, hat im Rechtsleben Rücksicht zu nehmen auf „Treue" (Verlässlichkeit, Redlichkeit), „Glauben" (Vertrauen auf das Wohlverhalten anderer) und die „Verkehrssitte" (die bewährten Verhaltensweisen). Dieser Grundsatz muss deshalb auch für den gelten, der von einem ihm zustehenden (subjektiven) Recht Gebrauch macht. Daraus folgt ein allgemeines *Verbot der unzulässigen Rechtsausübung*.[9]

Ein Fall der unzulässigen Rechtsausübung liegt zB vor, wenn sich jemand in Widerspruch zu seinem früheren Verhalten setzt („venire contra factum proprium"). *Beispiel:* Ein Schuldner hatte objektiv den Eindruck erweckt, er werde sich nicht auf Verjährung berufen. Wenn er es später trotzdem tut, setzt er sich in Gegensatz zu dem, was er selbst geschaffen hat (factum proprium), also zu seinem eigenen Verhalten (Rn 1166). Auch ein Gläubiger kann sich in Widerspruch zu seinem Vorverhalten setzen. Wenn er sich lange Zeit so verhalten hat, als werde er von seinem Recht keinen Gebrauch mehr machen, kann er es verwirkt haben (Rn 1168).

Generalklauseln wie das (ungeschriebene) Verbot der unzulässigen Rechtsausübung haben den Nachteil, dass sie zwangsläufig unbestimmt sind. Sie haben aber in der Hand eines erfahrenen Richters die wichtige Funktion, eine gerechte Entscheidung im Einzelfall zu ermöglichen. Die Generalklauseln erhalten außerdem dadurch deutlichere Konturen, dass aus ihnen im Lauf von über hundert Jahren einzelne, präzisere Rechtsgrundsätze abgeleitet worden sind. Und schließlich tragen die fast unzähligen Entscheidungen der Gerichte wesentlich zu ihrer Konkretisierung bei.

---

7 RGZ 72, 254.
8 AG Grevenbroich NJW 1998, 2063.
9 Palandt/Grüneberg § 242 Rn 38 ff.

§ 51 Schutz der Rechte

1203 ▶ **Fall 51: Verprügelter Ehebrecher** §§ 823, 227

Der Werkmeister Friedhelm Höhne und seine Frau Yasmin lebten mit ihrem zwölfjährigen Sohn in einer Etagenwohnung. Höhne hatte seit einiger Zeit den Verdacht, dass seine Frau ihn, wenn er Nachtschicht hatte, mit dem arbeitslosen Dekorateur Anselm Zipp betrog. Frau Höhne stellte das aber immer in Abrede. Während einer Nachtschicht verließ Höhne unerlaubt seinen Arbeitsplatz und schlich sich in die Wohnung. Als er merkte, dass die Tür zum ehelichen Schlafzimmer von innen verschlossen war, zertrümmerte er sie in rasender Wut. Er fand seine Frau und Zipp spärlich bekleidet im Ehebett. Höhne ging nun mit einer abgebrochenen Türlatte auf Zipp los, der vergeblich versuchte, sich mit der Bettdecke zu schützen. Höhne verprügelte Zipp so gründlich, dass sich dieser Platzwunden, Prellungen und eine Fraktur des Wadenbeinköpfchens zuzog und mehrere Tage stationär behandelt werden musste. In einem anschließenden Prozess kommt es auf die Frage an, ob Höhne Zipp verprügeln durfte. (Nach LG Paderborn NJW 1990, 260)

Höhnes Verhalten könnte eine unerlaubte Handlung nach § 823 Abs. 1 sein. Voraussetzung dafür ist zunächst, dass Höhne „vorsätzlich ... den Körper ... eines anderen ... verletzt" hat. Das hat er getan. Insbesondere ist Vorsatz gegeben, weil Höhne trotz seiner Erregung wusste und wollte, was er tat.

§ 823 Abs. 1 setzt aber zusätzlich voraus, dass Höhne „*widerrechtlich*" gehandelt hat. Normalerweise ist eine vorsätzliche Körperverletzung widerrechtlich. Sie könnte aber im vorliegenden Fall durch Notwehr (§ 227) gerechtfertigt sein und wäre dann rechtmäßig (Rn 1206).

Was Notwehr ist, definiert § 227 Abs. 2 (bitte lesen). Zunächst ist zu prüfen, ob von Zipp ein „rechtswidriger Angriff" ausging. Ein „Angriff" setzt als Angriffsobjekt ein geschütztes Rechtsgut voraus. Als solch ein Rechtsgut kommt hier das Recht auf eine ungestörte eheliche Lebensgemeinschaft in Betracht. Dieses Recht ergibt sich aus § 1353 und ist als absolutes Recht anerkannt (Rn 1187).[10] Es gibt jedem Ehegatten das Recht, Angriffe Dritter auf den sogenannten „räumlich-gegenständlichen Bereich der Ehe" abzuwehren. Ein Ehegatte kann deshalb verlangen, dass ehebrecherische Beziehungen nicht in der ehelichen Wohnung unterhalten werden. Zipp hat durch sein Verhalten dieses Recht verletzt. Ein „rechtswidriger Angriff" lag also vor. Höhne war deshalb grundsätzlich berechtigt, sich und sein Recht gegen einen solchen Angriff durch Notwehr zu schützen.

Zu fragen ist jedoch, ob Zipps Angriff, als Höhne auf ihn losging, noch ein „gegenwärtiger" war. Man kann das nicht mit dem Argument verneinen, dass ein Geschlechtsverkehr (wenn er stattgefunden hatte) beendet war. Denn es stellt auch einen Angriff auf die Ehe dar, wenn der Liebhaber mit der Ehefrau „nur" im Ehebett liegt. Der Angriff war aber deshalb kein „gegenwärtiger" mehr, weil Zipp keine Anstalten machte, ihn fortzusetzen (er hätte am liebsten die Wohnung sofort verlassen, wurde daran nur von Höhne gehindert). Es gab deshalb für Höhne nichts mehr „abzuwenden". Aus dem gleichen Grund waren Höhnes Handgreiflichkeiten keine „Verteidigung", sondern ihrerseits ein Angriff. Daraus folgt, dass sich Höhne nicht auf eine Notwehrlage berufen konnte. Die Zipp durch Höhne zugefügte

---

10 Palandt/Brudermüller Vor § 1353 Rn 5.

§ 51 Schutz der Rechte

Körperverletzung war deshalb „widerrechtlich", so dass alle Tatbestandsmerkmale des § 823 Abs. 1 gegeben sind.

Nachbemerkung: Bei diesem Ergebnis der rechtlichen Prüfung fragt man sich natürlich, was Höhne denn hätte tun dürfen. Höhne wäre berechtigt gewesen, gegen Zipp eine sogenannte Ehestörungsklage zu erheben mit dem Ziel, Zipp verbieten zu lassen, in Zukunft den „räumlich-gegenständlichen Bereich der Ehe" durch ehewidrige Beziehungen in der ehelichen Wohnung zu stören.[11] Aber solch eine Reaktion ist wohl eher etwas für gehörnte Juristen. Es muss deshalb für den betrogenen Ehemann in einem solchen Fall noch einen dritten Weg geben: Er darf den Liebhaber unsanft, aber ohne Körperverletzungen aus der Wohnung befördern und ihm in Zukunft mit Gewalt das Betreten der Wohnung verwehren. ◄

Lerneinheit 51

Literatur: *Mitsch*, Notwehr gegen autonome Fahrzeuge? JR 2018, 606; *Hirn*, Promi kann Bildberichterstattung über Notwehrexzess gegen Paparazzi nicht untersagen, GRUR-Prax 2018, 289; *Horst*, Der „flotte" Rückschnitt von Grenzüberwuchs im Selbsthilferecht: Wer trägt die Entsorgungslast? NZM 2017, 57; *Duchstein*, Die Selbsthilfe, JuS 2015, 105; *Klein/Di Bella*, Freiheitsentziehende Maßnahmen, RDG 2015, 220 (bei der Pflege und Betreuung von Patienten); *Puschke*, Die Folgen einer Belästigung, JA 2014, 348; *Fahl*, Kann die Aussetzung eines Kopfgeldes durch Notwehr gerechtfertigt werden? JA 2014, 808; *S. Lorenz*, Grundwissen – Zivilrecht: Besitzschutz, JuS 2013, 776; *Omlor/Gies*, Der Besitz und sein Schutz im System des BGB, JuS 2013, 12; *Erb*, Der rechtfertigende Notstand, JuS 2010, 17.

I. Hintergrund

Wer ein ihm zustehendes Recht nicht mit friedlichen Mitteln sichern und durchsetzen kann, muss sich der Justiz und ihrer Organe bedienen. Denn der zwangsweise Schutz und die gewaltsame Durchsetzung von Rechten ist grundsätzlich Aufgabe des Staates. Ein Faustrecht darf es nicht geben. Aber es gibt Situationen, in denen es dem Bürger gestattet ist, ihm drohende Nachteile selbst abzuwenden. Die Voraussetzungen, unter denen dies ausnahmsweise zulässig ist, sind in den §§ 227 bis 231 geregelt.

II. Notwehr

1. Definition

„*Notwehr* ist diejenige Verteidigung, welche erforderlich ist, um einen gegenwärtigen rechtswidrigen Angriff von sich oder einem anderen abzuwenden" (§ 227 Abs. 2). Die gleiche Definition – sprachlich leicht modernisiert – findet sich für das Strafrecht in § 32 Abs. 2 StGB.

2. Voraussetzungen

a) Gegenwärtiger rechtswidriger Angriff (sogenannte Notwehrlage)

Notwehr setzt zunächst einen *Angriff* voraus. „Angriff" ist eine Bedrohung durch einen Menschen. Die von Tieren oder Sachen ausgehende Gefahr fällt unter § 228 (Rn 1213). Der Angriff muss die rechtlich geschützten Interessen eines anderen bedrohen. Zu diesen Interessen gehören die absoluten Rechte, insbesondere das Leben, die

---

11 BGHZ 6, 360; OLG München FamRZ 1973, 93; OLG Celle NJW 1980, 711; Smid NJW 1990, 1344.

körperliche Integrität, die Ehre und das Eigentum. *Beispiel:* Auf einem Stadtfest waren morgens nach 3.00 Uhr K und B im Gedränge leicht aneinander gestoßen. Es kam zu einem verbalen Streit, dann zu leichten Handgreiflichkeiten. Schließlich lief K aus geringer Entfernung mit geballten Fäusten auf B zu. Gegen diesen gegenwärtigen rechtswidrigen Angriff durfte sich B mit Faustschlägen auf den Kopf des K wehren.[12]

Ein „Angriff" liegt auch vor, wenn jemand gegen den Willen des Berechtigten dessen Garten, Haus oder Wohnung betritt oder nicht verlässt. *Beispiel:* M hatte ein Einfamilienhaus von Frau V gemietet. Diese besichtigte einvernehmlich die Räume, in denen Rauchmelder installiert worden waren. Als sie weitere Zimmer betreten wollte, forderte M sie auf, das Haus zu verlassen. Da sie das nicht tat, umfasste er sie am Oberkörper und trug sie vor die Haustür. Damit überschritt er die Grenzen erlaubter Notwehr höchstens geringfügig.[13] Auch das Eindringen in den räumlich-gegenständlichen Bereich der Ehe kann ein „Angriff" sein (Fall 52, Rn 1203). Man darf nicht nur einen Angriff abwehren, der gegen einen *selbst* gerichtet ist, sondern auch fremde Rechtsgüter verteidigen („... von sich *oder einem anderen* abzuwenden"). Im letzteren Fall spricht man von *Nothilfe*.

In der Praxis ist es manchmal schwer, die Rolle des Angreifers und die Rolle des Verteidigers richtig zuzuordnen. *Beispiel:* Frau T hatte in einem Supermarkt Hausverbot. Als sie im Verkaufsraum angetroffen wurde, packte der Marktleiter M sie am Handgelenk, um sie hinauszuführen. Frau F versuchte, Herrn M ins Gesicht zu schlagen, traf ihn aber nur am Kinn. Daraufhin schlug M sie ins Gesicht. Die Frage ist, wer von beiden sich auf Notwehr berufen kann. Das OLG Frankfurt war der Meinung, M habe nicht in Notwehr geschlagen,[14] doch lässt sich das auch anders sehen.[15]

1208 „*Gegenwärtig*" ist der Angriff nur, solange die Bedrohung besteht. Nicht gestattet sind deshalb Präventivmaßnahmen („Er stand hinter einem Gebüsch, da hab ich ihm erst mal eine gelangt") sowie Racheakte oder Bestrafungen zu einer Zeit, zu der keine Gefahr mehr vom Angreifer ausgeht. *Beispiel:* Nachdem X den Y in Notwehr zu Boden geworfen hatte und nicht damit zu rechnen war, dass Y bald wieder aufstehen würde, schlug X weiter auf ihn ein.[16] Solche Strafaktionen sind auch dann nicht mehr vom Notwehrrecht gedeckt, wenn sie in begreiflicher Erregung vorgenommen werden.[17]

1209 „*Rechtswidrig*" ist der Angriff immer dann, wenn es für ihn keinen Rechtfertigungsgrund gibt (wie zB Notwehr). Polizeiliche Maßnahmen sind idR nicht rechtswidrig. Sollte eine Diensthandlung ausnahmsweise wegen eines schweren Verstoßes gegen das geltende Recht nichtig sein, ist aber Notwehr zulässig.[18] Schuldfähigkeit des Angreifers ist nicht erforderlich, so dass auch Angriffe von Betrunkenen und Geisteskranken abgewehrt werden dürfen.

---

12 BGH NJW 2008, 571 Rn 10 ff.
13 BGH NJW 2014, 2566 Rn 23.
14 NJW 1994, 946.
15 Löwisch/Rieble NJW 1994, 2596.
16 BGH NJW 2008, 571 Rn 18. Wenn der am Boden Liegende später Schadensersatz verlangt, muss er beweisen, dass die Verletzungen nicht durch die Notwehrhandlung, sondern durch den späteren Notwehrexzess verursacht wurden (BGH aaO Rn 21).
17 LG Paderborn NJW 1990, 260 = Fall 52, Rn 1203.
18 BVerfG NJW 1991, 3023 – zweifelhafte Entscheidung.

§ 51 Schutz der Rechte

Putativnotwehr: Wer irrtümlich annimmt, es liege (überhaupt oder noch) eine Notwehrlage vor, handelt rechtswidrig. Wenn sein Irrtum fahrlässig war (§ 276 Abs. 2), ist er nach den §§ 823 ff schadensersatzpflichtig.[19]

b) Zur Abwendung des Angriffs erforderliche Verteidigung (sogenannte Notwehrhandlung)

Notwehr ist, wie gesagt, nur die Verteidigung, die zur Abwendung des Angriffs „erforderlich" ist (§ 227 Abs. 2). *„Erforderlich"* ist lediglich das mildeste noch erfolgversprechende Mittel.[20] Dieses Mittel darf einen Schaden anrichten, der höher ist als der durch die Notwehr vermiedene. Denn es gilt der Grundsatz: „Recht braucht dem Unrecht nicht zu weichen". 1210

Notwehrexzess: Wählt der Angegriffene nicht das mildeste erfolgversprechende Mittel, sondern geht irrtümlich über das erforderliche Maß hinaus, liegt ein *Notwehrexzess* vor, der bei Vermeidbarkeit des Irrtums (§ 276 Abs. 2) schadensersatzpflichtig macht. *Beispiel:* Landwirt L ärgerte sich darüber, dass seit Monaten immer wieder Autofahrer auf seinem Hof wendeten. Als eine Fahrgemeinschaft von Schülern dies ebenfalls tat, rief L erst unverständliche Worte und warf dann, als das Auto schon gewendet hatte, gezielt eine Kartoffel, die das Auto leicht beschädigte. Der Angriff des Fahrers war hier bereits beendet und die „Verteidigung" des L außerdem unangemessen.[21] 1211

3. Rechtsfolge der Notwehr

Die Notwehr ist rechtmäßig (§ 227 Abs. 1). Der Angreifer kann also gegen die Notwehrhandlung nicht seinerseits Notwehr üben. Er kann auch keinen Schadensersatz verlangen, weil die Verletzung seiner Rechtsgüter nicht – wie § 823 Abs. 1 verlangen würde – „widerrechtlich" ist. 1212

III. Verteidigungsnotstand

1. Definition

Verteidigungsnotstand ist eine von einer Sache oder einem Tier „drohende Gefahr", die das Rechtsgut einer Person gefährdet (§ 228).[22] 1213

2. Voraussetzungen

a) Notstandslage

Sache: Die Gefahr muss von einer Sache (§ 90) ausgehen oder von einem Tier (§ 90a). *Beispiel:* Ein Schäferhund war in die Weide eines Schäfers eingedrungen und hatte sich in eines der Schafe verbissen. Der Schäfer durfte den Hund erschießen.[23] Ist die Sache oder das Tier nur das Werkzeug in der Hand eines Menschen, ist § 227 anzuwenden. *Beispiel:* Der Hundehalter befiehlt seinem Hund „Fass!" 1214

---

19 BGH NJW 1987, 2509.
20 MüKo/Grothe § 227 Rn 12.
21 AG Hadamar NJW 1995, 968. Das Urteil liest sich wie eine Verteidigungsschrift für den Kartoffelwerfer und verletzt dadurch die richterliche Pflicht zu Neutralität und Zurückhaltung.
22 Daneben gibt es noch den in § 904 geregelten Angriffsnotstand.
23 OLG Hamm NJW-RR 1995, 279.

Gefahr: Die Gefahr braucht (anders als bei der Notwehr) nur zu *drohen.* Deshalb genügt die objektive Wahrscheinlichkeit, dass von der Sache demnächst ein Schaden ausgehen wird. *Beispiel:* Die hohe Gartenmauer des A droht auf das Grundstück des B zu fallen.

Rechtsgut: Das bedrohte Rechtsgut kann beliebiger Art sein, es muss auch nicht dem Handelnden zuzuordnen sein. Der Wert des Rechtsguts darf aber nicht erheblich geringer sein, als der durch die Gefahrabwendung entstehende Schaden (§ 228 S. 1: „… nicht außer Verhältnis zu der Gefahr"). Insofern besteht also ein Unterschied zur Notwehr (oben Rn 1206). Bei der Güterabwägung sind auch Gefühlswerte zu berücksichtigen. *Beispiel:* Der Eigentümer einer eigentlich wertlosen Promenadenmischung erschoss einen teuren Rassehund, weil dieser seinen Hund würgte.[24]

b) Notstandshandlung

1215 Die „Beschädigung oder die Zerstörung" muss „zur Abwendung der Gefahr erforderlich" sein. Durch § 228 gedeckt ist also nur das mildeste taugliche Mittel (das die geringste Beschädigung verursacht).

3. Rechtsfolge

1216 Die von § 228 gedeckte Notstandshandlung ist rechtmäßig („nicht widerrechtlich"). Sie begründet deshalb keinen Schadensersatzanspruch nach § 823 Abs. 1. Wenn der Handelnde die Notstandslage verschuldet hat, muss er allerdings Schadensersatz leisten (§ 228 S. 2).

IV. Selbsthilfe

1. Definition

1217 *Selbsthilfe* ist das gewaltsame Vorgehen eines Gläubigers gegen seinen Schuldner in der Absicht, auf eigene Faust eine drohende Vereitelung seines Anspruchs zu verhindern (§ 229). Weil staatlicher Rechtsschutz aus Gründen des Rechtsfriedens Vorrang haben muss, ist Selbsthilfe nur erlaubt, soweit Hilfe durch staatliche Stellen in der Kürze der Zeit nicht zu erlangen ist (§§ 229, 230). Die Selbsthilfe ist nur kurzfristig und vorläufig zulässig.

Wer Selbsthilfe übt, handelt auf eigene Gefahr: Wenn er irrig annimmt, die Voraussetzungen der §§ 229, 230 seien gegeben, macht er sich auch dann schadensersatzpflichtig, wenn sein Irrtum nicht auf Fahrlässigkeit (§ 276 Abs. 2) beruhte (§ 231).

2. Voraussetzungen der Selbsthilfe

1218 *Anspruch:* Der Handelnde muss einen eigenen Anspruch haben (§ 194 Abs. 1), der tatsächlich besteht und gerichtlich durchsetzbar wäre.[25] Auf die Höhe des Anspruchs kommt es nicht an, auch wegen eines Betrags von 3 Euro kann Selbsthilfe zulässig sein.[26] Als Anspruch, der durch Selbsthilfe durchgesetzt werden darf, kommt auch das

---

[24] LG Koblenz NJW-RR 1989, 541.
[25] BayObLG NJW 1991, 934.
[26] OLG Düsseldorf NJW 1991, 2716; es handelte sich um 6 DM.

§ 51 Schutz der Rechte

Recht des Ladeninhabers in Frage, sich von einem vermutlichen Ladendieb die Einkaufstasche zeigen zu lassen.[27]

Gefahr der Vereitelung oder wesentlichen Erschwerung des Gläubigerrechts: Es muss Eile geboten sein, so dass bei einer – notwendig zeitraubenden – Inanspruchnahme „obrigkeitlicher Hilfe" (Justiz oder Polizei) die Gefahr besteht, dass „die Verwirklichung des Anspruchs vereitelt oder wesentlich erschwert" wäre. Dabei ist aber zu berücksichtigen, dass es auch bei der Justiz einen vorläufigen Rechtsschutz im Eilverfahren gibt, vor allem den sogenannten Arrest und die einstweilige Verfügung (§§ 916 ff ZPO).

3. Durchführung der Selbsthilfe

Gewalt gegen Sachen: Die Selbsthilfe darf nur so weit gehen, wie zur Abwendung der Gefahr erforderlich ist (§ 230 Abs. 1). Dabei können die Rechte des Gläubigers natürlich nie weiter gehen als die Rechte, die den Behörden im konkreten Fall zustehen würden.[28] In diesem Rahmen sind dem Gläubiger drei Eingriffe gestattet:

1219

Der Gläubiger darf eine Sache seines Schuldners notfalls wegnehmen, zerstören oder beschädigen (§ 229). *Beispiel:* Ein Angestellter, dem die letzten Monatsgehälter nicht gezahlt worden waren, bemächtigte sich des Mercedes seines Arbeitgebers und stellte ihn an einem geheimen Ort sicher. Der Gläubiger darf die Sache aber nicht einfach behalten, sondern muss den dinglichen Arrest beantragen (§ 230 Abs. 2; §§ 916 ff ZPO). Wird dieser abgelehnt oder verzögert, muss der Gläubiger die Sache wieder herausgeben (§ 230 Abs. 4). Für den Sonderfall, dass ein Vermieter einen Anspruch auf Miete gegen seinen Mieter hat, dieser aber ausziehen und damit das gesetzliche Pfandrecht des Vermieters vereiteln will, hat das Gesetz dem Vermieter in § 562b Abs. 1 ein weitergehendes Selbsthilferecht gegeben.

Keinesfalls darf der Vermieter seinem säumigen Mieter heimlich die Wohnung ausräumen. *Beispiel 1:* Mieter M hielt sich seit mehreren Monaten an einem unbekannten Ort auf. Aufgrund einer (von einem Verwandten aufgegebenen) Vermisstenanzeige durchsuchte die Polizei die Wohnung des M, aber vergeblich. Wegen eines erheblichen Mietrückstands kündigte die Vermieterin V das Mietverhältnis. Nach Ablauf der Kündigungsfrist ließ sie die Wohnung räumen, aber lagerte nur einen Teil der Wohnungsgegenstände ein. Nach seiner Rückkehr verlangte M Schadensersatz in Höhe von 62 000 Euro. V hätte sich im Wege der Klage einen Räumungstitel verschaffen müssen, was auch dann möglich ist, wenn der Aufenthaltsort des Mieters unbekannt ist. Die sogenannte kalte Räumung war eine verbotene Selbsthilfe, die gemäß § 231 schadensersatzpflichtig machte.[29] Diese Grundsätze gelten auch dann, wenn der Mieter nicht der deutschen Gerichtsbarkeit unterliegt und eine Räumungsklage deshalb aussichtslos ist. *Beispiel 2:* Botschaftsrat N vertrat in der Bundesrepublik die seit langem zahlungsunfähige Republik Kamerun. Er hatte ein Haus des V gemietet, war aber mit Mieten von über 13 000 Euro im Rückstand. Da N als Angehöriger einer diplomatischen Vertretung nicht der deutschen Gerichtsbarkeit unterstand und eine Räumungsklage deshalb nicht in Betracht kam, entschloss sich V zur Selbsthilfe. Als N verreist war, räumte er, unterstützt von seinem Rechtsanwalt und weiteren Helfern, das Haus aus und stellte

---

27 So wohl auch BGH NJW 1996, 2574; 1994, 188.
28 Staudinger/Repgen § 229 Rn 21; OLG Köln NJW 1996, 472.
29 BGH NJW 2010, 3434 Rn 9 f im Anschluss an NJW-RR 2004, 493.

die Möbel in einem Lagerhaus unter. Aber die Voraussetzungen einer Selbsthilfe waren nicht gegeben.[30]

1220 *Festnahme:* Der Gläubiger darf seinen Schuldner festnehmen, wenn dieser „der Flucht verdächtig ist". Das erlaubt § 229 (der aus einem einzigen Satz mit 68 Wörtern besteht). Die Festnahme ist der weitestgehende Eingriff in die Rechte des Schuldners und unterliegt deshalb besonders strengen Grenzen. Die Festnahme ist nur erlaubt, wenn die Voraussetzungen eines persönlichen Arrestes nach § 918 ZPO vorliegen, wenn also die Zwangsvollstreckung in das Vermögen des Schuldners durch dessen drohende Flucht konkret gefährdet ist. *Beispiel 1:* Um seine Gläubiger zu benachteiligen, wollte S heimlich sein Vermögen beiseiteschaffen und untertauchen. Es muss auch gestattet sein, den Schuldner mit der Absicht festzuhalten, seine Personalien durch die Polizei feststellen zu lassen.[31] Denn dieser Eingriff ist – gegenüber der Vorführung vor Gericht – das für den Schuldner geringere Übel. *Beispiel 2:* Der stark alkoholisierte A wollte nach einer Taxifahrt nicht den angezeigten Betrag von 41 Euro bezahlen und sich auch nicht ausweisen. Der Taxifahrer durfte ihn bis zum Eintreffen der Polizei mit Gewalt festhalten.[32]

Der Gläubiger darf aber den Schuldner nicht beliebig lang im Kohlenkeller einsperren, sondern muss ihn unverzüglich (§ 121 Abs. 1) dem Amtsrichter vorführen und den persönlichen Arrest beantragen (§ 230 Abs. 3; §§ 918 ff ZPO). Wird der Antrag abgelehnt oder verzögert, muss der Gläubiger den Schuldner unverzüglich freilassen (§ 230 Abs. 4).

1221 *Überwindung von Widerstand:* Der Gläubiger darf schließlich „den Widerstand des Verpflichteten gegen eine Handlung, die dieser zu dulden verpflichtet ist", beseitigen (§ 229). In diesem Fall ist aber besonders zu beachten, dass die Gewalt „nicht weiter gehen darf, als zur Abwendung der Gefahr erforderlich ist" (§ 230 Abs. 1). Quälende Behandlungen müssen in jedem Fall unterbleiben.

4. Rechtsfolgen

1222 Die im Rahmen der §§ 229, 230 ausgeübte Selbsthilfe ist „nicht widerrechtlich" (§ 229), also rechtmäßig. Der Schuldner darf sich deshalb nicht gegen sie wehren. Insbesondere wäre Widerstand keine Notwehr (§ 227). Auch wenn die Freiheit des Schuldners verletzt oder sein Eigentum beschädigt ist, hat er keinen Schadensersatzanspruch nach § 823 Abs. 1, weil die Verletzung nicht „widerrechtlich" ist.

---

30 OLG Köln NJW 1996, 472.
31 BayObLG NJW 1991, 934; OLG Düsseldorf NJW 1991, 2716.
32 AG Grevenbroich NJW 2002, 1060; ähnlicher Fall OLG Düsseldorf NJW 1991, 2716.

Sachregister

Die Zahlen verweisen auf die Randnummern.

Abdingbares Recht 254
- beschränkt abdingbares Recht 255 ff
- einseitig abdingbares Recht 255
- nur durch Individualvereinbarung abdingbar 256

Abgabe einer Willenserklärung 98
Absolute Rechte 1104, 1185
- Anwartschaftsrecht 1189
- Herrschaftsrechte an Sachen 1188
- Immaterialgüterrechte 1190
- Persönlichkeitsrechte 1186
- Sicherungs- und Nutzungsrechte 1188

Abstraktionsprinzip bei Verfügungen 331
- bei der Vollmacht 870

Abtretung
- als Verfügung 326
- von Honorarforderungen 719 ff

AGB
- Aushang des Hinweises 282
- Auslegung 153
- Definition 261 ff
- Einbeziehung bei Vertragsschluss 278
- Einbeziehung fehlgeschlagen 294
- Einbeziehung in einen Vertrag mit einem Unternehmer 291 ff
- Einbeziehung in einen Vertrag mit einem Verbraucher 277 ff
- Einbeziehung wirksam 295 f
- Einverständnis 289
- Erscheinungsformen der AGB 269 ff
- Fall 257
- Formularvertrag 271, 280
- Hinweis auf die AGB 279 ff
- im Einzelnen ausgehandelt 264
- inhaltlich unwirksame 799
- mehrmalige Verwendung 261 f
- Rahmenvereinbarung 290
- Stellen der AGB 267
- Umfang und Schriftart 273 ff
- Verwender 266
- vorformuliert 263
- zur Lektüre angeboten 283 ff

Allgemeine Geschäftsbedingungen siehe AGB

Anfechtung als einseitiges Rechtsgeschäft 87
- wegen arglistiger Täuschung 458 ff
- wegen Irrtums 513 ff

Anfechtungsfrist 461 ff, 515 ff
Angebot siehe Antrag

Annahme (des Antrags) 184 ff
- Annahmeerklärung 185 ff
- Definition 184
- modifizierte 192
- verspätete 191
- Voraussetzungen 185 ff
- Zugang der Annahme 189
- Zugang entbehrlich 211

Annahmefrist (beim Vertragsschluss) 176 ff
- durch AGB der Gegenseite 182 f
- unter Abwesenden 177
- unter Anwesenden 176
- vom Antragenden bestimmt 179

Anscheinsvollmacht 1029 ff
- Definition 1029
- Rechtsnatur und Rechtsfolgen 1039 ff
- Voraussetzungen 1032 ff

Anspruch 1102
- als Gegenstand der Verjährung 1102, 1192

Anspruchsgrundlage 1107, 1193

Antrag 168 ff
- „Angebot" 170
- Ablehnung 194
- Antrag bei eBay 232
- Definition 168
- Rechtsbindungswille 173
- Rechtsfolgen des Antrags 175
- Schweigen auf einen 197 f
- Voraussetzungen 171 ff
- Widerruf des Antrags 175

Anwartschaftsrecht 363
- des Vorbehaltskäufers 376, 1189

Arglistige Täuschung 425 ff
- Anfechtungserklärung 458 ff
- Anfechtungsfristen 461 ff
- Anfechtungsgegner 459
- Ausschlussfristen 466
- Beispiele 433 ff
- Definition 429
- durch eine Behauptung tatsächlicher Art 432
- durch Manipulation 438
- durch Verschweigen trotz Aufklärungspflicht 439 ff
- Erklärung „ins Blaue hinein" 444
- Fall 425
- Gegensatz Anpreisungen 436
- Irrtumserregung 448

419

Sachregister

- Kausalität des Irrtums für die Willenserklärung 452
- keine Bestätigung 453 ff
- Kenntnis der Wahrheit 443
- Rechte des Anfechtenden 470 ff
- Rechtsfolgen der Anfechtung 467 ff
- Widerrechtlichkeit 446

Arglistige Täuschung durch einen Dritten 478
- Fall 478
- Hilfsperson kein „Dritter" 485 ff
- kannte oder kennen musste 489 ff
- Person des Dritten 484 ff
- Rechtsfolge 492 f

Auflassung 303
- Form 709

Auflösende Bedingung 364 ff
- Arbeitsverträge 369
- Beispiele 367
- treuwidrige Verhinderung 371

Aufrechnung als Verfügung 329

Aufrechterhaltung fehlerhafter Rechtsgeschäfte 780 ff
- Fall 780
- Funktion des § 139 783
- keine geltungserhaltende Reduktion 791 f
- Lebensfähigkeit des Torsos 789 f
- salvatorische Klauseln 794 ff
- Voraussetzungen für einen Fortbestand 784 ff

Aufschiebende Bedingung beim Verfügungsgeschäft 375 ff
- Anwartschaftsrecht 376
- Eigentumsvorbehalt 375
- nicht bei Grundstücken 377

Aufschiebende Bedingung beim Verpflichtungsgeschäft 355 ff
- Anwartschaftsrecht 363
- das künftige Ereignis 357 ff
- Grundlagen 355
- keine Beeinflussung (Manipulation) 362
- Schwebezustand 360

Auslegung von Willenserklärungen 128 ff
- Definition 133
- Empfängerhorizont 139
- Fall 128
- Falschbezeichnung (falsa demonstratio) 137
- gesetzliche Regelung 134
- Grundsätze der Auslegung 135 ff
- interessengerechte Auslegung 149 ff
- Kontext 143
- mögliche Ergebnisse 154

- offensichtlicher Irrtum 138
- von AGB 153
- von nichtempfangsbedürftigen Willenserklärungen 155
- Vorgeschichte 146
- Wortverständnis 135 f

Auslobung 88

Ausschlussfristen 466, 1106, 1198

Außenbevollmächtigung 856

Bedingung 349 ff
- aufschiebende Bedingung oder auflösende Bedingung *siehe dort*
- bedingungsfeindliche Rechtsgeschäfte 378
- Definition 353
- Fall 349

Beerben 348

Beratungsfunktion einer Formvorschrift 641

Beschränkte Geschäftsfähigkeit 12, 593 ff
- Begriff des Minderjährigen 604
- Eigentumswohnung 625
- einseitige Rechtsgeschäfte mit Einwilligung 615
- Empfang einer Willenserklärung 627
- Fall 593
- Geschäftsfähigkeit 596
- gestattete Unternehmer- oder Berufstätigkeit 622
- Kreis der beschränkt geschäftsfähigen Personen 604
- mit Generaleinwilligung 610
- mit spezieller Einwilligung 609
- nicht lediglich vorteilhafte Verträge 606 ff
- ohne Einwilligung 613, 617
- Schenkung eines Grundstücks 623 f
- Schutz vor Überschuldung 626
- Taschengeld 610 f
- Vertragsschluss 606 ff

Bestätigung eines *anfechtbaren* Rechtsgeschäfts 453 ff
- Definition 454
- Form 455
- Zeitfenster 456 f, 512
- Rechtsfolgen 457

Bestätigung eines *nichtigen* Rechtsgeschäfts 807 ff
- Bekenntnis zum nichtigen Rechtsgeschäft 812
- Entfall des Nichtigkeitsgrundes 809
- keine Neuvornahme 811
- Rechtsfolge 813
- Voraussetzungen 808 ff

Bestechung 716, 760

Sachregister

Betreute unter Einwilligungsvorbehalt 605 (Fußnote)
Bevollmächtigung
- durch Erteilung eines Auftrags 859, 878
- Empfänger der Bevollmächtigung ist der Dritte 856
- Empfänger der Bevollmächtigung ist der künftige Vertreter 855
- Form 859
- rechtliche Einordnung 858
- Vollmachtgeber 854

Beweisfunktion einer Formvorschrift 642
Bierbezugsverträge 756
Bote 840 ff
- Empfangsbote 121 f, 843
- Erklärungsbote 118 f, 842
- Übermittlungsirrtum 534

Bürgschaft
- des GmbH-Gesellschafters/Geschäftsführers 827
- Form 643
- von Angehörigen 759

Deliktsfähigkeit 631
Dissens *siehe Einigungsmangel*
Domainnamen 15
Drohung 414 ff
- Definition 417
- Fall 414
- fristgerechte Anfechtung 423
- Kausalität der Drohung für die Willenserklärung 422
- mit einer Strafanzeige 419
- mit fristloser Kündigung 420
- Rechtsfolgen 424
- Widerrechtlichkeit 418

Duldungsvollmacht 1012 ff
- Fall 1012
- Rechtsfolge 1025
- Rechtsnatur 1026
- Voraussetzungen 1018

Eheschließung, Form 710
Ehevertrag, Sittenwidrigkeit 766 f
Eigenhändig geschriebene Erklärung 708
Eigenschaftsirrtum 541 ff
- Definition 544
- Eigenschaften einer Person 546 f
- Eigenschaften einer Sache 548 f
- Fall 541
- Verkehrswesentlichkeit 545

Eigentum 1188

Eigentumsvorbehalt 372 ff
- Definition 375
- Fall 372

Einigung als Teil der Übereignung 312 f, 375
Einigungsmangel 238 ff
- Erklärungsdissens 247
- Fall 238
- offener Einigungsmangel 241 ff
- Rechtsfolgen 249
- Scheinkonsens 248
- versteckte Unvollständigkeit 246
- versteckter 245 ff

Einrede
- aufschiebende 1195
- dauernde 1194

Einrede der Verjährung 1108 ff
Einschreiben 681
Einseitige Rechtsgeschäfte 82 ff
- die der Schriftform bedürfen 666
- eines Minderjährigen 615 ff
- in gewillkürter Schriftform 680
- mit empfangsbedürftiger Willenserklärung 84, 483, 1081 ff
- mit nichtempfangsbedürftiger Willenserklärung 88, 483, 1088
- ohne Vollmachtsurkunde 894 ff
- unter einer Bedingung 378

Einseitige Rechtsgeschäfte ohne Vertretungsmacht 1077 ff
- Fall 1077
- mit empfangsbedürftiger Willenserklärung 1082 ff
- mit nichtempfangsbedürftiger Willenserklärung 1088
- passive Vertretung 1086 f

Einwendungen 1109
- rechtshindernde 1196
- rechtsvernichtende 1196
- von Amts wegen beachtlich 1109

Einwurf eines Schreibens durch einen Boten 118 f
Einwurf-Einschreiben 116,
Einzelvertretungsmacht 953
Elektronische Form 687 f
E-Mail 126
Empfang einer Willenserklärung durch einen Vertreter 120
- durch einen beschränkt Geschäftsfähigen 627
- durch einen Empfangsboten 121 ff

Empfängerhorizont maßgeblich 139, 497, 590

421

Sachregister

Empfangsbedürftige Willenserklärungen 76
- Zugang 96

Empfangsbote 121 ff, 843

Ergänzende Vertragsauslegung 156 ff
- Ausfüllung der Lücke 162
- Voraussetzungen 157 ff

Erklärungen im eigenen Namen 837

Erklärungsbewusstsein 75

Erklärungsbewusstsein, fehlendes 581 ff
- Beispiele 586
- Definition 585
- Fall 581
- Fehlendes 581 ff
- Rechtliche Einordnung 588
- Rechtsfolge 592
- Willenstheorie 589
- Herrschende Meinung 590

Erklärungsbote 842

Erklärungsirrtum 523 ff
- Abgrenzung vom Inhaltsirrtum 528
- Definition 527
- Fall 523
- Falsche Preisangabe 530 f
- Rechtsfolgen 532

Erlassfalle 218

Erlöschen der Vollmacht 911 ff
- Ablauf der Zeit 916
- Fall 911
- infolge des Grundverhältnisses 920
- Rechtsfolgen des Erlöschens 921
- Tod des Vollmachtgebers 915
- Widerruf 917 ff

Erteilung der Vollmacht *siehe Bevollmächtigung*

Existenzgründer als Verbraucher 35

Fax(kopie) 124
- Beweis des Zugangs 124
- erfüllt nicht die gesetzlich vorgeschriebene Schriftform 644
- Rechtzeitigkeit 125

Fiktion des Fortbestehens der Vollmacht 922 ff
- nach § 170 – 922 (Fall), 929
- nach § 171 – 930-934
- nach § 172 – 943-948

Forderung 1103

Formnichtige Rechtsgeschäfte 633 ff
- Bedeutung der Form 639
- Beratungsfunktion 641
- Beweisfunktion 642
- einseitige Formbedürftigkeit 643
- Fall 633

- Grundsatz der Formfreiheit 638
- Heilung 646
- Nichtigkeit bei Formverstoß 645
- treuwidrige Berufung auf die Formnichtigkeit 647
- Warnfunktion 640
- Zugang in der vorgeschriebenen Form 644

Fragen nach einer Schwangerschaft 447

Freie Berufe 33 f

Fristen 379 ff
- Begriff der Frist 394 f
- Berechnung der Monatsfrist 390 f
- Berechnung der Wochenfrist 389
- Berechnung des Lebensalters 387
- Definition 383, 395
- Ende der Tagesfrist 388
- Fall 379
- Fristbeginn durch ein Ereignis 384
- Fristbeginn mit Beginn eines Tages 386 f
- Verschiebung auf den nächsten Werktag 393 ff

Gebrauchsüberlassung, unentgeltliche 50

Gefälligkeit 46 ff
- Fall 40
- Haftung aus unerlaubter Handlung 51
- Voraussetzungen 47 ff

Geheimer Vorbehalt 406

Geistig Behinderte 599

Geltungserhaltende Reduktion 791 f, 756, 758

Genehmigung 344, 613, 1058 ff

Gesamtakte 91

Gesamthandsgemeinschaften 25

Gesamtvertretungsmacht 949 ff
- aktive Gesamtvertretung 958
- Definition 952
- Fall 949
- Genehmigung 959 ff
- Gesamtvollmachten 957
- gesetzliche Gesamtvertretungsmacht 956
- passive Gesamtvertretung 962

Geschäft für den, den es angeht 830

Geschäftsähnliche Erklärungen (Handlungen) 57 ff
- Aufforderungen 58
- Mitteilungen 59
- Rechtsfolgen 60

Geschäftsfähigkeit 10, 596,

Geschäftsführungsbefugnis 876

Geschäftsgrundlage, Störung 161

Geschäftsunfähigkeit 11, 597 ff
- geistig behinderter Menschen 599

Sachregister

- Geschäfte des täglichen Lebens 600
- Kinder bis einschließlich sechs Jahre 598
- Zugang von Willenserklärungen 603

Geschäftswille *siehe Rechtsbindungswille*
Gesetzlicher Vertreter 597, 604, 849 ff
Gestaltungsrechte 1105, 1197
Gewerbetreibende als Verbraucher 33
Gewillkürte Schriftform 676 ff
- Briefwechsel 679
- Definition 677
- Verträge 677
- einseitige Rechtsgeschäfte 680
- Rechtsfolge bei Nichteinhaltung 682
- Schriftformklauseln 684 ff
- telekommunikative Übermittlung 678

Grundstückskaufvertrag als Verpflichtungsgeschäft 301 f

Handeln unter fremdem Namen 1089 ff
- Definition 1089
- der wahre Namensträger wird verpflichtet 1094
- lehnt die Genehmigung ab 1096
- unmittelbare Verpflichtung des Handelnden 1090

Heilung eines Formmangels 646, 699, 702
Hemmung der Verjährung 1133 ff
- Definition 1136
- Fall 1133
- Rechtsverfolgung 1144 ff
- Stillhalteabkommen 1149
- Stundung 1148
- Verhandlungen 1138 ff
- verjährungshemmende Umstände 1138 ff

Immaterialgüterrechte 1190
Im Zweifel 148
In acht Tagen 388
Informationen (Wissenserklärungen, Wissensmitteilungen) 52 ff
Inhaltsirrtum 494 ff
- Anfechtungserklärung 513 f
- Anfechtungsfrist 515 ff
- Auslegung geht vor Anfechtung 510
- Bedeutungsirrtum 503
- Definition 502
- Erheblichkeit des Irrtums 507
- Fall 494
- Identitätsirrtum 505
- keine Bestätigung 512
- Rechtsfolgen der Anfechtung 520 ff
- Schadensersatzpflicht des Anfechtenden 522, 564 ff

- Übereinstimmungen mit § 123 500
- Unterschiede zu § 123 498

Innenbevollmächtigung 855
Insichgeschäfte
- Fall 981
- Mehrvertretung 997
- Selbstkontrahieren *siehe dort*

Interessengerechte Auslegung 149 ff
Invitatio ad offerendum 200 ff
- Ausschreibung 203
- Bitte um ein Angebot 202
- Irrtum 201
- Versteigerung 203
- Werbung 200

Irrtum *siehe Inhaltsirrtum, Erklärungsirrtum, Übermittlungsirrtum, Eigenschaftsirrtum, Motivirrtum*

Juristische Personen 18 ff, 39
- Erscheinungsformen 19 f
- Haftung 23
- Rechtsfähigkeit 22
- Verfassung 21
- Vertretung 24

Kalkulationsirrtum 560 ff
Kauf auf Probe 358
Kaufmännisches Bestätigungsschreiben 235 ff
- erweiterte Anwendung 237

Kaufvertrag als Verpflichtungsgeschäft 301, 308, 318
- Anfängerfehler 301
- lässt das Eigentum nicht übergehen 301, 309

Kennen musste 475, 491, 930
Kenntnis der Anfechtbarkeit 475 ff
Kenntnis als Voraussetzung für den Beginn der Verjährungsfrist 1117 bis 1124
Kollusion 998 ff
Konkludentes Verhalten 68, 147, 174
Kontrahenten 167
Kündigung 85

Lebensalter, Berechnung 387
Lieferung unbestellter Sachen 198

Mehrseitige Rechtsgeschäfte 89 ff
- Definition 89
- Verträge 90

Mehrvertretung 997
Mietverträge über Wohn- und Geschäftsräume
- auch mündlich wirksam 668 ff

Sachregister

- geringere Anforderungen an die Schriftform 674
- Grund der Schriftform 671
- Missbrauch zur Kündigung von Gewerberaum-Mietverträgen 672
- Rechtsfolgen bei Nichteinhaltung der Schriftform 675
- Verträge auf bestimmte Zeit 670

Minderjährige *siehe Beschränkte Geschäftsfähigkeit*

Missbrauch der Vertretungsmacht 1004 ff
- Evidenz des Missbrauchs 1007
- Fall 998
- Rechtsfolgen 1011
- Voraussetzungen 1005 ff

Mitwirkungsrechte 1199

Motivirrtum 552 ff
- Definition 553
- Kalkulationsirrtum 560 ff
- Rechtsfolgenirrtum 558
- Spekulationsirrtum 557
- zur Anfechtung berechtigende Fälle des Motivirrtums 554

Nachsendeantrag 110
Namensrecht 13 f
Negatives Interesse 568 ff
- § 122 begrenzt das negative Interesse durch das positive 578 ff
- § 1298 als Beispiel 569
- Entstehungsgründe 572
- Gegensatz zum positiven Interesse 571
- Umfang 570

Neubeginn der Verjährung
- Abschlagszahlung 1157
- Definition 1154
- durch Anerkenntnis 1156 ff
- durch Vollstreckungshandlung 1160
- Fall 1151
- Zinszahlung 1158

Nichtempfangsbedürftige Willenserklärungen 78
- Auslegung 155
- und geheimer Vorbehalt 412 f

Nichtige Rechtsgeschäfte 593 ff, 633 ff, 711 ff, 732 ff

Nichtigkeit einer Willenserklärung nach Anfechtung 467 f, 520

Notarielle Beurkundung 694 ff
- Ablauf der Beurkundung 704 ff
- Grundstücksverträge 694 ff
- Heilung 699
- inhaltlich unrichtige Beurkundung 696 f
- rechtliche Einheit mit anderem Vertrag 697
- Schenkung 701 f
- Stufenbeurkundung 707
- Testament 700

Notwehr 1203 ff
- Definition 1206
- Fall 1203
- gegenwärtiger rechtswidriger Angriff 1207
- Notwehrexzess 1211
- Notwehrhandlung 1210
- Rechtsfolge 1212

Öffentliche Beglaubigung 692 f

Partnerschaft, Fehlen des Rechtsbindungswillens 73
Personengesellschaften 25
- als Unternehmer 38
Persönlichkeitsrecht 16 f
Positives Interesse 573 ff
- Anspruchsgrundlagen 573
- Schadensbetrag meist höher als beim negativen Interesse 577
- Umfang des Schadens 574
Postlagernde Sendungen 117
Prostitution 769

Realakte 45
Rechtsbindungswille (Rechtsfolgewille, Geschäftswille) 70 ff
- beim Antrag 173
- Definition 70
- Fehlen bei Gefälligkeiten 48
- in anderen Fällen 72-74
Rechtsfähigkeit 9, 22
Rechtsfolgenirrtum 558
Rechtsfolgewille *siehe Rechtsbindungswille*
Rechtsgeschäfte 79 ff
- Abgrenzung zur Willenserklärung 80
- Definition 79
- einseitige 82 ff, *siehe Einseitige Rechtsgeschäfte*
- mehrseitige *siehe Mehrseitige Rechtsgeschäfte*
- sittenwidrige 732 ff
- verbotene 711 ff
Rechtswidrige Handlungen 44
Relative Rechte 1191 ff
- Anspruch 1192
- Anspruchsgrundlage 1193
- Ausschlussfristen 1198
- Einreden, aufschiebende 1195

Sachregister

- Einreden, dauernde 1194
- Einwendungen, rechtshindernde, rechtsvernichtende 1196
- Gestaltungsrechte 1197
- Mitwirkungsrechte 1199
Rücktritt 322
- als einseitiges Rechtsgeschäft 86

Sachdarlehensvertrag, Form 321
Salvatorische Klausel 794 ff
- Erhaltungsklausel 795
- Ersetzungsklausel 796
Schadensersatzpflicht des Irrenden 564 ff
- begrenzt durch das positive Interesse 578 ff
- Fall 564
- negatives Interesse 568 ff
Scheingeschäft (Scheinerklärung) 396 ff
- Definition 404
- Kein Einverständnis über den Scheincharakter 409-411
- geheimer Vorbehalt 406
- Kenntnis des Vorbehalts 409
- Einverständnis 406 f
- verdecktes Rechtsgeschäft 408
- nichtempfangsbedürftige Willenserklärungen 412
Schenkung 320
- Form 701 f
Scherzerklärung 401 ff
Schikaneverbot, Fall 1180, 1200
Schneeballsystem 763
Schriftform, gesetzliche 648 ff, *siehe auch Mietverträge über Wohn- und Geschäftsräume*
- Blankounterschrift 650
- einheitliche Urkunde 660 ff
- einseitige Rechtsgeschäfte 667
- mündliche Ergänzungen 664
- notariell beglaubigtes Handzeichen 651
- Unterschrift 648 f
- Verträge mit beiderseitigem Schriftformerfordernis 653 ff
- Verträge mit einseitigem Schriftformerfordernis 665
- vollständige Erfassung des Inhalts 660-662
- zwei Unterschriften 656 ff
Schriftform, durch Rechtsgeschäft bestimmt 676 ff, *siehe gewillkürte Schriftform*
Schriftformklauseln 684 ff
- Einfache 684
- Verstärkte (doppelte) 684

- Unwirksamkeit 685
- Individuelle 686
Schwarzarbeit 717
Schweigen im Rechtsverkehr 69, 235
- auf einen Antrag 197 f
Selbsthilfe 1217 ff
- Definition 1217
- Durchführung 1219
- Festnahme 1220
- Rechtsfolgen 1222
- Voraussetzungen 1218
Selbstkontrahieren 983 ff
- Definition 985
- Erfüllung einer Verbindlichkeit 994
- Fallgruppen 986 ff
- Gestattung 991
- Rechtsfolgen 996
Sittenwidrige Rechtsgeschäfte 732 ff
- Behindertentestament 768
- Beschränkung der Berufsfreiheit 757 ff
- Bestechung, Schmiergeld 760
- Bürgschaften von Angehörigen 759
- Ehevertrag 766 f
- Fall 732
- objektiver Tatbestand 736
- Prostitution 769 f
- Rechtsfolgen der Sittenwidrigkeit 773 ff
- Schneeballsystem 763
- subjektive Voraussetzungen 737
- Telefonsex 771
- Titelhandel 762
- Verhältnis zu anderen Vorschriften 776
- wirtschaftliche Knebelung 754
- Wucher *siehe dort*
- wucherähnliche Rechtsgeschäfte *siehe dort*
Sofort 176
Spekulationsirrtum 557
Störung der Geistestätigkeit
- dauernde 598
- vorübergehende 597
Stufenbeurkundung 707
Stundung hemmt die Verjährung 1148
- Bitte führt zum Neubeginn 1158
Subjektive Rechte 1183

Tanken ohne zu zahlen 206 ff
Taschengeld Minderjähriger 610 f
Tausch 319
Teilzahlungsgeschäfte, Schriftform 655
Telefonischer Antrag 176
Telefonsex 771
Termin 383

425

Sachregister

Testament 88
- Form 700, 708

Textform 689 ff
Titelhandel 762
Trennungsprinzip 314 ff
- Anfängerfehler 301
- Fall 314
- Verpflichtung zur Übereignung 319
- Verpflichtungsgeschäfte 318 ff

Treu und Glauben 1201
- Fall 1162
- Grundsatz 1165
- im Verjährungsrecht 1162 ff

Treuhänder 229

Übereignung einer beweglichen Sache 310 ff
- Einigung 312 f
- Fall 305
- Grundsatz 310
- keine Übereignung durch den Kaufvertrag 308 f
- Übergabe 311

Übereignung eines Grundstücks
- Auflassung 303
- Eintragung 302

Übergabe als Teil der Übereignung beweglicher Sachen 311, 375
Übergabe-Einschreiben 111 ff
Übermittlungsirrtum 534 ff
- Bote 534
- Rechtsfolgen 540
- Unterfall des Erklärungsirrtums 538

Umdeutung nichtiger Rechtsgeschäfte 800 ff
- Nichtigkeit des Wegs, nicht des Ziels 802
- Rechtsfolgen 806
- taugliches Ersatzgeschäft 803 ff

Unabdingbares Recht 250 ff
- Definition 253
- Fall 250

Unbestellte Leistungen 198
Unterfrankierte Sendung 109
Unternehmer (§ 14) 27-39
Unterzeichnung einer Vertragsurkunde 210
Unverzüglich 515

Verbotene Rechtsgeschäfte 711 ff
- Abtretung von Honorarforderungen 719 ff
- Bestechung 716
- Fall 711
- Funktion des § 134 715
- Interessenkonflikte 724
- Kontaktanzeigen 728
- Praxisverkauf 723

- Rechtsfolge 729 ff
- Schwarzarbeit 717
- Strafvorschriften 716
- unlauterer Wettbewerb 727
- unzulässige Rechtsdienstleistungen 718
- Verstoß gegen zwingendes Recht 725

Verbraucher 26 ff
- Angehörige freier Berufe als Verbraucher 34
- Existenzgründer 35
- Gewerbetreibende als Verbraucher 33

Verbraucherdarlehensverträge, Schriftform 654
Verdeckte Stellvertretung 828 f
Verdecktes Rechtsgeschäft 411
Verfügung eines Nichtberechtigten 333 ff
- Einwilligung 342 f
- Fall 333
- Fälle des § 185 Abs. 2 347 f
- Gegenstand 339
- Nichtberechtigter 340
- Verfügung 337

Verfügungsgeschäfte (Verfügungen) 324 ff
- Abtretung 326
- Aufrechnung 329
- Definition 324
- Erlassvertrag 330
- Kündigung 329
- Schuldübernahme 327
- Übereignung 325
- Verfügungsgeschäfte unter einer Bedingung 375 ff

Verfügungsverbot, vertragliches 332
Verhandlungen hemmen die Verjährung 1140 ff
Verjährung 1097 ff
- Definition 1101
- Einrede der Verjährung 1108
- Fall 1097
- Fortbestand des Anspruchs 1110
- nur Ansprüche verjähren 1102
- Wirkung der Verjährung 1108 f
- Vereinbarungen über die Verjährungsfrist 1130 ff

Verjährungsfrist, regelmäßige 1111
- Beginn der regelmäßigen Verjährungsfrist 1113
- Entstehen des Anspruchs 1113 ff
- Grundsatz 1113
- Anspruch auf ein Entgelt 1113a
- Anspruch auf Schadensersatz 1116
- Kenntnis 1117 ff
- Kenntnis der Umstände 1118 ff

426

Sachregister

- Kenntnis der Person des Schuldners 1123
- Begrenzung der regelmäßigen Verjährungsfrist 1125

Verjährungsfristen, andere 1127 ff
- Dauer 1128
- Fristbeginn 1129

Vermächtnis 321

Verpflichtungsgeschäfte 318 ff
- Beispiel Kaufvertrag 301, 308
- Definition 318
- unter aufschiebender Bedingung 355 ff

Versteigerung
- bei eBay 231 ff
- Bindung an die Erklärungen 233
- Mitbieten des Anbieters 234
- durch einen Auktionator 227-230

Verteidigungsnotstand 1213 ff

Vertrag 90

Vertragsschluss 163 ff
- an Tankstellen 224 ff
- an Warenautomaten 221
- Antrag 168 ff, siehe dort
- bei der Versteigerung 227 (siehe Versteigerung)
- durch Antrag und Annahme 166
- durch Entnahme von Wasser und Strom 226
- Fall 163
- im Parkhaus 223
- im SB-Laden 219 f

Vertrauensschaden siehe negatives Interesse

Vertretener
- erteilt die Vollmacht 854
- genehmigt die Vertretung ohne Vertretungsmacht 1058 ff
- nicht existent 824
- unbestimmt 823
- ungenannt 822

Vertreter 819
- Eltern 950
- entscheidend sind seine Willensmängel 967 f
- gesetzlicher 597, 849 ff
- seine Kenntnis 969
- Weisungen des Vollmachtgebers 972 f

Vertretung 814 ff
- aktive Vertretung 834
- Ausschluss der Vertretung 836
- breite Anwendung der Vertretung 831 ff
- Definition 819
- Erkennbarkeit aus den Umständen 825 ff
- Fall 814
- Geschäft für den, den es angeht 830
- im Zweifel im eigenen Namen 837
- offene Stellvertretung 821 ff
- passive Vertretung 835
- Rechtsfolgen der Vertretung

Vertretung ohne Vertretungsmacht 1048 ff
- Definition 1051
- Vertragsschluss 1053 ff
- Rechtslage nach dem Vertragsschluss 1057 ff
- Genehmigung durch den Vertretenen 1058 ff
- Verweigerung der Genehmigung 1064
- Initiative des Vertragspartners 1065 ff
- Widerruf des Vertragspartners 1067
- Haftung des Vertreters 1068 f
- keine Haftung 1070 ff
- beschränkte Haftung des Vertreters 1073 f
- unbeschränkte Haftung 1075 f
- volle Haftung 175 f
- einseitige Rechtsgeschäfte ohne Vertretungsmacht 1077 ff, siehe dort

Vertretungsmacht 847
- gesetzliche 849 ff
- der Eltern 850
- Vergleich mit der Vollmacht 852 f

Vertretungsmacht und Geschäftsführungsbefugnis 876

Verwirkung eines Rechts 1168 ff
- Definition 1168
- Verwirkung von Ansprüchen 1171
- Verwirkung von Gestaltungsrechten 1172
- Zeitmoment 1174
- Umstandsmoment 1175
- Rechtsfolge 1178 f

Vollmacht 844 ff, siehe auch Bevollmächtigung, Erlöschen der Vollmacht, Fiktion des Fortbestehens der Vollmacht
- Definition 848
- Prokura und Handlungsvollmacht 848
- Vergleich mit der gesetzlichen Vertretungsmacht 852 f
- Erteilung der Vollmacht 854 ff siehe Bevollmächtigung
- Vollmachtsurkunde 861 siehe dort
- Gesamtvollmacht 862
- Untervollmacht 863
- Umfang der Vollmacht 878
- vom Gesetz festgelegter Umfang 884
- vom Vollmachtgeber festgelegter Umfang 885 ff
- nachträgliche Änderungen des Umfangs 889 f
- Vollmacht und Grundgeschäft 864 bis 879

427

Sachregister

- Trennungsprinzip (Abstraktionsprinzip) 870
- Gegenläufigkeit und Gleichlauf 873
- Erlöschen der Vollmacht 877, 911 ff, *siehe dort*
- Widerruf der Vollmacht 874

Vollmachtsurkunde 861, 891 ff
- Auslegung 886
- Unwirksamkeit des einseitigen Rechtsgeschäfts ohne V. 906-910

Vorübergehende Störung der Geistestätigkeit 596

Vorvertrag 196

Warnfunktion einer Formvorschrift 640
Wettbewerbsverbot 732, 758
Widerruf
- des Antrags 175
- eines Verbrauchervertrags 237
- der Vollmacht 917 ff

Willenserklärung 65
- konkludentes Verhalten 68
- Schweigen 69
- empfangsbedürftige 76
- nichtempfangsbedürftige 78
- Wirksamwerden durch Zugang 92 ff

Willenstheorie 589
Wirksamwerden von Willenserklärungen 92 ff
- gegenüber einem Geschäftsunfähigen 603
- gegenüber einem beschränkt Geschäftsfähigen 627

Wissenserklärungen (Informationen, Wissensmitteilungen) 52 ff
Wohnungseigentümergemeinschaft 36
Wucher 739 ff
- auffälliges Missverhältnis 739
- Zwangslage 741
- Unerfahrenheit 742
- mangelndes Urteilsvermögen 743
- Willensschwäche 743

- Wucherdarlehen 744
- Rechtsfolge 745

Wucherähnliche Rechtsgeschäfte 746 ff
- Voraussetzungen 746
- Vermutung 748
- Anwendungsfälle 749 ff

Zeitbestimmung 359
Zugang der Annahmeerklärung entbehrlich 211 ff
- Erlassfalle 218
- interne Manifestation des Annahmewillens 216
- lediglich vorteilhafte Anträge 213
- nach der Verkehrssitte 212

Zugang der Willenserklärungen 95 ff
- Abgabe 98
- durch einen Empfangsboten 121 ff, 842
- Einwurf durch einen Boten 118 f
- Einwurf-Einschreiben 116
- E-Mail 126
- Empfang durch einen Vertreter 120
- Fax 124 f
- Fristwahrung 107 f
- in der richtigen Form 101, 644
- Nachsendeantrag 110
- örtliche Komponente des Zugangs 102
- postlagernde Sendungen 117
- Rechtsfolge des Zugangs 106 ff
- rechtzeitiger Widerruf 102
- richtige Adressierung 99
- Übergabe-Einschreiben 111 ff
- unter Abwesenden 97
- unter Anwesenden 127
- unterfrankierte Sendung 109
- Widerruf 105
- zeitliche Komponente 103 f

Zurechenbarkeitstheorie 590
Zustimmung als Oberbegriff von Einwilligung und Genehmigung 344

Mit Lehrbuch und Casebook zum Erfolg

Bürgerliches Gesetzbuch Allgemeiner Teil

Von Prof. Dr. Florian Faust

6. Auflage 2018, 334 S., brosch., 24,– €
ISBN 978-3-8487-3897-7
nomos-shop.de/29203

Casebook BGB AT

Von Prof. Dr. Katharina de la Durantaye, LL.M. und Prof. Dr. Malte Stieper

2019, ca. 300 S., brosch., ca. 24,– €
ISBN 978-3-8487-4472-5
Erscheint ca. September 2019
nomos-shop.de/30603

Das Lehrbuch behandelt die Kernbereiche der Rechtsgeschäftslehre: Willenserklärungen, Vertragsschluss, Rechts- und Geschäftsfähigkeit, Nichtigkeit von Rechtsgeschäften, Willensmängel, Boten und Stellvertreter. Es wendet sich sowohl an Studienanfänger, denen auf leicht verständliche Weise der für sie relevante Stoff vermittelt wird, als auch an Studierende höherer Semester, die schnell die wichtigsten und klausurrelevanten Bereiche wiederholen wollen.

Das Casebook stellt anhand der Leitentscheidungen des BGH die zentralen Rechtssätze und dogmatischen Figuren des sehr abstrakten Allgemeinen Teils des BGB dar und ordnet sie in ihren rechtlichen Kontext ein. Das Buch richtet sich an Studenten im Grund- und Hauptstudium und an Examenskandidaten zur Vorbereitung auf die schriftliche Prüfung. Der Band ist Teil der neuen Casebook-Reihe bei Nomos.

 www.nomos-elibrary.de

---

Erhältlich im Buchhandel oder **versandkostenfrei** unter: nomos-shop.de
Bestell-Hotline (+49)7221.2104-37 | **E-Mail** bestellung@nomos.de | **Fax** (+49)7221.2104-43
Alle Preise inkl. Mehrwertsteuer

Ausgezeichnete Klausuren im Zivilrecht schreiben

Klausurtraining Zivilrecht
Allgemeiner Teil und Schuldrecht

Von Prof. Dr. Andreas Klees und Johanna Keisenberg

2013, 299 S., brosch., 22,– €
ISBN 978-3-8329-6392-7
nomos-shop.de/13372

Die BGB-Klausur – eine Schreibwerkstatt

Von Prof. Dr. Volker Mayer und Prof. Dr. Petra Oesterwinter

2. Auflage 2018, 242 S., brosch., 24,– €
ISBN 978-3-8487-4333-9
nomos-shop.de/30307

Das „Klausurtraining" bietet neben einer allgemeinen Einführung in die juristische Fallbearbeitungstechnik im Zivilrecht Originalklausuren und Musterlösungen mit ausführlichen Kommentierungen. Im Mittelpunkt stehen dabei typische Klausurkonstellationen, die sich etwa aus dem Zusammenspiel vertraglicher und deliktischer Anspruchsgrundlagen ergeben.

Ganz entscheidend für den Erfolg im Examen ist es, gute Klausuren schreiben zu können. Dabei unterscheidet sich die Herangehensweise ganz maßgeblich vom Lernen des Stoffs: Die richtigen Fragen müssen gestellt, es muss in Strukturen gedacht und mit dem Sachverhalt gearbeitet werden. All das vermittelt die Schreibwerkstatt zur BGB-Klausur.

 www.nomos-elibrary.de

Erhältlich im Buchhandel oder **versandkostenfrei** unter: nomos-shop.de
Bestell-Hotline (+49)7221.2104-37 | **E-Mail** bestellung@nomos.de |
Fax (+49)7221.2104-43
Alle Preise inkl. Mehrwertsteuer